长春年鉴

2016

CHANGCHUN ALMANAC

长春市人民政府 主办
长春市地方志编纂委员会 编

吉林人民出版社

图书在版编目(CIP)数据

长春年鉴. 2016 / 长春市地方志编纂委员会编. --
长春 : 吉林人民出版社, 2016.12
ISBN 978-7-206-13536-1

Ⅰ. ①长… Ⅱ. ①长… Ⅲ. ①长春—2016—年鉴
Ⅳ. ①Z523.41

中国版本图书馆CIP数据核字(2016)第322539号

长春年鉴(2016)

编　　者：长春市地方志编纂委员会
责任编辑：陆　雨　　　封面设计：祁贵鹏
吉林人民出版社出版 发行(长春市人民大街7548号　邮政编码：130022)
印　　刷：长春方圆印业有限公司
开　　本：889mm × 1194mm　1/16
印　　张：22　　字数：810千字　　插页：28
标准书号：ISBN 978-7-206-13536-1
版　　次：2016年12月第1版　　印　次：2016年12月第1次印刷
印　　数：1-1000册　　定　价：298.00元

长春市城区图
长春新区
长春北湖科技开发区
长东北城市生态湿地公园
宽城区
绿园区
经济技术开发区(北区)
北环城路
龙湖大路
长白乌高速
京哈高速
长吉城际铁路
地铁一号线
宽城区政府
兴隆山镇
合心镇
兰家镇
G302
G12
G01
G102
S101
S106

长春年鉴编纂委员会

主　任　贾丽娜

副主任　郝肖峰　卢福建　赵　显　杜　福
王　磊　丁丽君

长春年鉴编纂人员

主　　编　贾丽娜

副 主 编　杜　福　王　磊　丁丽君　王玉宁

责任编辑　齐丽颖　高　鹤　李九飞

彩页设计　高　鹤

版式设计　王玉宁

英文翻译　李　青

特约编审　马艾民　赵　旭　王玉春　李　立
滑　勇　段玉才　姜峥睿

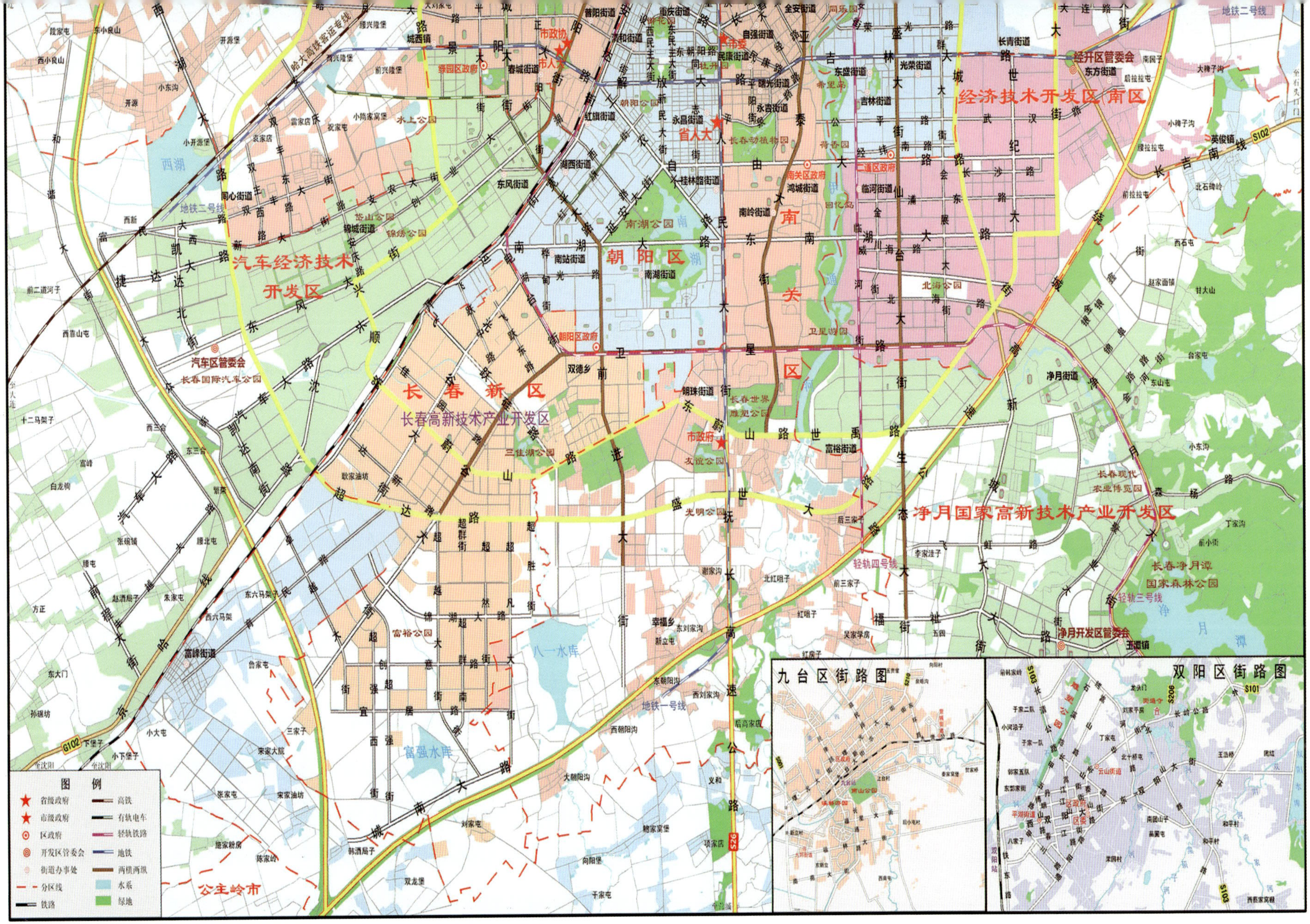
经济技术开发区(南区)
汽车经济技术开发区
朝阳区
南关区
长春新区
长春高新技术产业开发区
净月国家高新技术产业开发区
公主岭市
九台区街路图
双阳区街路图
图例
省级政府
市级政府
区政府
开发区管委会
街道办事处
分区线
铁路
高铁
有轨电车
轻轨铁路
地铁
两横两纵
水系
绿地

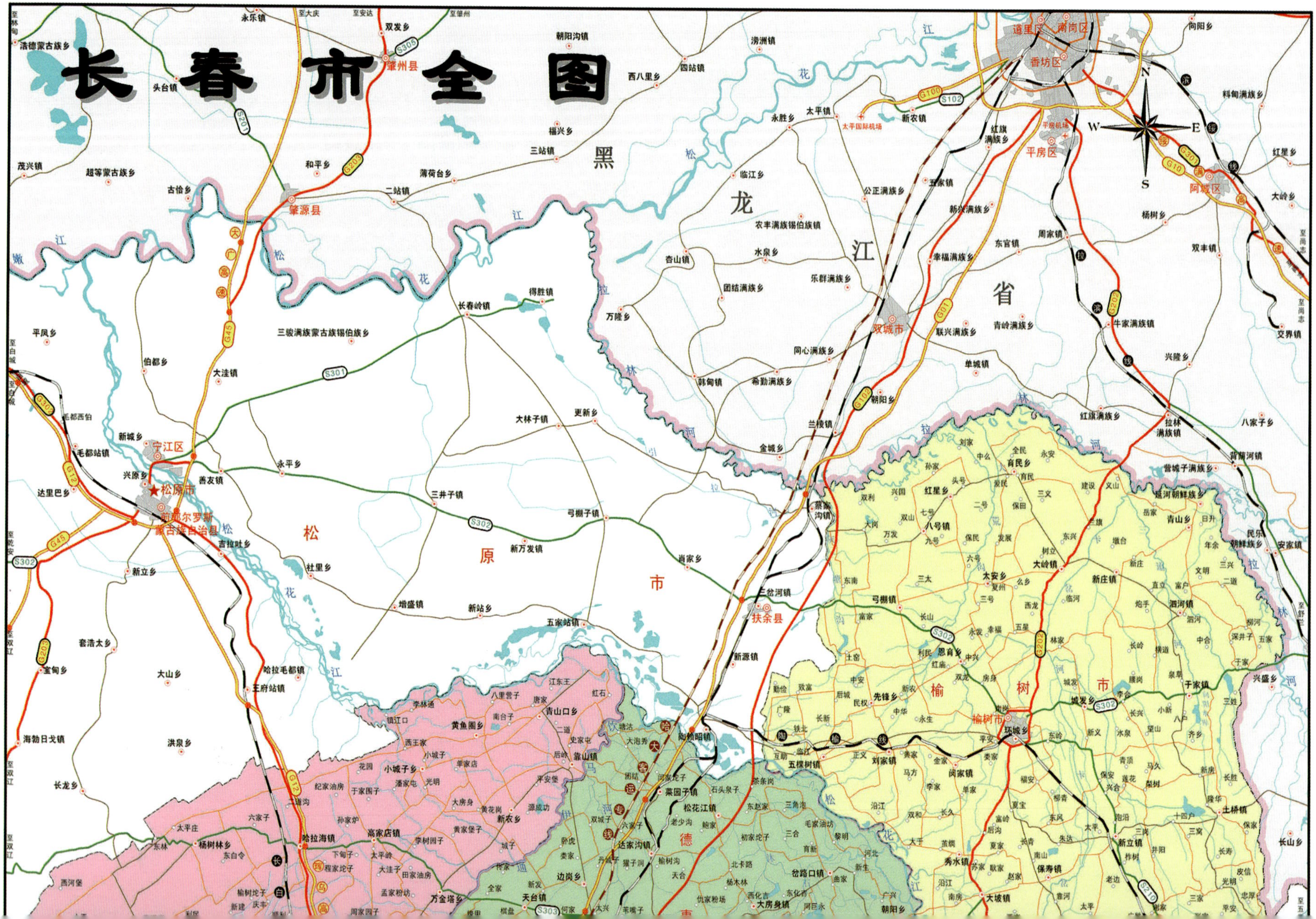
长春市全图
黑龙江省
松原市
榆树市
德惠市
肇源县
肇州县
双城市
扶余县
宁江区
松原市
前郭尔罗斯蒙古族自治县
道里区
南岗区
香坊区
平房区
阿城区
榆树市
太平国际机场

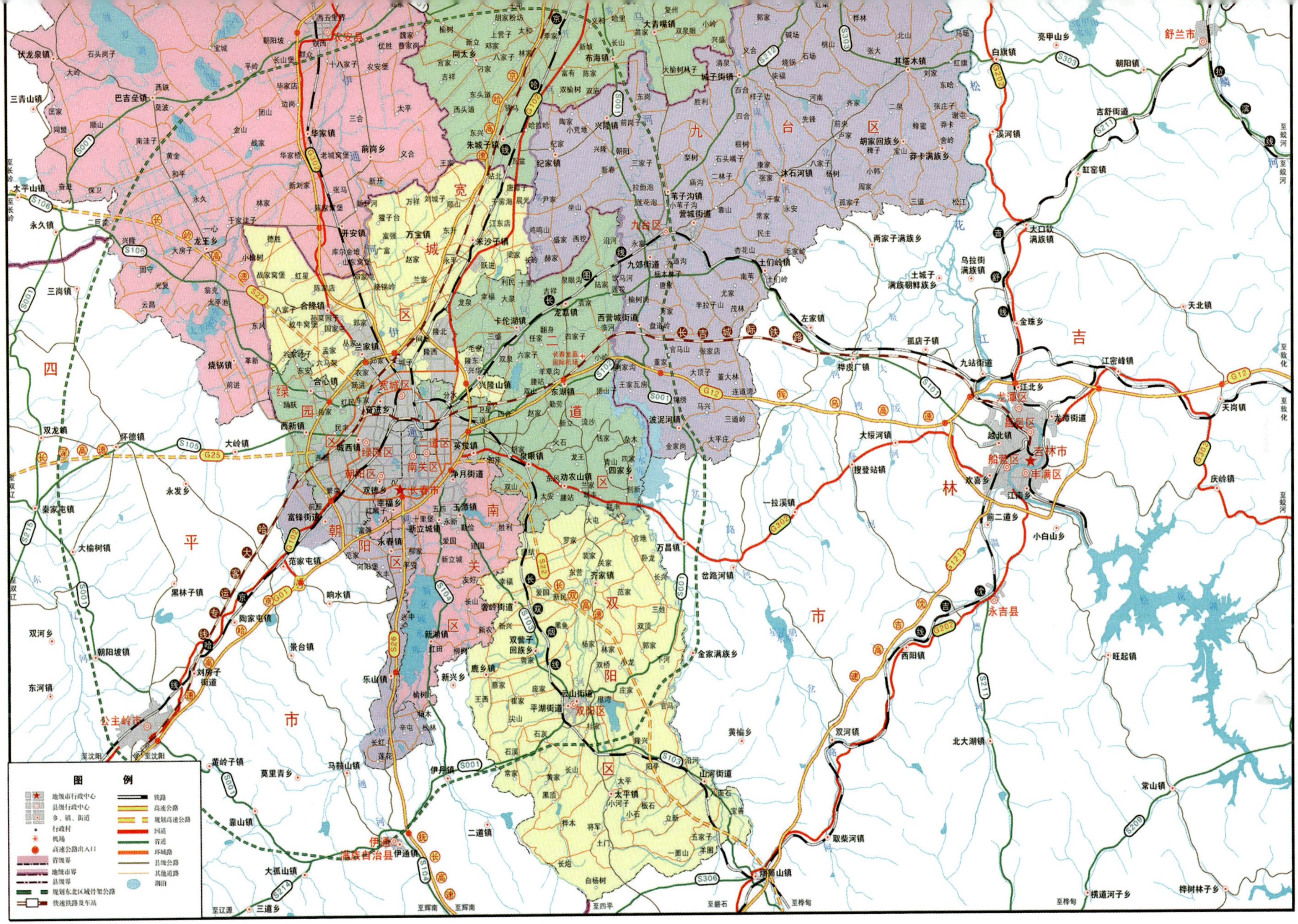
长春市
吉林市
舒兰市
永吉县
农安县
公主岭市
伊通满族自治县
九台区
双阳区
宽城区
绿园区
朝阳区
南关区
二道区
船营区
昌邑区
龙潭区
丰满区
图例
地级市行政中心
县级行政中心
乡、镇、街道
行政村
机场
高速公路出入口
省级界
地级市界
县级界
规划东北区域竹架公路
快速铁路及车站
铁路
高速公路
规划高速公路
国道
省道
环城路
县级公路
其他道路
湖泊

长春的一天

清晨，长春火车站的钟声打破拂晓的沉寂。在全市20604平方公里的大地上，753.8万名辛勤的长春人从睡梦中苏醒，541.5万名工人、农民、知识分子、干部和社会各界人士，131.4万名大中小学生，分别从274万户居民家庭中走出，开始新的一天生活。

2015年，每天有4745辆公共汽（电）车通过遍布长春纵横交错的245条线路，其中公交专用道33条；15401辆出租车、111.1万辆私家轿车运行在长春市区，每天将出行的长春人民和来长的客人送到各自所要到达的目的地。

在这一天里，勤劳的长春人民为国家创造生产总值151506.84万元，创造农林牧渔业总产值17797.26万元，创造工业增加值62216.44万元，使财政获得29539.73万元收入，其中地方财政收入10635.62万元。地方财政支出20918.08万元，其中教育支出2926.03万元，社会保障和就业支出2899.89万元，医疗卫生支出1712.33万元，交通运输支出534.25万元。现在一天生产汽车6019辆，其中轿车4468辆，公路客车68辆，载货汽车301辆；生产铁路客车3辆，拖拉机12台，轮胎8838条，变压器约1万千伏安，工业自动调节仪表与控制系统74台；一天的水泥产量达4.89万吨,原煤产量9411.23吨，钢材产量408吨,农用塑料薄膜76.71吨；每日发电量6272.60万千瓦时；一天生产精炼食用植物油904.11吨，卷烟5427.40万支，啤酒742.47吨，软饮料2473吨，服装1.57万件，中成药29.33吨，饲料10816.44吨。每日上市蔬菜7906.85吨，牛奶205.48吨，肉类3134.25吨，禽蛋915.07吨，出栏生猪1.70万头，出栏家禽68.5万只，粮食26183.56吨，其中玉米21824.66吨，水稻3742.47吨。

智慧的长春人民每天专利申请量约28件，每天民营科技企业技术合同成交额达670.14万元，科技管理部门投入经费27.34万元。

善良的长春人民每天社会福利彩票收益369.86万元，为社会募集善款6.50万元，支出善款6.52万元，救助困难群众82人次。

来自216个国家和地区的雕塑家，为长春市创作积累的1300多件（组）精美雕塑作品，分别落置在长春世界雕塑公园、双阳雕塑公园、汽车公园雕塑园、高新长东北湿地雕塑公园内，在装扮这座美丽城市的同时，日均迎接2000余人次入园参观游览。

长春地处中国东北地区辽、吉、黑、蒙四省区通衢的十字要冲，每日公路完成货运量28.34万吨，铁路发送货物1.35万吨，民航货邮吞吐量213.13吨，有31.17万人次通过公路、铁路、航空运输渠道进出长春。每天来长春旅游观光的人数达到15.69万人次，其中有1180名游客是外国人、华侨和港澳台同胞，创旅游（外汇）收入87.26万美元。邮电职工每天将1151件特快专递送到千家万户，邮电业务收入达2038.36万元，每日有511.6万户互联网用户在上网，其中宽带用户106万户。

随着长春投资环境的不断改善，对外开放水平的提高，许多世界著名的大财团、大公司和有实力的港澳台商人在长春投资。。平均每天新增民营企业71户，每天实际利用外资1550.68万美元，直接利用外资328.77万美元，每天有528.77万美元的商品出口到世界120多个国家和地区，同时也有3306.85万美元的商品从世界各地进口到长春。

城市投资建设成绩斐然，平均每天有11.74亿元用于固定资产投资，其中房地产开发投资1.39亿元，新增固定资产9.02亿元。每天销售商品房2.22万平方米，二手房成交面积1.16万平方米。每天金融机构本外币各项存款27.29亿元，贷款24.68亿元，其中城乡居民储蓄存款10.50亿元。每天保险费收入4430.14万元，保险赔付1517.81万元。每日有价证券成交总额67.60亿元，其中股票交易成交额56.58亿元。

城乡人民生活质量明显提高，平均每天社会消费品零售总额达6.60亿元，城市居民平均每天消费性支出27745.02万元，比2014年增长4233.19万元；乡村农民平均每天生活费支出7084.95万元，比2014年增长1170.4万元。

惠民政策温暖城乡千家万户，每天改造城区老旧楼宇1万多平方米，新建、改造老旧供热、燃气、给排水管线2公里，楼内供水管线7.73公里，安装巷道路灯3套，新增供热能力8万平方米。每天获得新农村建设项目补助85万元，改造农村危房23户，各项惠农补贴支出665.48万元。

每天有151名新生儿在长春降生，有107人因各种原因而离开人世。有224对新人喜结良缘，有97对夫妇准予离异。有140人迁出长春，有133人来长春落户发展。

市民安全感和满意度明显提升，全市每天新增治安高清监控探头33个，破获各类刑事案件31起、“两抢一盗”案件15起。每天发生道路交通事故4起、工矿商贸安全生产事故0.5起，直接经济损失12.94万元。平均每天查处安全生产非法违纪行为337件，整改安全生产隐患85起，扑救火灾15起。每天新增绿化面积1.65公顷，园林绿化支出438.36万元。

空气质量逐步改善，城区空气首要污染物细颗粒物（PM2.5）日均每立方米66微克，比2014年下降5微克；二氧化硫日均每立方米36微克，比2014年下降5微克；二氧化氮日均每立方米45微克，比2014年上升2微克。日均淘汰小锅炉3台，注销黄标车182辆，征收排污费36.19万元。

午夜零点，当人们开始进入梦乡时，来自全市各水厂、电站和煤气站的计量表显示，全市日供水量96万吨，日售电量4387.95万千瓦小时，液化石油气日供气量103.29吨、天然气日供气量125.70万立方米。

（邱志华）

城乡居民收入（元）

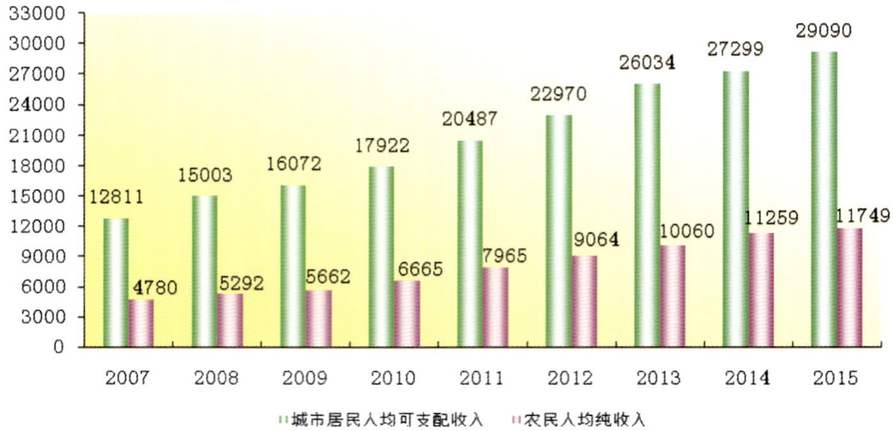

备注： 2015年，城镇常住居民人均可支配收入达到29090元，农村常住居民人均可支配收入11749元。

对外贸易进出口总额（亿美元）

社会消费品零售总额（亿元）

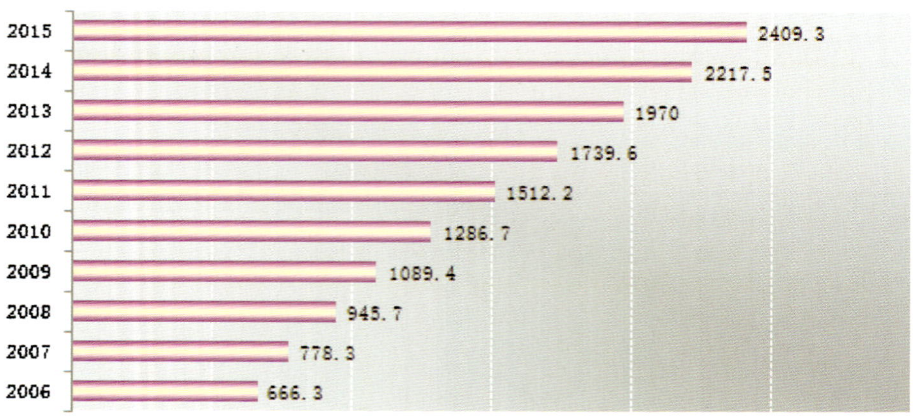

固定资产投资总额及增速

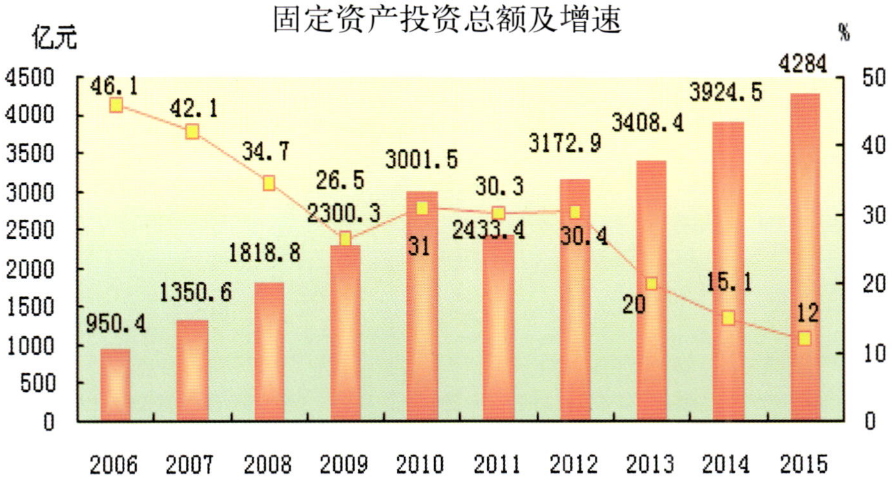

地区生产总值（亿元、当年价）

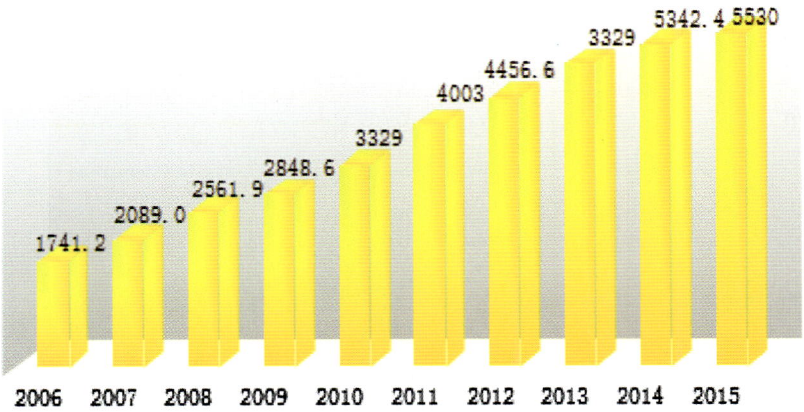

规模以上工业总产值（亿元）

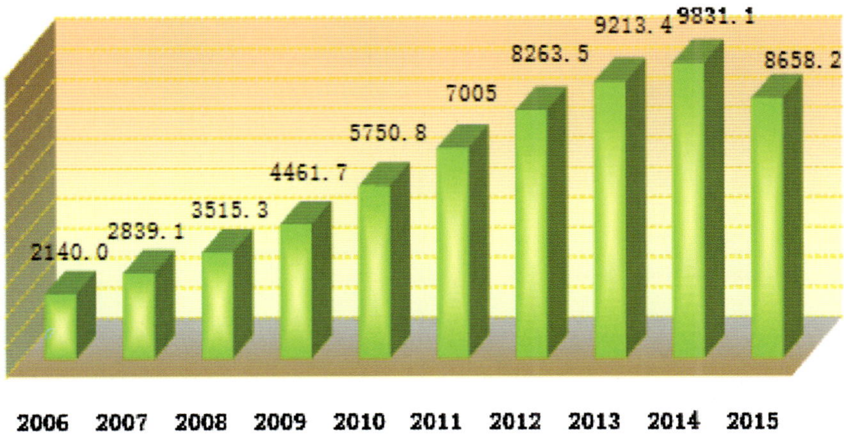

2015年十五个副省级城市GDP情况及增速

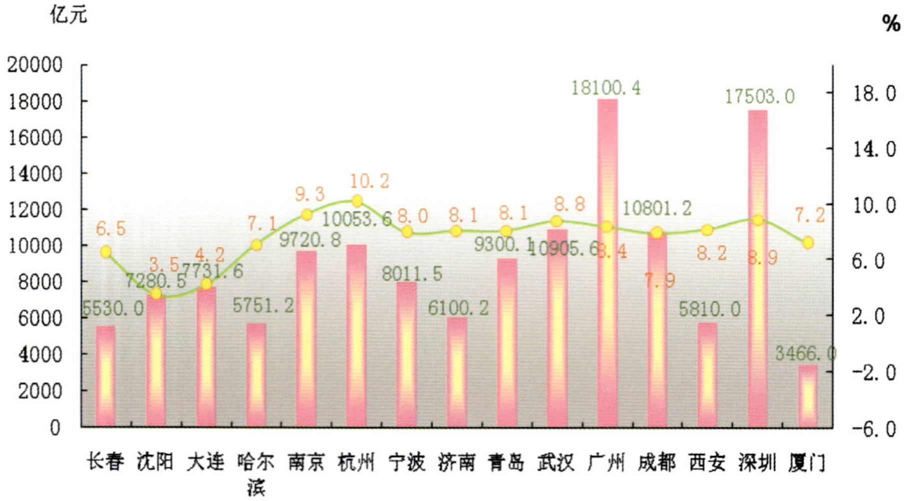

一般预算全口径财政收入（亿元）

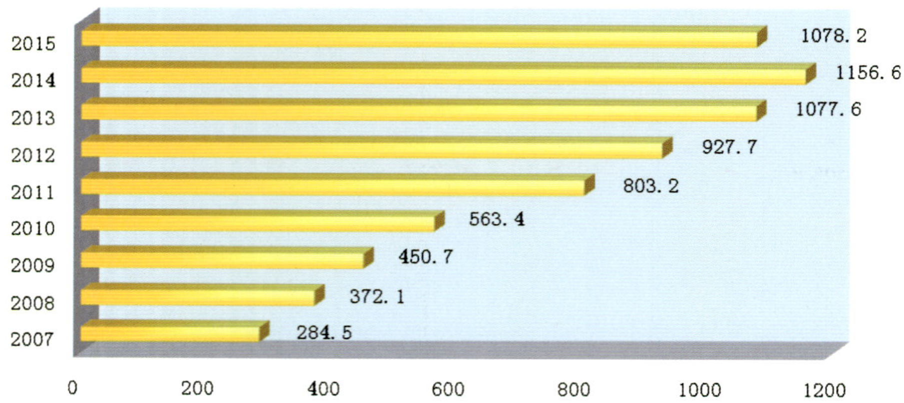

地方财政收入及支山（亿元）

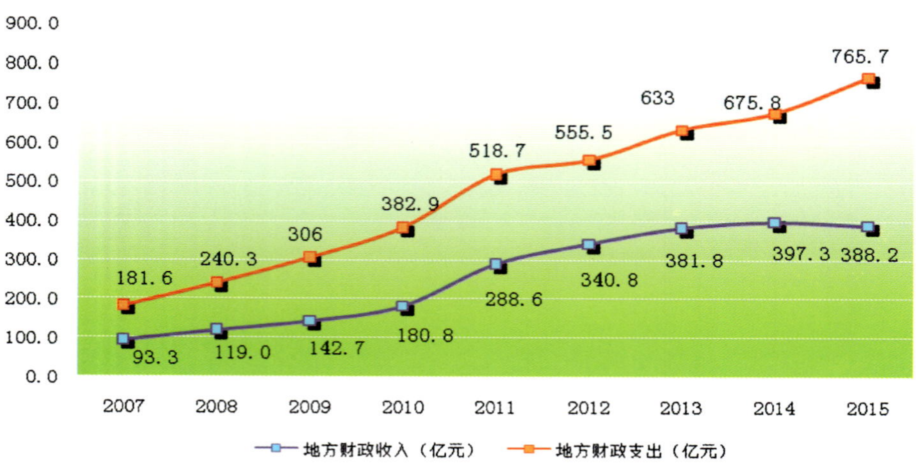

金融机构存贷款

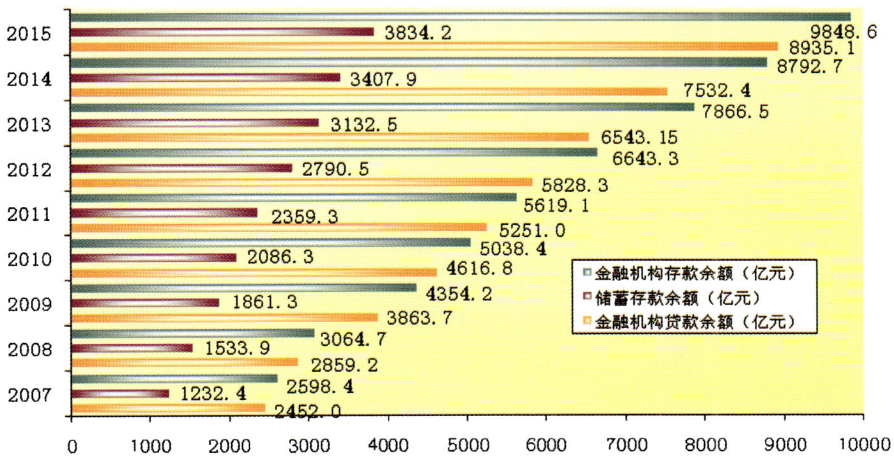

居民消费价格总指数

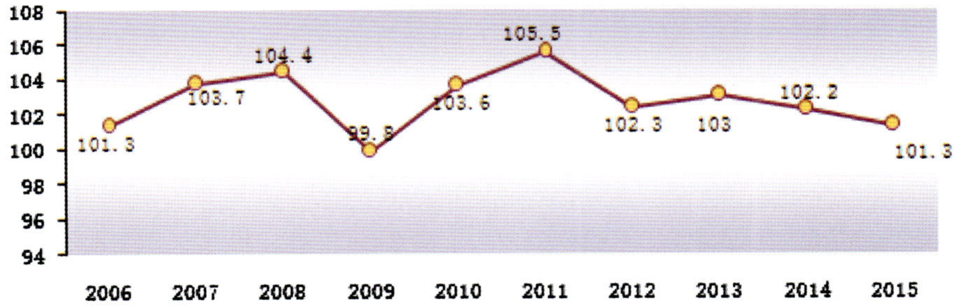

全市总人口

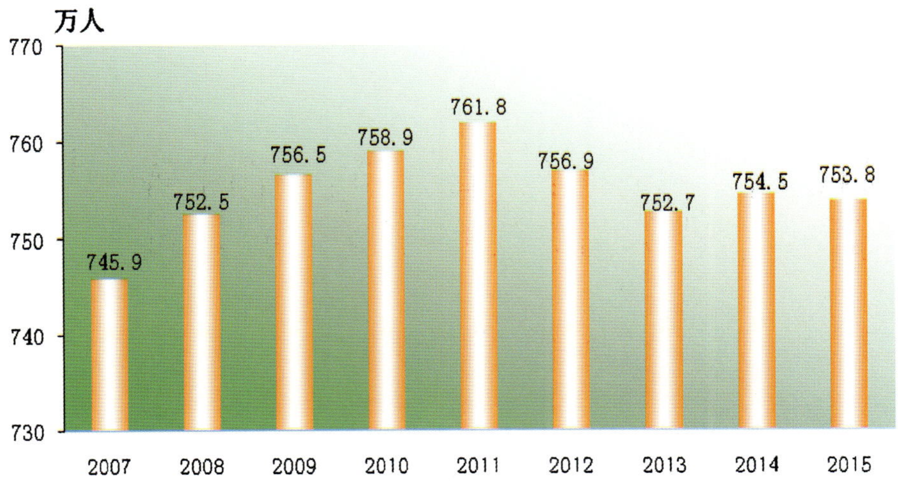

1. 净月潭风光
2. 劳动公园
3. 天嘉公园
4. 伊通河之春

1

2

3

4

1．百花园一景
2．杏花邨
3．龙翔广场
4．长春德苑公园
5．轻轨斜拉桥

1．中共长春市委十二届八次全体会议
2．省委常委、市委书记高广滨视察长春老韩头清真食品有限公司
3．8月21日，市人大主任李树国视察农民专业合作社
4．9月16日，市长姜治莹会见澳大利亚瓦南布尔市政府首席执行官布鲁斯·安森
5．9月28日，市政协主席崔杰率第一委员活动小组考察双阳区梅花鹿种源繁衍、保护及开发工作

1

2

3

4

5

1．全市“三严三实”专题党课暨专题教育动员部署会议
2．市委副书记、市委党校校长杨子明为长山社区“长春市党员干部党性教育基地”揭牌
3．市委组织部部长綦远方参加职党员进社区服务活动

1．全市经济工作暨建设幸福长春大会
2．长春市深化国有企业改革研讨会

1. 8月31日，中欧（长春—德国）国际铁路货运班列开通
2. 2月26日，长吉产业创新发展示范区在长春高新区长东北核心区正式揭牌成立
3. 长春市工商联召开全市民营企业推进“一带一路”建设工作会议
4. 吉林联通与长春市政府签署“互联网+”战略合作协议
5. 港华集团、长春燃气结束煤制气，迎接全面天然气时代仪式

1

2

3

4

5

1. 一汽大众——奥迪生产线
2. 路通轨道客车生产线
3. 长春大成实业集团有限公司厂区
4. 长春大成实业集团有限公司生产车间
5. 皓月集团

1

2

3

4

5

1. 10月7日，吉林1号卫星发射成功
2. 9月20日，东北最美高铁长珲城际铁路正式开通运行
3. 长春市伊通河综合治理工程开工仪式

1. 8月30日至9月1日，长春市副市长桂广礼视察中国（长春）国际智能物流科技博览会
2. 第十届中国—东北亚博览会
3. 7月12日至21日，第十二届中国（长春）国际汽车博览会在长春国际会展中心举办
4. 第九届中国中小企业节高峰论坛
5. 10月15日至16日，第五届中国长春创业就业博览会在国际会展中心举办

1

2

3

4

5

1. 吉林省暨长春市“餐饮服务食品安全监督量化分级管理A级店公示板、标示牌”挂牌仪式
2. 长春市失能人员医疗照护保险定点单位授牌活动
3. 长春市倡导文明祭祀新方式
4. 第十一届中国长春君子兰节开幕式

1

2

3

4

1. 9月8日，四川航空股份有限公司开通长春—太原—昆明航线
2. 中高考期间设立“长春市红十字会志愿者服务站”
3. 食药监管人员向业户发放可追溯设备

1

2

3

1. “翰墨飘香两岸情”——长台书画展剪彩仪式
2. 庆祝长影成立70周年大会

1．纪念中国人民抗日战争暨世界反法西斯战争胜利70周年精品节目展演
2．纪念长春“代理妈妈”活动20周年在长春电视台演播大厅举行

1

2

1．2015中国长春净月潭瓦萨国际滑雪节
2．全民上冰雪——冬泳
3．10月22日，长春市运动员孙帅在第一届全国青年运动会田径项目夺得首金
4．全民健身日–世界行走日

1

2

3

4

编辑说明

《长春年鉴》是由长春市人民政府主办、长春市地方志编纂委员会编纂、吉林人民出版社出版的大型综合性资料年刊，每年编辑出版一卷，旨在连续记述长春市改革开放、经济建设和社会发展的历史进程，为各级领导了解市情、实施科学决策，为各行各业查询资料信息、推动事业发展，为国内外广大读者全面、系统、翔实地了解、研究、认识长春市提供服务。

《长春年鉴》采用分类编辑法，主体内容分类目、分目和条目3个层次。《长春年鉴》2016卷在内容和体例上基本与2015卷年鉴保持了相对的连续性和稳定性，根据《吉林省地方综合年鉴编纂规范》要求，全书类目做了局部调整，设专辑、大事记、长春概貌、中国共产党长春市委员会、长春市人民代表大会常务委员会、长春市人民政府、中国人民政治协商会议长春市委员会、纪检监察、民主党派、群众团体、地方武装、法治、综合经济管理、城建环保、对外经济贸易、农业、工业、民营经济、交通、信息产业、商业旅游业、会展经济、金融、教育、科学、文化、卫生体育、社会、县（市）区概览、开发区、人物、领导干部名单、文献、附录等34个类目，160个分目，1208个条目。书前设全书英文目录，书后附主题索引。

《长春年鉴》2016卷所载稿件内容由长春市各县（市）区，市直各部门，中央、省驻长有关单位及驻长部队撰（供）稿，并经各有关单位领导审核，主要统计数据由长春市统计局审核认定。

《长春年鉴》2016卷在编纂过程中得到全市各有关单位和吉林人民出版社的热情支持，在此深表感谢。全书文字虽经多次审校，仍难免有差错和疏漏之处，敬请读者批评指正。

长春年鉴编辑部

2016年12月8日

目 录

专 辑

大事记

长春概貌

·自然概况·

·人口情况·

·行政区划·

·气象 水文·

·国民经济和社会发展综述·

·精神文明建设·

·政府法治建设·

中国共产党长春市委员会

·重点工作·

·组织工作·

城建 环保

·综 述·

·城市规划·

·城市建设·

·城市管理·

·城市公用事业·

·房地产业·

·环境保护·

·国土资源管理·

·园林绿化·

·伊通河管理·

对外经济贸易

·招商引资·

·对外贸易·

·长春海关·

农 业

·综 述·

·种植业·

·林 业·

·畜牧业·

·蔬菜业·

·水 利·

工 业

·综 述·

·交通设备制造业·

·农产品加工业·

金 融

·综 述·

·中国人民银行长春中心支行·

·中国工商银行吉林省分行营业部·

·中国农业银行吉林省分行营业部·

·中国建设银行股份有限公司吉林省分行·

·中国交通银行股份有限公司吉林省分行·

·吉林银行·

教 育

·高等教育·

·基础教育·

·技工教育·

卫生 体育

社 会

·城乡人民生活·

·婚姻家庭·

·民族工作·

·宗教工作·

·民政工作·

·社会保险·

·老龄工作·

·殡 葬·

县(市)、区概览

·农安县·

·榆树市·

·德惠市·

·九台区·

开发区

CHANGCHUN ALMANAC
TABLE OF CONTENTS

FEATURES

CHRONICLE FOR IMPORTANT EVENTS

A GENERAL SURVEY OF CHANGCHUN

CHANGCHUN MUNICIPAL COMMITTEE OF THE CPC

THE STANDING COMMITTEE OF THE PEOPLE'S CONGRESS OF CHANGCHUN MUNICIPALITY

THE PEOPLE'S GOVERNMENT OF CHANGCHUN MUNICIPALITY

CHANGCHUN COMMITTEE OF THE CHINESE PEOPLE'S POLITICAL CONSULTATIVE CONFERENCE

CHANGCHUN COMMISSION FOR INSPECTING DISCIPLINES OF THE CPC & CHANGCHUN CONTROL COMMISSION

DEMOCRATIC PARTIES

LOCAL ARMED FORCES

POLITICS AND LAW

COMPREHENSIVE ECONOMIC ADMINISTRATION

URBAN CONSTRUCTION AND ENVIRONMENTAL PROTECTION

FOREIGN ECONOMIC RELATIONS AND TRADE

AGRICULTURE

INDUSTRY

PRIVATE ECONOMY

TRAFFIC

INFORMATION INDUSTRY

COMMERCE AND TOURISM

THE ECONOMY OF EXHIBITION BANKING

EDUCATION

SCIENCE

CULTURE

HYGIENE & SPORTS

SOCIAL LIFE

A GENERAL SITUATION OF DISTRICS AND COUNTIES

DEVELOPING AREAS CONSTRUCTION

FIGURES LEADERS' NAME LIST

DOCUMENTS

APPENDIX SUBJECT INDEX

长春市“三严三实”专题教育总结报告

中共长春市委组织部

（2016 年 1 月 28 日）

按照中央和省委统一部署，长春市“三严三实”专题教育圆满完成了各项任务，现将工作情况报告如下：

一、总体情况

自 2015 年 4 月“三严三实”专题教育启动以来，长春市坚持从细处入手、向实处着力、在严上下功夫，组织和动员全市 4 个市级领导班子、10 个县（市）区、5 个开发区、82 个市直部门单位、5 所市属高校、14 户直属企业，共涉及 1195 个单位的县处级以上干部和市属企事业单位中层以上领导人员参加“三严三实”专题教育。

在专题教育中，市委始终把“三严三实”专题教育作为一项重要政治任务，着重突出问题导向，抓准抓实“四个关键动作”，力求每一个动作都扎实到位，每一个问题都能认真解决，每一名党员干部都得到“补钙”“加油”。概括起来主要有以下几个特点：

一是坚持领导带头，层层压实责任。市委常委班子主要负责同志认真履行全市“三严三实”专题教育的第一责任人责任，对实施方案的研究制定、重点环节的部署推动都亲自研究、抓好落实，为各级党委（党组）立起标杆、做出示范。各级党委（党组）书记切实履行党委（党组）书记第一责任人责任，既带头参加教育、接受教育，又靠前指挥，亲自研究谋划、亲自开展调研、亲自审定“两个方案”，带头讲专题党课、带头作中心发言、带头查找和解决突出问题。各级党委（党组）把抓好专题教育纳入党建工作述职评议考核的重要内容。同时，对少数思想上不重视、行动上不自觉、专题教育开展不力的，采取派出工作组个别约谈访谈一把手的办法，专项听取专题教育推进情况，层层传导压力，压紧压实责任，确保专题教育扎实有序推进。

二是坚持学做结合，融入常态教育。在抓好“四个关键动作”落实到位的同时，着力研究探索专题教育具体有效的实现形式。即始终注重加强个人学习和教育引导，健全多样化的学习形式和学习平台，把习近平总书记系列讲话特别是在吉林调研时重要讲话作为必学内容，把专题教育学习内容制作成课件挂在“长春市干部网络学校”，作为学习培训考核重要内容；始终坚持密切联系基层实际，把专题教育融入党组织日常生活之中、党员干部日常教育之中、领导班子日常建设之中，使严肃党内政治生活成为党员干部的自觉遵守、严实标准成为理论武装的常态要求；始终把专题教育与做好中心工作结合起来，与完成本地区本部门本单位重点任务结合起来，在推动长春改革发展中深化专题教育。

三是坚持严实标准，全程前置把关。在专题教育中严格事先审核把关，切实解决“四个关键动作”中存在薄弱环节。在专题教育启动前，调阅领导干部党课讲稿、对领导班子专题教育实施方案实行备案管理，对党课材料没有达到“三个讲清楚”

要求的,不能启动;对专题教育实施方案内容不具体,推进措施落得不实的,不能开会;在专题学习研讨会召开前,调阅领导干部研讨发言材料,对主题不聚焦、没有联系正反典型把自己摆进去,只教育别人不教育自己的,要重新修改完善;对一些干部不真查、不实改,以一般性的问题代替不严不实问题等情况,限期及时纠正,确保查找和整改问题聚焦主题,不跑题,不散光;在专题民主生活会前,提前一周审核各地方和单位的专题民主生活会方案,调阅班子对照检查材料和班子成员发言提纲,对征求意见建议、开展谈心谈话等会前准备工作没有落实或完成的,不得召开专题民主生活会。

四是坚持问题导向,全程整改纪实。坚持把问题意识、问题导向贯穿专题教育全过程,在专题教育启动阶段就下发《关于在"三严三实"专题教育中及早启动整改落实工作的通知》,要求全市领导干部对照中央文件明确的不严不实问题,对照党章和党的纪律规定,对照正反两方面典型,坚持把自己摆进去、把职责摆进去、把思想摆进去,找准查全不严不实问题,并逐一对标,对号入座。同时,全面推行"问题整改全程记实",全市印制1万余册《县处级以上领导干部"不严不实"问题清单及整改记实》,每名县处级领导干部在每个专题学习研讨后,都查找出2个以上的不严不实问题,建立问题清单,实行一人一档,销号管理,并随着学习研讨的深入,及时列入新发现的问题,及时记录问题整改实况,达到时刻提醒整改的目的。

五是坚持整体推进,全程督查指导。长春始终把抓实抓好督查指导作为推进专题教育的有力举措,坚持在专题教育启动后、每个专题学习研讨后、重点工作任务部署后,采取定期书面调度、电话指导、巡查检查等方式,对全市专题教育重要节点的统筹调度和督查指导,做到环环相扣、有效衔接、协同推进。同时,还通过召开工作会、座谈会等形式,了解掌握全市整体工作进展情况,发现和解决苗头性、倾向性问题和基层遇到的实际困难。自2015年5月以来,共进行8次书面调度,2次会议调度。此外,全市还抽调66名干部,组成33个工作组,由处级领导带队,直接深入到10个县(市)区、82个市直部门,开展专项督查,当面指出存在的具体问题和不足,督促及时改正,确保了全市专题教育扎实有序开展。

二、基本做法

"三严三实"专题教育开展以来,长春市委认真贯彻落实中央和省委部署,坚持从严要求,突出问题导向,严格整改落实,高标准抓好"四个关键动作",使专题教育取得了明显成效。

(一)超前运作,精心组织,做好准备工作

1.迅速统一思想认识。中央印发《关于在县处级以上领导干部中开展"三严三实"专题教育方案》和召开"三严三实"专题教育工作座谈会后,市委第一时间召开常委会议,认真传达和学习中央精神,特别是刘云山、赵乐际的讲话精神,统一思想,提高认识。5月5日省委常委会议、5月11日全省"三严三实"专题党课暨专题教育动员部署会后,市委于5月14日召开常委会,对全市开展"三严三实"专题教育工作做出具体部署,提出明确要求。全市各级党委(党组)也采取召开专题会议、集体学习等多种形式认真学习中央和省委有关精神,深刻认识开展专题教育的重大意义,进一步统一思想,澄清模糊认识,消除思想障碍,为开展好专题教育打下坚实思想基础。

2.制定下发指导文件。5月15日,市委印发了《关于在全市县处级以上领导干部中开展"三严三实"专题教育实施方案》和《市委常委同志开展"三严三实"专题教育工作方案》两个指导文件,围绕学习"三严三实"、践行"三严三实"这个鲜明主题,突出了问题导向和从严导向,结合长春实际对"四个关键动作"作出具体安排,使全市各级党委(党组)和领导干部在"三严三实"专题教育中有所遵循。

3.成立工作协调小组。根据中央和省委要求,市委常委班子主要负责同志作为全市"三严三实"专题教育第一责任人,市委组织部负责牵头组织实施,并设立全市"三严三实"专题教育工作协调小组,协调小组下设综合组、联络组和宣传组负责日常协调指导和运行工作。同时,及时把市"三严三实"专题教育协调小组的组成人员和工作职责任务下发给各地各部门各单位,及时解答基层在工作中遇到的实际问题,加强组织协调工作。

4.超前排查"不严不实"突出问题。从一开始就注重发现和梳理领导干部中存在的"不严不实"问题,市委领导同志结合重大项目建设、棚户区改造等民生工作专项调研和开展民情恳谈等多种形式,发现和摸清我市领导干部"不严不实"方面的主要问题和具体表现。市委组织部领导班子成员分别到县(市)区,与县(市)区委书记进行访谈,征求他们对开展专题教育意见建议,查找不严不实问题。市"三严三实"专题教育筹备小组还结合深化"四风"整治、巩固和拓展教育实践活动成果,先后开展3次全市性的集中明察暗访,认真梳理顶风违纪搞"四风",不收敛不收手等问题。专题教育启动前,梳理概括出我市各级领导干部在理想信念、宗旨意识、严以用权、廉洁自律、求实务实、遵规守纪等6个方面存在的"不严不实"突出问题,为有针对性地解决问题,确保专题教育取得实效奠定了基础。

(二)讲好党课,带学促学,确保良好开局

5月19日,召开了全市"三严三实"专题党课暨专题教育动员部署会议,市委常委班子主要负责人在会上做了一次专题党课,市级现职领导、县(市)区党政一把手、市直部门领导班子成员共计500余人参加了会议。在全市建立了领导干部讲党课台账,逐一落实讲课时间、内容和参加范围。各级党委(党组)主要负责人和班子成员紧密联系本地本部门本单位实际和党员干部思想、工作、生活、作风实际,按照"三个讲清楚"的要求,亲自动手撰写讲课材料,带头在分管领域、分管部门或所在支部讲好专题党课,做到"三个增强":即以自身"学好、做好"确保"讲好",增强专题党课的感召力;多说实话真话,少说空话套话,增强专题党课的说服力;深入查摆、剖析根源,增强专题党课的穿透力。全市各级领导干部共讲专题党课4744

场次，充分发挥了带学促学作用，切实使讲党课的过程成为统一思想、凝聚共识、激发自觉的过程。

（三）深入学习，专题研讨，打牢思想根基

1.强化个人自学。专门下发了《关于在"三严三实"中切实加强个人自学的通知》，并从市管党费中拨付专项资金订购"三严三实"专题教育学习用书，分发给每一名处级以上领导干部，引导处级以上党员领导干部重点学习《习近平谈治国理政》《习近平关于党风廉政建设和反腐败斗争论述摘编》等书目和党章、党规。同时，还通过全面调度检查的方式，督促领导干部在开展第一专题学习研讨前必须完成通读书目，切实为提升学习研讨质量打牢思想基础。

2.加强集中学习。各级党委（党组）中心组采取定期组织专题学习的方式，保证了集中学习时间和学习质量。同时，结合长春处级干部分布实际，分别采取不同的集中学习方式，即：对于一些部门处级以上干部比较少，采取参加党委（党组）中心组扩大会的形式进行；对于部门处级以上领导干部比较多的，采取划分学习研讨组的办法进行；同时，还以党支部召开专题学习会的形式进行集中学习，既能保证研讨的人数适中，真正能够研讨起来，又能保证与"三会一课"制度紧密结合，形成常态。

3.对照正反典型深入学。通过组织领导干部学习"三严三实"优秀教材、观看电影故事片等形式，积极从正面典型中获取精神力量，使"三严三实"要求内化于心、外化于行。同时，注重从反面典型中吸取教训，以周永康、薄熙来、徐才厚、郭伯雄、令计划、苏荣等严重违纪违法案件为反面教材开展学习研讨，并通过参观警示教育基地、观看警示教育片、职务犯罪人员现身说法等形式，使各级领导干部深刻总结反思，切实受警醒、明底线、知敬畏，牢固树立正确的权力观地位观利益观，自觉接受组织和群众的监督。

4.定期组织专题研讨。及时向全市下发了《关于认真做好学习研讨工作的通知》，组织各级党委（党组）围绕3个专题和省委确定的11个具体专题，认真组织开展专题研讨。市委常委班子在研讨中，切实发挥表率作用，市委中心组分别于2015年6月3日、7月30日、9月7日-8日、11月2日召开4次专题学习研讨。在"严以律己"专题中，市委常委班子主要负责人围绕"严守党的政治纪律和政治规矩"主题，按照"发言主题必须鲜明、思想根源必须深挖、问题不足必须说透、整改措施必须实"等"四个必须"的标准，对12名市委常委每一份发言提纲都进行了严格检查，常委全部采取均衡发言的形式，确保专题研讨高质量开展。在专题学习研讨期间，市委先后派出99人次处级干部全程列席县（市）区、市直部门党委（党组）中心组学习研讨会，对领导干部的研讨发言进行逐一点评，切实保证专题学习研讨质量。全市县处级以上领导班子共召开专题学习研讨会3742次。

（四）直面问题，强化整改，严肃立规执纪

1. 深挖细照找准问题。市委组织各级领导干部严格对照"三严三实"标准，对照正反两方面典型，对照自身岗位职责，采取自己找、群众提、上级点、互相帮等形式，结合各个具体学习研讨专题内容，找准找实找细自身存在的不严不实问题，真正做到了既找思想问题，也找实践问题。全市县处级以上领导干部在专题教育中共查找出不严不实问题2.3万个。

2.落实责任狠抓整改。市委采取明察暗访、警示约谈等方式，督促各级领导干部切实担负起管党治党、狠抓整改落实的主体责任，专题教育中，先后在全市集中通报了11起主体责任不落实的典型案例，在全市营造了抓住责任促落实的良好局面。全市各级党委（党组）围绕专题学习研讨中查摆出来的群众反映的突出问题，坚持围绕回应群众关切集中推进整改，特别是结合严守党的政治纪律和政治规矩专题研讨中查找出来的问题，严格规矩重点推进整改。全市查找出的不严不实问题整改完成率达到90.1%。

3.突出重点集中整治。市委集中开展了规范选人用人、领导干部走读等专项整治行动，强化干部考察作用，严格查核领导干部个人重大事项报告，认真履行干部选任程序，真正把信念坚定、为民服务、勤政务实、敢于担当、清正廉洁的好干部选拔上来，树立鲜明用人导向。建立领导班子综合分析研判制度，把日常了解、定期分析、结果运用统筹起来，注重发挥考核的"指挥棒"作用，不断完善考核评价体系，科学梳理工作业绩指标，把领导班子有无为官不为、为官不正、为官乱为等问题作为重要内容，给领导班子和领导干部压担子、落任务。同时，还建立一把手退休前温馨提示制度，保证领导干部带头讲原则、守纪律、讲规矩。并定期在县（市）区领导班子中开展谈心谈话活动，肯定成绩，交流思想，指明问题，提出建议，提高班子解决自身问题能力，切实增强改革任务的落实力。

4.严格抓好正风肃纪。市委围绕营造"一起干事、共同干净"的良好政治生态，引导各级党委（党组）紧紧盯住"四风"，不断加大明察暗访力度，始终保持反"四风"高压态势，着力解决"婚丧嫁娶敛财风、变相公款吃喝风、吃拿卡要衙门风、乱发节礼补贴风"等"小四风"问题。同时，还坚持从严管理党员干部队伍，始终把纪律和规矩挺在前面，狠抓不严不实问题和"四风"问题整治，坚决以零容忍的态度惩治腐败。专题教育以来，共查处顶风违纪违法案件1339件，其中，组织处理230人，给予党纪政纪处分440人，移送司法机关68人。

5.健全长效制度机制。全市从完善严和实的体制机制上入手，规范了定期集中学习、党委（党组）议事决策、工作运行、从严管理干部、规范干部行为等一系列规章制度。特别是市委研究制定的《市管领导班子和领导干部日常考核实施办法》《县（市）区、开发区领导班子和领导干部综合分析研判实施办法》等制度，在强化实绩考核和廉政考核的同时，着重突出了党建考核和作风考核，使严和实成为价值追求和工作导向。全市各级党委（党组）已出台"三严三实"方面制度规定2518个。

（五）紧扣主题，思想体检，开好专题民主生活会

长春把开好专题民主生活会和专题组织生活会作为关键动作和重中之重，努力把功夫下在会前，严格细化工作流程，组织各级党委（党组）充分征求意见，认真查找问题，扎实

开展批评和自我批评，切实以整风的精神严肃党内政治生活。

1.会前做到充分准备。着力抓好会前学习教育，采取集中学习与个人自学相结合的方式，组织领导干部深入学习领会习近平总书记关于“三严三实”的重要论述和在党的十八届五中全会上关于加强高级干部队伍建设的指示精神，深入学习党章和《中国共产党廉洁自律准则》《中国共产党纪律处分条例》，强化党的意识、党员意识和纪律规矩意识。全市各级党委（党组）集中学时948小时，党员干部个人自学达4000多小时。同时，充分征求各方意见建议。市委向基层派出3个征求意见组，共征求到对市委常委班子的意见建议257条，对市委常委个人意见建议98条，全部如实反馈常委班子和常委。全市各级党委（党组）发放5659份征求意见表，个别访谈2479人次，实地走访1086次，召开座谈会417次，领导干部之间相互开展谈心3326次，征求到意见16477个。各级党委（党组）主要负责人还主持召开专题会议集体研究确定班子对照检查材料，并对班子成员发言提纲逐一审阅把关。

2.会上严肃批评和自我批评。2016年1月13日，市委常委班子召开专题民主生活会，省委书记巴音朝鲁亲自参会指导并给予充分肯定。市管党委（党组）班子共召开专题民主生活会97次。8名市委常委分别参加和指导县（市）区、开发区党委班子专题民主生活会。各级党委（党组）也严格按照省市委相关要求，以严肃认真的态度召开了专题民主生活会和专题组织生活会，班子成员在专题民主生活会上放下包袱、敞开胸襟，不回避矛盾、不回避问题，紧扣“三严三实”主题，突出政治纪律和政治规矩，进行深入的党性分析和自我解剖，开展坦诚负责的相互批评，在思想交锋中找准问题，在互帮互勉中增进团结，收到相互教育、相互警醒的效果，达到“团结—批评—团结”的目的。市委组织部、市纪委、市直机关党工委还派出158名干部列席了各市直部门及基层单位民主生活会，并对开展批评与自我批评情况进行了综合评价，有效地保证了专题民主生活会的质量。

3.会后认真整改落实。各级党组织和党员干部认真回应征求到的群众意见，回应对照检查材料和发言提纲查摆的突出问题，回应专题民主生活会和专题组织生活会上提出的批评意见，提出整改落实的具体措施，以列出问题清单、整改清单的方式公开整改。市委常委班子11名成员共查摆出问题134条，提出批评意见44条，制定了整改措施54条。全市各级领导班子共查摆问题6359个、班子成员查摆问题9850个，提出有针对性的、可操作性、可监督的整改措施8120条，并全部列明整改期限，逐一整改落实。

（六）严把环节，横纵联动，扎实推进基层干部损害群众利益问题专项整治

按照中央和省委深化县级“三严三实”专题教育着力解决基层干部不作为乱作为等损害群众利益问题的要求，自2015年10月起，组织全市10个县（市）区、5个开发区、31个垂直管理部门和市属行业系统部门所属基层单位，围绕“三个整治范围”，聚焦“四个集中整治重点”，明确“五个责任主体”，落实“七个关键步骤”，开展了为期2个月的专项整治工作，取得了较好成效。

1.强化组织领导，压实责任促落实。市委坚持高位统筹，层层下压工作责任，专门下发了《关于做好在县级“三严三实”专题教育中专项整治基层干部不作为乱作为等损害群众利益问题的通知》，及时召开县（市）区委书记专题会议落实专项整治工作，督促县（市）区委书记切实担起第一责任人责任。各县（市）区直部门和乡镇（街道）全部成立一把手为组长的领导小组和工作小组，对专项整治工作直接负责、分线落实。全市县（市）区党委班子成员共建立专项整治联系点469个。同时，还落实行业系统部门监管整治责任，发挥行业系统部门抓所属基层单位的管理优势和资源优势，分领域推进专项整治工作。市委组织部还牵头建立了县（市）区、开发区和行业系统部门的沟通协调机制，做到专项整治工作同部署、同排查、同调度、同审核、同整改，在全市形成了横向畅通、上下联动、紧密协作、合力攻坚的良好态势。

2.强化自查排查，聚焦重点找问题。一是组织基层单位细化内容对标查。把“四个集中整治”重点内容分解细化，列出问题具体表现，引导基层干部逐项认真查找自身问题。二是抽调力量集中拉网查。县（市）区、开发区共抽调368人，组成98个排查工作组、督查执纪小组等，采取分片包干、划领域分组、依对象派员督查等多种方式，运用“听、看、谈、评、访”等办法，逐乡、逐村、逐单位开展摸底排查工作，确保排查工作不留死角、不留空白。三是聚焦群众关切巡回查。各县（市）区、开发区采取巡回检查、随机抽查等方式，问进度、问效果、问责任，督促查找问题精准到位。四是督查暗访摸底查。市委专项整治督查组通过深入村、社区等基层一线开展筛查性暗访，各县（市）区排查暗访组、工作推进组也对具有管理服务职能的执法部门、窗口服务单位进行突击暗访，市、县两级党委共开展督查暗访174次。全市2174家基层单位共召开查找问题座谈会680余场次，下发对照自查表5200余份、征求意见表（问卷）18000多份，走访5700余人次，建立网络征求意见箱90余个、QQ群27个，共发现问题线索3318条（件）。

3.强化问题梳理，四级联审定清单。一是基层单位初核审查。由自查单位党组织对本单位干部自查出的问题线索和问题清单进行审核汇总，经一把手审定签字后，如实报上级党组织审查。二是县级党委甄别审查。由县（市）区委组织部、开发区党办对基层单位上报的问题清单逐一研究甄别，重点把一时表现和经常行为区分开来、把一般性问题和损害群众利益问题区分开来、把不熟悉业务政策与故意而为区分开来。三是行业系统监管审查。由行业系统管理部门对所属基层单位梳理出的问题进行梳理分析，注意把平时工作中掌握的情况、干部管理中发现的情况、纪检信访反映的情况作为问题线索，督促基层单位查细查实，完善问题清单。四是市级督导把关审查。由市专项整治督查工作组对各县（市）区、开发区和行业系统部门上报的问题进行汇总，做好“四查把关”，即查问题分类

是否准确、查问题表现是否具体清楚、查主要成因分析是否透彻、查整改措施是否具备可操作性，对不符合要求的责令修改完善，把问题清单转化为整改清单。全市经梳理审查确认的问题共606件，其中，基层干部不作为问题265个、乱作为问题206个、贪腐谋私问题89个、执法不公问题28个、其它问题18个。

4.强化督查指导，条块结合全覆盖。长春坚持把督导检查作为强化专项整治工作的有力武器，根据专项整治的范围和重点，采取以"块"为主，以"条"为辅，"条""块"结合的方式确保督查无缝隙、全覆盖。在"块"上，以10个县(市)区、5个开发区为主要督查对象，从市委、市政府综合部门抽调5名副局级领导干部和20名干部组成5个专项整治督查工作组，采取分片负责、驻点办公的形式，负责全市专项整治工作的跟进指导和协调配合，保证了专项整治有效开展。各县(市)区、开发区也抽调289名干部，组成了85个督查组和工作推进组，从专项整治工作一启动就进驻基层单位，严把动员部署、自查自找、即知即改和突出问题专项整治等重要关口。在"条"上，以涉及群众切身利益的31个垂直管理行业系统部门为主体，分别组建了本行业系统专项督查组，负责对所属基层单位专项整治工作的督查指导。全市各级督查工作组共召开座谈会442次，开展督查暗访634次，进行个别谈话532人次。市委督查工作组约谈县级党委领导15人次，审核把关问题清单892件次，退回问题清单260余人次，确保了专项整治工作扎实稳步推进。

5.强化整改问责，从严执纪保实效。长春在抓实抓好专项整治整改工作中，始终坚持边查摆边整治、边整改边问责，做到教育惩戒并重。对情节较轻、影响较小、不构成违纪违法的，通过提醒、告诫、谈话诫勉等方式，督促基层干部反省错误、端正思想、规范言行；对问题性质较为严重、社会影响较大的，实行"零容忍"，坚决依纪依规进行处理。同时，严格实施倒查问责，从群众反映强烈的普遍性、突出性问题入手，始终保持对损害群众利益问题的高压态势，从严惩处相关责任人员。专项整治以来，各县级党委梳理确认的606件基层干部损害群众利益问题，已整改解决548件，整改率90.4%。其中，限期改下410件，主动退赔22件，党纪政纪处分301件，移送司法机关20件，通报基层干部损害群众利益问题典型案件65件。达到了处置一起、教育一片的良好效果。

6.强化制度建设，健全机制求长效。各县(市)区、开发区从完善监督制约机制、改进干部岗位职责和重大决策等方面建章立制，特别是围绕解决群众利益方面建立健全制度体系，落实逐年为民办实事办好事制度，切实让群众看得见、摸得着、得实惠。同时，着眼作风建设常态化，紧扣学习贯彻《廉洁自律准则》《纪律处分条例》，进一步健全完善党风廉政巡查、倒查问责、加强工作纪律和组织纪律等制度，不断巩固专项整治成效，推动解决问题的常态化、长效化。截止目前，全市各级党组织共建立健全预防和整治基层干部不作为乱作为方面制度措施364项。

三、主要成效

"三严三实"专题教育开展以来，长春始终坚持两手抓两促进，把专题教育融入干部经常化教育之中，在推动长春新一轮振兴发展中深化专题教育，督促各级领导班子和领导干部以从严从实的劲头抓发展、抓改革、抓民生、抓稳定、抓落实，切实用改革发展的实际成效检验专题教育成果。

(一)党员干部马克思主义信仰和中国特色社会主义信念更加坚定。长春通过深入系统学习中国特色社会主义理论和习近平总书记系列讲话精神，补足了党员干部精神之"钙"，广大党员干部在理论上更加清醒，政治上更加坚定。特别是通过回顾我们党在革命、建设和改革开放，以及在推进"四个全面"战略布局新征程中取得的成就，进一步增强了道路自信、理论自信和制度自信。同时，通过对照正反两方面典型，深刻反思"软骨病"的症结和危害，广大党员干部进一步认清了缺乏崇高的理想信念的危害。让党员干部保持了高度的警醒，把理想信念真正内化于心、外化于行，守住为官从政的"生命线"。

(二)党员干部严守党的政治纪律和政治规矩自觉性明显增强。长春通过学讲话、学党章、学规矩，特别是通过开展"严守党的政治纪律和政治规矩"主题学习研讨，以及专题民主生活会的深刻批评和自我批评，广大党员干部进一步强化了党的意识、党员意识和规矩意识，进一步牢固树立"三严三实"的检验标尺，自觉做政治上的"明白人"、做贯彻落实中央和省市委决策部署的"带头人"、做廉洁自律的"清白人"、做保持积极向上的心态和健康生活情趣的"健康人"，真正做到知敬畏、明底线、受警醒，严格按程序办事、按规矩办事、按法律办事，切实维护政治纪律和政治规矩的严肃性。

(三)党员干部破解难题、勇于创新的意识进一步强化。长春坚持把专题教育成果转化为党员干部干事创业的热情、勇于担当的自觉，把"严"和"实"的精神体现到推进城市转型升级、建设幸福长春生动实践中。2015年以来，全市认真贯彻落实习近平总书记在吉林调研时重要讲话精神，坚定不移地走工业服务业"双拉动"增长路径，突出抓好体制机制创新和科技创兴，全力推动现代农业建设，2015年以来，全市启动实施亿元以上大项目1286个；战略性新兴产业产值增长6%，占工业经济比重提高7.7个百分点；民营经济主营收入突破1万亿元，增速达8%；服务业全年增长9%；全市农产品加工业规上企业实现产值1930亿元，比2014年增长10.05%。

(四)党员干部服务基层、服务群众的成效持续显现。长春始终把专题教育的成效体现在为民服务上，体现在察民情、解民忧、传民声、聚民心的具体工作中。通过实施"双包双转化"工程，组织100个强村包保100个弱村，选派100名年轻干部包保100个后进村，抓党建、送政策、送技术、送法律、送卫生、送服务，有效提升了全市农村基层党建的整体水平。通过持续推进民情恳谈日活动，县局级领导干部每月选择一个工作日，深入到农村、社区、非公有制企业和其他基层单位，面对面听取群众意见，体察群众冷暖，解决实际问题，全市各级领导干部共开展恳谈 1020 次，帮助解决问题 2647 个。通过深入实施"万户特困户结对救助"活动，1 万余名各级党政机关干部与特困户结成了帮扶对子，帮助特困户解决生产生活中遇到的实际困难。通过深入开展在职党员进社区活动，各级党员干部认领志愿服务项目 25225 个、"微心愿"15135 个。

(五)党员干部真抓实干，推进幸福长春建设的成果不断丰富。长春坚持把民生工作放在优先发展位置，每年将新增财力的 70%都放在民生工作上。全市各级党组织和广大党员干部高标准推进"幸福长春计划"，20 个方面 58 项民生实事。全市 120 个社区居家养老服务中心已全部建成使用，有 1147 名困难老人享受到政府购买的居家养老服务，在全国率先推出失能人员医疗照护保险制度。全市新建公租房 1429 套、分配 24797 套，改造农村危房 8515 户、棚户区住宅 10442 套，改造"老旧散弃"小区 64 个，城乡居民居住环境明显改善。大力推进医疗改革，在全国首创"721"(基本用药保障补贴市里 70%，区里 20%，社区医疗机构 10%)资金保障机制，门诊医疗费用下降 30%，被国家卫计委称为"长春模式"予以推广。全市正在以作风改进的力量、"三严三实"的精神，向着加快建设"幸福长春"、率先全面建成小康社会的目标奋力前行。

专题教育开展以来，我市一些做法得到了上级充分肯定并通过多种媒体进行宣传报道。2015 年 10 月 22 日、11 月 1 日，吉林电视台《吉林新闻联播》栏目深度报道了我市"三严三实"专题教育的生动实践和具体成效。2015 年 10 月 28 日，《吉林日报》头版深度报道了我市"三严三实"专题教育的先进做法和取得的成效。吉林省委组织部《"三严三实"专题教育情况通报》和《吉林组工信息》也先后 2 次刊发了我市特色做法和成功经验。

回顾总结全市"三严三实"专题教育，尽管取得了一定成效，但与中央、省委要求和人民群众期望相比，还存在一定差距和不足。一是个别基层单位对抓好抓实"三严三实"专题教育缺乏持之以恒的劲头，存在简单应付，结合不够、知行脱节等问题。二是一些党员干部在查找和整改自身存在的不严不实问题方面，还存在避实就虚、避重就轻的现象，对整改问题还缺乏动真碰硬的勇气。三是"不严不实"问题还有新的表现形式，一些深层次问题还没有得到根本解决。四是专项整治还缺少系统配套的治理措施，整治力度还需要进一步加大。五是全面践行"三严三实"的制度机制还不健全，制度执行的力度还需要进一步加强，等等。对于这些问题，要在今后工作中认真加以研究解决。

四、经验启示

通过近一年的"三严三实"专题教育工作实践，主要有以下几点启示：

(一)必须坚持不懈地加强理想信念教育，用科学理论武装头脑。锻造党员领导干部过硬的作风、素养和能力，只有持续加强理想信念建设，教育引导广大党员干部深入认识和理解"三严三实"深刻内涵和实践要求，不断坚定党性修养，才能切实激发广大党员干部"内生动力"，才能真正把"三严三实"要求内化于心、外化于行。

(二)必须坚持不懈地强化纪律规矩意识，使广大干部知敬畏守底线。党的政治纪律和政治规矩是党的全部纪律和规矩的基础，是第一位的政治要求。践行"三严三实"就是要严格遵循《中国共产党廉洁自律准则》、《中国共产党纪律处分条例》要求，着力从严肃党内生活入手，教育广大党员干部对照"七个有之"现象和贯彻"五个必须"要求，始终把纪律挺在前面，经常深入自警反省，不断筑牢政治底线，守住纪律底线和红线。

(三)必须严格制度规范约束，做到常抓不懈久久为功。倡导和形成严和实的作风必须加强制度建设，必须通过长效机制，扎紧制度"铁笼子"，划出边界底线、明确行为准则，使"三严三实" 的要求通过制度固化下来，成为党员干部的自觉行动。同时，还必须切实加大制度执行力度，加强执纪监督检查和违规查处问责，切实维护制度的权威性和严肃性。

(四)必须强化工作统筹结合，使专题教育成果落地生根。开展专题教育的目的是更好地推动党和国家事业发展。践行"三严三实"必须同落实"五大发展理念"、推动改革发展、做好中心工作结合起来，切实把"严"和"实"的要求转化为做好各项工作的强大动力，转化为谋划发展的具体思路，转化为落实发展任务的工作举措，转化为推动科学发展的实际成效。

五、下步工作

下一步，我们将把深化专题教育与学习贯彻十八届三中、四中、五中全会精神结合起来，与扎实开展"两学一做"学习教育结合起来，与贯彻落实中央和省委重大部署结合起来，进一步巩固和扩大专题教育成果，让践行严和实精神的良好态势不断保持和发展下去，让"三严三实"成为党员干部的思想自觉和行为习惯。

(一)深入学习习近平总书记系列重要讲话精神。坚持把深入学习贯彻习近平总书记系列重要讲话精神作为一项长期的政治任务，组织广大党员干部继续深入学习领会习近平总书记系列重要讲话和关于"三严三实"的重要论述精神，特别是认真抓好习近平总书记在吉林视察时提出的扎实推进老工业基地振兴、做好农业农村农民工作、推进保障改善民生、建设坚强有力的领导班子等 4 项重点工作任务的落实，逐项研究、开实"药方"、提实举措，确保中央和省委的部署要求在长春落地生根。

(二)持续抓好专题教育后续整改落实和建章立制。专题教育能否取得实效，关键看整改落实和建章立制的情况。按照列出的党委(党组)班子和领导干部个人整改清单，持续用力抓好问题整改，可以解决的要立行立改，一时解决不了的要制定持续改进的具体措施，做到整改进程和整改效果可检查、可监督。按照务实管用的原则，扎实推动建章立制工作，深化基层干部不作为乱作为等损害群众利益问题专项整治，确保查找出的问题得到全面有效整改落实。

（三）组织一次专题教育“回头看”。围绕“三个见实效”的目标要求，坚持标准不降、要求不松，认真组织一次“回头看”，一项一项的对对表，一个一个的盘盘账，做到“六看”：看整治“四风”问题是否存在老问题反弹回潮、看新问题是否跟进解决、看纪律规矩这根弦是否绷紧、看当归当即是否严格执行、看干事创业的精气神是否凝聚、看干部不作为乱作为问题是否得到解决等，做到好的认真巩固，做的不好的及时补课，问题突出的尽快纠正。

（四）着力在推进长春振兴发展中深化专题教育。把深化专题教育与协调推进“四个全面”战略布局结合起来，与完成“十三五”目标任务结合起来，与实现长春老工业基地振兴发展结合起来，把专题教育激发出来的热情切实转化为干事创业的强大动力。继续督促各级领导干部始终以“严”的精神改进工作作风，以“实”的干劲落实发展任务，用稳增长、转方式、调结构、促改革、惠民生的实际成果来检验学习和践行“三严三实”的成效。

（五）扎实开展“两学一做”学习教育。按照中央和省委要求，开展“学党章党规、学系列讲话，做合格党员”学习教育，巩固“三严三实”专题教育成果，着力解决一些党员党性意识弱化、宗旨观念淡薄、组织纪律涣散等问题，解决党员教育管理失之于宽松软、不严不实等问题，解决党内生活庸俗化随意化平淡化等问题，全面提升党员队伍思想政治素质、保持发展党的先进性和纯洁性。

2015 年建设幸福长春行动计划

孙宪法

2015 年建设幸福长春工作，要认真贯彻党的十八大和十八届三中、四中全会精神，深入学习贯彻习近平总书记系列重要讲话精神，落实省委十届四次全会和市委十二届六次全会部署，着眼于不断满足群众的生存性、发展性和安全性民生需求，更加注重保障基本民生，更加注重低收入群体生活，更加注重基本公共服务建设，更加注重信访、稳定和安全生产，着力办大事、解难事、做好事，切实让全市上下在共建共享中不断提升幸福感和满意度。

1.实施“助业惠民”计划。完善金融税收政策，提升孵化基地建设水平，营造全民创业的宽松环境；推进“1 公里基层公共就业综合服务圈”建设，提高高校毕业生、贫困妇女、残疾人等群体就业质量，城镇新增就业 12 万人。

2.提高城乡居民基本养老保险待遇。在现有每人每月 70 元标准的基础上，由市、区两级政府共同补贴 50 元，将基础养老金提高到 120 元。

3.实施失能人员照护保险制度。为参加城镇职工医保和居民医保的失能人员，分别按照平均 90%、80%的比例补偿照护费用，减轻其家庭经济负担。

4.开展以社区为依托的居家养老综合服务试点。鼓励扶持社会力量兴办养老机构，大力培育社会为老服务组织，积极推广居家养老定制化服务；完善养老机构医疗康复服务体系，实现机构养老医疗巡诊全覆盖。

5.完善以救急难为重点的大救助体系。开展万名群众应急救护培训；建立疾病应急救助机制，为身份不明或无力支付医疗费用的患者提供医疗急救；以临时救助为依托，发挥社会救助兜底线、救急难作用，确保因病因灾、突发事故使生活陷入困境的群众得到及时救助，实现“有一助一”。

6.扎实推进残疾儿童康复教育保障体系建设。充分利用残疾儿童最佳康复期实施抢救性康复工程，对 0–8 周岁在定点机构参加康复训练的贫困家庭孤独症、脑瘫和智障儿童实行补助制度；为 7–15 周岁孤独症等残疾少年儿童接受教育创造条件，实现残疾少年儿童康复和特殊教育全覆盖。

7.全力发展优质教育。深化大学区改革，再创建学区新优质校 30 所，加强校长、教师交流，推动义务教育优质均衡发展；严禁公办学校和教师乱补课、乱办班，切实减轻学生课业负担。

8.继续开展健康长春行动。在具备条件的公园、广场、伊通河两岸增设体育健身设施；实现城区社区健身路径、乡镇健身器材全覆盖；推进冰雪运动设施建设，开展旅游休闲进社区、冰雪运动进校园、居民上冰雪、青少年冬令营等活动；继续深入开展限盐、控油、控烟、限酒等健康高危因素控制行动，不断提高群众身体素质和健康水平。

9.提升公共文化服务能力。启动建设市方志馆、雕塑艺术博物馆，市博物馆、美术馆、规划展览馆正式开放；启动城区少年宫提升改造工程，利用 3 年时间为每个城区改扩建一所少年宫；开展消夏啤酒节、读书节、公益电影放映、送戏下乡等活动，满足城乡居民多层次精神文化需求。

10.大力推进棚户区改造。拆除棚户区 150 万平方米，建设回迁安置住房1.3万套、保障性住房2000套，全力改善群众居住条件。

11.综合改造“老旧散”小区。改造“老旧散”小区132万平方米、“暖房子”650万平方米。

12.加强住宅小区物业管理。简化物业维修资金申请使用流程，提高资金使用率；加强物业企业资质监管；完善对各城区、开发区物业管理工作的考核制度；力争“老旧散”住宅区专业化物业管理和业主自治管理、社区准物业管理覆盖率达到100%。

13.抓好地下管网改造。改造老旧供水管网100公里、供热管网200公里、燃气高危管网150公里；新增天然气管网100公里；改造、串并二次供水泵站357座；启动居民小区地下排水管网改造；建成天然气外环高压管网，调峰储气设施投入使用，不断提升城市生活要素保障能力。

14.集中整治城市出入口。按照不同标准集中改造16个城市出入口，整饰两侧建筑设施，绿化彩化亮化周边街路，不断提升城市品位、塑造城市门户新形象。

15.改善城市生态环境。新建、续建梨花园、净月生态文化公园、德苑等14个公园，完成“两横三纵”快速路沿线绿化，实施四环路绿化改造；淘汰建成区内10吨及以下燃煤锅炉1000台，对重点行业企业燃煤锅炉实施除尘、脱硫、脱硝改造，淘汰2005年底前注册营运且达到强制报废标准的黄标车，深入开展禁烧、禁燃和工地扬尘等专项整治，努力打造“天蓝、地绿、水净、城美”的宜居环境。

16.建设方便快捷的公共交通。新增新能源公交车辆133台，新辟调整公交线路10条，新建、亮化公交候车亭、站牌100座，建设一批港湾式停靠站，全面提升公共交通服务质量；深入挖掘停车资源，大力开发停车泊位，规范商业区和居民小区停车行为，着力解决停车难问题；升级改造市交通指挥中心，提升交通管理智能化水平。

17.提高城市安全保障能力。创建安全发展示范城市，启动建设安全教育体验公园，打造生产、交通、消防、建筑、公共家居、自然灾害6大安全一站式体验场所，普及安全知识；构建“城乡一体、联网共享、高清智能”的视频监控体系，公共高清探头突破1.5万个；实施城区中小学直饮水工程，为具备条件的学校新建、改扩建学生食堂或食品加工间，保障学生饮食安全；启动食品药品检验中心建设，提升基层快速检验能力，切实保障群众食品药品安全。

18.深入创建幸福社区。按照“三化七有”标准，完善基础设施，千米社区比例达到50%以上；建立主题多元、功能完善、优质高效的社区服务体系，推动公益服务、法律服务、家庭教育、便民服务、公用服务、医疗服务进社区，让居民生活得更有尊严、更有幸福感。

19.加强新农村建设。抓好省市两级新农村重点村建设；建立农村留守老人、儿童、妇女的关爱服务体系；加强农村基本医疗、公共卫生能力和乡村医生队伍建设；扩大农村养老保险覆盖面；增设农村养老服务和文化体育设施；构建农村基层综合公共服务平台。

20.优化便民服务。建成社会治理信息服务平台，畅通群众诉求渠道；发放工会会员服务卡，为持卡会员提供就医、购书、健身等优惠服务；建设一批人行过街天桥；建设南部快速路公共自行车系统；打造智慧长春，推进通信盲区基站和重点公共区域WIFI建设，开通市民主页，为群众提供政务在线办理、信息查询等服务；全面推进依法治市十件实事，完善覆盖城乡的公共法律服务体系。

长春新区总体发展战略研究(节选)

长春高新技术产业开发区管委会　长春市委市政府政策研究室　联合课题调研组

自1992年国务院批准成立上海浦东新区以来，全国已设立16个国家级新区。长春高新区为更好地发挥在落实国家战略、促进区域发展中的引领、辐射和带动作用，着眼于推进长吉图战略深入实施，推进长吉一体化发展，积极开展战略研究，精心谋划长远发展，聘请国内高水平专家团队，与市委市政府政策研究室共同开展“长春新区总体发展战略”课题研究工作，适时启动国家级新区申报工作，取得积极进展。

一、全国新区设立发展总体情况

国家级新区是由国务院批准设立的以相关行政区、特殊功能区为基础，承担着国家重大发展和改革开放战略任务的综合功能区。新区的成立乃至于开发建设上升为国家战略，总体发展目标、发展定位等由国务院统一进行规划和审批，相关特殊优惠政策和权限由国务院直接批复，在辖区内实行更加开放和优惠的特殊政策，鼓励新区进行各项制度改革与创新的探索工作。

截至 2015 年 12 月,全国有 16 个国家级新区。从地域分布看,16 个国家级新全部位于“两横三纵”城镇化战略格局重点节点,7 个在东部地区,2 个在东北地区,6 个在西部地区,1 个在中部地区。从行政体制看,上海浦东新区、天津滨海新区具有完整的行政区域,设有区委区政府,其余新区都是行政管理区,只设立管理委员会。从承担功能看,国家级新区通常都是特殊功能和政策叠加的区域,同时承担着国家战略,对区域经济带的形成具有串联效应，推动区域经济增长和市场空间梯次扩展。从人口规模看,2014 年突破 200 万人的仅有上海浦东新区、天津滨海新区和重庆两江新区，其余都 200 万人以下。从 GDP 规模看，东部沿海地区的国家级新区除福州新外 GDP 都超过了千亿,而 GDP 不超过 500 亿元的新区主要集中在西北地区。

经过 20 多年的建设发展，国家级新区在创新体制机制、带动区域经济发展、优化空间格局、改善民生福址方面取得了显著成就。2014 年，国家级新区以占全国 0.17%的土地面积，承载 1814.9 万人口和 26620 亿元的生产总值，分别占全国的 1.3%和 4.2%;实现第二产业增加值 13608 亿元,第三产业增加值 10443 亿元，地方财政一般预算收入 5429 亿元,分别占全国的 5.4%、4%和 4.2%；实现固定资产投资 16085 亿元，社会消费品零售总额 234380 亿元，分别占全国 3.7%和 2.1%。

中国国家级新区一览表

新区名称	批获时间	面积(平方公里)	人口(万人)	GDP(亿元)
上海浦东新区	1992 年 10 月 11 日	1210.41	541	7110
天津滨海新区	2006 年 05 月 26 日	2270	279	8760
重庆两江新区	2010 年 05 月 05 日	1200	235.2	1861
浙江舟山群岛新区	2011 年 06 月 30 日	1440	114	1022
甘肃兰州新区	2012 年 08 月 20 日	1700	15.6	96
广东南沙新区	2012 年 09 月 06 日	803	64	1016
陕西西咸新区	2014 年 01 月 06 日	882	95.9	398
贵州贵安新区	2014 年 01 月 06 日	2451	15	142
青岛西海岸新区	2014 年 06 月 03 日	2096	148	2453
辽宁金普新区	2014 年 06 月 23 日	2299	158	2729
四川天府新区	2014 年 10 月 02 日	1578	179	1730
湖南湘江新区	2015 年 04 月 08 日	490	85	970
江苏江北新区	2015 年 06 月 27 日	2451	130	1435
福建福州新区	2015 年 08 月 30 日	1892	60	506.5
云南滇中新区	2015 年 09 月 07 日	482	155.5	1041.4
哈尔滨新区	2015 年 12 月 16 日	493	–	–

二、设立长春新区的主要背景和基础条件

(一)主要背景

1.长吉图先导区上升为国家战略并深入实施。1991 年,联合国开发计划署正式将图们江流域开发列为联合国开发计划,1992 年,联合国开发计划署发起“大图们江动议”(GTI)组织,由韩国、朝鲜、中国、蒙古和俄罗斯等 5 国发起并参与。党中央、国务院对联合国开发计划署倡议建立大图们江五国国际项目非常重视,2009 年 8 月 30 日,国务院批复了《中国图们江区域合作开发规划纲要——以长吉图开发开放先导区》。这一规划是中国唯一带“中国”字头的区域发展规划,也是中国唯一的一个沿边开发开放的大战略。特别是《规划纲要》中明确提出了“打造长东北新区”的概念,为设立新区提供了国家战略支撑。

为推进落实长吉图战略规划,吉林省委、省政府成立了省长吉图规划实施领导小组,编制了《长吉图开发开放先导区规划实施方案》和《长吉一体化实施方案》;成立了由书记和省长任组长的长吉图开发开放先导区战略实施小组，切实加大组织推进力度,在先导区平台建设、通道建设、经贸合作、先行先试、争取支持等一些重点领域和关键环节,取得突破性进展。长春市围绕落实长吉图国家战略，规划了长东北开放开发先导区，以强化长吉图腹地支撑功能为重点，加大开发建设力度,为设立新区奠定了较好发展基础。

2.吉林省作出“依托长春高新区挂牌建设长吉新区”的重大决策。为突出长春和吉林作为长吉图战略腹地支撑作用,推进长吉一体化和中部城市群建设，培育吉林新一轮振兴发展的经济增长点,2014 年 11 月 14 日,省委召开开长吉图开发开放先导区战略实施领导小组会议,作出“发挥长春高新区优势和作用，依托长春高新区挂牌建设长吉新区”的重大决策；2015 年 2 月 11 日,吉林省机构编制委员会下发关于设立长吉

产业创新发展示范区管理委员会的批复，并于2月16日正式挂牌成立。省政府成立长吉示范区建设协调推进组，并出台《关于支持长吉创新产业发展示范区建设若干政策》，全力支持示范区加快发展，着力打造全省落实改革开放战略的平台、创新驱动转型升级的平台、现代农业发展示范的平台、以市场为导向体制机制创新的平台。

3.新一轮东北振兴为设立国家级新区创造了新机遇。东北在国家战略全局中举足轻重，是重要的工业基地和保障粮食安全的大粮仓。但近年来由于东北能源原材料产业和重化工业比重大，受国际市场变化和国内需求不足影响较为明显，加上体制机制改革滞后和一些内在因素，面临较大的经济下行压力。党中央、国务院对东北发展高度重视。2014年，国家专门出台关于近期支持东北振兴若干重大政策举措的意见。2015年3月9日，中共中央总书记习近平参加十二届全国人大三次会议吉林代表团的审议，深刻指出“吉林等东北老工业基地要通过创新实现优化升级、脱胎换骨，进行深化改革创新，实现适应经济新常态的战略性调整”。为深入贯彻落实习近平总书记重要讲话精神，省委省政府决定在长吉产业创新发展示范区的基础上谋划设立长春新区。2015年4月9日，李克强总理到吉林省考察调研时，省委省政府提出建设国家级新区的想法，得到了克强总理的认同和支持，国家级新区发展战略研究全面启动，申报工作同步进行。

（二）基础条件

1.区位优势明显。新区位于长吉图开发开放先导区核心腹地和我国东北地区地理中心，是哈（尔滨）大（连）经济带和中蒙俄经济走廊的重要节点。新区交通运输网络比较完备，京哈铁路、哈大高速铁路、长珲城际铁路以及京哈、珲乌等国家高速和G102、G302等普通国道贯穿新区，已开通长春至欧洲的中欧班列（长春—满洲里—德国），拥有国家干线机场长春龙嘉国际机场，与东北其他省区、京津冀以及东北亚周边国家人员货物往来便利。

2.产业基础较好。新区拥有国家级、省级园区4个，以及中俄、中白（俄罗斯）等国际合作园区，2014年工业总产值3100亿元。形成了先进装备制造、生物医药、光电信息、新材料新能源、现代服务业等产业集群，拥有国家级汽车电子产业基地、国家专利导航产业发展实验区、国家级文化和科技融合示范基地以及亚洲最大的疫苗生产基地。战略性新兴产业和高新技术产业近3年产值增幅保持20%以上。

3.创新实力较强。长春是国家创新人才培养示范基地，拥有高等院校20余所、科研机构近200家、高端创新人才3万多人。由长春高新区与中国科学院长春分院、吉林大学等“一院四所四校”合作建设的长东北科技创新中心，搭建了光电子、新材料、新能源、生物医药、生态农业等专业技术平台和政务、信息、金融、人才等公共服务平台，引进国家级科研机构30余家，建设一批创新平台和载体，为新区创新发展打下坚实基础。

4.开放条件良好。吉林省是我国参与图们江区域合作开发的核心区域，在“一带一路”建设中具有重要作用。近年来，图们江国际区域合作逐步走向深入，中国图们江区域（珲春）国际合作示范区建设取得积极进展，中国—东北亚博览会影响力显著提升，吉林省与东北亚国家地方合作有序推进，长春兴隆综合保税区封关运营，东北亚国际物流园区长春铁路综合货场项目启动建设，为新区参与国际开放合作提供有力支撑。

5.承载能力较强。新区位于《全国主体功能区规划》明确的重点开发区域，水、电、气等要素资源充足，基础设施及市政配套比较完善，发展承载能力较强，适合大规模工业化、城镇化开发。生态环境优良，人居环境优美，区内森林覆盖率、空气、水资源质量等生态条件优于全国平均水平。城镇化基础较好，是长春市城区空间拓展的主要区域和吉林省新型城镇化试点的重点区域。

三、设立长春新区的战略构想

为了更好地发挥在落实国家战略、促进区域发展中的引领、辐射和带动作用，推进长吉图战略取得突破性进展，长春高新区从2011年6月开始，先后委托中国管理科学研究院、中国发展研究院、深圳综合研究院、中央政策研究室课题组、长春规划院专家组等5家研究团队，围绕推进落实长吉图战略，开展了一系列深入研究，完成24项高质量课题成果，为推进落实长吉图战略、申报国家级新区奠定理论基础。

2015年，省委省政府将申请设立长春新区工作列为全省重大改革任务。按照省委省政府的工作部署，长春市组建新区方案制定工作小组，并聘请国内外专家团队参与编制，按照国家发改委《新区设立审核办法》及《实施细则》要求，依托长吉产业创新发展示范区，制定了长春新区总体方案。

（一）规划范围

新区紧邻长春市主城区，其主体位于长春东北侧，是长吉图开发开放先导区的重要组成部分，包括长春市朝阳区、宽城区、二道区和九台区部分区域，覆盖长春高新技术产业开发区、长春兴隆综合保税区等开发区，规划面积499平方公里，到2020年新增建设用地规模控制在87.5平方公里以内。2014年常住人口约47万人，地区生产总值930亿元，地方财政收入90.5亿元。

（二）战略定位

1.创新经济发展示范区。实施创新驱动发展战略，推进众创、众包、众扶、众筹，推动“大众创业、万众创新”，充分发挥国家技术转移中心东北中心功能，建设东北地区重要的科技创新中心，培育形成集科技研发、成果转化和生产于一体的科技创新集群，着力提高区域创新能力，以创新发展带动经济转型升级。

2.新一轮东北振兴重要引擎。充分发挥新区比较优势，依托现有产业基础，重点实施“互联网+协同制造”，带动制造业转型升级，参与国际产能合作，提高国际市场竞争力；优化产业结构，发展融合新一代信息网络技术的新兴产业，发展壮大现代服务业，打造辐射哈长城市群的经济增长极，促进吉林省经济平稳健康发展,带动东北老工业基地新一轮振兴。

3.图们江区域合作开发重要平台。发挥新区在产业、科技、教育等方面资源优势,打造图们江区域合作开发的重要平台,提升长吉腹地支撑能力,促进长吉图一体化发展,形成内陆腹地与窗口(珲春)、前沿(延吉、龙井、图们)有机联结、功能协调,加强与东北亚各国的经贸合作。

4.体制机制改革先行区。深化改革创新,推进行政管理、行政审批体制改革,激发区域发展活力,形成有利于"大众创业、万众创新"的体制机制;加快户籍制度、土地流转、医疗卫生、养老等公共服务改革,推进城乡一体化发展;探索开发建设管理模式和涉外经济体制改革,推进投融资体制改革,为全省深化改革、扩大开放提供经验和示范。

(三)发展目标

到 2020 年,新区立体化交通网络基本建成,陆海联运的对外物流通道基本畅通,公共服务设施日益完善,改革创新和开放合作取得重大突破,创新驱动能力明显提高,创新型现代产业体系基本建立,成为推动吉林省新一轮振兴发展的重要引擎。

到 2030 年,新区综合实力实现新跨越,改革创新和开放合作取得丰硕成果,创新型现代产业体系日臻完善,腹地支撑能力显著增强,对外开发开放新格局基本形成,国际化绿色智慧新城区全面建成。

四、长春新区建设总体布局

依据新区资源环境承载能力、现实基础和发展潜力,围绕战略定位和产业布局,构建"两轴、三中心、四基地"的发展格局。

(一)"两轴"。即哈长战略性新兴产业发展轴、长吉高端服务业发展轴。

——哈长战略性新兴产业发展轴。依托哈大经济走廊,重点发展高端装备制造、生物医药、新材料、新能源等战略性新兴产业,规划建设一批新兴产业园区,构筑带动哈长、辐射东北的战略性新兴产业发展轴。

——长吉高端服务业发展轴。依托长吉图国际合作走廊,大力发展高技术服务、现代物流、文化创意、旅游休闲、养老健康等现代服务业,打造立足长吉、面向东北亚的高端服务业发展轴。

(二)"三中心"。即长东北科技创新中心、东北亚国际物流中心、国际交流与合作中心。

——长东北科技创新中心。依托与中国科学院合作建设的长东北科技创新综合体,进一步完善光电子、新材料、新能源、生物医药、生态农业等五大专业技术平台和政务、金融、信息、人才、科技企业孵化、知识产权及国际合作等七大公共服务平台,组建高技术产业技术创新战略联盟,集中力量实施重大创新工程,推进关键核心技术取得新的突破,加快形成科研项目孵化基地、科技成果转化基地、中小企业培育基地和企业上市融资基地,打造长吉图科技创新中枢。

——东北亚国际物流中心。依托与中国铁路总公司合作建设的大型铁路综合货场,与长春兴隆综合保税区功能互补、联动发展,畅通陆海联运通道,发展跨国物流、内贸外运新模式,形成吉林省对外开放的内陆港口和长吉图区域重要的物流枢纽。

——国际交流与合作中心。依托长春空港经济开发区良好的区位优势,抓住中韩自贸区建设有利机遇,搭建文化交流、科技合作、金融创新、国际会展等开放平台,促进东北亚各国人文交流与经贸合作。

(三)"四基地"。即高新技术产业基地、先进制造产业基地、临空经济产业基地、健康养老产业基地。

——高新技术产业基地。依托长春高新区创新资源富集及高新技术产业集聚优势,重点发展光电子、生物医药、电子商务、文化创意、软件及服务外包等新兴产业,打造区域发展创新引擎。

——先进制造产业基地。依托长东北创新产业园区先进制造业发展基础,实施"互联网+协同制造",促进新一代信息技术与制造业深度融合,重点发展汽车、轨道交通、通用航空、智能机器人等先进制造业,推动制造业向中高端发展。

——临空经济产业基地。以龙嘉国际机场为中心,重点发展运输业、航空综合服务业及物流配送、商务餐饮等配套产业,不断扩大聚集与辐射带动作用,打造服务东北、辐射东北亚的临空产业经济区。

——健康养老产业基地。依托长春空港经济开发区优良的生态资源,建设运动员训练基地、休闲旅游度假基地、健康养老基地,大力发展健康养老、旅游休闲等现代服务业,打造健康养老产业集群。

五、长春新区建设重点任务

(一)提升创新创业水平

1.加强科技创新平台建设。大力实施创新驱动。加快长东北科技创新中心建设,积极引进一批国家级科研机构,转化一批创新成果,培育一批创新企业,建设东北重要的科技创新集群。健全多元化、多层次、多渠道的科技投融资体系,引导和扶持一批国家创新平台,加快建设科技市场、技术转移中心、产权交易中心以及中国科学院长东北云计算数据中心等服务平台,依托现有交易市场,促进科技成果转移转化,增强区域科技创新服务水平。

2.支持大众创业、万众创新。支持和引导企业组建研发团队,建立技术研发中心,打造自主知识产权和名牌产品;组建新能源汽车、激光应用、智能机器人、生物疫苗等技术创新战略联盟和产业技术研究院,力争在重大创新工程、关键核心技术研发等方面取得突破。依托北湖科技园、东北亚文化创意科技园、电子商务产业园等创新创业载体,吸引社会资本投资兴办创新型孵化器,搭建一批市场化、专业化、集成化、网络化的创客空间,培育创新文化,激发市场活力,形成浓厚的创新创业氛围。

3.推动人才管理改革试验区建设。继续实施“长白慧谷”英才计划，启动建设“长春人才港”，策划开展“海外高端人才新区行”等人才引进活动，面向全球引进高层次创新创业人才和团队，支持高等院校、科研院所与相关企事业单位联合建立创新创业人才实践基地和高技能人才实习基地，加大对人才领办、创办企业的扶持力度，以高端人才引领产业发展、推动自主创新。

（二）发展创新型产业体系

1.推进战略性新兴产业发展。落实《中国制造2025》，支持产学研用联合攻关，依托新区技术和研发优势，打造国际领先的光电和智能装备产品生产、研发、创新基地，建设我国重要的交通装备研发、制造和服务基地。大力发展新材料、新能源、节能环保等新兴优势产业。积极发展生物医药、生物疫苗、基因工程、现代中药、医疗器械、医药物流等产业，构建集研发、生产、物流、服务于一体的产业体系。加快建设“吉林一号”卫星项目，建成集光学制造、机械制造、光电传感、新材料产业等一体的航天信息产业园。促进以移动互联网、云计算、大数据、物联网为代表的新一代信息技术与制造、服务、教育、金融等领域的融合创新，发展壮大新兴业态，打造新的产业增长点。

2.发展现代服务业。以兴隆综合保税区、东北亚国际物流中心、龙嘉国际机场为依托，发展集装箱物流、公路枢纽集散、保税仓储、综合批发转运等现代物流业。依托新区现有的优势资源和载体，积极打造动漫游戏、数字媒体、软件开发等文化创意产业。大力发展科技研发、检验检测、工业设计、服务外包、技术培训等生产性服务业。在空港区域规划建设大学城和体育健康产业园，发展高等教育和职业教育，以及集养生服务、康体疗养、休闲体育等多功能于一体的健康服务业。发展民俗旅游、冰雪旅游、特色产业观光和体验式购物等休闲旅游业，打造东北亚旅游集散中心。支持引进多种类型的金融机构，面向东北亚开展跨境人民币创新业务，扩大人民币跨境使用，提高贸易便利化水平。大力发展融资租赁，积极促进金融机构与互联网的深度融合。

3.发展都市型现代农业。大力发展现代化蔬菜、肉蛋奶等产业，保持生鲜食品自给能力；稳步发展农产品深加工、现代化仓储物流、农产品电子商务，促进二三产业融合；拓展农业多功能，积极发展休闲农业，建设服务体系，挖掘乡土文化，培育知名品牌。加强畜禽养殖污染防治，促进农业清洁生产，开展种养循环示范，增强可持续发展能力。

（三）建设绿色智慧新城区

1.完善市政基础设施。加快新区主干道路、交通枢纽及立交工程建设，形成以长吉南线、长吉北线，机场大道、西部货运干道等为主的路网体系。建立以快速轨道交通为骨架的城市公共交通体系。推进新区通讯、供排水、供电、燃气、垃圾处理、公共消防、停车场等基础配套设施建设，提升市政基础设施承载功能。合理利用城市地下空间，统筹推进地下综合管廊建设，打造吉林省综合管廊建设试点工程，提升城市“地下现代化”水平。

2.推进国家智慧城市试点建设。运用互联网和物联网、大数据、云计算等新一代信息技术，构建优质的信息基础设施体系、便捷高效的信息感知和智能应用体系，大力发展互联网金融、教育、文化、医疗等与智慧城市相关联的产业项目，实施智慧社区、智慧市政、智慧城管、智慧消防、智慧政务等系统工程建设，提升城市数字化、智能化发展水平。

3.推进城乡一体化发展。促进新型城镇化、农业现代化与新农村建设协调推进，按照新型城镇化建设的要求，科学规划、合理布局文化体育、医疗卫生、教育、养老、就业等公共服务，统筹规划、同步实施城市和乡镇公共消防基础设施建设；有序推进农业转移人口市民化、外来人口本地化进程，进一步推进户籍制度改革；拓宽被征地农民就业渠道，健全社会保障体系。规划建设一批具有国际化特色和传统文化特色的镇街、美丽乡村，促进城乡基本公共服务均等化、基础设施联通化、居民收入均衡化、要素配置合理化、产业发展融合化，加速构建城乡衔接相融的一体化发展格局。

4.加强生态文明建设。编制实施新区环境总体规划，做好森林、林地保护；划定区域内河湖管理范围，严格河湖水域岸线空间用途管制，做好长春北湖国家湿地公园、饮马河流域等生态资源保护，建设森林城市；加强大气、水、土壤、噪声及固体废弃物等环境污染的监控与防治，完善环保基础设施建设；尽快划定并严守生态保护红线，严守环境质量底线，主动控制碳排放，全面节约和高效利用能源；按照“海绵城市”标准，实现新区的低影响开发；弘扬生态文化，加强生态文明制度建设；大力发展循环经济，实现绿色发展、可持续发展，切实加强环境监管能力建设。

（四）推动长吉图联动发展

1.推动基础设施协同建设。按照一体化发展和适度超前的原则，与吉林市和延边州做好城际交通基础设施规划衔接，打造快捷城际交通体系；加强信息基础设施、电子政务平台、公共技术平台等领域合作，实现互联互通和资源共享。

2.推动经济技术互利合作。通过政策支持，引导新区企业借助内外通道，为窗口和前沿地区提供物流商流支撑；发展“飞地经济”，鼓励新区企业到延边州投资，通过市场机制促进腹地与前沿的产业融合和相互配套，引导相关产业向前沿和窗口地区转移；积极探索新区与珲春市共建合作区的新模式，以腹地的要素优势和产业优势带动前沿合作区发展；通过人才市场信息共享、干部交流、公益人才培训、科技公共服务平台共享等各种方式，加强新区对延边州的人才、技术支持。

（五）主动融入和服务“一带一路建设”

1.加强对外经贸合作。拓展对外经贸合作的领域和空间，积极开展国际产能和装备制造合作。构建中韩、中日等国际合作产业园，积极吸引国际投资、大力发展对外贸易。建设集商务服务、文化交流、娱乐休闲等多功能于一体的东北亚商务中心，积极吸引境内外企业入驻。按程序申请在长春空港周边区域设立综合保税区，加快建设长春空港国际航空物流枢纽。规划建设面向东北亚的国际商贸物流中心、文化交流中心、金融创新中心和国际会展中心。研究在“大图们倡议”框架下,举办东北亚城市市长论坛等国际会议。

2.加强对外科技合作。依托中俄科技园、中白科技园、东北亚文化创意科技园等平台,加强与东北亚国家的合作,建设国际技术转移中心,促进国际先进技术成果在新区转化。举办以东北亚国家为重点,面向全球的科技成果交易、科技产品展示、科技论坛、科技项目招商等活动。

3.加强国际人文交流。依托东北亚“黄金纽带”文化园、长春奥体中心等平台,举办面向东北亚国家的艺术节、艺术演出、体育比赛等文化活动,促进东北亚国家之间的文化交流与合作。建设东北亚会展博览中心,进一步做大做强中国—东北亚博览会。为在新区工作的国外科研人员提供入境和居留便利,营造适合境外人员居住的生活环境。

4.探索创新涉外管理模式。与周边国家通过双边多边协调机制,研究推动简化出入境通关手续,联合开发旅游精品线路,密切人文交流。促进国际科技教育交流与合作,创新人才引进机制,大力引进国际研发机构和技术人才;研究简化审批手续,支持科研院所、高等院校和企业研发机构扩大对外科技教育交流,促进研究成果产业化转化。

六、推进长春新区建设的保障措施

(一)加强组织领导

争取国务院有关部门按照职能分工,在规划编制、政策实施、项目布局、体制创新、对外开放等方面,加强对新区建设发展的支持和指导。充分发挥中国图们江地区开发项目协调小组作用,为新区发展营造良好环境。吉林省、长春市人民政府切实加强对新区建设的组织领导,制定出台加快新区发展的实施意见,在有关政策、资金、重大项目安排上向新区倾斜。明确新区管理机构,赋予省级经济社会管理权限,探索构建精简高效、责权一致、结构合理、执行有力的新型管理体制,建立健全与新区建设管理相适应的激励约束机制。

(二)创新体制机制

1.推进行政管理和审批制度改革。按照打造平等公正的市场环境、高效廉洁的政务环境、公平透明的法律政策环境要求,本着“精简、统一、效能”的原则,科学合理设置机构,创新选人用人机制、薪酬机制和奖惩机制,激发区域发展活力。推行政府权力清单、责任清单和市场准入的负面清单制度,推行“三证合一”,实施并联式审批,构建时间短、服务优、效率高的服务链条。

2.推进科技管理体制改革。推广中关村自主创新示范区相关支持政策,在科技成果处置权、收益权、股权激励等方面探索试验,对有贡献的科技人员和经营管理者给予股权和分红激励,打造有利于“大众创业、万众创新”的科技创新管理体制。

3.推进开发建设模式改革。按照“政府主导、市场运作、专业经营”的发展思路,鼓励各类投资主体参与新区基础设施建设;采取政府和社会资本合作(PPP)模式、政府购买服务等方式,推进市政公用设施投资主体多元化。

(三)加大政策支持

深化落实《国务院关于近期支持东北振兴若干重大政策举措的意见》(国发〔2014〕28号)和《中国图们江区域合作开发规划纲要》明确的支持政策,并结合新形势、新要求,创新完善支持政策体系。

1.财政政策。国家补助吉林省的相关专项资金和省级各类专项资金,优先安排用于新区建设。在符合土地整治规划和项目资金使用范围的基础上,吉林省可按有关资金使用管理规定统筹安排省级分成新增建设用地土地有偿使用费和土地出让收入,对长春市政府组织实施的新区土地整治项目和城镇基础设施建设项目予以支持。

2.金融政策。鼓励符合条件的各类金融机构在新区设立分支机构,支持在新区内依法设立民营银行、村镇银行、产业投资基金和创业投资基金。支持开发性金融机构加大对新区的综合金融支持力度。支持新区符合条件的项目申请国际金融组织和外国政府优惠贷款。支持新区采取PPP、融资租赁等多种方式推进新区建设。支持符合条件的新区企业通过上市以及发行企业(公司)债、中小企业私募债、非金融企业债务融资工具、保险资产管理产品、信托计划等多种方式拓宽融资渠道。

3.土地政策。新区坚持“严控增量、盘活存量、优化结构、提高效率”的总要求,严格按照土地利用总体规划开发建设,严格控制新区新增建设占用耕地,引导和促进各类建设节约集约用地,切实提高城市土地利用率。吉林省土地利用指标优先保障新区合理用地需求,对新区建设用地实行单列,新区范围内的耕地占补平衡在全省范围内统筹解决。在严格保护耕地、节约集约用地和符合土地利用总体规划的前提下,实行耕地数量质量全面管护,鼓励新区开展土地综合开发利用,允许在土地整理和利用等方面先行先试。支持新区探索开展工业等用地“先租后让”试点、城乡建设用地增减挂钩试点和工矿废弃地复垦利用试点。

4.产业政策。创新外向型产业发展机制,在跨境运输和通关便利化等方面予以支持。吉林省内各类产业发展资金、科技专项资金优先支持新区项目建设。吉林省引导重点产业项目在新区落地布局,并在资金补助等方面给予倾斜支持。

大事记

1月

1日

长春市四环路以内禁止“黄标车”通行。

2日

2015中国长春冰雪旅游节暨净月潭瓦萨国际滑雪节在净月潭国家森林公园开幕。来自33个国家和地区的5000余名专业运动员和滑雪爱好者参加开幕式。

同日

长春冰雪节项目签约暨招商引资推介会在南湖宾馆举行。长春市各县（市）区、开发区与国内外企业家开展系列经贸交流活动，签署48个合作项目，签约总额617.45亿元。

同日

2015长春净月潭瓦萨国际滑雪节经贸洽谈会在长春净月益田喜来登大酒店举行。长春市市委常委、副市长肖万民出席会议并讲话。

7日

长春站北广场获2013—2014年度“全国建筑工程装饰奖”。

9日

省委常委、市委书记高广滨主持召开市委常委会，听取《政府工作报告（送审稿）》起草说明的汇报，听取长春市禁毒工作情况汇报，听取关于召开市总工会十八届三次全委会情况汇报，就相关工作做出安排部署。

12—15日

中国人民政治协商会议长春市第十二届委员会第三次会议在吉林省宾馆召开。会议期间，大会收到委员提案269件。

13—16日

长春市第十四届人民代表大会第三次会议在吉林省宾馆召开。

14日

长春市首台食品快速检测车正式投入使用。

15日

长春市委常委、副市长王路在长春香格里拉大酒店会见奥地利驻华使馆商务参赞郭励之一行。双方就汽车、金融、农业等领域开展合作交流。

同日

长春市获2014“美丽中国”十佳智慧旅游城市荣誉。

19日

长春市双阳区官马温泉国际敬老生态城正式揭牌。为全国首家、东北地区唯一全国敬老工程示范基地。

20日

长春光机所“月基极紫外波段成像技术”通过技术成果鉴定。该技术主要应用于国家探月工程二期嫦娥三号极紫外相机。

22日

长春市市长姜治莹主持召开市政府第25次常务会议。会议讨论并原则通过《2015年建设幸福长春行动计划》《长春市拥军优属若干规定》《长春市公共餐饮具集中消毒监督管理办法（草案）》。

同日

位于宽城区兰家镇的吉林油田德深35井启动试气点火仪式。长春市市长姜治莹、副市长白绪贵与吉林油田总经理张德有出席启动仪式。

23日

2015长春国际服务外包产业年会开幕。

27日

中国北车长客股份公司获得35列北京地铁16号线合同。此批列车为A型8辆编组地铁车，单车最大载客量达3560人，是国内载客能力最强的地铁列车。

28日

长春市委常委、常务副市长肖万民组织召开市经济体制和生态文明体制改革专项小组2015年第一次工作会议，研究安排2015年相关领域全面深化改革的具体任务。

29日

省委常委、市委书记高广滨主持召开市委常委会议。集中学习习近平总书记在十八届中央纪委五次全会上的重要讲话精神，研究部署2015年党风廉政建设和反腐败工作，以及幸福长春建设、宣传思想文化工作、组织工作和老干部工作。

2月

2日

长春市委常委、副市长王路在香格里拉大酒店会见俄罗斯克拉斯诺亚尔斯克市第一副市长吉坚科夫。

4 日

全市经济工作暨建设幸福长春大会召开。分析当前全市经济形势，对 2015 年经济工作和幸福长春建设进行部署。出台《2015 年建设幸福长春行动计划》。

6—25 日

第六届吉林冬季农业博览会暨全省名优特产品展销推介会开幕。展会安排展示展销和文化活动 2 大类，12 项内容。有 53 万人次观展，现场交易额突破 3500 万元。

11 日

长春市委常委、常务副市长肖万民在香格里拉大酒店会见古巴驻华大使白诗德一行。白诗德一行此次到长，重点考察中古合资生物制药企业长春海伯尔生物技术有限公司，推动合资项目进展。

13 日

长春市工业和信息化暨民营经济综合配套改革试点工作会议召开。

21 日

长春市（不含县市、双阳区、九台区）开始正式实施城镇居民社会养老保险和新型农村社会养老保险并轨，在全市建立统一的城乡居民基本养老保险制度。基础养老金每人每月提高到 120 元；缴费标准分 12 个档，多缴多得。

26 日

长吉产业创新发展示范区在长春高新区长东北核心区管委会正式揭牌成立。长吉产业创新发展示范区规划面积控制在 3710 平方公里以内，包括长春长东北和吉林市产业发展示范区 2 个相连区域。

同日

科技部公布 2014“创新人才推进计划”入选名单，长春高新区入选“国家创新人才培养示范基地”。

28 日

全国精神文明建设工作表彰暨学雷锋志愿服务大会在北京召开。经中央文明委复审，继续保留长春市全国文明城市荣誉称号。长春市公安局交警支队等 16 个单位、榆树市弓棚镇等 4 个村镇获全国文明单位、文明村镇称号。

3 月

4 日

中宣部向社会公布第 1 批全国学雷锋活动示范点和全国岗位学雷锋标兵。长春轨道客车股份有限公司列车网络控制系统研发团队被授予“全国学雷锋活动示范点”，农安县宝华骨科医院院长高宝华、吉林石化公司染料厂苯酚车间化工 3 班班长刘玉被授予“全国岗位学雷锋标兵”荣誉称号。

17 日

2015 东北“4+1”城市区域旅游联合体工作年会在长春举行，长春、哈尔滨、沈阳、大连、鞍山 5 城市的旅游业界代表共同探讨东北区域旅游合作的未来发展。

19 日

长春应化所廖伍平课题组开发出核纯钍溶剂萃取分离技术，获得澳大利亚专利授权。至此，围绕核纯钍的分离制备，长春应化所已获得 3 项中国专利授权和 1 项澳大利亚专利授权，并申请美国专利 1 项。

20—22 日

第十一届中国长春君子兰节在长春市春莲花卉城开幕。本届君子兰节展区面积 1.2 万平方米，设展台 700 个，观展人数 10 余万人次，交易金额近 2000 万元。

25 日

长春市市长姜治莹主持召开市政府第 26 次常务会议。会议讨论并原则通过市政府《关于提请审议废止和修改部分地方性法规的议案》《关于修改部分政府规章的决定（草案）》《关于废止部分政府规章的决定（草案）》《关于公布现行有效政府规章目录的决定（草案）》和《2015 年度政府规章立法计划（草案）》。

同日

修改后的《长春市城市供热管理办法》《长春市机动车停车场管理办法》《〈长春市城市房屋安全管理条例〉实施细则》等 3 部政府规章由市人民政府第 26 次常务会议审议通过，公布施行。

26 日

长春市公安局净月分局破获特大贩毒案件。抓获团伙成员 11 人、缴获冰毒 1100 克，涉案金额 70 余万元。

30 日

长春市著名作家、吉林省终身艺术家张少武先生因病逝世。

4 月

1 日

第八届中国长春装备制造业博览会在长春国际会展中心开幕。

7 日

国家智慧城市 2014 年度试点名单公布，长春市净月高新区入选第 3 批国家智慧城市试点。

8 日

渤海商品交易所杂粮（电子）交易中心暨绿豆上市发布会在长春举行。该交易中心位于建设街，是渤商所首家开办的杂粮（电子）交易业务。

9 日

吉大二院胃肠外科朱甲明医疗组为一名胃贲门部小弯侧间质瘤患者实施完全腹腔镜经胃腔内手术，该手术属全国首例。

9—10 日

中共中央政治局常委、国务院总理李克强在吉林省就一季度经济形势和民生状况到长春市灯泡电线有限公司、长春南部新城综合交通枢纽施工现场、吉林大学、中国北车长客股份有限公司进行专题调研。他强调，要以改革创新扩需求、增动力，保持经济稳定增长和民生持续改善。

10 日

中共中央政治局常委、国务院总理李克强在长春主持召开东北三省经济工作座谈会。会议分析当前东北经济面临的新情况和突出问题，研究推进东北发展相关工作。长春市市长姜治莹参加会议。

12 日

吉林省中小微企业上市融资暨中国

吉商·二八零零跨界峰会在长春召开。长春市副市长桂广礼出席峰会并为中小微企业孵化中心揭牌。

12—17 日

长春市副市长桂广礼率市经贸代表团赴上海、浙江走访知名民营企业推动重点项目签约，签约 16 个项目，投资额 98.8 亿元。

13 日

长春城市门户微信平台“看长春”上线。

同日

中铁投资集团有限公司与长春高新区签署战略合作协议，中铁投资集团将在长吉产业创新发展示范区围绕城市交通、市政公用工程、工业园区建设、国际接待中心、物流中心、金融中心、科技创新中心等领域进行项目投资，金额 1000 亿元人民币。

15 日

长春地铁首个在暗挖隧道内进行的盾构机始发作业，标志着长春市地铁工程最长的盾构区间顺利完成双线始发掘进。

16 日

长春市组团到西安参加第 7 届中国西安国际食品博览会暨丝绸之路特色食品展并举办长春松花江大米西安推介会。长春市副市长陈巳做主旨推介。

20 日

《长春市精神卫生条例》《长春市残疾人保障若干规定》正式出台，5 月 1 日起实施。

21—23 日

长春市副市长桂广礼率团赴北京、天津招商引资，助推项目签约。长春市共洽谈助推项目 17 个，项目拟投资总额 315 亿元。

25 日

2015 长春春季房地产展示交易会在欧亚卖场会展中心开幕。恒大、绿地、新星宇、信达等 16 家开发企业，长房置换等 6 家中介企业参会，带来逾 5000 套现房。

26 日

吉林省暨长春市庆祝“五一”国际劳动节大会在省宾馆召开。竺延风、李龙熙、黄关春等省市和驻军领导出席大会，为获得省、市“五一”劳动奖状、奖章的先进集体和先进个人颁奖。

27 日

长春市朝阳区地税局获“全国文明单位”称号。

30 日

长春市举行失能人员医疗照护保险首批定点单位授牌仪式。长春市市长姜治莹，市委常委、副市长王路为定点单位授牌。

5 月

6 日

长春市农安县首届农村电商节开幕。

7 日

发布《长春市行政事业单位国有资产管理办法》，自 6 月 20 日起施行。

同日

长春公园新郁金香园正式开园。该园占地 6 万平方米，有 50 余个品种、170 余万株郁金香。

16 日

2015 吉林省“中国旅游日”“长春市旅游进社区·微公益”活动、“长影世纪城园庆十周年惠民感恩季”启动仪式在长影世纪城举行。

18 日

一汽—大众 EA211 发动机项目一期工程正式建成投产。长春市核心汽车零部件研发、制造能力迈上新台阶。

同日

“长春国税服务长客股份，税收协定助力一带一路”启动仪式在中国北车长客股份有限公司举行。成为吉林省首家签订《税收遵从合作备忘录》的企业。

20 日

长春市电子商务协会孵化基地、长春市汇商电商创业园正式启动，长春“欢乐购”电商平台同步上线。

21 日

长春市市长姜治莹主持召开市政府第 28 次常务会议。会议讨论并原则通过《关于进一步推进户籍制度改革的意见》《长春市水生态文明城市建设试点实施方案》《长春市水土保持条例（修订草案）》和《长春市净月潭国家级风景名胜区保护条例（草案）》。

22 日

长春市环境保护工作会议在市政府召开。会议制定出 2015 年长春市在治霾、治水、减排等环保重点工作领域的时间表和任务书。

同日

长春市市长姜治莹在南湖宾馆会见联合国项目事务署代表团一行。代表团此次到长，主要是考察落位在长春高新区的亚太农业和高科技食品安全产业国际示范区项目进展情况。

25 日

长客股份公司为里约热内卢 2016 年奥运会研制的地铁列车全部交付。巴西里约地铁公司里约 4 号线项目总监佩德罗为长客股份公司的设计、工艺、质保、商务、装配等各项目团队颁发水晶奖杯。

26 日

净月高新区与吉林大学正式签署全面开展创新创业校区合作协议。

同日

由长发集团、方正科技信产集团、吉视传媒 3 家公司共同发起组建的华夏智城公司正式揭牌成立。该公司引导社会资本参与“智慧长春”城市基础设施建设，推动智慧产业加速发展。

27 日

由亚泰集团投资 50 亿元建设的生物医药产业园在长吉产业创新发展示范区正式启动建设。

6 月

1 日

长春市市长姜治莹主持召开市政府第 29 次常务会议。会议讨论并原则通过《长春市新型城镇化综合试点实施方案》《关于进一步加快发展服务业的若干政策意见》《关于推进服务业创新发展的实施意见》和《长春市第三批非物质文化遗产代表性项目保护名录》。

同日

长春市委常委、常务副市长肖万民在长春香格里拉大酒店会见日本丸红株式会社常务执行董事、中国总代表、丸红(中国)有限公司董事长田中一绍。

同日

年产3万吨高强度玄武岩纤维及制品项目在长吉产业发展示范区启动建设，项目全部达产后将成为世界最大的高强度纤维产业基地。

3日

东北抗战遗迹联盟在长春成立。这是东北地区首家保护研究展示抗战遗迹的区域性民间组织。来自吉林省、黑龙江省和辽宁省110家抗战遗迹管理单位成为首批联盟成员。

7日

国务院第8督查组到长春市督促检查落实国务院重大政策措施情况。

同日

长春市副市长桂广礼在长春国际会议中心会见美国蒙特利公园市市长梁乔汉及其夫人。

9日

长春市双阳区太平镇政府与吉林博大东方藜麦发展有限公司正式签订战略合作协议，双方将在藜麦良种繁育、品种试验、新品种推广及人员培训等方面开展合作。

10日

长春市召开全国水生态文明城市建设试点启动会议。对全市水生态文明城市建设试点工作进行安排部署。

11日

《长春市轨道交通管理条例》公布，7月1日起施行。

13日

第九届中国长春消夏节暨净月潭森林马拉松赛开幕。

19日

吉大二院骨科医院成功为一位66岁的颈椎病患者进行3D颈椎手术。该手术为全国首例私人订制3D颈椎手术。

25日

长春市伊通河城区段新一轮综合治理暨百里生态长廊建设工程正式开工。

同日

长春市与大连港集团有限公司签订战略合作框架协议。市委常委、常务副市长肖万民出席签约仪式并讲话。大连市副市长刘岩出席签约仪式。

26日

全国工商联十一届六次常委会闭幕后，长春市举行投资环境说明会暨项目签约仪式。16个有代表性的项目现场签约，投资总额508亿元。

29日

第十六届中国长春(农博园)国际雕塑作品邀请展举行开凿仪式。巴拿马、保加利亚、德国、俄罗斯等15个国家的19位雕塑家和长春市相关部门领导、志愿者参加开凿仪式。雕塑展从60多个国家和地区700余件雕塑作品中评选出33件作品，永久收藏在农博园。

30日

由欧美同学会·中国留学人员联谊会和长春市委、市政府共同主办的“千人计划”专家服务团长春行活动正式启动。

同日

时速350公里中国标准动车组从中国中车长客股份公司驶进中国铁道科学研究院，接受各系统型式试验。这是一款具有完全自主知识产权的动车组。

7月

1日

长春市服务业创新发展大会在市政府召开。长春市市长姜治莹在会上强调：要把握经济转型升级趋势，切实把加快推进服务业大发展、快发展作为新常态下实现全市经济稳增长转方式调结构的战略突破口。

同日

吉林省东北虎园与中国保护大熊猫研究中心签署合作协议，借养的2只大熊猫正式入住东北虎园熊猫馆。

2日

吉林正大食品有限公司食品加工厂项目在榆树市环城工业集中区奠基开工。市领导姜治莹、陈巳、白绪贵及正大集团执行副董事长谢吉人、副董事长杨小平等为项目培土奠基。

3日

长春市召开城乡规划委员会工作会议，会议审议《2015年伊通河综合治理工程规划》《长春市长江路历史风情步行街综合设计》并原则通过。审议《长春市“三馆”布展装修工程方案汇报》《长春龙嘉国际机场综合交通枢纽方案》。

7日

伪满皇宫博物院举办“日本侵华罪证文物展”，集中展示一批日本侵华罪证文物。许多历史照片是首次在国内展出。

8日

长春市副市长桂广礼参加“巴蜀映巷”文化旅游商业街项目推介会暨川渝地区名企、名牌、名品签约仪式，并向诺睿德集团颁发“长春特色文化旅游商业街示范景区”牌匾。

10—19日

第12届中国(长春)国际汽车博览会在国际会展中心开幕。汽博会展出面积20万平方米，参展车辆1226辆。观众累计达67.2万人次，现场销售车辆28627台，成交额57.25亿元。

12日

以“中国制造2025——节能与新能源汽车发展目标和路径”为主题的2015中国(长春)国际汽车技术论坛(VTI)在长春市举行。

同日

长春莲花山生态旅游度假区在北京举办新型投融资平台建设论证会暨合作金融机构对接会，并启动百亿市场化融资计划。

13日

长春长影世纪城被评为国家AAAAA级旅游景区。

同日

《第三批全国特色景观旅游名镇名村示范名单》公布，长春市双阳区山河镇获“全国特色景观旅游名镇”称号。

15日

长春市城市地下综合管廊建设工程在净月区启动。

17日

中共中央总书记、国家主席、中央军委主席习近平到中国中车长春轨道客车股份有限公司和吉林东北工业集团长春一东离合器股份有限公司视察，并发表重要讲话。省委书记巴音朝鲁，省长蒋超良，省委常委、长春市委书记高广滨，市长姜治莹等领导陪同。

同日

中共中央总书记、国家主席、中央军委主席习近平在长春召开部分省区党委主要负责人座谈会。听取对振兴东北地区等老工业基地和“十三五”时期经济社会发展的意见和建议。他强调，振兴东北老工业基地已到了滚石上山、爬坡过坎的关键阶段，国家要加大支持力度，东北地区要增强内生发展活力和动力，加快老工业基地振兴发展。

同日

吉林省首架跨境电商货运包机从长春龙嘉国际机场起航飞往莫斯科。

22 日

全国双拥工作领导小组副组长兼办公室主任、民政部副部长窦玉沛到长春市锦程街道及飞跃社区调研双拥工作。

同日

市总工会召开十八届四次全委（扩大）会议。传达中央党的群团工作会议精神，部署下半年工作。市委组织部相关负责人宣读市委的任免决定，任命甘琳为市总工会党组书记。

27 日

“央企走进吉林”暨驻吉央企分离移交“三供一业”启动工作会议在长春市召开。国务院国资委主任张毅、吉林省委书记巴音朝鲁出席会议并讲话，省长蒋超良出席会议并致辞。

同日

吉林大学中日联谊医院与英国信诺医疗投资有限公司签署合作协议，双方将在吉林大学中日联谊医院共建LIGHT 质子放疗中心，这是吉林省首家签约质子治疗的医院。

28 日

中国青少年文化艺术教育东北示范基地授牌仪式在松苑宾馆举行。

29 日

长春市市长姜治莹主持召开市政府第 30 次常务会议。会议讨论并原则通过《关于推行权力清单有关情况的汇报》《关于加快东北亚区域性金融服务中心建设的若干政策》和《关于加强和改进残疾人就业工作的意见》。

30 日

“赛伯乐走进长春经开区”投资环境说明会暨战略合作项目签约仪式在长春国际会议中心举行。会上，长春经开区与赛伯乐投资集团签署《东北亚科技金融产业基地及创业创新基地战略合作框架协议》《东北亚跨境电商产业基地战略合作框架协议》，与赛伯乐投资集团投资的长春合心机械制造有限公司签署《中德机器人产业园项目合作协议》。赛伯乐投资集团与长春万豪房地产开发有限公司签署《赛伯乐集团跨境贸易电子商务产业园落户万豪国际合作协议》。

8 月

6 日

纪念中国人民抗日战争暨世界反法西斯战争胜利 70 周年—“寻访红色经典”长影建厂 70 周年系列活动暨长影世纪城荣膺“国家 AAAAA 级旅游景区”揭牌仪式在长影世纪城举行。

7 日

长春市民族工作会议暨第 6 次民族团结进步表彰大会召开。省委常委、市委书记高广滨出席会议并讲话。市长姜治莹出席会议。市委常委、副市长张晶莹在会上宣读《长春市人民政府关于表彰全市民族团结进步先进集体和先进个人的决定》。

7—11 日

第 9 届中国(长春)民间艺术博览会在长春国际会展中心开幕。本届民博会设 5 个主题馆、20 大展区、1050 个展位。有 82.4 万余人次观展，成交额 1837.1 万元。

10 日

长春市委常委、副市长王路在香格里拉大酒店会见俄罗斯驻华商务代表处公使衔商务总代表格鲁杰夫·阿烈克谢、中国国际贸易协会会长王俊文。双方就长春市与俄经贸合作、打造青年交流平台等议题展开会谈。

13 日

“中国优质粳米之都—长春市”命名授牌仪式在市委举行，中国粮食行业协会会长聂振邦将牌匾交到省委常委、市委书记高广滨和市长姜治莹手中。

14—23 日

第 14 届中国长春国际农业·食品博览(交易)会开幕。省委书记巴音朝鲁，国家农业部副部长屈冬玉，国家食品药品监督管理总局副局长滕佳材，农业部原党组成员、中国农产品市场协会会长张玉香，省委常委、市委书记高广滨，市长姜治莹等省、市领导参加展会。展会为期 10 天，参会人数 175 万人次，吉林省、长春市与各地客商达成经贸项目 203 项，签约金额 164.3 亿元。

14 日

吉林省暨长春市与台湾产业合作研讨会在长春市召开。省委常委、副省长庄严出席会议并讲话。副市长桂广礼以《加强产业合作，实现共赢发展》为题作主旨发言。来自台湾地区的近 20 家商会、协会及 50 家企业的 80 多位代表聚首长春，与长春市相关单位开展项目对接。

同日

以“汇聚全球资源为中国食品安全新常态树立智慧农业产业新标杆”为主题的亚太智慧农业与食品安全产业高端圆桌会议在长春农博园举行。

同日

2015 中国长春农安马文化旅游节暨国际马术邀请赛在农安县华家镇剑鹏马城开幕。长春市委常委、副市长张晶莹为农安马文化旅游节击鼓启幕。

15 日

“正义审判—第二次世界大战后审判战犯纪实”展览在长春市开幕。

16 日

大健康农业创新高峰会在农博园召开。以“互联网+”和大数据技术为依托的“吉林省大健康产业品牌创新联盟”正式成立。

同日

第 2 届吉林省农民文化节暨第 5 届长春(德惠)农民节开幕。

20 日

高新区管委会和益田集团共同举行益田硅谷新城战略启幕新闻发布会。长春市副市长白绪贵出席发布会。

21日

长春市市长姜治莹会见泰国巴吞他尼府政府代表团团长府尹彭沙通·萨迦拉蓬。

25日

长春市首条地下综合管廊—南部新城乙六路综合管廊正式开工建设。该管廊西起芳草街，东至甲三路，位于乙六路南侧。

26日

中国东部郯庐断裂带城市震情监视及综合减灾研究合作组织第5届学术年会在长春市召开。中国地震局及郯庐断裂带合作组织23个成员单位相关领导、专家、学者参加年会。

28日

长春市委统战部举办以“创新、创造——长春汽车产业发展的机遇和挑战”为主题的海归高端论坛。副市长白绪贵出席论坛并讲话。

30日

中国首个国际山地自行车马拉松赛事——长春净月潭国际森林山地自行车马拉松赛在长春净月潭国家级风景名胜区举行。来自14个国家和地区的571名选手参赛。

31日

中欧（长春—满洲里—德国，简称“长满欧”）首列国际铁路货运西向班列正式开通。列车横跨亚欧大陆。起点为长春，从满洲里口岸出境，途经俄罗斯的西伯利亚、白俄罗斯的布列斯特、波兰的华沙，终点到达德国的施瓦茨海德，全程约9800公里。单程运行时间14天左右。

同日

长春市委常委、副市长王路在中日友好会馆会见俄罗斯克拉斯诺亚尔斯克市副市长、俄罗斯克拉斯诺亚尔斯克边疆区代表团团长谢多夫·谢尔盖·亚历山德罗维奇；在益田喜来登酒店会见日本金崎町町长高桥由一。

9月

1日

第10届中国—东北亚博览会开幕式暨第8届东北亚合作高层论坛在长春举行。中共中央政治局委员、国务院副总理汪洋出席并发表主旨演讲。吉林省委书记巴音朝鲁致辞，省长蒋超良主持。

同日

世界500强及知名跨国公司走进吉林暨长吉产业创新发展示范区合作对接会举行。大会以“中国制造2025：东北老工业基地振兴升级新机遇”为主题，美国微软公司、法国道达尔公司等世界500强及知名跨国公司企业家代表近60人参加会议。

同日

第1届中俄青年项目合作融资对接会在长春召开。来自中俄两国政府及企业界、金融界、科技界的近百位代表参加活动。长春市委常委、副市长王路与俄罗斯驻华商务代表处总代表阿列克谢共同为中俄青年科技园项目揭牌。

2日

《东北抗战长春英烈》事迹展在长春革命烈士纪念馆开展。

同日

吉林省祭奠苏联红军烈士活动在人民广场苏联红军烈士纪念塔前举行。副省长隋忠诚，副市长桂广礼，俄罗斯伏尔加格勒州州长博恰罗夫、副州长多尔杰耶夫出席活动。

6日

“吉林一号”卫星研制工作全面完成，即将运往发射基地。“吉林一号”卫星由4颗卫星组成。是中国第1颗自主研发的商用遥感卫星。

同日

吉林省暨长春市餐饮服务食品安全监督量化分级管理A级店公示板、标示牌揭牌仪式举行。

同日

国信南山温泉城项目建设成果新闻发布会暨国信新型城镇化建设配套签约仪式在双阳区举行。

同日

长春市城市发展投资控股(集团)有限公司信息评级为AAA级主体信用评级。成为东北首家最高信用评价的城市投资运营企业。

7日

市委十二届七次全体委员会召开。

10日

共青团中央书记处第一书记秦宜智到长春市调研共青团工作。省委常委、市委书记高广滨，市委常委、副市长王路陪同。

同日

第27届全国15城市公共图书馆工作研讨会开幕。

同日

东北亚国际物流产业园区开发PPP项目合作框架协议签约仪式在北京举行。中铁投资集团与长春高新区、龙翔投资控股集团、建信信托公司4方联合签约。

12日

老城堡·亚泰2015中国长春净月潭国际友好城市半程马拉松邀请赛在净月潭国家森林公园举办。来自13个国家的15个友好城市的外国友人参赛。

13日

吉林北方国际金融资产交易市场股份有限公司揭牌正式落户长春。

14日

“合心机械对德国GRG投资并成立GRG(中国)暨合心机械与瀚华金控伙伴金融战略合作签约仪式”新闻发布会召开。长春市民营企业“长春合心机械制造有限公司”成功收购“德国GRG集团”54.98%的股权，成立GRG(中国)有限公司，并在经开区建设中德机器人产业园。

16日

长春市市长姜治莹会见以瓦南布尔市政府首席执行官布鲁斯·安森为团长的澳大利亚瓦南布尔市代表团一行。

同日

以长春友好城市澳大利亚瓦南布尔市命名的306路公交车“瓦南布尔号”正式揭牌。

17日

第5届长春市道德模范颁奖典礼在长春广播电视台1号演播大厅举行。刘建军、郭继等10名“道德模范”受到表彰。

18—22日

2015长春房地产暨相关产业产品

展示交易会在长春国际会展中心开幕。推出可售房源 608.5 万平方米、58653 套。全市房屋成交 2568 套，成交面积 24.1 万平方米，成交金额 15.3 亿元。

20 日

长珲城际铁路(吉林至珲春段)正式开通运营。

21 日

由长春广播电视台开发建设的城市综合服务类手机客户端——“无线长春”正式上线。该手机客户端为全国首个可下载观看长春路况视频的手机客户端软件。

同日

长春市副市长白绪贵在香格里拉大酒店会见加拿大查塔姆肯特市市长兰迪·霍普。客人此次到长，是与长春市相关企业就开展北美经贸合作事宜进行洽谈。

23 日

《长春市机动车停车场管理条例》《长春净月潭风景名胜区保护管理条例》公布，自 10 月 1 日起施行。

24 日

长春等 18 个城市获得全国“避暑旅游城市”称号。

24—25 日

第 9 届中国中小企业节在长春市开幕。中国中小企业协会与市政府签署《共同组织发行小微企业增信集合债券框架协议》。本届中小企业节签约 70 个项目，金额 307 亿元。

25 日

第 9 届中国中小企业节项目签约和中国中小企业(长春)总部基地揭牌仪式在长春益田喜来登酒店举行。

28 日

长春市首届“最美乡村”颁奖典礼在农安县合隆镇陈家店村举行。农安县合隆镇陈家店村等 18 个村成为长春市首批“最美乡村”。

10 月

7 日

中国第一颗自主研发的商用高分辨率遥感卫星—“吉林一号”卫星在酒泉卫星发射中心发射成功。这是中国第一颗以一个省的名义冠名发射的自主研发卫星，是中国第一颗自主研发的“星载一体化”商用卫星，也是中国第一颗自主研发的米级高清动态视频卫星。

10 日

2015 首届中国长春电子商务产业峰会在二道区东北亚艺术中心电商基地举行。

14 日

沈阳、长春、哈尔滨、大连、鞍山等 17 个城市和地区在北京召开东北旅游推广联盟成立大会，各城市代表签署“东北旅游推广联盟北京宣言”。长春市副市长桂广礼代表“东北 5 城市区域联合体”致辞。

15 日

长春市政府举行“2014 年度长春友谊奖”颁奖仪式。在长春经济建设和社会发展中做出突出贡献的 21 位优秀外国专家获得表彰。

同日

2015 年长春科技成果推介会在长春国际会展中心举行。集中向外推介驻长高校、科研院所的最新科技成果。

15—16 日

第五届中国·长春创业就业博览会在长春国际会展中心开幕。有 500 个创业项目，3 万个就业岗位以及 10 家优秀创业孵化基地参展。有 23 万人次观展，促成创业对接意向 7336 人次。

16 日

长春市副市长桂广礼在长春国际会议中心会见韩国外交部中国事务担当官安炯植、韩国海特金咯株式会社社长孙凤秀等一行 7 人。韩国商务考察团来长，是就拟在榆树市投资建设的中韩啤酒产业园、韩国商业综合体等项目进行实地考察调研。

17 日

哈尔滨、长春、沈阳、大连 4 城市，在沈阳举行“经济新常态下的东北振兴论坛”。长春市委常委、副市长王路出席论坛并做主旨演讲。

20 日

长春市市长姜治莹主持召开市政府第 31 次常务会议。会议讨论并原则通过《长春市创建国家安全发展示范城市规划》《长春市地下空间开发利用管理条例》。

同日

长春市副市长白绪贵在长春国际会议中心会见美国 NatureWorks 公司全球总裁兼首席执行官马克·维尔布鲁根。

22 日

第一届全国青年运动会田径项目开赛，长春市运动员孙帅赢得青运会田径项目首枚金牌。

24 日

吉林东北亚创新金融资产交易中心在净月高新区揭牌运营。

27 日

长春市市长姜治莹会见泰国曼谷市市长素坤潘一行。泰国客人此行的主要目的是考察长客股份有限公司，就曼谷市即将启动的轨道交通项目进行洽谈。

31 日

长春市第 8 次蝉联“中国最具幸福感城市”，同时获得“2015 中国小康社会建设示范奖”。

11 月

1 日

第十七届中国绿色食品博览会会旗交接仪式在西安市曲江国际会议中心举行。中国绿色食品发展中心主任王运浩将会旗交给长春市副市长陈巳，并宣布第十七届中国绿色食品博览会将由吉林省政府承办，于 2016 年在长春农博园举办。

4 日

长春市“吉林一号”卫星图像数据应用推广交流对接会召开。

6 日

第二届中国(长春)轨道交通博览会在长春国际会展中心开幕。

10 日

中央宣讲团成员、农业部部长韩长赋到长春市宽城区兰家镇合隆村与农民代表座谈，宣讲十八届五中全会精神。

15 日

长春金融资产交易中心在吉林长春交易中心正式揭牌并开展业务。长春市委常委、常务副市长肖万民出席揭牌仪式。

17 日

长春市工商联组织召开全市民营企业推进"一带一路"建设工作会议暨2015年民营企业百强发布会。

20 日

兴业银行长春分行向长春市残疾人福利基金会捐赠助残善款210万元。长春市副市长桂广礼出席捐赠仪式。

21 日

发展中国家科学院（TWAS）第26届院士大会在奥地利首都维也纳闭幕。会议增选44名TWAS院士，中国科学院院士、长春应化所研究员张洪杰被增选为发展中国家科学院院士。

25 日

长春地铁1号线红嘴子站至中央商务区站左线盾构区间贯通。这是地铁1号线最南端完成盾构掘进作业的隧道。

26 日

《长春市水土保持条例》公布，自2016年1月1日起施行。

12 月

1 日

吉林省委常委、市委书记高广滨主持召开市委常委会议，听取并讨论《中共长春市委十二届八次全体会议报告（常委会讨论稿）》和《长春市全面推进依法治市实施规划（2015—2020）（送审稿）》起草相关情况说明，研究部署2015年军转安置工作。

3 日

长春市政府与中国联通吉林省分公司正式签署"互联网+"战略合作协议。长春市市长姜治莹和中国联通吉林省分公司总经理温宁瑞为中国长春云数据基地揭牌。副市长白绪贵和中国联通吉林省分公司副总经理俞向东代表双方签署合作协议。

4 日

中共长春市委十二届八次全体会议在市委机关会堂召开。全会听取和讨论省委常委、市委书记高广滨受市委常委会委托所作的工作报告，研究部署推动长春市"十三五"发展、加快长春老工业基地新一轮振兴发展、全面建成小康社会的主要任务。

同日

吉林省委全面深化改革领导小组第十六次全体会议通过关于《支持集安市加快开放发展的若干意见》和《支持农安县率先实现农业现代化的若干意见》，吉林省将赋予集安市和农安县政府地级市政府经济社会管理权限。

7 日

长春市市长姜治莹主持召开市政府第32次常务会议。会议讨论并原则通过《长春市人民政府2016年规章立法计划》和《长春市城市照明管理办法》。

同日

中国科学院、中国工程院分别公布2015年院士增选结果，吉林省有3人当选。长春应化所所长安立佳和吉林大学化学学院教授、博士生导师于吉红当选中国科学院化学部院士；长春理工大学学术委员会主任姜会林当选中国工程院院士。吉林省"两院"院士总数达23人。

8 日

吉林省十二届人大常委会举行第二十二次会议。会议通过省人大常委会代表资格审查委员会关于个别代表的代表资格报告，通过人事任命事项等。会议决定任命高广滨为吉林省副省长。

14 日

吉林省总工会命名吉林省职工职业道德建设十佳标兵单位、十佳标兵个人，同时授予吉林省"五一"劳动奖状、"五一"劳动奖章，长春水务集团有限责任公司和长春市殡仪馆火化工刘洋榜上有名。

16 日

中国长春与美国硅谷友好合作关系签约仪式在净月益田喜来登酒店举行。长春市与美国门罗帕克市、山景市签约，建立友好合作关系。

22 日

长春市电网建设与改造指挥部正式成立并召开第一次会议。市长、市电网建设与改造指挥部主任姜治莹出席会议并讲话。

22—23 日

国务院安委会第十四督察组到长春市，对安全生产大检查"回头看"及安全隐患排查整改落实情况进行检查。

24 日

长春市市长姜治莹主持召开市政府第33次常务会议，讨论《政府工作报告（讨论稿）》《关于长春市2015年国民经济和社会发展计划执行情况与2016年国民经济和社会发展计划草案的报告（讨论稿）》和《关于长春市2015年预算执行情况和2016年预算草案的报告（讨论稿）》。

25 日

长春市扶贫开发工作会议在市委机关会堂召开。双阳、九台、榆树、农安、德惠等县（市）区主要负责人递交脱贫攻坚责任书。

30 日

"净月雪世界"正式开园。

（常　颖）

长春概貌

自然概况

【位置疆域】 长春市位于北纬43°05′~45°15′;东经124°18′~127°05′,居北半球中纬度北温带,其中主城区位于松辽平原腹地的伊通河台地之上。幅员20604平方公里。居于中华人民共和国东北地区中部,地处京哈与珲乌两条交通线交会处,是吉林省的政治、经济、文化中心。长春市辖3县(市)7区,包括榆树市、农安县、德惠市、朝阳区、南关区、宽城区、二道区、绿园区、双阳区、九台区(2014年末,经国务院批准,撤销县级九台市,设立长春市九台区,以原九台市的行政区域为九台区的行政区域)。西北与松原市毗邻,西南和四平市相连,东南与吉林市相依,东北同黑龙江省接壤。城市面积4789平方公里。市区中心城区建成区面积348.62平方公里。

【地质地貌】 长春市属天山—兴安地槽褶皱区吉黑褶皱系松辽拗陷的东部边缘,城区下部分布着深厚的白垩系泉头组,为一套红色较粗粒碎屑岩(页岩、泥岩、细砂岩和砂页岩互层),均为不透水层或含水性极微层,地层深厚(500米尚未穿透),岩层致密,倾角很小(5°~10°)。此外,第四世纪沉积相当普遍,洪积层上部为黄土状物质,下部为红色粘土或砂砾层。新构造运动以来,地体微升,地表受流水切割,沟谷发育,形成微波状台地平原。二级阶地黄土状亚粘土厚15米~25米,抗压强度20吨~25吨/平方米,是较佳的天然地基。一级阶地(二道区)亚粘土层地基抗压强度8吨~11吨/平方米,但地表下2米~4米深处有一淤泥层,不适于天然地基,下部是砂、砂砾层,抗压强度25吨~35吨/平方米,距地表6米~11米以下是基岩,对大型、特大型建筑基础置于基岩上最为有利。

主要地貌类型为:1.低山丘陵。分布于市区东南部,属大黑山脉的一部分,略呈东北西南走向,海拔大部分在250米~350米之间,相对高度为50米~100米;东部的大顶子山海拔407米,组成的岩石有花岗岩、安山岩等变质岩系,其中以花岗岩分布面积最广,久经侵蚀,已成浑圆状;山地丘陵面积在市区内所占面积比重甚微,山地丘陵中有森林,低丘之间有些冲积平原和盆地,为农业区;伊通河除大黑山北麓,从南向北穿过市区东部,在狭口处有修筑水库的良好条件。2.台地平原。城区台地面积约占总面积70%,并高出伊通河一级阶地10米~20米,地表微波起伏,土质主要由黄土状土构成,海拔在200米~230米之间,最高压245米;浅谷谷坡漫长,市区有近80%的地面坡在10度以下。3.冲积平原。主要由伊通河冲积作用形成,在河流两岸形成比较宽阔的带状平原,面积近30%,地势低平,海拔多在200米左右;沿河两岸的低洼部分,汛期常被洪水淹没,属河漫滩部分,组成物质多为粗砂或细砂,河漫滩两侧为宽窄不等的高漫滩或一级阶地,宽度一般在4公里~5公里间;一级阶地高出河床3米左右,其组成物质上部是亚砂土、亚粘土,下部是砂砾层,冲积物厚10米左右;二级阶地面积较小,河床两侧可提供建筑用砂;平原上的河迹洼地,因多为淤泥质粘土或亚粘土,并夹灰色砂质透镜体,大多排水不畅,土体抗压性较差,但在大部分台地平原上的沟谷系统则成为城市自然排水通道。4.火山锥体。台地平原西接松辽分水岭,系第四纪更新世末期沿断裂带呈地垒式隆起,并有火山活动,因此在长春西南的大屯、范家屯一带,火山锥体突起在波状平原之上。多由玄武岩构成,是良好的建筑材料。

【水文气候】 长春市的地表水属松花江水系,松花江、饮马河、伊通河的中下游,还有沐石河、双阳河、雾开河、新开河及卡岔河等流经境内,有波罗泡子、敖宝吐泡子、元宝泡子等主要泡子湖泊7处;市区的地表水,较大的河流为松花江的支流,也是饮马河的支流——伊通河及其支流——新开河等。由于市区的下部基岩为中生代白垩系红色岩系,岩层致密,为一不透水层或含水性极微,因而无深层地下水源,故地下水贫乏。长春市的气候介于东部山地湿润与西部平原半干旱区之间的过渡带,属温带大陆性半湿润季风气候类型。东部和南部虽距海洋不远,但由于长白山地的阻挡,削弱了夏季风的作用;西部和北部为地势平坦的松辽平原,西伯利亚极地大陆气团畅通无阻,故气候总的特点是春季干旱多风,夏季温暖短促，秋季晴朗温差大，冬季严寒漫长。春季，地表温度增高，蒙古高压系统势力减弱，这时低压系统自贝加尔湖区侵入，形成东北低压并经常过境，低压前部常出现强大的西南气流，后部有猛烈的西北气流，大风天气多，最大风速可达30米/秒，且低压系统后部引起北方寒流冷气南下，形成寒潮天气。夏季，东南风盛行，有从小笠原状群岛吹来的东南风，也有渤海补充的湿气，自南而来的夏季风极锋锋线位置也移到本地，并有温带气旋过境。平均气温21.9摄氏度，最高气温出现在德惠市，为32.1摄氏度；全年最大日降水量出现在九台市，为98.8毫米。秋季，贝加尔湖低压系统虽有入侵，但发展的机会不如春季显著，高压在本区停滞的机会较多，因而在秋季可形成持续数日的晴朗而温暖的天气，温差较大，风速也较春季小。冬季，受强蒙古高压系统影响，冷气流经常自北及西北侵入，盛行偏西风，气候寒冷、干燥。天气变化主要取决于高空西风带中的低槽过境：低槽移近时，常有较盛的偏南风入境，形成多云、多雪的阴湿天气；低槽过后，高压脊的前部侵入，致使风向转为西北风，气温骤降，并有时出现雪暴天气，然后高压系统全部占据，天气晴朗、干燥、风力微弱。这种更替，一次大约三四天，形成冬季"三寒四温"的天气特征。平均气温零下12摄氏度，最低气温出现在农安县，为零下37.2摄氏度。

【自然资源】 长春市地域辽阔，土地资源较丰富，有土地面积20603平方公里，其中耕地135.04万公顷。土质主要是黑土、草甸土、黑钙土等，分别占耕地面积的34.5%、29.06%和15.28%。土质肥沃，一般黑土层厚达0.6米~1.0米。全市有林地26.5万公顷，森林的组成以东亚阔叶林成分为主，华北系成分、长白区系成分也有渗入，如黑松、樟子松、云杉、冷杉、长白落叶松、侧柏、桧柏、胡桃楸、水曲柳、黄菠萝、花曲柳、山杨、黑桦等。野生植物资源群落中，有森林植物、草甸植物、草原植物等，具有经济价值的野生植物300余种：可供药用的有五味子、大活、党参、苍术等到150多种；可做工副业原料的有胡枝子、芦苇、蒙古栎等50多种；可供食用的有蕨菜、黄花菜、山楂、山葡萄等30多种；可做饲料的有碱草、草木樨、小叶樟等50多种。野生动物资源有豹猫、红狐、鸿雁、林蛙、中华鳖、虎斑文蛇、背角无齿蚌等5类34种。长春市的矿产资源，除已探明的煤、油质岩矿、水泥石灰岩矿、水泥粘土矿、珍珠岩砂、膨润土、萤石、铸型用砂矿、铜、银、铁以外，石油、天然气也有一定储量。

（李开天　曾　剑）

人口情况

【总人口及分布情况】 截至2015年末，长春市有2738087户，7538335人。其中，男性人口3790855人，占人口总数的50.3%；女性人口3747480人，占人口总数的49.7%。市区（南关区、宽城区、朝阳区、二道区、绿园区、双阳区）人口为3668020人，占全市总人口数的48.7%；县（市）（农安县、九台市、榆树市、德惠市）人口为3870315人，占全市总人口数的51.3%。总人口数比2014年减少7137人，增长率为-0.9‰，增长率比2014年下降3.4‰。长春市人口占吉林省总人口数的28.3%。

2015年长春市人口增长及分布情况统计表

单位：人

区、县（市）别	2014年末总人口	2015年末总人口	增加人口	增长率‰
全　市	7545472	7538335	-7137	-0.9
市辖区	3658620	3668020	9400	2.6
南　关	706601	698626	-7975	-11.4
宽　城	601365	643251	41886	65.1
朝　阳	746103	718403	-27700	-38.6
二　道	567525	572318	4793	8.4
绿　园	659304	659009	-295	-0.4
双　阳	377722	376413	-1309	-3.5
农　安	1087494	1086844	-650	-0.6
九　台	695407	693095	-2312	-3.3
榆　树	1275220	1263160	-12060	-9.5
德　惠	828731	827216	-1515	-1.8

【人口自然变动】 2015年，全市出生55205人，出生率为7.32‰，比2014年下降3.28‰。市区出生30416人，出生率为11.93‰，比2014年下降3.63‰。平均每天出生151人；全年死亡38977人，死亡率为5.17‰，比2014年下降0.36‰。市区死亡21481人，死亡率为5.86‰，比2014年下降0.29‰。平均每天死亡107人。全市自然增长16228人，增长率为2.15‰，比2014年下降2.69‰，市区自然增长8932人，增长率为2.44‰，比2014年下降3.34‰。

2015年长春市人口自然变动情况统计表

单位:人

区、县(市)别	出生人口		死亡人口		自然增长人口	
	人数	出生率‰	人数	死亡率‰	人数	增长率‰
全 市	55205	7.32	38977	5.17	16228	2.15
市辖区	30413	8.30	21481	5.86	8932	2.44
南 关	6361	9.05	4722	6.72	1639	2.33
宽 城	5071	8.15	3658	5.88	1413	2.27
朝 阳	6076	8.30	4509	6.16	1567	2.14
二 道	4975	8.73	3300	5.79	1675	2.94
绿 园	5572	8.45	4048	6.14	1524	2.31
双 阳	2358	6.25	1244	3.30	1114	2.95
九 台	4262	6.14	4304	6.20	–42	–0.06
农 安	7353	6.76	3369	3.10	3984	3.66
榆 树	7450	5.87	7066	5.57	384	0.30
德 惠	5727	6.92	2757	3.33	2970	3.59

【人口机械变动】 2015年,全市迁入人口48564人,迁入率为6.44‰;迁出人口50953人,迁出率为6.76‰;机械增长人口出现负增长2389人,增长率为–0.32‰,比2014年下降0.68‰。其中,市区的朝阳、双阳;县(市)的农安县、九台市、榆树市、德惠均出现迁出人口高于迁入人口,呈现负增长情况。

2015年长春市人口机械变动情况统计表

单位:人

区、县(市)别	迁入人口		迁出人口		机械增长人口	
	人 数	迁入率‰	人 数	迁出率‰	人 数	增长率‰
全 市	48564	6.44	50953	6.76	–2389	–0.32
市辖区	39220	10.69	34762	9.48	4458	1.22
南 关	9404	13.46	9385	13.43	19	0.03
宽 城	6360	9.89	3072	4.78	3288	5.11
朝 阳	9547	13.29	10781	15.01	–1234	–1.72
二 道	6220	10.87	5711	9.98	509	0.89
绿 园	6631	10.06	4211	6.39	2420	3.67
双 阳	1058	2.81	1602	4.26	–544	–1.45
九 台	1700	2.45	3260	4.70	–1560	–2.25
农 安	2837	2.61	4496	4.14	–1659	–1.53
榆 树	2711	2.15	5392	4.27	–2681	–2.12
德 惠	2096	2.53	3043	3.68	–947	–1.14

【人口结构】 2015年,在性别比例上,以女性人口为100,全市性别比例101.2,与2014年相比持平。在农业人口与非农业人口的构成上,全市有非农业人口3581564人,占总人口的44.5%,与2014年上升2.0%;有农业人口3956771人,占总人口的55.5%,与2014年比下降3.0%。县(市)非农业人口九台(市)较高为24.7%,比2014年上升4.4%;农安略低为19.0%,与2014年比下降1.3%。

2015 年长春市人口结构情况统计表

单位：人

区、县(市)别	总人口数	性别		性别比例	农业人口与非农业人口		
		男性人口	女性人口	(女性人口为 100)	农业人口	非农业人口	非农业人口比重%
全 市	7538335	3790855	3747480	101.2	3956771	3581564	47.5
市辖区	3668020	1811854	1856166	97.6	896406	2771614	75.6
南 关	698626	339943	358683	94.8	55518	643108	92.1
宽 城	643251	319480	323771	98.7	248348	394903	61.4
朝 阳	718403	349790	368613	94.9	44832	673571	93.8
二 道	572318	283387	288931	98.1	190654	381664	66.7
绿 园	659009	327954	331055	99.1	99213	559796	84.9
双 阳	376413	191300	185113	103.3	257841	118572	31.5
九 台	693095	354251	338844	104.5	491492	201603	29.1
农 安	1086844	556911	529933	105.1	880708	206136	19.0
榆 树	1263160	647145	616015	105.1	1022559	240601	19.0
德 惠	827216	420694	406522	103.5	665606	161610	19.5

（孟令彦）

【民族】 2015 年，长春市有 49 个少数民族，人口 30.33 万，占全市总人口的 3.9%。有满族、回族、朝鲜族、蒙古族、锡伯族 5 个世居民族。其中，满族 17.8 万人，占 58.7%；朝鲜族 5.7 万人，占 18.8%；回族 4.9 万人，占 16.2%；蒙古族 1.5 万人，占 4.9%；锡伯族 1354 人，占 0.4%。有 4 个民族乡，双阳区双营子回族乡、九台市胡家回族乡、九台市莽卡满族乡、榆树市延和朝鲜族乡。43 个少数民族聚居村。少数民族社团 6 个；少数民族特需商品定点生产企业 7 家；市级朝鲜族群众艺术馆 1 所；乡级少数民族文化站 4 所。民族中小学 13 所；民族医院 1 所，民族乡医院 4 所，少数民族聚居村合作医疗点 43 个。

（潘　爽）

行政区划

【行政建置】 截至 2015 年底，长春市辖朝阳、南关、宽城、绿园、二道、双阳、九台 7 个区（含长春经济技术开发区、长春净月高新技术产业开发区、长春高新技术产业开发区、长春汽车经济技术开发区、长春莲花山生态旅游度假区 5 个开发区）；榆树市、德惠市、农安县由省直辖。辖 68 个街道，30 个乡，59 个镇。

【地名管理】 按照国务院《地名管理条例》《吉林省地名管理条例》民政部《地名管理条例实施细则》以及《长春市地名管理条例》对地名工作进行管理。

（李　硕）

2015 年长春市行政区划统计表

县(市)、区名称	街道数(个)	镇数(个)	乡数(个)
朝阳区	10	2	1
宽城区	12	5	1
南关区	15	3	1
二道区	8	3	1
绿园区	9	3	
双阳区	4	3	1
九台区	12	4	2
榆树市	4	15	9
德惠市	4	10	4
农安县	0	11	10
合 计	78	59	30

2015年长春市区(市)、县、街道、镇(乡)区划一览表

区(市)、县	街道、镇(乡)
朝阳区 (街10镇2乡1)	湖西街道　重庆街道　红旗街道　清和街道　永昌街道　南湖街道　桂林街道　前进街道 富锋街道　永春镇　乐山镇　硅谷街道(高新代管)　双德乡(高新代管)
宽城区 (街12镇5乡1)	新发街道　南广街道　东广街道　站前街道　柳影街道　群英街道　凯旋街道　团山街道 兴业街道　欣园街道　兰家镇　兴隆山镇(经开代管)　合隆镇(农安代管)　米沙子镇(德惠代管) 万宝镇(德惠代管)　奋进乡(高新代管)　北湖街道(高新代管)　长德街道(高新代管)
南关区 (街15镇3乡1)	新春街道　长通街道　南岭街道　永吉街道　曙光街道　全安街道　民康街道　自强街道 桃源街道　鸿城街道　明珠街道　富裕街道　幸福乡　永兴街道(净月代管)　净月街道(净月代管) 临河街道(经开代管)　玉潭镇(净月代管)　新立城镇(净月代管)　新湖镇(净月代管)
二道区 (街8镇3乡1)	八里堡街道　远达街道　东站街道　东盛街道　吉林街道　荣光街道　东方广场街道(经开代管) 长青街道　英俊镇　泉眼镇(莲花山代管)　劝农山镇(莲花山代管)　四家乡(莲花山代管)
绿园区 (街9镇3)	铁西街道　普阳街道　青年路街道　春城街道　正阳街道　林园街道　同心街道　合心镇　西新镇 城西镇　锦程街道(汽开代管)　东风街道(汽开代管)
双阳区 (街4镇3乡1)	平湖街道　云山街道　奢岭街道　山河街道　太平镇　鹿乡镇　齐家镇　双营子回族乡
九台区 (街12镇4乡2)	九台街道　九郊街道　营城街道　西营城街道　土们岭街道　苇子沟街道　兴隆街道　波泥河街道 纪家街道　卡伦湖街道　东湖街道　龙嘉街道　上河湾镇　其塔木镇　沐石河镇　城子街镇 胡家回族乡　莽卡满族乡
榆树市 (街4镇15乡9)	正阳街道　培英街道　华昌街道　城郊街道　八号镇　大坡镇　弓棚镇　刘家镇　五棵树镇 闵家镇　黑林镇　保寿镇　秀水镇　新立镇　土桥镇　大岭镇　新庄镇　于家镇　泗河镇　育民乡 红星乡　太安乡　先锋乡　青山乡　延河朝鲜族乡　恩育乡　城发乡　环城乡
德惠市 (街4镇10乡4)	胜利街道　建设街道　惠发街道　夏家店街道　郭家镇　天台镇　大房身镇　菜园子镇　松花江镇 布海镇　大青嘴镇　朱城子镇　达家沟镇　岔路口镇　朝阳乡　五台乡　同太乡　边岗乡
农安县 (镇11乡10)	农安镇　伏龙泉镇　高家店镇　哈拉海镇　开安镇　烧锅镇　靠山镇　华家镇　巴吉垒镇 三盛玉镇　三岗镇　杨树林乡　万顺乡　龙王乡　黄鱼圈乡　永安乡　前岗乡　青山口乡　新农乡 小城子乡　万金塔乡

气象　水文

【概况】 2015年(1月—12月)长春市总的气候特点是:气温略高,降水略少,日照时数略少。全市年平均气温为6.3摄氏度,比常年高0.7摄氏度;全市年平均降水量为492.3毫米,比常年556.8毫米少64.5毫米;年平均日照时数为2459.1小时,比常年少72.6小时。整个农作物生长季(5月—9月)气温略高、降水略少、日照略多。

气温　年平均气温主要特征是2015年(1月—12月)气温略高,全市年平均气温为6.3摄氏度,比常年同期高

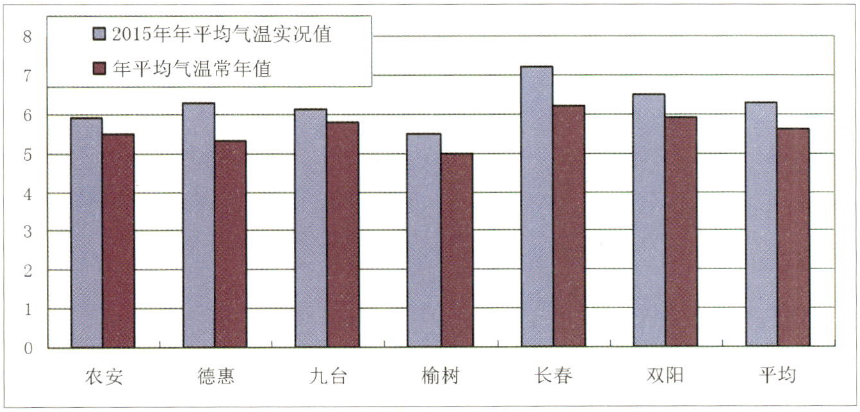

2015 年全市年平均气温及与常年对比柱状图(单位:摄氏度)

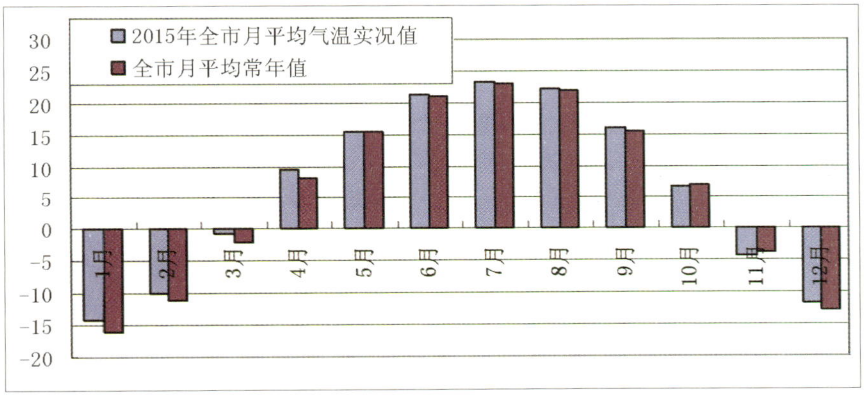

2015 年逐月气温变化曲线(单位:摄氏度)

0.7 摄氏度,比 2014 年高 0.2 摄氏度,居历史同期高温第 8 位。地域分布见图 1,其中长春市区为 7.2 摄氏度;双阳、德惠和九台分别为 6.5 摄氏度、6.3 摄氏度和 6.1 摄氏度,农安和榆树为 5.9 摄氏度和 5.5 摄氏度。与常年相比,长春市区和德惠偏高 1.0 摄氏度,其他地方略高 0.3 摄氏度~0.6 摄氏度。

年内极端最高气温为 34.7 摄氏度,7 月 10 日出现在榆树市;极端最低气温为-30.3 摄氏度,2 月 9 日出现在榆树市。

逐月温度变化如图 2,气温高或持平的月份居多。全年只有 2 个月份(10 月和 11 月)气温低于常年同期,5 月与常年持平,其余各月高于常年同期。3 月—10 月全市平均气温 14.2 摄氏度,比常年同期高 0.5 摄氏度,居历史同期高温第九位。5 月—9 月全市平均气温 19.6 摄氏度,比常年同期高 0.2 摄氏度。

气温季节变化特征冬季气温略高,春季偏高、夏季略高、秋季略低。

冬季(2014 年 12 月—2015 年 2 月)气温略高,全市季平均气温为-13.1 摄氏度,比常年同期高 0.2 摄氏度。2014 年 12 月气温偏低,全市月平均气温为-14.8 摄氏度,比常年同期低 2.1 摄氏度;2015 年 1 月气温偏高,全市月平均气温为-14.2 摄氏度,比常年同期高 1.9 摄氏度,居历史同期高温第 9 位;2015 年 2 月气温偏高,全市月平均气温为-9.9 摄氏度,比常年同期高 1.1 摄氏度。

春季(3 月—5 月)气温偏高,全市季平均气温为 8.2 摄氏度,比常年同期高 1 摄氏度。整个春季前春偏高后春与常年同期持平,3 月气温偏高,全市月平均气温为-0.6 摄氏度,比常年同期高 1.6 摄氏度,居历史同期高温第 9 位;4 月气温偏高,全市月平均气温为 9.7 摄氏度,比常年同期高 1.5 摄氏度,居历史同期高温第 8 位;5 月气温与常年持平,全市月平均气温为 15.6 摄氏度。

夏季(6 月—8 月)气温略高,全市季平均气温为 22.2 摄氏度,比常年同期高 0.2 摄氏度。6 月气温略高,全市月平均气温为 21.3 摄氏度,比常年同期高 0.3 摄氏度;7 月气温略高,全市月平均气温为 23.3 摄氏度,比常年同期高 0.2 摄氏度;8 月气温略高,全市月平均气温为 22.1 摄氏度,比常年同期高 0.3 摄氏度。

秋季(9 月—11 月)气温略低,全市季平均气温为 6.1 摄氏度,比常年同期低 0.1 摄氏度。9 月气温略高,全市月平均气温为 15.9 摄氏度,比常年同期高 0.4 摄氏度;10 月气温略低,全市月平均气温为 6.9 摄氏度,比常年同期低 0.2 摄氏度;11 月气温略低,全市月平均气温为-4.4 摄氏度,比常年同期低 0.5 摄氏度。

降水 降水量时空分布特征 2015 年降水量略少,全市年(1 月—12 月)平均降水量为 492.3 毫米,比常年少

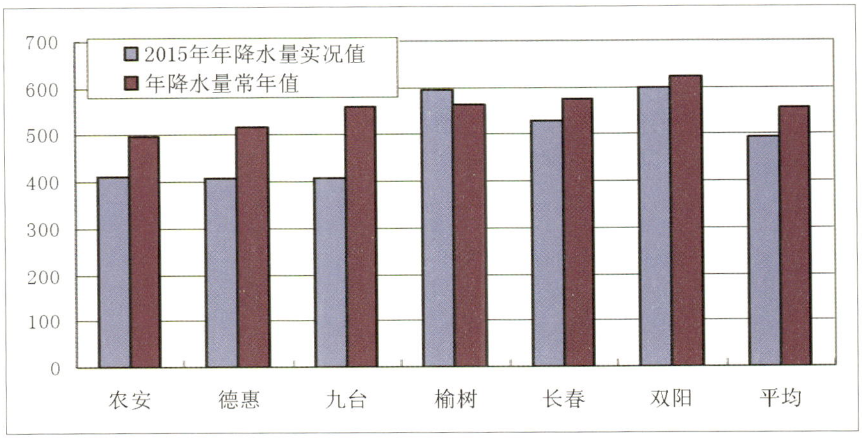

2015 年全市年降水量及常年对比柱状图(单位:毫米)

11.6%,比 2014 年多 11.5%。各地年降水量实况如图 3,长春市区、双阳和榆树年降水量 530.5 毫米~598.4 毫米，其他地方年降水量在 408.7 毫米~411.9 毫米。与常年同期相比,榆树略多 5.4%,双阳、长春市区和农安略少 3.6%~17.3%,德惠和九台偏少 21.1%和 26.9%。

逐月降水变化如图 4，全年中有 6 个月份(1 月、2 月、4 月、5 月、10 月和 12 月)降水量多于常年,其余均少于常年。3 月—10 月全市平均降水量 445.7 毫米，比常年同期偏少 16%。5 月—9 月全市平均降水量 383.8 毫米，比常年同期少 19%。

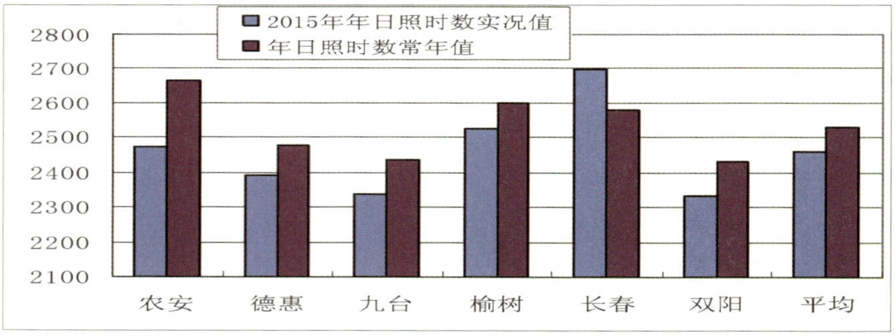

2015 年全市年日照时数及常年对比柱状图(单位:小时)

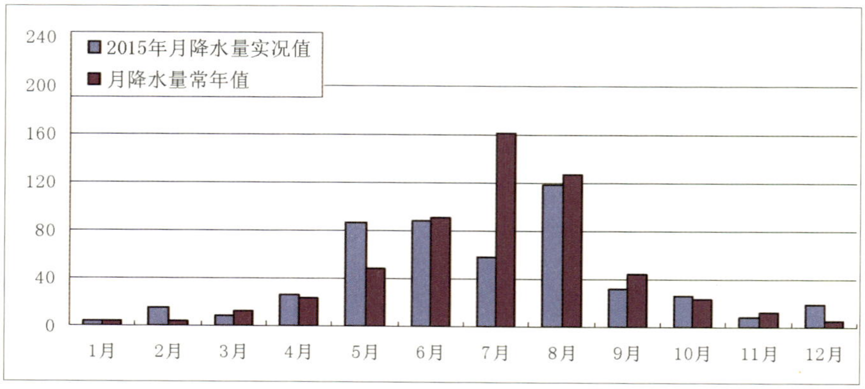

2015 年逐月降水量变化图(单位:毫米)

降水季节分布特征冬季降水偏多，春季降水偏多,夏季降水偏少,秋季降水略少。

冬季(2014 年 12 月—2015 年 2 月)降水偏多，全市平均降水量为 29.3 毫米,比常年同期多 101%。其中,2014 年 12 月降水偏多，全市平均降水量为 9.3 毫米，比常年同期多 52%;2015 年 1 月降水略多,全市平均降水量为 4.8 毫米，比常年同期多 14%,2015 年 2 月降水特多,全市平均降水量为 15.2 毫米,比常年同期多 253%,,居历史同期多雨(雪)的第 2 位。

春季(3 月—5 月)降水偏多。全市平均降水量 122.6 毫米，比常年同期多 48%,为历史同期多雨的第 6 位。其中 3 月降水偏少，全市平均降水量为 8.7 毫米，比常年同期少 30%;4 月降水略多，全市平均降水量为 26.6 毫米,比常年同期多 16%;5 月降水特多,全市平均降水量为 87.4 毫米，比常年同期多 83%,为历史同期多雨的第 3 位。

夏季(6 月—8 月)降水偏少,全市平均降水量 264.5 毫米，比常年同期少 30%,为历史同期少雨的第 6 位。其中 6 月降水略少，全市平均降水量为 88 毫米,比常年同期少 4%;7 月降水特少,全市平均降水量为 57.6 毫米,比常年同期少 64%,为历史同期少雨的第 1 位;8 月降水略少，全市平均降水量为 118.9 毫米,比常年同期少 6%。

秋季(9 月—11 月)降水略少。全市平均降水量为 66.4 毫米,比常年同期少 17%。其中 9 月降水偏少,全市平均降水量为 32 毫米,比常年同期少 28%;10 月降水略多，全市平均降水量为 26.6 毫米,比常年同期多 17%;11 月降水偏少，全市月平均降水量为 7.8 毫米，比常年同期少 38%。

日照 2015 年日照时数略少,全市年平均日照时数为 2459.1 小时,比常年同期少 72.6 小时，比 2014 年 2466.7 小时少 7.6 小时。地域分布见图 5,长春市区和榆树年日照时数为 2695.7 小时和 2524.9 小时，其他地方年日照时数在 2334.2 小时~2472.2 小时。与常年同期相比,长春市区略多 115.4 小时;农安偏少 196.6 小时，其他地方少 75.1 小时~97.9 小时。(3 月—10 月)全市平均日照时数 1900.6 小时,比常年同期多 58.3 小时。农作物生长季(5 月—9 月)全市平均日照时数 1212.3 小时，比常年同期多 36.5 小时。

霜 2015 年全市终霜结束时间较晚,全市 5 月 10 日终霜结束,比常年同期晚 6 天~10 天。全市初霜日略晚,农安为 9 月 28 日,比常年同期晚 5 天,双阳和德惠为 9 月 29 日,分别比常年同期晚 4 天和 6 天,其他地方为 10 月 3 日比常年晚 8 天~11 天。全市无霜期平均为 143 天，九台和榆树分别比常年多 5 天和 2 天,长春市区与常年持平,其他地方常年少 1 天~5 天。

【主要气象灾害】 **暴雪** 2015 年全市出现 2 次站次暴雪,2 月 21 日德惠和榆树出现暴雪,降水量分别为 10.7 毫米和 11.6 毫米。

冰雹 2015 年冰雹 7 站次。其中农安 1 次、德惠 2 次、双阳 4 次。

寒潮 2015 年全市寒潮天气过程频繁,降温幅度大。全市出现寒潮 51 站次。其中有 4 次区域性寒潮,分别为 2 月 7 日、10 月 8 日、10 月 18 日和 11 月 5 日。

大风天气 2015 年度全市出现大风 98 站次，比常年偏多。其中德惠 13 次、长春市区和双阳各 14 次、榆树 17 次、九台 18 次、农安 22 次。

大雾 2015年出现大雾天气12站次。其中农安和九台各1次，长春市区和榆树各2次，双阳6次。

（梁衍波）

国民经济和社会发展综述

【综述】 2015年，长春市实现地区生产总值5530亿元，按不变价格计算，比2014年增长6.5%。其中，第一产业增加值343.3亿元，比2014年增长5.0%；第二产业增加值2270.9亿元，增长4.1%；第三产业增加值2415.8亿元，增长9.8%。三次产业结构为6.2:50.1:43.7。对经济增长的贡献率分别为，4.7%、33.4%和61.9%。人均生产总值73324元(按户籍年平均人口数计算)，比2014年增长6.4%，折合11299美元。全市一般预算全口径财政收入1078.2亿元，下降6.8%。全市地方财政收入388.2亿元，下降2.3%，其中，税收收入300亿元，下降6.3%。地方财政支出765.7亿元，增长13.3%，其中，教育支出106.8亿元，增长24.7%；社会保障和就业支出105.7亿元，增长37.7%；医疗卫生与计划生育支出62.5亿元，增长23.7%；交通运输支出19.5亿元，下降35.2%。全口径财政收入占GDP的比重为19.5%。

全年居民消费价格总指数为101.3%，增幅比2014年缩小0.9个百分点，分八大类看，食品、烟酒、衣着、医疗保健和个人用品和居住类价格比2014年有所上涨，家庭设备用品及维修服务、交通和通讯和娱乐教育文化用品及服务价格有所下降。工业品出厂价格下降1.6%，其中，生产资料价格下降2.3%，生活资料价格下降1.2%。工业生产者购进价格下降0.9%。全市从业人员总数541.5万人，增长18.9%。其中，城镇单位从业人员126.1万人，从事个体劳动的有84万人。2015年城镇非私营单位就业人员平均工资61039元，比2014年增长8.97%。

【农业】 全年全市完成农林牧渔业总产值649.6亿元，比2014年增长6.2%。其中，种植业产值321.4亿元，增长2.6%；林业产值3.5亿元，增长9.8%；牧业产值302.1亿元，增长10.6%；渔业产值5.5亿元，增长6.8%；农林牧渔服务业产值16.96亿元，增长3%。全年农作物总播种面积133.4万公顷，比2014年下降0.17%。粮食总产量955.7万吨，比2014年减少12.3万吨。其中，玉米产量796.6万吨，下降2.9%；水稻产量136.6万吨，增长9.3%。猪出栏619.4万头，下降2.0%；牛出栏108.8万头，增长1.4%；羊出栏39.3万只，增长4.4%；家禽出栏2.5亿只，增长3.3%。肉类产量达114.4万吨，比2014年下降1%；禽蛋产量33.4万吨，比2014年增长5.3%；牛奶产量7.5万吨，比2014年增长9.0%。全年农业机械总动力654万千瓦，比2014年增长9%。

全市蔬菜耕地面积76000公顷，比2014年增长0.4%；蔬菜总产值94.6亿元，增长32.9%。全市有效使用绿色食品标志产品74个，有机食品32个，无公害农产品67个，认定无公害农产品基地15个，面积12333.33公顷。全年落实国家粮食直补、农资综合直补、农机购置补贴和良种补贴资金24.29亿元。全市高标准建设省级新农村示范村73个，落实新农村建设项目5大类105项，获得省新农村建设项目补助资金3111万元；开展长春首届“最美乡村”评选活动，陈家店村等18个村荣获长春市“最美乡村”称号。全市农产品加工业企业产值实现1930亿元，比2014年增长10.1%。新开工建设3000万元以上项目115个，完成投资367亿元，增长11.4%。省级以上和市级龙头企业数量分别发展到105户和209户。

【工业和建筑业】 全年完成规模以上工业增加值2131.8亿元，比2014年增长3.3%。规模以上工业企业万元增加值综合能源消耗降低率为15.62%。全年完成规模以上工业总产值8658.2亿元，比2014年下降11.8%。汽车制造业完成产值4856.4亿元，下降17.8%，占规模以上工业总产值的56.1%；农副食品加工业完成产值1282.9亿元，下降9.3%，占规模以上工业总产值的14.8%；生物与医药工业完成产值140.3亿元，增长6.3%，占1.6%；光电子信息工业完成产值123.3亿元，增长1.1%，占1.4%；建材工业完成产值632.7亿元，下降3.5%，占7.3%；能源工业完成产值521.1亿元，下降5.5%，占6%；装备制造业完成产值673.8亿元，增长10%，占7.8%。40户重点工业企业完成工业总产值5890亿元，占规模以上工业总产值的比重达68%。全年实现主营业务收入8877.6亿元，比2014年下降13.7%；利税总额1275.6亿元，下降17.1%；盈亏相抵后实现利润总额727.6亿元，下降20.2%。全年建筑业完成增加值425.6亿元，比2014年增长8.0%。资质以上建筑业完成总产值1114.7亿元，比2014年下降10.3%。实现工程结算收入1077.9亿元，下降7.4%。

【固定资产投资】 全年全市完成全社会固定资产投资总额4284亿元，比2014年增长12%。其中，房地产开发投资506亿元，下降5.3%。新增固定资产3294.1亿元。固定资产交付使用率为78.1%，比2014年下降9.5个百分点。房屋面积竣工率为9.6%，比2014年下降3.1个百分点。从各产业完成投资情况看，第一产业投资26亿元，下降11.9%；第二产业投资2183.9亿元，增长12.5%；第三产业投资2008.4亿元，增长13.1%。从投资主体看，国有经济投资1233.3亿元，增长20.5%；非国有经济投资2985.0亿元，增长9.6%，占全社会固定资产投资的比重为70.8%。民间投资2888.6亿元，增长9.3%。全市工业投资2146.4亿元，增长14.1%，对全社会投资增长的贡献率达56.3%。全市商品房施工面积6147.8万平方米，比2014年增长1.3%。商品房竣工面积590.2万平方米，下降23.6%。商品房销售面积810.7万平方米，增长6.8%。商品房销售额534.2亿元，增长12.4%。2015年，二手房成交4.7万套，成交面积423.3万平方米，比2014年增长17.8%；其中，二手住房成交 4.6 万套，成交面积 387.1 万平方米，增长 24.0%。

【国内贸易】 全年实现社会消费品零售总额 2409.3 亿元，比 2014 年增长 8.8%。分行业看，批发零售贸易业零售额 2172.1 亿元，增长 8.5%。其中，限额以上批发零售贸易业零售额 925.7 亿元，增长 1.6%；限额以下批发零售贸易业零售额 1246.4 亿元，增长 13.0%。住宿和餐饮业零售额 237.2 亿元，增长 12.0%。其中，限额以上住宿餐饮业零售额 25.5 亿元，增长 0.1%；限额以下住宿餐饮业零售额 211.7 亿元，增长 13.5%。2015 年，长春市限额以上批发和零售企业汽车类零售额 237.8 亿元，下降 6.0%；粮油、食品类零售额 93.8 亿元，增长 8.5%；服装鞋帽针纺织品类零售额 147.9 亿元，增长 4.2%；金银珠宝类零售额 37.1 亿元，增长 11.9%；家用电器和音像器材类零售额 57.1 亿元，增长 7.7%；石油及制品零售额 127.6 亿元，下降 8.2%。

【对外经济旅游和会展】 2015 年，长春市实现进出口总额 140 亿美元，比 2014 年下降 32.5%。其中，进口 120.7 亿美元，下降 33.9%；出口 19.3 亿美元，下降 22.2%。在出口企业中，一般贸易企业出口 13.7 亿美元，下降 25.3%；加工贸易企业出口 5.5 亿美元，下降 12.3%。全年新批外资项目(企业)37 个，全年实际利用外资 56.6 亿美元，比 2014 年增长 13.2%。其中，直接利用外资 12.0 亿美元，增长 13.0%。全年来长旅游人数 5726.05 万人次，比 2014 年增长 15.72%。其中，接待入境游客 43.06 万人次，比 2014 年增长 9.14%；接待国内旅游者 5682.99 万人次，增长 15.77%。全年旅游总收入 1072.64 亿元，增长 25.13%。旅游外汇收入 31850.19 万美元，增长 10.2%。全市举办规模以上会展活动 122 项，展览面积 220 万平方米，比 2014 年分别增长 12.9%和 12%。展会直接收入 47 亿元，带动其他相关产业收入 415 亿元，比 2014 年分别增长 17.5%和 15.3%。

【交通邮电业】 全年公路货物周转量 356.8 亿吨公里，增长 6.6%；旅客周转量为 58.2 亿人公里，下降 1.3%。民航完成货邮吞吐量 77793.9 万吨，增长 5.8%；完成旅客吞吐量 855.6 万人，增长 15.3%。2015 年末全市民用汽车保有量 127.1 万辆，增长 11.0%。其中，私人汽车保有量 111.1 万辆，增长 15.1%。2015 年完成邮电业务总量 74.4 亿元，增长 26.3%。其中，邮政业务总量 5.5 亿元，增长 1%；电信业务总量 68.9 亿元，增长 28.9%。全年特快专递完成 42 万件，下降 19.2%；邮政储蓄平均余额 2557.4 亿元，增长 1.8%。全市市话年末达 121.8 万户，下降 6.7%；农话年末达 24.5 万户，下降 5.4%。移动电话年末达 1080.9 万户，下降 5.7%。互联网用户达 511.6 万户，下降 8.0%，其中宽带用户 106.0 万户，增长 4.4%。

【金融证券和保险】 截至 2015 年末，全市拥有银行信社类金融机构 39 家，保险公司 34 家，证券公司 2 家，证券公司分公司 19 家，证券营业部 60 家，上市企业 25 家。全市金融机构本外币各项存款余额 9959.9 亿元，比年初增长 11.8%。住户存款余额 3834.2 亿元，增长 8.9%。金融机构本外币各项贷款余额 9009.12 亿元，比年初增长 19.5%。全市股民帐户数达到 184.5 万户，比 2014 年增长 33.4%。有价证券成交总额 24674.2 亿元，比 2014 年增长 196.5%。其中，股票交易成交额 20651.8 亿元，增长 267.2%；国债成交额 3275.8 亿元，增长 42.9%；基金成交额 535.8 亿元，增长 164.3%。全年保费收入 161.7 亿元，比 2014 年增长 25.4%。其中，财产险保费收入 60.6 亿元，增长 10.7%；人身险保费收入 101.1 亿元，增长 36.3%。全年赔付总金额 55.4 亿元，增长 13.2%。其中，财产险赔付金额 33.5 亿元，增长 16.5%；人身险赔付金额 21.9 亿元，增长 8.5%。

【城建和公用事业】 2015 年末，全市完成道路新建和扩建长度 248.6 公里，全市道路总面积 541.99 万平方米，道路长度达 3373.83 公里，人均道路面积 19.03 平方米。2015 年，全市水厂日综合生产能力为 129.1 万立方米/日，城区使用自来水人数 398.89 万人。全市天然气供气总量 45881.9 万立方米；液化石油气供气总量 3.77 万吨。城区使用天然气、石油液化气户数 134.4 万户。城区集中供热面积 18663.26 万平方米。到 2015 年末，全市公园绿地面积 16646 公顷，建成区绿化覆盖面积 18926.27 公顷，建成区绿化覆盖率 41.5%。

【科技质量技术监督和教育】 全年专利申请量由 2014 年的 7853 件增加到 10184 件，增长 29.7%。全年通过鉴定、验收和认定的科技成果 237 项，获得市以上科技进步奖励成果 196 项。其中，获省级奖励 196 项。2015 年末，在全市各级各类科技人员中，驻长“两院”院士 40 人，其中，域内 24 人，双聘 16 人。全市拥有独立科学研究与技术开发机构 89 个。其中，自然科学和技术领域研究与开发机构 59 个，社会科学与人文领域研究与开发机 13 个，科技信息与文献领域机构 3 个。全市民营科技企业技术合同成交额 24.46 亿元。市科技管理部门投入科技经费 1 亿元。全市新认定高新技术企业 41 户。全市有法定产品质量检验机构 3 家，法定计量技术机构 11 家，计量校准设备 83349 台/件，检验各类器具 186995 台/件。全年定期监督检验产品 683 批次。受理委托检验 17000 批次。国家和省的监督抽查产品质量平均合格率分别达 100%和 98.68%。

2015 年，长春市各级各类教育学校 1622 所(不含幼儿园，以下同)，其中，在长普通高校 37 所(含独立学院 6 所)，成人高校 8 所，中等职业学校 103 所，普通高中 67 所，初中 270 所(含职业初中，以下同)，小学 1126 所，特殊教育 10 所，工读学校 1 所。全市各级各类学校招生人数 34.5 万人，其中，研究生 1.6 万人，普通本专科 11.7 万人，成人本专科 3.7 万人，中等职业学校 1.6 万人，普通高中 3.9 万人，初中阶段 5.3 万人，小学 6.6 万人，特殊教育 131 人。全市各级各类学校在校人数 131.4 万人，其中，在读研究生

4.9万人，普通本专科在校生42.6万人，成人本专科生10万人，中等职业学校在校生4.3万人，普通高中在校生12.2万人，初中在校生17.7万人，小学在校生39.6万人，特殊教育在校生950人。全市各类教育学校专任教师8.97万人。其中，普通高等学校专任教师2.64万人，成人高校专任教师926人，民办机构184人，中等职业学校专任教师0.49万人，普通高中专任教师1.02万人，初中阶段专任教师2.04万人，小学专任教师2.63万人，特殊教育学校专任教师360人，工读学校29人。

【文化卫生和体育】 2015年，全市有文化（文物）事业机构225家。其中，艺术表演团体3家；艺术表演场馆6家；公共图书馆12家；艺术馆、文化馆12家；文化站160家；文化艺术科研、科技机构2家；文物保护研究机构1家；文物保护管理机构3家；其他文化事业18家；其他文化企业1家；博物馆9家。文化市场管理机构15家。公共图书馆总藏量463.15万册，其中少儿图书馆藏量55.89万册。全市有国家综合档案馆11个，馆藏档案143万卷、146万件，开放档案16万卷、8万件。

2015年，全市有各类文化经营场所1134家，其中互联网上网服务营业场所696家（连锁94家），文化娱乐场所257家，演出场所23家，音像制品经营场所155家，古玩（美术品）经营店3家。其中市区（含开发区）文化经营场所591家，其中互联网上网服务营业场所575家（连锁89家），文化娱乐场所230家，演出场所12家，古玩（美术品）经营店3家。2015年，全市有广播电台4座，节目10套，中波发射台和转播台26座，转播台24座，广播人口覆盖率为100%；电视台4座，节目9套，电视人口覆盖率100%。

2015年末，全市卫生医疗机构4317个，增长2.32%。其中，医院、卫生院301所，与2014年同期持平，拥有医疗床位4.67万张，比2014年下降1.58%。卫生技术人员为4.68万人，比2014年增长3.59%。每千人拥有执业医师和执业助理医师2.68人。2015年末，市辖区建成社区卫生服务中心60家，城区人口覆盖率99.1%。374万农民参加了新型合作医疗，常住人口参合率99.52%，筹集资金17.96亿元，已有144.61万参合农民受益，支付补偿金15.35亿元，占筹资总额的91.16%。

2015年，长春市成功承办瓦萨国际越野滑雪赛、国际雪联越野滑雪赛中国巡回赛、世界罗佩特越野滑雪巡回赛、中美男篮对抗赛等国际国内大型体育赛事10余项次，举办市青少年短道、速滑、篮球等省市各级各类体育赛事500余项次。以“繁荣群众体育，建设幸福长春”为主题，开展全民健身活动近2000项次，参与人数达百万人次，公布《长春市民体质状况报告》。投入资金650万元，为城区安装100套健身路径，为17个乡镇、152个行政村安装健身器材。全年体育彩票销售15.36亿元，占全省销售比例的40.18%。

【环境保护】 2015年末，全市区域环境噪声平均值控制在56.1分贝，道路交通噪声平均值控制在69.5分贝。全年城区空气环境质量优良级天数237天，占总天数的64.9%，其中，优级天数39天，占10.7%；良级天数198天，占54.2%；空气首要污染物细颗粒物（PM2.5）年日均值每立方米66微克，比2014年下降2微克；二氧化硫年日均值每立方米36微克，比2014年下降5微克；二氧化氮年日均值每立方米45微克，比2014年上升2微克；饮用水源水质达标率100%。

【人口、就业和社会保障】 2015年末，全市户籍总人口753.8万人。其中，市区人口436.1万人；3县（市）人口317.7万人。全市人口出生率为7.32‰，死亡率5.17‰，自然增长率2.15‰。2015年，城镇常住居民人均可支配收入29090元，比2014年增长6.6%。农村常住居民人均可支配收入11749元，增长4.1%。2015年底，全市城镇企业职工基本养老保险参保人数204.2万人，比2014年增长3.8%。其中，在职职工144.4万人，增长3.6%；城镇失业保险参保人数达到95.3万人，增长2.3%。全年征缴养老保险基金128.6亿元，增长10.6%；征缴失业保险基金15亿元。全年为59.7万名离退休人员发放养老金145.9亿元，增长17.2%；为2.5万名失业人员发放失业金1.1亿元。

2015年城镇医疗保险参保人数407.4万人，工伤和生育保险参保人数分别达138万人和113.3万人。2015年全市开发就业岗位15.1万个，实现城镇新增就业13.2万人，安置下岗失业人员实现在就业5.8万人，其中大龄就业困难对象再就业1.2万人。全市就业困难群体从事公益性岗位人员稳定在2万人以上，当年扶持522户零就业家庭实现就业。实现农村劳动力转移就业119万人次。到2015年底，城镇登记失业率3.66%。全市城市居民51774人享受最低生活保障；农村居民18336人享受最低生活保障。全年发放城乡低保资金3.4亿元（城区和双阳区数据）。

全市建设保障性住房1429套、建筑面积7.7万平方米、总投资额39000万元。全市在民政部门注册养老服务机构有519家，总床位数37743张。其中，国家办养老机构6家，社会力量投资兴办的养老机构416家。农村社会福利服务中心97所。全年销售社会福利彩票13.5亿元。募集善款2372万元，总支出慈善募捐款2381.15万元，受助群众达3万人次。

（黄思念）

精神文明建设

【践行社会主义核心价值观】 2015年2月9日，市文明办召开全市社会主义核心价值观主题社区、公园、街角、广场建设工作推进会，下发《长春市社会主义核心价值观主题社区、公园、广场、街角建设实施方案》，市委常委、宣传部长吴德金出席并讲话。7月31日，市文明办组织各县（市）区文明办、开发区党办召开社会主义核心价值主题社区、公园、街角、广场建设现场会，推广朝阳区和高新区经验。以“我们的节日”为载体，弘扬核

举行长春"最美家庭"发布会　（董　馨　提供）

心价值观。春节期间开展"弘扬好家风，传承好家训，欢乐送春联，幸福过大年"活动，为道德模范、长春好人、优秀志愿者和困难群众义务书写春联近20000幅。开展走访慰问道德典型活动，为500名道德模范、长春好人发放慰问金5万元，形成好人有好报的价值导向。清明节，开展清明微思念、百姓祭百家、清明诗会等系列活动，倡导全新的文明祭祀新方式，形成独具长春特色的清明文化。联合市广播电视台，在元宵、清明、端午、中秋等传统节日，开展"关东文化节"系列活动。端午龙舟竞渡活动，吸引19支队伍参赛，成为市民喜爱的经典赛事。联合市妇联共同开展"最美家庭""杰出父母"和"敬老好儿女"推选活动，举办全市首届最美家庭颁奖典礼，336户"最美家庭"受到表彰。

【获第四届全国文明城市称号】 2月28日，中央文明委在北京召开第四届全国文明城市、文明村镇、文明单位表彰大会，长春市再获全国文明城市称号。长春公交集团、市交警支队等11家单位获全国文明单位称号，4个村镇获全国文明村镇称号。市交警支队支队长王玉民作为全国文明单位先进代表受到习近平总书记会见。

【全国文明城市创建】 5月25日，市委市政府召开全市精神文明建设工作总结表彰暨深化全国文明城市创建工作动员大会，会议对全市2013——2014年精神文明建设的729个集体和305名个人进行表彰。省文明办主任谢文明为长春市颁发中央文明委《继续保留全国文明城市证书》。11月12日筹备召开全市深化全国文明城市创建暨冬季市容环境整治动员大会。24个部门、单位向市委市政府递交《深化全国文明城市创城目标管理责任书》，绿园区、德惠市、市城管办代表县(市)区、开发区和创城责任单位作表态发言。市长姜治莹代表市委市政府提出明确、具体的工作要求。研究新体系"城乡共建"内容的基础上，将双阳区、九台区、榆树市、德惠市、农安县、莲花山旅游度假区5个县(区)纳入成员单位，实现市文明委成员单位地域全覆盖。12月9日至10日，省文明办主任谢文明一行代中央文明办对长春全国文明城市新一轮创建工作进行检查，听取市委宣传部副部长王弋的汇报，并进行实地检查。市委常委、宣传部长王庭凯参加汇报会。

【"长春好人"及道德模范评选】 评选产生第五届长春市道德模范10人，9月17日举办道德模范颁奖典礼。推荐长春市吴亚琴、万恩、高宝华3名模范参加全国道德模范评选(全省有10位)，全部获全国道德模范提名奖。农安宝华骨科医院院长高宝华被中宣部授予为"全国岗位学雷锋标兵"。新增30个社会主义核心价值观建设示范点。南关区获全省核心价值观示范城区。

【"六大文明"创建活动】 文明旅游，4月27日，在欧亚卖场9号门启动"2015长春市文明旅游、文明交通，我参与、我践行"签名仪式，千余名市民在留言板上签名，承诺文明旅游、文明交通。文明交通，利用微信、微博、短信等新兴媒体传播渠道开展全方位的交通安全提示和宣传报道。文明餐桌，餐饮单位积极参与文明餐桌创建活动，活动覆盖全市1.3万余家餐饮单位。文明祭祀，传统祭祀节日期间，宣传"文明祭祀　孝在当下"的活动。文明示范小区，在社区广泛开展了"创和谐社区、建温馨单元、当文明家庭""文化进楼道"等活动。文明示范街圈，对重点打造22个文明示范街圈开展文明示范街圈创建情况进行调查。

【未成年人思想道德建设】 2015年有22所乡村学校少年宫获得638万专项彩票公益金支持扶持资金。长春市受国家、省彩票公益金扶持的少年宫达63个，获得专项扶持资金约1660万。12名先进典型被评为"长春美德青少年标兵"，100名先进典型被评为"长春美德青少年"。2名获得"吉林美德青少年"标兵，83名获得"吉林美德青少年"。

（董　馨）

政府法治建设

【法治政府建设】 为推进法治政府建设，制定《长春市法治政府建设指标考核体系》，明确工作标准和"路线图"。落实责任分工，由法制部门牵头和参与的依法治市99项工作，落实到责任单位和人头。对已挂牌的33个市级示范单位进行专项检查，督促其提高创建水平。加强领导干部学法工作，制发《长春市各级政府常务会议和部门办公会议学法制度》。创新学法方式，针对领导干部工作较忙的实际，通过印发《学法便笺》，方便领导干部学法。加强行政执法人员培训，全市集中培训4900多人次。榆树市、德惠市和市公安局、规划局、国土局、人防办等部门以“法治大讲堂”、知识竞赛、讲座等形式提高培训效果。加强法制宣传，法制信息被省办采用458篇。加大媒体宣传力度，在主流媒体对行政复议改革等工作进行系列报道。

【简政放权工作】 根据国务院和省政府有关决定，新承接审批项目9项、取消12项、暂停2项、调整6项，市本级保留的行政审批项目为255项。起草《关于加强行政审批事项事中事后监管的意见》。指导农安县开展行政审批制度改革试点工作。完成推行权力清单制度工作，市直46个部门纳入清单行政职权11类、3325项，精简53.9%，行政权力目录、信息表和流程图已通过市政府网站向社会公布。市直50个部门确定主要职责613项、具体工作和责任追究事项2702项，建立事中事后监管制度，明确职责边界事项21项，公共服务事项246项。

【科学民主决策】 完成《长春市重大行政决策程序规定》起草工作。市政府在调整居民供热、供气价格时召开听证会。落实风险评估制度，榆树、高新等县（市）区、开发区的重大决策进行风险评估。建立合法性审查和责任追究等制度。起草《健全和完善政府法律顾问制度的意见》和《政府法律顾问工作管理办法》。

【政府立法工作】 贯彻《立法法》，规范政府立法工作。推进重点领域立法，全年完成3部地方性法规和6部政府规章的修改、审核、报送工作。健全科学民主立法机制，委托吉大法学院起草《行政机关合同审查办法》；对《生活居住建筑日照管理办法》进行风险评估；对《净月潭国家级风景名胜区保护条例》等进行立法协商；对《庭院绿化管理办法》等进行立法后评估；对《城市地下管廊管理办法》等进行成本效益分析。建立20个基层立法联系点，拓展公民有序参与立法途径。坚持“立改废”并举，对行政审批制度改革涉及的地方性法规、政府规章进行清理，修改地方性法规11部、政府规章3部，废止地方性法规1部、政府规章18部，公布现行有效政府规章目录。完成11部政府通告的审核、修改及10部法规规章征求意见函的回复工作，完成8部政府规章的英文译审工作。

【行政执法监督】 对规范性文件监管，对市、县（市）区政府和市直部门88件规范性文件进行合法性审查，提出修改意见127条。对全市1123件规范性文件进行清理，确认失效、废止125件。对行政执法人员资格管理，结合换发新版执法证，组织全市5000名行政执法人员参加执法资格考试。公正规范文明执法，全年办理行政执法监督案件21件。开展消防和“三乱”专项执法检查，将发现的问题向相关部门反馈并下发通报。落实重大行政处罚备案制度，全市报备重大行政处罚案件1122件。加强联合执法，市旅游局与公安等部门组成旅游安全联合执法13次。推行教育规范、限期整改、依法处罚的“三段式”执法模式，全市适用“三段式”执法案件19584件，比2014年减少处罚954万元。组织行政执法监督员开展经常性监督活动，对各部门的行政执法情况进行评议。推进行政执法与刑事司法衔接工作，研究起草行政执法与刑事司法衔接办法及联席会议制度，市环保局移送公安部门刑事立案1件，行政拘留5件，杜绝“以罚代刑”现象。

【行政复议工作】 2015年，全市受理行政复议申请1033件，涉及公安管理、道路交通、城市规划和房屋土地征收等19个行政管理领域。受理案件中，撤销、变更、确认违法、责令履行等470件，纠错率为45%。规范案件受理工作，在办公场所设置指示标志和流程图，为申请人提供复议申请书格式样本，做到一次性告知、统一登记。安排专人接待来信来访、电话咨询，市本级全年接待复议来访6000余人次，接听电话咨询9000多人次。纠错率比2014年提高22个百分点。52件案件以和解、调解方式结案。出台《行政复议法律文书送达办法》，从程序上保障当事人的合法权利。2015年全市行政机关一审应诉案件871件，比2014年增长170%。市政府下发《行政应诉工作的暂行规定》，对行政机关出庭应诉进行规范，得到省政府法制办充分肯定。

【民商事仲裁事业】 全年受理仲裁案件3590件，标的额29亿元。深化仲裁“两化”改革，推进案件受理多样化和纠纷处理多元化。交通仲裁增设净月受理处，实现仲裁调解全覆盖。组建专门机构，开展“二手车”合同效力仲裁确认工作。建立“仲裁与律师”微信群，与省内31家最有影响的律师事务所建立合作机制。加大制度推行力度，提高合同约定仲裁比率。在榆树市政府的支持下，组建榆树分会，已办理案件11件，标的额300万元。走访大型企业推介仲裁制度，一汽集团和欧亚卖场合同约定仲裁率达60%和80%。加强案件质量、效率和仲裁员管理，严把仲裁组庭关、案件说理关、裁决书核阅关、专家论证关，提高仲裁公信力，当事人满意率98%，实现办案零投诉。2015年，长春仲裁分别在全国仲裁年会、“两化”试点经验交流会、东北东南片区会议上介绍经验。被中国仲裁法研究会评为优秀仲裁单位。仲裁委领导被指定为东北片区仲裁工作总协调人。

（张海光）

中国共产党长春市委员会

重点工作

【经济发展】 重大项目建设和招商引资取得成效，滚动推进5大类150个重大项目建设，一汽Q工厂、长客高速动车组检修基地、经开中粮聚乳酸、双阳中德产业园、德惠泉德秸秆综合利用、朝阳渤海商品交易所杂粮电子交易中心等一批项目稳步推进，全市固定资产投资增长15%；工业发展态势良好，汽车和农产品加工业稳步发展，轨道客车产业发展势头较快，2015年实现产值317亿元，增长11.1%，时速350公里的中国标准动车组正式下线，战略性新兴产业新增规上企业70户，增长29%，实现产值1484亿元，产值增速超过规模以上工业17.5个百分点，全年完成规模以上工业增加值2131.8亿元，比2014年增长3.3%；服务业发展得到提速，众创、众包、众扶、众筹等新兴业态日渐兴起，“互联网+”行动计划稳步实施，电子商务交易额增长23%，旅游业增长24%，总收入首次突破千亿大关，东北亚区域性金融中心已签约金融和类金融项目43个，签约总额达到561亿元；吉林省东北亚文化创意科技园、启明软件园、凯利(长春)国际工业品交易中心等第一批十大省级现代服务业集聚区，完成投资近100亿元，入驻企业2250户，2015年服务业增加值2400亿元，增长9.3%，高于GDP增速2.8个百分点，高于工业增速20.3个百分点，GDP占经济比重为43.2%，比2014年提高2.56个百分点，新的增长动力正加快形成；现代农业稳步发展，粮食生产克服严重自然灾害等不利因素影响，实现总产量955.7万吨，2个国家级现代农业示范区(农安、榆树)和8大类16个现代农业示范区建设进展顺利，农博园申请国家农业科技示范园启动实施，朝阳乐山现代农业示范基地、绿园海吉星农产品物流中心建设扎实推进，新型经营主体发展迅速，农村土地承包经营权确权登记试点工作进展顺利，围绕“争当现代农业建设排头兵”，编制完成《长春市争当现代农业建设排头兵总体规划(2016-2020年)》，县域经济健康发展，各项指标均高于全市平均水平，新农村建设成效明显；开发开放水平进一步提高，主动融入国家“一带一路”、长吉图战略，推进长吉产业创新发展示范区建设，兴隆综保区、空港经济开发区、东北亚综合性物流枢纽等平台建设稳步推进，跨境电商业务发展到190多个国家和地区，由长春经满洲里至德国施瓦茨海德的“长满欧”国际货运班列和长春至俄罗斯符拉迪沃斯托克国际航线正式开通；举办东博会、汽博会、农博会、民博会、房交会以及首届中国长春(二道)电子商务产业峰会，经济发展外向度得到提高。

【深化改革】 推进6大方面228项改革任务。国有企业治理模式和经营机制改革得到完善，以管资本为主调整优化国资监管方式，产权交易中心“事转企”加速推进，一汽等驻长央企“四供一业”分离移交工作进展顺利；推进民营经济综合配套改革示范区建设，围绕“一区多点”建成一批特色孵化基地、众创空间、服务平台和产业集群；推行“五证合一”，优化营商环境，2015年，全市新增注册市场主体103694户，比2014年增长10.1%，新登记私营企业25908户，比2014年增长21%；政府机构改革和行政审批制度改革连续实施4批行政审批权减放，审批项目由823项减少到246项，减放比例达70.1%，市本级46个政府部门和直属事业单位行政权力精简53.9%；司法体制改革取得实质性进展，全面启动两级法检机关改革试点工作，推行司法人员分类管理，管理体制和业务运行机制进一步建立健全；有5个PPP新型融资项目入选国家示范项目库，高新、净月国家级自主创新示范区建设和莲花山综合配套改革稳步实施，长东北科技创新中心、吉林省集成创新综合体等21个产学研协同创新示范点建设全面铺开，国内第一颗商用遥感卫星“吉林一号”成功发射，新增“新三板”上市企业12户，上市企业总数达到25户，科技型“小巨人”企业发展到400户，高新技术企业242户，科技成果本地转化率27.7%，创新驱动效应逐步显现。

【推进绿色宜居森林城建设】 城市重大交通基础设施建设稳步推进，总投资315亿元的地铁1、2号线工程进展顺利，北湖快轨工程已获国家发改委批准，轻轨3号线一期延伸线工程启动施工，16个城市出入口完成改造提升，南部新城公交枢纽项目如期竣工。城市要素保障水平得到提升，总投资280亿元的地下综合管廊正式开工，新增集中供热能力775万平方米，改造二次供水管网2800公里，新建燃气管网111公里，全市天然气置换人工煤气工作全部完成，LNG储气调峰、外环高压管网等燃气基础工程全面竣工，城市"气短"问题得到较好解决。总投资192亿元的伊通河流域综合治理暨百里生态长廊建设项目启动实施，南溪湿地公园、净月中央公园建设进展顺利，北郊污水处理厂扩建及提标改造工程顺利完成，串湖污水处理厂建成投入使用；总面积249平方公里的农安波罗湖湿地建设正式启动，新建、改建八一、同心等7个大型公园，新建、恢复绿地800公顷，建设城市绿色廊道41.2公里；开展市容环境综合整治，落实大气污染防治行动计划，淘汰小锅炉1200多台，淘汰黄标车65543台，并通过治理工地扬尘、控制秸秆焚烧污染、实施脱硫脱硝等办法，多措并举开展雾霾治理，城市环境得到改善。

【推进幸福长春建设】 推进"幸福长春行动计划"20个方面58项民生实事，在全国率先推出失能人员医疗照护保险制度，连续11年提高养老金标准，全市城镇企业职工基本养老保险参保人数达204.2万人，比2014年增长3.8%，社会保障能力得到提升；全面建立临时救助制度，将支出型、急难型困难群体纳入社会救助范围，以城乡低保为核心的十大救助体系得到完善；推进大学区建设，城区高质量通过国家义务教育基本均衡验收；实施"健康长春行动计划"，长春医改模式得到国家肯定；推广随军家属安置"三维联动"新模式；强化食品药品安全监管，长春被列为全国食品安全创建试点城市；连续第6年实施"暖房子"工程，完成900万平方米改造任务；新建公租房1429套、分配24797套，改造农村危房8515户、棚户区住宅10442套，改造老旧散小区64个；推进"公交都市"示范城建设，提升公共交通服务保障能力；创建全国安全发展示范城市，全年排查整改隐患3万余个，安全生产防控体系建设经验做法得到国家相关部门肯定。长春连续第8年被评为"最具幸福感城市"。

【中共长春市委十二届七次全体会议】2015年9月7日，长春市委十二届七次全体会议举行。会议听取和审议中共吉林省委常委、长春市委书记高广滨受市委常委会委托所作的工作报告。会议学习贯彻习近平总书记在吉林省视察时的重要讲话精神，落实省委十届五次全会精神，对当前和今后一个时期重点工作进行安排部署，审议通过《中共长春市委关于深入贯彻落实习近平总书记重要讲话精神、加快推进长春全面振兴发展的决定》，组织动员全市广大党员干部群众，振奋精神，坚定信心，按照总书记重要指示和讲话要求，推动改革创新，加快城市转型升级，开创老工业基地振兴发展新局面。

【中共长春市委十二届八次全体会议】2015年12月4日，长春市委十二届八次全体会议举行。会议听取和讨论高广滨所作的工作报告。会议贯彻党的十八大、十八届三中、四中、五中全会和省委十届六次全会精神，落实习近平总书记系列重要讲话特别是视察吉林时的重要讲话精神，总结2015年工作，研究部署"十三五"发展任务，加快建设长春老工业基地，推进全面建成小康社会各项工作任务。

（陈广鸿）

组织工作

【思想政治教育】 发挥党校主阵地作用，开展十八大、十八届三中、四中、五中全会和习近平总书记系列重要讲话精神的学习培训，全市举办各级各类培训班986期，培训干部14.4万人次。强化党性党纪教育。把《廉洁自律准则》和《纪律处分条例》纳入培训课程，在主体班次中开设"依法治国与法治素养"课程板块，引导教育党员领导干部遵规守纪，带头尊法学法守法。抓好党性教育，实施"课堂教学、实践体验和党性分析"为一体的党性教育模式。强化教育培训实效。探索"1+5"干部选学培训模式，改进和丰富网络学校学习，打造特色现场教学基地，建立在培训中考察干部和督学考学机制，提高培训效果。

【开展"三严三实"专题教育】 把"三严三实"专题教育与群众路线教育实践活动紧密对接，巩固和扩大作风改进成果。前置把关关键动作。聚焦专题党课、专题

全市"三严三实"专题党课暨专题教育动员部署会议　　（徐　哲　提供）

学习研讨、专题民主生活会和组织生活会、整改落实和立规执纪“四个关键动作”,严格组织把关指导,确保专题教育聚焦主题,不跑题,不散光。调度督导重要节点。组成33个工作组,对各地各部门专题教育情况进行专项督查,掌握进展情况,加强调度指导,及时发现和解决苗头性、倾向性问题。全程记实问题整改。全市县处级以上领导干部查找不严不实问题1.9万个,整改完成率95.1%。约谈访谈强化责任。结合市管班子全面考核,约谈访谈党委(党组)主要负责人抓专题教育情况,层层传导压力,压紧压实责任。开展集中整治。集中开展专项整治基层干部不作为乱作为等损害群众利益问题工作,推动思想政治建设和作风建设深入。

【领导班子和干部队伍建设】 贯彻执行《干部选拔任用工作条例》和省里“一个意见、五个办法”,加大干部选任制度改革力度,结合长春实际研究制定市管领导干部《综合分析研判实施办法》《选拔任用工作动议实施办法》《日常考核实施办法》《充分听取群众意见的实施办法》《选拔任用工作监督实施办法》等系列文件,干部选任工作规范化、科学化水平得到提高。严把干部入口关。实行党委推荐干部预先审核把关制度,提前从领导职数、任职资格和条件、人岗匹配程度、干部档案和个人事项报告、廉洁自律情况、信访举报6个方面严格把关,在充分沟通酝酿、分析研判基础上确定考察人选。落实考察责任,强化干部考察作用,履行干部选任程序,防止“带病提拔”。综合分析研判。定期对市管领导班子和领导干部分领域、分班子、分层面开展综合分析研判。探索实行分片联系制度等措施方法,拓展了解掌握干部途径。实行重要事项及时报告制度,在个人有关事项报告的基础上,及时跟踪核实重要事项,把考察识别班子干部工作做深、做细、做常。考核评价体系。科学梳理工作业绩指标,强化对干部的廉政勤政、敢于担当等方面的分析评定,促使领导干部干事担当、奋发有为。对于市直部门实行指标确定、业绩承诺、跟踪督导、业绩公示、业绩测评、业绩分析和考核反馈等“七步法”考核,加强对班子业绩的过程管理和动态分析。集中力量对市管领导班子进行全面考核,为换届工作打基础。从严干部监督。认真提醒函询问询诫勉办法,及时纠错、防患未然。定期在县(市)区领导班子中开展谈心谈话活动,肯定成绩,交流思想,指明问题,提出建议,提高班子解决自身问题能力。建立一把手退休前温馨提示制度,保证领导干部带头讲原则、守纪律、讲规矩。向13名一把手提前半年发出提示函,对5名领导干部进行函询,对11名领导干部进行提醒谈话。年轻干部培养选拔。完成“紧缺专业技术选调生定向考录双百工程”第4批招录工作,引进专业技术选调生40人。面向基层遴选46名优秀年轻干部充实到市直机关,有效改善干部的来源经历结构。推进市管后备干部管理工作。

【基层党组织建设】 落实基层党建责任。开展各级党委(党组)抓基层党建工作述职评议考核。针对农村基层党建相对薄弱情况,对榆树市388个村逐村调研,指导榆树市出台“一个实施意见、六个具体办法”,并以市委组织部文件转发,复制到其他县(市)区推广,构建起全市农村基层党建的整体构架和基本模式。带头人队伍素质培养。强化基层党组织政治引领和服务功能,针对不同村书记特点,开展引领式、整顿式、实战式、体验式集中培训,实现村党组织书记两年轮训一遍的目标。针对社区书记,开展挂职式、导师式、演练式、实务式培训,选派32名优秀社区书记到发达地区社区挂职锻炼,取得较好培训效果。基层基础保障。投入2.02亿元新建村部276个、扩建村部171个、改建村部1070个,94.6%的村建成“一站式”便民服务大厅。落实每个社区20万元党组织服务群众专项经费,打造千米以上社区达到215个、党建精品示范社区60个、特色服务品牌92个。有21个省区市300多个考察团来长春市学习考察,扩大社区党建品牌影响。整顿软弱涣散党组织。实施扶弱帮困“双包双转化”工程,255个软弱涣散村党组织全部转化升级。实施“三级包保,一对一帮扶”的整顿措施,全市32个软弱涣散社区党组织全部实现晋位升级。从严党员教育管理。落实新修订的《中国共产党发展党员工作细则》,研究制定发展党员计划,全市发展党员工作规范化水平得到提升。研究出台《长春市2014-2018年党员教育培训工作实施意见》,全年培训党员12万余人。推进在职党员进社区服务群众常态化,建立“三项服务、两个平台”服务群众长效机制。开展“不合格党员认定和退出机制”专项调研,规范不合格党员的处置程序,强化对不合格党员的教育和组织处置工作。

【人才政策机制创新】 加大人才政策创新力度。鼓励引进人才以知识产权等智力资本作价出资、入股。在高新区开展“自主创新能力示范基地”创建活动,制定出台《促进产业发展若干政策》,兑现产业扶持资金8100多万元,调动企业和人才创新创业积极性。人才创新创业服务平台。建设“长春人才港”,汇集政府政策资源、高校科研资源和企业需求资源,打造集人才引进、成果转化、政策宣传、人才服务于一体的综合性网络服务平台。建设长春科技金融创新服务中心,推动智力资本与金融资本融合,开展“互联网+金融”业务,2015年实现众筹12亿元。完善人才服务绿色通道,健全人才服务专员制度。实施重点人才工程。开展千名科技专家服务民营企业暨小巨人企业扶助工程、高技能人才队伍建设工程、千名民营企业经营管理人才培养工程、农村实用人才培养工程建设,培养开发急需紧缺人才。引进国际高层次人才73人次,组织培训经营管理和创业人员17259人次,培训基层农技人员842人,培育新型职业农民5230人,培养持证社会工作师411名。开展第6批有突出贡献专家评选活动。评出有突出贡献专家148人,营造尊重人才、重视人才的浓厚氛围。

【打造模范部门】 巩固“全国文明单位”创建成果,开展“三严三实”专题教育,提升组工干部思想境界和作风形象。建立定期集中学习制度。部机关每周五利用半天时间开展专题学习，全年开展14期专题培训，参加人员800余人次。开展"专项工作深度研究探索"。加强课题研究，参与中组部研究室、全国党建研究会、中组部党建研究所的8项课题，有7项课题获奖，是近年来获奖率最高的。落实党建责任和党风廉政建设责任。加强警示教育，开展谈心谈话，增强组工干部廉洁自律意识。

（徐 哲）

宣传思想文化工作

【理论建设】 坚持学习习近平总书记系列讲话精神，特别是视察吉林的重要讲话精神为统领，推进党的十八大、十八届三中、四中、五中全会精神以及省市委全会精神的学习贯彻。制发《2015年度市委理论中心组学习计划》《2015年度全市党员理论学习安排意见》。市委理论学习中心组以推进"四个全面"战略布局、总书记视察吉林重要讲话精神、五中全会精神、"三严三实"、重大项目建设等专题进行7次集体学习研讨。深化中国特色社会主义和中国梦学习宣传教育。统筹学习型党组织暨党员教育示范点、群众自学组织、大学生社团等开展特色学习活动，组织"君子兰讲坛"、基层特色讲坛、驻长高校讲坛与城市热读、国学大讲堂、社科普及周联动互动，推动学习宣传教育向深度广度拓展。发挥"君子兰讲坛"阵地作用。深化"君子兰讲坛"主题宣讲，全年组织7场专题报告会。强化问题意识和实践导向，突出对全市经济社会发展中重大实际问题的研究，突出加快城市转型升级、建设幸福长春的创新实践研究，突出对事关长春长远发展的前瞻性研究，全年部署完成32个社科研究课题。

【舆论引导】 组织新一轮振兴发展、建设绿色宜居森林城、突出发展民营经济、城市安全、重大项目建设、依法治市、先进典型以及培育和践行社会主义核心价值观、"三严三实"专题教育等正面宣传，展示全市经济社会发展的良好态势。推进重大突发事件新闻应急处置制度化，加大重大突发事件新闻应急处置工作，有效处理和化解各类舆情突发事件130余件。做好新闻发布工作，全年举办32场新闻发布会。

【互联网建设】 组织幸福长春建设网上宣传，开展长春微拍摄影大赛等系列网络文化活动，建立政务微博、微信平台，汇聚科学发展的正能量。发展壮大网络评论员队伍，加强网上舆情监控和研判。

吴亚琴先进事迹报告会暨"君子兰讲坛"专题讲座 （孙国志 提供）

【对外宣传】 着力讲好长春百姓故事、旅游故事、现代农业故事，组织境外、涉外媒体集中采访，大力推介长春"新十五景"和"最有长春味土特产"，精工制作城市形象宣传片和系列外宣品。

【社会主义核心价值观】 深化"培育和践行社会主义核心价值观，建设幸福长春美好家园"主题教育实践活动。全年建成96个社会主义核心价值观示范点，建设德苑等9个主题公园，建成44个主题社区、24个主题街角、10个主题广场。南关区荣获省级社会主义核心价值观示范城区荣誉，推进亮化工程、在民俗中培育核心价值观的经验做法被中国文明网转载。加强公民思想道德建设。开展向"时代楷模"吴亚琴学习活动，评选"长春好人""道德模范""最美家庭"和"十佳大学生"。评出的400名"长春好人"中，64人荣获"吉林好人"称号，3人荣获"全国道德模范"提名奖。组织纪念中国人民抗日战争胜利暨世界反法西斯战争胜利70周年群众性主题教育活动。

【创建文明城市】 开展新一轮全国文明城市创建，推进"六大文明"创建活动，深化高校精神文明创建，打造"明德行动"品牌。开展"建设美好家园"主题活动，评出18个"最美乡村"，建成9个省级贫困村文化广场。加大公益广告宣传力度，制播"梦娃"系列动画视频，形成传播先进文化、弘扬新风正气的强大声势。

【文化改革】 现代公共文化服务体系示范区创建。完成国家公共文化服务体系示范区创建，区（县）图书馆、乡镇文化馆、村文化室全部达标并免费开放，全市178个社区、154个行政村顺利通过省现代公共文化服务体系建设试点验收。全年完成公益电影放映22292场，完成送戏下乡公益演出191场。文艺精品创作生产。组织开展"深入生活、扎根人民"主题实践活动，建立全市重点文艺创作题材库。《罗伯特·C·科恩眼里的中国》《寒春》《在松花江上》等8个项目入选省级重点文艺扶持项目。文化产业发展。推进国家级文化和科技融合示范基地建设，

5月25日，全市精神文明建设工作总结表彰暨深化全国文明城市创建动员大会 (孙国志 提供)

引导文化企业投入“大众创业、万众创新”实践活动。鹿石科技公司研发推出世界首款模块电视“蝶翼TV”。吉湾微电子有限公司自主研发的“中国第一云芯——吉湾一号”云终端CPU实现量产。启动希派创意城等一批“双十工程”重点项目，引进吉视传媒等一批重点文化企业落户吉林省国家广告产业园区。特色文化资源保护开发。举办三大春晚，组织市民文化节、群众文化展演季、百姓大舞台等系列文化活动，打造《坐标·文化周刊》《发现长春》等品牌活动，《坐标·文化周刊》荣获吉林省“丹顶鹤”奖电视文艺栏目一等奖。

【队伍建设】 建强班子队伍。开展“三严三实”专题教育，深化“走转改”活动，推进“四个一批”工程和人才专项工作计划，1人入围省拔尖人才候选人。抓基层打基础。加强企业、社区、高校的思想政治工作。建设农村文化小广场，完善社区文化活动设施，加大基层工作力量和优质文化产品供给。抓改革创新。加强和改进调研工作，推荐13个重点课题参加全市优秀调研成果评选。开展宣传思想文化工作“创新奖”评选表彰，在31家单位申报的36个项目中评选出“创新奖”获奖项目20个。1月长春市“国家级文化和科技融合示范基地建设工作项目获吉林省宣传思想文化工作创新奖”。加强舆情信息的快速反应和深度分析研判。全年被中宣部舆情信息局采用338篇(条)，在省委宣传部《宣传导报》推出工作经验25篇。1月市委宣传部被省委宣传部评选为“2014年度舆情信息工作先进单位”。

(孙国志)

统战工作

【思想政治基础】 指导民主党派、工商联、无党派人士开展坚持和发展中国特色社会主义学习实践活动和非公经济人士理想信念主题教育实践活动，以纪念纪念抗战胜利70周年和中央统战工作会议的召开为契机，举办民主党派“服务‘四个全面’，助力长春发展”主题实践活动、民主党派地方组织纪念会、会章会史学习会系列活动，增强统一战线成员对中国特色社会主义的道路自信、理论自信、制度自信，巩固团结奋斗的思想政治基础。

【建言献策】 着眼 “十二五”收官和“十三五”开局的重要节点及经济发展新常态的现实机遇，组织统战成员围绕中心工作和社会热点问题开展议政调研，在产业发展、结构调整、创新驱动、开发开放、民生改善、“三农”等方面提出具有操作性的意见和建议。举办欧美同学会“千人计划”专家服务团长春行活动、市民营经济高峰论坛、“海归同心携手·共创幸福长春”座谈会、“留学报国·长春海归高端论坛”等活动，邀请海内外专家、学者、企业家为长春经济社会发展把脉问路。利用《议政专递》、网上议政交流平台、移动参政议政平台，采集、摘编统战成员的意见建议，拓宽参政议政渠道。

【民营企业转型升级】 响应国家“互联网+”行动计划，召开“互联网与传统产业融合推进会”，与阿里巴巴吉林豪玛签署战略合作协议，搭建民营企业电子商务服务平台，为民营企业转型升级提供打包式、一站化、多领域的优质服务。实施百户民企“新三板”上市行动计划，组织50家PE(股权投资基金)来长与长春市民营企业进行对接，有40余家中小微企业与券商洽谈或进行股改，西点药业、金冠电器等一批民营企业即将挂牌上市。把新生代企业家作为长春转型升级的有生力量，加强交流和培养，成立新生代企业家商会，引导其增强社会责任感，投身“一带一路”国家战略。加快推进商会建设，全年发展商会54家，发展新会员1000人。

【招商引资】 指导市工商联与全国工商联沟通联系，采取“一对一”洽谈、“点对点”对接、“面对面”推介的形式，组织各县(市)、区同部分全国工商联常委企业及知名民营企业开展项目对接、经贸交流和招商引资活动，协助各级政府引进一批大项目。夯实对台招商平台，采取赴台招商、利用“农博会”等大型活动招商等方式，多渠道、多角度地吸引台资，现有旺旺集团、富士康科技集团、康师傅饮品分公司等大型台资企业落地长春。2015来，全市各级统战部门、商会组织引进招商项目28个，引进资金33.1亿元。着眼“一带一路”战略布局带来的良好机遇，引导民企“走出去”，召开全市民营企业推进“一带一路”建设工作会议、中俄经贸座谈会，出台《推进“一带一路”

新生代企业家商会成立　　（孙明强　提供）

建设的实施意见》，成立国际合作商会，为深化国际交流与经贸合作搭建平台。

【助力民生】 开展“光彩十个一”“光彩县区行”“在职党员进社区”等活动，号召全市统一战线成员、系统党员干部履行社会责任。捐助资金123.6万元，捐助物资价值51.3万元，安置残障人士210人，帮扶贫困学生212名，助力大学生创业成立公司35家，安排就业935人，树立了统一战线成员扶危济困的良好形象。

【自身建设】 召开民主党派组织建设调研座谈会，学习交流关于民主党派组织发展工作的新情况、新问题、新经验，推动民主党派组织建设的制度化、规范化发展；开展省内首次民主党派市级组织领导班子成员届中调整工作，建立常态化的民主党派领导班子调整机制，加强民主党派市级组织领导班子后备干部队伍建设，协助民主党派储备人才，为换届工作奠定基础；开展“三走访、两沟通”活动，通过定期走访民主党派市级组织班子成员、基层组织负责人和民主党派成员，加强与民主党派基层组织所在区域党委（统战部、党办）、所在单位党委（统战部、党办）的沟通，以制度化为保障，建起与民主党派沟通联系的快速路和连心桥。

【民族团结创建活动】 成立长春市民族工作领导小组，下发《长春市民族工作领导小组规则》，明确33个成员单位的职能和各项规章制度，为长春市民族团结进步事业提供坚实的政治保障。开展城市民族工作，通过走访各城区、社区和举办座谈会等形式，掌握长春市少数民族人口、少数民族社团和基层民族工作的基本情况、为城市民族工作开展提供详实的数据支撑和理论支持。

【宗教工作法治化】 建立“抵御境外利用宗教进行渗透三级协防巡查工作机制”，制定实施方案，深入12个县（市）区、开发区，13所高校和6个市级爱国宗教团体开展巡查工作，指导基层建立完善相关机制。执行民族宗教领域矛盾问题排查化解“零报告”制度、突发事件处理等各项规章制度，及时排查不稳定因素。

【党外人士队伍建设】 开展“万千百十”党外人士培养工程，深入高校、大厂、科研单位及“两新组织”，扩大党外人才发现范围，了解党外代表人士队伍的现状，物色和充实一批新的党外代表人物。开展“新生代”民营企业家培养工作，成立“新生代”民营企业家商会，建立800人的新生代企业家队伍。整理、更新党外代表人士和党外干部数据库，新增加非公经济代表人士100余人。举办新的社会阶层人士、无党派人士、自由择业知识分子培训班和系统机关中青年干部培训班等重点班次5期，民主党派基层骨干成员培训班等常规班次15期，以及“新生代”民营企业家“走进党校”“走进名企”“走进发达地区”等各类培训活动，参训学员达2000余人。《统一战线理论与实践》课程首次纳入主体班次，成为党政干部培训必修课。加大知联会基层分会和行业分会建设力度，继医学界、文艺界分会后，成立市知联会法律界分会。市知联会、分会及团体会员总

12月23日，长春市法律界党外知识分子联谊会成立大会　　（孙明强　提供）

计 14 家。

【海外统战工作】 开展留学人员组织建设工作调研和全市基本侨情调研，拟定长春市《关于加强和改进新形势下侨联工作的实施意见》(草案)，为海外统战工作开展奠定基础。拓展对外联谊工作，全年接待意大利商务代表团、世界越柬寮华人团体联合会等 10 个海外团体，与 5 个海外华侨华人社团签署《缔结友好合作关系协议书》，拓展海外联谊的工作渠道。

【长台领域交流合作】 以促成长春至台北航班直通为契机，加强长台两地交流合作。赴台中市举办“翰墨飘香两岸情——长白书画交流笔会”，展出作品 90 余幅，推动长台两地文化交流。继续巩固吉林大学、东北师大和台联的青年品牌交流项目，促成近 500 名台湾师生来长参观考察，5 位长春籍青年企业家赴台交流，拓宽交流覆盖面。接访台湾海基会董事长林中森，为长春市与台湾高层交流建立联系开创了新局面。

（孙明强）

市直机关党的工作

【学习习近平总书记吉林调研重要讲话精神】 7 月 28 日，召开市直机关学习贯彻习近平总书记吉林调研重要讲话精神部署会，下发《学习活动实施方案》，要求各级党组织和党员干部，按照市委“四个更加自觉”的要求，把思想和行动统一到重要讲话精神上来，统一思想，振奋精神，查找差距，明确任务。7 月 29 日起，召开市直机关学习贯彻习近平总书记吉林调研重要讲话精神系列座谈会。组织部分党员领导干部撰写学习体会文章。8 月 4 日，《吉林日报》以《笃学细悟谋发展、重行务实图振兴》为题，专栏刊发长春市直机关各部门，以吉林调研重要讲话精神引领发展思路和工作举措简况。制作《彩话长春机关—市直机关深入学习贯彻习近平总书记吉林调研重要讲话精神》专刊，展现机关党员干部的“学”与“动”。

【机关作风】 开展正风肃纪工作。经市委研究，将原由市纪委承担的“软环境”建设方面的部分工作职能，移交给机关党工委。对全市创建“三满意”机关，建设“五型”机关，开展“万人评议机关”，受理和查处经济发展软环境中作风建设出现的问题和案件等具体工作进行规划。编辑印发《机关作风建设专报》。将新修订的《中国共产党廉洁自律准则》和《中国共产党纪律处分条例》发放到全市机关党员干部手中，教育党员牢记党的道德和纪律要求，提升思想境界和行动自觉。组织 2000 余名机关党员到省廉政教育基地参观“党风廉政建设和反腐败斗争永远在路上”警示教育展。创建“三满意”机关活动。制定下发《2015 年“万人评议机关”活动实施方案》。规范畅通案件查办工作。制定《市直机关纪工委案件检查工作流程》，使案件管理规范，查有遵循。

【党建服务】 下发专项通知，要求全市各级机关党组织分别召开中心组学习会议、党员大会，专题支部组织生活会等方式，对照查找差距和不足，实现“三个到位”，争做“三个表率”。开展“两锋(风)行动”主题活动。把机关党的优势转化为对业务工作的巨大推力，真正体现党建工作的意义和价值。制定下发《市直机关 2015 年“服务发展先锋行动，改善民生春风行动”主题活动考评办法》，采取年初立项、年中调度、年底联评的方式，细化活动内容、标准、要求、方式及结果运用，引导党组织发挥优势有方向、服务中心有作为。改进机关党建目标责任制考核方式。印发《长春市直属机关 2015 年度党建工作考核办法》和《长春市直属机关 2015 年度党的建设考核内容及评分标准》，将全年党建工作任务量化赋分，将机关作风建设列入考评重点。服务困难党员职工和群众常态化。制定帮扶标准，严格把关审核，春节和七一期间，筹集救助资金 64.1 万元，用于帮扶机关 236 名困难党员职工。开展新一轮“万户特困户”，组织 56 个部门以“走进社区办实事”为主题，开展“在职党员服务群众活动周”结对救助，组织市直机关 718 个基层党支部、378 名局级领导，结对帮扶 1096 个困难家庭，将党组织的关怀送到基层。

【思想理论建设】 开展“建学习型党组织、做学习型党员”活动。通过举办培训班、网上竞答、理论知识测试、专题报告会等形式，使机关党员干部全面系统掌握总书记系列重要讲话精神核心要义和精神实质。制定《长春市直机关 2015 年理论学习安排意见》，及时公布中宣部、中组部推荐的必读书目，鼓励各单位自主组织和学习交流。组织市直机关在职党员进行年度理论知识测试。为市直机关各党支部下发《法制热点面对面》《党的十八届五中全会〈建议〉学习辅导百问》4000 余本。发挥和利用“君子兰讲坛”学习和宣讲平台作用，全年开讲 5 次，组织机关党员干部 2000 余人次参加“全国时代楷模”吴亚琴、刘宝东教授等专家模范的专题授课。在《彩话长春机关》增设“社会主义核心价值观”“双包双促双转化”专栏。

【基层组织建设】 落实“党员领导干部参加双重组织生活”制度，要求领导干部以党员身份参加支部组织生活，接受上级党组织和群众监督。依据年度支部重点任务，明确 25 项工作，设计每月活动菜单，制作《机关党支部工作综合记录本》，发放到市直机关 935 个支部，从根本上破解支部工作没有方向和抓手的问题。要求每个机关党支部年初都在《党支部工作综合记录本》上认真制定填报工作计划，年底要根据计划落实情况开展党建述职和党员评议。严格党费的管理和使用，为 82 个直属部门回拨党员活动经费 36.9 万元，对党费使用情况做到全程跟踪指导。举办市直机关党务干部春季培训班。举办市直机关党的积极分子和新党员培训班。组成 19 个考察组对 141 名计划发展对象进行超前考察。严格按照党章、党规和机关《条例》的要求开展工作，督促指导机关直属党组织以公推直选的方式按期换届。

【党建工作】 健全述职考评机制。制定实施“双述双评”制度，对机关直属党组织和基层党支部书记履行职责、接受上级组织和党员群众监督评议提出明确要求。履行党建领导责任。推行基层党建计划制度，要求机关各支部制定工作计划，年底根据计划落实情况进行述职，开展党员评议。

【建设和谐机关】 建设活力机关。开展长春市直属机关纪念中国人民抗日战争暨世界反法西斯战争胜利70周年主题系列声乐、舞蹈、朗诵、器乐等系列大奖赛。8月12日，在东方大剧院举办主题系列比赛汇报演出，8月20日，在长春电视台一号演播厅举办了“铭记历史筑梦图强”大型文艺汇演。长春电视台一套二套节目对文艺汇演进行滚动播出。举办机关青联“重走抗联路，传承抗联魂”主题定向越野比赛，市直机关主题书画摄影征集活动。建设文明机关。学习感悟《知行集》，形成具有各部门特色的机关正向文化。对市直机关36家单位申报单位进行材料审核，40家单位被评为国家级、省级和市级文明单位。建设和谐机关。根据市直机关实际，分别选取省级和市级劳模所在的2家单位作为试点，逐步探索、完善市直机关“劳模工作室”的有益做法，发挥市直机关劳模的引领示范作用。健全群团基层组织，成立和调整基层团组织和青工委40余个，妇委会20余个，对市直机关青联进行换届。以纪念“三八”国际妇女节为契机，表彰近两年来“巾帼建功”活动中涌现出的“巾帼文明岗”“巾帼十杰”和“三八红旗手”等先进集体和先进个人，举办“代理妈妈”20周年纪念活动，弘扬社会主义核心价值观和正能量。

【队伍建设】 推进“三严三实”教育。专题教育中，将“三个坚持”贯彻始终。坚持学习常态，将专题教育细化到月、到周、到天。坚持以上率下，班子成员带头撰写发言提纲、带头研讨发言、带头自我剖析，4位班子成员上5次专题党课、开展理论中心组学习16次；坚持笃学细悟，每月安排一次主题党日，组织现场学习观摩，每周四设为集中学习日，处级以上领导干部研讨发言34次；坚持查改并重，与班子成员开展谈心，征求意见，突出问题导向，梳理出具有不严不实问题6条，列出时间表、拿出路线图，新建3项整改制度，设计开展“干在实处、走在前列、争当表率”活动，干部队伍践行“三严三实”标准，“一起干事、共同干净”的氛围日渐浓厚。开展“每日一讲”活动。采用分享学习的模式，开展“每日一讲”活动。每天每人用10分钟，对《论语》进行逐句解读并畅谈个人学习体会，这项活动网上上传的视频和文字栏目点击率极高，成为机关党工委加强队伍建设、提升文化素养、塑造干部形象特色载体。

（陈　刚）

政策研究

【重点课题研究】 1.对长春市全面深化改革有关情况进行研究。完成《“十三五”长春市全面深化改革研究报告》，对未来长春市深化改革发挥指导作用。2.对长春市城镇化战略进行深入研究。完成《长春市“十三五”新型城镇化战略问题研究》，为“十三五”时期长春市制定城镇化战略发挥基础性作用。3.对长春市区划调整进行深入研究。完成《“十三五”时期长春市区划调整战略研究报告》，作为制定长春市国民经济和社会发展第13个五年规划的重要参考基础。4.对长春市地下综合管廊规划建设进行研究。由政策研究室和市公用局等单位共同完成《关于我市地下综合管廊规划建设的初步设想》，指导长春市地下综合管廊开工建设。5.对长春市公共政策评估制度进行深入研究。完成《关于建立长春市重大公共政策评估制度的研究报告》，对全市公共政策评估制度制定起重要指导作用。6.对长春市城市发展热点问题进行研究。完成《城市发展及城市病问题的报告》，为解决长春市“城市病”问题提供有价值参考。7.对长春市如何适应新常态进行深入研究。完成《适应新常态把握新机遇实现我市经济社会发展六大突破——关于我市适应新常态、谋划新发展问题几点建议》。8.对浙江省奉化市滕头村在发展绿色生态产业园区的先进经验进行研究。完成《赴浙江奉化滕头村学习考察的调研报告》，明确长春市农博园的发展定位和发展方向。9.对城镇化过程中文化建设情况进行深入调研，由政策研究室与市委宣传部、市城市调查大队合作完成《我市农村城镇化进程中文化建设情况调研报告》，为长春市统筹推进城镇化进程中文化建设提供有价值参考。

【专题调研】 1.围绕推进海外仓建设问题，完成《关于促进我市跨境电商发展加快海外仓建设的调研报告》。2.围绕推广PPP运行模式，完成《关于贵阳等城市PPP模式示范项目运行情况的考察报告》。3.围绕提高机关党员干部依法行政能力问题，完成《提高长春市机关党员干部法治思维和依法办事能力的研究报告》。4.围绕国家关于鼓励和引导民营企业开展境外投资问题，完成《关于我市民营企业境外投资的研究报告》。5.围绕全面正确履行政府职能，简政放权问题，完成《关于继续深化我市行政审批制度改革的调研报告》。6.围绕长春市历史文化名城创建工作，完成《长春市历史文化名城创建工作情况调研报告》。7.围绕伊通河治理工作，由政策研究室与市建委、市财政局、伊通河管委会共同完成《关于组建长春伊通河现代服务业开发区的基本设想》，为伊通河整治、现代服务业开发区建设制定科学可行的方案。

【深化改革】 1.强化顶层设计。贯彻落实国家、省委部署，全年召开3次市委全面深化改革领导小组全体会议和1次专题会议。制定工作要点和任务台账，明确年度改革的路线图、时间表和任务书。全年确定6个方面228项具体改革任务，到2015年底，除跨年度项目和上级没有明确意见的，已全部完成。加强重点改革任务的调研，确定改革调研课题220个，完成改革调研课题270个。2.加强组织领导。完善改革工作的领导体制，探索实行专业领域市领导负责制、重大事项联席会议制、上报事项领导会签制“三项制度”，建立分管市领导、联络员、牵头单位、责任部门四级联动机制。实行专项小组常态联系机制和重大问题联席会议机制，指导各县(市)区、开发区成立改革工作的组织机构，健全工作机制，制定工作要点，建立改革台账，细化分解改革任务。突出督查考核。制定下发考核办法和督查制度，对所有改革事项实行“项目化”管理，对改革整体进展情况实行全过程动态监控。把全面深化改革工作纳入全市绩效考核体系。3.推进重要领域和关键环节改革。制定《关于深化预算管理制度改革的实施意见》《行政事业单位国有资产管理办法》《市政府和社会资本合作模式实施方案》等46项意见和举措。简放行政审批权，在2014年基础上，取消3项，暂停2项，调整为内部审批2项，简放比例达70.1%，市本级非行政审批项目实现“零审批”。实行并联审批的工业项目，审批时限由302个工作日压缩到51个工作日。在全省率先开展“五证合一”登记制度，深化教育领域、医疗卫生领域改革，加快推进食品药品监管制度改革。4.加大改革试点工作力度。司法体制改革试点取得实质性进展，试点成效得到中央政法委书记孟建柱、最高人民检察院检察长曹建明和吉林省委书记巴音朝鲁的肯定。新型城镇化综合试点有序推进，合隆镇、奢岭镇、五棵树镇、龙嘉镇成功入围省级扩权强镇试点。九台区农村集体经营性建设用地入市试点积极推进，扩大农村土地承包经营权确权登记颁证试点，完成陈家店村农村集体资产产权制度改革试点。民营经济综合配套改革示范区试点不断推进，在重点领域改革上取得重大突破。

【创新工作】 1.加强政策制定工作。注重将理论研究与调查研究成果转化为政策举措，在推动政策制定上发挥重要作用。完成《长春新区总体规划方案》，已上报国务院。市政研室联合市金融办共同制定《关于加快东北亚区域性金融服务中心建设发展的若干意见》，助推东北亚区域性金融服务中心发展。完成《关于加快推进新型智库建设的意见》和《关于成立长春智库的实施方案》，加快推进长春市新型智库建设。完成《关于支持农安县率先实现农业现代化的若干意见》，已在省委深化改革第十六次全体会议上通过。由市政研室与市发改委共同完成《关于深入贯彻落实习近平总书记重要讲话精神加快推进长春老工业基地全面振兴的决定》。2.做好综合信息工作。全年编辑《长春改革》简报信息80条，刊发简报55期。编制《2014年主要经济社会指标汇总与比较》数据册和《2014年国情、省情、市情基本数据》手册。编辑出版《2014——长春改革进行时》。向《当代长春》等载体提供《大力推进我市大众创业万众创新工作的几点建议》《关于我市深化体制机制改革加快实施创新驱动发展战略的对策建议》《关于推进我市国内贸易流通现代化的几点建议》《关于推进我市交通一卡通健康发展的建议》等一批有价值的调研信息文稿。做好文字综合工作。完成吉林省主要领导致李克强总理《关于申请设立长春新区的一封信》，为加快长春新区规划建设发挥重要作用。完成吉林省委常委、长春市委书记高广滨在3次市委全面深化改革全体会议上的主持稿和讲话，以及为筹备参加全国城市工作会议上报的《关于城市发展及城市病问题的报告》等文稿。完成吉林省委常委、长春市委书记高广滨关于长春全面深化改革专题书籍序言和在《人民日报》上发表的理论文章《下好创新这步先手棋》。参与市委全会和市政府全体会议工作报告的起草工作。3.做好优秀调研课题评选表彰工作。征集整理2014年全市各单位申报调研课题成果500余篇，评选出优秀调研成果特等奖1篇、一等奖20篇、二等奖29篇、三等奖59篇和优秀奖70篇，编辑出版《2014年长春市优秀调研成果选编》。

（管吉鹏）

信访工作

【谋划部署责任落实】 强化党委政府化解社会矛盾的主体责任。省委常委、市委书记高广滨亲自抓全市社会矛盾的化解工作，每个季度都在市委常委会议上专题研究信访工作；市长姜治莹亲自召开政府专题会议研究督办信访突出问题，批量解决同类信访事项；市委、市政府其他领导根据各自分工，处理分管领域、分管系统的信访突出问题。各县(市)区、开发区始终坚持把信访工作摆在本级整体工作的重要位置，坚持“一级抓给一级看、一级带着一级干”的原则，党政主要领导主动承担起信访“第一责任人”的角色，负总责、亲自抓、带头做；分管领导把主要精力放在抓落实上，直接参与重大、疑难信访问题的处理；其他领导认真履行“一岗双责”，严格执行接访、下访和包案制度。通过层层落实目标责任制，逐级狠抓信访案件办结质量。开展领导包案工作。结合“三严三实”专题教育，开展以各级主要领导干部包保重点疑难信访案件活动，全年市级领导包保解决15件重点信访案件；信访工作联席会议的主导作用。在市信访工作联席会议的统一领导下，发挥属地政府和信访、综治、事涉部门的作用，全年召开各类协调会议40余次，着重研究解决一批跨部门的信访疑难案件。2015年，长春市信访办被吉林省人民政府授予“2015年度全省信访工作目标责任制优秀单位”荣誉称号。

【推进“阳光信访”加快平台建设】 建成网上信访工作受理平台。按照国家信访制度改革的总体部署，2015年，建成网上信访投诉受理平台。9月28日，覆盖全市655个有权受理、办理机构的平台正式投入使用。实现信访事项的网上受理。为方便群众上访，提高办理效率，在网上信访投诉受理平台基础上，加大市、县(市、区)两级信访门户网站建设，设立网页版、微信、视频和领导信箱4种网上信访形式，为群众网上投诉、查询和评价，提供多元性选择，实现网上投诉、查询和评价“三位一体”的网上信访新模式。强化网上信访的引导。对于网上信访案件，采取第一时间受理办理、第一时间回复群众网上诉求的工作模式，保障网上信访高效便捷的优势能充分显现，引导群众通过网上表达诉求，实现把群众从“走访”引导到“网访”的工作目标。全年收到网上信访事项735件，按期办结率100%。

【把握核心关键推动问题解决】 强化“法治信访”工作。抓好办事依法、遇事找法、解决问题靠法的引导工作，强化法治环境建设，维护法律在化解矛盾中的权威地位。推进访诉分离，把涉法涉诉信访案件剥离到司法渠道解决，引导群众通过仲裁、诉讼和行政复议等途径依法公正解决问题。落实信访工作责任机制。按照“属地管理、分级负责，谁主管、谁负责”的原则，逐级压实属地和相关责任主体的责任，通过责任牵引，推动信访案件及时就地解决。领导干部接访下访。按照“常委包地区、市长包战线、县区包属地、部门包分管”的原则，结合民情恳谈、局长接待日、扶贫救助和信访矛盾隐患排查等工作，开展领导干部接访下访活动。包案领导亲自带队到基层，与群众面对面交流，研究解决方案，化解矛盾。加大督查督导力度。建立常态化的信访事项办理巡查、评查机制和信访督查制度，对各级、各部门久拖不决、涉及面广、群众反映强烈、社会关注度高的重大疑难信访问题，采取专项督办和重点督办相结合的方式，进行全程督导。做好重要敏感节点信访工作。在习近平总书记、李克强总理等国家重要领导人视察长春市，以及全国“两会”、抗战胜利70周年纪念活动等重要会事期间，按照市委、市政府统一部署，做好信访维护稳定工作，保证重要敏感节点安全稳定。宣传信访工作以《信访条例》修订实施10周年宣传活动为抓手，发挥报刊、广播、电视、互联网等传媒的作用，深入二道区、农安县进行新闻采访，两地的先进经验做法在长春电视台、长春广播电台播发；6月2日，长春市信访局《深入贯彻落实〈信访条例〉用法治思维和法治方式推进信访工作扎实开展——《信访条例》实施10周年综述》在《长春日报》上刊载并被国家信访局网站转发。

（陈春华）

老干部工作

全市老干部党支部书记和理论骨干（宣讲员）培训班 （王媛媛 提供）

【老干部政治待遇落实】 老干部思想政治建设。组织老干部认真学习十八届三中、四中全会和习近平总书记系列重要讲话精神，深刻理解习近平总书记治国理政的新思想新观点新论断。全市举办专题学习、辅导讲座、形势报告等学习活动564次，受教育老干部和群众学生2万多人。建立市、县（市、区）、老干部党支部三级宣讲组织，从市公安局、市卫计委、市老干部管理中心挑选3名老干部充实到市老干部宣讲团，培养基层“草根宣讲员”124人。2015年组织老干部学习宣讲95场次，参与人员约1.2万人次，其中老干部1860人次。召开全市离退休干部“双先”表彰大会暨老干部工作会议，表彰离退休干部先进集体32个、先进个人106名。编印发放《中央和省、市委领导关于老干部工作重要讲话学习读本》1000册，贯彻落实中央和省市表彰大会精神。坚持行之有效制度，开展情况通报62次，参加老干部2743人次；阅读文件108次，参加老干部1310人次，老干部政治待遇得到落实。开展抗日战争胜利70周年纪念活动。举办离退休老干部文艺演出83场、书画展览36次、座谈会56个，参与老干部8438人次。元旦春节期间普遍走访慰问老干部，省委常委、市委书记高广滨等市级领导带头走访慰问老干部。“9·3”前夕，重点走访慰问抗战离休干部，为195名抗战离休干部发放慰问金和纪念章，为8名曾在国民党军队参加过抗战的离休干部发放纪念章。局领导带队登门入户走访慰问50名市直特困离休干部。全市落实资金107.4万元，帮扶生活困难离休干部377人。为19名无房老干部申请廉租房。举办全市离退休干部经济形势通报暨春节联欢会。全市开展“走基层、看变化，提建议、促发展”参观考察活动84次，参与老干部2974人次。组织市直厅局级离退休干部参观考察莲花山生态旅游度假区，参与老干部近300人，6台大客车和30多名工作人员服务保障。老干部党组织建设。长春市有离休党员2707人，退休党员48574人，合计51281人。老干部党委9个，党总支7个，党支部294个，党小组391个。2015年，15个离退休干部党支部和62名离退休干部受到省里表彰。举办1期100多名老干部参加的党支部书记培训班，结合“两项”建设形势任务，精心安排培训内容，邀请领导和专家就《长春市经济社会发展形势与展望》党风廉政建设、“四个全面”战略布局3个专题进行辅导，提升骨干队伍能力水平。

截至2015年12月31日，长春市有离休干部3657人。其中，红军1人，抗战时期165人，解放战争时期3491人；享受省级单项待遇有13人，享受厅级待遇有161人，县（处）级待遇有2083人，科级以下有1400人。分布在机关754人，事业单位1323人，企业1580人，平均年龄87.1岁。

【老干部生活待遇】 提高年医疗统筹标准。2015年离休干部年医疗统筹标准人均增加3000元。即普通离休干部医疗费年统筹标准提高到3.3万元；解放战争时期参加革命工作的副厅级离休干部医疗费年统筹标准3.9万元；抗战时期参加革命工作的副厅级离休干部、解放战争时期参加革命工作的正厅级离休干部医疗费年统筹标准提高到4万元；抗战时期参加革命工作的正厅级离休干部医疗费年统筹标准提高到4.1万元，实现与省直同城同待遇。落实部分抗战离休干部提高医疗待遇。经上级批准，长春市4名正厅级抗战离休干部提高享受副省长级医疗待遇，27名副厅级抗战离休干部提高享受按副省长级标准报销医疗费待遇。从2015年6月末开始，利用1个月时间组织4批162名市直副局级以上退休干部分别到抚松、北戴河进行健康休养，走访慰问15名易地安置离休干部。落实信访工作制度，全年接待老干部来信26件、来访246人次，为老干部解决实际问题185件。

【阵地建设】 新校建设完成主体、空调、电梯、外装等工程，冬季实现封闭供暖运行。秋季开学开设专业43个，班级175个，招收学员7000多人次。规范人员聘用，采取试讲、考试、述职测评等方法，新聘专业教师12人，专职班主任17人，续聘合同制人员10人。推进课程改革，新设智能手机应用、卡拉OK、回忆录写作等课程，举办公共课、共同课、讲座4次。承办全市离退休干部纪念抗日战争胜利70周年专场文艺演出，举办第十届校园艺术节，代表长春市参加全省离退休干部纪念中国人民抗日战争胜利70周年文艺演出，获得优秀组织奖、最佳表演奖。经过评比，大学晋级2013——2015年度全省文明单位行列。《教你识简谱》和《诗学讲义三十五讲》被评为全国优秀教材。在第四届全国老年大学文艺汇演活动中，舞蹈《海东青》荣获舞蹈类“荷花奖”。论文《老年大学临时党支部建设和流动党员管理的几点思考》，被评为长春市机关党建类优秀调研成果一等奖。举办两期老干部读书班，有150多名老干部参加，丰富老干部政治生活，促进老干部之间的思想交流充分。开展“忆往昔峥嵘岁月稠”纪念抗日战争胜利70周年主题教育活动，老干部采取投稿、短信回复、电话口述、子女代为转达等方式参与，其中收到老干部稿件近300份，评选出优秀奖55名，其他参与者均获纪念奖。抓好老干部住房货币补贴收尾工作，发放16人，资金30.7万元。截至11月30日，发放机关老干部离退休费1564.25万元。为企业离休干部发放统筹外费用3570.93万元。发放机关离退休干部、企业离休干部采暖费321.91万元。尊重家属意见，为125名病故的老干部办理丧葬事宜，发放抚恤金245.76万元。征订长春党建等刊物近20种供老干部学习阅览。采取邮寄的方式把近900余份老干部需要邮递的《夕阳红》《老同志之友》刊物送到老干部家中。春节前对厅级、抗战、住院等300余名老干部进行了看望。开展纪念抗战胜利70周年走访慰问抗战老干部活动对66名抗战老干部进行走访慰问。按市局要求争取省帮扶资金8.7万元，对中心39名特殊困难老干部进行帮扶。落实帮扶资金36.2万元。为11名异地居住的老干部报销医疗费9.05万元。中心组织参观考察2次480余人参加，组织健康休养1次20余名机关离退休干部参加。2015年接待老干部来信来访120余人次，做到件件有回音，事事有着落。截至2015年末，中心管理老干部1261名，有老干部党员956名，组建老干部党支部73个。长春市老干部活动中心承办全市离退休干部经济形势通报暨新春游艺会和厅级老干部参观考察活动，组织市直厅局级离退休干部参观考察活动一次，举办离退休干部第十二届“长寿杯”门球邀请赛和第二十四届书画作品展。各个协会活动丰富多彩，开展活动20余次，参与老干部4400余人次。长春市关心下一代工作委员会办公室，开展“重温日军侵华历史，学习抗战英雄精神，做‘三热爱’的青少年”主题教育活动，编印下发《抗日英雄故事》《日军侵华及中国人民抗日战争史料选编》等学习资料6000册。举办“老少同唱抗战歌曲、世代传承抗战精神”演唱会和南大营旧址陈列馆等4个爱国主义教育基地命名揭牌仪式。打造“老少同植希望林、人苗树苗一起长”“高墙内外手牵手”等7个工作品牌，2015年被评为全国关心下一代工作先进集体。

【队伍建设】 2015年，落实中央关于一把手抓党建的规定要求，以创建“和谐班子”“和谐机关”、“和谐队伍”为目标，抓好领导班子和工作队伍建设，做到党的建设常抓不懈，廉政建设警钟常鸣。加强理论武装，提高党员干部政治素养。成立市委老干部局“三严三实”专题教育领导小组，制定活动方案。组织党员领导干部讲党课7次，重要讲话精神专题学习讨论9次，开展严以修身、严以律己、严以用权专题研讨6次，党员干部撰写体会文章54篇，局班子成员中心发言9人次，处级以上干部发言33人次。认真落实习近平总书记“把抓好党建作为最大的政绩”的要求，突出党建核心地位，抓党建促工作，取得明显成效。全年召开3次党委会和2次班子会专门研究党建工作。班子成员深入基层、所属单位及部门单位开展党建工作专题调研7次。老年大学成立第一届党委，“七一”前开展了“创先争优”表彰活动。指导管理中心、活动中心2个支部进行换届改选。完成2名积极分子列入预备党员和2名预备党员转正审批工作。举办“读经典、学理论、谈感悟”读书经验交流会，党员干部撰写各类体会文章63余篇，大会交流9篇，强化学习型党组织建设。创新“创先争优”载体，设立老干部局首批9个党员先锋示范岗。在职党员进社区参加活动196次，帮助群众完成微心愿68个，捐赠图书衣物518件，帮扶现金3100元。参加市直机关各类活动19次，在棋类、羽毛球、乒乓球等比赛中取得了好成绩。持续开展“两风”行动，帮扶困难群众1.5万元。强化监督制约，提高党风廉政建设水平。执行党风廉政建设有关规定，严格落实领导班子的主体责任、党委书记的第一责任、班子成员的“一岗双责”。开展“学党章、知规矩、守纪律”专题教育活动，下发《中国共产党廉洁自律准则》和《中国共产党纪律处分条例》1260册。邀请省、市纪委领导及党校专家讲课，开展党性党风党纪专题教育和廉政教育学习5次，开展违反“八项规定”等损害群众利益问题专项整治活动5次，对党员干部进行诫勉谈话和批评教育3次，强化领导干部自律意识，做到从严管理干部。

（王媛媛）

保密工作

【全市保密工作会议】 5月21日，召开全市保密工作会议。传达学习《党政领导干部保密工作责任制规定》和《2014年全国窃密泄密案件情况通报》，市委常委、市委保密委员会主任、市委秘书长赵明就如何做好长春市2015年保密工作做重要讲话，要求全市各级保密组织和保密工作机构，要从准确把握当前保密工作的阶段性特征、抓好保密工作任务落实、狠抓党政领导干部保密工作责任制落实、提高干部队伍素质等4个方面入手，做好保密工作，开创长春市保密工作新局面。

【保密监督检查】 7月初至8月中旬，对保密工作责任制落实、保密制度建设、保密宣传教育培训、涉密人员管理、定密管理、国家秘密载体管理、计算机网络、办公自动化设备管理、保密要害部门部位管理、涉外工作保密管理情况进行专项检查。市保密局联合市公安局治安管理支队对朝阳区、宽城区和经开区等10个废品收购站进行现场检查，没有发现涉密载体。11月2日至12月4日，对全市87个市直机关单位进行年度综合检查。

【保密宣传教育】 1月15日，召开“全市干部保密教育培训工作联席会议”，贯彻落实中共长春市委组织部、中共长春市委宣传部、长春市国家保密局、长春市人力资源和社会保障局、中共长春市委党校联合印发的《关于进一步加强全市干部保密教育培训工作的通知》（长国保局〔2015〕1号），把保密教育纳入各级党政领导班子成员和中青年干部培训内容，纳入党委（党组）理论中心组学习内容，纳入公务员职业道德教育计划，纳入党校（行政学院）教学体系。4月20日和5月29日，市委保密委员会副主任、市保密局局长刘徽2次应邀，在市委党校作专题报告。开展全国保密普查工作，专门印发《关于报送2014年度保密工作统计数据的通知》，汇总74家市直党政机关单位，649家县级党政机关单位，50家事业单位、20家企业单位的普查数据。

2015年市委保密委员会会议　　　　（宋　耀　提供）

总结“六五”保密法制宣传教育工作，印发《关于组织开展“六五”保密法制宣传教育总结验收工作的通知》，全面梳理总结长春市“六五”普法工作。丰富保密宣传教育形式，组织3场保密技术攻防演示会，有941人次接受教育；编印《案与法——保密案例汇编》、《国家秘密及其密级具体范围汇编》等保密资料、工具书，全年免费发放学习教育资料11000余册。

【保密技术防范】 开展非涉密网计算机保密技术防护系统建设，完成平台设备安装、调试工作以及全市党政机关和企业事业单位2000台连接互联网计算机终端监管软件安装工作。做好应急移动保密检查平台建设工作，完成前期调研、方案设计、车辆采购、平台建设论证会、承建商确定和合同签订等各项工作。加强已运行保密技术监管平台的管理和检查工作，通过涉密单位互联网接入口保密监测平台过滤各类信息数据107510条，截获有效数据文件21597条，查获疑似涉密文件9份、敏感信息218条。利用互联网门户网站保密检查平台检索新增监控页面7211824个，审计新增报警信息43947条，查获疑似涉密信息3份、敏感信息57条。10月29日至30日，举办两期“计算机网络和设备泄密窃密技术演示”教育活动，演示和讲解计算机及网络泄密、现代办公设备窃密、移动电话窃听、环境窃听等4大类9项内容，增强做好信息化条件下保密工作的责任心和使命感。12月15日，举办全市保密技术检查大队成员业务培训班，有35名人员参加培训。

【保密管理基础】 组织开展定密管理工作，印发《关于深入贯彻落实〈国家秘密定密管理暂行规定〉的通知》，对落实定密责任、明确定密权限、严格履行定密程序、组织开展定密授权、抓好定密制度建设等工作进行部署。指导全市各涉密机关、单位制定定密管理制度，制定定密管理制度模板，供长春市各机关、单位参考借鉴。印发《关于进一步加强定密管理工作的通知》，对加强定密管理工作的重要意义、基本要求和保密组织机构要发挥的作用予以明确。召开定密培训会议，重点解读国家秘密确定、变更和解除及定密授权、定密责任人确定、如何使用《国家秘密及其密级具体范围的规定》、法定定密程序、定密制度建设、定密法律责任等问题。代市政府起草《长春市人民政府定密授权工作方案(草案)》，绿园区政府已经率先作为试点单位，完成定密授权工作。加强涉密人员管理，中共长春市委组织部、长春市国家保密局、长春市公安局、长春市国家安全局、长春市财政局、长春市人力资源和社会保障局、长春市工业和信息化局共同印发《关于进一步加强涉密人员保密管理工作的通知》，从准确划定涉密人员范围、严格涉密人员审查、加强涉密人员保密教育培训、强化涉密人员日常管理、推进涉密人员权益保障和切实抓好组织落实6个方面对机关、单位涉密人员管理工作进行规范，为涉密人员保密管理提供重要制度保障。9月24日，举办涉密人员保密管理业务培训班。印发《贯彻执行〈涉密人员保密管理指南〉的通知》。开展保密审查工作，对申报国家秘密载体印制资质乙级资质的长春飞驰数字印刷有限公司等22个单位的申请材料进行初审，并上报省保密局。开展建立责任清单工作，对照《中华人民共和国保守国家秘密法》《中华人民共和国保守国家秘密法实施条例》和市保密局“三定”规定，梳理本部门主要职责。

(宋　耀)

党校工作

【教学工作】 注重突出主业主课。加强马克思主义基本理论、马克思主义中国化最新成果培训和党性教育。开设习近平在吉林讲话精神解读等专题教学；设置依法治国与法治素养教学单元，新开设严守党的政治纪律和政治规矩、正确认识和处理党与法的关系等新专题，新课率达65%，党性教育有效学习时间都已占到总课时20%以上。创新党性教育模式，在6期进修班开展“党建‘一线工作’移动课堂”党性教育新模式。增加市情课程比重，开设长吉图战略、做强长春民营经济、三农问题与城镇化研究等教学专题。加强新知识、新能力的培训。年内组织外请课程70讲，主体班教学中外请教师比例达30%。尝试“大选学小选修”的培训模式，举办7个领导干部专题选学班。在公务员知识更新培训上实行推进在校培训、网络在线学习、开设周末大讲堂和撰写调研报告相结合的“四轮驱动”。加大研究式教学的比重。实施访谈式、案例式、“2+X”研讨式、课前10分钟“微论坛”、实践模拟、学员论坛等新的教学模式。增加先进人物事迹的案例分析课、提升行政执法能力的案例教学课等。截至2015年底，全校有教职工137人，其中专业技术人员76人(包括博士15人，硕士42人；具有副高级以上职称54人)。2015年，完成校内主体班培训40期59个班次7505人次。申报各级各类项目116项，立项50项，其中，中央党校课题2项，吉林省社科基金项目2项，长春市社科规划项目19项。公开发表学术论文80余篇，其中在CSSCI来源期刊上发表2篇，在中文核心期刊上发表3篇。公开出版理论著作4部，《法律维度》获中组部第二届全国党员教育培训创新教材奖。在基层开展宣讲364场，受众超过20万人。接受省市机关、企事业单位委托举办各类培训205个班次，35355人次。

【科研资政】 实施资政研究聚焦战略。完成市“十三五”规划前期研究重大课题3项。向市政协提交12篇关于“十三五”规划的建议报告。与市政协联合进行“长春解放中的反饥饿问题研究”重大课题。市政协委员、常务副校长林姗的提案《关于全面构筑长春市持续发展人力资源保障的建议》，被2015年“两会”列为主席督办重点提案。注重开展基层调研，强化横向联合。校长领题带动市情调研，推动多领域深度调研，从“单打独斗”到“团队作战”。全年完成市情调研成果16篇，有一项调研课题获评中央党校优秀调研课题，李成惠《关于加强吉林省中小学法治教育的建议》获省委常委、副省长庄严签批。打造一批熟悉和掌握市情某一领域的“长春通”优秀资政研究人才。

【送理论下基层】 在习近平总书记吉林调研系列讲话精神、十八届五中全会精神、抗日战争70周年等重大时间节点上，做到第一时间发出党校声音，全年在党报党刊发表理论文章57余篇。成立以年轻教员为主的“熔炉志愿服务队”，选派更多政治理论素质强的专家学者走进各大单位中心组理论学习阵地。全方面占领各个宣讲阵地，围绕市委十二届七次全会精神、党的十八届五中全会精神，市委党校多名专家作为市委宣讲团成员承担了重大宣讲任务；推进理论拥军工作，到省武警总队、省预备役部队、高炮旅等单位宣讲53次，受众1万余人；拓展理论宣讲覆盖面，加强与各类媒体的沟通合作，宣讲团成员接受电台、电视台访谈、采访超过300次。开启与市图书馆的合作，宣讲团成员在市图书馆“文苑百

市委党校熔炉志愿服务队成立合影　　(于建玮　提供)

家谈”主讲6期讲座，占全年讲座的50%。

【对外办学】 围绕加强和创新社区党建工作主题，开办社区党建培训班。培训内容聚焦城市社区党建工作的重点、热点、难点问题，涵盖社区党建、社区服务、基层社会管理创新、和谐社区创建等方面。为17个省市培训基层党建工作者近2000人次。继续与一汽富奥、长客股份等大型国企保持战略合作，与统战部、工商联开展民营企业和中小企业进党校，全年培训80期8000多人次；承办科技部、国家体育总局、全国大学生创新创业大赛等5个国家级会议和省、市会议30多个，参会人数4500人次。

【人才队伍】 实施“全员培训工程”。组织全校教职工有选择、有针对性地参加校内主体班及高端培训班的《外请报告》；参加省委党校的《精品报告会》。实地踏察朝阳区创业基地、动画学院、省图书馆、双阳现代绿色生态园等项目。实行个性化培养。选送88人次到中央党校、兄弟党校及国内知名高校进修培训。做好职称评聘工作。完成8个级别的专业技术职务晋升；推荐享受市突出贡献专家并获批1人，推荐市政府特殊津贴人选1人。依规完成干部选拔任用工作。全年选拔任用12名处级领导干部，平均年龄39周岁，有2人晋升为非领导职务。

【行政教辅】 加强县(市)区党校业务指导，会同市委组织部对城区党校进行评估。制定出台《党校制度汇编》，加大信息宣传力度。准备新校区的竣工验收。学报全新改版，偏重于满足领导干部的阅读需要，注重时政探讨和资政研究。图书馆把提高信息化和数字化水平作为突破口，加强“书香长春学习网”免费数字资源使用的宣传、推介。校院管理软件——智慧校园全部投入使用。

【校园文化】 召开12次校委专题会议研究部署党建工作。成立党建研究室，做到全面准确传递上级重大精神和在重大政治原则问题上发挥党校思想引领作用。开展“三严三实”专题教育。做好专题教育的各个规定动作，做好市委党校的自选动作。以中层干部点评会的形式召开“三严三实”专题教育成果评估会；系统、全面学习《条例》《准则》。开展更加贴近实际的组织生活和精神文明建设。组织“严格党内生活，严守党的纪律，深化作风建设”“推荐身边好人好事”等组织生活和支部学习。开展党员进社区活动，结合抗战胜利70周年，组织全校教职工学唱红歌，参加市直机关纪念抗战胜利暨世界反法西斯战争胜利70周年文艺汇演。成功获评省级精神文明单位。

（于建玮）

党史工作

【党史研究】 编纂完成《中共长春党史人物传》(第18卷)，全书20万余字；编撰完成《25年回眸——中共长春市委党史研究室研究成果展示》，全书5万余字；编辑发行6期《春潮》党史双月刊，刊物根据时事、重要节庆日开设专栏，有针对性地征集稿件，严格审读把关，突出地方性、史料性、可读性。

【资料征编】 在调研各省市地区党史二卷编写经验的基础上，完善《中国共产党长春历史》(第2卷)大纲编写内容；编纂完成《长春大事记》(2013、2014年)，各15万余字；征集整理《吉林执政实录(2014年)》长春地区资料，完成0.3万余字市委工作概况，1.3万余字大事记资料；开展改革开放时期《长春大事记》资料征集工作，搜集文字资料40万余字；完成中央党史研究室《改革开放实录》中《长春农博会的发展历程》专题撰写任务，2万字；预征集《中共党史人物传》(第19卷)人物资料，发放信函40余封，与相关单位逐一联系，落实明确编写细则，保证撰写质量；收集整理抗战时期参加革命工作老干部基础信息，长春市直机关134人，县(市)区56人，与省委党史研究室一起采访其中具有代表性的10位老干部。

【党史宣教】 2015年，长春市中共党史教育基地——“党在长春第一个通讯站(二道沟邮局)”旧址由市委党史研究室管理，为发挥党史遗址的立体宣教作用，市委党史研究室对旧址进行修缮工作，对解说词进行组稿工作。在“七一”党日活动中，接待参观市领导、老党员、老模范60余人。接待省委党校、省委组织部、省委宣传部现场调研，全市新录用公务员初任培训现场教学，市直部门及一汽集团入党宣誓等活动，接待参观人数近千人；举办“中共领导下的长春抗日斗争”图片巡回展，展出40组展板140余幅图片；以党的历史为主线，制作3期机关板报，宣传和推动党史知识的普及；丰富“中国共产党长春历史网”内容，加强网站日常管理工作。

【培训活动】 组织全市党史系统工作人员分批前往靖宇、临江、通化、西柏坡，成都党史馆等地学习考察；参加全国党史期刊编辑培训班、党史业务培训班、党史网络宣传干部培训班，“井冈山理想信念教育培训班”等培训活动。

【业务指导】 4月28日，召开长春市党史办公室主任会议，会议传达全国、全省党史研究室主任会议精神，对全年工作做出安排部署；对各县(市)区革命遗址进行实地踏查，在踏查过程中对基层党史工作提出具体意见和建议。

（都　鹏）

档案工作

【档案行政管理】 按照市委《关于全面推进依法治市的实施意见》要求，长春市档案局行政职权由原来41项，减少到17项，精减59%。制定权力清单和责任清单，通过政府门户网站公布，向社会全面公开档案部门职能、法律依据、实施主体、职责权限、管理流程、监督方式等事项。市档案局组织全市300余名档案员参加《档案法律法规知识有奖竞赛试卷》答题活动。活动和重点工作档案的监督指导，完成电影节和第二批群众路线教

长春市档案局(馆)开展档案安全专项检查工作　　（王　彤　提供）

育活动档案的接收进馆工作。对县(区)档案馆业务指导,下发《长春市县(市)区档案馆馆藏档案鉴定开放工作基本要求》和《县(市)区档案馆纸质档案数字化管理工作基本要求》文件。通过多方调研和论证完成长春市档案事业发展“十二五”规划执行情况的总结,起草长春市档案事业发展“十三五”规划。合理确定“十三五”发展的指导思想、奋斗目标、主要任务和保障措施,该规划已纳入长春市国民经济和社会发展“十三五”总体规划之中。

【档案文化宣传】 参与市政协牵头组织的抢救性挖掘和征集长春解放至“一五”时期史料的重点活动,编辑完成《长春档案文献》系列丛书第二阶段(1950年至1953年4卷100万字)任务。与长春市政协共同编辑完成《抗美援朝在长春》,同长春农博园共同编辑出版《关东百业》。编研成果《苏联专家在长春》一书荣获省政协首届优秀文史图书一等奖。举办境外档案图片展览。与市外办合作在澳大利亚和新西兰的友好城市瓦南布尔市、马斯特顿市进行档案文化交流,在这两所城市举办主题为《友好长春》历史图片展览。此展览共分为《悠久历史》《科技文化》《绿色宜居》《幸福生活》4个部分。与市公交集团合作开展档案文化进车厢活动,计7个线路100余辆公交车参与活动。开展国际档案日宣传活动。长春市档案馆在国际档案日当天举行“浴血南岭”的水墨画作捐赠仪式。下发《关于开展2015年“国际档案日”宣传活动的通知》,以“档案——与你相伴”为主题,精心组织全市机关、企事业单位参与国际档案日宣传活动。长春市档案馆利用节假日,邀请知名专家学者,举办“档案讲坛·长春故事”系列讲座。

【档案业务建设】 2015年,长春市档案馆接待查档人员2353人次,提供档案资料2998卷(件),为群众补办个人档案、办理养老保险、房改、医保、职称、聘干、农转非、出生证明等提供证据。利用远程档案工作,推动长春市辖区内国家综合档案馆馆际之间民生档案数据库互换互查、资源共享,全年出具远程档案证明335例。依据《长春市档案馆接收档案进馆单位及档案种类目录》,指导各单位完成市直单位归档纸质文件31655件,归档电子文件16711件,归档电子数据全部移交进馆。接收进馆档案48368卷(件),馆藏档案总量1171576卷(件)。市档案馆重点征集抗日战争时期等档案资料251件。2015年完成馆藏1983年106个全宗36177件档案的鉴定工作。长春市档案馆修裱破损历史档案1200页。馆藏档案全文数字化加工完成59万页。完成年度数据光盘备份1734张,对新增档案数据进行异地备份,脱机数据硬盘备份791GB,数据库完全备份2T。市档案馆与国家档案局科学技术研究所合作科研项目《基于电子文件元数据标准和封装规范的文档一体化管理系统研发和安全应用案例的配套研究》获得2015年度国家档案局优秀科技成果3等奖。科研项目《基于智能移动客户端(Android及IOS系统)的档案管理及开放利用方式的实现》在国家档案局成功立项,已基本完成软件设计。

【档案干部队伍建设】 2015年长春市档案局调研完成的《关于档案行政管理部门如何开展企业档案工作监督指导的调研报告》获得优秀成果3等奖;《关于加强我市档案行政管理工作的思考》获得优秀奖。《关于我市民政系统专业档案管理和利用问题的调研报告》3个调研成果已在实践中逐步应用。开展“局馆党建工作微信群”“CCDA书友沙龙微信群”“读书漂流”“品书微沙龙”等活动。“兰台志愿服务队”活动、“两锋(风)行动”、在职党员进社区、档案展览巡回展、档案知识义务讲解等均有局(馆)党员干部的奉献。2015年继续教育、技能培训档案人员500多人次。组织局(馆)干部参加全国青年档案学术论坛活动,市档案局有3篇论文被评为优秀论文,其中1篇论文入选了论坛论文集。

（王　彤）

长春市人民代表大会常务委员会

重点工作

【长春市第十四届人民代表大会常务委员会会议】 1月5日，市十四届人大常委会举行第十五次会议。会议审议市十四届人大常委会代表资格审查委员会关于个别代表的代表资格的报告；表决关于接受赵祥等辞去吉林省第十二届人民代表大会代表职务的决定草案；补选吉林省第十二届人民代表大会代表；审议市十四届人大三次会议日程草案；审议市十四届人大三次会议主席团和秘书长名单草案；审议市十四届人大三次会议主席团常务主席名单草案，副秘书长名单草案；审议决定市十四届人大三次会议列席人员名单；审议拟提请市十四届人大三次会议审议的长春市人民代表大会常务委员会工作报告(审议稿)；审议人事事项；审议《关于长春市2013年度市本级预算执行和其他财政收支审计结果落实情况的报告(书面)》；审议市人大财经委《关于市十四届人大二次会议议案办理情况审议结果的报告(书面)》；审议市人大城环委《关于市十四届人大二次会议议案办理情况审议结果的报告(书面)》。

2月6日，市十四届人大常委会举行第十六次会议。会议审议《长春市人大常委会2015年工作要点(草案)》；审议《长春市人民政府关于市十四届人大三次会议议案办理方案的报告》和有关人事事项。

4月22日，市十四届人大常委会举行第十七次会议。会议审议《长春市人民政府关于提请审议废止和修改部分地方性法规的议案》；表决《长春市第十四届人民代表大会常务委员会关于接受徐建一辞去吉林省第十二届人民代表大会代表职务的决定(草案)》；审议《长春市第十四届人民代表大会常务委员会代表资格审查委员会关于个别代表的代表资格的报告》；审议市政府关于社会治安防控体系建设情况的报告；表决《长春市人大常委会关于加强社会治安防控体系建设的决定(草案)》；审议《关于长春市人大常委会2014年立法计划执行情况的报告(书面)》和有关人事事项。

6月29日至30日，市十四届人大常委会举行第十八次会议。会议审议制定《长春市停车场规划建设和机动车停放管理条例》；.审议《长春市净月潭国家级风景名胜区保护条例（草案)》；审议《长春市水土保持条例（修订草案)》；审议《关于提请补选吉林省第十二届人民代表大会代表的议案(草案)》审议《长春市第十四届人民代表大会常务委员会代表资格审查委员会关于个别代表的代表资格的报告》；审议市政府关于全市安全生产工作情况的报告；听取市政府关于全市城镇基本医疗保险和新型农村合作医疗工作开展情况的报告，并开展专题询问；表决通过人事事项。

7月28日，市十四届人大常委会举行第十九次会议。会议表决通过市长姜治莹提请的《关于朱永坚同志免职的议案》，审议通过《关于李健同志任职的议案》。表决通过人事事项。决定免去朱永坚的长春市城乡建设委员会主任，决定任命李健为长春市城乡建设委员会主任职务。

8月31日，市十四届人大常委会举行第二十次会议。会议审议制定《长春市净月潭国家级风景名胜区保护条例》；审议修订《长春市水土保持条例》；表决《长春市第十四届人民代表大会常务委员会关于接受付臣辞去吉林省第十二届人民代表大会代表职务的决定(草案)》；审议《长春市第十四届人民代表大会常务委员会代表资格审查委员会关于个别代表的代表资格的报告》；审议市检察院《关于民事行政检察工作情况的报告》；表决《长春市人民代表大会常务委员会关于加强民事行政检察工作的决议》；听取市政府《关于保障性住房建设和管理专题询问落实情况的报告》；审议市政府《关于推进医药卫生体制改革工作情况的报告》；审议市政府关于2015年国民经济和社会发展计划上半年执行情况的报告；审议市政府关于2014年财政决算和2015年预算上半年执行情况的报告，审查批准2014年财政决算；审议市政府关于2014年市本级预算执行和其他财政收支情况的审计工作报告；表决通过人事事项。

10月30日，市十四届人大常委会举行第二十一次会议。会议审议制定《长春市人大常委会2016年立法计划》；审议通过《长春市人民代表大会常务委员会关于市人大代表密切联系群众的意见》;审议修订《长春市人大常委会联系人大代表办法》;审议市政府关于长春市民营经济综合配套改革示范区建设进展情况的报告;审议市政府关于长春市畜牧业发展情况的报告;审议市政府关于深化行政审批制度改革情况的报告;审议市政府关于全市财政投资重大项目资金支出情况的报告(书面);表决通过人事事项。

【立法工作】 2015年3月,全国人大对立法法进行修改,为做好新时期人大立法工作确定原则。常委会组织学习贯彻,适时对立法计划进行调整。全年制定、修订地方性法规3件,修改11件,废止1件。针对长春市机动车数量快速增加、静态停车成为城市管理难点,和群众关注焦点的实际,制定《长春市机动车停车场管理条例》。针对净月潭风景区内,破坏环境、损毁林木、违规建设经营等现象,制定《长春净月潭风景名胜区保护管理条例》。针对长春市水土流失,和黑土层逐年减少等问题,修订《长春市水土保持条例》。废止酒类专卖管理条例,对燃气管理、城市房地产开发经营管理等11件条例的部分条款作修改。

【监督工作】 常委会全年听取审议“一府两院”专项工作报告21项,开展调研、视察、执法检查、专题询问25次,作出决议、决定8项。

【决定重大事项】 2015年,在国内外经济环境错综复杂,特别是东北板块经济严重下滑的大背景下,长春经济面临前所未有的困难和压力。常委会听取审议了市政府关于上半年经济社会发展情况的报告,一致认为,长春市在汽车、农产品加工两大支柱产业面临严重困难的情况下,市政府能够顶住压力,千方百计稳增长、调结构、促改革、惠民生、防风险,全市经济社会发展大局总体保持稳定,实属不易。常委会围绕全市经济社会发展中的重大事项,开展调研、视察和检查,并提出一些意见和建议。

对编制“十三五”规划进行专题调研。编制“十三五”规划是事关全市未来五年经济社会发展的一件大事,常委会对此高度重视,组织开展专题调研,召开代表座谈会,听取审议相关情况报告。对计划和预决算进行审查监督。常委会听取审议上半年国民经济和社会发展计划、财政预决算执行情况的报告,审查批准2014年财政决算、2015年预算调整方案、2015年政府债务限额。开展部门决算审查监督,提高预算执行率,推动部门预决算及“三公”经费公开。听取审议审计工作和审计问题整改情况的报告。2015年,审计查出的整改问题金额19.5亿元,移交问题线索12起,问题整改落实率93%。对重大项目建设进行专项视察。常委会持续关注城市重大项目建设,开展集中视察。针对地铁建设过程中征拆难等问题,6月份,常委会开展专项视察,督促政府、法院及有关部门、特别是城区要密切配合,推进地铁项目建设。11月,常委会对棚户区改造、保障性住房、伊通河综合治理、污水处理设施等城市重点项目进行视察,对市政府克服融资难、征迁难,推进重大项目建设取得的成绩给予充分肯定。提出一些意见和建议。

对环境保护工作进行监督。围绕推进绿色宜居“森林城”建设,常委会对湿地保护、绿地生态系统建设2个决议的执行情况进行检查。听取审议市政府关于环境保护工作情况的报告,督促政府认真贯彻执行环保法,对秸秆露天焚烧、汽车尾气和燃煤小锅炉超标排放等影响大气质量的突出问题,采取措施,加大整治力度,努力改善城市生态环境质量。对河道管理和文物保护工作开展执法检查。河道管理工作事关农田水利基本建设,是推进农业生产安全的重要保障。常委会对《吉林省河道管理条例》开展执法检查。常委会开展《长春市文物保护条例》实施情况执法检查,督促政府及有关部门增强依法保护、科学保护意识,健全完善管理体制,做到物质文化遗产与非物质文化遗产保护并重,加强专业人才队伍建设,做好历史文化的传承、保护和利用。

对医保和新农合工作开展专题询问。常委会针对群众普遍关心的医保和新农合工作,听取审议市政府相关工作情况报告,并开展专题询问。市政府及相关部门高度重视,市政府有关领导和人社、卫计、民政、财政、审计等部门主要负责人参加专题询问会,对常委会组成人员提出的报销比例、报销限额、大病救助、慢性病治疗、异地报销等事项,逐一进行解答,实事求是地说明情况,对存在的问题做出改进承诺。常委会还对保障性住房专题询问整改情况进行跟踪监督。在市政府统筹推进下,2014年专题询问时常委会组成人员提出的资金保障、土地供应、配套设施建设、租赁补贴

6月7日,市人大主任李树国视察轨道交通 (孙大文 提供)

发放等 10 个问题，都得到推进。其中，计划供应土地面积是上年的 1.8 倍，6 个保障房小区配套建设取得突破，组织 3 次公开集中分配，长春市率先向外来常住人口发放住房租赁补贴。

【行政审批的监督】 推动简政放权、取消和下放行政审批事项，先后分 4 批取消、下放和调整行政审批项目 577 项。办事慢、办事难的现象还没有根本改变，企业和群众感到还不够“解渴”。建议市政府继续深化改革，特别是要在提高时效上下功夫，真正让企业、让群众感到负担减轻、办事方便。

【代表工作】 修订《长春市人大常委会联系人大代表办法》，制定《关于市人大代表密切联系群众的意见》，从制度上对常委会联系代表和代表联系群众的主要内容、基本方式、服务保障等工作进行规范。坚持邀请代表列席常委会会议制度，开好政情通报会，组织代表参加立法、调研、视察、执法检查等活动，扩大代表对常委会工作的参与。代表学习培训工作。提高代表履职能力和综合素质，常委会组织安排代表参加政治理论学习，开展宪法和立法法、预算法专题讲座，定期向代表通报市情政务和人大工作。组织部分省市区代表和县(市)区人大常委会主任、街道人大工委负责人，到全国人大培训中心集中学习，直接接受国家级培训。完善人大代表履职机制。加强代表履职平台建设，全市建立“人大代表之家”和人大代表联络工作站 876 个，实现全覆盖。健全人大代表选区述职、优秀代表表彰、代表履职考核和代表集体谈话等制度，规范司法机关对市人大代表依法采取限制人身自由措施的程序。深化“人大代表基层行”主题实践活动。各级人大代表积极参加以“访一个社区、搞一次调研、开一次座谈会、写一篇履职心得”为主题的“四个一”活动，了解社情民意，倾听群众呼声，反映人民诉求。2015 年，代表参加民生调研、民情恳谈 826 人次，提出建议 262 条，捐款 473 万元。

5 月 27 日，市人大主任李树国视察阳光司法　（孙大文　提供）

【代表议案和建议办理实效】 市十四届人大三次会议期间，确定秸秆禁烧及回收利用、加快现代服务业集聚区建设 2 件大会议案。人代会闭会后，常委会确定将整治静态交通环境、校园周边食品安全监管等 10 件建议作为重点建议。常委会改进督办方式，定期听取有关承办单位汇报，切实强化跟踪落实。对代表议案和建议办理，“一府两院”高度重视，各承办单位专人负责，改进工作，取得较好成效。

【人事任免】 常委会规范人事任免程序，对拟任职人员做到任前了解，严格审查任职资格和任职材料，坚持任职人员供职发言制度，在内容上增加个人房产、婚姻状况、配偶子女从业情况等重大事项的说明，扩大常委会组成人员知情权。启动实施常委会任命人员向宪法宣誓。全年任免国家机关工作人员 106 人次。补选省、市人大代表 64 人。

（孙大文）

长春市人民政府

重点工作

【概况】 2015年，全年实现地区生产总值5530亿元，按不变价格计算，比2014年增长6.5%。其中，第一产业增加值343.3亿元，比2014年增长5.0%；第二产业增加值2270.9亿元，增长4.1%；第三产业增加值2415.8亿元，增长9.8%。三次产业结构为6.2:50.1:43.7。对经济增长的贡献率分别为4.7%、33.4%和61.9%。人均生产总值达73324元(按户籍年平均人口数计算)，比2014年增长6.4%，折合11299美元。全市一般预算全口径财政收入1078.2亿元，下降6.8%。全市地方财政收入388.2亿元，下降2.3%；地方财政支出765.7亿元，增长13.3%。全口径财政收入占GDP的比重为19.5%，比2014年同期降低2个百分点。固定资产投资完成4284亿元，增长12%。全市从业人员总数541.5万人，增长18.9%。城镇常住居民人均可支配收入29090元，增长6.6%。农村常住居民人均可支配收入11749元，增长4.1%。

【经济发展】 2015年，出台17项稳增长政策，采取促进工业转型升级、推进服务业创新发展等措施，稳定经济大局，促进结构调整。强化重点企业跟踪包保，帮助传统骨干企业纾难解困。全面落实结构性减税政策，减轻企业税负。做好经济运行监测预警，逐月分析经济指标完成情况，及时启用各项预调微调措施。通过调整结构、盘活存量，增加安排财政资金，重点投向城市路网建设、污水处理设施、棚户区改造等项目。采取设立基金、贷款贴息等办法，引导社会资本进入战略性新兴产业、现代服务业等领域。推广政府和社会资本合作(PPP)模式，以较少的政府投入撬动更多的社会投资，项目资金撬动比例达1:3。调整个人住房贷款政策，稳定住房消费。加快推进宽带提速普及，繁荣信息消费。扩大旅游休闲、文化教育、电子商务等消费，全市旅游收入、电影票房、网上零售额分别增长25.1%、13%和21%。

【经济结构调整】 奥迪Q工厂项目进展顺利。大成战略重组取得成功。轨道客车产业发展强劲，时速350公里的中国标准动车组正式下线。聚乳酸产业持续壮大，产能增加19%。新材料、生物制造、医药健康、光电信息等产业园区稳步发展。战略性新兴产业产值增速高出工业17.5个百分点。推广玉米保护性耕作16.3万公顷。开展农业航化作业13.3万公顷。建设万亩高产示范片121个。农机化综合水平提高2个百分点，玉米、水稻机收率分别达到54%和82%。农民合作社、家庭农场快速增加，土地流转比例达到28.5%。新增标准化养殖区71个。长春市荣获“中国优质粳米之都”称号。重点推进5亿元以上现代服务业项目。新开工商务综合体5个。10条特色商业街现已开工3条。十大现代服务业集聚区入驻企业突破2000户。互联网金融异军突起，物流快递加速成长，众多“创客”脱颖而出。服务业占经济比重提高2.56个百分点。开展产学研协同创新机制试点，新增高新技术企业、科技“小巨人”企业41户和50户。加快北湖科技园、长东北科技创新中心等建设，科技企业孵化器在孵企业1080户。“吉林一号”卫星发射升空，标志着长春市在高新技术研发领域步入世界先进行列。

【改革推进】 实施简政放权，取消和下放一批行政审批事项，减放比例达到53.9%。推行审批事项并联办理，大幅提升工作效率，原有办理时限压减31%。公布政府部门权力清单、责任清单。公开市本级公共财政收支预算、市直部门“三公”经费预算。顺利实施机关事业单位养老保险制度改革。民营经济综合配套改革向纵深推进，新登记私营企业数量增长21%，形成新的创业热潮。新型城镇化、服务业综合改革、老工业区搬迁改造、水生态文明建设等国家级改革试点有序推进。国有企业改革稳步实施。公立医院改革、司法体制改革实现新突破。金融改革、价格改革取得进展。主动融入国家“一带一路”和长吉图开放开发战略，建设兴隆综合保税区，开通长满欧国际货运班列、对俄电商货运包机，推动轨道客车、汽车零部件、光电子信息等优势产品出口，跨境电子商务零售出口量跃居全国第3位。开展招商引资，实际利用外资、内资分别增长13%和15%。

【城市建设】 地铁1、2号线工程进展顺利。北湖快轨建设稳步推进。轻轨3号线延长线启动建设。机场快速路、亚泰大街南延长线、吉林大路东延长线等重点工程完成序时进度。大中修道路113条。新建过街天桥18座。南部新城公交枢纽项目如期竣工。交通指挥管理系统改造升级一期工程投入使用。一、三水厂完成改扩建。新建改造二次供水泵站370座、二次供水管网3202公里。新增供热面积775万平方米。改造燃气管网150公里、供热管网228公里。百公里地下综合管廊正式开工。天然气外环高压管网、调峰储气设施基本建成。天然气置换工作全部完成，结束长春市91年煤制气历史。北郊、串湖污水处理厂投入运行。持续淘汰燃煤小锅炉、注销黄标车。强力实施燃煤发电机组脱硫、脱硝改造。从严整治工业企业烟粉尘排放和建筑工地扬尘。死看死守严禁秸秆露天焚烧。四环以内严禁燃放烟花爆竹。PM10、PM2.5浓度均值连续2年下降，空气质量优良天数有所增加。实施"两横三纵"快速路沿线绿化恢复工程。城区新增绿化面积相当于2014年的1.9倍。百里伊通河生态长廊、百公里地下综合管廊工程全面启动。基本完成16个城市出入口改造。不间断开展市容环境综合整治，市容市貌、管理水平、文明程度逐步提升。

【民生工作】 扶持高校毕业生、城镇就业困难人员就业，新增就业12.6万人。提高社会保障水平，失业保险金提高301元。企业退休人员养老金提高224元。城乡居民低保标准分别提高17.2%和11.1%。7个城区托老中心、120个社区居家养老服务中心投入使用。2万套公租房分配到户。创建优质学校，城区中小学完成达标建设。义务阶段公立学校全部实施就近划片入学。市、县两级医院全面推行基本药物制度，乡镇卫生院、村卫生室完成标准化建设。稳妥实施"单独二孩"政策。市博物馆、美术馆、规划展览馆开馆在即。构建"人性化、网格化、信息化、法治化"社会治理模式，深入创建平安社区、平安校园、平安家庭。强化社会治安防控体系建设，新增治安高清探头1.2万个，110刑事警情、"两抢"案件数量继续下降，命案等有重大影响案件全部告破。排查整改安全生产隐患6.4万项。

【社会事业】 全年专利申请量由2014年的7853件增加到10184件，增长29.7%。全年通过鉴定、验收和认定的科技成果237项，获得市以上科技进步奖励成果196项。其中，获省级奖励196项。2015年末，在全市各级各类科技人员中，驻长"两院"院士40人，其中，域内24人，双聘16人。全市拥有独立科学研究与技术开发机构89个。其中，自然科学和技术领域研究与开发机构59个，社会科学与人文领域研究与开发机13个，科技信息与文献领域机构3个。全市民营科技企业技术合同成交额24.46亿元。市科技管理部门投入科技经费1亿元。全市新认定高新技术企业41户。全市有法定产品质量检验机构3家，法定计量技术机构11家，计量校准设备83349台/件，检验各类器具186995台/件。全年定期监督检验产品683批次。受理委托检验17000批次。国家和省的监督抽查产品质量平均合格率分别达100%和98.68%。2015年，长春市各级各类教育学校1622所，其中，在长普通高校37所，成人高校8所，中等职业学校103所，普通高中67所，初中270所，小学1126所，特殊教育10所，工读学校1所。全市各级各类学校招生人数34.5万人，其中，研究生1.6万人，普通本专科11.7万人，成人本专科3.7万人，中等职业学校1.6万人，普通高中3.9万人，初中阶段5.3万人，小学6.6万人，特殊教育131人。全市各级各类学校在校人数131.4万人，其中，在读研究生4.9万人，普通本专科在校生42.6万人，成人本专科生10万人，中等职业学校在校生4.3万人，普通高中在校生12.2万人，初中在校生17.7万人，小学在校生39.6万人，特殊教育在校生950人。全市各类教育学校专任教师8.97万人。其中，普通高等学校专任教师2.64万人，成人高校专任教师926人，民办机构184人，中等职业学校专任教师0.49万人，普通高中专任教师1.02万人，初中阶段专任教师2.04万人，小学专任教师2.63万人，特殊教育学校专任教师360人，工读学校29人。2015年全市有文化(文物)事业机构225家，其中，艺术表演团体3家，艺术表演场馆6家，公共图书馆12家，艺术馆、文化馆12家，文化站160家，文化艺术科研、科技机构2家，文物保护研究机构1家，文物保护管理机构3家，其他文化事业18家，其他文化企业1家，博物馆9家。文化市场管理机构15家。公共图书馆总藏量463.15万册，其中少儿图书馆藏量55.89万册。全市有国家综合档案馆11个，馆藏档案143万卷、146万件，开放档案16万卷、8万件。2015年，全市有各类文化经营场所1134家，其中，互联网上网服务营业场所696家，文化娱乐场所257家，演出场所23家，音像制品经营场所155家，古玩（美术品）经营店3家。其中市区文化经营场所591家，其中，互联网上网服务营业场所575家，文化娱乐场所230家，演出场所12家，古玩（美术品）经营店3家。2015年，全市有广播电台4座，节目10套，中波发射台和转播台26座，转播台24座，广播人口覆盖率为100%;电视台4座，节目9套，电视人口覆盖率100%。2015年末，全市卫生医疗机构4317个，增长2.32%。其中，医院、卫生院301所，与2014年同期持平，拥有医疗床位4.73万张，比2014年下降0.21%。卫生技术人员为4.75万人，比2014年增长5.07%。每千人拥有执业医师和执业助理医师2.73人。2015年末，市辖区建成社区卫生服务中心60家，城区人口覆盖率99.1%。374万农民参加新型合作医疗，常住人口参合率99.52%，筹集资金17.96亿元，有144.61万参合农民受益，支付补偿金15.35亿元，占筹资总额91.16%。以"繁荣群众体育，建设幸福长春"为主题，开展全民健身活动近2000项次，参与人数达百万人次，公布《长春市民体质状况报告》。投入资金650万元，为城区安装100套健身路径，为17个乡镇、152个行政村安装健身器材。全年体育彩票销售15.36亿元，占全省销售比例的40.18%。2015年承办瓦萨国际越野滑雪赛、国际雪联越野滑雪赛中国巡回赛、世界罗佩特越野滑雪巡回赛、中美男篮对抗赛等国际国内大型体育赛事10余项次,举办市青少年短道、速滑、篮球等省市各级各类体育赛事500余项次。

【自身建设】 开展“三严三实”专题教育活动,以“严”字当头、在“实”处着手,全面增强政府公信力和执行力,强化对行政权力的制约和监督。加强政府廉政建设和反腐败工作。化解社会矛盾。拓宽信访接待渠道,提高市长公开电话、局长接待日、读报读网工作水平,一批重大信访疑难案件结案息访。开展双拥创建工作。举行纪念中国人民抗日战争暨世界反法西斯战争胜利70周年系列活动。

(房　明)

“12345”市长公开电话

【概况】 2015年,市长公开电话全口径办理市民反映的问题487557,比2014年增长6.3%,依法合理答复224038件,转交网络单位办理263519件,办理反馈率97%,群众满意率85%以上;局长接待日接访7532人,办理问题1858件,办结率98%;读报发现问题870件,办结率100%;读网发现问题957件,办复率99.6%。

【局长接待日】 2015年,开展局长接待日活动11次,接待市民7532人,受理问题1858件,办结率98%。8月28日,组织召开全市局长接待日工作会议,制定《深化局长接待日工作管理若干规定》《开设局长接待日预约代办服务窗口的通知》,在接待单位开设预约服务窗口;加强“一把手”参与接待的监督调度;落实重点问题跟踪督办,南关区华顺街市场违规搭设彩钢房及双阳区于家村饮水困难等突出问题得到解决;推行“常态化”接待模式,利用局长接待日“预约”系统,落实日常接待与定期接待相结合的接待模式。

【读报、读网】 全市读报、读网发现问题1757条,比2014年上升3.0%,办结率99.6%,主动发现率93.6%,办复率99.8%。通过采取领导签批督办、专人重点督办等方式,提升办理效率。并将办理结果及时向市民进行反馈,主动接受公众监督,特别是马路烧烤和私设地桩、地锁等市民反响强烈、媒体关注的热点问题,均通过网络、媒体进行公开回应,绝大部分问题得到有效处理。2015年,读网工作被《人民日报》评为“全国网民留言办理工作先进单位”,长春市已连续6年获此“殊荣”。

【投诉受理】 通过邀请市建委、市供热办等相关负责人进行政策宣讲、每个工作日组织1个小时的业务培训、每周召开一次工作例会等多种形式,不断提高受话人员的业务能力和服务水平。2015年,“12345”受理坐席由18个增加到26个,受理总量提升10%,市民对受话员的服务满意度一直保持在99%以上,荣获市直机关“巾帼文明岗”荣誉称号。

【投诉办理】 市领导签批件得到落实。2015年,办理市领导签批件56件,动态办结率100%,协调解决吉大一院周边停车难、宽城区铁南拆迁等问题,市领导27次对工作落实情况提出表扬。市民投诉得到办理。努力克服人手少、任务重的实际困难,主动将系统自动办结调整为人工手动办结,严把投诉办理质量关。加大跟踪督办力度,召开专项工作调度会议51次、现场跟踪督办62次、专项督办事项32件、重点督办事项95件,对市民集中反映的经开区“古法瓦缸”烧烤店违规堵塞消防通道和南关区明珠小区商铺业主私挖地下室问题进行重点督办;协调解决残疾市民单玲来信反映的其父亲养老保险补缴费用、旅居日本东京多年的童江陵女士反映的养老保险以及明珠小区三年多不通燃气的问题,确保市民反映诉求得到有效办理。信息宣传工作得到加强。编发工作简报43期,建议并牵头组织全市公用服务企业开展突发公共信息发布制度,为领导决策和城市稳定运行提供有益参考;通过省、市各级新闻媒体对公开电话工作进行宣传报道600余次,有效提升公开电话的群众知晓率,增强社会认知度。

【“禁燃”工作】 承担“禁燃”宣传和专项整治工作,制定《长春市“禁燃”专项整治行动总体方案》和《长春市“禁燃”专项整治行动宣传方案》等规范性文件5份;编发“禁燃”信息简报46期;筹备“禁燃”工作推进会议18次,发动政府部门、社会团体和街道社区开展“禁燃”主题宣传活动80余次,组织省、市各级新闻媒体对“禁燃”工作进行专题报道1000余次,收集整理市民建议500余条,实现“禁燃”宣传多层次、全覆盖,使燃放烟花爆竹的危害人人皆知,使不放烟花爆竹的新风人人期盼,为“禁燃”工作营造了良好社会舆论氛围。

(蔡　波)

决策咨询

【概况】 2015年完成各类课题、报告、调研材料、意见建议等10余项,成稿总字数约20余万字。其中对哈长城市群规划建议,已被纳入到国家发改委哈长城市群规划大纲中,另有3项建议纳入到长春市经济、文化建设中。《文博长春》,获长春市优秀调研成果一等奖;《长春市新型城镇化发展现状及对策》获长春市优秀调研成果3等奖。

【专题研究】 向市长姜治莹提交《关于申报几处国家森林公园的建议》。对长春市城镇化思路进行专题思考与梳理,撰写关于《榆树市新型城镇化建设规划大纲》的调研材料。供专家参阅。对建立哈长城市群规划建议,已上报到国家发改委哈长城市群规划起草小组。榆树市建立八号工贸区的规划要点。供榆树市委市政府领导参阅。

【重要咨询论证】 对长春市建立老艺术家、著名画家戈沙纪念馆规划建议,向市长提出书面建议,得到文化局的大力支持;对长春老工业基地振兴和开发区转型升级提出建议，供省政府参阅；对长春市筹建旅游投资集团的建议，交市政府参阅；对长春市十三五规划建言献策研讨建议，交市发改委参阅。

【提供咨询服务】 为省委党校处级干部培训班讲解调查研究等课题，为市委党校新公务员培训和处长培训班讲解调查研究和党性修养等课题；向省规划院介绍长春生态建设情况与构想；向榆树市建立哈长吉重要城市群中心节点提出初步想法。

【整理出版长春经济文化建设的合集文稿】 协助赵国华委员整理近年来有关长春经济发展的多篇具有参考价值调研材料《谋划长春》，近30万字；《文博长春之路》，近5万字，《谋划榆树》，近12万字。整理出版，交由有关方面参阅。

（王延文）

民生工作

【就业创业】 全年新登记市场主体10.37万户，比2014年增长10.1%。开发就业岗位15.1万个，城镇新增就业13.2万人；转移农村劳动力119万人次，实现劳务经济收入128.4亿元。

【社会救助】 落实临时救助资金3383万元，救助困难群众近7000人次，通过实施各项救助政策，基本实现对因病、因灾及突发事故致使生活陷入困境的群众“有一助一”。调整三类贫困残疾儿童康复救助项目及补贴标准，为270名残疾儿童提供康复训练。加强特教辅读班和资源教室建设，通过扩大公办特殊教育资源和政府购买服务方式，初步解决7岁至15岁中、重度孤独症及智力障碍儿童、少年教育和康复训练问题。

【养老服务】 加快社区老年人日间照料中心建设和升级改造，全市日间照料中心实现全覆盖，其中有120个日间照料中心升级为居家养老服务中心，引入16家社会组织为老年人提供助餐、助医等服务。机构养老巡诊实现全覆盖。在全国率先推出失能人员医疗照护保险制度，创造性地将日常照料和医疗护理纳入补偿范围，3095人享受此项政策。提高各险种待遇水平，连续11年上调养老金标准，市本级人均达2006元/月，比2014年增长12.3%；市、区两级财政每年拿出近6000万元，将城乡居民基础养老金由70元提高到125元，扭转了长春市在全国副省级城市中排位落后的局面；失业保险金标准由755元/月提高到1056元/月，增幅达40%，惠及2.5万名失业人员。

【教育均衡】 长春市高质量通过教育部义务教育基本均衡发展评估验收。全面启动第3批新优质学校创建活动，全市新优质学校127所，教育质量明显提升。义务教育学校校长教师交流工作深入实施，交流范围、交流比例、交流人数大幅增加，为打造优质均衡教育奠定坚实基础。全市10所民办初中1129个学位、3739个公办优质空余学位面向社会派位。打击各类违规办学行为，解散黑班117个，查处违纪教师47名，取消相关学校中考命题资格和评优选先资格，对相关违纪学校和教师在媒体曝光。

【健康长春】 公立医院改革稳步推进，5家市直公立医院门诊和住院次均费用分别下降20.2%和25%，群众就医负担减轻。全国医改工作会议在长春召开，会上专题介绍长春市经验。将4月18日设立为“卫生健康日”，以“幸福长春·健康你我”为主题，开展健康宣传活动。经过4年的持续努力，长春市获得“国家幸福家庭示范市”称号。以青少年夏令营和冬令营活动为载体，依托驻长高校和体育组织，免费提供各类体育技能培训，近7万名学生在提高体育技能的同时充分体验了校外阳光体育活动的魅力；对市民开展各类体育活动近600项次，营造浓厚的健身氛围，市民健康意识明显增强。

【公共文化服务】 市博物馆、美术馆、规划展览馆等“三馆”建设加快推进，规划展览馆实现预开馆。成功举办第三届中国长春国际消夏啤酒节，接待国内外游客43万人次，比2014年增长31.5%。长春市被评为“避暑旅游城市”，位居全国18个避暑旅游城市第3位。群众性文化活动蓬勃开展，为城乡居民放映公益电影22292场、慰问演出191场；举办“读书节”讲座、主题阅读等活动近50项，为市民提供精神文化大餐。

【住房保障】 全市新开工棚户区改造项目15个，新建回迁安置房4870套；西城家园、基隆逸居、南部家园3个公租房小区共配租房源6700套。继续实施“暖房子”工程，改造总面积900万平方米，超出计划250万平方米。综合改造“老旧散”小区64个、总建筑面积391万平方米，超出计划295万平方米。

【管网改造】 全年改造供热管网228公里、完成年度目标的114%，新建供热管网173公里；改造供水管网380公里、完成年度目标的380%，改造、串并二次泵站726座、完成年度目标的200%，新建二次供水泵站13座；改造燃气高危管网150公里，新建燃气管网111公里。完成天然气置换工程，彻底结束91年煤制气历史，长春市全面步入天然气时代。

【环境治理】 全市绿化美化实现总投资16亿元，新建绿地600公顷以上，恢复绿地200公顷以上。完成吉林大路高速口、长德北102国道等14个出入口改造工作。淘汰燃煤小锅炉1205台，完成年度目标的120%；淘汰2005年底前注册营运黄标车24007台。“禁燃”“禁烧”成效显著，除开栓供暖等特殊时间节点之外，空气质量主要指标有所改善。

【交通改善】 “公交都市”创建工作不断深化，新增公交专用道22公里，新建、亮化公交候车厅、站牌72座，民康路等3条示范街路18个停车港湾全部完工，更新公交车290台，其中新能源公交车140台。《机动车停车场管理条例》正式获批，施划停车泊位近3万个。建成卫明街等人行过街天桥12座。市交通指挥中心升级改造一期工程全面铺开，移动警备、自助服务平台和网上监管平台建设基本完成。

【城市安全】 围绕车站、广场、商圈等重点部位，加强巡防管控，每天出动夜巡警力1800余人，最大限度提高见警率和管事率。围绕火灾、危爆物品等安全隐患，加大对人员密集场所、高层地下建筑及重点企业检查力度，开展专项行动，有效消除安全隐患。推进食品药品可追溯体系建设，综合整治成效显著。185所中小学校直饮水工程有序推进，项目完工后可以惠及20多万师生。城区22个学生食堂及食品操作间改造项目，除1个项目在办理前期手续外，其余全部开工建设，完工后可惠及1.8万名学生。

【幸福社区、新农村建设】 通过新建、改建、购买、租赁等方式，推进千米社区建设，全市千米社区比例超过60%，二道区和南关区千米社区实现全覆盖。推广二二八社区、东风社区等先进经验，打造15分钟社区便民服务圈，将物业管理、环境整治、居家养老、创业就业和青少年课后教育等内容确定为社区服务的重点项目，为辖区居民提供优质便捷服务。举办首届"最美乡村"评选活动，农安县合隆镇陈家店村等18个村脱颖而出，成为首批"最美乡村"，展示新农村建设中的新思路、新模式、新经验和新成果。在抓好市本级行动计划落实的同时，各县（市）区、开发区把有限的财力物力向民生领域倾斜，为辖区群众办一批实事、好事。朝阳区成功创建青年电商集聚示范园区，南关区自筹资金彻底解决困扰辖区群众多年的下水堵塞问题，宽城区从政策、土地等方面支持企业打造全省规模最大的"祥祉圆"养老项目，二道区在全区大规模改造老旧散小区及周边环境，绿园区投入大量资金建设文体大厦，双阳区实施"三个千人创业就业工程"，九台区实施驾考中心建设工程，榆树市建设覆盖村屯的视频监控系统，农安县建设11万平方米民生养老综合体，德惠市实施全市性地沟清掏畅通工程。这些民生工程的陆续实施，让群众更多分享到幸福长春建设丰硕成果。

（孙宪法）

人力资源和社会保障工作

【概况】 创业就业工作　全市开发社会用工岗位14万个，城镇新增就业13.2万人，安置下岗失业人员5.8万人，大龄就业困难人员实现就业1.1万人，农村劳动力转移就业119万人次，农村劳动力引导性培训10万人，城镇登记失业率3.66%，控制在4%以下。援助522户零就业家庭就业，"零就业"家庭保持动态为零。以"大众创业、万众创新，创业促就业、福祉千万家"为主题的第五届中国长春创业就业博览会，设置1110个标准展位，征集创业项目2282个，为求职者提供就业岗位3万个，现场推介300个投资小、见效快、市场前景广阔的创业项目，筛选和审核确定11家优秀创业孵化基地现场参展，发放各类宣传资料25.7万份。博览会期间，举办长春市科技成果推介会、阿里巴巴百城千校签约仪式、小微企业创业贷款贴息仪式等系列主题活动，展会吸引23万人次参展。政校企"联合体工作再上新台阶。创新建立"政校企"联合体促就业机制，与驻长38所高校合作建立大学生创业就业工作站，市财政专门设立专项资金2000万元，突破大学生创业融资瓶颈，全年为1064名创业大学生发放小额贷款5000万元，建设市级以上大学生创业园区18个，打造"一公里"就业创业服务圈。与高校联合开展课题研究，提高长春市人才队伍的整体水平，解决高校毕业生人才流失问题，与吉林大学、东北师范大学等6所高校，皓月集团、吉林省通用机械公司等多家企业代表，成立"长春市高校毕业生就业流向课题"调研小组，研究人才外流现象的原因及解决办法。在全国首创"择业教育培训前移"工作模式。将军转干部择业教育培训前移，成功举办2015年军转干部择业教育培训班，这一创新做法得到驻军部队和军转干部的一致好评，中央电视台军事频道《军事报道》节目、沈阳军区《前进报》等中央和军级媒体对此进行宣传报道。自主择业军转干部创业孵化基地建设成果丰硕。将有能力、有愿望创业的自主择业军转干部整合起来，联合创业。实现军转干部创业"成功一批、带动一片"的深远效果。有17户由转业军人创办的企业成功入驻基地，带动军转干部就业近百人。农民工返乡创业工作效果明显。在做好输出的同时，重点强化了农民工返乡创业工作，全市25个农民工返乡创业孵化基地吸收农民工创业13057人，直接带动返乡农民工就业41846人，实现利税1900万元。。公益性岗位管理得到强化，市本级公益岗位安置从业人员13150人，提供岗位补贴1.6亿元，社保补贴1.2亿元，为市本级50147名灵活就业人员提供社保补贴8684万元。创新开展信用社区小额担保贷款试点工作，在29个创业孵化基地设立小额担保贷款工作站，全年为1898名创业者发放贷款近2亿元。

【社会保障体系】 长春市医疗保险参保总数407.4万人，其中参加城镇职工基本医疗保险161.5万人，参加城镇居民基本医疗保险245.9万人。推出血液透析、儿童白血病等22个病种的"双向定额低自付"政策，通过建立晚期癌症患者舒缓疗护制度，出台门诊慢性病、门诊统筹、中医特色门诊、居民大病保险等多项医保新政。2015年，长春市将解决全市4695名长期失能人员和98622名短期因病失能人员的医疗问题，建立失能人员医疗照护保险制度确定为全市的重点改革任务和20项重点民生实事之一。从2015年5月1日起，全市有35家定点医疗照护服务机构开展医疗照护保险业务，照护保险统筹基金支付1830.5万元，有1070名长期失能人员、2002名短期失能人员享受到照护保险待遇，平均报销比例在85%左右。2015年，长春市城乡居民的基础养老金由70元提高到120元，补贴标准高出全国百元平均水平，提高幅度达71%，受益人数38.9万人。从2015年10月1日起，长春市失业保险金标准由原来的755元/月提高到1056元/月，提高幅度达40%，惠及全市

2.5 万失业人员。

【人才队伍建设】 探索筹建中国长春人力资源产业园。在对经济发展与人力资源服务业发展之间的关系进行研究论证基础，明确筹建中国长春人力资源产业园的基本方向和目标。按照规划，着力打造与长春汽车、轨道客车、农产品深加工和长吉图建设相匹配，满足各层次人员和各类企业需求的人力资源服务体系，至“十三五”末，实现产业规模占全市GDP总量的0.8%以上，培育人力资源服务企业70个，孵化创业企业500家，通过产业园实现全市城镇就业和创业贡献率的三分之一以上。筹建人力资源产业园的工作得到省政府和国家人社部支持。千名科技专家服务民营企业暨扶持科技“小巨人”企业行动逐步深化。2015年9月，开展“科技专家县区行暨九台区服务行动”，收集整理科研成果374项，16位不同领域的科技专家为72户民营企业破解科技难题124项，推动“小巨人”企业快速发展。召开2014年千名高技能领军人才培养工程表彰大会，对首批当选的20名技能大师、60名岗位技能带头人、120名技术能手进行了表彰。外国专家“五个一工程”取得明显实效。2015年完成17个引进海外高层次人才项目在国家立项，引进国外高层次人才73人次。帮扶6家科技型“小巨人”企业聘请外国专家34人次，实现对经济社会发展的服务与推动作用。“政校合作”取得进展。为有效利用高校智力资源，成立就业、医保、仲裁、统计、绩效等5个小组，开展政校合作项目。其中，绩效考评工作，建立资源共享、实时监控、定量考核、全程管理的数字考评系统，集成“领导查询”“部门审报”“信息发布”“网上调查”4大系统为一体的绩效“数字考评”新模式，突出对市委市政府重点工作的绩效评估，取得良好效果。

【人事制度改革】 2015年各级机关招录公务员680人。组织赴兰考焦裕禄考干部学院开展“三严三实”专题培训，举办10期“周末大讲堂”专题讲座，有4892名公务员参加集中讲座，遴选出29名优秀公务员进入市、区行政机关，实现队伍内部“二次择优”，畅通基层公务员“上行”通道。建立市直行政机关和参公单位非领导职务职数台账，为206名公务员晋升非领导职务，为123名新进入公务员队伍人员确定非领导职务。全年，有104名公务员转任到其他机关，促进公务员合理流动，实现因岗择人、人岗相适。推进公务员平时考核，草拟《关于加强公务员平时考核工作的通知》，对平时考核工作的全过程进行指导。事业单位公开招聘工作实现科学化管理，“633计划”实施成效显著。出台《关于进一步深化事业单位人事制度改革的实施意见》《长春市事业单位公开招聘人员暂行办法》和《关于进一步规范完善事业单位人员聘用管理意见》等3个规范性文件。制定下发《2015年长春市事业单位面向社会公开招聘工作人员面试方案》。2015年事业单位招聘工作人员1159人。“633计划”按照统一发布公告、统一宣传推介、统一政策解读、统一时间地点、统一面试指导的“五统一”方式，把符合标准的14家事业单位联合起来，走进吉林大学、大连理工大学、武汉大学等14家全国重点高校，“面对面”招揽人才，招聘应届毕业生102人，完成预期的102%。2015年组织与完成长春考区国家、省、市各类考试9项、16次、177744科次，参考人数104243人，查处考试作弊578人。

【落实收入分配制度】 严格按照国家薪酬调查要求，对长春市1089户样本企业、15.9万名职工的人工成本情况进行抽样调查，经筛选、整理、汇总、修正后，形成2014年长春市行业人工成本参考水平和人工成本预警线，供企业借鉴参考。全市清查单位4241个，涉及人员180945人，在未有新的“吃空饷”问题发生基础上，建立与形成防止“吃空饷”问题再发生的长效机制，清理借调人员1039人，其中，清理机关借调人员576人，事业单位借调人员463人。清退私聘滥用编外聘用人员209人，对服务性岗位编外聘用人员，逐步实行服务外包，对自收自支事业单位编外聘用人员手续统一归口办理，达到降低行政成本，规范管理的目的。

【稳定劳动关系】 全市劳动合同签订率90.1%，用工备案率91.7%，集体合同签订率80.55%。制定《长春市建设领域实名制银行卡支付农民工工资管理暂行办法》，并联合建委在双阳区进行农民工实名制工作试点，进驻工地23个，涉及137个栋号、农民工3869人，签订劳动合同1524人，签订集体合同38份，为13家建筑公司办理农民工银行卡1205张，通过银行卡发放工资954.4万元。立

“633计划”来到吉林大学组团招聘 （杜 充 提供）

案查处劳动违法案件651件，接待来人来访5188人次，承办市长公开电话投诉842件次，为1.32万名农民工追回工资3.65亿元。市本级仲裁机构处理劳动人事争议案件1357件，涉及劳动者1685人，与2014年同期相比均增加1%，案件数量占全市处理案件总数42%，为劳动者维权2140万元，比2014年同期增加40万元，结案率93%。全年，接待群众来信来访217件次，597人次，比2014年下降21.7%。

【自身建设】 开展“三严三实”专题教育，制定了《关于在局系统处级以上领导干部中开展“三严三实”专题教育实施方案》，把专题教育和业务工作有机结合，做到“两不误、两促进”，开展局系统“三严三实”专题教育以来，干部自学、党委委员在分管领域内上党课、局属事业单位党组织负责人上党课、“严以修身”专题座谈会等关键动作都落实到位，实现教育全覆盖。下发窗口服务行为规范工作手册，明确基本行为规范，严肃工作纪律，投诉举报明显减少，提高窗口服务质量。将工伤保险认定委托下放给基层，对公益性岗位开发与管理、终止解除劳动关系合同、就业失业登记证确认发放等“含金量”高的权力直接下放基层，实现权力在阳光下运行的总要求，并编撰出版《阳光人社——权力清单制度》，“阳光人社”基本框架已经建立。规范党委会、局长办公会、局务会等会议制度，民主集中制得到落实。通过局长办公会，对工亡认定、外县(区)老工伤费用下拨、劳动保障监察重大行政处罚等事项进行集体讨论并做出决定，实现人社系统的“阳光决策”。清理行政审批和管理服务事项。将外国人就业许可、人力资源服务许可、外国专家工作许可及专家证审批等3项审批及企业职工退休审批等5项管理服务在政务大厅集中办理。开设“12333专家座席”，局长接待日活动更重实效。2015年，“12333”公开电话平均满意度94%，回答各类咨询服务电话13711件，承办“12345”市长公开电话投诉3009件，反馈率100%。

（杜　充）

外事工作

【全市对外经贸合作】 2015年审核、审批因公出访团组184个，其中工贸团组120个。增进与欧洲的经贸交流。省委常委、市委书记高广滨率长春市经贸代表团于7月赴匈牙利和塞尔维亚进行访问，就轨道客车、现代农业、住房建设、旅游、市政等诸多领域合作进行洽谈和项目对接。对推动长春市企业“走出去”，加强与欧洲的经贸交流，参与“一带一路”建设具有重要意义；组织长春市工业代表团赴德国、法国和荷兰开展经贸访问，参加德国汉诺威工业博览会，与欧洲工商会举办经贸交流洽谈会；与英中贸易协会合作，举办首届东北地区“英国精品购物节”。开展对俄经贸商务合作。组织长春市代表团出访俄罗斯，走访拉斯诺亚尔斯克等4个城市，举办15场商务活动，与克市政府及相关部门签署《全面开展经贸合作协议书》等文件，举办经贸合作项目推介会，就12个项目进行对接；举办第一届中俄青年项目合作融资对接会，中俄嘉宾近100人出席，举行中俄青年科技园项目揭牌仪式，两国相关企业还在金融、科技等领域签订3个合作协议。强化与韩日的经贸联系。

派工作组出访韩国蔚山市和日本仙台市等多个城市，加强政府间的交流，拜访韩日相关商会、农协和企业。由主管领导带队前往北京、大连等城市，拜访日中经济协会北京事务所、日本贸易振兴机构大连事务所等多个日本驻华商务机构，推介长春市农博会招展项目和保税区项目；邀请韩国城南市政府率企业代表团来长访问，举办投资说明会和企业对接会。推动与美大地区的经贸往来。会同省金融办组织举办外资银行“吉林行”活动，邀请美国、英国、加拿大等8个国家和地区的21家外资银行到长考察，吸引更多外资银行入驻长春市。密切与东南亚地区的经贸合作。接待泰国曼谷市长率团访长，商谈谷市轨道交通合作项目。开展农博会国际展厅的招展工作。利用接待和出访平台，推荐长春市农博会，通完成229个国际展位的招展工作。

【外事管理和服务】 2015年审核、审批全市因公出访团组184个，613人次。其中，党政人员241人次，事业人员150人次，企业人员222人次；配合因公出访财政先行审核制度的实施，召开2016年度全市因公出访计划和预算申报情况说明会。为全市市民和相关企业办理领事认证41141份；加大APEC商务旅行卡的推广力度，为19户企业的42人递交办卡申请。自此项业务开展以来，为全市67户企业的172人申办APEC卡。做好涉外领事和管理工作。成功处置5起涉及长春市市民的海外领保案件，有效保护长春市市民在国(境)外的合法权益；妥善处置日本遗弃化学武器案件，处置疑似日本遗弃化学武器案件13起，发现疑似日遗化武器43枚，均得到妥善处理。

【对外交流活动】 组织市民代表团赴加拿大、美国开展民间友好交流活动，这是长春市第12次组织市民走进国外友城活动，得到国家友协的充分肯定和评价。举办第五届国际友城半程马拉松邀请赛。来自13个国家15个国际友好城市的60名外国运动员、国内25个城市的700余名运动员及长春市的长跑爱好者2000余人参加比赛。组织长春市中医医疗队赴境外开展义诊。参加国侨办“文化中国·中华医学”中医义诊代表团，赴加拿大、巴拿马和苏里南的义诊活动。走访上述国家的4个城市，义诊人数近800人。举办“2015年吉林长春普安山寨第五届日本民间文化节”。日本驻长企业人员、日本留学生以及吉林动画学院、等多所大专院校日语系学生计300余人参加此次活动。筹办第四届国际陶艺作品邀请展。收到来自39个国家92位陶艺家的815件作品，建立“世界陶艺家作品资料库”。邀请长春市友城澳大利亚瓦南布尔市政府代表团到长访问，举办“瓦南布尔”号公交车命名仪式；举办“中日交流之窗”二期开启仪式；组派长春市代表团分别参加在美国小石城和日本仙台市举办的国际马拉松赛及日本金畸町建町

60周年庆典活动；举办长春——蔚山国际友城网球邀请赛；以中俄青年友好交流年为契机，开展中俄青年文化交流活动。

【外语网站服务功能】 做好英日俄韩和外事中文网的建设和维护工作。4个外文语种网站发布各类动态信息3200条、110万字，外事中文网发布各类信息1500余条、140万字。利用新媒体技术，开发建设“长春外事微信公众平台”，及时传递长春市经贸、旅游、民生等各类信息，快速回应公众关切的问题。开发建设“第十四届农博会”“第五届国际友好城市半程马拉松邀请赛”等4个热点题栏目，起到宣传作用。编制《外国人在长春》图册，提供长春市旅游资源、生活资讯和公共交通等10余类信息，扩大长春市对外宣传，为在长外国人提供便捷服务。

（朱东来）

侨务工作

【概况】 举办“第二十一期华人华侨专业人士回国创业研习班”。本期研习班以“吸引海外精英人才，推动产业发展合作”为主题，邀请到来自美国、英国、日本和中国台湾等17个国家和地区的55名华侨华人专业人士，涉及技术合作项目60多个。市外办组织海外代表考察高新和净月2个开发区，举办净月科技人才说明会暨项目对接会，参观旭阳集团等4家上市企业。海外代表与长春市60户企业代表进行项目洽谈和对接，初步达成合作项目8个。

【涉侨工作】 帮助长期患病、丧失劳动能力、房屋回迁、子女升学困难的贫困归侨侨眷解决临时性、突发性的生活问题，争取省侨办扶贫经费3万余元，对123户重点贫困归侨、侨眷开展生活救济，发放侨务扶贫资金8万余元，对贫困归侨家庭学生给予助学资助。解决侨务信访问题，全年接待侨务信访10余件（次），协调相关部门予以解决。开展长春市“三侨”考生和归侨、侨眷的身份认定工作，认定16名“三侨”考生，审核确认10名归侨、侨眷身份，全部上网进行公示。

（朱东来）

地方志编纂

【长春市方志馆建设】 2015年，市政府继续将该项目列入《政府工作报告》。完成基本建设立项、可研、环评、地勘和房屋安全鉴定等手续；以及文物建设抢险加固修缮工程立项、抢险加固修缮工程方案、安防立项及消防立项的编制和审批。国家文物局已批准吉长道尹公署旧址维修方案，拨付维修资金1812万元，保护规划资金38万元。聘请省内知名专家起草《长春市方志馆（道台衙门博物馆）基本陈列内容深化设计文本》。邀请东北师范大学历史系教授曲晓范和吉林大学历史系教授赵英兰进行修改完善，按照布展大纲设计要求，市地方志会同润德集团召集维修、展览、安防和消防等设计单位，召开方志馆功能分区协调会，对建筑功能进行细化设计，使之更加符合使用要求。聘请省文物保护研究所开展考古工作，发现三堂文物遗址基础，编制《吉长道尹公署旧址三堂遗迹清理发掘结项报告》。制定馆藏志鉴、史料和文物征集方案。现在已经征集到期刊52种400册，报纸25种396份。与鼎丰真等长春市老字号企业进行沟通和协商，捐赠一些馆藏文物和老的物件儿。

【提升志鉴编纂质量】 为保证二轮志质量，按省方志委终审意见对《长春市志》4卷本做进一步修改，审改、整理稿件400余万字。编纂《长春年鉴》。年初，委领导带头研究制定年鉴编纂大纲，在保持原有风格的基础上，进行局部微调，充实“附录”内容，其中包含全市统计公报、政策法规和主流媒体看长春等内容，使《长春年鉴（2015）》更具地方特点和年度工作特色。在2015年国家出版协会年鉴工作委员会组织的地方综合年鉴评比中，《长春年鉴》（2013卷）获装帧设计1等奖，框架设计2等奖，条目编写3等奖。在10月吉林省地方志编委会组织的全省志书、年鉴类成果评估中，《长春年鉴》（2014卷）获优秀第1名。指导《双阳区志（1989—2000）》出版前修改定稿工作，于11月份正式出版发行；完成《二道区志（1989—2000）》志稿80万字的终审工作，召开终审会。至此，二轮修志城区志全部通过终审。对《农安县志（1988—2000）》编纂进行指导和修改，并向省上报农安县志初、复审意见表和保密承诺书。对《朝阳年鉴》《高新年鉴》进行终审。指导朝阳区、南关区和双阳区启动三轮修志的资料长编编纂工作，以及德惠市建立地方志地情资料室并通过省方志委

省委常委、市委书记高广滨会见正大集团总裁谢吉人　　（朱东来　提供）

召开二道区志终审会　（崔玉恺　提供）

验收。

【地情资源开发利用】 强化地情活页资政作用。对《长春地情活页》内容做相应调整，新增“民族民俗”和“资政建言”2个栏目，减掉大事记栏目。为纪念中国人民抗日战争暨世界反法西斯战争胜利70周年，专门编辑出版《长春地情活页》特刊2期。编辑纪念抗战胜利书籍。为纪念抗战胜利70周年，编辑《伟大的胜利》一书，全书分5部分：日本军国主义的产生及扩张；中国局部抗日战争；中国抗日战争全面爆发；日本无条件投降及审判战犯；第二次世界大战简介。内容以历史事实、重大事件、重要战役、英雄人物、侵略者的罪行和应得下场为主线，侧重东北人民抗日斗争的历史，挖掘日本军国主义侵略中国的历史根源和罪恶事实，以及中国人民不屈不挠、英勇斗争的历史过程，全书近22万字。长春地情网建设。截至11月末，更新地情网动态信息240余条；扫描、数字化志书、地情书16部，230余万字。为修志部门及读者提供资料查借阅服务。建立严格的资料查借阅制度，为机关部门、修志单位、新闻媒体和个体读者提供志书资料查借阅服务，接待查阅60余人次，查阅资料400余本(次)。与15个副省级城市交换志鉴40余本。

【机关作风建设】 遵守中央八项规定、《廉政准则》和《纪律处分条例》等规定，牢固树立“一把手”第一责任人意识，强化“两手抓”和“一岗双责”意识。在重要事项的决策上，坚持民主集中制原则，重大问题党组会集体研究决定。落实“三会一课”制度召开会议11次。

（崔玉恺）

接待服务工作

【概况】 2015年，长春市接待各类团组154批次，1521人次。其中，接待中共中央总书记、国家主席、中央军委主席习近平；原中共中央总书记、国家主席、中央军委主席胡锦涛；中共中央政治局常委、国务院总理李克强；中共中央政治局原常委、全国政协原主席贾庆林；中共中央政治局原常委、中央纪委原书记吴官正；中共中央政治局委员、国务院副总理汪洋；全国人大常委会原副委员长顾秀莲；全国政协原副主席王忠禹；全国人大常委会原副委员长周铁农；全国人大常委会副委员长陈昌智；全国人大常委会副委员长万鄂湘；全国人大常委会副委员长、农工党中央主席陈竺等党和国家领导人12位，省部级领导96位、司局级212位。完成市委39个团组、市人大38个团组、市政府36个团组、市政协34个团组、市纪委4个团组的接待任务。接待经贸考察团10个。完成领导交办的团组5个。完成国务院第8督查组到长督查的接待工作。参与完成“2015中国长春冰雪旅游节暨净月潭瓦萨国际滑雪节”“千人计划”专家长春行、“第十四届中国长春国际农业·食品博览(交易)会”“第十届东北亚博览会”“第九届中国中小企业节”等大型会展活动。

【制度建设】 2015年，接待办坚持以“规范、创新、提高”这个永恒主题，严格执行“八项规定”“六项禁令”、《党政机关厉行节约反对浪费条例》《党政机关国内公务接待管理规定》吉林省《党政机关公务接待管理办法》《长春市公务接待管理规定实施细则》等一系列规定，转变思维方式、转变接待方式；强化改革意识、强化制度建设；加强学习提高素质、加强管理严格纪律。探索新常态下接待工作新变化，努力实践新常态下接待工作新举措，自觉将公务接待工作纳入规定条例的轨道中，使接待工作规范、有序进行。在贯彻落实“三严三实”专题教育活动中，把改进和提升接待工作水平贯穿到“三严三实”专题教育的各个环节，加强党员干部组织建设和思想建设，工作作风显著提高。

（刘丽芳）

重点工作

【全体会议】 2016年2月25日至29日，市政协十二届四次会议召开。省委常委、市委书记王君正出席开幕会并发表重要讲话。会议审议批准市政协主席崔杰代表政协长春市第十二届委员会常务委员会所作的工作报告和市政协副主席张晓华所作的提案工作情况报告。会议协商讨论《政府工作报告》和《长春市国民经济和社会发展第十三个五年规划纲要（草案）》《关于长春市2015年国民经济和社会发展计划执行情况与2016年国民经济和社会发展计划（草案）的报告》《关于长春市2015年预算执行情况和2016年预算草案的报告》《长春市中级人民法院工作报告》《长春市人民检察院工作报告》。会议期间举行大会发言和主题为“大众创业、万众创新”的委员论坛。会议同意张晓华辞去政协长春市第十二届委员会副主席职务，唐晓明辞去政协长春市第十二届委员会秘书长职务；补选何泉秀为政协长春市第十二届委员会副主席，蔡延斌为政协长春市第十二届委员会秘书长，王庆军、许文才、李娟娟、吴威、宋亚坤、郑秀梅、常新、雷紫为政协长春市第十二届委员会常务委员会委员。市政协主席崔杰主持闭幕会并讲话。

【常委会议】 2015年，召开5次常委会议。1月14日，召开市政协十二届十一次常委会议，听取关于政协长春市第十二届委员会增补常务委员候选人建议人选情况的说明，协商提出增补常务委员候选人建议名单；协商通过政协长春市第十二届委员会第三次会议选举办法（草案），政协长春市第十二届委员会第三次会议总监票人、副总监票人、监票人建议名单；审议政协长春市第十二届委员会第三次会议决议（草案）。1月15日，召开市政协十二届十二次常委会议，听取市政协十二届三次会议期间分组讨论情况的综合汇报。3月26日，召开市政协十二届十三次常委会议，学习传达习近平总书记在参加吉林代表团审议时的重要讲话精神和全国政协十二届三次会议精神；邀请市民委、市房地局、市农委、市残联通报相关工作情况；听取关于拟调整政协长春市第十二届委员会委员情况的说明，审议通过政协长春市第十二届委员会委员调整名单。7月21日，召开市政协十二届十四次常委会议，邀请市委常委、常务副市长肖万民通报上半年全市经济社会运行情况，听取市园林局、市林业局、市安监局、市法制办、市国资委相关工作情况通报（书面）；6位常委、委员作专题发言，围绕编制好长春市“十三五”规划建言献策。9月25日，召开市政协十二届十五次常委会议，围绕建设幸福长春建言献策。

7月21日，市政协召开十二届十四次常委会议，围绕编制长春市“十三五”规划建言献策。
（张泗国　提供）

【协商议政】 以为制定"十三五"规划建言献策、为建设幸福长春建言献策为议题,召开2次专题常委会议;以加强公共法律服务体系建设、发展城市公共交通、完善全民健身公共服务体系为议题,召开3次专题议政会;以公共文化场馆建设及使用、加快推进肉牛产业发展为议题,召开2次调研成果通报会;开展促进民营企业传承发展、2015年长春市经济形势分析和2016年发展趋势预测、长春警示性文化遗产保护和利用、长春市城市人口变化趋势专题调研。开展11项重点调研和21项调研视察,形成83份调研报告和专题发言;提交建议案3件,立案并交办提案260件,征集社情民意信息178条;委员参加调研视察等履职活动1000余人次。

【提案工作】 开展领办督办,提升提案办理层次,市委、市政府领导领办12件,市政协主席会议成员督办10件。市政协常委会议对提案承办部门办理工作进行民主评议,评选表彰优秀提案和先进提案承办单位,并在市政协全体会议上进行表彰奖励。加强与全国政协及其他省市政协提案工作的交流互鉴,加强与各县(市)区政协在提案工作方面联系指导,提高提案工作科学化水平。做好提案宣传工作,改进宣传形式,通过报纸、电台、电视台和网络等媒体,扩大提案工作社会影响。

【文史研究】 启动以驻长大厂大学和科研院所等14个单位为重点的第3批建国初期史料征集工作,推进第2批征集史料的整理和第1批征集史料的编辑出版工作,《公安工作文史资料专辑》《业余作者之家》《建国初期长春外五县文史资料专辑》等10部文史资料即将出版发行。出版《往事》5期,刊发100余篇文章,收录近50万字史料。为纪念中国人民抗日战争暨世界反法西斯战争胜利70周年,与市档案局合作编辑出版《"九·一九"长春抗战史料辑录》,并采辑大量"三亲"文章和口述史料,编印了10余万字的《往事》专刊。为全国政协编辑出版《中国抗战编年纪事——亲历者说》系列丛书提供400余万字史料。组成专题调研组,对伪满时期"建国神庙"等6处旧址进行调查,与相关单位反复沟通协商,就加强修缮保护和管理、定期对外开放、开展专项评估论证、申报国家重点文物保护单位等形成共识,向市委报送意见建议。组织委员专家对左家山新石器遗址、伊通河流域古生物化石的保护发掘利用跟踪视察,提出做好左家山考古发掘研究、开展伊通河考古调查、筹建古人类和古生物化石博物馆、加大长春历史文化宣传推介和整合资源等建议。开展长春市荣誉市民李松山先生和韩蓉女士回忆录编撰工作,整理收集大量文字、实物和影像资料。

【立法协商】 组织市政协立法协商顾问组成员和专家学者40余人次,就《长春市生活居住建筑日照管理办法(草案)》《长春市净月潭国家级风景名胜区保护条例(草案)》《长春市水土保持条例(修订草案)》《长春市地下空间开发利用管理条例(草案)》进行立法协商,提出意见建议100余条。

【创新履职】 制定实施《关于制定长春市政协年度协商工作计划的办法》,对协商议题和协商形式的确定、协商计划的组织实施和保障机制等作出制度化安排。经市委常委会议研究确定的11项协商议题按计划全部高质量完成,通过建议案、提案和专题报告等方式向市委、市政府报送协商议政成果。结合协商议题制作播出10期、200分钟的"政协论坛"电视专题片,创办并播出7期"政协论坛"专题广播节目,宣传协商成果,促进社会共识。重视发挥委员活动小组作用,主席会议成员参加小组活动,促进小组活动与专委会工作、界别优势与年度协商议题有机结合,有11个小组在常委会议上发言,提交小组提案13件,开展协商座谈、调研视察、咨询帮扶等活动50余次,丰富委员履职形式,拓宽发挥主体作用渠道。坚持和完善协商议题跟踪视察机制,对2014年完成的创建国家食品安全城市、对外直接投资、城市生活垃圾管理、城市户籍管理、职业病防治等协商议题进行跟踪视察,促进协商议政成果落实。争取,周密组织,完成10个班次、百名委员、委员活动小组负责人和新增补委员的学习培训计划。坚持政情通报制度,编发《长春政协通报(电子版)》12期、15万字,为委员知情明政创造条件。推进"三严三实"专题教育,强化遵章、守纪、讲规矩意识,巩固团结合作、重行务实作风。

【团结合作】 隆重纪念市政协成立65周年,编撰出版《长春市政协领导人传略(1950-1959)》和《长春市政协委员名录(1950-2015)》,举办图片展,开展"我和政协"征文活动,回顾市政协65年与时代同行、与城市共进的光辉历程,激励委员和各界人士继承发扬人民政协的优良传统,坚定理想信念,以改革创新精神共同续写人民政协事业新篇章。密切与各民主党派、工商联和有关团体的联系,及时沟通情况、通报工作、加强互动,在调研视察中开展合作,在协商议政活动中安排以党派和界别名义发言,在提案工作中发挥党派团体提案的优势,在反映社情民意信息工作中畅通渠道,各党派团体在政协发表意见的权利得到切实保障、作用得到充分体现。密切与全国政协、省政协和各地政协的联系协作,参加工作交流和理论研讨活动17次,协作开展调研视察42次。加强对县(市)区政协的联系指导,在工作交流、委员和机关干部学习培训、新闻宣传等方面提供支持。

(张泗国)

重点工作

【纪委全会】 2015年2月4日，中共长春市第十二届纪律检查委员会召开第五次全体会议。学习贯彻习近平总书记系列重要讲话精神，贯彻落实十八届中央纪委五次全会、省纪委十届四次全会和市委十二届六次全会部署，回顾总结2014年全市党风廉政建设和反腐败工作，部署2015年任务。省委常委、市委书记高广滨讲话，对贯彻落实中央纪委、省纪委全会精神及全市党风廉政建设和反腐败工作任务提出要求。市委常委、市纪委书记王长久代表市纪委常委会作题为《落实从严治党依规治党要求，坚定不移推进党风廉政建设和反腐败斗争》的工作报告。

【体制改革】 健全下级纪委向上级纪委报告工作制度。县（市）区纪委要及时报告所辖区域、部门发生党员干部尤其是领导干部出逃、非正常死亡、群体性事件和重要涉腐舆情。制定出台长春市县（市）区纪委书记、副书记提名考察具体办法。推进县（市）区纪委内设机构改革，执纪监督力量大幅增强。探索完善派驻机构模式，调整直属纪工委监察分局职能，实现对所有市直部门和中省直驻长单位监督全覆盖。

【案件查处】 2015年，全市纪检监察机关受理信访举报6924件（次），比2014年上升55.4%。立案1440件，增长40.9%。其中，市纪委立案83件，增长80.4%；查办市管领导干部12人，增长100%；查办处级干部79人，增长163.3%；查办乡科级干部214件，增长118.4%；结案1401件，增长40.9%；给予党政纪处分1444人，增长32.8%；涉嫌犯罪移送司法机关处理61人，增长27.1%。

【党风政风监督】 推动“两个责任”落实。起草《长春市委落实党风廉政建设主体责任实施办法》。组织做好省责任制检查考核迎检相关工作，协调推动省检查组反馈问题整改落实。组织对10个县（市）区、5个市直部门进行责任制检查考核，发现问题线索71个，立案7件，给予党政纪处分8人，整改问题49个。组织市交通局、市民政局、市房地局等8个单位主要负责人在市纪委全会述责述廉，并接受质询和测评。组织开展以强化“两个责任”为主要内容的约谈工作，市纪委常委分别与县（市）区、开发区，市直、驻长中省直部门，市属国企、高校党委（党组）书记和纪委书记（纪检组长）182人约谈，逐级传导压力，强化责任落实。对市质监局等落实“两个责任”不力的党委、纪委及有关领导予以责任追究，市委集中通报11起责任追究典型案件。开展纠正“四风”监督检查。抓住元旦春节、清明五一、中秋国庆等重要节日和时间节点，组织开展4个批次专项监督检查，查处问题80多个，给予党纪处分15人，批评教育、诫勉谈话18人。

组织开展清理滥发津贴补贴、机关食堂违规违纪、购买商业预付卡和虚假发票入账、违规使用公务用车4个专项行动，全市发现和查处176个问题，给予党政纪处分25人，落实整改问题132个。对县（市）区、开发区奖金津贴补贴发放情况调研检查，下发纪律检查建议书12件，督促整改问题15个，完善规范奖金津贴补贴发放管理制度措施。发挥纪工委监察分局优势，对分工部门68个所属单位开展纠正“四风”监督检查，发现问题257个，给予党政纪处分6人，督促整改154个。对41起违反中央八项规定的“四风”典型案件和发生在群众身边的腐败问题予以通报曝光。

集中整治发生在群众身边的“四风”和腐败问题。对全市21个窗口服务单位、4个市直部门、3家市级重点医院，以及9个大型商场、加油站和公路收费站（点）开展明察暗访，重点查处发生在群众身边的生冷硬推、吃拿卡要、与民争利、欺压百姓等“四风”和腐败问题，以及窗口行业和领域违规收费和收红包、购物卡等突出问题，发现29个问题线索，认真调查处理。办理省纪委交办督办的34个问题线索，立案18件，给予党政纪处分13人。做好党风政风类问题线索处置工作。对省纪委交办、转办和党风政风监督室、党风政风监督举报中心受理的215个问题线索分类处置，快查快结，从严查处。对省责任制检查考核和春节前突击检查发现的19个问题线索进行调

吉林大路绿化　　（刘巍巍　提供）

查核实。

【廉政教育】 开展党风廉政宣传工作。加强对《习近平关于党风廉政建设和反腐败斗争论述摘编》和《中国共产党廉洁自律准则》《中国共产党纪律处分条例》的学习宣传，在《长春日报》开设“学习贯彻《准则》和《条例》”专版。对市纪委十二届五次全会精神进行宣传，在市纪委监察局网站和《纪检监察工作》开设“贯彻落实全会精神”专栏。在中央和省市级媒体刊发各类稿件860余篇，其中市纪委撰写72篇。加强宣传队伍建设，重新组建了150人的通讯员队伍。开展党风廉政教育工作。加强正反典型教育，对勤廉示范集体、勤廉示范岗位和勤廉优秀党员干部先进事迹进行宣传。

开展“以案明纪”警示教育，强化党员干部守纪律讲规矩的自觉意识。运用违纪违法案件开展警示教育，全程介入重点案件查办工作，编写拍摄警示教育片文字脚本。对15起“小官大贪”典型案件进行深入剖析。

组织开展“学党章、守纪律、讲规距”教育活动，强化党员干部纪律观念和党的意识。全年组织廉政教育专题课58次，各级党政主要负责同志讲廉政党课1658次，专家学者专题辅导、讲座1460次。推进廉政文化建设。组织开展廉政文化精品创作活动，举办“清风倡廉——廉政书画获奖作品展”，开展传唱廉政歌曲、演讲比赛、廉政书画展等活动，营造崇廉尚洁良好氛围。加强网络舆情信息工作。

加大网上涉腐舆情信息监控力度，编发《全市热点网络舆情信息快报》15期。全年向中央纪委和省纪委报送网络舆情信息4800余条，被中央纪委宣传部评为2015年度全国党风廉政建设和反腐败网络舆情和评论工作先进集体。加强舆情信息员和网络评论员的队伍建设，组建160余人的市直、县(市)区、乡镇街道三级信息员和评论员队伍。

【制度建设】 加强法规制度建设。清理反腐倡廉法规制度，废止2000年以来市纪委、监察局发布的16件法规制度、修改4件。对14件政府法规、规章和规范性文件进行制度廉洁性审查评估，配合修订行政问责办法。对《关于实行市直机关主要领导“五个不直接分管”的暂行办法》等制度执行情况进行监督检查。推进治腐工作。探索对行贿违法企业的惩戒办法，起草《加强综合惩戒企业行贿行为工作的指导意见》和《长春市联合惩戒企业行贿行为的暂行办法》。推进部分国有投资建设项目招投标办法创新，推动《长春市部分国有资金投资工程项目采用随机方式定标的实施办法》出台。开展依法治市工作。配合依法治市办公室起草《长春市全面推进依法治市实施规划(2015—2020)》部分内容，制定市纪委监察局依法治市工作实施方案。配合省纪委做好专项调研，参与起草《关于开展国家工作人员收受礼金问题调研报告》。

【干部监督】 2015年，全市纪检监察系统查处纪检监察干部违纪案件10件，给予党政纪处分6人。市本级受理纪检监察干部信访举报33件，其中，电话举报2件，省纪委干部监督室转办6件，市纪委信访室转来25件。初核案件线索26件，其中立案1件，转办4件，督办1件；给予党纪处分1人，诫勉谈话1人，提醒谈话3人。

【调查研究】 开展理论研究。撰写《新常态下全面推进纪检监察工作的实践与思考》《加强党的纪律建设　完善党内监督机制》《关于廉政账户运行管理情况的报告》等10篇调研文章。其中，《多点突破依法治腐》《善于借势、借威、借力》《筑牢“三线”防微杜渐》等8篇文章在《中国纪检监察报》《吉林日报》《浪淘沙》刊发；《新常态下全面推进纪检监察工作的实践与思考》《关于新常态下深入推进作风建设的调研材料》《关于全市纪检监察机关“三转”的调研报告》等3篇调研文章分别获得全市优秀调研成果1等奖、3等奖、优秀奖。反腐倡廉重点课题研究。在吉林大学廉政教育中心、长春市科技局申报《当前作风建设存在问题与对策研究》《把纪律和规矩挺在法律前面问题研究》《党风廉政建设“两个责任”问责问题研究》等廉政研究项目4项。

（刘巍巍）

民主党派

中国国民党革命委员会长春市委员会

【概况】 民革长春市委员会参加中共长春市委、省、市政协组织各种协商座谈会、征求意见会、专题议政会及调研、视察等各类活动11次，就“十三五”规划、贯彻落实中央统战工作会议精神、民主党派参与地方立法协商等事关长春市经济社会发展重大方针、政策和重要事务发表意见，提出建议，拓宽民革组织参政议政空间，体现参政党社会价值，受到长春市委、市政府领导肯定。

【参政议政】 贯彻落实民革中央“以全党之力抓好参政议政”要求，指导各基层组织和各专委会开展议政调研课题28项，《关于在新型城镇化过程中加强粮食产后安全的建议》在吉林省政协全会作大会发言，《关于完善产业发展环境，大力发展智慧产业，推动中部创新转型核心区建设的建议》和《大力推进长春市城市出入口景观环境整治的建议》在长春市政协全会上作大会发言。《关于破解机制性障碍，促进教师队伍良性循环发展的建议》获长春市优秀调研成果评比优秀奖，《关于建设“智慧长春”的建议》获民革中央参政议政成果3等奖。

【提案和社情民意】 在实施《精品提案“三个一”工程》活动中，民革党员中政协委员和人大代表，在长春市“两会”期间上报团体提案3件，均得到有关部门答复。参与长春市政协《关于开展向“十三五”规划建言献策活动》获优秀组织奖，整理上报社情民意41篇，长春电视台《委员论坛》作了专访。2015年长春市、区两级民革组织和党员撰写、报送提案103件，党员郭东波等撰写《关于在长春市乡镇中小学开展足球运动的建议》和《关于加强中小学生创新能力培养的建议》等9份提案，在长春市政协全会或专题议政会做交流发言。

【创立品牌】 成立“CCMG志愿者联盟”，开展百年自强“同心行”“爱心家园”基金、“保护女童公益课堂”“让音乐点亮学生们心灯”品牌活动，其中，由民革南关区委员会党员、长春心理志愿者协会会长张振环发起的“保护女童公益课堂”活动得到国家民政部、省民政厅充分肯定，获首届吉林省青少年事务社会工作公益项目大赛2等奖；由民革南关区委员会、东北师范大学委员会和吉林大学第一支部联合开展的“百年自强同心行”系列帮扶活动，已举行6次捐助活动，捐赠教学用具、教学软件、学习用品等400万元；在南关区自强小学建校100周年庆祝仪式上，发布《185计划倡议书》号召每位民革党员、爱心人士捐献185元，帮助社会弱势群体。在民革吉林省委会2015年度工作会议上，“百年自强同心行”“用音乐点亮心灯”等5项活动被评

自强小学建校100周年纪念活动 （沙 晶 提供）

为优秀品牌活动。民革朝阳区委员会等10个基层组织获得先进集体，姜延彤、吴岩、王影辉等15人被评为先进个人；曹弘扬被评为“吉林省十大标兵志愿者”。

【队伍建设】 2015年发展新党员72名。其中，博士研究生6名，硕士研究生23名，高级职称16名，中级职称16名。新党员中有2名党员为吉林省聘任的长白山学者，1位是中组部“青年千人”计划人才。组织124名基层组织负责人、机关干部参加省委会举办参政议政工作、宣传工作、祖统工作培训班；选派8名骨干党员到中央社会主义学院学习；举办第25期新党员暨第3期联系人士培训班。6名后备干部挂职锻炼的单位党委，了解现实表现，为培养使用打好基础。

【基层组织建设】 民革长春市委会班子届中调整，增补1名副主委、4名常委和5名委员。民革南关区委员会、长春市中心医院、长春师范大学等9个基层组织完成换届工作。根据党员配置数量要求，民革中车集团长春轨道客车股份有限公司支部成立。

【社会宣传】 策划纪念抗战胜利70周年、北方十城市旅游摄影展、“百年自强同心行”“十佳民革好人”评比等系列主题宣传活动，编报稿件被《团结报》、民革中央网站、《地方情况反映》等中央级媒体采用60篇次，被《吉林日报》《协商新报》《统战纵横》等省级媒体刊物采用52篇次，被《长春日报》、长春电视台、长春人民广播电台、长春统一战线网站、《长春统战》等市级媒体采用68篇次，编辑《2015年民革长春市委会工作掠影》《北方十城市旅游摄影展》等专辑。民革长春市委会机关刘莎莎被评为民革中央全国宣传思想理论工作先进个人。利用电视台、广播电台、党报党刊等传统主流媒体，建立长春民革微信公众平台，通过新媒体及时发布统一战线方针政策、工作动态消息、经验做法、人物事迹等，使宣传工作覆盖面更广，涉及面更宽，影响力更强。从8月份建立微信公众平台以来，5个月间关注人数200余人，推送各类工作动态消息、党派知识等近40条，平均每个月7条。纪念中国人民抗日战争暨世界反法西斯战争胜利70周年，长春市、区两级民革组织走访慰问抗战老兵，开展关爱活动，举办《阋墙御侮——纪念中国人民抗日战争暨世界反法西斯战争胜利70周年图片展》，以不同时期历史照片和资料再现长春地区抗战真实画面，反映抗战老兵为促进祖国和平统一所做出的贡献，展览同时在长春市政府、东北师范大学展出。在纪念民革党员罗真浩诞辰100周年暨关爱抗战老兵座谈会上，罗真浩女儿、民革党员罗翠云和罗真浩生前战友讲述罗真浩为国家民族解放奋战沙场、为祖国和平统一呕心沥血生平事迹。与民革吉林省委会联合举办当前台湾形势和对台工作报告会，邀请民革中央副主席郑建邦做海峡两岸形势专题报告。推动两岸民间文化、教育交流互访，与台湾台中教育大学音乐系开展教学项目合作交流。

（沙　晶）

中国民主同盟长春市委员会

【概况】 截至2015年年底，中国民主同盟长春市委员会(以下简称市民盟)有基层组织40个。其中，盟委28个，直属支部12个，盟员总数2885人，平均年龄52.5岁，高中级职称2363人，担任市级以上人大代表18人，市级以上政协委员46人。

【自身建设】 市民盟研究制定《基层组织换届工作方案》，印发《关于做好基层组织换届工作的意见》，指导基层换届工作。截至年底，在需要换届的38个基层组织中，有36个基层组织完成换届。其中，新任基层组织主委24名。全年审批新盟员180人，其中，男盟员110人，女盟员70人，具有“双高”(高职称、高学历)盟员60人。向省民盟和市委统战部推荐民盟市级领导班子后备干部12人，向市委统战部补充推荐盟内代表人物98人，向市党外知识分子联谊会及各分会推荐有关方面代表人士5人，向省民盟推荐参政议政、统战理论研究等方面的骨干5人。组织基层组织负责人和骨干盟员参加全省民盟政治理论研修班40人，参加市委统战部在中央社会主义学院举办的民主党派骨干成员培训班14人。按照盟省委《关于开展坚持和发展中国特色社会主义学习实践活动方案》的要求，制定活动《实施意见》。通过改版《长春盟讯》刊物和长春民盟网站，

8月9日，长春市民盟举办民盟东北副省级城市纪念抗日战争胜利70周年书画巡展长春站展出

（张　宇　提供）

宣传习近平总书记系列重要讲话精神、全国及省、市“两会”精神、中央统战工作会议精神;通过图片、影像资料宣传长春民盟,报道盟员的典型事迹,激发长春市盟员的自豪感和责任感,增强广大盟员的政党意识和坚持走中国特色社会主义道路的自觉性。与市委统战部号召开展的“服务‘四个全面助力长春发展’创新实践活动”相结合。在长春市民盟倡议举办的东北副省级城市纪念抗日战争胜利70周年书画巡展中,市民盟征集书画作品100余幅,其中30幅入选作品代表长春民盟在各市巡展,举办书画巡展。市民盟为加强对盟员的引导和教育,开展“周末大讲堂”活动,举办六期,吸引近千人次盟员参加。开展“做魅力女人、创和谐家庭”纪念“三·八国际劳动妇女节”。结合市民盟机关工作实际,重新修订和完善机关各项规章制度,印发新的民盟长春市委《机关规章制度汇编》。在机关开展“学理论、讲业务、比能力”活动,通过组织学习和参加基层组织活动,强化机关建设。结合形势,开展以“反对自由主义”为主题的学习教育活动,取得良好效果。

【参政议政】 市民盟针对十三五规划期间长春市重点工作安排及经济、社会热点、难点问题,编制《2015年度参政议政参考题目》,制定《参政议政小组工作要点》。全年征集各类建议60余份,报送省盟建议20份,报送市政协社情民意14份。其中《以融入一带一路为契机突出发展现代服务业》等4份建议拟作为市政协团体提案;《关于加大我市社区科普力度的建议》等16份建议拟作为市政协个人提案;《关于化解公办技工学校生存困境的几点建议》拟定为2015年长春市政协全会的大会发言。2015年还参加在哈尔滨市举办的副省级城市《生态文明伏尔加论坛》并进行相关议题的交流。市民盟领导班子切实加强参政议政能力建设,班子主要负责人和成员参加中共市委、市人大、市政协召开的协商会、议政会、季谈会、政情通报会、征求意见会等,认真提出意见建议。年内市民盟召开参政议政表彰会、举办参政议政骨干培训班。在基层组织全面建立参政议政小组,参政议政工作初步形成了良好的运行机制。2015年,市民盟被盟省委授予“提案工作先进集体”荣誉称号。

【社会服务】 市民盟与省民盟联合开展“善暖吉林——万水朝东心向党”文艺演出、三级盟委进社区活动;与市第十六中学开展“同心献智,助力高考”等活动。10余个基层组织在科技支农、科普宣传、助学支教、送医送药、捐资扶贫等方面开展社会服务活动,如吉林农大专家赴农安县进行农业技术推广,朝阳区盟委为社区捐赠图书,一汽和绿园区盟委走访慰问省孤儿学校等。

（张　宇）

中国民主建国会长春市委员会

【概况】 截至2015年底,中国民主建国会长春市委员会有基层组织122个(直属27个),其中,基层委员会13个,总支部33个(直属6个),支部76个(直属8个)。会员数1421人,具有高级职称的324人,占会员总数的22.8%,具有中级职称的544人,占会员总数38.2%,会员中担任各级人大代表、政协委员职务的有189人,占会员总数13.3%。

【议政调研】 2015年1月,长春市人大、市政协全会上,提交《关于加快发展新能源汽车产业的建议》等4份团体提案、28份委员提案以及多份人大议案、意见和建议。其中,《关于加快发展新能源汽车产业的建议》作为大会发言引起市委、市政府领导重视。在市政协十二届三次全会上,本会团体提案《关于促进蔬菜产业健康发展的建议》被评为2014年度市政协优秀提案并受到表彰和奖励。4名会员被评为长春市政协优秀委员,受到表彰和奖励。二季度,围绕长春市“十三五”规划的制定,组织开展“我为长春市‘十三五’规划献一策”活动。8名会员建议材料分别荣获“优秀组织奖”、1等奖1名、2等奖6名、3等奖1名,受到表彰和奖励。活动收集会员建议95份,向市政协报送81份建议,占市政协“十三五”规划建议总数617份的13.1%,占全市各民主党派报送建议总数321份的25.2%,保质保量地完成2015年为全市制定“十三五”规划建言献策工作任务。5月20日,民建中央调研部副部长郭群峰一行来到民建市委进行了参政议政工作调研。民建中央调研部副部长郭群峰对民建长春市委参政议政工作给以肯定。9月初,在民建中央召开的民建全国参政议政会议上,民建长春市委和1名会员被授予民建全国参政议政先进集体和先进个人荣誉称号。9月25日,市民建3名会员在长春市政协幸福长春专题议政会上发言。民建长春市委各专委会发挥职能作用,完成《关于确保我市供水安全的建议》等6项重点调研课题,形成相关建议材料,为市委会参加市委专题议政会和政协全会做好准备。报送社情民意270件,其中,报送省民建调研处141件,报送市委统战部专题议政平台16件,报送市政府信息处16件,报送市政协社情民意97件。市委会和机关干部荣获长春市政协2014年度反映社情民意工作先进单位和先进个人,受到表彰和奖励。

【社会服务】 2015年民建长春市委继续开展“三个百人”捐资助学活动,捐资18.6万元,捐助157名贫困学生。开展送科技下乡惠农服务活动,深入28个村为4500余名农民进行现代农业科技知识和农作物种植等多种专业技能培训。年初,民建长春市委和部分基层组织开展扶贫济困走访慰问活动,捐资26.4万元,帮扶慰问47户困难家庭和100余名福利院孤寡老人。2月15日,民建长春市委妇女委员会和企业家委员会组织骨干会员来到长春市经开区交警大队,开展“同心送温暖慰问一线执勤交警”活动,为一线执勤交警送去价值4万余元的慰问品。3月13日,法制委组织资深律师和司法工作者,为企业家会员解答企业维权相关问题。4月20日,财金委组织开展服务会员企业科技政策融资沙龙活动。4月18日和24日,民建长春市委和部分基层组织在长春净月潭国家森林公园和长春公园开展同心共植民建林活动,种植1年期和3年期树苗500余株。5月13日,民建长春市委继续举办2015年百企千岗招聘会。这次活动组织270多家民营企业参与,为长春市各类应聘人员提供4200多个就业岗位。

【思想建设】 开展坚持和发展中国特色社会主义学习实践活动。开展5次征文活动,收到稿件238篇。有的征文获得省政协奖励并被收录进《庆祝吉林省政协成立60周年征文集》。继2014年12月以来,民建长春市委在全市基层组织中开展坚持和发展中国特色社会主义学习实践活动成果巡回宣讲工作。2015年4季度以来,民建长春市委在全市基层组织中开展学习贯彻落实中共十八届五中全会和中央统战工作会议精神心得体会交流活动。2015年,民建长春市委网站上传稿件326篇。加强会刊编辑工作,实现传达上级精神、提供学习材料、交流工作经验、展示会员风采的办刊目标。全年国内各类宣传媒体刊发民建长春市委稿件443篇。5月21日,《人民日报》第7版以头条显著位置较大篇幅、图文并茂地报道市民建的工作业绩,实现宣传报道工作中一项"零"的突破。

【组织建设】 2015年,在民建长春市委按照方案进行基层组织换届工作,整个过程始终在民建长春市委监督委员会的全程监督和参与下进行,在机关各处室与基层组织的密切配合协助下完成换届工作。全年完成24个基层组织换届、升格工作。2015年是中国民主建国会成立70周年和民建吉林省委成立35周年。按照民建中央和民建省委的具体要求,民建长春市委通过自下而上的认真评选和民主推荐,完成评选、推荐和上报先进集体和优秀会员的工作。2个基层组织、2名会员被民建中央评为先进集体和优秀会员,14个基层组织、136名会员被民建吉林省委评为先进集体和优秀会员。全年发展会员66人,平均年龄37.2岁;其中,具有博士学位的5人,硕士学位的7人;具有高级职称的8人,中级职称的16人;高等教育界8人,非公经济界42人;区政协委员2人。四季度,举办新会员培训班,94名会员参加学习。按照民建上级组织的要求,民建长春市委完成了会员最新信息采集更新和新会员信息的微机输入工作。

(张洪禹)

中国民主促进会长春市委员会

【概况】 截至2015年底,中国民主促进会长春市委员会(以下简称市民进)有县(市)级委员会1个(榆树市委员会),基层委员会11个,101个支部委员会,8个专门委员会,会员人数1720人,其中,教育文化出版等主要界别会员1244人,占会员总数的72.3%;具有高中级职称的会员1490人,占会员总数的86.6%;大学以上学历1305人,占会员总数的75.9%。会员中省人大代表4人,市人大代表10人,区人大代表12人;全国政协委员1人,省政协委员14人,市政协委员21人,区政协委员87人。

【思想建设】 向全市基层组织下发"服务'四个全面',助力长春发展"主题实践活动方案。下发通知要求各基层组织和机关干部认真学习中共中央统战工作会议和《中国共产党统一战线工作条例(试行)》(下文简称《条例》)精神。参加民进全国副省级城市"学习中央统战工作会议精神,加强民主党派协商能力建设"专题研讨会,并以《民主党派如何在协商民主中发挥更大作用》为题发言。朝阳区委会等基层组织专门就学习会议精神举行培训座谈会;各基层组织负责人纷纷撰写心得体会谋划基层工作。市民进组织基层组织负责人学习《关于加强政党协商的实施意见》。向全市基层组织转发会中央学习贯彻中共十八届五中全会精神的通知,要求各基层组织根据自身实际情况学习贯彻。

【组织建设】 民进长春市第十一届委员会进行届中调整,增补2名常委、3名委员。有18个基层组织完成换届,成立金融法律支部。在骨干会员培训班,邀请中共长春市委统战部副部长张守刚传达中央统战工作会议精神,详细解读《条例》的内容和亮点。市民进利用多媒体对60余名新会员加强会章、会史及统一战线理论的教育。有45名会员参加民进吉林省委举办的新会员培训班及在江西省井冈山市举办的骨干会员培训班;推荐9名会员参加在中央社院举办的长春市民主党派骨干成员培训班。南关区委会、绿园区委会、九台支部等基层组织分别以提高会员参政党理论建设水平、如何做好新常态下的民主党派工作等为主题举办骨干会员培训班,参与人数近150人。市民进对9个基层组织及87名会员进行表彰。

【参政议政】 在政协长春市第十二届委员会第三次会议上,提交党派提案6篇,副主委禹平以《关于推进我市青少年国学素养教育的建议》为题做大会发言。开展为编制"十三五"规划建言献策有奖征文活动,收到意见建议76篇提交至市政协,其中5篇被评为优秀征文。市民进还在市委召开的就长春市"十三五"规划纲要向市级各民主党派、工商联负责人和无党派人士征求意见和建议的座谈会上,对长春市文化市场建设提出几点建议。向市人大提交的《关于尽快规范长春市户外电子显示屏设置管理,降低光污染的建议》,得到市长姜治莹批示。市民进提交的《关于解决逾期办理房屋产权证引发的房企与购房业主纠纷的建议》通过《政协信息专报》报送给市级主要领导。各基层组织负责人及参政议政骨干会员30余人参加市民进召开的参政议政工作研讨会,会上决定聘请10名会员为"议政专员",民进吉林省委副巡视员李卓做专题报告。下半年,就长春市政府专题议政会课题《关于提高长春市食品安全水平,促进产业发展的几点建议》进行调研,形成调研报告。市民进还专门组成调研小组,赴南京、扬州等地民进组织,就课题《发展完善文化消费市场,提

民进长春市委召开参政议政工作研讨会 （王 丹 提供）

升市民文化生活质量》进行实地调研。

【踏查长春活动】 “踏查长春”系列活动以“纪念中国人民抗日战争暨世界反法西斯战争胜利70周年”为主题组织4次踏查活动，足迹遍及南大营陈列馆、东北军保卫长春的古战场遗址等，召开5次相关座谈培训会，参与人数300人次。在踏查完颜娄室古墓遗址及召开座谈会的基础上，市民进集结踏查团队成员的意见、建议，形成《关于对金代完颜娄室古墓群就地修缮和保护的建议》，并报送至上级有关部门。8月，市民进在长春市和平大世界古玩城6楼举办“纪念中国人民抗日战争暨世界反法西斯战争胜利70周年”实物图片展。展览为期1周，展出图片200幅，实物百余件。

【社会服务】 市民进响应会中央为贵州省金沙县捐献图书号召，组织基层组织及广大会员筹集图书8000余册。省市民进联合在九台区春阳中心校开展支教捐书活动，捐赠800余册图书。开展“民进社区行”主题联合活动，要求各区级基层组织与所在区内一个社区成立帮扶对子，实行为期1年的定点服务帮扶，在朝阳区委会所联系社区南湖街道湖东社区举办启动仪式，并举办专家义诊、健康知识讲座及文化大讲堂等活动。春节来临之前，市民进及二道区委会为丰园老年公寓送去慰问品及慰问金。省市民进组织10名专家教授级会员联合开展赴双阳区齐家镇社会福利服务中心义诊活动，义诊近100人次，举办心脑血管保健讲座，并捐赠价值2000元的生活用品。长春民进开明书画院6位理事为二道区长青街道金橄榄社区居民书写春联、福字。书画院还举办茶艺、摄影、书法讲座活动。以庆祝建会70周年、民进吉林省委成立30周年为主题在长春图书馆举办第三届会员书画艺术展，展出会员书画、摄影作品近70幅，制作书画作品集。以书画院为基础，市民进于2015年底成立长春民进摄影协会，市民进连续4年联合长春市教育局等单位共同主办“长春市青少年硬笔书法现场书写大赛”。在民进社会服务工作研讨会上，会员以《民主党派社会服务工作浅析》为题做大会发言；市民进参加全国副省级城市民进组织社会服务工作专题研讨会并做专题发言。市民进及市直属基层委员会和兴支部荣获民进全国社会服务工作先进集体称号；3名会员荣获全国社会服务工作先进个人光荣称号。市民进以《搭平台，求创新，在新常态下探索社会服务工作新模式》为题在全国社会服务工作会议上做交流发言，获得与会人员好评。

（王 丹）

中国农工民主党长春市委员会

【概况】 中国农工民主党长春市委员会（以下简称市农工党）有基层组织25个，其中，基层工作委员会2个，总支委员会6个，支部19个。截至2015年底，全市党员总数1009人，平均年龄51.8岁。其中，医药卫生界557人，占党员总数55.2%；政府机关、司法机关、民主党派机关有61人，占党员总数6%；新的社会阶层人士107人，占党员总数10.6%。具有高级职称的有443人，占党员总数44%；具有中级职称的有362人，占党员总数35.9%。农工党党员中担任各级人大代表、政协委员的有65人，其中，担任省人大代表的1人，省人大常委1人；担任省政协委员1人。机关有专职干部8人。

【参政议政】 市农工党在市政协十二届三次全会上，《关于对加强过期食品处理监管的建议》作为大会发言，并向大会提交《关于建立“长春发布”微信公众平台的建议》《关于改善我市空气环境质量，加快推进燃煤小锅炉淘汰步伐的建议》等3份集体提案。政协大会上，《关于加快我市民营医疗机构健康发展的建议》《关于加快长春市科技创新平台建设的建议》被评为市政协十二届二次会议以来优秀提案。《关于改善我市空气环境质量，加快推进燃煤小锅炉淘汰步伐的建议》成为2015年市政协主席督办提案，得到市环保局、公用局、工信局等主管部门的高度重视，对全市范围内的所有燃煤小锅炉进行普查。市政府决定利用3年时间解决全市燃煤小锅炉的排放污染问题。

10月30日，市农工党组织专家学者到吉林财经大学和吉林农业大学，实地调研走访2所高校食堂环境卫生、食品加工销售过程中的卫生情况。调研组还与大学生代表就高校食品安全情况进行座谈。5月，市农工党参加长春市政协组织的“我为十三五规划建一言献一策”

活动。在充分发动农工党界别的政协委员和各基层组织的基础上，为研究编制长春市的十三五规划献计出力并荣获3等奖。市农工党全年向市委统战部报送议政信息36篇，向市政协《政协信息专报》报送13篇。向农工省委报送社情民意50篇。其中，《关于加强对过期食品处理监管的建议》被市委、市政府政策研究室评为优秀奖。

【思想建设】 市农工党把学习贯彻习近平总书记系列重要讲话精神，特别是习总书记视察吉林时的重要讲话精神作为2015年首要的政治任务，通过举办常委扩大会议和举办读书班等形式学习。组织领导班子成员参加中央、省、市的培训，加强领导班子成员理论素养。2015年，市农工党突出抓“三学”活动，即学精神、学党章、学党史。开展“学精神、学党章、学党史”问卷知识答题活动、参加农工中央“三学”活动知识竞赛（吉林赛区）、“中国梦”巡回演讲、举办农工大讲堂(当代中国影视与中国梦讲座、突出发展民营经济专题报告会)等系列活动，深受党员欢迎；市农工党举办学习五中全会和中央统战工作会议精神报告会、参加农工吉林省委举办的学习中共十八届五中全会精神专题辅导报告会和座谈会等活动，提高党员政治理论水平；市农工党组织开展“应对新常态、研究新对策”大调研，形成《政党协商民主制度建设的困境与出路探索》理论研究文章，上报市委统战部并受到表彰。开展庆祝农工党建党85周年和市委会成立30周年系列活动。编写印刷近百万字的《同心历程》《诤言集》《史志》3部书。

8月5日，组织召开市委会成立30周年纪念大会，省、市领导出席纪念大会，近300名党员参加会议。2015年初，市农工党响应农工中央号召，开展“我为农工党一千会址捐献特殊党费”活动，筹得近5万元特殊党费上交农工中央。市农工党专门成立史料撰写小组，完成长春市农工党史料编写整理工作。截至2015年12月底，省、市各级媒体刊登有关市农工党的文章40余篇。其中，人民政协网3篇，农工中央网站4篇，全国综合类网络媒体5篇，《协商新报》5篇，农工省委网站9篇。市农工党完成2015年党刊征订工作，被农工中央授予“2015年度《前进论坛》发行工作先进单位”的称号。

【社会服务】 3月4日，市农工党开展“同心助老”活动。为永春镇敬老院的老人们进行义诊，送去近3000元生活用品和牛奶等健康食品。开展“中国环境与健康宣传周”的特色活动。组织医疗专家在儿童公园宣讲新《环保法》，增强全民生态意识和环保意识。市农工党把“国际科学与和平周”主题活动与纪念中国人民抗日战争暨世界反法西斯战争胜利70周年相结合，11月12日，在长春市东北沦陷史陈列馆以“铭记历史、捍卫和平、发展科学、开创未来”为主题，开展第27届“国际科学与和平周”活动。10月，市农工党组织党内的专家学者向第二届中医科学大会，报送6篇中医药方面的课题论文。

市农工党开展“第二十七届国际科学与和平周”活动　（宗　伟　提供）

【组织建设】 市农工党推荐7名骨干党员参加市委统战部组织的中央社会主义学院专题培训。2015年，市农工党按照《关于进一步做好组织发展工作的意见》，规范组织发展程序。截至12月底，新发展党员62人，其中，高级职称占16%，医卫界占35%。年初，市农工党制定并下发《2015年基层组织换届工作方案》，对基层组织换届工作加强组织领导，加强工作指导，全市基层组织的换届工作全部完成。4月，在九台区委统战部的支持下，农工党九台区支部委员会正式成立。9月9日至11日，市农工党首次承办农工党全国副省级城市工作联席会议。

（宗　伟）

九三学社长春市委员会

【概况】 截至2015年底，九三学社长春市委员会(以下简称市九三学社)有89个基层组织（含12个委员会、75个支社、2个小组），社员2211人，平均年龄49岁，高级职称占56.1%，其中，中国科学院院士1人，博士生导师32人。社员中省人大代表3人，省政协委员11人；市人大代表5人，常委3人；市政协委员32人，常委6人。

【参政议政】 在市政协十二届三次全委会上，市九三学社提交集体提案4件，《关于构建我市全民创业体系促进我市经济结构转型升级的建议》《关于整合我省玉米全产业链优质资源，建设以长春为中心的玉米全产业链经济带的建议》《关于大力发展长春市农产品电子商务

纪念中国人民抗日战争胜利 70 周年暨九三学社创建 70 周年座谈会

（于帼荣　提供）

的建议》《关于大力开展冰雪景观建设的建议》。其中，《关于大力开展冰雪景观建设的建议》作大会发言。社内政协委员提交个人提案 28 件。市九三学社《关于编制我市支柱及优势产业链规划，破解长春市工业结构性产能过剩问题的建议》获优秀提案奖；王明时、李秀敏、杨青山、翁连海被评为优秀委员。

在市政协十二届十四次常委会议上，杨青山、李诚固、李秀敏分别以《关于长春市实施创新驱动战略的建议》《长春市十三五城市规划建设的战略思考》《十三五期间长春市现代服务业发展对策研究》为题作大会发言。在市政协十二届二十五次常委会上，市九三学社作《关于加强长春地区农村垃圾处理问题的建议》的大会发言；姜怀志、田义新分别以《关于长春地区加快发展节粮型畜牧业》《关于完善农产品生产、销售信息采集与公布技术体系的建议》为题作大会发言。

在市政协召开的以“促进城市公共交通优先发展”为主题的专题议政会上，市九三学社作《关于加强公交站务设施建设管理的建议》发言。市九三学社参政议政专家组组长付兴奎提交《借助长吉图开发开放先导区的政策优势，实现长春市跑向增值的新跨越的建议》提案。2015 年是十三五规划的起草年，结合市政协有关通知，市九三学社开展“为编制十三五规划建言献策”活动，向市政协上报 67 篇征文。其中，市政协十二届四次会议上市九三学社获得“为长春市‘十三五’规划建言献策活动”优秀组织单位奖，杨青山（《关于我市实施创新驱动战略的建议》）、李秀敏（《“十三五”期间长春市现代服务业发展对策研究》）、李诚固（《长春市“十三五”城市规划建设的战略思考》）、付星奎（《关于长春谋定“十三五”规划期经济发展主要指向的建议》）、王淑杰（《“十三五”规划长春市现代农业发展战略研究——加强农村环境治污工程的建议及构想》）获 1 等奖，姜怀志、顾红艳（《关于完善长春地区畜牧业小区建设的建议》）获 3 等奖。

市九三学社全年向社中央、社省委、市政协、市委统战部报送信息 80 余条。市九三学社主要领导多次参加中共长春市委、市政府、市人大、市政协、市委统战部召开的报告会、座谈会、征求意见会等，就深化城市管理、党风廉政建设、经济社会发展等提出一些具体意见和建议。市九三学社与社省委联合举办参政议政及社情民意骨干培训班。培训班邀请社中央参政议政部副部长王元丰，省政协研究室主任马端忠作参政议政及信息工作的培训和指导，社员 100 余人参加培训。10 月 29 日市九三学社举办第 6 次高层论坛，吉林大学教授沈颂东针对中国当前经济形势、新常态下企业生存与发展、吉林省企业优劣及未来发展趋势作深入浅出的讲解，听众为省办企业家。

【思想建设】 在市九三学社十三届十四次常委会上，常委集体学习十八届四中全会审议通过的《中共中央关于全面推进依法治国若干重大问题的决定》，研讨政党协商在继承中发展的有关问题，明确今后参政议政工作的任务和努力方向。在市九三学社十三届十六次常委会上，常委集体学习中共中央《统一战线工作条例》。贯彻社中央、社省委和中共长春市委重要会议精神。中共十八大四中全会召开后，市九三学社按照九三吉省发〔2015〕4 号文件精神，在全社开展“树立和提高参政党意识大讨论”活动。市九三学社在基层组织中就“如何树立和提高参政党意识”这一主题，结合社员自身实际，开展主题征文活动。为纪念中国人民抗日战争胜利 70 周年暨世界反法西斯战争胜利 70 周年，九三学社创建 70 周年，强化广大社员的参政党意识，市九三学社联合各基层组织共同编写画册——《长春九三印迹》，内容涵盖基层组织沿革、社务工作概述、基层社务活动 3 部分。完成市委统战部论文征集 2 篇，题目为《新形势下统战宣传工作的内容与任务、方式与载体以及未来五年工作思路》《新形势下民主党派如何加强在公共管理中的作用》。完成社中央论文征集 3 篇，题目为《回望成长路　九三伴我行》《九三学社 70 年随想》和《沁入肺腑的九三情缘》。

【组织建设】 2015 年完成长春市妇产医院支社、九台区支社、吉林艺术学院支社、吉林大学委员会、长春师范大学支社、吉林工程职业技术师范学院支社、绿园支社、南关支社、二道支社、吉林农业大学委员会的基层组织换届工作，并成立吉林省农业机械研究院支社及吉林财经大学委员会。2015 年发展社员 153 名，其中博士 19 名，硕士 49 名，高级职称 32 名，中级职称 100 名。向市委统战部报送 11 名后备干部材料。市九

九三学社长春市委员会在长春国盛大酒店举行《长春九三印迹》长春基层组织风采录发行仪式（于帼荣　提供）

三学社机关3名干部参加社中央举办的省级以下机关专职干部培训、7名干部参加市委统战部举办的中青年干部培训；30名新社员参加社省委举办的新社员入社培训；33名社员参加社省委举办的基层组织负责人暨骨干社员培训；7名社员参加市委统战部组织的在中央社院的培训。

9月1日市九三学社召开“纪念中国人民抗日战争胜利70周年暨九三学社创建70周年”座谈会，九三学社长春市委委员，各基层组织负责人及宣传委员120余人参加会议。在社省委举办的《纪念抗日战争胜利70周年暨九三学社成立70周年——“华夏梦·九三情”书画艺术展览》中，市九三学社书画社成员的36幅作品参展，获参展证书，全部作品被收入展览作品集中。3月4日全体女社员参加“三八妇女节”参观长春市雕塑公园活动。绿园区支社组织社章社史学习及参政议政专题辅导。吉林大学委员会举办“欢乐大健康　幸福长春人”大型义诊活动。市九三学社将吉林大学委员会、东北师范大学委员会2个基层组织活动为典型案例报送社中央。

【社会服务工作】 7月上旬，副主委王进带领吉林农业大学委员会专家一行20人前往波罗湖考察调研，为当地政府有效治理提出合理化建议。市九三学社经济科技委员会在九台大学生创业园和长春工业大学动画创作中心设立2个高校科研孵化基地。在吉林艺术学院和东北师大人文学院设有2个动漫产业研究中心，吉林师范大学高新校区设有1个动画人才培养基地。参与吉林农业大学、吉林省委宣传部、吉林省农委、吉林省质监局、吉林省科技厅、吉林省科协、吉林省园艺特产站、吉林省阳光工程办公室、吉林电视台等单位组织的“新型职业农民培训”活动，下乡讲课40多场次，听课人数近5000人。深入通化市、白山市、梅河口市、桦甸市、蛟河市、敦化市、珲春市、靖宇县、柳河县进行咨询，解决技术难题。多次前往通化市东昌区上龙头村解决香菇菌棒发菌缓慢、个别菌种退化等技术难题，给2个企业增收100多万元。在长春市双阳区明珠生态园万家福老年公寓建立定点帮扶基地，计划为老年公寓的文化、医疗等方面提供帮扶，包括每年春秋2次义诊和健康检查，加强养老院图书室建设等。2015年是宽城区委员会5年“献爱心”系列活动的第4年，宽城区委员会开展“关注幼儿教育献爱心”系列活动，为48中学泽葵幼儿园捐赠价值10万元的教学电视、智力玩具。在长春市文化广场举行“欢乐大健康，幸福长春人”大型义诊活动，向市民发放宣传材料2500份。市九三学社医务专家开展“走基层、进社区、入村屯，服务百姓健康”活动。到长春市东盛社区、贵阳社区、南关区兴盛小学、长春光华学院、文化广场、南湖公园、德惠毛家村、洪家村等地进行数次健康咨询和医疗义诊活动，受益群众达千余人，多次在省、市电视台，广播电台等主流新闻媒体进行健康咨询、讲座，社会反响良好。

（于帼荣）

群众团体

长春市总工会

【职工经济技术创新活动】 深化职工劳动竞赛和技能大赛，组织1851家企业、28万职工参加“学争创做”劳动竞赛，职工技能大赛扩展到8大赛事、24个工种（项目），参赛职工2.6万人，有38名职工获得职级晋升、513人受到表彰。会同相关部门出台《长春市职工技术创新成果评审奖励暂行办法》，新建劳模创新工作室67家，取得国家专利和创新成果1104项，对评选出的40名职工创业创新带头人进行表彰。做好劳模推荐评选和管理服务工作。长春市被党中央、国务院授予全国劳动模范20人，长客股份工人李万军代表受表彰的全国劳模宣读倡议书。召开吉林省暨长春市庆祝“五一”国际劳动节大会，140名获得“长春市五一劳动奖章”的个人、49个获得“长春市五一劳动奖状”的单位、30个获得“长春市工人先锋号”的单位获得表彰。首次召开全市劳模工作会议，制定下发《长春市劳动模范评选和管理暂行办法实施细则》，为2533名离（退）休劳模（含享受待遇人员）发放荣誉津贴400余万元，为1311人次劳模发放低收入补助、重大疾病医疗补助、国模“三金”、省模特困补助等510余万元。

【职工思想政治教育工作】 以“中国梦·劳动美，建设幸福长春”为主题，开展劳模事迹宣讲、职工演讲比赛、法律知识竞赛等系列教育活动。在全市新闻主流媒体开辟“劳模风采”“劳动最光荣”等专栏。开展市职工职业道德建设“双十佳”评选活动，全市职工1人被授予全国职工职业道德先进个人。强化职工教育阵地建设，新建市级以上职工书屋49家，举办职工文化大讲堂17期。开展“送文化走基层”系列活动，举办文艺演出、文体培训、文化讲座等100多场。组织职工摄影大赛、篮球比赛、歌手大赛、健身操比赛等文体活动。

【职工服务帮扶工作】 推进会员服务卡工作，完成50万会员的信息采集，办理会员服务卡23万张，服务优惠项目拓展到18项。开展“两节”送温暖活动，发放帮扶款物2385万元。金秋助学活动为5076名困难职工和农民工子女发放助学金598万元。新建农民工夫妻房100间。为1.6万人次职工给付互助保障金1437万元。开展创业促就业系列活动，帮助5037名援助对象实现就业，扶持735人创业。强化女职工“四期”保护工作，建成全省首家“爱心妈咪”小屋。会同长春电大举办劳模学历教育培训班。制定《长春市总工会进一步做好为农民工服务工作实施细则》，推出7大方面、26条服务农民工举措。

【构建和谐劳动关系】 开展创建厂务公

4月26日，吉林省暨长春市庆祝“五一”国际劳动节大会在省宾馆举行

（姜　昊　提供）

开民主管理示范单位活动，评选市级厂务公开民主管理示范、先进单位48家，培训民管师资80人，培训职工代表4.3万人次。会同市人社局、企业家协会制定下发《关于进一步推进工资集体协商工作的若干意见》，全市建会企业签订集体合同2764份，覆盖企业1.7万户，覆盖职工67万人，合同履约率90%。组织2961家企事业单位、39万多名职工参加“安康杯”竞赛，制定下发《关于全面加强非公有制企业工会劳动保护工作的意见》，在朝阳区开展非公企业劳动保护群监员试点工作。全市各级员工诉求中心达1703家，接受职工诉求及合理化建议3368条，解决率97.8%。加强调查疏导，处置市安装公司改制后困难职工多年上访事件和万象部件有限公司职工群体上访事件。受理职工经济权益投诉100件，为职工争得经济利益1000余万元，特别是为湖北利川籍32名农民工争得拖欠工资的案件，成为全国为农民工讨薪10大典型案例之首。

【工会自身建设】 深化基层工会建设“落实年”活动，开展基层工会组织调研，基本摸清基层工会组织的基础数据。以工业园区、工程项目、物流快递、家政服务、农业专业合作社为重点领域，开展“农民工入会集中行动”，在地铁工程项目现场举办农民工集中入会仪式，在榆树市金土地农业合作社成立全省首家农业合作社工会组织，全市农民工会员6.8万人，比2014年增长50%以上。举办各类培训班33期，培训工会干部5000人次。组织1.1万名工会干部参加“大走访”活动，走访企业3142户、职工5.2万人，解决实际问题2435件。开展落实“中央党的群团工作会议精神、推进工会工作改革创新”大调研活动。为纪念长春市总工会成立70周年，组织召开座谈会等系列纪念活动。开展“三严三实”专题教育活动，持续改进“四风”，巩固拓展党的群众路线教育实践活动成果。

（姜　昊）

长春市妇女联合会

【概况】 2015年，长春市妇女联合会（以下简称“长春市妇联”）荣获国家级奖项2个、省级奖项4个、市级奖项3个，被评为2013—2015年度全省文明单位，长春市34名各级妇联干部荣获市级以上表彰。中央政治局委员、国务院副总理刘延东，吉林省省长蒋超良对长春市农村妇女就业创业工作给予重要批示。

【党的群团工作】 由班子成员和兼职副主席带队，组成6个小组深入15个县（市）区、开发区和部分社区村屯开展大调研，召开各层面征求意见访谈、座谈会39个，形成《长春市妇联关于加强和改进新形势下党的群团工作的调研报告》，4次向中办调研组、吉林省市调研组提出群团改革意见建议22条。调动各行各业优秀女性力量，县（市）区均配备兼职副主席、100%的乡（镇）街建立“妇女之家”、35名乡（镇）街妇联主席进入同级党委，占总数21.5%。388个社区妇联配备专兼职副主席1083名、执委5622名，分别比2014年增加64.2%和58.6%。

【“三严三实”教育活动】 强化学习教育，组织理论中心组学习研讨4次，党组成员以普通党员身份参加支部活动14人次；坚持问题导向，通过个别访谈、实地走访、网络征集等方式征求各方意见，梳理“不严不实”问题11个，明确职能定位和工作方向。联系各类女性组织，推进妇联工作发展。女企业家协会开展走进养老院、儿童之家等各类活动17次、捐款32万元；市直机关各妇委会开展活动50余次，女干部参与率85%。加强与大专院校的合作交流，发挥女职工委员会、女干部联谊会、朝鲜族妇女协会作用，扩大与各民主党派、工商联妇女组织的联系，最大限度团结凝聚妇女，实现妇联组织和妇女工作的有效覆盖。2015年，长春朝鲜族妇女协会荣获全国“三八红旗集体”荣誉称号。

【妇女创业创新工作】 实施“万名妇女创业培训”项目，将家政服务、手工制作和电子商务产业打造成女性就业新的增长点。2015年培训妇女13662人次，开发就业岗位6664个，提供女大学生见习岗位1259个，安置妇女就业10330人次。草编、茶艺等8大类适合女性就业的职业技能纳入长春市技能竞赛项目，34名创业妇女入选全市技能人才库。与长春电视台联合制作《创悦人生》栏目，宣传就业创业典型72名。深化“引凤还巢”工程，以加大资金扶持、培育新型职业女农民、发展新型农业经营主体为切入点，发展专业大户、女农民合作社、家庭农场、农业企业103户。拓展农村妇女创富带富空间，成立女大学生返乡创业联盟，直接安置农村劳动力就业1500人，其中女农民占75%，带动2.5万户农民增收致富。举办农产品电子商务创业培训班，邀请阿里巴巴、“淘宝网”等知名电商微商负责人授课，依托“乡村速递”微信平台开展可追溯的农产品现场品鉴、农超对接等活动40次，促成农产品销售110万元。完善行业标准化建设，起草的《养老护理培训规范》《月嫂培训规范》《育婴师培训机构管理规范》通过审核，成为该行业省级标准；编写“棕草编织工”初、中、高级职业技能鉴定全国通用考试命题，在全省首次开展“草编工”职业技能鉴定，成为吉林省新的职业工种。

【依法维权】 加大依法维权力度，联合长春市司法局在全市成立维护妇女权益人民调解委员会，建立村级以上4级调解机构1452个。壮大巾帼司法顾问团队伍，吸纳心理咨询师、社会工作师等人才加入，以专业优势做实“点单授课”进社区、FM88.9妇女儿童维权热线、周五法律专家咨询日等实事化维权项目，2015年开展普法宣传2051场次，接待妇女来信来访642次，参与调解案件144起，群众满意率100%。以男女平等基本国策提出20周年为契机，市、县两级联动，在全市47条主要道路投放男女平等公益宣传广告；组织杰出女性参加中法、中瑞妇女交流论坛，在国际妇女事务中主动作为。推进“两个规划”贯彻落实，2011——2020年长春市妇女发展规划、儿童发展规划监测评估指标达标55.6%和75.4%。

【家庭文明建设】 开展寻找“最美家庭”活动，引领寻找活动向机关、企事业、部队拓展，举办“最美家庭”展示和家风家训评议活动11360场次，44.5万人次参与活动，评选出国家级、省级、市级“最美家庭”338户。打造早期家庭教育工作品牌，创办《家庭教育360》微信公众平台，2015年推送信息220条；在广播电台推出大型公益成长类节目《早教360》，吉林省51名专家做客直播间解答家庭教育问题566个；实施“早教进社区”公益服务项目，2015年送课258场次，10万个家庭受益，相关做法在全国妇联工作会议上进行经验交流。拓展巾帼志愿服务，以“邻里守望·姐妹互助”为主题，开展志愿服务862场次，其中，围绕树立正确婚恋观、就业观开展“现代女性大讲堂”走进高校23场次。

【妇女儿童民生】 加大对特殊妇女儿童群体的帮扶力度。2015年争取资金224.2万元，为2.2万名贫困妇女免费进行“两癌”检查，占长春市贫困妇女总数32%，为患病的87名“两癌”贫困妇女提供每人1万元资金救助；争取资金206万元，新建“儿童之家”94所，累计建“家”237所。以“代理妈妈”活动20周年为契机，推动“代理妈妈”活动由扶助单亲、贫困儿童向留守、流动儿童拓展，2015年筹措扶持资金112.8万元，新代理孩子2256名。截至2015年年底，长春市32万“代理妈妈”资助贫困孩子学费和物品3393万元，帮助34470名贫困家庭孩子完成学业。

（张秀红）

共青团长春市委员会

【青少年思想教育】 以“五四”“六一”、成人节等为重要时间节点，对青少年进行爱党爱国、守法诚信、健康文明、励志创新等系列教育。组织开展“我与祖国共奋进”“奋斗的青春最美丽”“红领巾相约中国梦”“抗联精神与当代青年健康成长”“春城红领巾·快乐诵国学”等主题教育实践活动、系列分享活动；制度性开展法制、禁毒、防艾等宣教活动；针对长春市征兵难、征兵质量不高现状，在全市广大青年中开展“有志青年来参军”系列推广活动，动员广大青年学生报名参军，协助警备区高质量完成征兵任务。开展“爱祖国·爱长春”迎国庆长春青年荧光夜跑活动，用青年喜爱的方式，组织青年有序表达对祖国和家乡的热爱。青年典型中有32人被评为“吉林好青年”，占全省总数的1/3强，其中2人被评为吉林好青年标兵。

【青少年网络阵地】 组建青年网军。发动全市各级团组织和青年志愿者，建立由网络大V、267名网宣员骨干、2400名网宣员、4.5万名网络文明志愿者组成的长春青年网军，举办2期网络宣传专业培训。在网络重大事件中，面对不实报道和负面言论，通过纠正虚假信息、为权威声音点赞等方式实施舆论引导。全年针对重大网络事件在各大主流媒体、自媒体集中发声18次，有效引导网民回归理性。面向青年积极宣传党的政策，发起网络互动主题36次。加大力度建设团属“三微一站”，即微信、新浪微博、腾讯微博和官方网站，制作并发布健康向上、青年喜爱的网络文化产品。全市各级团组织建设微信公众平台20余个，吸引12万人次关注人数，团属微博吸引青年粉丝31万人次；编发微博18万条、微信3000余条，阅读量500万次。依托互联网建立团组织与普通青年的有效联系，筹备并上线“青年之声”平台，为青少年成长发展提出建议、解答困惑。组建由青少年维权、创业就业、婚恋等领域的50名专家组成专业服务团，通过手机APP、电脑客户端，随时受理青年提问。“青年之声”平台上线以来，回应各类青年提问100余个，实现团青关系从原来的“团找青年”转变为“青年找团”。

【服务青年创新创业】 依托长春青年创业工场正茂园区、长春青年电商集聚示范园区孵化青年创业人才和创业企业，依托长春青商学院、园区导师团等政府和社会资源，组织开展经济运行分析指导会、电商发展论坛、人才素质提升培训、外国参赞及环球商协会联盟跨境电商资源对接会、创业达人分享会、税企座谈会等20余场次。开发青年创业云计算大数据挖掘系统，帮助广大创业青年分析全省电商行业的生态环境与发展趋势，为电商企业发展和政府决策提供依据。成功孵化青年创业企业90家，园外共享服务的企业233家；为全市创业青年整合各类创业服务资源65项，直接带动就业人数588人，间接带动就业2796人，年提供见习岗位约300个；全年园区企业实现产值9628.9万元。

开展校地对接科技兴农工作，派驻服务团22支，派驻涉农领域专家和大学生100多人次，为长春市外县市20多家农户提供农业科技帮扶。建设农村青年创业创富基地84家，提供见习岗位500多个，扶持6000多名农村青年创业就业。拓宽农村青年致富渠道，开展农村青年电商创业培训，受训青年200余人。举办第五届长春青年科技创新创业大赛，突出围绕全市7个重点产业，挖掘培育青年科技创新创业项目166项。邀请省市知名创业导师，开展青年创业意识教育报告会20场次，受益青年4000人次。

【服务青少年群体】 连续3年承接团中央“关爱青少年彩虹行动示范项目”，开展重点青少年群体服务管理和预防犯罪工作。通过政府购买服务方式，委托青少年事务社工机构服务重点青少年群体150人。成立全市首家青少年事务社工机构，培养青少年事务专业社工人才96名，指导设计的《青春白皮书：不良行为青少年社会工作介入项目》被团中央评为“全国首批青少年事务社会工作示范项目”。依托12355青少年服务公开电话，受理来电13758件，反馈率100%。开展“轻松备考12355与你同行”，开通24小时中高考前免费减压热线，帮助考生及家长进行专业心理减压。

开展“共青团与人大代表、政协委员面对面”活动,完成题为《关于加强长春市青少年事务社会工作的建议》的政协提案。全年整合资金 91.3 万元,全部用于服务青少年民生工作。募集资金 21.6 万元,帮助 108 名寒门学子圆梦大学;面向农民工家庭,为 100 农民工发放价值 5 万元的体检卡,为 2000 名农民工家长开展“父母课堂”活动,帮助青年农民工掌握家庭教育方法。为 133 名农村留守儿童提供“五个一”个性化志愿服务关爱,其中 23 名留守儿童获得每年 1000 元的特别资助。

【参与幸福长春建设】 推进“七彩小屋”关爱农民工子女志愿服务阵地建设,全年建设“七彩小屋”49 个。开展“阳光助残”工作,按照“结对+接力”的模式,组织志愿服务团队与 1.7 万名残疾青少年结对,覆盖长春市 80%残疾青少年。启动首届长春青年志愿服务项目大赛,征集阳光助残、社区服务、助老扶弱、环境保护、便民利民等 5 大类志愿服务项目 145 个,评选表彰志愿服务团队 36 支。涌现出“童伴成长 乐龄随行”“关爱自闭症儿童,专业化志愿团队在行动”等一批具有社会影响力的优秀志愿服务项目。深化“做个志愿者 一起来扫雪”品牌公益活动,建立志愿清雪队伍 194 支,有 1.7 万名群众参与义务清雪活动,清雪面积 6.1 万平方米。启动“暖冬行动”春运志愿服务工作,为返乡群众提供服务。发起“益+青年创益计划”,打造社会管理创新平台,为新一代青年公益人提供交流、学习、发展、历练的实践机会。深化保护母亲河工作。倡议青年植绿护绿,依托中日“小渊基金”项目,在农安、九台组织 800 名青年共植青年林,投入资金近 500 万元,种植树木 9.4 万株。承办由团中央、国家林业总局举办的中日绿化交流会议。开展“绿色长征”公益健走活动,组建健走队伍 33 支,活动覆盖青年逾 1 万人。

【团的组织建设】 实施区域化团建。在全市 55 个街道成立区域青年工作共建委员会,推动 29 个企业、机关、事业单位走进 36 个街道开展青年联谊、志愿服务、文体活动,深入开展两新组织团建,新建两新团组织 150 家。通过党建带团建,推动和加强社会组织团建工作。开展阵地团建和行业团建工作,长春青年创业工场正茂园区、长春青年电商集聚示范园区均已建立团工委,团组织积极发挥联系服务青年的作用,实现团建促党建,推动园区的党支部建设。团的外围组织建设。依托青联、青商会平台组织优秀青年代表赴日本、印度等国家交流学习,接待韩国世界青年联盟、日本仙台青年会议所、日本丸红公司代表等国际友人来访,搭建青年友好互动平台。推进市青联内部机构设置和运行机制改革,加强对社会功能强、辐射影响大的青年社会组织骨干及新兴领域优秀青年的有效凝聚。推进少先队组织基础建设。

团干部能力和作风建设。举办基层团干部素质能力提升培训班、十八届五中全会学习班、中央四号文件精神读书班等各类学习班,培训团干部 600 余人次。开展“团干部如何健康成长”大讨论活动,组织典型分享、集中党课等各类活动 20 余次。推进团干部转岗交流及上下互派工作,2015 年推动 4 名市级团干部、3 名县区团干部和 3 名高校团干部转岗。实行处级以上机关干部基层联系点制度,吸纳基层挂职干部 3 名。

(张余吉)

长春市工商业联合会

【思想政治工作】 开展以守法诚信为重点的非公有制经济人士理想信念教育实践活动,引导非公经济人士树立依法经营、守法诚信的理念,增强非公有制经济人士的“信念、信任、信心、信誉”,培育和践行社会主义核心价值观。加强非公经济代表人士培养,全年举办各类培训班、座谈会、论坛等活动 20 余次,与市委统战部联合加强新生代企业家的培养,成立新生代企业家商会,开展新生代企业家“走进党校”“走进县区”“走进欧洲”系列活动。

【招商引资行动计划】 “全国工商联十一届六次常委会暨民企吉林行活动”于 2015 年 6 月在长春市召开,市工商联以“一对一”洽谈、“点对点”对接、“面对面”推介的形式,组织全市各县(市)区、开发区根据自身的产业特点走访对接部分全国工商联常委企业及知名民营企业。走出去招商 10 余次,拜访对接北京、天津、重庆工商联及全国工商联新能源商会、科技装备业商会等 19 个工商联及商会组织。协助德惠、绿园、农安、朝阳、经开等县(市)区、开发区召开 5 次项目推介会和 21 次对接座谈会,拜访洛娃集团、正泰集团、香江集团等 19 户企业,邀请亿利资源集团来长春与净月、高新、农安等区域进行对接。活动期间,协助各级政府引进广州金发科技有限公司、广州和兴隆集团、广东香江集团、北京欧地安科技有限公司等一批大项目。组织市行业商会、外埠商会和民营企业 200 余户参加“2015 年泰国商业环境及最新投资优惠政策圆桌推介会”“首届中日韩经贸项目对接会”“山西省(长春)招商引资推介对接会”“锦州市汽车零部件项目推介会”等活动,为长春市商会组织和民营企业经济服务搭建平台。

【“走出去”行动】 市工商联推动民营企业“走出去”,引导民营企业融入“一带一路”建设,组织召开全市民营企业推进“一带一路”建设工作会议,成立长春市工商联国际合作商会,出台系统的首个副省级城市工商联推进“一带一路”战略的具体实施意见,6 次组织行业商会及民营企业到德国、波兰、意大利、塞尔维亚等国家,参加德国汉诺威工业展、意大利米兰世博会、第三届中国波兰地方合作论坛、塞尔维亚投资洽谈会,考察一批汽车零部件、大型机械装备、医疗技术企业;与当地的工商会、投资贸易局、中介组织开展项目对接,就机械制造、铁路客车及零部件产品、国际物流航行、跨境电商、金融服务等合作项目进行洽谈,为双方企业合作搭建平台,推进民营企业进行境外并购重组、引进技术和开拓市场。随同长春市政府经贸代表团分别访问加拿大、美国、新加坡等国家,进行项目洽谈和经贸交流。

【民营企业上市行动计划】 市工商联重点推进民营企业新三板上市、主板上市、股权转让等工作,组织50家股权投资基金来长春和民营企业进行对接,推动西点药业、金冠电器等一批民营企业在A股上市。与希派创意产业园合作,研究成立民营企业上市孵化基地,为全市民营企业上市融资搭建一站式服务。与市科协联合举办“新资本经济模式论坛”,组织民营企业参加“全国众筹高峰论坛”,与北京新三板、深圳新四板举办两次企业上市融资培训会,帮助企业掌握商业模式和股权市场的相关业务。帮助科新安防、新通光电分别与“融宝贷”、浦发银行进行对接,拓宽中小企业融资渠道。

【转型升级行动】 市工商联与阿里巴巴吉林站联合召开“互联网与传统产业融合推进会”,推动民营企业商业模式创新。与中欧国际工商学院举办“中欧管理论坛”活动,推动互联网金融建设。与文莱培训合作举办“互联网+”与企业转型创新高级研修班,为传统企业融合互联网打下基础。与市工商联创意设计产业商会联合举办创意产业新机遇论坛,搭建民营企业互联网金融学习交流平台。与香港贸易发展局、市政协港澳委联合举办“创意香港、品牌中国”研讨会,扩大长春与香港企业的合作商机。开展民营企业百强评选活动,召开民营企业百强发布会,引导广大民营企业加快转型升级步伐。

【百家商会建设】 推动县级工商联“五好”建设,召开长春市县(市)区工商联“五好”建设工作暨二道区社区商会工作现场会,完成全国工商联对朝阳区工商联“五好”建设的检查。召开长春市商(协)会联盟工作会议,加大工作交流,推进商会组织的国际化、资本化、互联网化、平台化、实体化建设。建立完善17000余人的会员企业数据库,发展会员1000人。组建长春市工商联商品车物流、装饰设计、医药流通等15家行业商会,累计发展行业商会61家。指导书画、创意设计等商会举办“第四届中国长春当代书画展”“新常态下创意产业的新机遇”论坛等活动。加快异地商会建设,组建北京九台企业商会,并在上海、广东、深圳等地筹建长春商会;筹划建立美国、比利时、南非、日本的长春商会,推进长商队伍建设。

【服务平台建设】 2015年,民商事调解中心成功为凯利置业调解了1起经济纠纷。与市人大法工委召开《长春市机动车停车场管理条例》征求意见座谈会。与市民营办联合举办“民营经济综合服务平台交流活动”,组织20多户企业参观考察长春市中小企业信用担保公司、长春产权交易中心、淘宝吉林馆等机构。与市人社局、市总工会联合举办两期“阳光仲裁”活动,开展劳动争议仲裁调解法律服务,指导5家商会建立劳动争议调解基层商会示范点。与司法局联合在40余家企业建立“彩虹基地”,安置400余名刑满释放人员就业,获市政法委、市司法局“全市安置帮教工作先进集体荣誉称号”。筹备召开长春市促进生产性服务业大会,组织会计、律师、税务、技术中介、金融业等115家中介机构,成立生产性服务企业中介组织联盟,为民营企业提供咨询、会计、法律等方面服务。

(沙显光)

长春市台湾同胞联谊会

【概况】 截至2015年底,长春市台湾同胞联谊会(以下简称市台联)有台胞120人,台属2.6万余人。基层组织13个。

【市台联成立30周年纪念活动】 2015年,为纪念成立30周年,市台联印制《携手三十年——纪念市台联成立30周年画册》,在全市台胞台属中开展主题征文、主题摄影比赛及纪念市台联成立30周年座谈会等系列活动。

【台胞台属政治思想教育】 市台联开展“同心”实践活动,通过组织台胞台属传达学习全国两会精神、举办骨干培训班、理事会重点学习等活动,使台胞台属政治思想觉悟得到普遍提高。10月,市台联会同省台联在延边州社会主义学院共同举办“在长台胞台属骨干培训班”,学员们听取中央统战工作会议精神、《中国共产党统一战线工作条例(试行)》分析解读;聆听题为《引领民族复兴的战略布局》的报告。

【交流活动】 5月,市台联应台湾永康农会邀请,组织农业企业家一行9人赴岛内进行农业考察参访,对桃园县“贺田植物工厂”、台南市“走马濑农场”、高雄

市台联组织赴台农业参访 (高 盟 提供)

市“永龄杉林有机农业园区”、台湾苗栗县“四方牧场”、台中市“合郡食品有限公司”和“品黄咖啡”等岛内6家观光农业企业进行实地考察，对台湾有机农业的科技创新及生物技术手段的应用和深化有了全面了解。8月25日，由市台联和市文化局共同举办的“翰墨飘香两岸情”—长台书画展正式拉开帷幕。本次书画展是在去年长春市台联受邀前往台湾进行书画文化交流、成功举办书画展的基础上，为促进长台两地文化交流合作而举办的又一次文化盛宴。来自台湾书画领域较有影响力的6位书画家，与长春本土的10位书画名家一道奉上精品力作56幅，体现中华传统文化同根同源和两岸一家亲的理念。两岸艺术家同赴长白山采风，既加深了相互间的情谊，又使岛内艺术家更多了解吉林的长白风光、风土民情。应市台联、吉林大学艺术学院邀请，台湾岛内著名水墨画家刘蓉莺女士来长举办个人学术交流作品展，10月27日上午，开展仪式在吉林大学逸夫图书馆举行，吉林大学艺术学院院长类维顺向刘蓉莺颁发吉林大学艺术学院客座教授聘书，并同与会来宾为作品展剪彩。画展历时3天，展出作品48幅。

12月底，市台联开展“两岸一家亲”—长台亲友新年寄情活动，组织全市台胞台属给岛内亲友邮寄贺卡，传递亲情，寄送祝福。活动得到市台办、全市18个基层单位党委统战部门的大力支持和密切配合，1500份蕴含中华民族传统文化元素、凸显两岸同根同源理念并带邮资的精美贺卡及饱含浓郁北方新年气息的民间“福”字剪纸在短短两天时间内发放到全市各城区、高校、大厂、科研单位的台胞、台属、台生手中，并于12月25日前分别邮寄给岛内的亲友们。2015年，市台联接待岛内台胞6批141人次。

【联谊活动】 春节前夕，省、市台联共同举办“在长老台胞2015年新春团拜会”，在长30余位老台胞参加。根据全国台联《关于进一步加强离退休台胞工作的意见》，市台联结合老台胞的实际情况，分别组织春季踏青游园和重阳节泡温泉两项活动。为老台胞们提供交流、联谊平台，丰富大家的晚年文化生活。7月，由市台联主办，东北师范大学党委统战部协办的“长台杯”台胞台属跳绳团体赛在东北师范大学体育馆举行。来自全市各区、大学、市直各单位的9支代表队的90名队员参赛。市台联还利用暑期在吉林市左家举办2015年青年台胞台属夏令营，在长青年台胞台属及部分台胞台属工作干部参加活动。

【参政议政】 市台联作为市政协界别之一，台联班子成员和理事会对参政议政工作进行专门谋划。3月，市台联宣教委召开工作会议，就全体理事提出的32个调研课题进行讨论筛选，确定12个重点调研题目，分别成立专门调研小组，结合网络搜集资料、赴外地调研考察等多种形式，开展相关调研工作。其中，《关于加快长春市现代都市农业发展的对策建议》作为在政协全会发言题目。

（高　萌）

长春市残疾人联合会

【教育就业工作】 2015年，全市开展“残疾人创业就业年”活动，长春市人民政府颁布《关于加强和改进残疾人就业工作的意见》，在推动和扶持残疾人按比例就业、自主创业、辅助性就业等方面提出8项创新性举措，为全市残疾人创业就业提供有力的政策支撑。长春市残疾人联合会制定促进残疾人创业就业的12项具体措施。对12家用工企业给予岗位资金补贴，安置残疾大学生18名。顺利启动全国首家智障者支持性就业实训基地“阿甘餐厅”。将每月18日确定为残疾人专场招聘日。2015年全市城镇新增残疾人就业2479人，完成任务指标的124%，培训残疾人8638人次，完成任务指标的108%。扩大长春市残疾人展能创业孵化基地规模，入驻团队30家。吉林省杞参食品有限公司、长春市双阳区彩树种植专业合作社等8户企业(单位)被确定为省级残疾人就业(扶贫示范)基地。全年评选出市级残疾人就业基地8家、扶贫基地2家、创业带头人10人；“千家万户巧手工程”稳定实训基地20个，新安置和辐射带动残疾人716人。继续实施扶残助学项目，全市发放扶残助学金219.7万元，救助残疾学生及残疾人子女553名；利用彩金助学项目投入30万元，资助94名残疾儿童进入学前教育。开展全市残疾人职业技能竞赛，评选出27名残疾人技术能手，涉及8个工种，为参加省和全国残疾人职业技能竞赛储备力量。

【扶贫和社会保障】 加大贫困残疾人的帮扶力度，投入226万元为1030名“三无一靠”成年重度残疾人发放生活救助补贴。残疾人康复扶贫贷款到户1050万元，贴息资金83.43万元。投入经费近260万元，依托社会机构为残疾人提供多元化的托养服务，全年托养残疾人329人，居家安养2570人。争取省、市资金启动实施600户残疾人家庭的无障碍改造。落实“沐浴阳光”工程，为900户贫困残疾人家庭免费安装洗浴设备。推动建立困难残疾人生活补贴和重度残疾人护理补贴制度以及残疾人免费乘车办法的出台，完善长春市残疾人社会保障制度。

【康复救助服务】 将脑瘫、智障、孤独症三类残疾儿童康复救助年龄从0到6周岁扩大到0到8周岁，救助标准提高至每人每年1.2万元，并纳入“建设幸福长春行动计划”统筹实施。全年市、区两级投入康复经费297.2万元，使412名脑瘫、孤独症、智力残疾儿童得到救助。争取国家耳蜗移植项目救助聋儿30名，七彩梦儿童助听器项目救助残疾儿童31名，聋儿康复训练80名；救助苯丙酮尿症儿童27名，其中市本级救助16名，全市残疾儿童抢救性康复基本实现“有一助一”。为精神病患者免费服药救助6575人次，免费住院救助1675人次；为城区161名贫困残疾人免费安装大小腿假肢。全市康复进家庭项目深受社会好评，全年服务2864名残疾人。

【宣传文体活动】 结合“残疾人创业就业年”活动，通过电视“同行小康路”宣传晚会、《长春日报》“同行小康路”专栏、《同一片蓝天》广播专题节目，对残疾人自强不息创业典型、创业就业扶持政策进行宣传。"国际残疾人日"期间，举办吉林省暨长春市自强与助残先进事迹报告会，取得良好社会效果。依托长春市残疾人阅读指导中心开展读书推广活动，举办全市第一届听障、视障演讲比赛。在全国听障演讲比赛中，长春市推荐的选手刘禹含取得第1名的好成绩。长春市子燕文化传媒有限公司被确定为省级文化创业示范点。全年组织开展大型群众性文体活动20余项。建设县（区）级自强健身示范点30个，市级示范点3个。成立长春市残疾人体育协会。选派21名运动员参加全国第九届残疾人运动会暨第六届特奥运动会，取得1金8银4铜的优异成绩，马云明在铅球比赛中打破全国纪录。

【依法维权工作】 2015年5月1日，《长春市残疾人保障若干规定》（以下简称《若干规定》）正式实施，将诸多体现长春特色的政策措施上升到法规层面，为维护长春市残疾人权益提供有力保障。发放《若干规定》单行本2万余册，对长春市政府残疾人工作委员会成员单位、残联工作人员、社区残疾人专职委员以及残疾人开展大规模宣传。按照吉林省残疾人联合会的要求，各县（市）区、开发区建立残疾人法律救助工作站，为残疾人提供维权和法律救助服务。

【公益慈善活动】 2015年，长春市残疾人福利基金会募集项目资金766.4万元，其中市本级募集项目资金237.5万元。策划实施公益助残项目14项，受益残疾人4280余人。争取到中国残疾人福利基金会"阳光伴我行"集善明门残疾儿童轮椅621辆（折合人民币约600万元），分3年发放，全面解决长春市脑瘫儿童轮椅的需求问题。首次争取到最大一笔现金捐助，由兴业银行长春分行捐资210万元，设立康复救助、教育就业、文化助残和扶危济困基金，用于实施公益助残项目，增进全市残疾人的福祉。

【基础管理和信息化建设】 对原有制度进行修订、补充，建立健全内部信息公开制度、重大问题请示报告制度、议事决策制度等26项规章制度。深化惠残项目公开化操作，明确项目的选立、实施、管理、评估流程和奖惩措施，制定《长春市残疾人联合会惠残项目管理办法》，为项目的科学化、规范化管理奠定基础。启动政府购买残疾人服务试点工作，将5大类、21个项目纳入试点范围，并对残疾人托养和"康复进家庭"两个项目进行系统评估和实例编写，为试点工作总结和积累经验。长春市残联门户网站全新改版上线，完成无障碍改造，利于广大残疾人阅览。长春市残联网站全年发布各类信息440篇（次），被中国残疾人联合会、吉林省残疾人联合会网站分别采用263篇和117篇，有效发挥了门户网站的窗口作用。

（孙连涛）

长春市红十字会

【募捐救助】 为西藏、尼泊尔地震募捐款2300元（其中尼泊尔定向捐款600元），上缴省红十字会。日常捐款14.5万余元。春节前，争取上级红十字会调拨价值90余万元救助物资，并从历年募捐余款中拿出15万元，开展"红十字博爱送万家"慰问救助困难群众活动，对300户困难家庭进行慰问。为九台市龙嘉镇社会福利服务中心、九台市胡家回族乡社会福利服务中心、农安县前岗乡社会福利服务中心争取总会养老项目资金60万元。开展贫困群众医疗救助活动，投入25万元，对25名困难家庭大病患者进行救助。

【应急救护培训】 举办"幸福长春万名群众应急救护师资培训班"，通过新闻媒体面向社会招募红十字应急救护志愿者，对36名志愿者进行师资培训。全市开展万名群众应急救护普及培训班200余期，培训群众11000余人。为长春爱尔铃克铃尔有限公司等单位培训救护员350余名。为朝阳区争取总会生命健康安全体验教室项目资金30万元，二道区争取总会生命健康安全教育项目资金15万元。举办长春市红十字会首届应急救护技能大赛，市委常委、副市长张晶莹出席会议并为获奖队伍颁奖。

【志愿服务】 组织红十字志愿者开展"中高考志愿服务活动"。在中高考期间，在考点外设立"长春市红十字会志愿者服务站"59个，为考生和家长免费提供应急药品、测量血压、心理疏导、寄存物品、应急救护知识普及等温馨服务。在清明节前夕，开展"长春市遗体捐献者缅怀活动"，全市有遗体捐献志愿者2000余人，器官捐献志愿者50余人，遗体捐献

清明节前夕，市红十字会开展"长春市遗体捐献者缅怀活动" （李　力　提供）

53例。向群众宣传无偿献血、造血干细胞捐献常识。2015年入库造血干细胞捐献志愿者300余人,5月,全市完成第22例造血干细胞捐献。"世界艾滋病日"为长春医学高等专科学校的近200名学生进行艾滋病防控知识讲座。组织全市中小学生参加红十字青少年活动,获得中国红十字会总会颁发的红十字青少年知识竞赛组织奖1等奖。

(李 力)

长春市个体劳动者私营企业协会

【概况】 截至2015年底,长春市个体劳动者私营企业协会(以下简称市个协)有会员506397户。其中,个体会员360196户,私企会员146201户。协会工作人员8人。机构设置办公室、组织联络部、宣传教育部、会员服务部、党委办公室。所属各区、开发区、直属基层协会16个。

【服务发展】 市个协对全市2000多户企业进行融资走访调查,与中国邮政储蓄银行对接,帮助228户小微企业和400户家庭农场解决生产经营中的融资门槛高、融资难问题。市个协与韩国经贸协会联合举办经贸洽谈会,参会企业50多户,签订合同3户,达成意向7户。

【帮扶助困】 按照国家局和中个协推荐并确定1户小微企业为中个协跟踪帮扶对象的要求,市个协实地踏查70户贫困企业,选定双阳区巴黎时间蛋糕店为帮扶对象,帮助其解决生产经营中存在的技术、资金等方面难题。"两节"期间,协会在全市会员中开展"献爱心、送温暖"活动,帮助广大困难会员、老党员、老模范切实解决生产、生活中的难题。完成市委组织部指定的帮扶10个困难家庭任务。经开个协购买牛奶、大米、食用油等物品,看望走访郭云和等19名会员,发放慰问品8000多元。宽城个协联合南广个协分会、创维集团共同发起为辖区低保户、困难户和环卫工人送温暖活动。

【非公有制企业党建】 6月2日至5日,举办党的积极分子培训班1期,发展非公企业党员6名。7月1日,协会党委以党课的形式纪念中国共产党建党94周年,邀请中共长春市委党校教授吴迪进行授课,全市207名非公企业党员、党员积极分子和协会会员聆听党课。经开个协组织会员及党员到九龙源烈士公园祭奠英烈,党员们在烈士纪念碑前重温入党誓词,党性意识和政治责任感得到加强。为贯彻落实国家局、省局《关于指导小微企业、个体工商户、专业市场党组织开展"亮身份、亮职责、亮承诺"活动》精神,市个协制作348块牌匾向基层下发。在全市小微企业、个体劳动者、专业市场悬挂"共产党员经营户承诺"展示板200块,为优秀非公党员悬挂"共产党员经营户"公示牌148块,发放党徽420个。双阳协会通过实地调查和查阅书式档案等方式,对辖区内从事个体经营的非公党员进行调查摸底,掌握党员经营信息,将登记在册的党员人数由81人增加到144人。市个协对全市范围内登记注册的社会中介类企业进行摸底调研,形成市局、分局、工商所3级联动机制,制作并发放调查问卷350份,最终统计出全市社会中介类组织的党建基本情况并提交调研报告。

【主题活动】 各基层协会开展形式多样的主题活动。二道个协以"学习时代楷模,争做诚信经营的典范"为主题召开理事座谈会。理事们共同捐款资助2名困难学生,分别是患白血病的学生刘迦南和家庭非常贫困但品学兼优的学生朱金来,此活动被长春交通之声广播电台连续报道,《东亚经贸新闻》《城市晚报》也相继报道。长江路个协组织开展手机免费修理、免费眼镜验光、免费自行车充气等义务服务活动。4月25日,市个协组织首届"中东诚信杯"净月春季健身徒步活动。市区两级会员、非公企业党员、积极分子、中东集团200余人参加活动。在纪念抗日战争暨世界反法西斯战争胜利70周年之际,市个协与光复路个协在伪满皇宫博物院共同开展"勿忘国耻、爱我中华"爱国主义主题教育活动,非公有制企业会员100余人参与。12月1日,市个协与朝阳个协在红旗街商业区,联合举办"共抗艾滋、正视艾滋"预防艾滋病主题宣传活动。

(贾冠华)

长春市消费者协会

【消费维权宣传活动】 全年开展宣传教育活动119次,开展各类培训63次;发布消费警示28条、消费提示1600余条。从2月底开始市工商局、市消协与省市电视台、广播、报刊媒体联合推出"3·15"特别节目。开展以消费维权为主要内容访谈专题节目;围绕消费者反映的消费热点、难点问题,通过媒介深度剖析揭露消费领域的潜规则、隐规则和黑规则;市消协通过长春电视台,就维权中的一些典型案例录制维权专题片,起到警示作用。刊发十大消费维权典型案例、十大汽车消费维权典型案例和网上消费维权十大典型案例。组织编印6万册《消费维权知识手册》和2000张维权海报及5万份宣传单以拓展经营者、市民了解法律知识和消费知识能力。

3月15日,由长春市工商局、市消费者协会联合市质监院、市仲裁委、市旅游局等单位,在重庆路广场举行长春市2015年纪念3·15国际消费者权益日暨"携手共治 畅享消费"年主题宣传咨询活动。市级有关部门、检测机构、行业协会、市消协专家律师团、新闻媒体和41家企业,围绕"携手共治 畅享消费"年主题,向广大市民宣传消费维权知识。市消协将维权点型案例制做200块警示版,通过现场展示拓展宣传效果。此外,依据企业服务理念,为41家企业制做了诚信服务宣言宣传版,接受消费者监督。6月在全市范围内深入社区、村屯等开展48场"家电消费大讲堂"活动,普及家电消费使用常识,引导广大消费者树立科学、理性消费理念。

【大学校园"消费教育普法校园行"活动】 长春市消协主动联合吉林省教育厅,用

5个月时间在长春31所高校内开展“消费教育普法校园行”系列宣传教育活动。针对大学生消费特点专门制作的“远离消费陷阱”普法宣传板、微信普法宣传小剧场；开展“大学生安全消费状况调查问卷”“安全消费讲座”，发放维权宣传手册等多种形式，营造浓厚学法、用法的法律氛围；通过联建“大学生消费教育基地”“大学生消费维权服务站”和组建“大学生消费维权志愿者队伍”，与各高校建立消费教育长效合作机制；发动大学生参与消费维权社会实践活动。

【首届银保系统“以案说法”暨岗位服务技能大赛】 为促进全市金融服务行业提高服务质量和消保业务技能，开展首届“以案说法”岗位服务技能大赛活动，13支商业银行代表队和16支保险公司代表队分成银行系统组、财险组和寿险组，通过“以案说法，以赛代训”竞赛形式，进行消费维权服务技能的学习、竞赛和交流，活动对选手综合服务能力启发、提高作用明显。

【特色“爱国主义教育基地”建立】 在纪念中国人民抗日战争暨世界反法西斯战争胜利70周年之际，长春市消协与长春伪满皇宫博物院沟通，共建“爱国主义教育基地”，为消协组织开展素质教育提供坚强政治思想教育阵地。市消协组织辖区33家汽车“4S”店负责人利用“长春汽车消费教育基地”开展汽车售后服务热议座谈和以涉及汽车投诉为热点培训工作，创建“汽车维权微信群”。

【社会监督】 就投诉侵权问题进行约谈。针对电信行业“电话未接通导语就收费”侵权问题，市消协4次对3大通信企业及吉视传媒公司进行约谈和点评，但是3大电信企业动作缓慢、整改有限。3月11日，市消协公益律师团代表长春市消费投诉受理中心向4户企业下达“法律意见书”。针对热点行业进行约谈。市消协分别对全市6大商业银行和3大保险公司及3大通信公司、吉视传媒，针对使用不公平条款、乱收费及不履行告知义务、夸大宣传等问题进行约谈。会上各行业的企业代表对各类问题提出相关看法和意见，受缴消协律师团予以解答，同时17家公共服务企业的负责人在会上分析反映出的问题及原因，并就加强服务意识、健全企业内部管理、完善消费者权益保护制度等工作提出意见，收到较好效果。针对商品比较试验发现问题开展约谈。针对儿童纸尿裤在比较试验结果中发现的消费者难已知晓的隐性问题召开有关企业约谈，指出经销商和生产厂家存在问题，督促整改。

【引导经营者自律】 从年初开始，全市各级消协组织与新闻媒体合作联动，开展不公平格式条款、消费领域潜规则的征集评议活动，收到点评条款100多条，涉及商品房、家电、装修、旅游、银行、水电气、中介服务等11大领域的商品和服务。市消协组织对教育及培训服务、物业、汽车销售、保险、银行、水、通信等10个行业的不平等格式条款展开暗访和部分问卷调查，召开专家及行业点评座谈会，公布调查结果，通报不平等格式款典型案例，打击违法经营者，肃清市场不规范经营行为。

【商品比较试验活动】 市消协组织3次商品比较试验活动，针对电子插排、儿童纸尿裤、保暖裤等94个样品商品质量进行测试，对比结果通过省内各家媒体给予信息发布，及时发布各类消费提示、警示1400多条。与省家具协会发表家具行业市场自律、规范倡议书，诸多家具品牌代表签署承诺书，合力营造诚信和谐市场环境。

【消费调查与体察】 市消协通过建立消费维权联络站及义务监督员调查员数据库，形成了较为完善的调查、体察网络。从年初以来，组织开展了家电消费、汽车销售与售后服务、大学生消费与维权等大型消费调查和问卷调查；针对银行服务业广泛存在的营业厅服务、借记卡收费、理财服务等“短板”问题、针对公共服务行业、自然垄断行业和新型消费领域等开展了消费体察，针对超市中（分包、去皮）消费中隐性侵权问题，市消协缴请市质检院技量处专家、监督员和市民代表到20余个超市和市场进行了暗访和体察，对当场发现问题，当场进行纠正和教育。同时将调查、体察结果向企业通报并转送相关部门，引起了企业和管理部门的高度重视，就存在的问题及时组织开展整改工作，进一步规范了行业经营行为。

【消费纠纷化解】 至2015年11月，全市各级消协组织接待消费者来访、咨询21742万余人次，受理消费者投诉8620件，调解率94.6%，为消费者挽回经济损失2515.385万元，其中因欺诈行为获得加倍赔偿15.55万余元。解决群体性投诉案件4件，帮助政府及时化解社会矛盾。市消协对“吉林信邦汽车销售公司”涉嫌欺诈购车预付款案、上百名农民种子投诉案件，涉及众多预付费群体投诉案件现场督导，群众反映的消费问题均得到妥善处理。

【顺畅维权通道】 市消协与全市邮政、机场、铁路、客运、银行、保险、水、、电、天燃气、吉视传媒、交通、通信、轻轨公司、商企、31所大专院校以及保险、汽车等8家行业协会，特别是与有关行政部门达成共识，形成有机衔接解纠合力共治新格局。召开“携手互助、共创和谐”座谈会。组织全市41家大型商企及水、电、煤、天燃气、公交公司等公用企业、部分行业协会代表召开贯彻落实2015年年主题座谈会，让企业评说消协在服务和履行职责上存在短板；通过交流完善服务措施，提升服务质量。密切与银保及院校等部门关系、加强与企业、协会合作，通过推进与共治单位对接长效机制建设，提高信息共享和解决消费纠纷效能。

【完善“诉转案”工作机制】 结合国家工商总局新颁布的《侵害消费者权益行为处罚办法》，全市各级维权组织集中调处一批典型消费投诉、抽检一批涉及消费者人身财产安全的商品、曝光一批侵害消费者权益的违法企业，完善“诉转案”工作机制。对消费投诉中涉嫌经营者违法经营的，转交行政机关立案查处。挖掘投诉数据，分析群众反映强烈的热点问题，为各行政部门开展执法整治活动提供参考，全年诉转案35件。

【信息化建设】 下发《关于做好消费者投诉受理工作规范的通知》，增强维权工作效能。为推进"全国消协组织综合信息管理系统"信息化建设，市消协专门组织各单位的录入人员举办信息管理系统录入培训工作，结合"双优"评选工作，实现消协综合业务信息的实时填报。对消费投诉案件录入分析、上报程序进行再规范，纳入全年绩效考评中。全市各级消协录入"一会两站"数据信息1583条，中消协投诉信息系统录入消费投诉信息3812条。

（钟　萍）

长春市归国华侨联合会

【概况】 长春市有国内归侨侨眷7万人左右，其中归侨1500人左右，侨眷、外籍华人眷属以及留学归国人员近7万人。与长春有联系，有关系的海外侨务工作对象约13万人，长春市有基层侨联组织12个。

【两个《意见》精神贯彻落实】 2015年，中央和省委分别印发《关于加强和改进党的群团工作的意见》和《关于加强和改进新形势下侨联工作的实施意见》，全市各级侨联组织学习、宣传、贯彻和落实。通过召开讨论会、举办培训班等多种形式组织侨联干部及归侨侨眷进行学习，并将《关于加强和改进新形势下侨联工作的意见》学习读本下发。撰写《当前我市侨联工作中存在的主要问题及建议》和《贯彻中央20号文件精神，解决当前侨联工作问题的建议》专题报告。组织对全国14个副省级城市及部分省会城市侨联组织机构设置、工作对象、人员编制以及基层侨联组织建设等情况的调研。根据调研情况，组织起草《中央、省委关于加强和改进新形势下侨联工作的主要精神及贯彻落实意见》的报告，代拟长春市关于《加强和改进新形势下侨联工作的实施意见》，为推动全市贯彻落实2个《意见》奠定基础。

【联谊联络】 利用海外侨社团以及国内侨联组织、侨商会召开换届大会之机，向海内外侨社团以及侨联组织发去贺函、贺电25封；利用圣诞节、元旦、春节等重要节庆日，向海外18个国家和地区的华侨华人社团及海外侨胞发送电子贺卡400余份；利用海外侨社团举办重要活动时机，向奥地利华商总会等海外侨社团发出祝贺信15封，通过这种方式巩固和加强与海外侨胞和社团的关系，扩大与海外侨胞结识的机会和覆盖面。通过邀请和出访与北美、东南亚、欧洲、大洋洲等多个国家和地区的海外侨社团以及40多位侨领建立新的关系，与美国、加拿大等5个华侨华人社团签订《缔结友好合作关系协议书》。与湖南省衡阳市侨联、侨商会签订《缔结友好合作关系协议书》。邀请和接待世界越柬寮华人团体联合会、意大利、泰国等5个重要团组访问长春；参与接待出席世界华侨华人工商大会的16个国家和地区的23位海外知名侨领，获取137位海外侨领基本信息和联络方式。为长春海外联谊会推荐来自世界12个国家和地区的33名层次较高的海外理事。还通过"侨联之友""全国侨联文化宣传""全国侨商组织"以及"吉林省侨联信息"等涉侨微信群，了解和掌握大量海内外侨情新动态，重点挖掘一批关注长春的海外侨胞新资源。建设"智慧侨联"，构建对外联系工作渠道。根据中国侨联开展"智慧侨联"建设要求，按时将侨情数据，海外侨务资源情况上报中国侨联，申请成为"智慧侨联"成员单位，并通过中国侨联"侨联通"网络平台，与全国地级以上侨联组织及海外侨社团建立大数据侨联工作信息系统。全年接待海内外华侨华人团组12个近100余人（次）；在美国和加拿大拜会7个华侨华人社团及80多位海外侨胞，开展5次重要对外交流活动；4次为市级领导出访及相关单位在境外招商提供对外联系渠道。

【"两个服务"】 协助澳门侨界联合会、上海侨资新药研发企业美迪西公司、市规划院、泰国驻华大使馆商务处、港资企业吉林博大东方藜麦发展有限公司、市委统战部港澳侨处、吉林农业大学信息学院等7个单位和企业举办不同形式的招商和论坛活动。邀请12位侨界专家在活动中作主旨演讲，促成俄罗斯侨商刘铁武先生与吉林博大东方藜麦发展有限公司签订种植500公顷藜麦合同。组织承办国务院侨办、市政府在长春市举办的第21期海外华人回国创业研习班，利用举办研习班之机，与延边州侨联合作，举办"海外华人华侨回国创业延边行"活动。

【参政议政职能】 市政协委员、市侨联主席张越杰针对国内外肉牛市场变化、经过深入调研，就加快吉林省肉牛全产业链发展、推进肉牛标准化规模饲养等方面提出意见建议，并在市政协召开推进肉牛产业发展调研成果通报会上作大会发言。市政协委员索大成的《关于长春市社区居民健康管理纳入到医保的建议》被市政协选为重点提案，并在专题常委会上作书面发言。组织部分侨界委员到外阜企业诺睿德房地产开发集团股份有限公司、吉林省阿凡提科技有限公司及南关区今朝装饰设计公司，侨资企业长春市福义德食品有限公司及南湖街道二二八社区进行调研。委员们将调研中了解到的情况形成材料，提出相关意见和建议。

【干部队伍建设】 全年分2次组织全市30名侨联骨干参加中国侨联和吉林省侨联举办的侨联干部及侨联工作培训班；12月会同市委统战部以学习贯彻落实党的十八届五中全会精神和"'一带一路'与侨联工作"为主题举办2015年侨联工作专题培训班，对全市各县（市）区、各大厂、大学党委统战部负责侨联工作的专职干部及基层侨联专兼职干部和部分归侨侨眷骨干约70人进行培训；组织侨联干部与市委统战部港澳侨处、净月开发区人才办赴天津、广州等地学习交流；利用参加中国侨联、省侨联各种机会，对侨联专职干部进行培训。朝阳区侨联举办"侨法培训班"对区侨联常委进行培训。

（邹　晶）

地方武装

长春警备区

【概况】 警备区编制干部102人，战士19人；有干部113人，战士19人，职工46人。辖10个现役人武部和1个中直企业（一汽集团）、4个开发区武装部（经济技术开发区、西新经济技术开发区、高新产业开发区、净月高新技术产业开发区）。编组基干民兵3大类（应急队伍、支援队伍、储备队伍）4万人。

【基地集中驻训】 整合组训资源。转化集训成果，突出实战化训练。把遂行任务必学、必用、必会的内容作为训练重点，狠抓装备操作、人装结合、维护保养，向熟、快、准、细、实要效能，强化和提高应急、救援和保障能力。结合驻训组织抗洪抢险、森林扑火、矿山救援分队全员、全装、全要素综合演练，实战能力得到提升。制定下发《长春警备区民兵重点分队基地驻训组织流程》和《基地驻训管理实施办法》，为人武部组训提供有力抓手。

【军地现地勘察】 6月下旬至7月初，警备区组织军地联合指挥机构现地勘察。重点对要地防空机动路线、疏散地域、兵力部署、火力配置，抢险救灾险工险段、高火险林场分布及交通枢纽、油库油站、仓储中心、工程机械等逐一勘察，达到机动路线清晰、兵力配置具体、动员数据详实、险工险段明确的目标。突出防汛重点。重点对松花江、饮马河、伊通河等20余处险工险段进行勘察，现地研究措施办法，现地明确支援兵力，现地解决防汛难题，现地调拨物资器材。组织预案对接。针对军地防汛预案脱节、操作性不强的实际，对驻长14家单位逐一调研，核实可动用兵力及保障需求，并与地方防汛预案进行无缝对接，分不同响应等级明确驻长部队出动人员、支援方向、物资保障等。

【拥军优属活动】 长春警备区和市民政局联合开展拥军系列活动。协调市直媒体刊发“卫国强军荣誉榜”，将2014年荣立3等功以上的59名官兵在全市媒体进行公开宣传。开展“敲锣打鼓送喜报”活动，指导各人武部和县（市、区）民政部门组织秧歌队、歌舞队，敲锣打鼓地将立功喜报、光荣之家牌匾和价值6万元的慰问金、慰问品送到立功官兵家中。协调市中级人民法院、司法局到空军雷达七旅开展送法到军营活动，为官兵开展法律援助。协调市体育局、文广新局和书香协会为武警总队、市消防支队广大官兵赠送体育用品和书籍，共同开展军民联手庆八一活动。

【首长机关冬训考核】 1月4日至18日，警备区分2个批次组织两级机关90人进行冬季训练，动用各型车辆8台，警备区常委带全体官兵摩托化行军70公里，徒步行军60公里。重点研究严寒条件下行军、野炊、指挥所勤务、通信和装备保障等训练问题，探索严寒条件野战化通信保障、野战生存及防寒保暖的措施办法。对68名参考人员军事理论、一体化指挥平台操作、战术作业、体能、手枪射击5个科目进行考核，合格率90%。依托民兵训练基地网络教室和各单位作业室，组织一体化指挥平台操作、协同作业等基础训练，强化和提高首长机关谋略水平和组织指挥能力。结合辖区部队各种突发情况，重点对抗洪抢险、森林扑火、动员支前3种类型的想定作业进行专题授课辅导、组织标图作业展评和体会交流，熟悉和掌握处置突发事件程序。

【民兵组织整顿】 加大兵员编组由乡村到城镇、由一般地区向灾害与事故多发区调整力度，形成以城市人口集中区、重要交通沿线、重点防卫目标、灾害事故多发地区为重点的基干民兵队伍编组布局。对长春市编组的基干民兵进行重新划分。完成全市退伍军人服预备役人员44677人的登记统计工作，121名现役部队预编预备役人员逐一得到落实。

【装备器材建设】 重点加强主要方向、重点地区、重要队伍装备建设。在河流湖泊分布密集地区，重点储备抗洪抢险物资装备；在森林植被较多地区，重点储备灭火机、防火服等装备物资；在工业密集的地方，重点储备洗消车辆、抗震救灾、电气抢修、防护服、防毒面具等物资器材，形成布局合理、种类齐全的储备格

长春市副市长桂广礼慰问 208 维和官兵　　（王　野　提供）

局。协调地方政府有关部门，将民兵重点应急分队遂行应急救援任务所需的应急行动装备配套和战备携行物资器材进行实物储备，并纳入地方应急物资储备计划和保障体系。2015 年，全市投入 300 万元，加强应急分队的装备建设。3 个人武部完成重点应急营应急行动装备配套和战备携行物资的实物储备；7 个人武部完成 1 个应急连和 1 个应急救援分队的应急行动装备配套和战备携行物资器材储备；1 个人武部完成了 1 个应急连和防空团指挥机构的应急行动装备配套和战备携行物资器材储备，4 个开发区和一汽集团公司各完成 1 个应急连应急行动装备配套和战备携行物资器材储备。做好军民通用装备器材登记、对口预征（租）用的补偿办法，健全落实军民通用装备器材征（租）用计划方案，重点解决民兵运输、油料保障、交通保障、工程保障、卫勤保障、装备维修等分队所需军民通用装备器材。严格组织落实储备任务，明确动用方法、配备方案，做到定单位、定品名、定数量、定联系人，确保紧急情况下能够就近调拨使用。

【年度兵员征集】 开展征兵网使用培训、相关政策解答、报名网站地址宣传等工作。全市在网上登记适龄青年 23964 人，实际报名数为 6192 人，比 2014 年增长 23.8%，其中大学生 2059 人，增长 40%，高中、中职生 2999 人，初中生 1076 人。市征兵办编印征兵宣传提纲，全市印发宣传海报 5000 余套，《参军入伍宣传手册》10 余万册，宣传单 20 万份、制作宣传标语 5 万多幅、播发新闻 10 余次，在红旗街、重庆路等繁华地段租用 LED 屏，滚动播放征兵广告 1 个月。修订下发《长春市廉洁征兵“十三条”禁令》，并以短信群发方式发到所有报名应征青年和家长手中。完成 3555 名义务兵、25 名直招士官、641 名女兵初检初审任务，大学生征集比例达 32%，退兵数量大幅减少。

【机关建设】 开展“学法规、用法规、守法规”活动。活动区分首长、机关干部、基层官兵 3 个层次，整理下发资料 80 余册。本级组织考核 2 次，迎接省军区考核 1 次。制定下发《机关正规秩序建设标准》。细化办公秩序、军容风纪、车辆进出营区路线和停放等各项标准，对营区停车位、警戒线进行重新施划，提高机关正规化管理水平。

（王　野）

武警长春市支队

【思想政治建设】 坚持每月集中 2 天理论学习制度，以学习习主席“四个全面”战略思想、系列重要讲话精神和新古田会议精神为主要内容。武警部队贯彻古田政工会精神推进会召开后，支队抓好 3 个回合学习贯彻，引导党员领导干部在正本清源中重塑灵魂、坚定信念。分 2 批组织学习贯彻古田政工会精神培训，分 3 个波次组织 “明辨是非大讨论”，专题召开支队政治工作会议统一思想。开展“新一代革命军人样子”大讨论，推动践行“四有”向一岗一哨、一人一事和一言一行融入渗透。开展“迎八一”文艺汇

9 月 10 日，新兵入伍欢送仪式　　（王　野　提供）

演、红色影视放映月、学"三史"知识竞赛、大唱革命歌曲歌咏比赛和以"弘扬东北抗联特有精神、传承我党我军红色基因"为主旋律的纪念抗战胜利70周年系列文化活动,拍摄"警营微电影"和"公益广告"下发部队,投入25000元建设支队政工网,武警部队政治委员孙思敬上将在莅临支队视察调研时给予充分肯定。把全支队18名女干部编成"知心姐姐群",每季度组织1次"五服务一排查"下基层和"政治工作到哨位"活动。抓好新兵"三查"新训工作,确保内部纯洁巩固。

【执勤战备】 纠治各种执勤违纪问题。改善执勤设施,整治8大类57个执勤问题,提高部队执勤综合能力。2015年,完成332起临时勤务,动用官兵83210人次,25处固定目标无一差错。修订完善10种战备预案、12种应急保障预案,严密组织各类反恐骨干和战训法集训,调整敏感时段机动力量备勤方式,建立4个战备物资代储点,提高部队应急快反实战能力。制定支队党委《关于加强军事训练工作的决定》,评选表彰"训练标兵"。采取超常措施,狠抓补差赶队训练,提高部队整体训练水平。

【安全稳定工作】 研究制定支队正规化建设50条措施,组织现场观摩推动,规范机关、基层日常建设。围绕提高部队正规化管理水平,采取"机关先行作表率、大队交叉互相查、中队末端抓落实"等办法,推动机关、部队正规化、精细化管理落实。细化人员、枪弹、车辆、手机、治酒、保密等管理措施,常态化组织明查暗访,督导末端落实。针对东北地区气候特点和年度工作规律,把"大抓7、8、9、10月,打赢'百日安全'攻坚战"突出出来,绷紧安全这根弦。严格落实安全工作各项规范,排除各类安全隐患172处,有效防范风险。

【基层组织建设】 针对支队横宽纵短的体制编制特点,始终抓住大队"一线指挥所"、中队党支部"一线战斗堡垒"、基层干部"一线带兵人"和骨干队伍"一线中坚力量"不放松。开展"学纲要、懂纲要、用纲要"活动,分2批组织基层主官和副连职干部学习贯彻新《纲要》集训,硬化考察帮建制度,注重搞好"三帮一带",强化各级自建能力。制定落实蹲连住班《十五条》,推动各级改进作风,依托大队工作《六条》,督导"前沿指挥所"站在前沿抓落实。制定《关于进一步规范基层工作指导和管理秩序实施细则》,合并16个会议活动,取消22个工作组,压减36份文电。注重强化工作指导,每季度结合分析形势明确党委阶段工作指导原则,每月结合首长办公会理清当月重点工作,每周结合交班会梳理当周主要工作。注重激发争先创优活力,修订完善按纲建队考评工作"三个实施办法",采取"分层次竞争、按比例升降"的方法组织每季度考评。推进机动大队营房建设,提高官兵日常生活保障质量,实施驻市区22个基层单位副食品集中配送,投入60余万元改善基层"四配套"设施建设,自筹35万元为机动大队和6个中队扩建淋浴间,为5个中队改造供暖系统、加装外墙保温,推进4个外县(市)中队的医疗社会化保障。推进暖心工程,组织全体干部到前卫医院进行体检,为14名特困干部、党员发放慰问金7.9万元,为12名干部解决子女入托入学,为官兵安心工作创造良好条件。

(韩　健)

人民防空

【指挥机制建设】 以指挥控制中心、情报预警等9个部位为支撑,建立起市、县两级指挥体系,健全完善长春市联合防空指挥部功能,确立全市人防指挥体制。全市城市防空袭总的基本预案,以及4个保障预案、22个保障计划和8个应急预案得到完善丰富,为战时防空、平时应急等多种行动提供有力指导和保障。升级改造人防指挥保障中心,完善综合指挥平台;"971"基本指挥所、"752"省市人防联合指挥中心建设取得进展;人防简易指挥所和机动指挥所完成升级改造,实现互联互通,达到实战要求。

【强化训练】 以随时应战为重点,组织开展日常不间断训练、演练,提高队伍作战水平。完成贯彻中央《决定》集训、迎接国家调研视察演练展示重大政治任务,实兵演练、现场展示,受到国防部长常万全等各级领导充分肯定和高度评价。组织参加战区、省市各种训练、演练及拉动,队伍战斗力明显提升。

【系统建设】 对基于"云平台"技术上的指挥通信体系建设进行重新定位和规划,对通信机房、设备等进行升级改造,实现"云平台"备份主要功能。完成人防战备资产资源普查和分类数据库建设,实现机动指挥所、空情系统及其他信息系统联网使用。加强防空警报系统建设,推进人防信息化建设水平。在全市57处公园、体育场所悬挂人防疏散隐蔽场所标识,整治规范莲花山、净月山早期防空工事,将其作为市直机关疏散场所,为战时人口疏散提供保障。

【人防结建工程建设】 加强结建地下室工程质量人防全程监督和工程竣工审核验收工作,实行终身负责制,有效规范全市人防结建工作,推动人防结建工作开展。全市完成签建人防地下室86项,实现收缴人防易地建设费1.18亿元。

【人防工程开发利用】 完成全市地下空间开发兼顾人防控详规第一部分的编制工作,开展第二编制工作。市场资源开发利用,取得进展。强化安全生产监督检查,全年无事故。

【法制建设】 加强日常执法检查监督,依法规范行政行为。加大法制培训力度,增强依法行政的意识。与市人大立法委和市法制办沟通协调,推进人防地方性法规立法进程。加强对重大合同的法制审查把关,确保法律手续完备。

(石忠华)

综 述

【社会稳定工作】 开展反间谍、反窃密、反渗透工作,加强情报信息搜集研判,开展专案侦察,及时侦破一批大案要案。加强反邪教斗争,开展教育转化攻坚和反邪教警示教育,成功侦破一批重点案件,遏制邪教组织在本市蔓延。加强反暴恐斗争,加强武装巡逻、重点人员管控、重要部位防控、危爆物品监管和应急处突演练,侦办一批暴恐预谋案件。加强矛盾纠纷预防化解,规范开展社会稳定风险评估工作,全年对95件重大事项开展社会稳定风险评估,其中,暂缓实施1件、不予实施4件。建立市县乡村四级综治维稳组织联动排查体系,健全社会矛盾纠纷"日排查、周调度、月研判"机制,开展民间矛盾纠纷"零激化"等活动,排查各类矛盾纠纷25430件,调处25189件,调解成功率99%。加大信访维稳工作力度,全国"两会"、抗战胜利70周年、东博会等重大会事期间全市未发生有影响案事件,全市进京非访比2014年下降87.1%。

【平安长春建设】 2015年,全市群众安全感达94.55%。加强立体化社会治安防控体系建设,市人大常委会审议通过《关于加强社会治安防控体系建设的决定》。推进社会治安防控"六张网"建设,普及推广农村"治安联防综合保险"、平安之声"大喇叭"、平安E家报警电话、村民商企"十户联防"等经验做法,全市110刑事警情比2014年下降9.8%、治安警情比2014年下降10.19%、"两抢"案件立案比2014年下降36.68%、命案发案比2014年下降19.4%。实施平安家庭、平安校园、平安医院等16项基层平安创建项目,命名表彰"平安细胞创建示范单位"150个,全市基层"平安细胞"创建工作覆盖率100%。强化严打整治斗争,依法严厉打击违法犯罪活动,全市法院受理刑事案件6785件,检察机关依法批捕各类刑事犯罪嫌疑人4621人,公安机关开展命案攻坚、"网络扫毒""飓风行动"、缉枪治爆、"打盗骗保民安"等专项行动,破获各类刑事案件11330起,命案破案率99.2%。加强公共安全隐患排查整治,全市道路交通死亡人数、受伤人数、经济损失比2014年分别下降0.4%、3.0%和10.7%,火灾事故起数比2014年下降8.3%。开展危爆物品寄递物流安全清理整顿、易肇事肇祸精神病患者救治救助、社区戒毒社区康复等专项工作,吸毒人员网格化管理、精神卫生综合管理试点工作受到公安部、国家卫计委的充分肯定。加强基层基础建设,在街道(乡镇)普遍成立政法委,在社区(村)普遍成立综治委,组建12481人的网格长队伍、14599人的综治协管员队伍、47924人的群防群治队伍。在社区(村)普遍建立"一个中心、两个平台、三个工作站",开展"创新社会治理示范社区"创建工作,累计打造达到"八有十无"标准的示范社区236个,命名幸福社区53个,建成120个社区居家养老服务中心,在全省率先实现综治信息系统市、区、街道、社区四级联通和视联网省市区三级联通,社区拥军工作在全国社会化拥军工作推进会上介绍经验。建立实行"平安月报表""群众安全感满意度测评""综治一票否决权制"等制度,提高平安建设制度化、规范化水平。

【法治长春建设】 推进依法治市工作,在市委政法委成立市委法治办,制定出台《全面推进依法治市五年实施规划》《2015年工作要点》和《重点任务分工方案》等文件,协调相关部门推进全面依法治市各项任务落实,形成党委领导、政法委统筹、部门参与、协调一致的领导体制。实施法治建设10件实事,推进依法畅通群众诉求表达渠道、规范国有土地上房屋征收、规范道路交通秩序、构建公共法律服务体系等重点工作,为广大群众办好事实事675件。加强法治社会建设,举办市委理论中心组法治建设专题学习会,在全省率先设立中小学法治教育课程,在省内11个电视频道、9家电台、7家报纸设立普法栏目43个,在全市建立"法治文化示范点"100个、社区法律服务站322个、"12348"法律服务热线10条、区域法治建设专家服务团10个,全市市级以上民主法治示范村占比达35%。

【司法体制改革】 推进试点扩面工作,在全市两级法院和检察院全面推进改革试点工作，员额比例一次性达到限定范围内。制定出台《审判责任制实施办法》《司法过错责任追究暂行办法》《案件质量终身负责制度》等意见，初步形成权责明晰、规范有序的制度体系。争取人社、财政等部门支持，招录文职人员234名。加强执法规范化建设，市法院大力实施“人民群众司法感受工程”。市检察院规范司法行为专项整治工作受到最高检察院肯定，全省检察机关规范化建设现场会在长春市召开。市公安局全面实行“五级审核”制度，执法办案规范化水平得到提升。市司法局强化监狱执法、律师执业、社区矫正等重点领域执法执业规范化建设。加大执法司法公开力度，建立“审判流程、执行信息、裁判文书、诉讼服务、信息发布、舆情引控、监督联络”等审判公开7大平台，打造网上服务大厅、远程接访系统、“两微一端”等检务公开平台，落实讯问、询问犯罪嫌疑人、案件当事人同步录音录像制度，完善减刑、假释、暂予监外执行等狱务公开工作，实行社会救助、医疗救助、社会养老、购买社会服务信息全面公开制度，市法院工作经验在全国法院信息化工作会议上总结推广。

【政法队伍建设】 开展“三严三实”专题教育，组织开展“坚定理想信念”“严守党的政治纪律和政治规矩”等专题学习研讨和高质量的民主生活会，市直政法各部门制定整改措施274条，解决突出问题117个。举办基层党委政法委领导干部培训班，分领域进行专题辅导。政法各单位通过举办庭审观摩学习、警务实战技能培训、公诉辩论比赛等主题培训活动，先后培训干警12000余人次。树立第3批“人民满意政法标兵单位”“人民满意政法干警楷模”，朝阳公安分局于海滨、双阳公安分局索贵成被中央文明办评为“中国好人”，市检察院吴慧清获全国“守望正义—群众最喜爱的检察官”提名奖，市法院陈海彪被评为“吉林好人·最美法官”。加强党风廉政建设。开展“三问”监察工作，健全民意沟通、群众评议等“六项机制”，整治执法司法纪律作风突出问题，发现倾向性问题103个，制定整改措施245个。全市政法系统党纪政纪处分77件79人，组织处理31人，问责270人，移送司法机关5人。

（赵　彬）

公　安

【立体化治安防控体系建设】 狠抓街面巡防、社区巡防、路面交警巡防“三张巡防网”建设，对人员密集场所和要害部位全方位、全覆盖、全天候巡防，屯警街面，武装巡逻，动中备勤，见警率和管事率稳中有升。全市110刑事警情、治安警情、“两抢”案件、命案比2014年分别下降9.8%、10.19%、36.68%和19.4%，110警情和“两抢”案件发案连续5年保持下降。

【专项行动】 组织命案攻坚、“网络扫毒”“飓风行动”、缉枪治爆、整治治安突出问题、“打盗骗保民安”等专项行动，全市命案破案率达99.2%，“两抢”案件破案率84.92%；打击非法集资等涉众型经济犯罪，挽回经济损失7300余万元。

【安保工作】 全市完成等级安保任务56批次，完成习近平、李克强等党和国家领导人等级警卫任务，完成全国全省全市“两会”、党的十八届五中全会、省委十届五次全会等重要会事，第十届中国——东北亚博览会、纪念抗战胜利70周年等重大活动，以及元旦、春节、中秋、国庆、中考、高考等敏感节点安保任务；打击邪教活动和各类渗透、颠覆、破坏活动，没有发生影响政治稳定的重大事件。

【公共安全管理】 以“控事故、防破坏、保安全”为重点，建立安全隐患常态排查和购买许可、实名登记、流向备案等安全管理制度，对全市加油站、加气站、剧毒放射性物品单位、民用爆炸物品单位严格监管，未发生治安灾害事故。落实消防安全、交通安全管理措施，消防安全形势保持平稳，全市火灾比2014年下降8.3%；交通安全形势总体平稳，其中死亡人数、受伤人数、经济损失比2014年分别下降0.4%、3.0%和10.7%。

【公安行政审批制度改革】 建立行政审批项目清单制度，精简行政审批事项114个，占全部审批项目总数的68.7%；深化执法权力运行机制改革，全市刑事案件起诉合格率100%，行政诉讼胜诉率100%；推进户籍制度改革，放宽户口迁移政策，取消农业、非农业户口限制，加快建立城乡统一的、以合法稳定就业和合法稳定住所为户口迁移基本条件、以经常居住地登记户口为基本的新型户籍制度。

市公安局领导深入基层检查指导警务转型升级建设和应用　（周凤来　提供）

【警务转型升级】 推进基础工程重点项目建设。市区两级公安指挥中心建设进入全国先进行列，公安信息中心建设达到公安部部颁标准，市区两级公安交通指挥中心和智能交通管理系统技术国内领先，市局和县级局执法办案中心、智能枪管中心、射击训练中心、涉案财物管理中心、刑事技术中心建设整体推进，全市派出所“四室一中心”建设整体升位，全市视频监控系统技术达到国内领先标准，刑事技术实验室全部通过国家实验室认可委验收和复审，技侦、网安手段建设均达到全国先进水平。

【建设过硬公安队伍】 开展“三严三实”和“秉公执法，人民公安为人民”主题教育活动。全年召开12次专项表彰会议，表彰339个优秀集体和12009名优秀民警。利用医疗基金和优抚基金，救助慰问患病和生活困难民警。全市举办警务实战培训班93期，培训民警9876人次。7个县(市)区公安局长兼任政府副职。全市公安机关机构设置、警力编制和职数配备、警力调配进一步规范，警力招录和人才培养稳步推进。

(周凤来)

【交通管理】 警务基础信息化建设。投资4832万元，在全市中心城区开通运行由交通信息采集、交通信号控制、交通诱导服务“三大系统”构成的智能交通管理系统，实现对中心城区道路交通运行的智能管控。高峰期重要路口交通延误降低15%以上，路口通行能力提高10%以上，实施绿波控制的主干路平均车速提高15%以上。投资1089万元，建成7个交通分指挥中心，实现大队辖区内视频监控、警员定位、缉查布控、交通诱导、信息通讯、指挥调度、移动警务、网络技术的综合集成，为扁平化指挥调度、基层警务实战提供科技支撑。采购执法记录仪500台，人手配备1部，实现对执勤执法全过程音视频全记录。购置70台警用车辆全部分配给基层大队，为全部316台警用摩托车喷涂反光标识。全部外派单位实现网络宽带升百兆，除队址相对偏远的大队外，全部大队实现网络宽带升千兆。道路交通管理。辖区大队实现网格化布警，城区内以中队管辖划分33个网格，确保警力配置与管理任务均衡匹配。全体女民警倾力打造助学岗勤务新品牌，深受师生家长好评。

实施2期交通调流，公交专用道设置141公里，设置电子警察提示标志681面，设置禁停标志221面、出入城口标志46面，施划复线交通标线321条道路、42.05万平方米。“五年严管计划”圆满收官，全年查处各类交通违法行为149.3万件。对大货车实施24小时源头堵截和线路查控，查处超载4733件、扩大号不清5600件、反光标识不清9242件、改装改型316件。

强化夜间查处力度，查处酒后驾车6857件。静态交通治理突出对城市出入口、商圈、车站、校园周边等区域违法停车、占道经营等管理，查处违法停车99.2万件。移交非法营运三轮车120台，扣留两、三轮摩托车4375台。缉查布控系统成功拦截存在严重交通违法行为的5类重点车21.2万台次。

落实大气污染防治工作要求，与环保部门联合开展黄标车、老旧车综合整治，淘汰黄标车66640台，其中淘汰2005年底前注册的营运黄标车24011台。处罚黄标车限行等各类违法行为3160件，查处逾期未检验车辆39823件，移交环保部门“冒黑烟”车辆169台。

严打整治，维护社会稳定。开展上级机关部署的打非治违、交通违法“清网”“打盗骗保民安”等专项行动，行政拘留527人，刑事拘留171人，抓捕、移送网上在逃人员30名，140%完成市局全年任务指标。全年破获致人死亡交通肇事逃逸案件21起，破案率达95.4%，破获一般逃逸案件98起，破案率87.5%。

政治敏感期，高质量完成全国、省市“两会”、国家领导人到长等一系列重要会事以及大型活动交通安保维稳任务，完成等级任务58次，其他警卫任务180余次，春节、中秋、清明、国庆等节点道路交通安全顺畅，交通安保任务做到万无一失。涉警访省厅交办1起、市局交办2起、支队新立21起，息访率100%，特别是信访积案存量下降率达87.5%。

交通事故预防。支队联合安监、交通等职能部门开展交通安全大检查，排查国省干道及县乡道路交通安全隐患95处、整改52处，整改率提升8%。重点驾驶人和车辆信息采集率分别达98.3%和99.3%。将10大典型交通事故案例编写成宣讲教材，深入单位、企业、社区、农村进行交通安全宣传教育，开展巡回讲演175场次。全市开展主题性宣传日活动8次、专项宣传1179场次、制作展板32块、印制宣传品30余万份，与72家重点运输企业签订了包保责任书。中央级媒体发稿30篇，省级媒体发稿230篇，市级媒体发稿415篇。全市道路交通事故死亡人数、受伤人数、经济损失比2014年分别下降0.37%、3.02%和10.73%。

监管工作。检车线全部实现远程监控查验车辆，发现不规范监测行为60余起，黄牌警告检车企业8家，停业整顿5家。推进考试权限下放工作，榆树大队开通科目二考试场。为一汽集团、农安客运集团等企事业单位提供免费上门检车服务60余次，为身体残疾的群众现场办理服务业务。拓展网上车管所业务范围，开通网上自主约考、补领检验合格标志等16项车驾管业务。处置拥堵警情1920起，比2014年下降46.8%，为群众提供业务咨询服务11.2万次、信息查询服务17.5万次，交警网站发布信息2991条，交通提示短信发送262万条，交警新浪、腾讯官方发布博文4954条，官方微博在吉林10大政务微博影响力排行榜中名列全省第2名。互联网上教育培训记满12分驾驶人4655人次，考试合格率92%。

交通事故快处快赔服务中心达11处，群众反响良好。市长公开电话接办群众投诉6454件，办结率、回复率100%。人大政协建议提案办结率、满意率100%。交警窗口评价满意率99.95%。队伍建设。排查整改14个方面109个问题。组织民警参加警务实战化、执法规范化等各类培训班61期，4827人次，乒乓球、羽毛球、摄影、征文等文体活动竞赛获较好名次。全年违纪案件查处率比2014年下降40%，上级机关查处交办案件下降42%。组织全体民警健康体检，慰问患病困难民警 96 人、执勤受伤民警 67 人。支队 7 个集体获 3 等功、11 个集体受到嘉奖，7 人立 2 等功、121 人立 3 等功、180 人受到嘉奖。

（潘　东）

市长姜治莹在全市消防宽城现场会上检查　　（米　鑫　提供）

【消防工作】 2015 年，全市发生火灾 1782 起，死亡 7 人，受伤 2 人，直接财产损失 2600 万元，比 2014 年火灾起数持平，死亡人数减少 1 人，受伤人数减少 8 人，直接经济损失持平。消防支队全年接处警 5998 起，出动车辆 1.3 万台次、警力 6.5 万人次，成功处置榆树中兴商厦、欧科奥田仓库等火灾事故，实现“两个高度稳定”和“三个未发生”。即“全市火灾形势高度稳定和部队内部管理高度稳定，未发生有较大影响和重特大火灾事故、未发生有影响的官兵伤亡责任事故、未发生有影响的涉警炒作舆情”的工作目标。

严格消防行政审批，从源头扼制火灾隐患形成。全年审核审批项目 3370 个，验收项目 2242 个，行政处罚 1336 起，纠正先天隐患 1400 项。高压整治、管理消防产品，印发《消防产品监督管理工作考核办法》，举办消防产品质量监督管理系统软件应用培训班，做到培训指导全覆盖。联合质监、工商等部门开展消防产品专项整治行动，组织各县市区举行集中销毁仪式 14 场次，有效净化消防产品市场。服务经济社会发展，创新消防审核提前介入、手续补办等便民举措，全年为 100 余家“三重一小”企业会诊把脉，上门服务企业 550 余家，处理群众举报和市长公开电话反馈案件 10 件。全年，部署开展劳动密集型企业、养老福利机构、商务行业系统、学校、幼儿园、易燃易爆危化品场所、彩钢板违章建筑、外墙保温材料和开发区违法违章工程等 8 大专项整治行动。强化重大火灾隐患整改力度，以长江路步行街重大隐患整改为契机，推动各级政府挂牌督办，43 家重大火灾隐患单位全部落实整改时限、整改资金。全年，组织社会各类检查组检查单位 4.3 万家（次），发现并督促整改火灾隐患 2.4 万项、查封单位 432 家，“三停”单位 228 家，罚款 1150 万元、拘留 35 人，14 家重大隐患单位整改销案。

完成重大活动安保任务。全年出动警力 5600 人次，采取党委常委包片、监督干部驻点保卫、重要区域官兵上街巡防等措施，完成习近平、李克强等党和国家领导人来长驻地消防安保任务；除“三节两会”、高考等消防安保任务外，还高标准地完成纪念抗战胜利 70 周年重大活动和东博会等各类社会影响较大的展会保卫任务 167 次。

加强营房基础设施和装备器材建设。全年落实部队营房建设经费 5617 万元，新建消防站 3 处、改造 6 处，正在开工建设 2 处，新建、改造营房面积近 3.5 万平方米。推进战勤保障大队 3 年建设规划，争取战勤保障大队物资储备建设经费 1000 万元，完成“两室一站”和车辆维修车间建设，购置战勤保障装备物资，拓展战勤保障功能，基本实现独立维保、验收测试和饮食、医疗、物资的综合保障功能。

结合长春城市发展特点和区域致灾因素，优化装备配备结构，提高特种装备配备比率，增强车辆器材装备实战性能。协调市政府特种装备建设资金和市区大队配套资金 7100 余万元，购买整车进口城市主战消防车等各类大型装备 9 大类 31 台，配备高精尖器材及个人防护装备 120 余种 1.63 万件套，为所有执勤车辆安装驻车充电充气装置，部队装备器材性能跨越提升。

（米　鑫）

检　察

【服务改革发展】 制定实施《依法保障长春全面振兴发展的工作意见》，营造有利发展的法治环境。突出服务重大项目。主动对接全市 181 个重大项目，深入一汽、轨道客车、大成、龙嘉机场、地铁、长吉产业创新发展示范区等重点项目和单位，提供法律咨询和预防服务 378 次，助力项目建设顺利推进。突出服务民营企业。促进综合配套改革示范区建设，与新华能源、冷弯型钢等 515 家民营企业沟通搭建联系平台，开通“绿色通道”，依法帮助企业破解发展难题防控法律风险 216 个。依法保障大众创业，万众创新，围绕国家创新型试点城市和知识产权示范城市建设，加强对科技型企业的保护力度，批捕、起诉侵犯企业知识产权、制假售假等犯罪 75 人，批捕、起诉集资诈骗、非法经营等破坏市场经济秩序犯罪 863 人。在司法办案中，妥善办理有重大影响的腐败案件，促进长春市政治生态建设。坚持“办案考虑发展”，对涉案企业负责人特别是民营企业负责人，在法律框架内采取特殊政策，尽可能不采取羁押性强制措施；不轻易查封、扣押、冻结

市检察院干警深入市帮扶中心开展法律咨询服务　（刘永邦　提供）

涉案企业的财物和账户；不公开披露企业涉案信息；对已经被羁押的企业负责人，允许其在全程监督下，处理生产经营事务。严格把握民事纠纷和经济犯罪、个人犯罪和企业违规、正常拆借和集资诈骗等法律政策界限，坚决防止因司法办案影响企业生产经营。市检察院服务发展工作受到市委肯定，被评为“服务发展先锋行动标兵单位”。

【惩治职务犯罪】 2015年，全市检察机关立案查处职务犯罪417人，其中，处级以上要案45人，犯罪金额5万元以上的大案345人，大案要案比2014年上升14.3%。加大对群众身边腐败犯罪特别是“小官大贪”的查处力度，查办发生在社会保障、征地拆迁、惠农扶贫、教育卫生等民生领域职务犯罪341人。通过办案，挽回经济损失2.5亿元。抽调70余人，参与查办原中央政治局常委周永康，河北省委常委、秘书长景春华等5起专案。指导并在全市推广农安县预防责任区创建试点工作，推动建立系统化大预防机制。在一汽集团、欧亚集团、水务集团等15个大型企业和单位开展预防共建活动。针对十八大以来要案查办情况，开展专题预防调研，为市委决策提供参考。对115件案件在侦查过程中开展同步预防，帮助发案单位堵塞漏洞。开展行贿档案查询12768次，建议取消162个污点单位的市场准入资格，促进社会诚信体系建设。

【打击刑事犯罪】 适应以审判为中心的诉讼制度改革，着力构建检察主导的指控体系。受理审查逮捕各类犯罪嫌疑人6404人，依法批准逮捕4621人，受理移送审查起诉案件9922人，决定提起公诉7691人。对不构成犯罪和证据不足的，不批捕578人、不起诉75人。对重大案件提前介入引导侦查196件。维护国家安全和公共安全，依法从快批捕涉恐犯罪10人，起诉故意杀人、绑架等严重暴力犯罪1087人，侵财犯罪2178人，毒品犯罪740人。打击危害食品药品安全犯罪，起诉91人，依法保护人民群众“舌尖上的安全”。对轻微犯罪及初犯、偶犯、未成年人、老年人犯罪依法从宽，不起诉523人。拓宽群众诉求表达渠道，两级院全部开通互联网法律咨询服务系统及视频接访系统。落实“谁执法谁普法”要求，200余名检察官组成志愿者队伍，深入学校、社区、农村和部队，开展以案释法等法律宣传服务。

【强化诉讼监督】 加强刑事诉讼监督，督促侦查机关立案和撤案73件，追加逮捕和起诉135人，对认为确有错误的刑事裁判提出抗诉45件。支持法院对个别证据不足久押不决案件作出无罪判决。加强刑事执行监督，纠正减刑、假释、暂予监外执行不当544人，建议收监22人。开展羁押必要性审查，建议变更强制措施60人次。对3636名服刑人员社区矫正情况进行监督，纠正脱管、漏管16人。对219名罪犯的特赦工作开展监督。加强民事行政检察监督。落实市人大常委会《关于加强民事行政检察工作的决议》，加强对民事行政裁判、调解和执行等诉讼活动的监督。民事行政检察部门办案力量增配54.7%，办理民事行政申请监督案件567件，提出抗诉和再审检察建议115件，比2014年上升94.9%。坚持抗诉和息诉并重，对依法不支持监督申请的案件，做好释法说理，维护审判权威。监督行政不作为、乱作为问题，发出督促执法和纠正违法检察建议153件。以生态资源和环境保护为重点，开展公益诉讼试点工作，促进美丽长春建设。

【司法改革试点】 实行检察官员额制。在两级院1261名检察人员中选出443名员额内检察官。检察官比例由原来的75.2%降为35.1%，低于中央最高限额3.9个百分点。落实检察官办案责任制。建立办案责任终身负责制。加强内部监督，落实监督措施。制定《司法办案流程监控留痕暂行办法》《司法过错责任追究暂行办法》等文件，建立检察官司法档案，完善监督、管理和考评机制，落实司法责任。推进内设机构“大部制”改革。针对检察机关原有内设机构过多、效率不高、司法责任难以落实等实际问题，市检察院压缩内设机构，将27个处室整合为“8部1委”。其中，将15个办案部门合并为4个检察业务部，内部不设二级机构，以主任检察官办案组为基本单位，实行扁平化管理。基层院、派出院对内设机构进行整合。此次改革严格落实中央顶层设计，确保改革平稳推进，在全省检察系统实现“三个率先”，即率先在九台、南关区院试点；率先取得经验并被推广；率先完成改革配套制度。长春改革模式对全省乃至全国检察改革产生积极影响，提供可推广的经验，得到中央政法委、最高检和省市领导肯定，中央电视台新闻联播等多家媒体给予报道。改革成效逐步显现，实现检察人员的分类管理，检察官、检察辅助、司法行政3类人员比例分别为35.1%、53.1%和11.8%，根据各自岗位特点，分别建立管理机制；两级院一线办案人员及业务辅助岗位人员增加13.9%，检察官平均年龄缩减2.4岁，一大批业务能力强、学历水平高的中青年检察官进入员额；“大部制”整合资源，实行扁平化管理，减少行政层级，150名处、科长回归办案一线，有效提升司法效率。

【规范司法专项整治】 通过对案件质量集中评查，司法活动专项检务督查，向代表委员通报问题、组织座谈等形式，梳理出8个方面368个不规范问题。落实整改责任，实行销号制度，整改率88%。针对职务犯罪侦查行为不规范，落实同步录音录像制度，强化对初查、侦查活动的监督管理，实行案中检查、案后评查、回访制度；针对律师权益保障不到位，与市司法局、律师协会联合制定实施《关于依法保障律师执业权利的若干意见》，破解律师执业“三难”问题；针对涉案款物管理不规范，在全地区推广条码管理，实行“一物一码、电子记录”。开展检察业务和规范司法专题培训42次，培训1960人次。绿园区院代表长春检察系统接受高检院抽样评估，在全国被抽查的40个院中，问题率最低，受到评估组高度评价。

【自觉接受各方监督】 市院成立人民监督工作办公室，专门负责服务人大代表、政协委员和人民监督员的监督工作。推进代表委员深度参与检察工作，接受市人大常委会视察审议民事行政检察工作；邀请政协委员对检察改革进行专项视察；邀请代表委员列席检委会、参加检察开放日、评议公诉人出庭公诉、参与规范司法专项整治等活动200余人次。依法接受人民法院、公安机关监督。推进人民监督员制度改革，对32件拟做不起诉或撤案决定的职务犯罪案件接受监督评议。深化检务公开，综合运用检务公开大厅、门户网站和“两微一端”等信息平台，公开已审结案件的法律文书4134份，公布重要案件和程序性信息14561件。加强军地检察协作，帮助部队开展法治教育、培训法律人才。

【队伍建设】 在全市政法工作群众满意度测评中，获得95.04分。在纪念“国家宪法日”、东北四市公诉论辩、抗战胜利70周年等活动中分别获得1、2等奖。在“双包双转化”帮扶九台区二泉村活动中，改造基础设施、加强党组织建设，受到广泛好评。全市检察机关有175个集体和个人受到市以上表彰，市院荣获全省文明单位称号。

（刘永邦）

法 院

【概况】 2015年，全市法院受理各类案件105554件，法定审限内结案率93.76%。市中院受理各类案件15299件，法定审限内结案率97.15%。

【惩治刑事犯罪】 全市法院受理刑事案件6785件。其中，市中院受理697件。全市法院判处5年以上有期徒刑、无期徒刑、死刑592人。盗窃、危险驾驶、故意伤害、诈骗、毒品和交通肇事犯罪案件占全市法院受理一审刑事案件总量的66%。毒品犯罪案件比2014年增长90.3%，信用卡诈骗案件比2014年增长77.52%，危险驾驶案件比2014年减少19.99%。审结职务犯罪案件66件，判处罪犯121人。审结一批诈骗、侵占、盗窃企业财产和侵害企业经营者人身安全犯罪案件。审结强奸、虐待、猥亵、拐卖妇女儿童犯罪案件175件，对219人判处刑罚，强化对妇幼群体的刑法保护。审结未成年人犯罪案件190件，219名被告人中，5人免予刑事处罚，99人单处罚金或适用缓刑，落实教育、感化、挽救方针。

审结一批非法吸收公众存款、粮食收购合同诈骗、拒不支付劳动报酬、生产销售有毒有害食品、假借“神医”名义盗取老年人财产案件。审结一批冒充军人招摇撞骗犯罪案件，维护军队、军人形象。在“6·26”国际禁毒日，集中公开宣判毒品犯罪案件21件，27家媒体对此进行宣传报道。在审判环节严格防范冤假错案，依法宣告无罪或不予认定部分起诉罪名33人。其中，对李某杀人案、黄某贩毒案、栗某诈骗案等因证据未能达到确实充分标准、无法排除合理怀疑，宣告被告人无罪。审结减刑案件4313件、假释案件122件，特赦罪犯219人，通过司法公开平台及时公布案件信息，确保刑罚执行公开公正。

【审理民商事纠纷】 全市法院受理民商事案件63116件。其中，市中院受理5275件。民间借贷和金融借贷、婚姻家庭、侵权与买卖合同纠纷案件占全市法院受理一审民商事案件总量的50.1%。公司、金融领域的商事案件比2014年增长235.44%，房地产案件比2014年增长40.18%。审结一批重复抵押、一房多卖、土地使用权转让合同、建筑施工合同案件，规范房地产市场秩序。首次审结“老三板”退市公司重整案、公司解散案，首次受理民营企业破产案，引导“僵尸企业”规范退出市场。受理吉林省首例反垄断民事赔偿案。受理吉林省首例上市公司虚假陈述民事赔偿案。审结盗刷银行卡民事赔偿案。严格甄别名为买卖、实为借贷的行为。审结一批确认不侵害知识产权、特许加盟合同、微信公众平台著作权侵权等案件，首次对计算机软件侵权行为进行证据保全。

调解大成集团36家子公司债务纠纷。化解汽车零部件企业1.1亿元系列合同纠纷，依法为一汽金融公司1.68亿元债权进行财产保全，服务汽车产业转型升级。离婚案件坚持未成年人抚养问题不解决一般不判离，部分赡养案件既判处给付老人赡养费又责令子女定期探望。解决一批涉军纠纷，贯彻立审执优先原则，落实司法拥军措施。坚持保障劳动者权益与促进企业生存发展并重，化解一批矛盾激烈的拖欠农民工工资、解除劳动合同赔偿案件。建立消费者权益纠纷诉调对接机制，审结一批群众关注的美容侵权、旅游欺诈案件。引导理性解决医患纠纷，建立第三方评估调解机制，推出专家辅助人参与诉讼等10项新做法。注重就案讲法，强化矛盾预防，五棵树法庭在处理4起黄牛买卖合同案件时，主动邀请百余名养牛户旁听庭审，一并化解40余起同类纠纷。

【解决行政争议】 全市法院受理行政案件2134件。其中，市中院受理678件。全市法院一审行政案件比2014年增长305.41%，二审案件比2014年增长254.64%，申诉、申请再审案件比2014年下降79.63%。行政强制和处罚、征收补偿、社会保障类案件占全市法院受理一审行政案件总量的66.3%。以县、市、省级人民政府为被告的案件比2014年增长768.57%，行政信息公开案件增幅最大。行政案件撤诉率16.44%，行政机关一审败诉率12.43%。判决行政机关拒绝接收信息公开申请的行为违法，保障人民群众知情权。依法支持农民工享受工伤保险待遇。向各级政府发出重视行政应诉、完善执法程序等司法建议，推动司法与行政的良性互动。向各县(市)、区政府发出规范土地征收司法建议，支持政府依法拆除违章建筑，服务地铁二号线等一批重点项目建设，维护行政执法权威。

【保障胜诉者权益】 全市法院受理执行案件25298件。其中，市中院受理1390件。执结涉民生案件2003件，执行到位抚养费、劳动报酬、交通事故赔偿金等3754.24万元。为企业执结案件2958件，执行回款309.19亿元。建立执行指挥中心，具备信息查控、案件管理、指挥调度、司法公开、内外联动和视频会议6大功能。“总对总”连接21家全国性银行，实现当天查询、冻结被执行人财产。开展“三反三打击”执行战役，清理全市法院历年未执结案件11511件，纳入失信被执行人黑名单5415人，比2014年全年增长1069%。对失信被执行人罚款91人、限制高消费991人、限制出境74人、司法拘留503人、移送追究刑事责任37人。13.53%的失信被执行人自动履行义务，提升执行到位率和法律威慑力。农安法院处理的一起拒执案件入选全国法院打击拒执行为10大典型案例。

【司法体制改革】 实行司法人员分类管理，坚持优中选优原则，通过考试、考核等8个环节，全市法院选任员额内法官577名，占政法专项编的34.89%。市中院选任员额内法官106名，占政法专项编的33.02%，平均年龄38.5岁，85人具有硕士、博士学位，硕博比例为80.2%，促进审判专业化、法官职业化。落实司法责任制，强化法官与合议庭办案职责，减少院庭长个案审批。突出问责追究，重点评查发回改判、群众上访等问题案件899件，清理随意扣除审限、延长审限、超期未出具鉴定意见、超期未归档案件3589件，问责法官19名。全市法院诉讼案件一审息诉服判率91.31%，上诉的4384件案件中，发回重审或改判774件，新判案件无进京访。刑事案件一审平均审理时间37.5天，占法定审限的62.5%；民事案件一审平均审理时间73.3天，占法定审限的40.7%；行政案件一审平均审理时间68.1天，占法定审限的37.8%。

【实行立案登记制】 对符合法定条件的起诉，当场登记立案。对不能当场立案、需要补充必要材料的，一次性告知。96%的案件在20分钟内完成立案。全市法院受案量突破10万件，比2014年增长21.2%，占全省总量的27.1%。市中院受案量比2014年增长20.96%，5个县(市)、区法院受案量比2014年增长均超过50%。全市法院刑事案件比2014年增长4.38%，民事案件增长15.84%，行政案件增长288.71%，执行案件增长39.06%。法官人均结案149.15件，增长23.62件，超出全省平均数37.77件。基层民事法官人均结案210.73件，平均1.18个工作日办结1件。全市法院依法减缓免诉讼费800.85万元，诉讼服务中心增设自动提款机、刷卡机、自助查询终端，增设材料接转窗口、网上自助立案体验区，法律志愿者窗口提供免费法律咨询1850次，简化诉讼费退费手续，电子显示屏滚动播出诉讼须知和开庭公告，优化诉讼服务举措。与市司法局、律师协会联合出台《保障律师执业权利实施意见》，开辟律师专门通道，设立律师工作室，提供诉讼便利。维护登记立案秩序，对11起虚假民事诉讼案件撤销原判决，驳回诉讼请求，追究当事人刑事责任，引导群众依法行使诉权。

【阳光司法机制】 加快“电子法院”建设，实现网上立案、网上缴费、网上审理、网上调解等功能。自主研发减刑假释、司法辅助办案系统，做到审判权运行全程留痕。专线连通看守所、监狱，刑事案件实现远程开庭、提讯。扫描上传诉讼卷宗，形成电子档案，方便调阅查看。司法拍卖进驻“淘宝网”，降低交易成本，防止暗箱操作。建成科技法庭149个，实现每庭必录和庭审直播、点播功能。配备执行单兵指挥系统，实现执行过程全程录音录像。依法公开裁判文书45344份，推送审判流程信息87131次，让审判活动实时接受监督。开通“长法微言”官方微信平台，提供掌上诉讼服务。运用“长春中法”微博开展庭审视频直播，5.7万名网友在线观看，影响力位列全国法院第13名。

【推进司法民主】 向市人大常委会作“阳光司法”专题报告。拓展常态监督渠道，市中院先后邀请7名代表参加庭审质量评查，11名代表观察重大案件庭审、参加重点案件听证，14名代表现场监督法官员额考试，20名代表列席审判委员会，31名代表参加视察法院活动，36名代表参与法院内部工作研讨，57名代表参加法院重大会事。加强日常联络工作，选派91名审判长以上干部，定向对接联系全体代表，收到意见建议97条。促进人民群众直接参与审判一审普通程序案件陪审率86.37%。增选人民陪审员168名，基层群众占90%。开办陪审员培训班，专题辅导法律知识。接受政协民主监督和社会各界监督，中院邀请460余名群众旁听庭审、参加活动，基层法院设立留言话吧，随时收集意见建议。

【畅通诉求表达渠道】 开展“涉诉信访逐案攻坚”专项活动，全市法院进京访案件从2012年的1022件，逐年下降到2013年的477件、2014年的272件、2015年的117件，平均每个法院不到8

件。其中，比2014年下降56.99%，降幅居全省法院首位。规范信访秩序，非正常访案件由2013年的197件，逐年下降到2014年的33件、2015年的11件。其中，比2014年下降66.67%。拓宽信访渠道，远程视频接访64人，减少越级上访和信访成本。创新工作机制，实现两级法院信访工作互联互通、信息共享、科学管控，自主研发的信访工作软件在全省法院推广应用，在全国法院信息化工作会议上做现场演示。

【政治建设】 推进“三严三实”专题教育，两级法院134名法官与中院院长面对面共同查找案件质量、审判效率、司法作风、诉讼服务等方面问题335项，逐一提出改进措施。落实“谁执法谁普法”责任制。邀请中小学生到院旁听庭审、模拟审判，走进部队讲授官兵关注法律知识，民商事骨干法官先后走访中车集团、九台工业园、北湖科技园集中开展法律讲座，做客“889”新闻直播间12人次，在线解答听众提出的各类法律问题。改版《百姓与法》电视节目，增加专家点评与观众互动环节，收视率稳居长春电视台非自办类节目首位。落实精准扶贫要求，完成“双包双转化”工程，为遭受火灾的榆树市西太平村捐助资金70万元，协助改造基础设施。通过“情系花蕾”活动对接帮扶百余名困难儿童，“代理妈妈”活动屡获表彰。举办各类文体活动，与驻军单位开展联谊，在市直机关纪念抗日战争胜利70周年7大文体赛事中，获得2个1等奖、4个2等奖等14个奖项。创新党建载体，两级法院66.6%的职工加入党建微信群，及时分享、学习最新方针政策。党建微信平台推出法官原创文章68篇。

【法院队伍建设】 邀请警官、检察官、律师、学者参与司法论坛、法官沙龙，研讨行政与刑事司法程序衔接、毒品与醉驾案件证据标准、涉案财物处理等问题。对全市民商事法官在土地承包、执行异议等17个领域进行业务培训集中辅导，编发《百案评析》等系列丛书，实行案例指引，统一裁判标准。深化青年法官导师制与法官助理导师制，资深法官教青年法官，青年法官带法官助理，加快干部成长成才。举办“司法大讲堂”，利用微信群随时进行业务研讨。

【推进廉洁司法】 学习廉洁自律准则和纪律处分条例，制定《反映人民法院工作人员问题线索受理和处置暂行办法》与《全市基层法院案件线索统一管理暂行办法》，解决下级法院瞒案不报和压案不查问题。开展司法巡查，2个巡查组分别进驻14个基层法院，对发现7方面问题限期整改。开展作风督查，15个法院交叉监督执纪，实名通报开庭不规范、上班不在岗等6类问题32人次。开展线索调查，纪检部门对254条举报线索做到“件件有着落、事事有回音”，查办人员对处理过程归档封存、处理结果终身负责。全市法院查处违法违纪人员25人，比2014年增长48.8%。

（孙 伟）

司 法

【“三严三实”专题教育】 开展“三严三实”专题教育。研究制定落实主体责任和监督责任的实施意见，与8个基层党组织和处级以上领导干部层层签订《履行“一岗双责”党风廉政建设责任承诺书》和《履行党风廉政建设监督责任承诺书》。组织学习《中国共产党廉洁自律准则》和《中国共产党纪律处分条例》，组织450名党员到吉林省警示教育基地接受教育。开展“纪律作风巩固年”活动，强化监督执纪问责。全面建立责任清单制度，编制完成长春市司法局5个方面101条责任清单。加强基层党建，开展“规范化党支部”创建活动，重组14个基层党支部。拓展律师党建，本着“应建尽建、全面覆盖”的原则，规范设置37个党支部。深化机关党建，以“机关党支部规范化建设年”为载体，成立“党员志愿服务站”，组织开展“唱响正气歌、弘扬主旋律”歌唱会、“铭记历史、激扬青春”主题演讲、“巾帼志愿服务”“与爱同行”等活动。

【监管矫治工作】 开展平安监所创建和违禁品违规品专项清查活动，狠抓各类安全隐患排查整改，净月监狱连续第16年实现“四无”目标（无脱逃、无狱内重大案件、无重特大安全生产事故、无重大疫情）。开展司法行政戒毒工作，强化场所警戒设施和基础设施建设，依法接收、管理、教育戒毒人员，选派戒毒警察深入社区指导社区戒毒（康复）试点工作，接收强制隔离戒毒人员702人、社区戒毒（康复）人员772人。强化社区服刑人员日常管控，率先在全省全部建成县（市）区社区矫正中心，招聘社区矫正公益岗位21名，落实手机定位监管经费，依托奋进所举办重点社区服刑人员集中教育培训班13期、388人次，依法完成112名社区服刑人员特赦工作，全市在册矫正3636人，再犯罪率低于全国、全省平均水平。

【法律服务】 开展“助推新一轮振兴发展”法律服务年活动，成立律师、公证、司法鉴定等法律服务团队32个，对接地铁二号线融资项目、伊通河南溪湿地开发PPP项目等重点工程35个，开展企业“法律体检”，出具法律意见898条。公证、司法鉴定“三新三网”工程工作取得预期效果。行政审批窗口受理审批事项618件，接待咨询1512人次。全市律师承办案件1.51万件，公证机构办理公证14.99万件，司法鉴定机构出具鉴定文书3157件，分别比2014年增长20%、10%和2%。基层法律服务所代理案件1280件，解答法律咨询10407次。

【公共法律服务体系建设】 配合市政协召开专题议政会，以长春市委、市政府两办名义印发《关于进一步推进全市公共法律服务体系建设的实施意见》，在二道区召开长春市公共法律服务体系建设推进会暨社区法律服务站建设现场会，总结推广朝阳区、二道区和农安县“两区一县”试点经验，全市180家律师事务所、12家公证处、40家司法鉴定机构全部设立公共法律服务联系点，乡镇（街道）和社区法律服务站实现全覆盖。深化每月15日的“司法行政公益法律服务日”活动，举办百姓法律大讲堂549场次，市司

长春市第二个"法制宣传月"启动仪式在宽城区中心公园举行 （李 卓 提供）

法行政法律服务中心接待群众现场法律咨询391件,接待信访432件。

【法律援助】 开展"法律援助服务质量提升年"活动,推进特困农民、军人军属法律援助工作,全市建立专项法律援助站41家。构建"城市半小时、农村一小时"法律援助快速服务圈,建立开发区法律援助服务中心3家,乡镇(街道)工作站145个,社区联系点414个,村屯联系点1448个,开通法律援助直通车64辆,全市11家法律援助机构便民服务窗口全部实现临街一楼落地。全年办理法律援助案件4257件,实现应援尽援,速援优援。

【法治宣传教育】 举办第2个"法治宣传月"活动,深化"法律六进"和法治文化建设,举办各类主题普法活动737次,打造法治文化示范基地15个,开展法治文艺汇演50余场次。探索展会普法新途径,在第11届中国(长春)国际动漫艺术博览会上展播法治动漫作品68个、微电影34个,在第十四届长春农博会上设立涉农普法展台,编发《长春市律师"以案释法"案例汇编》《农民涉法问题70问》13.8万册。成立长春市普法志愿者协会,实现普法组织创新。举办12·4宪法日"弘扬宪法精神,树立宪法权威"以案释法主题演讲活动。完成国家司法考试长春考区9342名考生的考务组织实施工作,连续第4年实现试卷卡零差错。

【司法行政改革】 完成人民监督员选任管理改革试点工作,公开选任人民监督员145名,建立培训、考核等11项管理制度,完成案件监督评议33件。创新法援中心管理手段和服务方式,由办案型向管理型转变,完善内设机构,将城区刑事法律援助案件集中交由4家社会律师事务所承办,方便人民群众。与市综治办等6部门联合出台《关于组织社会力量参与社区矫正工作的意见》,统一制作社区矫正"六簿一档"文书格式和入矫宣告示范样片,成立社区矫正奖惩委员会。建立完善律师执业保障机制,分别与市法院、市检察院联合出台关于保障律师执业权利的相关意见,建立新设律师所负责人执业纪律教育集体谈话等5项监督管理制度。

【矛盾纠纷化解】 召开全市司法所规范化建设现场会,总结推广南关区司法所规范化建设经验。开展司法行政基层维稳"一一零"工程和"万人大排查"活动,建立各类人民调解组织2566个,打造"示范百姓说事点"180个,调解纠纷25430件,成功25189件,防止民转刑361件、防止群体性上访123件。强化刑满释放人员安置帮教工作,组织开展"三清四访五帮扶"活动,落实"百企千岗安置计划",省市县三级彩虹基地发展到109家,打造省级示范彩虹基地11家,接收刑满释放人员3727人,帮教3540人,安置3278人。开展律师参与信访工作,在市中院建立涉法涉诉信访案件律师接待室,市、县两级信访部门律师接待室接待信访案件639件、7200余人次,70%的案件引导到诉讼渠道解决。

【信息化建设】 完成司法行政"四网三微、一线一终端"("四网"长春司法网、长春普法网、长春法律援助网、长春律师网;"三微"官方微博、官方微信和微视频;"一线"12348法律服务热线;"一终端""长春e律师"手机APP终端综合服务平台)信息化法律服务平台建设,新建长春司法网、普法网、法律援助网、律师网手机版,发布工作信息1083篇、点击量131万人次。官方微博、官方微信和以案释法微信服务平台,粉丝量4.5万人,互动2417人次。开发网上服务大厅和律师在线服务平台,"12348"法律服务热线解答群众法律咨询8941人次。研发推广"长春e律师"手机APP终端,下载应用量2232次。

【队伍建设】 依托长春市委党校和吉林司法警官职业学院举办司法行政管理干部和监狱戒毒业务骨干培训班,对600名党员干部进行集中培训。组织开展执法规范化建设活动,查摆和整改各类问题48条。做好干部选拔任用工作,严格按程序调整交流10名正处级干部,提拔6名正处级干部和11名副处级干部。建立长春市优秀律师人才库,3人获评全国模范司法所长,1家司法所获评全国模范司法所、2家司法所获评全国先进司法所,南关区司法局被省厅荣记集体二等功,2名律师被省厅荣记一等功,2人获评"长春市人民满意政法干警楷模",1家司法所获评"长春市人民满意政法标兵单位"。

（李 卓）

综合经济管理

宏观调控

【概况】 2015年，全年地区生产总值实现5530亿元，增长6.5%。其中，第一产业增加值343.3亿元，增长5%；第二产业增加值2770.9亿元，增长4.1%；第三产业增加值2415.8亿元，增长9.8%。固定资产投资完成4400亿元，增长15%。全口径财政收入完成1078.2亿元，下降6.8%；地方财政收入完成388.2亿元，下降2.3%。社会消费品零售总额完成2409.3亿元，增长8.8%。外贸进出口总额完成140亿美元，下降32.5%。CPI涨幅1.3%，城镇登记失业率控制在4%以内。

【经济监测平台】 优化产业监测平台，建立数据共享、部门互通信息平台，对40户重点工业企业、80户服务业企业和41户商业综合体进行全面监测。优化重大项目监测平台，建立涵盖前期准备、开工建设、运行调试全过程的重大项目调度服务机制。优化埠外信息交换平台，与国家、省和副省级城市发改委建立信息互通机制，及时了解上级部门和兄弟城市的经济运行动态。建立价格信息监测发布平台，设置监测时段，选取100余种重点商品进行动态监测，每5日发布价格信息，稳定社会消费预期。

【年度经济计划】 在综合研判世界、全国和吉林省宏观经济发展形势以及统筹考虑十五个副省级城市计划制定情况的基础上，起草完成《长春市2015年国民经济和社会发展计划上半年执行情况及下半年主要工作安排的报告》以及《长春市2015年国民经济和社会发展计划执行情况与2016年国民经济和社会发展计划草案的报告》，总结2015年全市经济和社会发展状况，阐明全市2016年的发展思路和阶段重点。

【重大发展规划】 完成全市"十三五"规划。开展课题研究，下发《"十三五"规划重大课题研究单位的公告》，选取14个前期重大课题，委托省社科院、吉林大学、师范大学等科研院所进行研究。赴沈阳、成都等城市开展专题调研，借鉴副省级城市"十三五"规划成果；召开分层次、分结构、分侧重面的座谈会、研讨会和论证会，于2015年7月份形成长春市"十三五"规划基本思路。起草组多次与国家和省发改委衔接，实时跟踪国家和省规划编制进程。完善纲要征求意见稿后，多次征求市委、市人大、市政府、市政协、各县(市)区、各开发区、市直部门、民主党派和社会各界意见。8篇35章113节的规划纲要经政府专题会、市委常委会和市委十二届八次全会讨论通过后，完成市人代会审议。承接完成哈长城市群发展规划。与国家发改委对接，参与哈长城市群发展规划的编制工作。抽调专人成立起草组，到北京历时15天与国家发改委共同研究起草哈长城市群发展规划。

7月1日，吕凝主任在全市服务业创新发展大会上发言　　（丁　力　提供）

起草组将长春市汽车、轨道客车、农产品加工及战略性新兴产业、现代服务业集群布局重点内容、重点项目、重大工程和重大政策纳入到国家规划当中，在规划中，把长春市定位成东北亚区域性中心城市、国家级创新型城市、东北亚区域性服务业中心城市和绿色宜居森林城。《哈长城市群发展规划》以国务院发文的形式正式下发。编制完成《长春市创新转型发展规划》,规划明确构建五大创新转型区域,着力打造东北亚区域创新高地、东北振兴示范区、产业体系创新区、创新体系先导区。强化长春市在全省中部创新转型核心区中的主导地位。组织完成长吉图开发开放规划。建设图们江地区的资源要素高地、产业和科技创新高地、国际物流枢纽中心和东北亚国际商务服务基地。重点建设长东北新兴产业发展集聚区、南部新城金融产业发展集聚区、现代服务业发展集聚区和先进制造业集聚区。借助中韩自贸协定,打造中韩经贸合作示范城市。

【国家重大战略】 承接国家新型城镇化试点。编制全市新型城镇化发展规划,制定《长春市新型城镇化综合试点实施方案》,梳理提出21项工作举措,形成阶段性成果。会同高新区和有关部门完成长春新区的申报工作。长春新区现已获批。承接国家服务业综合配套改革试点。会同净月区共同完成试点实施方案，制定《长春市服务业发展三年行动计划(2016-2018)》。重点推进试点区域内服务业综合配套改革，生态广场商务商贸区,文化创意产业区、净月民间金融街、巴蜀映巷商街已经形成规模。承接国家东北老工业区搬迁改造试点。编制完成《长春市宽城区铁北老工业区搬迁改造实施方案》,加快推动铁北老工业区的搬迁改造进程，开展项目申报和资金争取工作,2015年，全市有5个项目取得中央预算内资金2亿元。

【重大项目建设】 创建重大项目建设动态库。项目库设立投资总额、三产行业、所属地区、开工时间、建设进度等指标。2015年，全市完成固定资产投资4400亿元，增长15%，全市开复工建设亿元以上项目1286个，超过全年任务86个，10亿元以上项目302个，超过全年任务62个。创建重大项目谋划信息库，聘请专家智库。全年入库的谋划储备亿元以上项目1331个，其中347个项目开工建设，谋划转化率达26%，曙光中科北方“互联网+”平台、中汽零汽车后市场、电影工程中心等一批重大项目前期进展顺利，富士康、微软、中科光电等项目相继落位本市。创建重大项目服务联动机制。在对亿元以上项目进行调度基础上，增加对包保项目、国家投资项目和PPP项目的重点调度。

【服务产业】 制订服务业“十三五”发展规划。打造服务业与工业“双拉动”、农业和服务业深度融合两大特色服务体系，重点发展信息科技、现代物流、金融服务、人力资源、现代商贸、文化创意、旅游会展、健康养老八大产业。2015年7月，市委、市政府召开长春市服务业创新发展大会，出台《关于进一步加快发展服务业的若干意见》，创新土地出让方式，鼓励做大中小企业。全市开工建设商业综合体项目30个，总投资659.68亿元，年新增营业收入40亿到50亿元。已有红旗街万达广场、宽城万达广场、伟峰·彩宇新城、长春活力城等15个项目竣工或部分竣工投入使用。生态广场、南部新城、东方广场等区域商业商务圈初具规模。重点打造净月区“巴蜀映巷”商街建设，商街移植“四川宽窄巷子”的规划理念和经营理念，一期工程完成主体工程建设，投入试运营，吸引20余家川渝特色餐饮企业入驻。推动东北亚文化创意科技园、启明软件园等10个园区成为首批省级现代服务业集聚区，总投资规模超过150亿元，吸引入驻各类企业2000余户，解决就业近2万人。

【调控物价】 开展价格调整工作。加强市场价格监测和成本分析，推进要素价格调整。开展城区供热价格调整，每平方米降价2元，为居民和单位减轻负担3.7亿元。两次下调非居民天然气单价，减少非居民用户年度支出2.3亿元。下调工商业及其他行业用电价格，为全市工商业用户减少支出3.9亿元。召开价格听证会，建立全市居民生活用气阶梯价格制度。推进价格改革进程。提出放开车用天然气、灌装液化石油气和中水价格的指导意见，完成大豆目标价格改革试点任务。印发《关于市属民办中小学实行收费备案制度管理改革试点工作的通知》，将全市部分民办校收取的学费标准由审批转为备案制。围绕教育收费、医疗收费、停车收费、涉农价格等问题，开展专项检查，整顿市场价格秩序。受理价格举报、咨询、建议5424件。落实国家和省各项清费减负政策，2015年全市行政事业性收费减负约1.6亿元。

【民生改善工程】 推进“大众创业、万众创新”，完善创业就业扶持政策，构建创业服务平台。开发社会用工岗位13.5万个，城镇新增就业12万人。农村劳动力转移就业100万人次。城镇登记失业率控制在4%以内。加大养老保险基金扩面征缴力度，扩大社保覆盖面。推进“8+3”大救助体系建设，完善最低生活保障、医疗救助、临时救助等制度。推行农村低保补差式救助。完善失能人员医疗照护保险配套政策。改造50个社区老年人日间照料中心，升级为居家养老服务中心。推进机关事业单位养老保险制度改革。健全医保政策，完善失业、工伤保险制度。实施精准扶贫、精准脱贫战略，实现5.3万名贫困人口脱贫，完成脱贫计划的60%。启动新一轮质量提升工程，向高中和职业教育延伸。启动第二轮大学区改革，提升大学区管理水平。加快高中教育普及进程。推进学校文化建设，建设“书香校园”。坚持计划生育的基本国策，完善人口发展战略，落实一对夫妇可生育两个孩子的政策。创新公共文化管理体制机制，推进基层综合性文化服务中心试点工作，推进公共文化设施免费开放。完善城乡体育健身设施，促进全民健身活动发展。

(丁　力)

统计工作

【促“四上”入库】 开展“四上”(规模以上工业企业、资质等级建筑业企业、限额以上批零住餐企业、限额以上服务业企业)企业清查。全市清查出四上单位945户。配合党委政府做好“四上”企业入统工作。发挥好县(市)、城区及开发区,三大板块的核心作用。本着“先入库,后有数”的原则,抓增量、抓存量。建立跟踪监测机制,确保够规模企业及时入库,做到应统尽统。

【抓“服务业”统计】 针对长春市服务业统计涉及的部门多、单位分散、数量庞大、流动性强、统计基础薄弱的实际情况,市统计局强服务业统计的组织领导入手,建立机构、充实人员。成立服务业统计处,配备专职服务业统计人员。建立服务业统计部门联系机制,实现资源共享。严格执行企业“一套表”制度方法,加强对规模以上服务业统计数据的审核与评估,杜绝虚报、瞒报和漏报数据现象,确保数据真实、准确。

【“互联网+统计+网格化管理”新模式】 针对统计服务职能转变,市局以网格化管理为骨架,以社会综合管理信息平台为依托,以建立健全覆盖国民经济各行业的基本单位名录库为目标,在南关区探索“互联网+统计+网格化管理”的统计工作新模式。此项创新举措,得到国家、省局和市委市政府主要领导的肯定。2015年3月3日的《中国信息报》全文刊登《长春市局推进“互联网+统计+网格化管理”探索统计数据采集新模式》一文,国家局的内部信息网就此项工作进行介绍。

【名录库建设】 2015年,长春市统计局与吉林大学、市城乡规划设计研究院进行研究和探索,未来要将县区网格化与综合信息平台有机结合,实现基础信息数据库与统计信息移动客户端互联互通,最终建立起统计预测、决策辅助分析预警系统。初步设想是把加工整理后的统计资料和数据信息与部门的行政记录实现资源共享,在信息平台中互相受益,逐步形成资源共建共享新格局。

【服务政府决策】 市局从转变统计服务思维入手,结合地方党委、政府的工作部署,建立快速反应机制,强化对全市经济运行的预判分析,提升统计分析水平。各县(市)、区统计局撰写统计分析报告。其中,《1—2月份主要指标下滑明显,稳增长”迫在眉睫》《2015年长春经济总量现状分析》《网上直报初步汇总情况》等10余篇分析和报告获市委、市政府主要领导签批。市委书记王君正在《统计内参》上,给予统计工作肯定。宽城分局撰写的《2015年宽城区经济运行情况及2016年1季度经济形势预测》、德惠市局撰写的《当前制约我市经济发展的主要问题及建议》等多篇分析获当地党委政府主要领导签批。分析研究材料为地方政府决策提供科学的参考依据。

【统计大走访】 市局连续两年,对15个县(市)区、开发区和相关部门开展“统计大走访”活动,针对县域经济发展中出现的新特点和新问题,进行分析研究;针对重点“四上”企业在生产经营现状、发展趋势和联网直报等方面存在的问题,研究解决办法。提高地区统计数据的趋势性、匹配性和支撑性,做到用数据说话,为决策服务。

【完善部门联动机制】 与发改、工信、商务、房地、建委、科技等部门沟通联系,初步建立起部门联动、资源共享的工作机制,完善统计数据之间的合理衔接、协调统一。

【提高统计影响力】 利用网络媒体以及微博微信等传播渠道,扩大统计影响力,加大产品推广力度,增强产品渗透力,促进各项统计改革顺利实施。发挥微讯灵活宣传的特点,重点打造“长春统计微讯”。提高舆论引导能力,加强统计信息解读,帮助社会大众了解统计。

【重点普查调查任务】 完成1%人口抽样调查主要任务。加强数据质量防控,完成各环节工作任务。推进第三次全国农业普查。2015年11月3日,召开全市“三农普”第一次会议,布置全市“三农普”各项准备工作。做好全市劳动力月度调查工作。在完成劳动力样本轮换工作的基础上,增加30%的样本量,对乡镇、街道、村级160个样本进行核查。

【加强统计法制建设】 完善统计执法情况通报制度和典型案例曝光制度,推动失信企业网络平台的建设,组建市级统计执法大队,加强全系统普法培训,开展统计执法检查,依法查处违法违纪案件。在全国第15个法制宣传日,与省局联合在欧亚卖场集中开展以“大力弘扬法治精神,全面推进依法统计”为主题的宣传日活动,与现场市民互动,统计法制宣传取得良好效果。针对少数“四上企业”拒报的违法行为进行专项联合执法。不配合的相关企业均按时间上报。依照国家统计局下发的2014年第3号《统计上严重失信企业信息公示暂行办法》,建立长春市统计失信企业公示平台。对反复违规违法的企业将在失信平台上给予公布,树立统计部门的权威。

(黄思念)

国有资产监管

【概况】 截至2015年年末,出资企业资产总额2945.0亿元,比2014年增长10.7%;所有者权益1424.9亿元,比2014年增长9.6%;国有权益1081.6亿元,比2014年增长14.2%;营业收入262.2亿元,比2014年增长2.19%;利润总额86.8亿元,比2014年增长25.7%。

【增长亮点】 国投公司推进重点项目,长德工业园起步区近半厂房交付使用,小贷公司多元化布局,希迈科技完成定向增发。旭阳集团加强技术改造,与一汽签定宝来、迈腾、奥迪等多种车型新产品订单,中冶高铁座椅项目完成30万公里路试。建工集团取得长白山国际“冰雪嘉年华”项目总承包,安徽、重庆分公司中标6项工程。欧亚集团实现"中国企业500强"位次大幅前移,以"互联网+"创新开展区域配送服务,实现线上线下融合发展。长发控股集团融资161亿元,拓展能源开发、综合养老、旅游服务、现代农业等领域的业务。产权交易中心创新交易方式和交易品种,开辟央企绿色服务通道,一汽等多家央企项目进场,金融资产交易中心完成股权多元化改造,实现交易1120宗,交易额53亿元。

【要素保障】 7户公益类企业实施重大投资项目18个,全年投资额101亿元,比2014年增长50.6%。轨道交通集团地铁1号线、2号线按序时进度推进,轻轨3号线和4号线运行平稳,正点率达99%。水务集团五水厂通水,引松工程重新启动,推进二次供水改造,完成管道改造237公里,涉及用户35万户。公交集团南部线路枢纽站建设进入收尾,54路改扩建工程实现试运行,收回合作线路13条,运营里程、客运量、车辆完好率全面提升。长港燃气完成天然气置换30万户,改造危旧管网150公里,建设外环高压管网37公里,应急调峰气源厂一期工程竣工,新增燃气用户4.2万户。天然气公司引进新气源,保证一汽集团、轨道客车等重点企业用气需求,完成一汽输气站新站搬迁,一汽接收工程完成改造2.5万用户,新增燃气用户2.8万户。热力集团东南热电厂供热管网工程进展顺利,完工率66.5%,接收小锅炉房17座,热用户3200户,室温合格率99.6%,新增供热面积206万平方米。供热集团完成10座换热站无人值守设备安装,自动控制技术实现飞跃,一次网全部使用GPRS巡检,新增供热面积133万平方米,室温合格率98%。

【加强监管】 出台《出资企业财务预算规范》,完善企业财务管理。加强依法监管,制定监管清单和责任清单。加强企业战略管理,推进"十三五"规划编制。完善企业法人治理结构,对企业领导人员实行分类分层管理,调整5户企业的董事、监事12人次。强化基础管理,对66个投资项目纳入年度投资计划,核准、备案投资项目25个。完成46户企业的国有资产占有产权登记,7户变动登记,完成9项产权转让、4项无偿划转审核。规范企业领导人员薪酬发放。上缴国有资本收益5973.4万元。

【深化改革】 产权交易中心事转企改革完成意向战略投资者征集和审计评估。加快国有资本布局结构调整,推进公交集团职工股权收购、中日会馆股权理顺工作,蔬菜公司合作重组,建工集团进行股权清理。推进厂办集体改革,国企改革遗留问题得到化解。国有企业功能界定及分类、完善法人治理结构、"十三五"规划纲要编制、全面推进法治国企建设等项工作取得进展。

【国企党建】 开展"三严三实"专题教育,全系统分层次召开专题学习研讨、专题民主生活会和组织生活会。开展"创先争优"表彰活动,对2012年至2014年活动中涌现出的先进集体和个人进行表彰。全系统5家单位获全国文明单位称号,10家单位和1名个人获省级精神文明建设先进称号,17家单位和6名个人受市委市政府精神文明建设命名表彰。开展"双包双转化"工程,帮助包保村改建村部一座,修建村屯巷道5公里。以典型引路,学习长客股份"可视化党建体系",推进党建工作品牌化建设。强化企业党风廉政建设,制定印发国资委关于落实党风廉政建设党委主体责任和纪委监督责任的实施办法,全年处理信访举报件131件,完成上级纪检监察部门交办的重点调查案件6件。

(朱骅飞)

11月23日,召开长春市深化国有企业改革研讨会 (朱骅飞 提供)

工商行政管理

【概况】 截至2015年年末,长春市行政辖区内登记注册各类市场主体512666户,比2014年增长16.3%。其中,公有制企业12502户,比2014年增长4.2%,占全市各类市场主体总数的2.4%;私营企业123292户,比2014年增长18.8%,占全市各类市场主体总数的24.1%;外商投资企业1901户,比2014年减少14%,占全市各类市场主体总数的0.4%;个体工商户357515户,比2014年增长16.5%,占全市各类市场主体总数的69.7%;农民专业合作社17456户,比2014年增长9.8%,占全市各类市场主体总数的3.4%。2015年,全市各类市场主体注册资本(金)合计人民币10334亿元(因币种不同,不含外商投资企业),比2014年增长33.6%。其中,公有制企业注册资本(金)4671.7亿元,比2014年增长17.1%,占全市各类市场主体注册资本(金)总额的45.2%;私营企业注册资本（金）4883.1 亿元，比 2014 年增长 55.8%，占全市各类市场主体注册资本（金）总额的 47.2%；个体工商户资金数额 224.7 亿元，比 2014 年增长 31.3%，占全市各类市场主体注册资本（金）总额的 2.2%；农民专业合作社出资总额 554.5 亿元，比 2014 年增长 26.3%，占全市各类市场主体注册资本（金）总额的 5.4%；全市外商投资企业投资总额合计 278.8 亿美元，比 2014 年减少 0.7%；注册资本（金）合计 84.1 亿美元，比 2014 年减少 34.4%。

【商事制度改革】 截至 2015 年年末，全系统按照“先照后证”政策，为 21000 户市场主体办理注册登记。其中，办理企业登记 7111 户；办理个体工商户登记 13889 户。放宽住所登记限制，简化住所（登记场所）登记手续，全系统登记“一照多址”市场主体 32 户；登记“一址多照”市场主体 4696 户；对未取得房屋产权证明的，只要提交有权部门的证明，即可作为住所（经营场所）登记，截至年末，办理 16289 户此类市场主体登记；办理“住宅改商用”市场主体登记 21767 户。截至年末，全市各级工商登记窗口为企业颁发“五证合一、一照一码”营业执照 8765 户。其中，新登记企业 3255 户；变更登记事项换领新执照 5510 户。通过媒体宣传、在线咨询、登门指导等方式提醒督促年报，企业、个体户年报率分别超过 80%与 90%。制定主体抽查和列入移出异常名录操作办法，随机抽查市场主体 2 万余户。在全国率先开展“僵尸”企业专项清理，清查同时具备 3 个要件的 5 类企业 6875 户，43 户申请注销主动退出，依法吊销 4517 户。

【市场主体信用监管】 建立市场主体信用信息公示及黑名单制度。落实企业信息公示、经营异常名录、严重违法企业名单等制度。加大年报和即时信息公示宣传力度，开展大规模的宣传和上门走访活动。在主流媒体开辟“年报倒计时”专栏，采取 30 天倒计时的方式提醒年报并宣传政策法规。制定《列入、移出经营异常名录操作办法》，经市政府法制办备案，以规范性文件的形式下发，规范基层分局列入、移出审批程序，杜绝随意操作及误操作现象。按规定 53608 户市场主体被标记为经营异常状态。以信用为基础强化主体日常监管。实现市场主体日常经营信用状况在线查询，落实行政处罚信息公示制度，通过红盾信息网站公示行政处罚信息 818 条。

【反垄断与不正当竞争整治】 查处限制竞争案件，保护自由竞争。把公用企业和独占地位经营者限制竞争和被指定经营者的滥收费用行为作为整治重点，查处供热、公交、有线电视、物业公司限制竞争行为；治理商业贿赂，保护公平竞争。对群众关心的社会热点领域商业贿赂行为加大查处力度，依法查处医药购销、酒类销售以及其他商品采购活动中的商业贿赂案件 19 件；打击“傍名牌”等违法行为，保护知识产权；以日常生活用品、农资商品和汽车配件、建材等为重点整治品种，以超市、商场、各类专业批发市场、农村商品集散地、城乡结合部小作坊作为重点整治对象，打击虚假表示、虚假宣传行为。以种子、化肥、农药、农机具为重点，采取“比对”“倒查”、抽样检查等方法，对虚假表示、虚假宣传等误导行为进行查处；以医疗、药品、保健品、化妆品、房产和汽车销售为重点，查处欺诈行为；以建筑材料、汽车配件、成品油、农资等商品为重点，履行流通领域商品质量监管职能，全年查办商品质量案件 223 件。

【打击传销与规范直销】 结合国家工商总局开展纪念《禁止传销条例》《直销管理条例》颁布施行 10 周年系列活动安排，开展打击传销宣传工作；全年办结打击传销案件 3 件，罚没 136 万元，捣毁传销窝点 3 个，驱散传销人员 75 人。其中涉及直销企业案件 1 件；加强直销报备会议督查，规范直销行为，接受直销企业会议报备 80 余次计 1000 余场次；开展直销企业专项检查，对在全市经营活动较多的 27 家直销企业进行专项检查，对 23 家在长春市设立的分支机构、25 家服务网点和 56 个经销商进行检查走访。

【消费者权益保护】 2015 年，12315 平台和各级消协受理咨询、投诉、举报 6.3 万件，办理“诉转案”案件 35 件，发布消费警示、提示 1600 余条。加强服务领域消费维权，在 62 家大型商场超市建立经营者首问和赔偿先付制度，清理“最终解释权”“禁止自带酒水”等霸王条款。通过“社区消费大讲堂”和“维权知识竞赛”等形式开展消费教育，运用比较试验、消费体察、告诫约谈等措施提升维权效能；对房地产、汽车销售、医疗、食品、药品、电信、金融等行业为重点进行治理；全年查处欺诈消费者案件 13 件，查处侵害消费者权益案件 17 件。

【市场规范管理】 走访 40 余万户市场主体并送达“服务联系卡”，出台各类市场业态经营行为规范，划定全市 453 个服务监管网格并印图、编号管理，汇编监管服务经验指导基层工作；农资打假百日行动为农民挽回损失 240 万元。组织禁烧座谈会、禁塑推进会和禁燃“十万业户共签名”等活动强化“三禁”工作落实。抽检流通领域商品 707 个批次。构建依托条码技术、利用移动终端快速判定商品质量的全新监管系统。参与创城、打非治违、扫黄打非等综合治理和专项整治工作。全年立案查办各类违法案件 1367 件，罚没 2633 万元。整治商业贿赂行为、公用企业和垄断行业限制竞争滥收费行为和不正当有奖销售行为。查处商标侵权和“傍名牌”案件 93 件，指导规范商标续展和权属争议等问题。监测媒体广告 15.7 万条次。查处广告违法案件 42 件，停发广告 941 条。清理“学区房”地产广告和互联网广告。完善两级网络监察机构，开展“红盾网剑行动”严厉查处网上虚构主体身份、“刷信用”和消费欺诈等行为。办理行政指导案件 482 件，约谈啤酒行业、大型商超、医疗机构和广告经营发布单位，倡导诚信经营。

【广告监督管理】 2015 年，全市登记注册广告经营单位 6544 户，是 2014 年的 2.56 倍；从业人员 25221 人，比 2014 年增长 24%；广告经营额 33.129 亿元，比 2014 年增长 112%。全年检查各类广告市场主体(包括媒体)1236户,行政告诫150条,责令停止广告发布941条次;立案查处广告违法案件(包括虚假宣传)42件;监测各类媒体广告15.7万条次,总违法率低于3%,在国家工商总局监测的15个副省级城市和计划单列市中位列第二。对市属新闻媒体发布的药品、医疗器械、保健食品广告进行全面监测,依法查处违法药品、医疗器械、保健食品广告案件21件。召开由卫生、食药监、质监、文广新、新闻媒体和广告企业参加的广告监管联席会议,形成部门分工合作、社会齐抓共治的广告监管新格局。

【商标监督管理】 推进商标战略。2015年,全市新增驰名商标2件,省著名商标10件,市著名商标20件;注册商标总量29506件,比2014年增长2.7%。举办长春市商标发展大会暨第二届长春市商标成果展,以世界知识产权日为契机,开展以“尊重商标知识产权、维护公平竞争秩序”为主题的系列宣传活动;挖掘和开发涉农商标及地理标志的品牌效应,5件农产品注册商标被认定为省、市著名商标。长春市加强商标专用权保护。坚持日常监管与专项整治相结合,以保护驰名、著名商标、地理标志和涉外商标为中心,围绕重点商品、重点区域,开展专项整治行动,查处商标侵权案件93件。指导长春欧亚卖场建立完整的商标授权经营制度。

【合同监督管理】 开展“霸王条款”专项整治行动,检查经营主体1.6万户,行政约谈131户。基本杜绝合同欺诈和“霸王条款”侵害消费者合法权益的现象;推广使用合同示范文本。印制30种涉农种植、养殖合同示范文本,供农民免费查询、使用。在红盾信息网站专门设立“合同示范文本专栏”,上传百余种合同示范文本,供社会免费下载使用。

【网络监督管理】 抓好网络经营主体数据库、网上检查、网上亮标工作。通过网络监管平台发布电子链接标识通告,发放422户工商执照电子链接标识。通过搜索比对等方式录入网络经济主体数据3.4万户。有效规范网络经营行为。

(刘永强)

物　价

【价格调控】 2015年,全市居民消费价格总水平上涨1.3%,比全国居民消费价格总水平涨幅低0.1个百分点,比全省居民消费价格总水平低0.4个百分点。

【价格改革】 2015年,放开部分商品和服务价格,鼓励社会资本进入,促进经济增长。放开车用天然气、灌装液化石油气和中水价格,实行市场价格,由企业自主定价。对全市部分民办校核算学费标准由审批制转为备案制。印发《关于市属民办中小学实行收费备案制度管理改革试点工作的通知》,圈定全市部分民办中小学,先行先试,实行收费备案管理。2次下调非居民天然气价格,全年非居民用户全年减少支出1346.08万元。下调工商业及其他行业用电价格。平均每千瓦时下调0.0248元,为全市工商业及其他用户全年减少支出38745万元。下调非居民供热价格,将经营及其他场所供热价格也按建筑面积每平方米降价2.00元,减轻企事业单位负担13756万元。建立居民生活用气阶梯价格制度。组织统计部门入户调查,测算相关数据等一系列工作,于12月15日召开长春市居民生活用天然气阶梯价格听证会,参会的所有代表全部同意听证方案。听证会后,以市政府名义出台阶梯气价的文件。按照《吉林省物价局关于加强供热价格管理合理调整供热价格的通知》要求,启动长春市城区供热价格调整工作,以市政府名义下发《关于调整长春市城区供热价格的通知》,将居民住宅供热价格按建筑面积由29元/平方米下调到27元/平方米,降价幅度6.90%,减轻全市居民负担22859万元。

【清费治乱减负】 开展重点行业和部门的收费专项治理。取消、减免、暂停、调整43项行政事业性收费,全年减负约15754万元(不包含基金)。取消收费许可证制度,加强事中事后监管。建立收费目录清单制度,通过市财政局、市发改委网站对外公布,利用“全国收费动态监管系统”平台做好行政事业性收费统计和上报工作。开展经营服务性收费清理工作。重新清理全市经营服务性收费项目和标准,公布经营服务性收费项目。清理涉企经营服务性收费降标5%的项目和标准,年减负额580万元。

【市场价格监管】 强化节日市场价格监管,在元旦、春节、端午、中秋和国庆等重要节日期间进驻市区大型商超现场办公,指导商家规范价格管理。开展价格欺诈专项检查,重点查处虚构原价、模糊标价、低标高结、不履行价格承诺等价格欺诈问题。实行民生价格监测周报公示,将有关价格信息录入平台进行网上公示。加强日常市场价格监管,规范商业企业促销行为。

【价格专项检查】 开展民生热点价格问题专项检查,查处哄抬物价、串通涨价、囤积居奇等价格违法行为。安排教育收费专项检查工作,对市属38家单位进行专项检查,发现有19所学校存在擅自设立收费项目、超班额招生等价格违法问题。开展涉企收费专项检查,重点查处国家和省取消收费项目、降低收费标准、减免暂停收费等政策落实情况,对白城市16个部门36家单位2013年至2015年收费情况进行检查,查出违法收费金额68万元,配合松源检查组对长春市涉企行政事业性和中介服务收费单位进行专项检查,查出违法金额20余万元。

【办理群众诉求】 建立完善价格投诉举报工作机制,受理并解决大量物业服务及房地产收费、停车场及公厕收费、供热价格及收费、交通运输收费等问题。建立价格举报反馈系统,与新闻媒体开展合作,开通消费者维权热线电话。针对个别公交车擅自提高票价、物业公司乱收费、超市低标高结、商家价格欺诈等问题,依法进行立案检查和行政处罚。全年受理价格举报、咨询、建议6022件。其中,12345市长公开电话转办5324件;

12358价格举报电话受理698件；比2014年增加725件，增幅为13.7%，年底全部办结，群众满意率、反馈率分别为90.7%、90.7%。全年实行经济处罚金额9.20万元，为群众退还差价款7.89万元。

【价格监测预警】 加强重要商品价格动态监测，全年向国家发改委和省价格监测中心采集报送价格监测数据176152笔，无漏报和错报。加强对粮油肉蛋菜等生活必需品的价格监测。加强对5大农贸市场、7大超市、生猪市场的价格巡视工作，发布价格监测信息169篇。完善价格公共信息发布制度，在政府网站、《新文化报》等主流媒体上发布粮油副食品主和蔬菜价格信息，向市委市政府上报价格动态信息、价格调研报告、价格形势分析报告122篇，其中《长春市生猪平稳鸡蛋下降》《长春市年初化肥种子销售情况调查》等信息报告被国家监测信息网采用。

【价调基金调控】 进行与地税部门、财政部门和人民银行之间的协调工作，解决票据传递，基金结缴中存在的问题，确保价格调节基金顺利入库。提出价格调节基金权力清单的保留意见，绘制工作流程图，对全市地方道路运输局《关于停止代征收副食品价格调节基金的请示》给予答复。对长春市周边的生猪养殖大户、冬春蔬菜储备情况进行调查，统一安排肉菜储备，落实蔬菜生猪补贴，及时发放回民等少数民族肉食补贴，全年累计征收价格调节基金604.8万元，使用价格调节基金1289.7万元。

【价格舆情监测】 健全完善《长春市价格舆情监控制度》，加强价格舆情监控工作的组织领导，落实部门责任，完善工作程序，健全舆情监测和应急处置机制，做好价格调控政策措施的宣传工作，提高社会舆论引导能力。

【成本调查监审】 完成粮食调查户种植意向、农户购买农资和存售粮情况、生猪生产成本收益情况、玉米、粳稻生产成本收益情况等8项成本调查工作，形成《2015年长春市区定点粮食户种植意向跟踪调查》《2015年上半年长春市区规模生猪生产成本收益定点调查说明》等调查分析报告13个。开展城市供热、教育收费以及药品零售等5个项目15户企业的成本监审工作，审核企业上报成本63.55亿元，核减成本7.58亿元，核定成本55.97亿元，出具成本监审报告4份，对11户供热企业2013年至2014年的供热成本开展实地监审工作，审核企业上报成本63.11亿元，核减成本7.46亿元，核定成本55.65亿元，完成供热价格听证会的基础工作。

【价格鉴证认证】 完成司法机关涉案财物价格鉴定工作。建立重大疑难案件审理会制度，发现疑难问题及时向上级汇报或聘请专家进行技术指导。2015年，完成各类涉案财物价格鉴定1344件，鉴定总金额16144万元。

（邵树权）

质量技术监督

【科技质监】 2015年，长春市质量技术监督局投入3562万元用于技术基础建设，新增建各类检验检测项目129个，为130537户业户提供各类检定服务，校准检验各类计量器具270344台/件；轻工、建材、电器、汽车零部件等产品17000批次；各类特种设备28000余台/件。

【安全质监】 组织专家和检验人员对长春市明珠、北安等10多个小区的电梯问题进行检验和风险评估，免费检测电梯220台。开展“春夏秋冬季会战”、危险化学品和易燃易爆物品安全等专项整治活动，出动监管人员3545人/次，车辆1762台/次，排查1927户企业的特种设备17626台/件。举办4期由600户企业700人参加的《特种设备安全法》宣贯班，组织80户电梯维保企业签署责任承诺书。抽检1127个批次的化肥、汽车冷却液、电线电缆等产品，对25户机动车安全技术检验机构进行监督检查，查处各类违法案件71起，立案调查68件。办理“12365”网站咨询投诉举报电话254件、“12345”市长公开电话转办件956件。

【惠民质监】 免费检定城乡居民在用“三表”175块，开展长春市家用血压计免费计量检定活动，免费为高血压患者发放10万张“家用血压计免费计量检定卡”。开展20家医疗卫生单位开展服务宣传活动，免费为30余家社区医院检测

9月8日，局长沙宪卿在2015年全省质量月暨“互联网＋吉林品牌”上线活动上讲话

（李铭伟　提供）

血压计、体重秤110余个，向百姓发放近1000份《计量知识手册》。

【服务质监】 组织28位企业家参加广交会和深圳质量管理培训班，牵头完成省政府对长春市的质量考核相关工作。指导60家企业申报名牌初审工作，推荐欧亚商超等3户企业申报吉林省质量奖；推荐响铃集团等31户企业申报吉林省名牌产品。组织双阳梅花鹿养殖综合标准化示范区参加国家标准委组织的示范区中期评估抽查，指导双阳有机猪养殖等2户企业晋级省级标准化示范区建设，指导长春轨道客车股份有限公司等5家企业开展标准化提升活动；指导长春农博园等2个省级服务标准化试点。办理1397户特种设备企业24000余件申请审批事项、操作人员证110000余个；新办代码证42000余套，审核上报电子档案45000余条。通过开辟特种设备行政审批“绿色通道”，使皓月清真肉业股份有限公司等百余户企业受益。

【和谐质监】 出台《长春市质量技术监督行政执法错案责任追究办法》等3项制度，重新梳理审核本局行政许可、行政处罚等8大类197项行政职权，完成《长春市电梯安全管理办法》前期准备工作。落实党风廉政建设制度规定，强化重要节日对党员领导干部提出廉政警示要求，开展对全系统21个部门落实“两个责任”情况的不作为、乱作为等5个方面情况进行督导巡查，纠偏指正。在办公楼走廊布置打造“5个质监”、党建工作、修身立德、依法行政、党风廉政为一体的系列宣传展板。

（李铭伟）

安全生产监督管理

【概况】 2015年，全市发生生产安全事故171起、遇难181人，比2014年下降8.1%和10.4%，实现较大以上事故“零发生”。长春市被省政府评为2015年度安全生产目标责任制考核优秀等次、一等奖。

【安全生产责任体系建设】 实现市、县、乡、村安全生产“四级五覆盖”，规上企业全部建立安全生产责任制度。12个县（市）区、开发区招聘安全生产信息专干609人，36个负有安全生产监管职责部门建立各自的安委会。

【安全隐患排查治理体系建设】 全市有固定经营场所的14.1万户生产经营单位全部录入综合监管平台；政府外部监管责任、企业主体责任全部对应落到人头；所有规上企业、高危企业等全部开展隐患自查自报。长春市被列为2015年全国安全隐患排查治理体系试点地区。省安委会办公室在长春召开吉林省推进安全生产网格化管理工作现场会。

【安全隐患排查治理和打非治违】 开展“春季行动”“夏季攻坚”“秋冬会战”和安全生产大检查活动，推进煤矿、非煤矿山、危险化学品和易燃易爆品、交通运输、建筑施工、人员密集场所、涉氨制冷、涉爆粉尘等重点行业领域专项整治。全市查出一般隐患32537项，已整改隐患30984项，整改率为95.2%。查处非法违法行为为12.3万件，关停企业24户。狠抓重大危险源管控工作，推动市、县两政府领导约谈全市各重大危险源企业主要负责人，对核实确认的101项重大危险源全部建立台账，分解落实监管责任。开展重大隐患夏季集中整治攻坚，2013年确认的385项重大安全隐患，继2014年整改245项后，又整改76项，剩余的64项和2015年新确认的2项重大安全隐患全部挂牌督办。

【培训教育】 协调各县（市）区、开发区完成安全生产资格考试体系建设，落实培训、考试彻底分离和无纸化考试，加强对安全培训机构的培训指导和抽查监督。通过新的考试体系培训考核577人。开展安全生产月活动。组织新安法培训11万人次，开展安全生产月系列活动，先后3次召开新闻发布会、参与“作客直播间”向社会公开安全生产情况，在国家和省、市媒体刊发各类稿件380余篇，编发简报27期。

【巡视暗访】 以市安监局内设处室为单位，成立15个市安办巡视暗访组，对15个县（市）区、开发区的安全生产工作进行巡视、对企业安全生产进行暗访。先后巡视属地政府、暗访企业184人次，查出348项安全隐患，全部移交属地并监督整改到位。

【制度建设】 制定出台《长春市政府关于在乡镇、街道、开发区（工业园区）设置安全生产信息专干的意见》《长春市生产安全重大隐患督办办法》《长春市一般生产安全事故查处挂牌办法》等制度措施。长春市在全国安全生产统计工作会议上介绍道路运输安全生产事故报告和调查处理的经验做法。国家安监总局就此事3次到长春进行专题调研。

【创建国家安全发展示范试点城市】 按照国家创城指导意见的要求，狠抓基层基础建设，推进安全生产领域改革创新，在隐患排查治理体系、消防设施建设、平安校园建设和燃气管网改造等方面取得明显成效，消除大批安全隐患。贯彻落实国家《十三五规划纲要》，经过调研、征求意见和聘请全国知名专家集体论证，形成以科学发展、安全发展为指导，以建设安全保障型社会为目标的《长春市创建国家安全发展示范城市规划》。制定创城实施方案、考核办法等配套文件。

【监管执法】 煤矿方面，制定下发《长春市煤矿安全管理精细化指导意见》，组织专家驻矿培训从业人员2150人，6处在生产煤矿全部开展精细化管理。开展冲击地压、二氧化碳突出、瓦斯治理等专项整治行动。非煤矿山方面，制定下发《露天采石场安全生产精细化管理实施意见》，突出培训教育、机电管理、应急演练等内容强化细节管理，严格规范企业生产安全行为，在开工验收上严格把关，强化安全生产制度措施的落实。关闭露天采石场企业6户。非煤矿山连续4年未发生生产安全亡人事故。危险化学品和烟花爆竹方面，汲取天津港“8·12”等重大生产安全事故教训，开展烟花爆竹专项整治、石油化工企业安全隐患排查、危险化学品和易燃易爆物品安全大检查等6个专项行动，查出各类隐患557项，全部整改。将烟花爆竹固定零售点由34个减至15个。指导宽城区安全拆除原中石油北油库，会同德惠和相关部门完成万宝高新材料产业园区论证，多次协调相关部门和属地政府研究解决醇基燃料油监管、油气管道安全隐患治理、加油加气合建站隐患治理、吉大一院制氧站隐患整治、二道区蓝天固废搬迁、一汽国际物流有限公司储存危险化学品等问题。危险化学品和烟花爆竹领域，连续15年未发生生产安全亡人事故。职业卫生方面，牵头卫计委、人社局、总工会等部门建立长春市职业病防治工作局际联席会议制度。以全市176户重点职业病危害企业为重点，加大职业卫生宣传、教育、培训和普查力度，开展职业病危害防治评估工作，突出机械制造等10个行业领域开展专项整治。全市检查用人单位905家，下达执法文书659份，罚款41.2万元。其中，安监局抽查用人单位65家，普查重点职业病危害企业103户，粉尘危害专项检查39户，立案调查10户。

【依法行政】 编制《2015年度执法工作计划》，对安全生产行政执法行为进行规范。推行权力清单制度，确定119项行政职权事项。在行政审批方面，完成行政审批事项84项，比2014年减少行政审批总数的84%。在行政执法方面，市本级检查企业96户次、专项执法检查22户次，立案处罚20件，办结15件，罚款225万元。

【事故调查】 市级先后提级调查8起一般生产安全事故，追究刑事责任2人，给予党政纪处分6人。对36起生产安全事故进行挂牌督办，对2个事故多发的市(区)政府进行约谈。

【应急管理】 制定《长春市安全生产应急预案》，开展应急救援情况普查，建立全市安全生产应急物资数据库，摸清应急救援物资底数。邀请应急管理专家对各级安监干部、重点企业负责人进行应急预案编制和管理培训。市级组织18次应急演练。

【党建工作】 开展“三严三实”专题教育，领导班子成员给党员讲党课、交流学习体会，理论中心组组织8次学习研讨，各支部召开专项组织生活会。组织党员干部参加省、市和本级培训403人次。划拨20万元用于帮扶村的道路建设。安监局获长春最美“代理妈妈”集体称号。

【局机关搬迁】 10月18日，局机关(含职检中心、信息中心)全部搬入市政府第二办公区9楼、10楼办公。新办公区总面积1861平方米。除审批办在政务大厅办公外，全局首次实现集中办公。

(唐进军)

财 政

【概况】 2015年，长春市一般公共预算全口径收入完成1078.2亿元，比2014年下降6.8%。长春市一般公共预算地方级收入完成388.2亿元，比2014年下降2.3%。长春市市本级一般公共预算收入完成233.4亿元，比2014年下降3%，为预算的92.6%。长春市市本级一般公共预算支出765.7亿元，比2014年增长13.3%，完成预算的118.2%。

【政策资金】 围绕国家和吉林省政策导向和支持重点，向上争取专项资金。争取到龙嘉机场省市出资比例调整、地下综合管廊建设、燃气储气罐建设、长春与公主岭互联互通建设等重点项目资金。争取置换债券，缓解到期偿债压力。向财政部争取政府和社会资本合作示范项目5个。争取开行贷款授信额度50亿元，用于棚户区改造。取得一汽集团总分机构所得税分享比例和南北车合并后税收归属政策。

【经济转型】 落实重大项目建设资金，重点支持奥迪Q工厂、一汽新能源汽车推广、一水厂、地铁轻轨、机场二期扩建、引松工程、城市出入口改造、城区新建农村公路建设等。运用科技、工业、战略新兴产业、民营经济、旅游、服务外包、现代服务业、金融等重大专项资金，支持经济稳增长、调结构、促转型。扩大营改增试点范围，落实小微企业税收优惠政策，通过“助保金池”为中小微企业提供无费贷款担保。利用土地间歇资金，支持开发区土地开发和基础设施建设项目等。支持保护性耕作技术推广、玉米螟防治、菜篮子建设等项目，落实农机购置补贴。拨付城区改善人居环境专项资金，改善农村基础设施。发放种粮农民直补资金，缓解农民备春耕资金紧张问题。落实清费政策40项，减轻社会和企业负担。拨付资金，落实3户重点企业自发自用电奖励政策。发挥政府采购政策功能，通过协议供货方式采购一汽新能源汽车，用于长春市执法执勤车辆更新。

【民生支出】 在社保方面，提高全市低保户、低保边缘户的保障标准，提高企业退休人员和城乡居民的养老金标准，提高新农合和城镇居民医疗保险的财政补助标准，提高基本公共卫生服务经费财政补助标准。统筹医保基金，落实失能人员医疗照护保险政策。研究出台贫困家庭孤独症、脑瘫和智障儿童参加康复训练财政补贴政策。在教育方面，安排资金用于学校基础设施和教师队伍建设，落实中等职业教育免学费政策、涉农专业学生和困难学生助学金等政策。安排资金支持职业教育园区建设，补助普惠性公办、民办幼儿园等。在文化方面，安排资金支持文化企业改制、文化遗产保护和大型公共文化基础设施建设，重点支持“三馆”建设，保障群众艺术馆、朝族艺术馆等运行。在城建方面，落实重点城建项目资金和融资还贷资金，重点保障公用、市政、环卫、污水、垃圾处理和城建大项目。投入市级补助资金，支持淘汰燃煤供热小锅炉工作。多渠道筹措资金，保障“暖房子”工程建设，落实公租房新建、保障房分配、无房家庭租赁和棚户区改造、农村危房改造等。支持公安视频监控信

2月3日，局长胡延生(左三)副局长高山(左一)前往首山逸居公租房项目调研

(曲环宇　提供)

息综合系统建设和公交等公用企业和轨道交通发展。支持水源地治理、城市防洪、病险水库除险加固、河流综合治理等水生态文明建设。启动机关事业单位工资调整政策及养老保险制度改革。

【财政改革】 出台《长春市人民政府关于深化预算管理制度改革的实施意见》，印发编制市级三年部门财政规划的通知，推进预算管理改革。推进预决算公开，及时在局门户网站上公开市本级公共财政收支预算以及市本级汇总"三公"经费预算，组织全市市直部门在规定时限内，向社会公开部门预决算和"三公"经费预决算。编制一般公共预算、政府性基金预算、国有资本经营预算和社会保险基金预算，首次将所有市直部门的预算上报人大审查，增强预算管理的法定性。完善预算定额标准体系，规范财政供养范围，提高部门预算年初到位率。保证部分事业单位改革取消收费等运转经费需要。力推政府和社会资本合作模式，引导社会资本参与城市建设，光明公园项目纳入政府采购程序。创新行政事业单位国有资产管理机制，以政府令的形式出台管理新规，组建统管机构，开展第一批资产移交工作。出台政府购买服务管理办法，完善指导性目录，棚户区改造及保障房建设项目进入招投标程序。完善政府采购实施流程，加强对非公开招标政府采购方式的审批管理。完成市直机关公务用车制度改革前的准备工作。

【管理监督】 印发《关于尽快推进落实市级产业发展专项资金项目计划的意见》，制定出台市直机关差旅费、会议费、培训费、因公出国经费等管理制度，完善招商引资和会展专项资金管理办法。盘活财政存量资金57.9亿元，提出完善管理的意见，规范财政专户管理，撤消基建、国债转贷、政府采购专户和4个非税代收账户。加强财政监督检查，开展市级财政收入、会计信息质量和财政专项资金等检查工作，按照全市纠正"四风"行动总体部署，牵头清理市直部门和单位食堂、津补贴奖励以及公务用车方面的违规违纪问题。开展涉农资金专项整治行动，对发现问题进行整改和处理。加强会计管理，推进落实会计准则和内控规范体系，开展各类会计人才培养、考试等工作，建立"长春会计"微信公众平台。完成清理规范税收等优惠政策工作。加强财政内部审计，组织编制财政事业发展"十三五"规划，完成财政部专员办、审计署特派办、省审计厅和市审计局的迎检工作。

【自身建设】 开展"财政改革业务学习年"活动，制定培训计划，编写系列教材，搭建学习平台，举办6期专题培训班。开展16项调研课题，提高财政工作的科学性。举办贯彻实施预算法专题学习班，建立财政部门责任清单，开展财政法治宣传、"六五"法治宣教考核验收等工作。制定全局年度工作计划，分解落实118项工作，对107项重点任务进行督办考核，按月调度，定期通报。

(曲环宇)

国　税

【税收收入情况】 2015年，长春国税收入677.5亿元，比2014年减收83亿元，下降10.9%，完成年度计划的104.1%。其中，中央级完成515.3亿元，比2014年减收70.2亿元，下降12.0%；地方级完成162.2亿元，比2014年减收12.8亿元，下降7.3%。在5个计划单列市和10个副省级省会城市中，收入规模排名第9位。在东北三省四市中，收入总额排名第一。

【税收法治】 开展执法基础检查"回头看"工作，针对近年来依法行政重点工作及日常巡视、审计发现的问题开展回头看，整改行政执法类问题50项，重新制定、修改完善各类制度130余项次。开展税收执法疑点信息核查工作，规范重大税务案件审理。处理行政复议案件，加强税收政策执行情况反馈，深化税收执法责任制和执法过错追究责任制。开展"依法行政示范单位"和"法治税务示范基地"创建活动，市局机关、高新区局被长春市人民政府命名为"依法行政示范单位"。二道区局被省局命名为全省国税系统6个"法治税务示范基地"之一。

【税种管理】 加强货物和劳务税管理，开展"营改增"试点工作。强化发票管理使用，开展增值税发票系统升级版推行工作，完成除未达起征点存量小规模纳税人以外的所有纳税人的升级工作。落实成品油、电池、涂料、卷烟批发环节消费税调整政策，推进车辆购置税改革。加强所得税管理，强化总分机构税源监管和企业重组业务管理，严格企业所得税优惠资格认定，落实小微企业所得税优惠政策，优化申报汇缴流程，提高汇算清缴质量。加强出口退税管理，将生产企业免抵退税审批权全部下放至县（区）国家税务局，提升审批效率。落实《出口退（免）税分类管理办法》，对长春市1281户出口企业进行评定。提升出口货物函调系统管理水平，有效防范骗税案件的发生。

【纳税服务】 拓宽办税渠道。开展网上办税，全市纳税人有84913户实现网上申报，占比达93%。率先在朝阳区局推行24小时自助办税服务，实现办税服务全天候。开展全覆盖流动办税服务，全系统15个办税服务厅配备21台流动办税服务车，实现长春地区流动办税全覆盖。应用纳税需求管理系统，在全国范围内首次实现涉税业务24小时在线智能解答，提升纳税人满意度。推行“税易贷”，国税、地税和省建行三方合作，对纳税信用等级为B级以上的小微企业提供无抵押贷款，解决融资难问题，为17户小微企业贷款914万元。深化国税、地税合作，召开国税、地税合作联席会议，细化5大类32个合作事项。完善网上纳税人学堂，2015年，学堂授课185次，培训纳税人2万余人次。加强税收宣传，注重税收宣传顶层设计，建立与中央主流媒体长效协作机制，加强与人民日报、新华社、央视等主流媒体协作，在多家主流平面媒体和网络媒体上刊发税收宣传稿件，提升部门形象。

【税收征管】 强化税收征管，推进征管体制改革，实施机构职能整合，突出风险管理地位。实施“五证合一”，制定工作规范及操作手册，新设立税务登记纳税人已全部进入综合征管软件。率先在东三省推行电子发票，推动长春乃至全省电子商务发展。深化税收风险管理，完成省局推送的各类风险任务27237户次，开展重点税源企业专项税收风险分析，各类风险应对入库税款6883万元，强化分析、监控和应对，提升税源管理水平。实施社会化管理。农安县局与邮政合作，为个人代开普通发票和代征税款，南关区局围绕“互联网+税务+‘网格化’管理”模式，开发“税收社会化管理系统”，被省局评为创新项目一等奖。

【大企业税收服务管理】 加强大企业税收管理，探索大企业税源专业化管理新思路，应用大企业税收管理信息系统，加强企业集团综合管理。对中国人寿保险公司下辖8户企业财务数据进行案头初审，发现疑点项目64个涉及税额2.16亿。与全流程风险管理企业建立一对一督导机制，开展企业自查工作，补缴税款288万元。开展中国人寿及中海油下辖企业的现场审计工作，查补税款342万元，弥补亏损19.5万元。优化大企业服务，建立税企高层对话机制和大企业联络员制度，召开重点税源企业高层对话会，与中国北车长春轨道客车股份有限公司签订税收遵从合作备忘录，提升税法遵从度。落实大企业涉税诉求快速响应机制，受理大企业涉税诉求。

【国际税收管理】 加强国际税收管理，强化非居民企业税源监控，维护走出去企业合法权益。加大税收协定执行力度，落实税收协定规定减（免）税收2913万元。加强反避税调查力度和监控管理水平，调整应纳税所得额95743万元，税收贡献值为22213万元。

【税务稽查】 加大税务稽查力度，开展税收专项检查和区域专项整治、重点税源检查、大要案查处、打击发票违法犯罪等活动，全市国税系统稽查部门查补入库税款5.74亿元，打击涉税违法犯罪活动，规范税收经济秩序。

【电子税务管理】 做好金税三期双轨运行工作，先后向上级局提报134个软件问题和87条建设性意见，组织编写2000余页的业务操作规范和4个应急预案，实施6轮数据迁移，8轮数据清理。加强基础设施建设和系统防护能力，实现各业务系统的安全稳定运行。

【财务管理】 完善财务管理相关制度及规程，抓好营改增、金税三期、教育培训等重点工作的财务保障。强化预算执行，提高经费使用效益。压缩三公经费支出，2015年三公经费预算控制数为393.91万元。

【人事管理】 截至2015年年底，长春市国家税务局内设14个行政处（室），5个直属机构（4个稽查局，1个车辆购置税

5月18日，市国税局与长客股份有限公司签署税收遵从备忘录 图为签字仪式现场

（王　贺　提供）

管理分局),5个事业单位，下辖7个城区局,5个开发区局,3个县（市）局,59个基层税务所。全系统在职干部2710人。平均年龄45.4岁,其中,35周岁以下403人,占总人数的14.85%。副处级以上干部173人,占总人数的6.38%。大学本科以上1814人,占总人数的66.94%。通过开展机关和系统正副处级干部选拔工作,全系统8人走上正处级领导岗位,36人走上副处级领导岗位,4人提任副调研员职务。

【教育培训】 开展专项整治活动，解决基层干部不作为乱作为等问题。加强干部教育培训，举办各类培训班24期,累计培训3067人次。参加总局所属施教机构各类培训24期,培训457人次。加大高级人才培养力度,全系统有15名干部考取总局和省局委托培养的研究生。实施“送教上门”,培训1635人次。开办文化讲堂,开展国学讲座。加强党建工作。推进学习型党组织建设，开展全员读书活动。

【纪检监察】 开展执法监察和效能监察,对198户次纳税人开展执法监察,基层单位全年开展365户次疑点核查工作。做好信访件办理和案件查办工作。市局全年受理问题线索39条(件),全年谈话函询4人,下发监察建议3份,行政处分4人。

【税收科研】 开展税收科研和课题研究工作,全年申领3项省局科研课题。优化税收科研课题组织方式，完善税务学会建设。做好税史收集整理工作,举办《口述税史》首发仪式,长春市政协主席崔杰等领导参加首发仪式。

【精神文明】 开发全国税务系统首个精神文明建设多功能组合式新媒体—“长春国税精神文明号”。开展道德讲堂优秀项目集中展示活动,评选文明服务之星。全系统全国文明单位5家，全省文明单位10家。

（王　贺）

地　税

【税收收入】 全年完成全口径地税收入330.7亿元,比2014年增加9.8亿元,增长3.1%。对755户纳税超过500万元的企业实行重点监控,对两横三纵、地铁建设等重大项目实行跟踪管理；对营业税专项清理入库3亿元，对融资平台专项清理入库营业税8.48亿元，对灭籍契税清理入库4.7亿元；对自然人股权转让征收个人所得税2.64亿元；企业所得税汇算补缴税款比2014年增加2.27亿元；强化土地增值税预征和日常监管，入库土地增值税14.05亿元；加强土地使用税“以地控税”管理，核实比对地籍信息3.2万条,查补税款1228万元。

【税收执法】 稽查专项检查和案件查处力度增强,检查企业587户,查补入库税款6.52亿元。成立稽查二局,建立税警协作机制，全年抓捕涉案人员25人,查补税款1148万元,罚款236万元。欠税清缴力度加大。依法采取欠税公告、税收强制措施,压缩欠税5.1亿元。纳税评估企业2646户，评估入库税款10.39亿元。健全法律顾问制度,自行研发重大税务案件网上审理软件，强化执法针对性和惩戒性。

【纳税服务】 建立智能化办税服务厅，落实首问责任制,在全市18个办税服务厅设立“纳税服务首问责任制咨询中心”,306项涉税事项在咨询中心得到受理和解答。落实扶持小微企业发展和支持创业创新税收优惠政策，减免税额2.16亿元,惠及纳税人8.1万户。加强国税、地税、银行三家合作,促进“税易贷”项目落地生效,52户小微企业因纳税信用良好获得1000余万元贷款支持。落实“五证合一”改革。推进金税三期落地,前期试点、上线准备和应急工作平稳有序，实现单轨运行。

【党建工作】 强化党风廉政建设，开展“三严三实”专题教育。利用地税部门和非公经济体联系广泛的优势，通过在德惠市布海镇进行非公党建试点,在乡镇、城区和社区推行三种纳税人之家党建模式。

【队伍建设】 落实《党政领导干部选拔任用工作条例》。朝阳局、二道局、农安局获全国文明单位称号,7个基层局获省级文明单位称号。全系统考取博士研究生1人，获得硕士研究生学历39人,被省、市局评为税收业务领军人才48人。

市地税局推进“三严三实”专题教育,图为市地税系统召开专题学习辅导大会

（孙雪峰　提供）

高素质人才 447 人，占干部总数 17.49%。

（孙雪峰）

审 计

【概况】 2015 年，长春市审计局通过对 79 个项目开展审计及审计调查，查出主要问题金额 78 亿元。其中，违规金额 23 亿元；管理不规范金额 55 亿元。上缴财政 3998 万元。移送处理事项 12 件，其中移送到司法部门 1 件，移送到纪检部门 1 件，移送到行业主管部门 10 件，涉及金额 4 亿元。通过固定资产投资审计，核减多计多结工程价款 1.05 亿元。

【预算执行审计】 2015 年，对市财政组织 2014 年预算执行情况、市地税系统税收征管情况以及 14 个重点部门预算执行及其他财政收支情况、2 个区政府决算情况开展审计，查出主要问题金额 1.8 亿元。

【领导干部经济责任审计】 对 20 名领导干部开展任期经济责任审计，对 16 名领导干部开展任前经济责任审计，查出领导干部应负直接责任的问题金额 85 万元，应负领导责任的问题金额 3964 万元。

【政府投资建设项目审计】 对 14 个政府投资项目开展审计监督，审计项目投资额 51.4 亿元，涉及单项工程 549 个。查出违规金额 1.6 亿元，核减多计多结工程价款 1.05 亿元。

审计人员在对道路工程进行路面钻孔取芯检测审计　　（杨冬玲　提供）

【政策执行情况的审计监督】 对城镇性保障安居工程，稳增长、促改革、调结构、惠民生、防风险等政策措施贯彻落实情况以及棚户区改造工程等项目开展跟踪审计及审计调查。在城镇保障性安居工程的跟踪审计中，延伸调查 69 个保障性安居工程项目相关单位和企业、42 个街道办（乡镇）、44 个居（村）委会、543 户家庭，对 37 个保障性安居工程的开工情况、40 个项目的基本建成情况、44 个项目的工程建设和质量管理情况进行检查。重点关注棚户区改造规划和补偿安置情况、资金筹集管理和使用情况、保障性住房分配管理和使用情况、保障性安居工程用地和建设情况，查出保障性安居工程部分项目建设未严格执行建设程序、廉租住房保障对象不符合条件等问题，提出建议 30 余条，对个别县（市）保障性住房未依法招标、保障性住房安置待遇落实等 8 个事项进行移送。在稳增长、促改革、调结构、惠民生、防风险政策措施贯彻落实情况的跟踪审计中，重点关注中央和省、市相关政策措施的落实情况，以及行政审批、简政放权、权力清单执行等改革推进情况，主要组织和指导长春地区所辖 9 个县（市）、区审计机关（不含长春市本级及农安县）对当地政策措施贯彻落实情况实施跟踪审计，涉及 30 余个相关单位及 20 余项审计内容，累计抽查审计项目 300 余次。在棚户区改造工程的专项审计调查中，调查棚户区改造工程各个项目的进展情况，提出审计建议，注重发现严重违反财政法规行为、损失浪费以及政策落实不到位问题，明确责任单位和责任人。

（杨冬玲）

城建 环保

综 述

【重点工程建设】 推动重大交通基础设施工程建设,立体化交通体系初具规模。总投资161亿元的地铁1号线,累计完成投资112.7亿元,建成区间隧道20公里。15座车站中,6座车站完成土建结构;6座车站主体结构初具规模;其余3座车站正在建设中。总投资154亿元的地铁2号线,累计完成投资27.9亿元,建成区间隧道3公里。19座车站中,西客站站完成土建结构,解放大路站与地铁1号线同步施工;袁家店站等13座车站开工;其余4座车站正在进行前期工作。总投资41亿元的北湖快轨工程,国家发改委批准立项,三个试验段土建工程正在施工。总投资32亿元的轻轨3号线一期延伸线工程,辽宁路站与东广场站进场施工,其余车站正在办理前期工作。亚泰大街南延长线、亚泰大街与南四环路立交桥、机场快速路、长吉互通立交、吉林大路东延长线、一汽大众物流专用通道、南部新城路网等建设项目按计划完成年度建设任务。推进长伊公路等项目前期工作。新建改建农村路网1100公里,长春经济圈环线高速公路(九台至双阳段)、龙东公路改造等一批交通运输基础设施重点项目完成年度建设任务。

【公用保障工程建设】 实施热电联产热源循环水设施升级改造,新建、改建、扩建区域锅炉房13座,改造供热管网227公里,新增集中供热能力775万平方米。落实大气污染防治行动计划,并网小锅炉房146座。完成一水厂改扩建、三水厂提标改造、五水厂建设及六水厂前期征地等工作。改造、新建、撤并二次供水泵站314座,改造二次供水管网及楼内管网2800公里。新建燃气管网111公里,改造燃气高危管网150公里,完成全市天然气置换人工煤气工作。实施LNG储气调峰、外环高压管网等燃气基础工程。南部新城乙六路、净月区天泽大路、临河街地下综合管廊开工建设。

【生态环境治理工程建设】 截污治污方面。伊通河城区段两岸22个雨水吐口污染源治理,按计划完成21个雨水吐口的工程治理。鲶鱼沟吐口正稳定方案。2.1公里的南部新城污水一号线完工。3.1公里的飞跃路污水干管截流工程(芳草街至南部污水处理厂)主线贯通。2.8公里的南部新城污水二号线(南湖中街至东南污水处理厂)建成1.4公里,完成工程量的50%。

伊通河景观河道清淤及旧管道拆除工程全部完工。清除伊通河主河道(长春大桥至四化拦河闸)7.99公里,清除底泥47万立方米,拆除伊通河主河道内废弃污水管线24公里。永春河综合治理、雷家沟污水干管截流、东新开河污水截流、串湖区域污水截流及富裕河污水干管连接工程,办理各项前期手续及推进征拆等工作。污水处理厂建设方面。串湖污水处理厂于2015年8月底实现一级A达标排放,通过市环保局监测验收;北郊污水处理厂扩建及提标改造工程,按照环保部要求于2015年9月底通水,达到一级A排放标准。英俊污水处理厂完成办公楼、一体化沉淀池等主体工程。

南溪湿地公园建设方面。总投资34.5亿元、占地310公顷的南溪湿地公园项目,包括南溪湿地在内的伊通河综合治理规划、实施方案已通过市规委会批准,编制完成可研和土方平衡方案。防洪工程7个标段全部开工,完成河道内树木冬季移栽工作,累计工程及征拆投资10.4亿元,占整个南溪湿地总投资的三分之一。

城市环境综合整治方面。组织各城区、开发区对长白公路、长吉南线等16个城市出入口的违法建筑、交通秩序、占道经营和占道堆放等问题进行整治,进行道路硬化铺装、功能设施完善及绿化美化。完成64个老旧散小区改造工程,建筑面积390.9万平方米。餐厨垃圾处理项目、三道垃圾场环保生态公园项目主体工程基本完成。城市绿化美化方面。全年新植街路15条,新建大块绿地21宗,彩化项目24个,新建绿地600公顷,恢复绿地200公顷以上,建设城市绿道41.2公里。完成“两横三纵”快速路绿地恢复,绿化面积约60公顷。完成30个庭院绿化,增加、改造绿化面积115万平方米。启动新建八一、同心等7个大型公园和净月区馨园等6个社区公园建设,改建谢家、花溪等7个公园。

【民生工程建设】 实施住房提质工程，新建公租房1429套，7.7万平方米。完成改造棚户区10342套。改造暖房子900万平方米。完成8515户农村危房改造任务。完成道路大中修113条、道路小修730条、巷道维修1041条。实施人民大街、北京大街等4条精品街路改造。建设港湾式停靠站16处。完成108座桥梁的日常维护，对芙蓉桥等10座桥梁进行加固维修，对西安桥等21座桥梁进行重点检测，远达大桥完成翻新改造。加强城市照明设施维护管理，安装巷道路灯933套。加强静态停车管理及停车设施建设。《长春市机动车停车场管理条例》2015年10月1日起施行。施划停车泊位3万个。43条主要街路的地锁清理完毕。"两横三纵"快速路全线计划修建天桥20座，开工建设18座，其余2座天桥待征拆解决后实施。

【体制机制创新】 全年融资到位资金244亿元，完成全年计划的81%。平均融资成本与2014年同期相比大幅降低，融资期限有所延长，保证还本付息和工程资金正常支付。向国家申报中央预算内保障房配套建设补助资金1.09亿元。采取代发地方债资金化解存量城建债务108亿元。制定PPP项目推进工作方案，筛选出49项市政基础设施建设项目，拟采取政府购买社会化服务方式建设运营，实施方案待市政府批准后实施。第一批15个PPP项目上报省财政厅PPP项目示范库。推进城建重点工程征收工作。配合"两横三纵快速路"辅助工程、地铁、南溪湿地公园等重点工程建设，征收住宅5327户、非住宅575家。加强工程质量安全管理。采取定期巡检、随时抽检、每月联检等方式，严把招标、材料进入、施工工艺、竣工验收、工程结算各个关口，对发现问题进行处理。

（张九高）

城市规划

【构建编制体系】 2015年，全市确定规划编制任务40项。其中，由规划局直接组织编制的19项，其它部门、单位负责编制21项。全市启动规划编制项目32项。由规划局负责编制的19个项目全部启动，完成17项；其他部门、单位负责编制的21个项目，启动13项，完成5项。组织承办市规委会召开1次全委会、20次规划专业委员会、3次市政专业委员会和2次建筑景观专业委员会。

【项目建设百日会战】 2015年3月，在全市规划系统组织开展"推进项目建设百日会战"活动。先后召开"重点项目规划服务说明会"4次，专题研究解决重点项目60余项，采取"提前介入、现场服务、领导包保、台账管理、高位统筹、绿色通道"等服务措施。使全市252个重大项目得到推进。

【规范建设行为】 推行权力清单和责任清单制度。形成《长春市规划局行政职权目录》，包括37项行政职权。其中，行政许可6项、行政处罚16项、行政检查2项、行政监督1项、其他行政职权12项。全年核发《建设项目选址意见书》72件、《建设用地规划许可证》276件、《建设工程规划许可证》457件、《建设工程竣工规划核实通知书》288件、《定位验线合格通知书》36件，办理《建设用地规划条件》342件，《建设用地规划成果》56件。

【违法建设治理】 推进城乡规划执法监察信息平台建设，将违法建筑纳入工作平台统一管理，使违法建筑"发现、制止、报告、查处、问责"等工作程序规范化、制度化。针对违法建筑的排查整治工作，开展"城市出入口沿线违法建筑排查整治" "春季安全隐患排查整治" "夏季攻坚"及"一老、一小"专项检查等多项行动，认定严重影响城乡规划的违法建筑2899处，面积292699平方米，全部依法移交所在区政府和开发区管委会强制执行。

【城市公共服务与基础设施建设】 2015年，改造老旧供热管线280公里、新建管线150公里；核发道路黄证64件，92公里；核发绿证13件，98公里；选址72件，216公里；改造高危燃气管线186.4公里；改造给水管线82.5公里、排水管线14公里。在创建公交都市示范城市和优化城市区域功能方面，编制完成《长春市慢行交通系统规划》《长春都市区多模式轨道交通发展研究》和《长春市远景发展规划研究（2015）》。

【规划制度法规体系】 制定出台《长春市规划局说理式行政执法文书操作规范》，对配套的询问笔录、违法建设案件终结报告、行政处罚告知书、行政处罚决定书等执法文书进行完善和规范，制作说理式执法示范文本。提高执法的公平性和透明度。开展规划指引编制工作，解决项目落位过程中存在的技术和程序问题，保障建设项目及时推进。完成《关于行政处罚法律文书送达方式的指引》《关于信访三级终结的指引》《关于城市专项规划修改所需要件的规划指引》《关于在建项目分期规划核实的规划指引》《关于长春市村庄规划编制和审批的规划指引》《关于建设项目公开公示业务办理的规划指引》等15部规划指引的编制工作。

【历史保护】 组织编制《长春历史文化名城保护规划》，向省政府呈报《关于长春市申报国家级历史文化名城的请示》。申报工作进入法定程序。组织编制《老宽城VILLA》和《宽城子老城历史街区（东天街）整体改造项目设计》详细规划。发现57处质量较好的历史建筑，拟列入长春市第二批历史建筑名单。

【城市雕塑的规划和管理】 举办第十六届中国长春（农博园）国际雕塑作品邀请展、"平衡·旅程·相遇"雕塑展、戈沙绘画艺术展以及第八届"万人看雕塑"大型公益文化活动。组织完成长春市城市雕塑普查工作，完善《长春市城市雕塑专项规划》，制定《城市雕塑规划管理办法实施细则》，设计完成《雕塑审批等流程图》。

【规划展览馆建设】 截至2015年12月，土建工程、钢结构工程、幕墙工程等

长春规划展馆效果图　(曾　剑　提供)

完工。布展装修工程进入收尾阶段,开始展品展项安装和机电设备调试,整理室内外环境卫生,对分项工程进行时序验收并试运行,为开馆做准备。

【测绘工作】 以"数字长春地理空间框架完善与应用"为核心,以智慧城市发展需要为导向,实施市域基础地理信息数据全覆盖战略,推进数字长春地理空间框架建设及应用,推进测绘地理信息事业发展。

(李开天　曾　剑)

城市建设

【伊通河综合治理】 开工建设伊通河综合治理暨百里生态长廊工程。在污水处理厂建设方面,串湖污水处理厂工程实现一级A达标排放,通过市环保局监测验收;北郊污水处理厂扩建及提标改造工程通水达一级A标准,实现环保限期达标排放目标。英俊污水处理厂工程,5月进场施工,完成办公楼、一体化综合池主体工程建设。在截污治污方面,伊通河两岸吐口截污工程治理22个雨水吐口,除鲶鱼沟吐口方案稳定,其余21个吐口完成治理;伊通河景观河道清淤及旧管道拆除工程完成支线封堵。南部新城污水一号线全部完工;飞跃路污水干管截流工程完成管线2381米、工作井27座;南部新城污水二号线完成管线1246米、检查井19座。在湿地公园建设方面,总投资34.5亿元、占地310公顷的南溪湿地公园项目,包括南溪湿地在内的伊通河综合治理规划、实施方案通过市规委会批准,编制完成可研和土方平衡方案。累计投入征拆资金10亿元、防洪水利工程资金1500万元。

【交通建设】 地铁1号线累计完成投资112.7亿元,建成区间隧道23.5公里。15座车站中,7座车站完成土建结构;6座车站主体结构完成85%;2座车站随交通枢纽同步实施,完成50%。地铁2号线累计完成投资27.9亿元,建成区间隧道3公里。19座车站中,西客站站已经完成土建结构,解放大路站与地铁1号线正在同步施工;13座车站复工建设,其余4座车站进行前期工作。北湖快轨工程,国家发改委批准立项,3个试验段土建工程正在施工。轻轨3号线一期延伸线工程,辽宁路站与东广场站进场施工,其余车站办理前期工作。完善立体交通体系建设。亚泰大街南延长线、亚泰大街与南四环路立交桥、机场快速路、长吉互通立交、吉林大路东延长线、一汽—大众物流专用通道、南部新城路网等建设项目完成年度建设任务。创建"公交都市"示范城。公交南部枢纽站工程竣工。南部快速路自行车慢行系统试点工程控制中心、站点等基础工程正在建设。全年融资到位资金244亿元,完成全年计划的81%。向国家申报中央预算内保障房配套建设补助资金1.09亿元。采取代发地方债资金化解存量城建债务108亿元。制定PPP项目推进工作方案,筛选出49项市政基础设施建设项目,拟采取政府购买社会化服务方式建设运营,实施方案待市政府批准后实施。第一批15个PPP项目上报省财政厅PPP项目示范库。推进城建重点工程征收工作。配合"两横三纵快速路"辅助工程、地铁、南溪

伊通河综合治理工程成效显著　(张九高　提供)

湿地公园等重点工程建设，征收住宅5327户、非住宅575家。长春至辽源铁路工程进入收尾阶段，实现铁路总公司建成通车要求；推进长春至白城铁路扩能改造项目。

【市政建设监管】 市政设施维护方面，完成大中修道路109条、小修730条，改造巷道1041条。加固维修孟家公铁桥、芙蓉桥等桥梁17座。安装路灯1586套，巷道路灯933套。出入口管理方面，对长德102国道、长白公路、长农公路、长吉南线等16个城市出入口道路进行硬化铺装，完善相关设施。站前地区管理方面，完善火车站地区综合治理体系，开展清理非法广告、监管施工围挡等专项行动。加强治安秩序治理，强化对站前地区巡逻防控和突发事件处置。加强交通秩序治理，规范各类车辆的停车、行车、营运行为。建筑市场监管方面，查处违规建设案件82起。加大对擅自挖掘城市道路行为的执法力度，违法违规工程立案率、结案率100%。全年收缴配套费3.6亿元。工程安全管理方面，落实建设、施工、监理市场各方主体责任，建立健全隐患排查企业和现场台账。推广施工现场“411公示板”，覆盖率99%。开展隐患排查治理活动，全年监督检查在建单体工程2274项，查处各类一般隐患1410条，整改率100%。全年发生建筑领域生产责任事故3起，死亡3人，与2014年同期相比分别下降50%。

【服务民生】 加强市政排水设施巡查和日常维护工作，完成4.2里弃管小区排水设施改造。加强静态停车管理及停车设施建设。《长春市机动车停车场管理条例》10月1日起施行。施划停车泊位3万个。43条主要街路的地锁清理完毕。“两横三纵”快速路全线计划修建天桥20座，开工建设18座，其余2座天桥待征拆解决后实施。完成42个保障房项目市政配套建设，通过修建临时道路等措施解决6个推进有难度的项目。开展建筑工地污染防治综合整治行动。从围挡设置、物料堆放覆盖、车辆冲洗设备、现场除尘降尘措施以及渣土运输等方面加大措施，从源头治理工地扬尘现象。完成农村危房改造8515户。推进城镇化示范点建设，确定15个乡镇为城镇化建设试点镇。

【建筑业】 加快建筑市场监管与诚信平台建设，完成规划编制、评审、财政评审及政府采购，进入开发阶段。依法加强招投标监督管理，项目应招标率、应公开招标率、管理率均为100%。加强勘察设计质量监管，施工图审查率100%。开展工程质量两年治理行动。落实书面承诺制度、永久性标牌制度、信息档案制度，对421个在建主体工程进行专项检查。全年监督在建房屋建筑工程1836项，监督抽查市政基础设施及地铁工程573次，监督竣工验收工程893项，整改工程138项。在“哈、沈、长”三市优质工程观摩活动中，长春市6项工程获金奖、8项工程获银奖。加强工程造价监管，在南溪湿地公园等项目开展全过程造价控制试点，启动外埠造价咨询机构入长备案机制，组织2879名造价员接受全国造价员继续教育。

推行农民工工资“一卡制”管理，下发《长春市建设领域实名制银行卡支付农民工工资管理暂行办法》。执行农民工工资支付保证金制度，解决农民工投诉案件111件，动用农民工工资保证金2000万元。推进节能建筑建设，城市规划区内新建建筑全部达到节能标准。开展墙材革新和建筑节能工作。推广隔震减震技术，启动《长春市农村民居抗震设计图集》编制工作。全市新增建筑业企业77户，总数达1450户；从业人员20万人。

（张九高）

城市管理

【城市出入口改造】 拆除各类违法建筑（构筑物）1151处、97536平方米，新增绿地面积308087平方米，拆除违法户外广告691块，规范商业牌匾376块，拆除大型擎天柱广告17处；对出城口沿线所有的楼体立面进行整饰；在长农、长白、长吉南线建设4个大型停车场；对城市出入口道路及市政设施进行全面维修，完成沥青混凝土路面铺装14万平方米，方砖步道铺装13万平方米，边石砌筑9790延米，井具更换475座；规范停车秩序，整治占道停车、占道经营和非法营运，加强环卫保洁，实现长效管理。

【“老旧散”小区改造】 按照有小区道路和人行步道硬化、有绿化美化亮化、有休闲广场、有健身和便民设施、有停车场地、有楼道粉刷、有生活垃圾收集设施、有物业用房和管理组织的“八有”标准进行改造与管理，小区改造与巷道建设、管网改建、环境综合整治相结合，全年改造“老旧散”小区64个，建筑面积390.9万平方米。

【环境卫生管理】 加强工地环境管理。制定全市《关于进一步加强工地环境管理的规定》和《工地环境管理手册》，对各类工地的工地围挡、出入口硬化铺装、冲洗设施管理等提出严格的标准和要求。市、区两级分别成立由住建、交警、公安、交通等相关部门组成的联合执法队，对全市280个开发建设工地的环境开展常态化检查。通过多频次、多点位昼夜不间断地巡查检查，对存在问题的工地提出整改意见，限期整改；对沿途洒落、不按规定行驶覆盖的渣土运输车辆进行处罚。

全年巡查建筑工地635次，提出整改332次，停工处理58处，暂扣违规车辆564台。首次在媒体上公布达标工地和不达标工地名单，加强工地扬尘的源头管理。提升机械化清扫率，道路机械化清扫率由2014年的61%提升至73%。机械化清扫率提升后，将76条主要街路的744名保洁员调整到背街小巷和居民区。创新清扫保洁作业模式，道路清扫和清洗作业调整到夜间，白天占用的道路资源得以释放。新建9处中水站，利用中水进行清洗和清扫作业。实施雨中除尘，提升街路整洁度。创新垃圾收运方式，实施生活垃圾分类收运，上楼收集和定点定时投放结合，把垃圾收运由白天运输变为夜间运输为主转变，取消垃圾桶

1843个、居民区垃圾手推车3369辆、沿街收运对接站点1323个，减少二次污染。加强生活垃圾无害化处理。全年处理生活垃圾62.33万吨，处理垃圾渗滤液43.90万吨。

【市容环境综合整治】 组织各城区、开发区开展专项整治工作，解决在主次街路、商圈周边、早晚市场进行摆摊设点、店外经营和占道烧烤、占道修车等问题。全市10支联合执法队每周集中开展两到三次集中整治，利用空场、空地、空院，设置露天烧烤疏导点51处，引导烧烤业户进场入院，试点推广无烟炉具。全市开展联合执法246次，累计出动执法人员13200人次，清理占道经营11243处、占道修(洗)车867处、清理占道堆放5223车，清理露天占道烧烤3324处、收缴烧烤炉具672套，取缔无证经营892户。市城管委办公室组织协调各责任部门，联合开展交通秩序突出问题的专项整治，全市暂扣各类非法营运车辆746台，暂扣违法违规证件2909件。为提升长珲高铁沿线区域的市容环境卫生水平，组织沿线环境卫生专项整治工作，对市容环境卫生存在的突出问题逐一进行踏查，制定方案，专项治理，对占道物和各类垃圾集中清除。

【城市冬季清雪】 2014至2015年度，市、区两级环卫部门以“保畅通，便民行”为目标，坚持“雪中清雪，快速运雪”，依托市容环卫数字化管理平台，采取“主干路边清边运、次干路巷路先清后运”的作业流程，累计出动环卫工人32万余人次、“滚刷”等清雪机械18037台次，清运积雪943200立方米。

（姜晓峰）

城市公用事业

【采暖期城区公用服务保障】 根据《长春市供热管理办法》规定，2015至2016采暖期从2015年10月25日到2016年4月10日，共168天。采暖期间实施“弹性供热”，于10月21日提前4天开栓供热，总计供热172天，占全年总天数的47%。本采暖期长春城区(含双阳区)在网供热面积2.18亿平方米，开栓面积1.71亿平方米，集中供热率93%，热电联产比例为39.4%。本采暖期平均日供水98吨，最高峰日供水110吨；管道天然气日均供气量为148万立方米，最高日供气量为227万立方米，车用燃气日均50万至60万立方米。在2015年11月至2016年2月供热保障运行尖峰期期间，启动6座调峰锅炉房(机车厂锅炉房、柴油机锅炉房、滨河东锅炉房、东岭锅炉房、永春锅炉房、龙泰锅炉房)参与热网调峰，调峰面积561万平方米，缓解热电联产热网供热负荷不足的影响，保证全市供热安全和社会稳定。

建立市、区、街道、社区四级供热管理网络，发挥属地管理职能。市供热办、公用执法支队对供热工程存在安全隐患的供热企业下达5起安全整改通知书，保证供热行业全年无重大责任安全事故。在供热初期，10月30日召开“居民供热价格调整听证会”，11月9日，市政府决定自2015至2016年采暖期起，调整全市城区(不含双阳区、九台区)供热价格，标准为按建筑面积每平方米下调2元。调整后，居民住宅供热价格降至27元/平方米；经营性房屋供热价格降至34元/平方米；其他房屋供热价格降至31元/平方米。对已按原标准收取热费，出台《关于做好2015~2016年采暖期热费退还工作有关事宜的通知》，要求供热企业设立窗口，热费不选择结转下年度的用户直接到退费窗口办理退费，保障用户合法权益。

【城区供热保障】 长春市热源结构是以区域锅炉房、热电联产为主，分散采暖锅炉房及其它供热方式为补充的方式。至2015年底，长春市城区供热企业73家。其中，热电联产5家、区域锅炉房供热企业39家，分散锅炉房供热企业29家。改造既有老旧供热管网227.8公里，新建供热管网173公里。完成新改扩建集中供热热源项目13项，实现新增集中供热能力775万平方米，总投资1.64亿元。2015年完成撤并民用采暖小锅炉146座(208台)，淘汰燃煤小锅炉总吨位达652.72蒸吨。实施燃煤锅炉改燃气锅炉的改造项目219项，改造锅炉269台，改造锅炉吨位达320蒸吨。

【城区供水保障】 长春市城区现有净水厂5座，设计日供水能力126万吨，本采暖期，最高日供水量104万吨，平均日供水96万吨左右。长春市自2014年开始实施城区二次供水改造工程，2015年完成独立改造泵站301座、新建泵站13座、改造二次供水管网380公里(含地沟管直埋)、改造楼内管线2822公里、水表

图为8月21日的乙六路地下管廊施工现场 （邢 涛 提供）

出户改造 18.7 万户。

【城区供气保障】 长春市现有管道天然气企业 2 家，液化石油气经营企业 16 户；天然气 9 汽车加气企业 16 户，天然气汽车加气站 12 座（含 CNG 加气站 9 座，LNG 加气站 3 座），油气合建站 38 座；天然气门站 4 座。日最大供气量 227 万立方米，用气量比 2014 年增加 9%，2015 年，长春市外环高压管网工程开始承接外部气源的接收工作，向市内输送，拓展全市管道燃气供应渠道，保证全市燃气充足供应。为确保燃气供应安全，在德惠市米沙子镇建设完工 2 座 600 万立方米天然气战略储气设施，注液工作已完成，增强全市燃气应急保障能力。全年完成燃气管网改造 150 公里，新建燃气管网 111 公里。2015 年完成最后 30 万户的天然气置换人工煤气工作，人工煤制气已停产，结束 90 余年人工煤气的使用历史。

【地下综合管廊建设】 长春市地下综合管廊建设于 2015 年正式启动，7 月，市政府成立地下管网综合管理工作领导小组，市长姜治莹任组长，副市长王路任副组长，领导小组办公室设在市公用局，增设地下管廊规划协调处和地下管廊综合管理处和编制（长编〔2015〕31 号），统筹全市地下综合管廊建设工作。由市公用局牵头，会同市规划局、市建委等部门，结合地下管线的专项规划，制定《长春市城市地下综合管廊工程规划（2015-2020）》，规划建设地下综合管廊 179.7 公里，投资约 280 亿元，规划通过省住建厅审查。2015 年，全市建成地下管廊廊体 6.49 公里，投资 9.75 亿元。其中，南部新城乙六路 1.16 公里，临河街 0.736 公里，天泽大路 0.1 公里，亚泰大街、乙十路电力隧道 4.5 公里。市人大、市法制办、市公用局在对广州、上海、苏州、青岛、长沙等国内城市调研的基础上，完成《长春市城市地下管线管理办法（征求意见稿）》的起草工作。市政府根据国家、吉林省要求，明确地下综合管廊建设实施 PPP 模式，由市公用局负责实施，9 月，乙六路、皓月大路地下综合管廊工程被财政部列为“国家第二批 PPP 示范项目”。

（邢　涛）

房地产业

【概况】 全年归集各类房屋权属档案近 26.7 万卷，全部实现数字化。推进城镇住房制度改革工作，全年完成公有住房出售 51.7 万平方米；完成市直单位职工住房货币补贴 1500 人、补贴金额 3000 万元，完成直管公房管理系统开发建设。颁发商品房预售许可证 296 个，预售总建筑面积约为 871 万平方米。排查房屋 7140 幢、涉及居民近 30 万户，查出隐患房屋 56 幢，涉及居民 206 户，落实整改措施。梳理后的行政职权项 82 项，局机关有 19 项，局属 9 个事业单位梳理出 63 项。帮助投诉群众与开发企业协调退款 80 余万元，对投诉群众的反馈率 100%。接待群众来信来访和咨询 9107 件次，涉及 13969 人。

【住房保障】 2015 年，二道区惠泽园公租房项目开工，续建项目进展顺利，有 11976 套竣工。对西城家园、基隆逸居和南部家园等 5 个公租房小区的房源进行配租，2012 年及以前开工建设的 2.8 万套保障性住房基本分配到位。指导监督各区住房保障部门做好租赁补贴发放工作，为 1.67 万户家庭发放租赁补贴 4646 万元。在基隆逸居小区进行“两房”并轨试点工作，实行不同群体不同租金价格。

【棚户区改造】 出台《于棚户区改造项目征收货币化安置工作的实施意见》，拟定《关于 2016-2020 年棚户区改造攻坚实施意见》，完善推进棚户区改造的工作机制。协调解决棚户区改造资金短缺难题，累计筹集各类资金 173.86 亿元。其中，取得授信并使用资金 141.86 亿元，正在进行授信审批资金 32 亿元。加快推进结转项目建设和安置入住工作，全年完成改造任务 10342 套。其中，开工新建 4616 套；货币补偿 4036 套；货币购买房屋 1690 套；开工率 100.03%，货币化安置率 56%，高于住建部力争 50% 的要求。

【房地产市场】 建设房地产开发企业信用评价平台，起草《商品房预售资金监管办法》的实施细则和《商品房交付使用办法》。出台《关于支持居民自住性和改善性住房需求，促进房地产市场平稳健康发展若干意见》，降低购房贷款首付比例，缩短营业税征收时限，允许开发企业将在建工程分期分栋办理预售许可和抵押登记，在无籍房确权、物业维修资金交存时点等政策上实现突破。开展全市已登记备案中介机构风险排查，对全市 318 家开发企业的 369 个房地产开发项目进行集中走访，将各项目库存商品房按照户型、面积进行分类整理，摸清市场基本情况。组织 200 余家企业开展“2015 长春房地产行业诚信建设年”活动，举办春秋两届房展会。全市房地产开发投资完成 560 亿元；商品房销售面积实现 952 万平方米，比 2014 年增长 9.1%；商品住宅价格在 6100 元/平方米左右，商品住房销售吸纳周期为 16 个月，比 2014 年减少 2 个月。

【物业管理】 下发《关于进一步理顺职能、规范物业管理工作的通知》《对各区物业管理考核工作方案》《物业管理考核评分细则（暂行）》等文件，重新调整四级物业管理体制工作关系和流程。指导各城区、开发区建立“老旧散弃”住宅区物业管理长效机制，协助解决各区在工作中出现的疑难问题。制定《2015 年全“老旧散”住宅区建立长效物业管理机制工作方案》，起草《长春市物业维修应急资金管理暂行办法》，与财政局协商，将应急资金的规模由 400 万元扩大到 700 万元。通过争取拟为 379 个社区，招录 758 名房产专干和物业管理人员。

【产权产籍管理】 压缩办事时限，对部分业务审核层级以及办理时限做出调整，约 95% 的登记业务均为 2 个工作日。通过质量检查、电话回访、纪检监察等手段，压缩办件时限。为上门服务人员配置执法记录仪，对上门服务的全过程进行录像，保证服务质量。在窗口设置

“老、孕、残、军”绿色通道，保证此类人员在中心申办各类业务和缴费时享受特殊服务，得到优先受理。2015年，提供绿色受理通道服务1.5万人次，免费上门服务340余人次；电话回访2万人次，接打咨询电话10万余个。受理及办结房屋交易与登记业务近28万件、收取规费1.3亿元左右，协助征税超过18亿元，通过及时办理房屋抵押登记帮助企业和个人融资近千亿元。推进无籍房确权工作，完成确权任务79栋，约59.9万平方米，完成计划的120%，历年累计完成无籍房确权2417栋，约999万平方米。

（许文华）

环境保护

【政务信息】 全年累计报送政务信息398条次，完成信息约稿6篇。在市委综合部门政务信息采纳排名第3位，在市政府部门中列前10位。加强环保官网、微博、微信等平台建设，关注舆情动向，及时发布环境信息。在省环保厅、省环保网站信息采用率列全省第1位。市环保局被环保部评为2015年度全国环保政务信息工作先进单位，被省环保厅评为2015年度信息工作先进单位，被市委评为2015年度全市党委系统信息工作标兵单位，被市政府评为2015年度上报国办、省办信息先进单位。

【环境信访】 制定实施《长春市“12369”环保微信举报工作管理暂行规定》，畅通12345市长公开电话、12369环保举报热线等环境诉求渠道，开通官方微博和微信举报平台。加大重点访、难点访、重复访、越级访案件督查督办力度。办理市长公开电话投诉7065件，办结率100%，反馈率91%；办理12369环保举报热线问题1827件，微信举报114件，上级批办转办的重点信访106件，办结率100%，反馈率100%，群众满意率93%以上。开展局长接待日活动12次，接待群众来访58人次，处理环境问题41件；开展读报读网活动，发现并处理环境问题387件；接访639人次，处理环境问题278件。受理省人大代表议案1件，市人大代表议案6件，市政协委员提案3件，均办理面复。

【规划与财务】 推进国家《重点流域水污染防治规划(2011—2015)》项目建设。涉及的51个流域规划项目，完工17个、试运行4个、在建16个、开展前期工作14个，达到上级考核要求。推进国家《重金属污染防治“十二五”规划》有关工作，排查涉重金属排放企业18家，重点重金属污染物达标率100%。编制《长春市“十三五”环境保护规划》，修订《长春市实施城市区域环境噪声标准规定》。

【污染物减排】 推动《关于落实2015年度主要污染物总量减排任务的通告》落实，实施长春热电发展有限公司3—4号机组脱硝等大气污染减排项目9项，北郊污水处理厂扩建、兴隆山污水处理工程等水污染减排项目18项，榆树市群益牧业小区等规模化养殖场(小区)等农业源污染减排项目497项，组织35户企业开展清洁生产审核。推进减排监测体系建设，强化自动监控设施现场检查，定期开展比对监测，严格数据有效性审核。国电吉林龙华长春热电一厂等38家国控企业，全部安装自动监控设施。全市国控污染源自动监控数据传输有效率95.3%、自行监测结果公布率95%、监督性监测结果公布率100%。全年削减化学需氧量5900吨、削减氨氮615.9吨、削减二氧化硫1500吨、削减氮氧化物3277吨，4项主要污染物排放总量，完成吉林省下达的减排指标任务。

【环境影响评价】 制定实施《长春市建设项目主要污染物排放总量指标审核及管理实施细则》，建设项目审批均履行法定程序，落实污染物总量控制。核定30个建设项目的总量指标，提出替代削减方案。审批建设项目环评报告书、报告表和登记表1697项，否决175项；办理建设项目竣工验收109项、试生产21项；建设项目环评率100%，满意率90%以上。办理临时排污许可证12项，换发排污许可证74项；办理《辐射安全许可证》124项、辐射项目环评17项、验收8项、放射性同位素转让手续27项。完成120个建设项目的技术评估，落实国家发改委《关于进一步放开建设项目专业服务价格的通知》规定，停止收取环境影响咨询评估费。

【环境监测】 定期开展监测仪器巡检维护。10个空气自动监测站、2个水源地水质自动监测站和松花江村、靠山南楼2个断面水质自动监测站运行稳定，数据准确上报率100%。国控重点企业每季度进行监督性监测1次，完成废水监测报告220份，废气监测报告213份，在线监控比对监测报告463份。开展138个土壤环境质量国控点位的现场勘查和布设，完成功能区噪声和区域环境噪声的常规监测工作，取得有效噪声监测数据6000余个。投资3500万元，建设大气监测超级站。全市安装污染源自动监控设施204台(套)。

【污染防治】 启动水污染防治行动计划方案编制工作。完成《长春市水污染防治工作方案编制框架（征求意见稿）》和《“水十条”重点工作市政府分工方案(征求意见稿)》。加大饮用水源地保护力度。开展全市饮用水源环境状况评估、饮用水水源保护区环境问题排查，推进水源地保护及安全达标建设。对水源保护区环境整治工作开展跟踪督查。取缔饮马河大桥上游水源地保护区内非法采砂业户14家。环保、交通部门制定实施《关于建立交通运输与环境保护应急联动工作机制的通知》，开展水源地环境风险防范专项行动，强化危化品运输联防联控和突发事件预防应对措施。

开展“清洁河道”专项行动。清理生活垃圾5408吨，清理畜禽粪便254吨，清理其他污物11吨。开展“春季环境安全排查行动”“夏季环境安全攻坚专项整治行动”，全面排查饮用水源地和涉危险化学品单位、涉危险废物企业等环境风险源1350户，发现一般事故隐患34户，处罚环境违法企业18户，完成整改。长春市华强金属表面抗磨工艺有限公司、中化帝斯曼生化中间体(长春)有限公司等88家环境风险重点监管企业，建立环境安全隐患排查治理制度；吉林省天源粘合剂有限公司、长春圣威民爆器材经销有限公司等68户较大、重大环境风险企业，完成突发环境事件应急预案备案。建立“长春市环境应急储备物资信息库”，对企业环境应急物资储备现状进行核实，更新、补充环境应急物资8大类65项；与吉林省鑫祥有限责任公司、中石油长春输油气分公司等企业签订《长春市环境应急物资储备协议书》，建立环境应急救援物资储备、调拨机制。处理突发事件14起，未发生突发环境事件。

【雾霾治理】 编制完成《长春市城市规划区环境空气质量功能区划分规定》，组织实施《长春市大气污染防治行动计划》，签订《大气污染防治目标任务书》，制定《长春市大气污染防治目标任务考核办法（试行）》，落实燃煤小锅炉淘汰、机动车污染防治、扬尘污染整治、秸秆禁烧、工业污染治理、能源结构调整等综合防治措施。淘汰燃煤小锅炉。环保、财政、公用部门联合制定实施《长春市燃煤小锅炉淘汰改造验收及补贴办法（暂行）》，市区财政支付2014年淘汰小锅炉补贴资金1.7亿元。环保、公用部门建立周调试制度，定期通报工作进展，协调解决道路挖掘、并网改造等难点问题。

市委、市政府督查室开展3次专项督查，淘汰建成区内10吨及以下燃煤小锅炉1585台。开展10吨以上锅炉和挥发性有机物排放普查监测，向全市471台10吨以上燃煤锅炉下达治理催告书，组织第一批68家企业开展挥发性有机物综合治理。在长春热电发展有限公司等重点火电行业企业，实施脱硫、脱硝、除尘等27项减排工程。全市20万千瓦及以上燃煤发电机组全部建成脱硫、脱硝设施，工业企业粉尘排放达标率达95%以上。升级改造机动车排气污染信息管理系统，对城区29家环保检验机构的113条检测线实施全程视频监控。强化环保检验合格标志管理，检测机动车44.8万台次，核发合格标志63.8万枚，机动车环保检测率80%，环保合格标志发放率90%。环保、公安交管部门联合执法，落实四环路内黄标车限行措施；开展“冒黑烟”车辆查处专项行动，增加机动车尾气排放路检频次，检查车辆370台次，治理不合格车辆136台；制定实施《长春市淘汰黄标车补贴实施方案》，公安、环保、交通和商务部门联合发布《长春市淘汰黄标车补贴公告》，建立一站式服务窗口，开展淘汰黄标车补贴工作，淘汰黄标车68769辆，其中淘汰2005年底前注册营运黄标车24007台。推进秸秆禁烧和扬尘污染防治。环保、农业、公安等部门联合行动，包保县（市）区每周督查，包保开发区每日巡查，督促落实属地责任。

环保、城管部门联合巡查建筑工地635处，提出整改要求332次，停工处理58处，暂扣渣土运输车辆564台，曝光不合格工地13个。完善重污染天气应急体系。环保、气象部门制定实施《长春市空气质量预报和重污染天气监测预警工作方案（试行）》，建立数据共享、预报预警、信息发布等工作机制。在市环保网实时发布环境空气质量信息，与市电视台联合开展环境空气质量级别预报。修订《长春市大气重污染应急预案》，将预警级别由2级调整为4级。市大气重污染应急指挥部办公室，发布大气重污染应急预警5次，调整预警级别3次，发出预警通知8份，发布预警信息9条。

【自然生态保护】 组织开展生态建设规划编制，完成农安县合隆镇等5镇27个村的规划论证，双阳区齐家村等10个村通过考核验收，考核命名2批102个“市级生态村”。九台区土门岭镇等2个镇16个村，获得省级财政示范建设奖补资金100万元。

【农村环境保护】 榆树市、农安县、德惠市、九台区和莲花山生态旅游度假区40个行政村，完成“第四批农村环境综合整治项目”建设。

【辐射安全监管】 长春市陆地γ辐射空气吸收剂量率在天然辐射本底水平范围内，未见异常，城市典型环境和典型污染源外环境的电磁辐射水平均不超过国家限制标准。开展核安全文化宣贯专项行动，组织辐射安全大检查，排查放射源应用单位、核技术利用单位191家次。安全收贮吉林大学等5家40枚废旧放射源、其他放射性废物200公斤。放射性废物收贮、处置率100%，辐射技术应用单位检查覆盖率100%。

【危险废物安全监管】 办理危险废物转移联单2399份，转移危险废物5万余吨，转移污泥7万余吨，办理危险废物跨境转移54份，危险废物处置率100%。

【环境监察与排污收费】 落实新《环境保护法》，全市征收排污费13211万元，执行行政处罚856万元。落实《关于加强环境监管执法的通知》，成立组织领导和工作协调机构，开展环保统一监管工作机制的探索和实践。实施网格化环境监管。编制《长春市环境监管网格体系建设方案》《长春市环境监管网格体系划分方案》，委托测绘部门绘制《长春市环境监管网格示意图》。全市划分179个环境监管网格，指定网格监管责任人，确定监管对象。制定实施《长春市环境保护大检查工作方案》，排查各类污染源。以大气、水、重金属污染防治等9个方面工作为重点，检查单位10494户，存在环境问题的955户，责令限期整改376户。

开展联合执法、区域执法和交叉执法。针对松花江流域长春境内重点干支流水质状况，组织市环境监察机构和有关县（市）区，开展区域交叉执法检查；针对冬季大气污染防治工作，开展省市联动执法检查；在采暖锅炉运行集中的早、晚时段，组织市区环保部门开展联合执法检查；针对露天烧烤、建设施工扬尘、机动车尾气、秸秆禁烧、祭祀烧纸等污染防治工作，环保、城管、建设、食药监管、交通、公安、农业、民政等部门开展部门联合执法检查。环保、公安部门建立联络员会商制度。联合开展“打击环境污染违法犯罪专项行动”，下达行政处罚2060份。关停东郊煤气厂，年减少燃煤65万吨；对天津矢崎长春汽车零部件有限公司等5户环境违法企业，实施按日计罚；对榆树市吉达涂料有限公司等6户违法排污企业，实施查封扣押；对超标排放的吉林金慧纸业有限公司、长春市恒建通达能源有限公司等30户企业,作出责令限产、停产决定。吉林省东科表面技术有限公司、长春市鼎浩聚丙烯颗粒有限公司、经开区鑫鹏塑料颗粒加工厂、德惠市吉林信达生物工程有限公司等4件环境违法案件移送行政拘留,其中德惠市吉林信达生物工程有限公司主要责任人被刑事拘留。

【环境宣传教育】 开展"六五"世界环境日宣传,绿色社区、绿色学校等示范创建活动。落实《长春市大气污染防治工作集中宣传报道方案》,组织17家驻长新闻媒体开展"记者走基层,聚焦治霾进行时"系列活动,协调9个部门26个单位参与现场采访,普及公众雾霾污染防治常识,宣传报道大气污染综合整治成果。在各级主流媒体发表环境保护新闻稿件321篇次。其中,报刊发表166篇,电视台播放25篇,广播电台播放27篇,环保部和省、市政府官网发表103篇。

【环保科研】 开展水专项研究、松花江流域水生生物调查、细颗粒物($PM_{2.5}$)源解析。完成《长春新立城水库浮游藻类特征及与磷、碱性磷酸酶活性的关系》《基于人工智能方法的长春新立城水库水质分析及富营养化趋势研究》课题。与哈尔滨工业大学合作,共同完成《长春市细颗粒物污染源排放清单构建》课题。

【环境质量】 长春市空气环境,以煤烟型污染和机动车排气污染等综合性污染并重的复合型污染为主,空气中首要污染物是细颗粒物($PM_{2.5}$)。城市空气环境中,细颗粒物($PM_{2.5}$)、可吸入颗粒物(PM_{10})、二氧化硫(SO_2)、二氧化氮(NO_2)、臭氧(O_3)和一氧化碳(CO)年均值分别为66、107、36、45、151微克/立方米和1.8毫克/立方米。城区空气质量达到Ⅰ级(优)39天,Ⅱ级(良)198天,优良天数合计237天,优良率64.9%。空气质量Ⅰ级(优)主要分布在夏、秋两季,Ⅲ级(轻度污染)及以上天气主要分布在冬季采暖期和春季大风期。地表水环境,以机械加工、粮食深加工、屠宰等行业生产环节排放的工业废水和居民生活污水形成的综合型有机污染为主。石头口门、新立城水库等2个城市集中式饮用水水源地水质状况总体较好,达标率100%。伊通河水质状况有所改善,主要污染指标为氨氮、总磷、五日生化需氧量等,超标污染物浓度略有下降。南湖水质为中度污染,净月潭水质为轻度污染。声环境,污染以商业、娱乐经营活动形成的生活噪声和交通运输形成的交通噪声为主。区域环境噪声等效声级平均值为56.1dB(A),总体水平等级为三级,声环境质量一般;道路交通噪声平均等效声级为69.5dB(A),强度等级为二级,声环境质量较好。

【队伍建设】 贯彻《党政领导干部选拔任用工作条例》,选拔任用事业单位负责人2人,交流干部9人。制定实施《落实党风廉政建设主体责任实施办法(试行)》,签订《党风廉政建设责任书》,层层落实党风廉政建设主体责任。制定实施《理论中心组学习安排意见》,开展党员进社区服务活动,加强基层党建工作。深入基层开展调查研究,对17个党组织进行现场指导。完成18户特困户的对接、走访、慰问。开展"代理妈妈"活动,认领对象助学。选派2名年轻干部参加"双包双转化"工程,任榆树市太安乡西龙村、光明村第一书记,开展薄弱村基层党组织帮扶工作。制定实施《党委班子成员开展"三严三实"专题教育工作方案》《关于在全市环境保护系统处级以上领导干部中开展"三严三实"专题教育实施方案》,查找问题348个,逐一落实整改措施。以"治理资金管理、环评审批、排污收费、行政处罚"等为重点,开展自查自纠,落实风险防范措施。组成督查组,对基层干部不作为、乱作为等问题进行专项整治,对机关纪律进行不定期检查,传统重大节日前,对纠正"四风"情况进行严查。

(王占龙)

国土资源管理

【用地保障】 2015年,获批征地2238公顷,超年初计划49.2%。协调购买1046公顷补充耕地指标,保障长辽铁路、大唐电厂、一汽、长客等全市各类项目落位。完成本轮规划调整完善主要指标核定和基础数据转换,最大限度为长春新区等国家级发展战略和长春老工业基地全面振兴预留用地空间。增减挂钩项目试点规模进一步扩大,完成152.53公顷归还指标初验。

【土地市场】 供地2113公顷,成交额124.7亿元,分别超年度绩效考核计划5.7%和24.7%。上缴市财政126.6亿元,其中,清欠60亿元。市本级供应工业用地255公顷、成交额9.6亿元,比2014年分别增长27%和22%。投入资金27亿元,收储土地660公顷,超年度计划10%。完成政府债券置换32亿元,延长还款期3年—7年,融资平均利率从7%以上降至3.8%,年降低财务成本约1.4亿元。

【耕地保护】 长春市实有耕地144.7万公顷,基本农田117.25万公顷,超额完成吉林省下达的134万公顷耕地、117.18万公顷基本农田保护任务。完成高标准基本农田建设任务3.74万公顷,净月、农安、德惠通过验收报备。开展中心城区永久基本农田划定工作,市长姜治莹3次专门听取工作汇报、作出指示,副市长孙亚明、王路和副秘书长邹德东先后4次召开专题会议研究部署。本局集中80人,历时3个月,对9044块耕地图斑,三轮次10余遍核实举证,省市领导3次到国土部专门协调,初步划定成果得到国土部认可。11月12日,《国土资源报》在头版专门刊登长春市的做法。

【批后管理】 完善土地动态巡查机制,监管平台实现供地数据、巡查结果、闲置土地和储备信息实时联动。狠抓"供地率",采取"一收一放"两项措施,"收"指对供地率达不到60%的,暂停新增建设用地供应。"放"指对公路、铁路、机场以及城市道路、绿地等基础设施用地,加快供地节奏。加大闲置土地处置力度,副市长王路组织召开全市闲置土地处置工作调度会，在国家专项督察中发现的106宗、716公顷闲置土地，处置率达100%，完成上报备案。

【执法监察】 立案查处违法用地246宗，发现制止118件，处罚面积131.8公顷，收缴罚没款665万元，拆违37.85万平方米，移送公安机关15人，移送纪检监察机关3人。对全市1068宗涉嫌违法违规建设工程进行全面清查，查处违法用地145宗，立案率100%，结案率87.6%，移送纪检监察机关1人，申请法院强制执行11宗。

【不动产统一登记】 市委改革办列入《深化改革任务台账》和《全市经济体制和生态文明体制改革工作要点》。市政府列为市政府重点督查项目和市政府部门绩效考核评估项目。10月15日，市编办下发《关于整合不动产登记职责等有关问题的通知》和《关于成立长春市不动产登记中心的通知》，成立全市不动产统一登记工作实施领导小组。12月1日，长春市国土资源局不动产登记局、长春市不动产登记中心正式挂牌。12月8日，在省政府专项督查通报中，确认长春市及各县(市、区)不动产登记职责机构整合、经办机构设立等任务按期完成。

【农村建设用地入市试点】 长春市九台区作为全国33个农村集体经营性建设用地入市改革试点之一，也是吉林省唯一的试点。年内完成试点机构组建，《试点实施方案》获得国土部批准，制定入市交易、民主议事、收益分配等17项具体规则制度。12月30日，九台区首宗集体经营性建设用地以协议出让方式入市，提前完成国家和省部署的阶段性改革任务。

【土地调查】 获批专项资金省级3956万元、市级4320万元，完成248平方公里农村集体建设用地和宅基地调查任务。获批市级专项资金785万元，完成全市500平方公里存量土地登记信息数据整理上报。2014年度土地变更调查，国家核查组抽查长春市26块图斑，错误率为“零”。开展耕地后备资源调查评价，长春市耕地后备资源面积62886.67公顷，“不稳定耕地”面积86486.67公顷，新增耕地面积83940公顷。

【矿政管理】 出让矿业权98宗，成交额1205.8万元。储量动态监测矿山监测率、评审备案通过率均达100%。启动第三轮矿产资源总体规划编制工作，落实专项资金314万元。强化地灾防治，编制实施《2015年地质灾害防治实用手册》。强化矿山安全“网格化”专业管理，2015年年检矿山217家，年检率95.2%，立案查处越界开采矿山企业3户，收缴罚金9.1万元。

【保障民生】 扶持民营经济和个人创业，实行“取消征地管理费”等17项收费减免政策，每年为企业和群众节省资金达1.5亿元以上。审批窗口开展上门服务105次，办理各类审批件2.2万件。补贴回迁居民物业费1494万元，超“幸福长春”计划目标49%。筹措78万元用于精准扶贫，为两个帮扶村修建村部和文化大院。“局长接待日”接待群众来访83件、194人次，比2014年分别下降60%、62%，局领导包保的5件信访案件全部息访结案。市国土资源局作为市直部门唯一的代表在全市“局长接待日”总结大会上作了先进典型发言。

【队伍建设】 开展“三严三实”专题教育，严格执行干部选任、重要事项报告等相关规定，实行岗位绩效、廉政效能、信访工作“三考合一”综合考评。落实党委主体责任和纪委监督责任，强化风险点监管，开展纪律作风专项整治。对3.7万个审批流程进行网上监察。表彰全系统8个基层先进党组织、69名优秀共产党员、26名优秀党务工作者、33名业务能手、19名“窗口服务明星”和21名“国土卫士”。组织开展全系统业务知识竞赛、演讲比赛、纪念抗日战争胜利和建党纪念日系列活动、地球日和土地日系列宣传活动、乒乓球和羽毛球比赛、健康徒步走、春节联欢会等主题活动。

（孙福鑫）

园林绿化

【概况】 2015年，长春市园林绿化总投资16亿元，其中，市本级投入2.94亿元，城区新建绿地面积600公顷以上，绿化覆盖率41.5%，绿地率36.5%，人均公园绿地面积11.6平方米。

【绿化建设】 新植街路15条，彩化街路100条，新建大块绿地21宗。“两横三纵”快速路，凡释放出的节点和路段，完成绿化84公顷，占全部任务的70%。北

6月30日，长春市国土资源知识竞赛现场　（孙福鑫　提供）

凯旋路、电台街、前进大街、北远达大街、生态大街以及莲花山重点路桥绿化全部完成，四环路新增绿化面积40公顷。2015年3月，长春市园林绿化局召开长春市各城区、开发区绿化委员会办公室主任会议，部署庭院、小区绿化任务，确定绿化庭院、小区30个。6月末，在长春市绿化委员会办公室的指导下，各城区、开发区完成庭院绿化建设改造任务，打造"钜城国际"等一批庭院绿化精品工程。

【公园建设】 全市新建续建14座公园，市本级建设的梨花园、郁金香园于2015年5月向市民开放。馨园、湖光、爱民、双阳嵩山、双阳鹿鸣等社区公园建成开放。启动八一、西湖、兴隆湖、南溪湿地、净月湿地等大型公园建设。

【绿化宣传】 4月16日至4月23日，长春市绿化委员会办公室组织各城区、开发区绿化委员会办公室，开展"绿化宣传进社区"主题宣传活动，发放印有创建森林城的小锹5000把，绿化知识手册5000份，花籽近30000袋，手提袋3000个。

【义务植树】 2015年，完成义务植树地块18块，5000余人参加义务植树活动，栽植乔木13个品种77170株，绿化面积达18公顷。长春市九台区开展"绿满九台"的大规模全民春季义务植树活动，近50000人参与，栽植樟子松、杨树、柳树等10多个品种200余万株，绿化面积50公顷。

【园林植保】 2015年，复检苗木629批次，80余品种，累计复检乔木149954株、灌2518215株、花卉191772株。产地检疫乔木13个品种8095株、灌木18个品种63215丛100700株。补检苗木50余品种，树木150万株、草坪24万平方米。开展预测预报工作，发布简报8期，累计发布测报信息129条、植保动态36条、原创图片114张，其中包含一期美国白蛾专刊。预测预报信息通过长春园林植保微信公众号同步发布。加强美国白蛾调查监测，5月，越冬代美国白蛾成虫监测期间，设监测点150个，诱捕成虫37头。7月，美国白蛾第一代成虫监测期间，在全市设置400个监测点，有280个点诱捕成虫2410余头。对于全市常发的食叶害虫、蛀干害虫，如天幕毛虫、舞毒蛾、光肩星天牛等，组织全市联防联治，由技术人员深入各城区进行督促检查。全年防治食叶害虫129条街路、173街次，乔、灌木1013595株。防治刺吸害虫109条街路、143街次，乔、灌木180035株。防治光肩星天牛122条街路、622街次，100545株寄主植物。

5月14日的郁金香园　　（张晓东　提供）

【古树名木复壮】 2015年5月，长春市绿化委员会办公室会同长春市双阳区太平镇林业站，重点对位于双阳区太平镇长山村的古榆树进行保护和复壮工作，对古榆进行重新围圈，以防止游人靠近古树根部区域，造成土壤板结，对古树造成伤害。将根部周围的土壤进行翻耕处理，增加土壤的透气性，添加大量的黑土，掺入有机肥料，增加根部土层厚度，防止根部裸露和树皮脱落。更换管理人员，实行专人养护管理。对古树采取一系列复壮措施，包括对叶面喷施高效有机肥料，在树底下挖掘若干条放射状的沟槽，对根部施液态肥料并使用根部促进生长剂等，以解决古树的消耗量大于生长量的问题，努力实现二者的动态平衡。

【绿化监察】 2015年，办理行政处罚案件70件，结案64件，上缴财政罚款30余万元。出动执法车辆2100台次、执法人员8500人次，巡查全市主要道路13100条次、绿地10000余次。

【行政审批】 2015年，办结行政审批事项259件，以上审批项目均按时限办结。行政许可项目审批和非行政许可项目审核，依照相关法律法规规定和长春市园林绿化局《行政审批规范》要求的程序进行。严格执行现场勘查制度，必须2人一同到场，填写现场勘查记实，留存影像资料。严把树木砍伐审批关，坚持手续不全或不该砍伐的树木，一律不批的原则。完善档案管理，对已办结的审批项目及时立卷。执行首问负责制和一次性告知制度，对来咨询群众和行政相对人认真接待，有问必答，一次性告知；开展预约服务，提前介入，为申请人节省时间。

（张晓东）

伊通河管理

【概况】 伊通河管委会主要负责对伊通河长春市城区基本建成段（南三环路桥至四化拦河闸15.78公里）进行全面建设和管理，主要工作职能为工程建设、防汛排涝、设施维护、水体监测、执法监督、园林绿化养护、环境卫生保洁7个方面。

【工程建设】 主要完成伊通河污水干管截留绿地恢复工程的收尾工作；伊通河河道底泥清淤工程和伊通河旧有污水管道拆除工程的前期工作；伊通河南绕城高速公路桥至南三环桥防洪工程部分重新开工建设。伊通河污水干管截流绿地恢复工程树木栽植工作全部完成，栽植乔木35075株，灌木14229株，栽植模纹5274平方米，草坪地被85106平方米。完成道路广场铺装25400平方米，完成投资3032.5万元。工程已按计划交付使用。伊通河长春市城区南段（南绕城高速公路桥——南三环桥）防洪工程治理范围为南绕城高速公路桥至南三环桥之间，治理河道自然长度4.78千米，项目用地面积301.8公顷。主要工程内容为河道疏浚、岛屿、河岸护砌、堤防及子堤、壅水建筑物、排水建筑物和清淤通道等，2015年6月，长春市委市政府决定启动本项目建设，征地拆迁工作已经启动，2015年年底前完成道疏浚工程。

【防汛排涝】 按照《长春市城市防洪预案》具体规定，2015年5月末前完成对堤防、护岸、闸、站、涵等防洪设施的汛前检查工作。对存在的问题提出整改时限要求。落实堤防、护岸巡视制度，强调雨天重点地点24小时有人看护，随时检查防洪设施运行情况。做好防汛物资储备，落实抢险队伍和抢险车辆及抢险工具。确保伊通河城区段安全度汛。

【设施维护】 为确保水利防洪设施及公共设施安全，汛前对4座拦河闸及10座排涝站及其他水利设施进行维修检查，杜绝安全隐患。

9月6日的樱花岛 （国　徽　提供）

【水体监测】 全年发布《伊通河水体信息》22期，与维管中心及其他吐口单位多次协调，参加建委组织的关于伊通河治理污染情况协调会3次。

【执法监督】 加强伊通河沿岸防洪设施、公益设施、园林的管理，实行执法人员及夜巡员24小时全天候、全方位立体管理措施，开展联合执法，加大综合整治力度，全年处理各类案件429起。

【园林绿化】 春植期间，在伊通河城区段沿岸管理范围内41个地块栽植树木20261株（丛），其中，针叶树1911株，阔叶树10176株，花灌木8174株（丛）。栽植绿篱461延米，模纹1557平方米。做好树木补植的同时，为提高伊通河沿岸美化、彩化效果，在19个地块栽种草花、宿根花和野花组合。引进新品种提高栽种质量，形成花卉特色路、特色园区，使伊通河花卉更具观赏性。栽种草花63170株，栽种宿根花、红宝石、金光大道、石竹子18000株，栽植紫花玉簪14940平方米，种植野花组合11090平方米。

【环卫保洁】 伊通河环境卫生保洁工作一直走在全市保洁工作的前沿，做到两扫全天保，使环境卫生实现清扫保洁常态化、垃圾清运标准化、环境管理规范化，达到水面无漂浮物，垃圾日产日清，果皮箱及时清掏。

（国　徽）

对外经济贸易

招商引资

【概况】 2015年,招商引资工作"走出去"和"请进来"活动成效显著。实际利用内资1110亿元,其中引进省域外资金922.6亿元,比2014年增长16.5%。引进内资项目443个,其中8000万元以上项目293个,引资额1056亿元,增长15%。从产业看,一产项目16个,二产项目184个,三产项目243个。实际利用外资56.6亿美元,其中直接利用外资12亿美元,增长13%。新设立外商投资企业37户。从产业看,一产3户,二产11户,三产23户。从投资类型看,合资企业19户,合作企业1户,外资企业16户,外商投资股份企业1户。

【项目谋划】 对优势产业、战略新兴产业、现代服务业等项目进行谋划,从全市336个项目中,筛选出181个经由专家进行重点包装,形成市、县两级招商项目储备库。编制《2015年长春市经济合作重点推介项目》和对台招商项目册,录制全市招商引资宣传片和招商引资推介PPT中英文版,起到很好宣传效果。

【招商活动】 利用北京、上海等招商活动、"民企吉林行""央企进吉林""与台湾产业合作研讨会""东博会"等大型活动载体,开展300余次针对长三角、珠三角、环渤海、欧美、日韩等重点区域招商活动,成果丰硕。北京招商活动进行32个项目推介对接。上海招商签订5个合同项目,引资额398亿元。"民企吉林行"是全年招商的重头戏。提前锁定与长春市产业关联度较高的重点企业,在会前和会中由各级领导带队开展走访、拜会,达230余次,对接全国工商联常委企业60余户、执委企业150余户、知名民营企业580余户、商会48户,签订合同项目130个,引资1121亿元。主动对接央企总部和下属企业67户,签订合同项目32个,引资489亿元。开展"吉林省暨长春市与台湾产业合作研讨会",邀请台湾商协会、企业代表80多人参会,签订《吉林省暨长春市与台湾产业合作备忘录》,助推3个项目签订意向协议,引资34.8亿元。利用"东博会"平台,邀请1610名客商来长,组织各县(市)区、开发区开展20项投资贸易活动,重点举办"世界500强企业及知名跨国公司走进吉林暨长东北新区产业合作对接会""东北亚现代物流合作论坛暨项目合作对接会""第二届服务贸易大会长春对日服务外包座谈会""中韩经济合作论坛和产业项目对接会"等活动。签订35个合同项目,引资276亿元。还借助境内外商会、行业协会和驻外办事处,接触重要客商,开展借力招商和以商招商。组织60多支招商小分队,赴经济发达地区开展招商活动。

【项目资金落位】 建立重大项目包保制度,成立重大项目推进小组,解决项目落位和开工过程中存在问题。委托专业机构设计开发长春市招商引资项目管理平台,利用信息技术,完善项目和投资管理。推动落实重大项目审批业务"绿色通道",完善投资环境。

2015年长春市实际利用内资分类情况表

单位:个、万元

指标	项目	金额	比2014年±%
按投资领域	443	11100092	15.0
第一产业	16	285969	249.9
第二产业	184	5431758	14.3
其中:汽车及零部件	51	1989354	10.0
农产品加工	21	815980	50.5

续表

指标	项目	金额	比 2014 年±%
光电信息	4	85000	-32.1
生物医药	15	402345	24.6
能　源	11	465517	53.9
建筑和材料	8	167179	-24.4
其　他	74	1506383	5.4
第三产业	243	5382365	11.5
其中:现代物流	17	387935	3.5
旅游会展	7	272346	-20.7
文化	7	43030	19.7
金融	29	386745	-33.5
商业及服务业	54	494815	-36.3
房地产业	61	2061228	-9.7
其他	68	1736266	301.0
按投资规模	443	11100092	15.0
8000 万元以上(含 8000 万元)	293	10568614	15.5
5000 万元~8000 万元	60	347699	16.1
5000 万元以下	90	183779	-13.6
按资金来源	443	11100092	15.0
省域外投资	366	9226260	16.5
其中:北　京	54	1789373	35.7
上　海	27	835504	9.9
天　津	8	156044	41.9
江苏省	15	442261	-25.4
浙江省	28	937030	-1.5
广东省	28	1052794	11.9
福建省	17	424891	1.8
山东省	26	576426	35.9
辽宁省	57	1019806	27.0
其他地区	106	1992131	24.4
银行借贷、政策性投资	-	-	-
中、省直投资	26	567868	219.6
其他投资	51	1305964	-16.5
国内 500 强企业投资	14	1008858	-7.7

2015 年长春市实际利用外资分行业情况表

金额单位:万美元

行　业	审　批　情　况								
	企业户数			合同外资			直接投资		
	2015 年	比例	比 2014 年±%	2015 年	比例	比 2014 年±%	2015 年	比例	比 2014 年±%
合计	37	-	-9.8	73763.9	-	71.9	119797	-	13.0
第一产业	3	8.1	200.0	14114	19.1	994.2	673	0.6	-
农业	3	8.1	200.0	327	0.4	-74.6	673	0.6	-
第二产业	11	29.7	-15.4	43636	59.2	46.2	88059	73.5	9.4

续表

行业	审批情况								
	企业户数			合同外资			直接投资		
	2015 年	比例	比 2014 年±%	2015 年	比例	比 2014 年±%	2015 年	比例	比 2014 年±%
制造业	10	27.0	-23.1	43124	58.5	44.5	88059	73.5	9.4
农副食品加工业	–	–	-100.0	–	–	-100.0	16657	13.9	39.0
食品制造业	–	–	-100.0	804	1.1	-47.8	–	–	–
化学原料及化学制品制造业	–	–	-100.0	–	–	-100.0	320	0.3	–
医药制造业	–	–	–	3500	4.7	883.1	–	–	-100.0
交通运输设备制造业	5	13.5	25.0	34213	46.4	120.6	62387	52.1	29.9
通信设备、计算机及其他电子设备制造业	1	2.7	–	3421	4.6	–	3550	3.0	–
第三产业	23	62.2	-14.8	16014	21.7	36.1	31065	25.9	21.5
餐饮业	3	8.1	-25.0	9	0.0	21.0	–	–	–
房地产业	–	–	-100.0	409	0.6	-94.1	15177	12.7	-15.1

对外贸易

【概况】 2015 年，长春市进出口完成 139.8 亿美元，比 2014 年下降 32.5%。其中，出口 19.1 亿美元，下降 22.2%；进口 120.7 亿美元，下降 33.9%。外贸依存度为 15.75%，出口依存度为 2.15%。

【出口情况】 出口品种。出口商品 1471 种(其中，初级产品 105 种，工业制成品 1366 种)。10 大类出口商品 1 升 9 降，完成出口 11.5 亿美元，比 2014 年下降 24.8%，占出口总额的 60%。增长的只有抗菌素 1 种，出口 8377 万美元，增长 45.4%。下降的是汽车和汽车底盘出口 2.88 亿美元，下降 28.2%；轨道客车及零件出口 2.42 亿美元，下降 22.9%；汽车零部件出口 1.13 亿美元，下降 6.5%；轮胎出口 8260 万美元，下降 24.9%；实木复合地板出口 8684 万美元，下降 2.8%；蛋白粉等饲料添加剂出口 7336 万美元，下降 51.1%；自动调节控制仪器及装置出口 6741 万美元，下降 12.5%；服装及衣着附件出口 8092 万美元，下降 14.1%；肥料出口 2831 万美元，下降 74.1%。在出口商品中，本地货源为 13.9 亿美元，比 2014 年减少 2.9 亿美元，占出口总额 72.8%，比 2014 年增加 4.5 个百分点。出口市场。出口商品销往 159 个国家和地区，比 2014 年减少 3 个，亚洲仍是长春市第一大出口市场，对亚洲出口占长春市出口总额 50%，低于 2014 年 4.61 个百分点。出口前 10 位国家分别为：日本 2.05 亿美元，下降 38.2%；美国 1.73 亿美元，下降 4.92%；巴西 1.38 亿美元，增长 153.4%；伊朗 1.3 亿美元，下降 15.5%；新加坡 1.28 亿美元，下降 9.9%；德国 1.1 亿美元，下降 20.3%；韩国 9342 万美元，下降 22.7%；印度 7756 万美元，下降 39.1%；荷兰 4940 万美元，增长 8%；泰国 4952 万美元，下降 34.6%。对以上 10 国出口额合计 11.5 亿美元，占出口总额 60.3%。出口企业。全市有出口实绩的企业 568 户(其中，国有企业 43 户、三资企业 120 户、民营及其他企业 405 户)，比 2014 年增加 15 户。出口 100 万美元以上企业 132 户、300 万美元以上的 74 户、500 万美元以上的 56 户、千万美元以上的 30 户、出口过亿美元的企业 4 户，分别是一汽集团进出口公司、长客－庞巴迪轨道车辆、大陆汽车电子和长春轨道客车股份。出口贸易方式。出口仍以一般贸易为主，一般贸易出口 13.6 亿美元，比 2014 年下降 25.3%，占出口总额 71.2%；加工贸易出口 5.5 亿美元，下降 12.3%，占出口总额 28.7%，上升 3.3 个百分点；其他贸易出口 335 万美元，下降 71.4%，占出口总额 0.18%。

2015 年全国、吉林省及长春市进出口情况表

金额单位：亿美元

	进出口	比 2014 年±%	出口	比 2014 年±%	进口	比 2014±年%	贸易差额
全国	39586.44	-8	22765.74	-2.8	16820.7	-14.1	5945.04
吉林省	189.4	-28.2	46.5	-19.1	142.8	-30.7	-96.3
长春市	139.8	-32.5	19.1	-22.2	120.7	-33.9	-101.6

【进口情况】 主要商品。进口商品 1919 种(其中，初级产品 121 种，工业制成品 1798 种)。10 大类进口商品 9 降 1 升，完成 84 亿美元，比 2014 年下降 38.7%，占进口总额 69.6%。增长的仅有大豆 1 种，进口 1.6 亿美元，增长 8 倍。下降的 9 类商品是：汽车零件进口 36.7 亿美元，下降 33.4%；汽车和汽车底盘进口 23.9 亿美元，下降 51.1%；活塞式内燃机进口

4.86 亿美元，下降 52.8%；自动调节控制仪器及装置进口 3.6 亿美元，下降 28.9%；通断保护电路装置及零件进口 3 亿美元，下降 22.5%；钢铁制品进口 2.9 亿美元，下降 12.9%；车用收录装置进口 3.1 亿美元，下降 28.7%；电器及电子产品进口 2.8 亿美元，下降 22%；轨道及电车零件进口 1.47 亿美元，下降 22.2%。主要市场。进口商品来自 77 个国家和地区，进口市场的主要格局变化不大，欧洲仍是长春市第一大进口市场，进口额 98.6 亿美元，占全市进口额 81.7%。进口前 10 位的国家分别为：德国 64.3 亿美元，下降 35%；日本 11.9 亿美元，下降 48.8%；斯洛伐克 9 亿美元，下降 39.5%；匈牙利 6.3 亿美元，下降 35.7%；比利时 3.98 亿美元，下降 28.7%；捷克共和国 3.81 亿美元，下降 27.2%；意大利 1.99 亿美元，下降 16.2%；美国 2.01 亿美元，增长 26.6%；奥地利 1.44 亿美元，下降 26.8%；法国 1.26 亿美元，下降 15.8%。

主要企业。发生进口业务的企业 521 户（其中，国有企业 36 户、三资企业 148 户、民营及其他企业 337 户）。进口 100 万美元以上的企业 155 户、300 万美元以上 93 户、500 万美元以上的 71 户、千万美元以上的 45 户、过亿美元的企业 5 户，分别是一汽—大众、一汽进出口、轨道客车、大陆汽车电子、长春金隆豆业股份有限公司。

【外贸进出口运行特点】 受外需萎缩、内需放缓、价格下跌等多重因素影响，长春市进出口呈严重下滑态势。出口方面，一汽进出口、长客、一汽非投、大成等龙头企业降幅较大，分别下降 29.2%、31.8%、32.2%和 69.7%，4 户企业出口减少 3.1 亿美元，占全市出口减量 56%，比 2014 年下降 36.1%，降幅远高于全市平均水平。如剔除这几户大企业因素，其他中小外贸企业出口下降 14.7%。进口方面，主要是受占全市进口比重 8 成左右的一汽—大众和一汽进出口 2 家龙头企业进口大幅下降影响。2015 年这 2 户大企业进口降幅分别达 28.2%和 49.7%，2 户企业比 2014 年减少进口 58.1 亿美元，直接拖累全市进口增速下滑 31.8 个百分点。同时，受国内市场疲软及一汽集团汽车销售不景气影响，部分车型及工厂停产改造、欧元贬值等因素影响，长春市的汽车零部件进口也下降 33.4%，为一汽集团配套的相关企业，如大陆汽车电子、长春博泽、福达集团等进口规模也均有不同程度下降。如剔除两大汽车公司，其他企业进口下降 13.2%。

一批外贸生力军发展势头良好，出口大幅提升。如帝斯曼生化中间体、启明菱电、吉大赢创、百利生物科技、博信光电子等一批高科技企业出口普遍增势良好，增幅分别达 45.39%、21.33%、29.2%、133.1%和 22.3%，形成长春市出口新的增长点。依托光电信息产业优势，一批光电子产品出口企业发展增长也较快，2015 年有近 60 户中小光电信息产品企业实现出口 5600 多万美元，比 2014 年增长 2%，其中博信光电子、凯利光电子等企业出口额突破 300 万美元以上，分别增长 22.5%和 58.04%。

进口商品结构出现一些调整和改变。除传统进口商品如汽车及零部件、大豆等进口商品外，牛羊肉、红酒、啤酒等居民消费品进口量也不断上升，进口种类不断增加，皓月公司从阿根廷、巴西、澳大利亚等国家进口冻牛肉 765 万美元，比 2014 年增长 47.6%。

进出口队伍有所壮大，但规模普遍偏小。截至 2015 末，长春市有进出口业绩的企业 871 户、出口企业 568 户、进口企业 521 户，分别比 2014 年增加 19 户、15 户和 12 户。出口企业中，出口额 500 万美元以上的企业只有 56 户，仅占出口企业总数 9.9%；进口企业中，进口 500 万美元以上的企业有 71 户，占进口企业总数 13.6%。

【服务外包发展】 扩大服务外包产业，增强业务竞争力，软件研发、信息服务、工业设计、汽车电子、动漫制作等已成长为主体，形成以信息技术外包为主，业务流程外包和知识流程外包同步均衡发展良好产业格局。引进培育壮大服务外包企业，涌现出径点科技、博立电子等一批业务突出、核心带动能力强的离岸服务外包骨干企业。加快服务外包园区建设，长春修正服务外包大厦正式运营，举办“2015 长春国际服务外包产业年会”。与中国服务贸易协会合作，开展服务外包中高端人才培训，启动国家培训基地先行先试工作。为域内外企业培训 500 余人次。全年服务外包离岸业务执行额 6000 万美元，比 2014 年增长 25%以上。

【对外经济合作】 推进泰源农牧集团在俄什托科沃农业产业园区等项目建设；推动俄、蒙及荷兰的林业、农业、汽车、生物医药等项目对接。车道经贸有限公司在俄设立多家汽车 4S 店。长春百克生物公司成功收购荷兰缪可赛斯公司 25%股份，通过股权并购参与投资国际高端技术产业。长客股份中标以色列特拉维夫都会区 120 列轻轨车辆合同，装备该市第一条城市轨道交通线路。完善对外劳务合作服务平台建设。推动低端劳务向高端劳务转型，开发韩国中餐厨师、新加坡企管人员、泰国中文教师等项目，新增外派劳务 1000 人。

【完善口岸功能】 创新口岸发展机制，成立全市口岸经济建设工作领导小组，为加快口岸经济发展提供组织保障。开辟对外开放新通道。“长满欧”国际铁路货运班列正式开通，运营良好。长春至莫斯科国际货运包机航线启运，为全市跨境电商发展提供保障。加强口岸服务水平，全年接待德国、日本、韩国等国外包机近 90 架次，为全市各类经贸团组提供畅通的通关渠道。向国家申请长春龙嘉国际机场 72 小时免签政策，加快通关便利性。2015 年机场飞行 67401 架次，比 2014 年增长 12.3%；机场旅客吞吐量 855 万人次，增长 15.9%；货物吞吐量 13 万吨，增长 10.2%。口岸飞行 3986 架次，增长 4.4%，旅客吞吐量 57 万人次，增长 12%。长春内陆港集装箱吞吐量 15000TEU。长春－德国施瓦茨海德国际铁路货运班列东西双向已运营 20 列，承运货物 476 标箱，货值 4000 万欧元。

（赵兴华）

长春海关

【重点改革】 推进区域通关一体化、无纸化通关等系列改革，企业通关成本有效降低。自5月1日区域通关一体化改革实施以来，长春海关通过一体化通关系统受理进出口报关单6.95万票，关区进出口业务运行整体平稳、顺畅，各口岸通关秩序正常。推进各通关现场通关作业无纸化改革，报关单无纸化通关率97.98%，超过总署规定90%的目标。落实“三互”大通关建设，推进监管场所及配套设施的共享共用，口岸旅检、邮递现场全面实现X光机“一机两屏”，同步执法。珲春关检对进出境运输车辆开展“一站式”作业改革，得到广泛认可。

推进简政放权，规范行政审批，创新方式，优化程序，推行“一个窗口”受理，下放6项审批、受理权限和IC卡申领授权，为进出口企业减轻负担，提高行政审批效率。探索监控指挥中心实体化运行，建立健全运行机制，完善职能管理，推动业务风险联防联控，做到风险集中研判、部门协同联动、数据信息共享。推进科技创新，优化完善二级监控指挥中心系统功能，完成三级监控指挥中心基础设施建设，扩大视频监控覆盖范围。搭建“移动应用系统接入平台”，强化网络信息系统安全，支持地方联网信息化应用项目建设和把关服务力度显著增强。

【业务建设】 强化业务基础建设。加强职能管理和业务运行规范，首次召开关区业务例会，形成加强基础建设的良好工作氛围。强化实际监管。规范海关监管场所(区域)建设和管理，推进关区物流平台建设。推进运输工具管理系统应用，规范取消关区内转关模式和开展转运分流查验操作，统一执法标准。加强舱单系统应用和分析，推进关区邮递业务信息化建设。监管进出口货物378.4万吨，比2014年增长7.4%。关区整体查验率5.9%，查获率20.5%。强化综合治税。做好税收调研预测和税收分析，建立税收动态分析调研机制。完善批量复审工作机制，优化原产地、审价工作机制和职能管理运行模式，强化加工贸易和减免税管理。全年税收入库124.39亿元，完成调整目标。强化风险管理。推进HZ2011(综合业务管理平台)系统应用，加强风险参数管理。推动业务风险集中研判、部门协同联动、数据信息共享。提升稽查水平。稽查企业58户，其中专项18户，常规40户。保税中后期核查126家。开展对玉米蛋白粉、减免税设备、汽车特许权费的专项稽查。移交案件14起，补税入库4578万元。6.加强统计监测预警，提升监测预警分析深度和广度，强化政策研究辅助政府领导决策。统计分析类信息被中办、国办、总署、省委省政府采用63篇次，其中获中央领导批示1篇。

【服务地方经济】 制定支持吉林省外贸稳增长16项具体措施，在推动促进吉林省外贸稳定增长和转型升级等方面取得显著成效。支持吉林省在长吉图区域打造前中后三位一体的海关特殊监管区域布局。支持长春兴隆综合保税区和珲春出口加工区加快发展建设，复制推广上海自贸区多项创新制度和优惠政策。2015年吉林省海关特殊监管区域物流货物进出口18.7亿元，增长1.7倍。支持吉林市保税物流中心(B型)建设，推动尽早封关运作。推动落实海关先行先试政策。自2015年6月内贸货物跨境运输恢复运营以来，累计运行9个航次，货运量约8588吨，货值约1884万元人民币。支持对朝“出境加工”业务扩展，签发出境加工贸易手册85本，货物25876.2吨，拓展对朝“出境加工”业务，进出口值达1.13亿元人民币。比2014年增长2.5倍。

推进跨境电子商务新兴业态发展。支持长春市政府申报跨境电子商务进口试点城市和延吉空港快件中心建设。支持开通长春—莫斯科跨境电商货运包机。自开展跨境电商出口业务以来，累计监管包裹684万件，货值3600余万美元。支持省内重点行业、重点项目发展。推广“汇总征税”的税收征管新模式。围绕高速动车和汽车产业两个重点领域加强税政研究，有4项涉及高铁和汽车零部件商品调整税率的建议被国务院关税税则委员会采纳，为吉林省高铁和汽车企业年节省生产成本达4.65亿元。得到企业、政府和关税司高度肯定。支持推动口岸基础设施和对外通道建设。支持对朝、对俄边境口岸开放和升级改造。支持吉林省国际航线顺利开通。推动“长满欧”国际铁路专列正式启动。监管“长满欧”铁路专列进出口货物426个标箱，货运量约9229吨，进出口货值3750万欧元。

【打击走私】 强化专项打击治理。侦办走私犯罪案件24起，案值8694.43万元，涉税2125.96万元，比2014年减少42.9%，增长1.73倍和2.39倍。查办走私违规等行政违法案件319起，案值2.06亿元，涉税2325.31万元，增长11.5%、1.45倍和2.4倍。查办“10·23”走私化学产品案等案值超千万案件4起，取得重大突破。履行关境保护职能。开展“紫光”“天网”Ⅱ专项行动，破获走私毒品案件6起，收缴冰毒868克。开展枪爆物品大清查行动，破获走私枪支案件3起，收缴仿真枪支38支。缉私业务改革。形成适合关区实际的“网上缉私”工作模式。业务部门向缉私部门移交案件线索234条，成案177起，增长10.9%和22.91%。反走私综合治理。与多警种协作配合，破获“5·06”走私毒品案等非涉税案件4起。加强与国税、公安等单位协作配合，强化“以打促税”，查发出口骗退税案件线索14起。发挥“党政军警民”五位一体合力治边、联合打私优势，非设关地走私活动的打击管控措施得到强化。

(费红伟)

农 业

综 述

【概况】 2015年,长春市粮食生产再获丰收,总产量95.58亿公斤;农民收入持续快速增长,农村居民人均可支配收入11749元;优化农业结构,园艺特产业实现产值187亿元;农产品加工业规模以上企业实现产值1930亿元;县域地区生产总值1837亿元,全口径财政收入86亿元;深化农村改革,农民合作社发展到13568个,家庭农场2120个,全市农村流转土地面积35.29万公顷,土地流转比例28.5%;推进新农村建设,全市农村人居环境明显改善。

【现代农业建设】 全年全市集成推广玉米保护性耕作16.33万公顷;开展水稻钵盘育苗机械插秧栽培技术示范1500公顷。综合农机化水平78.5%。病虫害统防统治投入910万元,玉米螟生物防治实现全覆盖,农业航化作业面积13.33万公顷。

【园艺特产业】 2015年,全市园艺特产业实现产值187亿元,比2014年增长5.1%。蔬菜面积7.6万公顷,总产量43亿公斤,分别比2014年增长0.4%和3.6%;水果面积6300公顷,产量9万吨,分别增长10.5%和8.4%;花卉苗木面积6700公顷,增长28.8%;食用菌产量8.3万吨,分别增长37.5%和42.9%;马铃薯种植面积2.01万公顷,产量70万吨,增长0.5%和16.7%;都市农业蓬勃兴起,规模采摘园发展到30个、私家菜园发展到10个。组织长春市名牌农产品评选活动,评选出获奖企业27户、名牌产品85个。举办第11届中国长春君子兰节。

【农产品加工业】 农产品加工业克服经济下行压力保持稳步增长,全市农产品加工业规模以上企业产值1930亿元,比2014年增长10.05%,成为全市经济稳增长重要力量。年内开工建设项目115个,完成投资365亿元,增长11.3%;新增市级龙头企业49户,总数208户;新增省级龙头企业11户,总数88户;国家级龙头企业发展到17级户。县域经济增速超过全市平均水平,但企业受市场冲击较大、效益下滑,财政收入有所下降。县域地区生产总值实现1837亿元,增长7.1%。在全省县域考评中,长春市4县(市)区进入预表彰范围。

【秸秆禁烧和还田利用】 2015年,全市秸秆禁烧工作取得明显阶段性成效。在秸秆还田利用方面,采取实施保护性耕作、机械收获打包利用等综合措施,全市示范推广秸秆还田技术2万公顷,新建农村户用沼气池4000个,鼓励龙头企业和农户利用秸秆为基料培育食用菌,开展秸秆还田利用项目研究,完成秸秆综合利用和农机农艺结合试验2个基地建设,引导和扶持相关企业发展秸秆回收利用产业。全市秸秆还田利用率15%,比2014年提高3个百分点。

【新型经营主体培育】 开展农业职业经理人培训工作,2015年11月,第1期培训班完成培训任务,同时启动第2期培训,副市长陈巳在会上讲话,为32名学员颁发资格证书。在年初制定下发《长春市加快培育新型经营主体的若干意见》,组织开展市级示范家庭农场和星级农民合作社创建活动,进行国家和省级示范社申报等工作。2015年,全市农民合作社发展到13568个,新增1668个;家庭农场发展到2120个,新增820家。农村土地流转步伐加快,全市流转土地面积35.29万公顷,比2014年提高3.9个百分点,转出土地农户17.67万户,占全市总户数16.1%。

【农村信息化】 抓好"长春农业综合信息智能服务平台""大田作物病虫害预警中心"等农业信息化项目建设,试开通"长春农业"微信平台,开发"农业灾害预警系统平台"软件。抓好市、县、乡、村4级农村信息服务网络建设,农村信息服务站发展到400多个,基本覆盖全市乡镇,重点建设23个村级农民远程教育培训站。抓好农产品电子商务交易平台建设,运营质量明显提升,长春农产品知名度及网上销售量不断提高。到2015年底,入驻企业超过800户,上线农产品主要有9大类、6000多个品种,实现年销售额6000万元以上。

【农业依法行政】 开展农产品质量安全监管工作,制定《长春市农产品质量安全突发事件应急预案(试行)》,蔬菜、果品等2大批发市场抽检覆盖率100%,国家和省例行监测整体合格率98.1%。加大蔬菜生产基地监管力度,对全市49个乡镇的2140个蔬菜样品进行抽检。农资市场监管到位,出动农资执法人员3206人次,整顿农资市场528个次,检查农资生产经营企业及业户5547户次,挽回经济损失1400万元。行政审批工作快捷高效,办理各类审批事项3408件,农委窗口办理审批事项34件,所有审批事项办结率、群众满意率均100%。

【农村改革】 扩大农村土地承包经营权确权登记颁证工作试点范围,涉及65个乡(镇、街)、958个行政村。榆树市陈家店村农村集体资产产权制度改革试点完成资产量化、股权设置、股权管理、集体经济组织成员资格认定等工作,成立村集体经济管理组织,试点工作顺利完成。农村土地经营抵押贷款试点工作在榆树市、农安县、九台区和双阳区开展,下发《试点工作的意见》,指导各地制定试点工作方案,全市发放土地经营权抵押贷款5070万元,缓解农民生产资金不足问题。农村综合产权交易平台建设确定在九台区开展试点,组建"九台区农村综合产权交易中心",制定相关交易规则。

【新农村建设】 全市开展"最美乡村"评选活动,引领和推动全市新农村建设。年初,在全市农村工作会议下发首届"最美乡村"评选活动方案,确定候选村23个。8月初召开新闻发布会,之后在《长春日报》和新浪网公示候选村情况,活动得到全社会关注,收到有效选票11万张,最终评选出"最美乡村"18个。9月28日,在农安县陈家店村举行颁奖典礼,省市报纸、电视、广播及网络媒体上进行系列宣传报道,农业部网站也予以转发。召开全市新农村建设工作推进会,部署开展农村"厕所革命",下发农村卫生厕所标准和具体实施方案,要求全市农村卫生厕所普及率100%,市财政安排专项资金对各地建设卫生厕所给予补贴。在项目建设上,完成省、市重点村建设项目150个,打造美丽庭院17400个、干净人家5万个,通过省督导组检查。

(米　雪)

种植业

【概况】 长春市立足"黄金玉米带"优势,通过提高单产实现粮食总产稳步提升,提高农业现代化整体水平。2015年粮食产量95.58亿公斤,连续3年总产量保持在95亿公斤以上,实现"十二连丰"。

【农业机械化】 综合农机化水平提高2个百分点,达78.5%。落实农机购置补贴资金36025万元,全市新增玉米收获机2780台,水稻收获机413台,免耕播种机1066台,建设100个机艺结合示范点,20个农机维修服务站。

【农业科技】 农业保护性耕作、水稻钵育机插等重大增产技术得到普遍集成应用,全市农业科技贡献率56%,农作物良种覆盖率100%。

(米　雪)

林　业

【概况】 截至2015年12月30日,长春市林业系统有单位167个。按单位性质分,事业单位140个,机关27个。按单位类别分,国有林场26个,国有苗圃6个,林业工作站96个,木材检查站3个,病虫害防治站5个,其他31个。2015年,在册林业职工3028人,在岗林业职工2607人,其中专业技术人员521人;年末实有离退休人员1222人。(详细情况见附表3)

【造林绿化和营林生产】 2015年,长春市以吉林省绿化委员会组织开展的"第二个十年绿化美化吉林大地活动"为契机,围绕"绿色宜居森林城市"建设,开展造林绿化。全年在广播电台、电视台、报纸、网站等媒体宣传造林绿化新闻稿件56篇,印制、发放植树造林宣传资料15万份。全年投入造林绿化资金1.25亿元,投入造林苗木2300万株,完成造林4396公顷。其中,农防林更新造林520公顷、有林地造林241公顷,迹地更新及低质低效林改造302公顷、退耕还林荒山荒地造林300公顷、"三北五期"造林1254公顷、其他造林1779公顷,超年度计划任务的46.5%;完成"四旁"植树265万株;本年新封山育林333公顷,2015年末实有封山育林3999公顷;成林抚育面积368公顷,中、幼龄林抚育1163公顷,幼林抚育作业面积2333公顷,幼林抚育实际面积1975公顷;2015年新增育苗面积129公顷,苗木产量3533万株;年末实有母树林372公顷,种子园133公顷。(详见附表1)

【农田防护林更新造林】 2014年11月担负农田防护林更新改造任务的农安县、德惠市、榆树市、九台区等完成造林整地,2015年1月至3月落实造林苗木、资金,组织造林技术培训;4月20日至5月20日集中组织"农防林更新造林攻坚战"。全市完成农防林更新改造822公顷,超年度计划任务的37%,更新农防林带1230条,栽植杨、柳大苗160万株。

【村屯绿化美化】 2015年,各县(市)、区组织人员踏查地块,落实村屯绿化美化任务。2015年2月和3月制定村屯绿化美化规划,完成初步设计,筹集资金,落实绿化苗木,组织技术培训。4月和5月组织各县(市)、区结合社会主义新农村建设,采取乔、灌结合和花草混交绿化模式进行村屯绿化美化,绿化美化村屯61个,完成年度计划任务的100%,栽植各种苗木18万株。

【中日合作造林】 2015年5月,在农安县杨树林林场、哈拉海苗圃实施中日合作造林项目——小渊基金造林项目,栽植樟子松、云杉等针叶树20万株,面积100公顷。一次性通过日方检查组验收。

【湿地保护】 加强湿地保护的宣传，制作专题片《建设中的长春湿地》，以三维动画形式宣传湿地系统净化水质、保持水源、蓄洪防旱、调节气候和维护生物多样性等重要生态功能，在长春电视台播放3次。启动《长春市湿地保护规划》编制工作，2015年6月、7月，依照《招标法》规定完成服务项目采购需求表填报，明确、公开采购项目的基本信息、供应商特定资格条件、项目详细需求等内容。8月，委托长春市政府采购中心对湿地规划编制的供应商进行公开招标，吉林省林业调查设计研究院中标。8月26日长春市林业局同该院签订技术咨询合同，明确双方权利和义务。

【森林防火】 落实森林防火制度和措施，完成森林防火工作任务，全年无重大森林火灾发生。年内召开全市春、秋森林防火工作会议2次，防火关键期派出5个督察组深入一线检查督导森林防火工作；3月，长春市政府分别与各县（市、区）签订森林防火责任状，年终对森林防火责任目标完成情况进行综合考评。全年全市出动县级以上检查组249次，出动检查人员819人次，检查乡镇234次，检查林场25个，检查村屯1957次，清明节和“五一”“十一”等重点防火时段，在林区主要路口增设临时森林防火检查站点803个，排除火险隐患197起，制止违章用火447次，制止上坟烧纸285起。加强森林防火设施、设备建设，年内全市累计投入防火资金643万元，购置森林消防运兵车10台、消防水车7台，新增数字对讲机125部、中继台5台，新购风力灭火机155台、扑火服250套、水泵5台，GPS5部、平板电脑5台。

加强防火宣传，全市新建永久性宣传设施82处，发放防火命令25000份、布告54300张、宣传单241800张，发送手机预警信息21700条，利用电视广播宣传99次；8个防火责任单位累计宣传267天，出动宣传车3340台次，113个乡镇、1155个村屯，4044人参加宣传。加强培训演练，年内各级组织森林防火培训8次，培训各级各类防火工作人员431人；组织森林防火演练16次，出动专业、半专业扑火队员679人，动用防火指挥车28台、运兵车12台、风力灭火机220台。全年全市发生一般森林火灾10起，过火总面积为18.41公顷，受害森林总面积为11.23公顷，森林火灾受害率为0.056‰（吉林省政府下达的森林火灾受害率指标为0.1‰），森林火灾控制率为1.84公顷/次（吉林省政府下达的森林火灾控制率指标为5公顷/次），森林火灾案件查处率100%（吉林省政府下达的森林火灾案件查处率指标为85%以上），实现连续35年无重大森林火灾的目标。

【林业有害生物防控】 长春市坚持“预防为主、科学防控、依法治理、促进健康”的防治方针，以防控美国白蛾和日本松干蚧为重点，开展调查监测和科学防治。加强美国白蛾监测，增设监测点390个，诱捕美国白蛾成虫2243头，组织长春市园林局、高新技术开发区对吉大中心校区美国白蛾疫情进行封锁除治，防止疫情扩散。年内全市投入林业有害生物防控资金200万元，先后购置氧化乐果、苦参烟碱等防治药剂5.7吨，防治日本松干蚧、杨树蛀干虫害等林业有害生物1317公顷，无公害防治率100%；完成苗木产地检疫面积1104公顷，种苗产地检疫率、调运检疫证书签证率均达100%。

【林业案件查处】 全市林业系统开展专项行动，查办一批影响大的毁林案件。全市侦破、查处涉林案件137起（其中，刑事案件31起，行政案件106起），移送起诉21起，处理违法犯罪人员112人，逮捕15人，刑事拘留22人，行政处罚90人，收缴罚款38.03万元；受理涉林治安案件2起，办结1起，治安行政拘留3人，治安案件起诉1起。查处国家林业局、省林业厅督办滥伐林木案件5起，查处非法占用农用地案件1起。组织“集中打击滥砍盗伐林木”“打击非法侵占林地”和“乱捕滥猎野生动物和非法出售野生动物制品”等专项行动，投入警力2000余人次，车辆百余台次，查处破坏森林和野生动物案件60余起，处理违法犯罪人员70余人。

【野生动物保护】 2015年4月，市林业局开展“野生动物保护宣传月”“爱鸟周”宣传活动，利用洋浦大桥和吉林省图书馆两处户外LED屏幕连续播放“爱鸟护鸟”宣传图片和湿地保护宣传动画15天；与长春电视台联合，在《希望的田野》栏目以动画形式连续播放“爱鸟护鸟”“保护野生动物”等公益广告10天；利用26条公交线路147台公交车语音报站功能，播报“保护鸟类　人人有责”等宣传标语60万次。4月、9月分别开展“爱鸟周”专项执法活动和野生动物保护专项整治活动。全市全年出动执法人员500人次，执法车辆150台次、收缴粘网30片、鸟笼40个，放飞野生鸟类3000只。

【林业改革】 长春市推进集体林权制度配套改革。做好确权遗留问题的处理工作，对部分争议较大、较难确权的问题，按照属地管理、分级负责原则，通过林权争议仲裁等办法，依法依规调处，确保平稳确权。加大林权证发放力度，全市林权证发放约为70%。在深入调研林权流转情况的基础上，起草长春市集体林权流转实施意见，报长春市法制局审核备案。培育新型林业经济主体，引导和组织农民建立多种林业合作组织、林业专业协会2000个，推动林业个体经营向规模化、专业化发展。做好地方国有场圃改革前期准备工作，深入各地方国有林场、苗圃进行专项调研，摸清设施设备、人员编制、经费保障、医疗保险等情况，长春市政府成立国有场圃改革领导小组，拟定改革方案。

【林业产业】 通过政策扶持、项目带动，加快森林培育业、种苗花卉业、森林生态旅游业、野生动植物物驯养育和加工利用业、木材精深加工业和林下经济产业发展。争取项目资金，年内全市申报中央、省专项资金项目6个，申请项目资金380万元。推广樟子松嫁接红松技术，投入资金30万元，完成樟子松嫁接红松10万株、69公顷，嫁接成活率90%以上，保存率87%以上。抓好林业龙头企业审核、认定和申报工作，长春市有11

户企业被吉林省林业厅继续保留“龙头”企业称号，1户新申报为省级“龙头企业。引导各县(市)、区发展经济林，年内全市新增林下经济面积340公顷(其中，九台发展大果榛子150公顷，双阳区发展油用牡丹10公顷、隆丰果50公顷、黑果花秋50公顷，净月发展林下红松经济林70公顷)。森林旅游、苗木花卉、木材加工、野生动物驯养繁殖加工等林业产业持续发展，全市全年实现林业总产值129.9亿元。(详细情况见附表2)

【林业科技】 依托长春市林科院，加强林业科学研究和科技推广。全年承担《优良彩色树抗逆性研究》《文冠果优良单株选择及繁育技术研究》等省、市级科研项目4项，推广《花楸优良类型扩繁技术推广示范》《红松坚果园营建技术示范与推广》等国家、市级项目3项，完成《彩色树优良品种繁育技术示范推广》《长白山区濒危木本观赏植物迁地保护技术研究》《花楸优良类型中试示范》项目(国家级科研项目2个、省级科研项目1个)验收、鉴定，达国内领先水平。撰写“光肩星天牛防治方案”“樟子松的遗传改良及二代种子园建立技术研究”“净月潭人工林健康评价及生态恢复模式研究”等科研材料，为政府决策、林业生产提供技术支撑。加强科技示范区建设，栽植樟子松500株、鸢尾5000株、萱草3200株、玉簪2000株、耐寒月季1500株，各类彩色植物4500株。开展科普宣传活动，新建“绿野寻踪”“栈桥花海”“植物景墙”等科普景点5处，接待游人参加3万人次。通过以会代训、专题讲座、现场示范等形式，组织造林绿化、苗木花卉培育、森林防火、林业有害生物防治等实用技术培训2万人(次)，印发各种技术资料30000份。

【林业行政审批】 优化征占用林地审批勘察设计和审批流程，将征占用林地审批时限由15个法定工作日变更为7个，缩短征占用林地审核审批时限。对审批项目明确审批要件、审批流程、审批责任人等相关信息跟踪监督。2015年办理林业行政综合审批事项723件(其中，木材运输证及植物检疫调运635件、木材销售加工许可12件、种苗生产许可42件，野生动物加工销售34件)，提前办结率100%，群众满意率100%。

【队伍建设】 2015年，召开党建专题会2次，开党建工作调度会12次，班子成员开展党建工作调研12人次，共12天，破解基层党支部党务干部配备、党建经费保障等难题。开展“干部不作为、乱作为等损害群众利益问题专项整治”。开展“三严三实”专题教育，林业系统118名干部职工全员参加。局党组成员及基层单位主要负责人上党课14次，全系统专题研讨40次，研讨发言920人次；局系统排查问题191个，边学边改155个，修改完善制度6项；各党支部在生产工作一线设立“课堂”进行“互动调研”5次，局机关完成集体林权制度配套改革、地方国有场圃改制等调研4项；筹集资金20万元帮扶2个包保薄弱村建设服务中心、道路、水井等基础民生设施；组建“林业专家服务团队”深入乡镇发放林业科技手册1000本，打通服务林农“最后一公里”。持续开展“建设一流班子、带出一流队伍、争创一流业绩”活动。开展“三帮扶”、“在职党员进社区”和“双包双转化”活动，构建“工作在单位、活动在社区、奉献双岗位”的工作机制。开展“两锋(风)”行动、“三满意”机关创建、“一深三为”活动。全年承办市长公开电话单68件，及时办结率100%，反馈率100%；收到、办理市人大代表重点建议提案1件，向代表面复率、代表满意率均为100%；热情接待群众来信来访200余人次，协助农安县、净月区、经开区处理群众上访3次，办理市信访局交办的信访复核事项3件。

(张建军)

附：表1

2015年长春市林业生产情况统计表

单位：公顷、万株

项目 / 单位	造林								四旁植树(万株)	育苗面积		封山育林(面积)		成林抚育面积	中幼龄林抚育面积	幼林抚育作业面积	幼林抚育实际面积	年末母树林	年末种子园
	总计	重点工程造林			有林地造林	迹地更新和低产低效林改造	农防林更新造林	其他造林		本年新育	苗木产量(万株)	年末封山育林	本年新封面积						
		小计	退耕还林荒山荒地造林	三北五期造林															
全市总计	4396	1554	300	1254	241	302	520	1779	265	129	3533	3999	333	368	1163	2333	1975	372	133
榆树市	1731	333	300	33	–	76	89	1233	85	27	23	–	–	–	–	–	–	–	–
农安县	895	337	–	337	137	115	269	37	20	49	240	–	–	–	133	2000	976	–	–
德惠市	517	333	–	333	–	97	87	–	–	8	150	–	–	–	–	–	–	–	–
九台区	184	133	–	133	–	–	51	–	100	–	2000	–	–	–	–	–	–	–	–

续表

单位＼项目	造林								四旁植树(万株)	育苗面积		封山育林(面积)		成林抚育面积	中幼龄林抚育面积	幼林抚育作业面积	幼林抚育实际面积	年末母树林	年末种子园
	总计	重点工程造林			有林地造林	迹地更新和低产低效林改造	农防林更新造林	其他造林		本年新育	苗木产量(万株)	年末封山育林	本年新封面积						
		小计	退耕还林荒山荒地造林	三北五期造林															
双阳区	365	333	–	333	–	12	20	–	60	40	1110	3999	333	368	999	333	999	170	57
朝阳区	3	–	–	–	3	–	–	–	–	–	–	–	–	–	–	–	–	–	–
宽城区	4	–	–	–	–	–	4	–	–	5	10	–	–	–	30	–	–	–	–
南关区		–	–	–	–	–	–	–	–	–	–	–	–	–	1	–	–	–	–
二道区	3	–	–	–	–	–	–	3	–	–	–	–	–	–	–	–	–	–	–
绿园区	93	85	–	85	–	2	–	6	–	–	–	–	–	–	–	–	–	–	–
净月开发区	301	–	–	–	101	–	–	200	–	–	–	–	–	–	–	–	–	202	76
莲花山开发区	300	–	–	–	–	–	–	300	–	–	–	–	–	–	–	–	–	–	–

附:表 2

2015 年长春市各县(市)区林业总产值情况统计表

单位:万元

单位＼项目	林业总产值	第一产业			第二产业			第三产业产值	
		总　计	涉林产业合计	林业系统非林产业	总　计	涉林产业合计	林业系统非林产业	总　计	涉林产业合计
长春市	1299023	342046	319046	23000	520299	345299	175000	436678	436678
榆树市	13602	7212	7212	–	6285	6285	–	105	105
农安县	41565	14445	14445	–	27120	27120	–	–	–
德惠市	27182	10182	10182	–	17000	17000	–	–	–
九台区	166513	90011	90011	–	70002	70002	–	6500	6500
双阳区	369442	84627	61627	23000	211815	36815	175000	73000	73000
朝阳区	37430	11130	11130	–	26300	26300	–	–	–
宽城区	27663	663	663	–	27000	27000	–	–	–
南关区	19243	10000	10000	–	9000	9000	–	243	243
二道区	79822	11770	11770	–	68052	68052	–	–	–
绿园区	124520	91400	91400	–	20120	20120	–	13000	13000
净月开发区	304350	8250	8250	–	21500	21500	–	274600	274600
经济技术开发区	4306	186	186	–	4120	4120	–	–	–
高新开发区	10685			–	10685	10685	–	–	–
汽车开发区	3300	2000	2000	–	1300	1300	–	–	–
莲花山开发区	69400	170	170	–	–	–	–	69230	69230

附:表 3

2015 年长春市各县(市)区林业机构及人员情况统计表

单位:个、人、元

项目 单位	单位个数	单位性质				单位类别						年在册职工及其他人员工资								
		合计	企业	事业	机关	国有林场	国有苗圃	林业工作站	木材检查站	病虫害防治站	其他	在册职工总数	在岗职工总数	在岗职工年工资总额	专业技术人员	下岗待安置工人数	离开本单位仍保留劳动关系人员	其他从业人员	年末实有离退休人员数	离退休人员年生活费
全市合计	167	167	–	140	27	26	6	96	3	5	31	3028	2607	72016201	526	42	374	25	1222	34992987
榆树市	36	36	–	35	1	4	1	29	–	1	1	435	423	10215000	190	–	–	–	49	1078000
农安县	35	35	–	34	1	6	1	22	1	1	4	616	574	11450000	102	42	42	–	248	6170000
德惠市	8	8	–	7	1	3	1	1	–	1	2	191	191	9225288	27	–	–	–	136	1717610
九台区	27	27	–	26	1	5	1	18	1	1	1	880	720	3715200	50	–	160	–	263	9468000
双阳区	18	18	–	16	2	5	2	7	–	–	4	468	304	15387600	49	–	164	–	307	8184200
朝阳区	5	5	–	4	1	–	–	4	–	–	1	11	11	440000	7	–	–	4	–	–
宽城区	2	2	–	1	1	–	–	1	–	–	1	15	15	720000	5	–	–	–	–	–
南关区	2	2	–	–	2	–	–	–	–	–	2	3	3	100800		–	–	–	–	–
二道区	2	2	–	1	1	–	–	1	–	–	1	3	3	144000	1	–	–	–	–	–
绿园区	4	4	–	3	1	–	–	3	–	–	1	14	14	1170492	9	–	–	–	13	624468
净月开发区	9	9	–	2	7	2	–	5	–	–	2	200	171	8422720	28	–	8	21	116	3375354
经济技术开区	3	3	–	–	3	–	–	–	–	–	3	6	6	288000	–	–	–	–	–	–
高新开发区	2	2	–	1	1	–	–	–	–	–	2	6	6	220000	–	–	–	–	–	–
汽车开发区	2	2	–	1	1	–	–	–	–	–	2	3	3	150000	–	–	–	–	–	–
莲花山开发区	6	6	–	5	1	1	–	4	–	–	1	48	48	3090780	2	–	–	–	36	1319160
其他单位	6	6	–	4	2	–	–	1	1	1	3	129	115	7276321	56	–	–	–	54	3056195

畜牧业

【概况】 2015 年，长春市生猪发展 1004.8 万头，比 2014 年下降 1.2%；肉牛发展 314.1 万头，增长 0.7%；羊发展 98.8 万只，增长 4.2%；奶牛存栏 5.52 万头，增长 3.8%；鹿存栏 23.8 万只，下降 0.4%；家禽发展 3.65 亿只，增长 1.8%；兔发展 622.0 万只，下降 2.4%。肉蛋奶产量分别达 112.7 万吨、33.4 万吨和 7.5 万吨，分别增长 -1.7%、5.4%和 8.4%。畜牧业总产值 302.1 亿元，增加值 138.6 亿元，分别增长 10.6%和 9.1%。农民人均牧业收入 3009 元，比 2014 年增长 3.5%。受皓月 4 季度停产检修影响，畜产品加工业实现产值 370 亿元，下降 9.09%，出口创汇下降 22.15%。

【标准化养殖基地建设】 打造食源性优质安全畜禽养殖基地。实施“退户入区”战略，鼓励引导传统分散养殖向规模化、标准化养殖方向转变。全年新建和改扩建标准化养殖小区 71 个，全市规模养殖小区累计达 2986 个，规模饲养率达 80%。推进标准化示范养殖场建设，全年建设畜禽标准化示范养殖场 100 个，累计达 500 个。争取国家和省畜禽标准化规模养殖场建设以奖代补项目 14 个，获奖补项目资金 1130 万元。加快良种繁育体系建设，新牧科技公司国家肉种牛繁育场扩建等 4 个项目，获国家和省里补贴资金 600 万元。发展绿色生态养殖，在推广发酵床养殖技术的同时，开展秸秆发酵微生物养殖试点，多角度推进绿色生态化养殖。着力发展环境友好型畜牧业，推进清洁生产，提高粪污处理能力，全年完成 497 个规模养殖场粪污处理设施更新改造任务，全市畜禽粪污无害化处理和资源化利用率达 60%，比 2014 年提高 5%。

【全产业链建设】 加速推进畜牧全产业链建设。在抓好食源性优质安全畜禽养殖基地建设的基础上，强化加工业项目建设，促进产业集聚。实施“三区一带”建设，重点抓皓月清真肉牛产业园区一体化建设项目，皓月皮革工业园项目投入试生产；双阳梅花鹿产业园区的长双鹿业鹿产品深加工、东鳌鹿产品综合开发项目进展顺利；农安畜产品加工业集中区的大连成达肉鸡、河南众品生猪和康大肉兔等续建项目不断完善。在“产业带”建设上，榆树奇特生物有机肥有限公司年加工 20 万吨的有机肥厂等新建项目开工建设。正大集团在榆树的 1 亿只肉鸡续建项目，完成投资 10.7 亿元，新建现代化养鸡场建成 12 个，累计达 22 个；饲料场和屠宰及食品加工厂开始施工建设，提升长春市肉鸡产业国际化水平。阿满食品绿色基地养殖、精气神猪肉分割等续建项目继续推进。全年固定资产投资到位资金 6 亿元，比 2014 年增长 7.33%。

【无规定动物疫病区建设】 全年全市推进无规定动物疫病区建设。根据《长春市免疫无口蹄疫区建设实施方案》的要求，按照国家无规定疫病区标准，重点推进动物疫病强制免疫、动物疫情监测预警、动物卫生监督管理和应急管理“四大体系”建设。全市规划设计无疫区建设项目 90 个，其中市本级 10 个，计划总投资 12580 万元，落实无疫区建设资金 9415 万元，累计到位资金 3346.5 万元。2015 年各县（市）区累计投资 1749 万元，分别维修改造兽医实验室，添置检验检测设备，扩建冷藏库，购置疫苗冷藏运输车、无害化处理封闭车、快速诊断车和监测采样车，筹措病死（害）动物无害化处理场建设资金，开展选址工作。加强春秋两季动物防疫工作，落实防疫资金 2700 万元，5 种重大动物疫病强制免疫率达 100%，其他 8 种动物疫病免疫率达 95% 以上。加强重大动物疫情监测预警，组织开展口蹄疫、高致病性禽流感、猪瘟、高致病性猪蓝耳病、布病、鸡新城疫等 14 种动物疫病的流行病学调查。加强应急管理体系建设，在双阳区组织开展应急培训演练，进一步强化应急物资储备，完善突发动物疫情应急预案和行动方案，提高应急处置能力。

【生猪生产】 从年初到 6 月上旬，全市生猪养殖业处于亏损状态，出栏生猪价格在 6.5 元 / 斤的平衡点以下，3 月份最低为 5.5 元 / 斤。进入 6 月中旬后，生猪价格一路走高，年内最高达到 9.5 元 / 斤，扭转养猪连续 3 年半的亏损局面，进入盈利周期。

【畜产品质量安全】 着力强化畜产品质量安全监管。从养殖环节监管入手，健全完善动物免疫档案，强化免疫耳标佩戴，动物及动物产品溯源体系建设取得成效。加强产地检疫、运输检疫和屠宰检疫，严格执行外埠动物产品入长资质并认真实施报验制度。严厉打击私杀滥宰行为，集中对偏远农村、城乡结合部、主要交通道路周边、农贸市场、早市、饭店等私杀滥宰易发重点区域和薄弱环节进行拉网式排查，全年出动执法人员 2137 人次、执法车辆 948 台次，查处私屠滥宰案件 92 件，依法取缔私杀滥宰点 20 个。加强病死（害）动物及动物产品监管，对城区 2014 年度生猪无害化处理情况进行审核上报，核发国家补贴资金 29.8 万元。

抓好畜产品产地认定和产品认证，全年复查换证 21 户，新通过双认企业 2 户。加强对生鲜乳收购站监管，全市 17 家生鲜乳收购站以及运输车辆均已达标。加强饲料及饲料添加剂、兽药等投入品监管，完成兽药抽检 450 批次，其中国家抽检 130 批次；饲料抽检 200 批次，合格率分别达 98% 以上。加强对生产、销售和使用“瘦肉精”和“三聚氰胺”等非法添加物的专项整治，确保畜产品质量安全。强化溯源体系建设，在皓月、华正开展动物及动物产品原产地可追溯制度试点。皓月牛肉食品追溯系统的 8 个子系统，完成屠宰、仓储、配送、销售等 4 个，正在开发和试验养殖管理子系统。华正生猪生产及流通可追溯系统，完成对自有 11 家养猪场数据专线监控、生猪电子标签以及猪场、合同养殖、种猪、饲料、兽药等管理子项目开发。组织开展“春季行动”“夏季攻坚”和“秋冬会战”等安全生产专项行动，确保畜牧业生产安全。

【畜牧科技服务】 推进“畜禽健康养殖科技服务 345 行动计划”，围绕畜禽品种改良、疫病防治、粗饲料开发利用、粪污无害化处理及资源化利用等健康养殖技术开展专业培训，加大新技术和实用技术的推广力度。市县两级先后组织举办新型农民养殖技术培训班、现代畜牧业新技术及应用高级研修班等各类培训班 15 期，累计培训 2490 人次。

（张众人）

蔬菜业

【概况】 2015 年，长春市蔬菜播种面积 76000 公顷，总产量 43 亿公斤，其中设施蔬菜播种面积 12400 公顷，产量 16.6 亿公斤，分别占全市蔬菜总面积和总产量的 16.32%和 38.6%。全年新建设施蔬菜面积 497 公顷，建成的省级以上棚膜园区总数为 73 个，其中国家级标准园 19 个。

【蔬菜生产指导服务】 建立蔬菜生产月调度制度，全面掌握蔬菜生产情况，及时进行生产指导。特别是加强对 73 个省级以上棚膜园区的指导服务，建立信息档案。组织有关专家深入生产基地开展技术指导服务，根据不同季节下发栽培技术要点。会同市农业技术推广总站，组织各县（市）区开展技术培训工作，全年举办各种培训班 15 次，累计培训基层农技人员和农民 1200 多人次。与气象部门建立常态化的工作联系，及时发布极端天气预警信息，提出防御措施，减少极端天气给蔬菜生产造成损失。

【棚膜蔬菜建设项目】 2015 年年初，长春市农委同省农委签订《2015 年全省棚膜蔬菜产业发展目标责任书》，确定全市新建 400 公顷、改造 666.67 公顷棚室建设任务。同各县（市）区签订《长春市 2015 年棚膜蔬菜产业发展目标责任书》。2015 年，全市新建棚室面积 403.33 公顷，改造棚室面积 700 公顷，超计划面积 36.67 公顷。有 13 个棚膜蔬菜建设资金项目通过项目验收，其中有 1 个国家级园艺作物标准园，8 个省级棚膜园区，4 个育苗点，获得各级专项补贴资金 687 万元。

【秋菜收贮供应】 2015 年，全市秋菜播种面积 42460 公顷。下发无公害秋菜生产技术规程，让菜农按技术规程进行生产，确保秋菜质量安全，全市秋菜上市前进行质量抽检，合格率 100%。组织好秋菜的测产及销售前准备工作。拟定《长春市人民政府办公厅关于做好 2015 年秋菜收贮供应工作的通知》文稿，代政府征询商务局、食品药品监督管理局等相关部门的意见，及时向社会发布秋菜收贮相关信息。

（宋家敏）

水 利

【概况】 2015年，长春市水利系统围绕水生态文明城市建设，重点抓好农村安全饮水、中小河流治理、五大围堤、南部新城水系改造、病险水库除险加固、小型农田水利和河湖连通等工程建设。开展全国水生态文明城市建设试点工作，8项重点示范工程进展顺利，有效应对伏旱，保障城市供水安全。伊通河城区南段防洪工程得到全面实施，推进永春河河道综合治理工程前期工作。落实水资源管理制度、水资源管理“三条红线”，4项指标通过吉林省政府考核。截至2015年年底，拥有大中小型水库196座，其中，大型水库3座、中型水库16座、小型水库177座；现有江河堤防1934公里，保护耕地26万公顷，保护人口130万人；有效灌溉面积25万公顷，其中，水田21万公顷、旱浇田4万公顷；现有除涝面积34万公顷，其中水田10万公顷，易涝面积8万公顷；现有机电井31139眼，当年新增417眼，其中，配套机电井27452眼，当年新增303眼。长春市水利系统从业人员计5043人，其中高级职称243人，中级职称477人。

【水生态文明城市建设试点】 2015年年初，《长春市水生态文明城市建设方案》得到国家水利部、吉林省政府批复，正在有序实施。石头口门水库严厉打击非法采砂行为，新立城水库实施水源地综合治理工程，加大水源地周围环境整治力度，保障长春市城市供水安全。开展农安波罗湖河湖连通工程建设和新立城水库生态放流试点工作，改善城市生态环境。加强水土流失治理工作，完成水土流失治理面积126平方公里，其中水保林89平方公里，封育治理37平方公里。完成《长春市城市水资源实时监控与管理系统》《石头口门水库水源地运行安全信息化》和《新立城水库水源地运行安全信息化》平台建设的前期工作。

【防汛抗旱】 冬春时节，各县（市）区积极开展河道清淤、险工险段修复工作。榆树市对卡岔河及其支流二道河、三道河、四道河、黑林河和大荒沟等河道进行清淤治理，投入资金1.2亿元，河道清淤340公里，实现卡岔河主河道行洪流量100立方米/秒，支线河道行洪流量40立方米/秒，卡岔河流域整体防洪标准达到30年一遇。3月至5月，对辖区水库、江河堤防、涝区等防洪工程进行全面检查，对发现的问题登记造册，制定修险措施，落实修险任务。全市储备抢险编织袋144.31万条，编织布28.45万平方米，无纺布24.42万平方米，铁线114.6吨，救生衣4169件，冲锋舟15艘；落实抢险队伍12万人，防汛抗旱专家78人。6月4日，市政府召开全市防汛委员扩大会议，对全市防汛工作进行部署。7月，长春市连续高温少雨，阵性局地降水主要集中在榆树市、双阳区及长春市区。7月下旬，除榆树外，各县（市）区均出现不同程度旱情。7月28日至29日、8月18日至20日，全市出现明显降水过程，双阳区旱情基本解除，农安县、德惠市、九台区旱情有所缓解。据统计，全市作物受旱面积23.37万公顷，其中，受灾9.99万公顷；成灾8.85万公顷；绝收6513.33公顷。全市累计投入抗旱资金1740万元，出动8.4万人，1.9万运水车辆，启动机电井7172眼，投入机动抗旱设备5700台套，累计浇灌5.68万公顷农田，有害效应对夏季旱情，降低灾害损失。

【水资源管理】 长春市多年平均降水量565.0毫米，水资源总量27.46亿立方米。全市人均水资源占有量356立方米，仅相当于全国人均水资源占有量2220立方米的16%，相当于全省人均水资源占有量1450立方米的24.6%。耕地亩均水资源占有量164立方米，仅为全国耕地亩均水资源占有量1436立方米的11.4%，仅为全省耕地亩均水资源占有量620立方米的26.5%。2015年，全市平均降水量513.9毫米（折合水量为105.7亿立方米），比2014年增加9.3%，比多年平均值减少8.2%，属偏枯水年份。全年地下水降水入渗补给量有所增加。年末，全市大中型水库蓄水总量为6.11亿立方米，比2014年末蓄水总量6.34亿立方米减少0.23亿立方米。全市总供水量为23.33亿立方米，与2014年相比减少0.22亿立方米。供水以地表水

国家防总检查伊通河城市防洪工程 （王忠君 提供）

为主，占总供水量的55.3%，地下水源供水占42.3%，其他水源占2.4%。全市总用水量23.33亿立方米，其中居民生活用水占总用水量的12.1%，第一产业用水占68.2%，第二产业用水占14.7%，第三产业用水占3.5%，生态环境用水占1.5%。全市地表水水质监测评价总河长为1966.9公里，Ⅱ、Ⅲ、Ⅳ、Ⅴ、劣Ⅴ类标准的河段分别占监测评价总河长的2.2%、12.0%、6.6%、27.2%和52.0%。按照《吉林省实行最严格水资源管理制度考核办法》要求，吉林省政府对长春市实行最严格水资源管理制度的"三条红线"4个约束性指标进行考核。2015年度，全市用水总量为23.33亿立方米，低于红线0.7亿立方米；因产业结构优势促使长春市万元工业增加值用水量大幅下降，该项红线指标完成较好，高于红线26个百分点；全市农田灌溉水有效利用系数达0.63，高于红线0.08；列入国家考核的11个水功能区水质达标的功能区有5个，达标率为45.5%，刚好达到红线标准。

【城市供水安全保障】 针对长春市原水紧缺和城区供水格局，提出长春市近、远期解决城市供水危机的应急措施和长效机制。9月9日，市长专题听取市水利局《关于确保城市供水安全的报告》。科学合理配置水资源和实施高效节水措施，提升全市城乡供水保障能力。2015年春季，石头口门水库水位持续下降，出现取水设备气蚀、污染物浓度增高现象，城市供水难以保障。4月15日，启动石头口门水库引松入长工程，到年末累计引水2.15亿立方米，两大水源地累计供水4.34亿立方米，并压缩饮马河灌区农业用水，确保长春市城区当年供水安全。新立城水库为伊通河生态补水708万立方米。

【重点水利工程建设】 2015年，重点抓了农村安全饮水、中小河流治理、五大围堤、南部新城水系改造、病险水库除险加固、小型农田水利和河湖连通等工程建设，累计完成投资6亿元。农村饮水安全工程投资2.44亿元，于11月中旬全面完工，建设集中式供水站114处，新打深层水源井116眼，铺设自来水管网125处，进一步解决榆树、农安、德惠、九台等4县（市）区24.12万农村居民和0.61万农村师生的饮水不安全问题。中小河流治理工程完成投资1.2亿元，双阳河治理二期工程完工，沐石河九台段和德惠段主体工程完工，新凯河汽车区段堤防加固主体工程完工，新凯河农安段、干雾海河德惠段、雾开河九台段和德惠段治理工程开工建设。

五大围堤加固工程完成投资0.7亿元，套子里围堤堤防加固和护岸工程基本完工，学安围堤完成模袋护坡13.8公里、截渗墙5.7公里、护岸1.62公里和涵洞5座。南部新城水系改造工程完成投资0.8亿元，基本完成柴户张沟、八一支沟应急度汛工程。小型水库除险加固工程完成投资0.41亿元，新建15座、续建5座水库全部完成除险加固任务。小型农田水利工程完成投资0.2亿元，新建双阳区大龙、裴家、跃进、梨树、万宝和二道区东道6座排涝站，新建净月区友好农道桥，实施德惠市菜园子镇大、小潮沟清淤工程，对榆树杨木排涝站和高新区鸭子张排灌站进行改造，对双阳区土门塘坝进行加固。农安县河、湖连通工程投资5000万元，完成投资0.25亿元，改造渠道12公里，建设桥梁20座、渠下涵9座，向波罗湖生态补水500万立方米。

【水利安全生产】 2015年，全市未发生安全生产事故。加强水利系统安全生产工作领导，及时调整水利安全生产领导小组成员，签订《2015年长春市水利系统安全生产工作目标责任状》，印发《2015年长春市水利安全生产工作要点》，印发《关于实行安全生产工作目标责任制考核的通知》，年终对局属7家单位的安全生产工作情况进行考核。在石头口门水库管理局、新立城水库管理局及市水利勘测设计研究院推进公示制度落实，明确企业责任主体和属地监管、行业管理、专业监管和综合监管的具体责任人，进一步完善网格化管理，并于6月开展水利建筑事故领域专项整治工作。印发《2015年全市水利系统"安全生产月"活动实施方案》，于5月开展安全生产咨询日、安全生产事故警示教育、安全生产应急演练及安全生产知识竞赛等活动。全面实施水利安全生产大检查，开展春季专项整治行动、"夏季攻坚"专项整治行动和以安全生产大检查、"打非治违"专项行动及危化品及易燃易爆物品安全专项整治为内容的"秋冬会战"专项整治行动等，对在建项目、水利工程设施、渔业生产、安全度汛等重点领域及安全生产制度建设、组织管理、责任落实、预案编制等环节进行全面检查。加大隐患排查力度，对水利安全隐患进行"拉网式"排查，建立隐患台账，于12月初开展水利安全生产大检查"回头看"行动，8项一般隐患全部完成整改。春秋两季，重点加强石头口门及新立城两大水库林区安全防火工作。

【渔业生产】 2015年，推广生态养殖，推进渔业健康发展，水产养殖面积达38032公顷，其中池塘4124公顷，大水面33895公顷，其他13公顷；全市水产品总产量为2.75万吨，渔业总产值为6亿元。加强地产水产品和流通市场水产品检测工作，抽检合格率达100%。

【水利战略建设】 加强防洪、水源地保护工作的长远建设，实施《长春市城市防洪规划》《石头口门水库饮用水水源地保护综合规划》和《新立城水库饮用水水源地保护综合规划》编制工作，完成《长春市水利发展"十三五"规划》编制工作，加快水利立法工作，完成《长春市水土保持条例》的修订。

（王忠君）

2015年长春市基层水利职工队伍基本情况统计表

单位：人

项目	代码	单位个数	职工队伍总人数	学历情况					专业情况		职称情况						年龄情况			
				硕士以上	大学本科	大学专科	中专	高中及以下	水利	非水利	高级	正高级	中级	初级	见习	其他	35岁以下	36至45岁	46至54岁	55岁以上
甲	乙	1	2	3	4	5	6	7	8	9	10	11	12	13	14	15	16	17	18	19
合计	1	168	3878	12	563	735	653	1915	1732	2146	151	18	368	644	34	687	716	1550	1310	302
县(市)水行政机关	2	9	85	5	47	26	5	2	43	42	-	-	-	1	-	-	13	16	41	15
水利水电工程管理单位	3	52	1871	3	204	334	352	978	737	1134	44	2	139	261	2	336	363	752	647	109
其他直属单位	4	38	1593	4	282	329	221	757	795	798	105	16	202	298	28	230	303	641	500	149
乡镇水管单位	5	69	329	-	30	46	75	178	157	172	2	-	27	84	4	121	37	141	122	29
党政人员	6	-	275	5	116	109	42	3	145	130	-	-	-	1	-	-	77	102	71	25
其中县处级	7	-	17	1	11	5	-	-	7	10	-	-	-	-	-	-	1	5	9	2
乡科级	8	-	44	1	25	16	1	1	19	25	-	-	-	-	-	-	6	11	21	6
乡科级以下	9	-	214	3	80	88	41	2	119	95	-	-	-	1	-	-	70	86	41	17
专业技术人员	10	-	1353	6	385	458	444	60	939	414	151	18	368	643	34	157	260	570	426	97
高级	11	-	151	2	96	40	12	1	135	16	151	-	-	-	-	-	2	35	101	13
其中正高级	12	-	18	-	18	-	-	-	18	-	-	18	-	-	-	-	-	2	15	1
中级	13	-	368	2	147	138	80	1	304	64	-	-	368	-	-	-	45	168	109	46
初级	14	-	643	1	129	229	255	29	449	194	-	-	-	643	-	-	168	278	165	32
见习	15	-	34	1	3	17	10	3	20	14	-	-	-	-	34	-	11	11	12	-
其他	16	-	157	-	10	34	87	26	31	126	-	-	-	-	-	157	34	78	39	6
工勤技能人员	23	-	2250	1	62	168	167	1852	648	1602	-	-	-	-	-	530	379	878	813	180
高级技师	24	-	2	-	1	-	-	1	-	2	-	-	-	-	-	-	-	1	1	-
技师	25	-	27	-	-	4	-	23	14	13	-	-	-	-	-	-	-	6	15	6
高级工	26	-	238	-	3	23	11	201	139	99	-	-	-	-	-	7	-	90	111	37
中级工	27	-	337	-	8	19	20	290	123	214	-	-	-	-	-	59	36	132	148	21
初级工	28	-	476	-	3	17	52	404	112	364	-	-	-	-	-	52	131	181	155	9
无等级	29	-	1170	1	47	105	84	933	260	910	-	-	-	-	-	412	212	468	383	107

2015年长春市水利系统职工队伍基本情况统计表

单位：人

项目	代码	合计	女	中共党员	博士	硕士	学历情况：研究生	学历情况：大学本科	学历情况：大学专科	学历情况：中专	学历情况：高中及以下	职称情况：高级	职称情况：正高级	职称情况：中级	职称情况：初级	职称情况：见习	职称情况：其他	年龄情况：35岁以下	年龄情况：36至45岁	年龄情况：46至54岁	年龄情况：55岁以上
甲	乙	1	2	3	4	5	6	7	8	9	10	11	12	13	14	15	16	17	18	19	20
合计	1	5043	1464	1230	3	7	42	821	978	791	2411	243	27	477	790	34	820	961	1986	1682	414
党政人员	2	348	120	237	3	7	14	159	126	46	3	–	–	11	5	–	–	89	130	94	35
其中省部级	3	–	–	–	–	–	–	–	–	–	–	–	–	–	–	–	–	–	–	–	2
厅局级	4	–	2	1	1	2	–	–	–	–	–	–	–	–	–	–	–	–	1	1	55
县处级	5	10	55	2	5	6	31	16	2	–	–	–	3	2	–	–	1	19	25	10	73
乡科级	6	9	64	–	1	3	44	22	3	1	–	–	8	2	–	–	14	25	27	7	218
乡科级以下	7	101	116	–	–	3	84	88	41	2	–	–	–	1	–	–	74	86	41	17	1818
专业技术人员	8	719	583	–	–	25	584	622	489	98	243	27	466	785	34	290	341	758	587	132	243
高级	9	91	126	–	–	5	165	59	13	1	243	–	–	–	–	–	4	74	145	20	27
正高级	10	7	16	–	–	1	26	–	–	–	–	27	–	–	–	–	–	2	21	4	466
中级	11	214	186	–	–	9	198	172	86	1	–	–	466	–	–	–	69	220	129	48	785
初级	12	311	173	–	–	4	176	280	277	48	–	–	–	785	–	–	213	324	210	38	34
见习	13	8	12	–	–	1	3	17	10	3	–	–	–	–	34	–	11	11	12		290
其他	14	95	86	–	–	6	42	94	103	45	–	–	–	–	–	290	44	129	91	26	2877
工勤技能人员	21	625	410	–	–	3	78	230	256	2310	–	–	–	–	–	530	531	1098	1001	247	24
高级技师	22	–	10	–	–	–	1	–	7	16	–	–	–	–	–	–	–	4	12	8	169
技师	23	15	41	–	–	–	1	7	15	146	–	–	–	–	–	–	–	40	103	26	363
高级工	24	59	88	–	–	–	4	26	37	296	–	–	–	–	–	7	1	146	156	60	459
中级工	25	124	79	–	–	–	9	33	49	368	–	–	–	–	–	59	66	206	158	29	512
初级工	26	137	59	–	–	–	4	21	58	429	–	–	–	–	–	52	138	201	163	10	1350
无等级	27	290	133	–	–	3	59	143	90	1055	–	–	–	–	–	412	326	501	409	114	–

2015年长春市灌区效益及管理情况一览表

灌区名称	所在地点(县、市)	水源名称	灌溉形式	本年引提灌溉水量	每亩毛用水量(立方米/亩)	设计灌溉面积(千公顷)							有效灌溉面积(千公顷)							实际灌溉面积(千公顷)							旱涝保收面积(千公顷)	灌区总投资(万元)	
						合计			其中				合计			其中				合计			其中					计	其中国家
						计	水田	旱涝	机电站		机电井		计	水田	旱涝	机电站		机电井		计	水田	旱涝	机电站		机电井				
									处	面积	处	面积				处	面积	处	面积				处	面积	处	面积			
甲	乙	丙	1	2	3	4	5	6	7	8	9	10	11	12	13	14	15	16	17	18	19	20	21	22	23	24	25	26	27
总计	79	-	-	42433	801	471.55	385.01	88.67	355	143.2	18409	137.62	251.39	209.9	40.85	355	62.05	18409	112.69	118.94	116.6	2.34	287	40.73	13280	73.6	1.12	75070.13	46987.21
一、万亩以上灌区	46	-	-	31788	801	143.53	139.94	3.59	56	97.84	542	0.78	72.37	71.07	1.3	56	26.69	542	0.59	31.47	31.47	-	11	13.8	62	0.11	-	41078.64	29401.37
1.30万亩以上	4	-	-	22689	801	91.58	91.38	0.2	43	85.68	303	0.16	34.38	34.2	0.18	43	15.73	303	0.16	15.23	15.23	-	7	11.2	-	-	-	32401.09	23159.67
松城灌区	农安县	第二松花江	机电站灌	-	-	34.1	33.9	0.2	-	-	-	-	5.28	5.1	0.18	-	-	-	-	-	-	-	-	-	-	-	-	-	-
饮马河灌区	九台市	石头口门水库	水库	12460	9791	20.6	20.6	-	38	3.1	303	0.16	11.63	11.63	-	38	2.95	303	0.16	-	-	-	-	-	-	-	-	22919.17	15734.25
松榆	榆树市	二松	机电站	-	-	4.5	4.5	-	1	50.2	-	-	3.33	3.33	-	1	2.18	-	-	3.33	3.33	-	3	0.6	-	-	-	1428.52	1428.52
松沐灌区	德惠市	二松	机电站	10229	801	32.38	32.38	-	4	32.38	-	-	14.14	14.14	-	4	10.6	-	-	11.9	11.9	-	4	10.6	-	-	-	3000	1800
2.10~30万亩	1	-	-	-	-	7.55	7.55	-	1	1.55	-	-	5.23	5.23	-	1	1.2	-	-	5.23	5.23	-	1	0.1	-	-	-	1138.19	1035.19
松前	榆树市	二松	机电站	-	-	7.55	7.55	-	1	1.55	-	-	5.23	5.23	-	1	1.2	-	-	5.23	5.23	-	1	0.1	-	-	-	1138.19	1035.19
3.1~10万亩	23	-	-	8816	-	39.57	36.83	2.74	12	10.03	54	0.16	28.68	27.94	0.74	12	9.76	54	0.16	10.31	10.31	-	3	2.5	-	-	-	7359.3	5063.45
万宝灌区	宽城区	-	-	-	-	1.42	1.42	-	-	-	-	-	1.42	1.42	-	-	-	-	-	1.42	1.42	-	-	-	-	-	-	-	-
五一灌区	二道区	-	水库	-	-	6	6	-	-	-	-	-	5.96	5.96	-	-	-	-	-	-	-	-	-	-	-	-	-	-	-
双阳灌区	双阳区	双阳水库	水库	800	-	3.13	3.13	-	-	-	-	-	1.6	1.6	-	-	-	-	-	1.6	1.6	-	-	-	-	-	-	59.1	59.1
黑顶子水库罐区	双阳区	黑顶子水库	水库	450	-	0.67	0.67	-	-	-	-	-	0.43	0.43	-	-	-	-	-	0.33	0.33	-	-	-	-	-	-	29.4	29.4
洼中高灌区(太平池)	农安县	太平池	水库灌	2160	1440	1.29	1.29	-	-	-	-	-	1.29	1.29	-	-	-	-	-	-	-	-	-	-	-	-	-	197.94	161.71
上河湾水库灌区	农安县	房身沟	水库灌	-	-	1	0.2	0.8	-	-	-	-	0.22	0.12	0.1	-	-	-	-	-	-	-	-	-	-	-	-	11.63	9.13
头道岗水库灌区	农安县	娘娘庙沟	水库灌	-	-	1.06	0.2	0.86	-	-	-	-	0.39	0.2	0.19	-	-	-	-	-	-	-	-	-	-	-	-	26.85	20.82
旱河自流灌区	农安县	旱河	自流灌	756	800	0.73	0.05	0.68	-	-	-	-	0.3	0.05	0.25	-	-	-	-	-	-	-	-	-	-	-	-	16.13	16.13
牛头山灌区	九台区	牛头山水库	水库	920	-	1.33	1.33	-	6	0.33	30	0.16	1	1	-	6	0.06	30	0.16	-	-	-	-	-	-	-	-	974.13	513.67
松其电灌区	九台区	松花江	机电站	1630	-	3.59	3.59	-	1	2.5	-	-	2.5	2.5	-	1	2.5	-	-	-	-	-	-	-	-	-	-	2899.27	1748.1
红旗电灌区	九台区	松花江	机电站	900	-	1.6	1.2	0.4	2	0.7	4	-	0.7	0.5	0.2	2	0.7	4	-	-	-	-	-	-	-	-	-	433.96	233
锦州电灌区	九台区	松花江	机电站	1200	-	1.55	1.55	-	1	1.2	20	-	1.2	1.2	-	1	1.2	20	-	-	-	-	1	-	-	-	-	196.67	184.67
卡中	榆树市	卡岔河	水库	-	-	2.36	2.36	-	-	-	-	-	1.55	1.55	-	-	-	-	-	1.55	1.55	-	-	-	-	-	-	320.5	320.5
玉皇庙	榆树市	二道河	水库	-	-	1.99	1.99	-	-	-	-	-	1.78	1.78	-	-	-	-	-	1.78	1.78	-	-	-	-	-	-	1180.19	844.19
石塘	榆树市	二道河	水库	-	-	1.15	1.15	-	-	-	-	-	1.05	1.05	-	-	-	-	-	0.42	0.42	-	-	-	-	-	-	67.7	67.7
于家	榆树市	四道河	水库	-	-	0.88	0.88	-	-	-	-	-	0.68	0.68	-	-	-	-	-	0.3	0.3	-	-	-	-	-	-	21	21
向阳	榆树市	三道河	水库	-	-	0.76	0.76	-	-	-	-	-	0.64	0.64	-	-	-	-	-	0.31	0.31	-	-	-	-	-	-	115.98	115.98
苏家	榆树市	大荒沟	水库	-	-	1.29	1.29	-	-	-	-	-	0.84	0.84	-	-	-	-	-	0.1	0.1	-	-	-	-	-	-	24.8	24.8
延青	榆树市	拉林河	机电站	-	-	0.98	0.98	-	1	0.8	-	-	0.84	0.84	-	1	0.8	-	-	0.7	0.7	-	1	0.7	-	-	-	321.15	321.15
松坡	榆树市	二松	机电站	-	-	4.5	4.5	-	1	4.5	-	-	2	2	-	1	4.5	-	-	1.8	1.8	-	1	1.8	-	-	-	462.9	372.4
七间房子灌区	德惠市	饮马河	机电站	-	-	1.05	1.05	-	-	-	-	-	1.05	1.05	-	-	-	-	-	-	-	-	-	-	-	-	-	-	-
三家子灌区	德惠市	饮马河	机电站	-	-	0.51	0.51	-	-	-	-	-	0.51	0.51	-	-	-	-	-	-	-	-	-	-	-	-	-	-	-

续表

灌区名称	所在地点(县、市)	水源名称	灌溉形式	本年引提灌溉水量	每亩毛用水量(立方米/亩)	设计灌溉面积(千公顷)							有效灌溉面积(千公顷)							实际灌溉面积(千公顷)							旱涝保收面积(千公顷)	灌区总投资(万元)	
						合计			其中				合计			其中				合计			其中					计	其中国家
									机电站		机电井					机电站		机电井					机电站		机电井				
						计	水田	旱涝	处	面积	处	面积	计	水田	旱涝	处	面积	处	面积	计	水田	旱涝	处	面积	处	面积			
甲	乙	丙	1	2	3	4	5	6	7	8	9	10	11	12	13	14	15	16	17	18	19	20	21	22	23	24	25	26	27
五家子灌区	德惠市	饮马河	机电站	–	–	0.73	0.73	–	–	–	–	–	0.73	0.73	–	–	–	–	–	–	–	–	–	–	–	–	–	–	–
4. 设计万亩以上有效万亩以下	18	–	–	283	–	4.83	4.18	0.65	–	0.58	185	0.46	4.08	3.7	0.38	–	–	185	0.27	0.7	0.7	–	–	–	62	0.11	–	180.06	143.06
兰家镇东道村灌区	宽城区	–	–	–	–	0.2	0.2	–	–	–	–	–	0.2	0.2	–	–	–	–	–	0.2	0.2	–	–	–	–	–	–	–	–
双阳区小营子水库灌区	双阳区	小营子水库	水库	–	–	0.2	0.2	–	–	–	–	–	0.15	0.15	–	–	–	–	–	–	–	–	–	–	–	–	–	–	–
双阳区柳树水库灌区	双阳区	柳树水库	水库	–	–	0.2	0.2	–	–	–	–	–	0.15	0.15	–	–	–	–	–	–	–	–	–	–	–	–	–	–	–
双阳区红旗水库灌区	双阳区	红旗水库	水库	–	–	0.26	0.26	–	–	–	–	–	0.21	0.21	–	–	–	–	–	–	–	–	–	–	–	–	–	–	–
双阳区肚带河水库灌区	双阳区	肚带河水库	水库	–	–	0.24	0.24	–	–	–	–	–	0.19	0.19	–	–	–	–	–	–	–	–	–	–	–	–	–	–	–
共青团水库灌区	农安县	宝泉河	水库灌	72	800	0.51	0.51	–	–	–	–	–	0.51	0.51	–	–	–	–	–	–	–	–	–	–	–	–	–	15.9	14.9
开安马场灌区	农安县	河湖泵站	机电站灌	–	–	0.27	0.09	0.18	–	–	–	–	0.2	0.07	0.13	–	–	–	–	–	–	–	–	–	–	–	–	–	–
靠山镇姚家屯山下灌区	农安县	河湖泵站	机电站灌	–	–	0.17	0.03	0.14	–	–	–	–	0.13	0.02	0.11	–	–	–	–	–	–	–	–	–	–	–	–	–	–
靠山镇东排木灌区	农安县	河湖泵站	机电站灌	–	–	0.28	0.07	0.21	–	–	–	–	0.09	0.02	0.07	–	–	–	–	–	–	–	–	–	–	–	–	–	–
靠山镇烧锅营子村船口东灌区	农安县	河湖泵站	机电站灌	–	–	0.21	0.09	0.12	–	–	–	–	0.13	0.06	0.07	–	–	–	–	–	–	–	–	–	–	–	–	–	–
其塔木镇更新灌区	九台区	松花江	机电站	80	–	0.19	0.19	–	–	–	–	0.19	0.15	0.15	–	–	–	–	–	–	–	–	–	–	–	–	–	–	–
柴福林水库灌区	九台区	柴福林	水库	86	–	0.52	0.52	–	–	0.4	–	–	0.4	0.4	–	–	–	–	–	–	–	–	–	–	–	–	–	–	–
沐石河八一水库灌区	九台区	沐石河	水库	45	–	0.19	0.19	–	–	0.18	–	–	0.18	0.18	–	–	–	–	–	–	–	–	–	–	–	–	–	–	–
菜园子镇田家灌区11	德惠市	饮马河	机电站	–	–	0.45	0.45	–	–	–	–	–	0.45	0.45	–	–	–	–	–	–	–	–	–	–	–	–	–	–	–
菜园子镇白鱼灌区	德惠市	饮马河	机电站	–	–	0.3	0.3	–	–	–	185	0.27	0.3	0.3	–	–	–	185	0.27	0.5	0.5	–	–	–	62	0.11	–	164.16	128.16
菜园子镇套子里灌区	德惠市	饮马河	机电站	–	–	0.15	0.15	–	–	–	–	–	0.15	0.15	–	–	–	–	–	–	–	–	–	–	–	–	–	–	–
岔路口镇新生村刘屯社灌区	德惠市	沐石河	机电站	–	–	0.14	0.14	–	–	–	–	–	0.14	0.14	–	–	–	–	–	–	–	–	–	–	–	–	–	–	–
菜园子镇田家灌区1	德惠市	饮马河	机电站	–	–	0.35	0.35	–	–	–	–	–	0.35	0.35	–	–	–	–	–	–	–	–	–	–	–	–	–	–	–
二、万亩以下灌区	33	–	–	10645	–	328.02	245.07	85.08	299	45.36	17867	136.84	179.02	138.83	39.55	299	35.36	17867	112.1	87.47	85.13	2.34	276	26.93	13218	73.49	1.12	33991.49	17585.84
1.水库塘坝	9	–	–	–	–	54.28	49.97	4.54	–	–	–	–	32.96	32.86	0.1	–	–	–	–	7.97	7.89	0.08		–	–	–	0.08	1073.59	878.74
2.自流灌溉	–	–	–	–	–	–	–	–	–	–	–	–	–	–	–	–	–	–	–	–	–	–	–	–	–	–	–	–	–
3.机电站	–	–	–	4200	–	64.4	53.23	13.07	299	26.24	–	–	45.7	44.52	1.18	299	16.44	–	–	21.34	20.41	0.93	276	20.16	–	–	0.46	1373.5	1094.34
4.机电井	24	–	–	4855	–	137.68	78.9	58.78	–	–	17770	100.33	63	32.28	30.08	–	–	17770	76.36	30.79	30.58	0.21	–	–	13218	42.77	0.58	22995.22	15187.76
5.喷灌	–	–	–	–	–	12.28	4.93	7.35	–	–	97	0.76	9.78	2.43	7.35	–	–	97	0.76	0.04	0.04	–		–	–	–	–	1275	–
6.水轮泵	–	–	–	–	–	–	–	–	–	–	–	–	–	–	–	–	–	–	–	–	–	–	–	–	–	–	–	–	–
7.小井	–	–	–	890	–	40.26	38.92	1.34	–	–	47972	35.75	27.58	26.74	0.84	–	–	37632	34.98	21.4	20.28	1.12		–	42802	30.72		6539.19	425
8.流动小站	–	–	–	700	–	19.12	19.12	–	2900	19.12	–	–	–	–	–	2900	18.92	–	–	5.93	5.93	–	2817	6.77	–	–		734.99	–

2015年长春市各县(市)区机电井及效益情况统计表

县市	打井(眼)		配套机电井(眼)					配套井按用途分(眼)					农田灌溉面积(千公顷)								
	本年新增	累计达到	本年新增	累计达到	其中完好数量	装机		农田灌溉井	牧业井	人畜水井	防病井	林业井	设计			有效			实灌		
						台	千瓦						计	水田	旱浇	计	水田	旱浇	计	水田	旱浇
甲	1	2	3	4	5	6	7	8	9	10	11	12	13	14	15	16	17	18	19	20	21
合计	667	37080	303	27452	27452	25335	366058	25190	111	1624	500	45	180.34	104.69	75.65	92.54	55.59	36.95	45.22	33.15	12.07
南关区	–	514	–	514	514	514	5654	467	–	47	–	–	1.2	–	1.2	0.89	–	0.89	–	–	–
宽城区	–	336	–	336	336	336	3696	336	–	–	–	–	0.92	0.22	0.7	0.88	0.18	0.7	0.84	0.14	0.7
朝阳区	–	700	–	700	700	700	9100	700	–	–	–	–	1.57	1.57	–	0.94	0.94	–	–	–	–
二道区	–	2366	–	2366	2366	249	2000	2337	–	29	–	–	1.13	0.59	0.54	0.84	0.44	0.4	0.86	0.46	0.4
绿园区	–	238	–	238	238	238	3198	209	–	29	–	–	3.36	0.12	3.24	2.79	0.12	2.67	2.18	0.06	2.12
双阳区	166	5814	166	4328	4328	4328	27558	3966	–	252	110	–	11.64	11.24	0.4	11.64	11.24	0.4	8.1	8.1	–
农安县	303	10933	53	3180	3180	3180	128167	2276	81	391	387	45	42.61	4.61	38	29.17	4.17	25	5.99	4.99	1
九台区	7	2108	7	1928	1928	1928	19704	1918	–	10	–	–	8.71	8.4	0.31	8.71	8.4	0.31	–	–	–
榆树市	32	7909	32	7909	7909	7909	86836	7241	30	638	–	–	65.53	53.07	12.46	16.06	13.93	2.13	16.2	11.68	4.52
德惠市	159	6162	45	5953	5953	5953	80145	5740	–	228	3		43.67	24.87	18.8	20.62	16.17	4.45	11.05	7.72	3.33
汽车开发区	–	–	–	–	–	–	–	–	–	–	–	–	–	–	–	–	–	–	–	–	–
净月开发区	–	–	–	–	–	–	–	–	–	–	–	–	–	–	–	–	–	–	–	–	–
一、机电井	417	31139	303	27452	27452	25335	366058	25190	111	1624	500	45	138.34	65.12	73.22	62.75	28.23	34.52	26.24	20.72	5.52
南关区	–	514	–	514	514	514	5654	467	–	47	–	–	1.2		1.2	0.89		0.89	–	–	–
宽城区	–	336	–	336	336	336	3696	336	–	–	–	–	0.34	0.13	0.21	0.3	0.09	0.21	0.28	0.07	0.21
朝阳区	–	700	–	700	700	700	9100	700	–	–	–	–	0.89	0.89		0.51	0.51	–	–	–	–
二道区	–	2366	–	2366	2366	249	2000	2337	–	29	–	–	1.08	0.55	0.53	0.79	0.4	0.39	0.79	0.4	0.39
绿园区	–	238	–	238	238	238	3198	209	–	29	–	–	2.4	0.06	2.34	1.83	0.06	1.77	1.22	–	1.22
双阳区	166	5814	166	4328	4328	4328	27558	3966	–	252	110	–	6.94	6.94		6.94	6.94	–	5.56	5.56	
九台区	7	2108	7	1928	1928	1928	19704	1918	–	10	–	–	7.1	6.79	0.31	7.1	6.79	0.31	–	–	–
农安县	53	4992	53	3180	3180	3180	128167	2276	81	391	387	45	39	1	38	26	1	25	3.89	2.89	1
榆树市	32	7909	32	7909	7909	7909	86836	7241	30	638	–	–	53.51	41.05	12.46	12.22	10.09	2.13	9.36	9.36	–
德惠市	159	6162	45	5953	5953	5953	80145	5740	–	228	3	–	25.88	7.71	18.17	6.17	2.35	3.82	5.14	2.44	2.7
汽车开发区	–	–	–	–	–	–	–	–	–	–	–	–	–	–	–	–	–	–	–	–	–
净月开发区	–	–	–	–	–	–	–	–	–	–	–	–	–	–	–	–	–	–	–	–	–
电井	303	20644	303	18199	18199	16082	250535	15981	101	1590	500	45	78.6	40.77	37.83	37.2	22.22	14.98	19.29	17.4	1.89
南关区	–	514	–	514	514	514	5654	467	–	47	–	–	1.2		1.2	0.89	–	0.89	–	–	–
宽城区	–	336	–	336	336	336	3696	336	–	–	–	–	0.34	0.13	0.21	0.3	0.09	0.21	0.28	0.07	0.21
朝阳区	–	700	–	700	700	700	9100	700	–	–	–	–	0.89	0.89		0.51	0.51	–	–	–	–
二道区	–	2366	–	2366	2366	249	2000	2337	–	29	–	–	1.08	0.55	0.53	0.79	0.4	0.39	0.79	0.4	0.39
绿园区	–	238	–	238	238	238	3198	209	–	29	–	–	2.4	0.06	2.34	1.83	0.06	1.77	1.22	–	1.22

续表一

县市	打井(眼)		配套机电井(眼)					配套井按用途分(眼)					农田灌溉面积(千公顷)								
	本年新增	累计达到	本年新增	累计达到	其中完好数量	装机		农田灌溉井	牧业井	人畜水井	防病井	林业井	设计			有效			实灌		
						台	千瓦						计	水田	旱浇	计	水田	旱浇	计	水田	旱浇
甲	1	2	3	4	5	6	7	8	9	10	11	12	13	14	15	16	17	18	19	20	21
双阳区	166	5659	166	4173	4173	4173	25826	3811	–	252	110	–	6.44	6.44	–	6.44	6.44	–	5.2	5.2	–
农安县	53	2716	53	1864	1864	1864	113955	1003	71	358	387	45	23	1	22	11	1	10	2.89	2.89	–
九台区	7	2007	7	1900	1900	1900	17209	1890	–	10	–	–	6.64	6.44	0.2	6.64	6.44	0.2	–	–	–
榆树市	32	5552	32	5552	5552	5552	65310	4884	30	638	–	–	35.76	24.5	11.26	7.95	6.52	1.43	7.99	7.99	–
德惠市	45	556	45	556	556	556	4587	344	–	227	3	–	0.85	0.76	0.09	0.85	0.76	0.09	0.92	0.85	0.07
汽车开发区	–	–	–	–	–	–	–	–	–	–	–	–	–	–	–	–	–	–	–	–	–
净月开发区	–	–	–	–	–	–	–	–	–	–	–	–	–	–	–	–	–	–	–	–	–
机井	114	10495	–	9253	9253	9253	115523	9209	10	34	–	–	59.74	24.35	35.39	25.55	6.01	19.54	6.95	3.32	3.63
南关区	–	–	–	–	–	–	–	–	–	–	–	–	–	–	–	–	–	–	–	–	–
宽城区	–	–	–	–	–	–	–	–	–	–	–	–	–	–	–	–	–	–	–	–	–
朝阳区	–	–	–	–	–	–	–	–	–	–	–	–	–	–	–	–	–	–	–	–	–
二道区	–	–	–	–	–	–	–	–	–	–	–	–	–	–	–	–	–	–	–	–	–
绿园区	–	–	–	–	–	–	–	–	–	–	–	–	–	–	–	–	–	–	–	–	–
双阳区	–	155	–	155	155	155	1732	155	–	–	–	–	0.5	0.5	–	0.5	0.5	–	0.36	0.36	–
农安县	–	2276	–	1316	1316	1316	14212	1273	10	33	–	–	16	–	16	15	–	15	1	–	1
九台区	–	101	–	28	28	28	2495	28	–	–	–	–	0.46	0.35	0.11	0.46	0.35	0.11	–	–	–
榆树市	–	2357	–	2357	2357	2357	21526	2357	–	–	–	–	17.75	16.55	1.2	4.27	3.57	0.7	1.37	1.37	–
德惠市	114	5606	–	5397	5397	5397	75558	5396	–	1	–	–	25.03	6.95	18.08	5.32	1.59	3.73	4.22	1.59	2.63
汽车开发区	–	–	–	–	–	–	–	–	–	–	–	–	–	–	–	–	–	–	–	–	–
净月开发区	–	–	–	–	–	–	–	–	–	–	–	–	–	–	–	–	–	–	–	–	–
二、小井	250	368700	–	368150	368150	237872	119462	368150	–	–	–	–	42	39.57	2.43	29.79	27.36	2.43	18.98	12.43	6.55
南关区	–	1223	–	1223	1223			1223	–	–	–	–	–	–	–	–	–	–	–	–	–
宽城区	–	1073	–	1073	1073	1073	14365	1073	–	–	–	–	0.58	0.09	0.49	0.58	0.09	0.49	0.56	0.07	0.49
朝阳区	–	620	–	620	620	620	9060	620	–	–	–	–	0.68	0.68		0.43	0.43	–	–	–	–
二道区	–	1479	–	1479	1479	163	214	1479	–	–	–	–	0.05	0.04	0.01	0.05	0.04	0.01	0.07	0.06	0.01
绿园区	–	6852	–	6552	6552	6552	13400	6552	–	–	–	–	0.96	0.06	0.9	0.96	0.06	0.9	0.96	0.06	0.9
双阳区	–	62845	–	62845	62845	62845	14398	62845	–	–	–	–	4.7	4.3	0.4	4.7	4.3	0.4	2.54	2.54	–
农安县	250	5941	–	5691	5691	5691	28900	5691	–	–	–	–	3.61	3.61	–	3.17	3.17	–	2.1	2.1	–
九台区	–	1140	–	1140	1140	1140	13525	1140	–	–	–	–	1.61	1.61	–	1.61	1.61	–	–	–	–
榆树市	–	159788	–	159788	159788	159788	25600	159788	–	–	–	–	12.02	12.02	–	3.84	3.84		6.84	2.32	4.52
德惠市	–	127739	–	127739	127739	–	–	127739	–	–	–	–	17.79	17.16	0.63	14.45	13.82	0.63	5.91	5.28	0.63
汽车开发区	–	–	–	–	–	–	–	–	–	–	–	–	–	–	–	–	–	–	–	–	–

续表二

县市	打井（眼）		配套机电井（眼）					配套井按用途分（眼）					农田灌溉面积（千公顷）								
	本年新增	累计达到	本年新增	累计达到	其中完好数量	装机		农田灌溉井	牧业井	人畜水井	防病井	林业井	设计			有效			实灌		
						台	千瓦						计	水田	旱浇	计	水田	旱浇	计	水田	旱浇
甲	1	2	3	4	5	6	7	8	9	10	11	12	13	14	15	16	17	18	19	20	21
净月开发区	–	–	–	–	–	–	–	–	–	–	–	–	–	–	–	–	–	–	–	–	–
电井	–	32552	–	32252	32252	29713	41099	32252	–	–	–	–	4.96	3.16	1.8	4.71	2.91	1.8	6.75	0.83	5.92
南关区	–	1223	–	1223	1223	–	–	1223	–	–	–	–	–	–	–	–	–	–	–	–	–
宽城区	–	1073	–	1073	1073	1073	14365	1073	–	–	–	–	0.58	0.09	0.49	0.58	0.09	0.49	0.56	0.07	0.49
朝阳区	–	620	–	620	620	620	9060	620	–	–	–	–	0.68	0.68		0.43	0.43	–	–	–	–
二道区	–	1479	–	1479	1479	163	214	1479	–	–	–	–	0.05	0.04	0.01	0.05	0.04	0.01	0.07	0.06	0.01
绿园区	–	6802	–	6502	6502	6502	13280	6502	–	–	–	–	0.92	0.02	0.9	0.92	0.02	0.9	0.92	0.02	0.9
双阳区	–	21355	–	21355	21355	21355	4180	21355	–	–	–	–	2.63	2.23	0.4	2.63	2.23	0.4	0.68	0.68	–
农安县	–	–	–	–	–	–	–	–	–	–	–	–	–	–	–	–	–	–	–	–	–
九台区	–	–	–	–	–	–	–	–	–	–	–	–	0.1	0.1	–	0.1	0.1	–	–	–	–
榆树市	–	–	–	–	–	–	–	–	–	–	–	–	–	–	–	–	–	–	4.52	–	4.52
德惠市	–	–	–	–	–	–	–	–	–	–	–	–	–	–	–	–	–	–	–	–	–
汽车开发区	–	–	–	–	–	–	–	–	–	–	–	–	–	–	–	–	–	–	–	–	–
净月开发区	–	–	–	–	–	–	–	–	–	–	–	–	–	–	–	–	–	–	–	–	–
机井	250	336148	–	335898	335898	208159	78363	335898	–	–	–	–	37.04	36.41	0.63	25.08	24.45	0.63	12.23	11.6	0.63
南关区	–	–	–	–	–	–	–	–	–	–	–	–	–	–	–	–	–	–	–	–	–
宽城区	–	–	–	–	–	–	–	–	–	–	–	–	–	–	–	–	–	–	–	–	–
朝阳区	–	–	–	–	–	–	–	–	–	–	–	–	–	–	–	–	–	–	–	–	–
二道区	–	–	–	–	–	–	–	–	–	–	–	–	–	–	–	–	–	–	–	–	–
绿园区	–	50	–	50	50	50	120	50	–	–	–	–	0.04	0.04	–	0.04	0.04	–	0.04	0.04	–
双阳区	–	41490	–	41490	41490	41490	10218	41490	–	–	–	–	2.07	2.07	–	2.07	2.07	–	1.86	1.86	–
农安县	250	5941	–	5691	5691	5691	28900	5691	–	–	–	–	3.61	3.61	–	3.17	3.17	–	2.1	2.1	–
九台区	–	1140	–	1140	1140	1140	13525	1140	–	–	–	–	1.51	1.51	–	1.51	1.51	–	–	–	–
榆树市	–	159788	–	159788	159788	159788	25600	159788	–	–	–	–	12.02	12.02	–	3.84	3.84	–	2.32	2.32	–
德惠市	–	127739	–	127739	127739	–	–	127739	–	–	–	–	17.79	17.16	0.63	14.45	13.82	0.63	5.91	5.28	0.63

2015年长春市各县(市)区易涝区域情况一览表

涝区名称	所在县(市)	易涝面积(千公顷)	除涝面积(千公顷)					现有易涝面积(千公顷)	机电排涝站								完成总投资(万元)	
			合计	其中水田	在合计中				装机(处/台/千瓦)						排水面积		计	其中国家投资
					3–4年	5–9年	10年以上		设计			实际			设计	有效		
甲	乙	1	2	3	4	5	6	7	8			9			10	11	12	13
总计	55	362.24	342.36	98.64	6.63	75.57	260.16	76.94	163	503	63908	154	457	50977	200.35	174.02	15707.88	12054.34
一、0.5万公顷以上涝区	26	264.85	254.27	79.18	–	51.23	203.04	67.64	151	444	40551	142	408	37620	190.35	164.98	14493.59	11207.95
新开河涝区	朝阳区	0.41	0.41	–	–	0.26	0.15	–	–	–	–	–	–	–	–	–	70.33	70.33
双饮涝区	二道区	0.41	0.41	0.21	–	0.16	0.25	–	1	6	132	1	6	132	1.05	1.05	75	75
新凯河涝区	绿园区	5.52	5.52	0.74	–	3.36	2.16	–	4	12	340	2	7	236	0.46	0.46	1961	1561
双饮涝区	双阳区	4.76	4.71	3.29	–	0.87	3.84	0.05	16	41	2392	9	28	1530	29.94	29.94	1195.85	1144.2
洼中高	农安县	13.64	13.64	1.77	–	–	13.64	–	13	34	3485	13	34	3485	14.68	14.68	1536.29	744.89
鲍家	农安县	16.93	16.93	1.06	–	–	16.93	–	9	20	1590	9	20	1590	7.5	7.5	450.98	432.98
开安	农安县	15.26	15.26	0.4	–	–	15.26	–	10	31	2446	10	31	2446	9.75	9.75	1395.86	443.21
华家	农安县	10.2	10.2	0.1	–	0.88	9.32	–	5	11	810	5	11	810	3.32	3.32	602.37	223.4
万金塔	农安县	5.56	5.56	1.13	–	–	5.56	–	11	26	2030	11	26	2030	7.98	7.98	447.92	362.75
顺海	农安县	5.62	5.62	0.03	–	1.65	3.97	–	–	–	–	–	–	–	–	–	3.18	2.78
波罗泡子	农安县	8.56	8.56	0.73	–	1.67	6.89	–	–	–	–	–	–	–	–	–	10.86	10.86
松花江	九台区	10	9.2	3.63	–	2.2	7	0.8	–	–	–	–	–	–	–	–	285.02	282.02
饮马河	九台区	17.51	17.51	9.2	–	0.59	16.92		15	48	4770	15	46	4510	19.43	19.32	652.83	555.02
沿江	榆树市	6.4	6.4	5.11	–	1.43	4.97	–	–	–	–	–	–	–	–	–	75	75
黑保	榆树市	5	5	1.67	–	–	-5	–	5	15	1000	5	15	1000	3.9	3.77	395.92	395.92
新庄	榆树市	9.67	9.67	3.6	–	1.8	7.87	–	9	32	2645	9	31	2490	10.77	7.72	385.7	385.7
莲珠	榆树市	11.27	11.27	1	–	1.87	9.4	–	7	25	2905	7	25	2905	13.05	10.51	1193.76	814.76
大荒沟	榆树市	5.4	5.4	0.23	–	1.2	4.2	–	–	–	–	–	–	–	–	–	76	76
卡中	榆树市	5	5	1	–	1.47	3.53	–	1	2	110	1	2	110	0.73	0.53	38.5	38.5
河东	德惠市	30.43	29.64	13.69	–	2.02	27.62	13.26	10	49	5156	10	35	3701	13.49	11.6	917.36	917.28
河西	德惠市	16.74	16.23	4.65	–	4.7	11.53	11.62	9	32	3315	9	31	3220	11.74	9.05	567.79	533.3
沐东	德惠市	36.67	31.72	18.86	–	5.95	25.77	18.4	12	33	4015	12	33	4015	18.67	13.54	1191.09	1102.99
沐西	德惠市	4.2	3.53	3.53	–	3.45	0.08	4.11	3	7	985	3	7	985	4.2	4.2	182.56	182.46
万宝	德惠市	2.93	2.76	2.75	–	2.7	0.06	2.87	2	3	390	2	3	390	2.93	1.94	160.5	160.48
务开河	德惠市	0.66	0.09	0.09	–	–	0.09	0.57	1	2	160	1	2	160	0.66	0.2	147.39	142.69
天台	德惠市	16.1	14.03	0.71	–	13	1.03	15.96	8	15	1875	8	15	1875	16.1	7.92	474.53	474.43
二、0.5万公顷以下涝区	29	97.39	88.09	19.46	6.63	24.34	57.12	9.3	12	59	23357	12	49	13357	10	9.04	1214.29	846.39

续表

涝区名称	所在县（市）	易涝面积（千公顷）	除涝面积(千公顷)					现有易涝面积(千公顷)	机电排涝站								完成总投资(万元)	
			合计	其中水田	在合计中				装机(处/台/千瓦)						排水面积		计	其中国家投资
					3-4年	5-9年	10年以上		设计			实际			设计	有效		
甲	乙	1	2	3	4	5	6	7	8			9			10	11	12	13
幸福	南关区	0.26	0.26	0.12	–	0.19	0.07	–	–	–	–	–	–	–	–	–	–	–
东大甸子涝区	宽城区	1.5	–	–	–	–	–	1.5	–	–	–	–	–	–	–	–	–	–
奋进涝区	宽城区	0.17	0.17	0.1	–	0.05	0.12	–	–	–	–	–	–	–	–	–	15.1	15.1
万宝涝区	宽城区	1.1	1.1	0.4	–	–	1.1	–	2	7	328	2	7	328	1.1	1.1	120.3	120.3
兰家涝区	宽城区	1.15	1.15	0.14	–	0.77	0.38	–	2	4	120	2	4	120	0.49	0.38	132	86
乐山涝区	朝阳区	2.1	2.1	2.1	–	–	2.1	–	–	–	–	–	–	–	–	–	152.77	152.77
雾开河流域	二道区	1	1	0.03	0.02	0.71	0.27	–	–	–	–	–	–	–	–	–	–	–
东大甸子涝区	二道区	1.25	0.8	0.4	–	0.25	0.55	0.45	1	2	44	1	2	44	0.13	0.13	47.9	38.9
饮马河流域	双阳区	6.44	6.44	4.2	–	0.43	6.01	–	–	–	–	–	–	–	–	–	–	–
双阳河流域	双阳区	4.45	4.45	2.69	0.06	0.29	4.1	–	–	–	–	–	–	–	–	–	–	–
伊通河流域	双阳区	0.8	0.8	0.03	0.01	0.35	0.44	–	–	–	–	–	–	–	–	–	–	–
黄鱼圈	农安县	1.4	1.4	–	–	0.33	1.07	–	1	3	240	1	3	240	3.09	3.09	56.02	56.02
万亩以下涝区	农安县	1.67	1.67	–	0.34	0.07	1.26	–	1	30	21800	1	20	11800	3	3	1.2	1.2
新民	农安县	2.07	2.07	–	0.11	1.17	0.79	–	–	–	–	–	–	–	–	–	–	–
光荣	农安县	0.84	0.84	–	0.12	0.06	0.66	–	–	–	–	–	–	–	–	–	–	–
烧锅	农安县	2.63	2.63	0.34	0.33	1.63	0.67	–	1	2	220	1	2	220	–	–	300.8	–
西合保	农安县	1.89	1.89	–	0.21	1.02	0.66	–	–	–	–	–	–	–	–	–	–	–
小城子	农安县	2.36	2.36	1	–	1.54	0.82	–	–	–	–	–	–	–	–	–	–	–
青山	农安县	1.37	1.37	0.13	–	0.7	0.67	–	1	4	220	1	4	220	0.5	0.5	14	14
1.1–0.5万公顷以下涝区	九台区	9.4	6.61	1.37	0.47	2.96	3.18	2.79	2	4	220	2	4	220	0.69	0.69	139.2	127.1
2.万亩以下涝区	九台区	9.35	4.79	1.53	2.69	0.81	1.29	4.56	–	–	–	–	–	–	–	–	7.1	7.1
五三	榆树市	4.08	4.08	0.53	–	0.41	3.67	–	1	3	165	1	3	165	1	0.15	47.02	47.02
双闵	榆树市	3.55	3.55	0.31	–	1.41	2.14	–	–	–	–	–	–	–	–	–	45.5	45.5
三道河	榆树市	1.5	1.5	0.2	–	0.17	1.33	–	–	–	–	–	–	–	–	–	10.5	10.5
四道河	榆树市	1	1	0.14	–	0.33	0.67	–	–	–	–	–	–	–	–	–	8.5	8.5
谢家河	榆树市	1.59	1.59		–	0.34	1.25	–	–	–	–	–	–	–	–	–	30.58	30.58
光明	榆树市	2.4	2.4	0.08	–	0.67	1.73	–	–	–	–	–	–	–	–	–	23.8	23.8
前五	榆树市	1	1	0.3	–	1	–	–	–	–	–	–	–	–	–	–	14	14
灰塘沟	榆树市	0.75	0.75	0.3	–	0.75	–	–	–	v	–	–	–	–	–	–	1	1

2015年长春市各县(市)区喷灌设备及效益情况统计表

单位:千公顷

	配套喷灌设备		设计喷灌面积			有效喷灌面积			实际喷灌面积		
	台	千瓦	计	旱田	菜田	计	旱田	菜田	计	旱田	菜田
甲	1	2	3	4	5	6	7	8	9	10	11
合计	7147	80462	9.99	9.83	0.16	9.78	9.62	0.16	2.52	2.36	0.16
南关区	–	–	–	–	–	–	–	–	–	–	–
宽城区	–	–	–	–	–	–	–	–	–	–	–
朝阳区	–	–	–	–	–	–	–	–	–	–	–
二道区	10	191	0.09	–	0.09	0.09	–	0.09	0.09	–	0.09
绿园区	–	–	–	–	–	–	–	–	–	–	–
双阳区	412	5254	0.97	0.96	0.01	0.97	0.96	0.01	0.97	0.96	0.01
农安县	4273	47295	6.71	6.71	–	6.5	6.5	–	–	–	–
九台区	575	6325	0.76	0.76	–	0.76	0.76	–	–	–	–
榆树市	1127	12397	1.4	1.34	0.06	1.4	1.34	0.06	1.4	1.34	0.06
德惠市	750	9000	0.06	0.06	–	0.06	0.06	–	0.06	0.06	–
汽车产业开发区	–	–	–	–	–	–	–	–	–	–	–
净月开发区	–	–	–	–	–	–	–	–	–	–	–
1、电喷	2209	30622	4.4	4.29	0.11	4.29	4.18	0.11	1.51	1.4	0.11
南关区	–	–	–	–	–	–	–	–	–	–	–
宽城区	–	–	–	–	–	–	–	–	–	–	–
朝阳区	–	–	–	–	–	–	–	–	–	–	–
二道区	10	191	0.09	–	0.09	0.09	–	0.09	0.09	–	0.09
绿园区	–	–	–	–	–	–	–	–	–	–	–
双阳区	102	1224	0.94	0.94	–	0.94	0.94	–	0.94	0.94	–
农安县	1500	16500	2.66	2.66	–	2.55	2.55	–	–	–	–
九台区	35	6325	0.23	0.23	–	0.23	0.23	–	–	–	–
榆树市	362	3982	0.46	0.44	0.02	0.46	0.44	0.02	0.46	0.44	0.02
德惠市	200	2400	0.02	0.02	–	0.02	0.02	–	0.02	0.02	–
汽车产业开发区	–	–	–	–	–	–	–	–	–	–	–
净月开发区	–	–	–	–	–	–	–	–	–	–	–
2、机喷	4938	49840	5.59	5.54	0.05	5.49	5.44	0.05	1.01	0.96	0.05
南关区	–	–	–	–	–	–	–	–	–	–	–
宽城区	–	–	–	–	–	–	–	–	–	–	–
朝阳区	–	–	–	–	–	–	–	–	–	–	–
二道区	–	–	–	–	–	–	–	–	–	–	–
绿园区	–	–	–	–	–	–	–	–	–	–	–
双阳区	310	4030	0.03	0.02	0.01	0.03	0.02	0.01	0.03	0.02	0.01
农安县	2773	30795	4.05	4.05	–	3.95	3.95	–	–	–	–
九台区	540		0.53	0.53	–	0.53	0.53	–	–	–	–
榆树市	765	8415	0.94	0.9	0.04	0.94	0.9	0.04	0.94	0.9	0.04
德惠市	550	6600	0.04	0.04	–	0.04	0.04	–	0.04	0.04	–
汽车产业开发区	–	–	–	–	–	–	–	–	–	–	–
净月开发区	–	–	–	–	–	–	–	–	–	–	–

工 业

综 述

【工业生产】 2015年,长春市规模以上工业(年销售收入2000万元以上工业企业。下同)完成产值8688.2亿元,比2014年下降11.5%。规模以上工业中,按类型划分:轻工业完成产值1646.4亿元,下降5.8%;重工业完成产值7010.4亿元,下降13.2%。按所有制划分:国有工业完成产值3700.3亿元,下降19.3%;集体工业完成产值6.6亿元,增长10.8%;股份合作制企业完成产值3.1亿元;股份制企业完成产值3441.2亿元,增长0.6%;外资企业完成产值1457.6亿元,下降17.6%。按隶属关系划分:中央工业完成产值4451.8亿元,下降15.9%;省属工业完成产值6亿元,与2014年持平;市及市以下工业完成产值4230.3亿元,下降6.4%。

【经济效益】 2015年,长春市规模以上工业企业实现销售收入9054亿元,比2014年下降13.3%;实现税金548亿元,下降12.6%;实现利润733.5亿元,比2014年下降20%。其中,国有企业实现销售收入4236亿元,下降20.5%;实现税金403亿元,下降13.1%;实现利润498亿元,下降24.8%。集体企业实现销售收入5亿元,与2014年持平;股份制企业实现销售收入3392亿元,增长2.4%;实现税金98亿元,下降10.1%;实现利润153亿元,增长0.7%。外资企业实现销售收入1390亿元,下降21.2%;实现税金47亿元,下降11.3%;实现利润81亿元,下降20.6%。国有控股企业实现销售收入5832亿元,比2014年下降16.6%;实现税金475亿元,下降13.8%;实现利润570亿元,下降23.8%。全市规模以上工业企业总计1139户,其中,盈利企业992户,亏损企业147户。

2015年,按月报口径计算,长春市规模以上工业实现增加值2131.8亿元,增长3.3%;工业产品产销率达98.93%,上升0.93个百分点;总资产为7537亿元,增长0.8%;成本费用利润率为8.8%,下降0.9个百分点;流动资金周转次数达6.6次,下降1.3次;产成品资金占用264亿元,下降17.5%。

2015年长春市30户盈利大户盈利额统计表

企业名称	实现利润(万元)	比2014年±%
中国第一汽车集团公司	4965465	-24.3
长春轨道客车股份有限公司	336603	-5.3
长春丰越公司	229665	-17.8
大陆汽车电子(长春)有限公司	85146	3.8
长春众品食业有限公司	67148	16.9
一汽丰田(长春)发动机有限公司	57485	-8.4
富奥汽车零部件股份有限公司	55301	-20.7
吉林省电力有限公司	53815	55.0
吉林烟草工业有限责任公司长春卷烟厂	45276	-25.2
长春博泽汽车部件有限公司	44675	-21.4
长春金赛药业有限责任公司	44182	20.5
吉林省长春皓月清真肉业股份有限公司	42984	-27.1
长春长生生物科技股份有限公司	35443	70.0
天合汽车安全系统(长春)有限公司	34007	4.8
长春佛吉亚排气系统有限公司	32523	-10.2
长春富维-江森自控汽车饰件系统有限公司	29717	-38.0
长春奥托立夫汽车安全系统有限公司	27314	-9.6
福耀集团长春有限公司	27069	-20.5
长春派格汽车塑料技术有限公司	23744	-21.6
长春市灯泡电线有限公司	21421	6.3
艾仕得涂料系统(长春)有限公司	20854	-4.1

续表

企 业 名 称	实现利润(万元)	比2014年±%
长春华翔轿车消声器有限责任公司	20784	1.8
采埃孚富奥底盘技术(长春)有限公司	20071	0.2
长春德联化工有限公司	19533	26.5
长春祈健生物制品有限公司	19232	3.1
启明信息技术股份有限公司	18988	44.9
长春天然气有限责任公司	18429	25.8
邦迪汽车系统(长春)有限公司	18047	92.1
吉林建华管桩有限公司	17919	38.6
长春均胜汽车零部件有限公司	16757	692.6

2015年长春市30户盈利大户利税额统计表

企 业 名 称	实现利税(万元)	比2014年±%
中国第一汽车集团公司	8718878	-20.1
长春轨道客车股份有限公司	471705	-8
长春丰越公司	463724	-20.6
吉林烟草工业有限责任公司长春卷烟厂	287043	-10.7
吉林省电力有限公司	193175	11.9
大陆汽车电子(长春)有限公司	85146	3.8
一汽丰田(长春)发动机有限公司	72577	-5.3
长春众品食业有限公司	67330	16.9
富奥汽车零部件股份有限公司	59021	-37.3
长春博泽汽车部件有限公司	53957	-6.7
长春金赛药业有限责任公司	48450	16.1
长春富维-江森自控汽车饰件系统有限公司	48145	-28.8
吉林省长春皓月清真肉业股份有限公司	47282	-27.2
天合汽车安全系统(长春)有限公司	42472	-5.5
长春长生生物科技股份有限公司	38185	60.5
长春奥托立夫汽车安全系统有限公司	38060	-3.4
福耀集团长春有限公司	34833	-18.9
长春佛吉亚排气系统有限公司	34044	-24.4
艾仕得涂料系统(长春)有限公司	32021	5.9
长春市灯泡电线有限公司	31192	16
长春派格汽车塑料技术有限公司	30401	-23.6
吉林建华管桩有限公司	27775	31.9
采埃孚富奥底盘技术(长春)有限公司	27515	2.1
启明信息技术股份有限公司	24464	36.1
长春华翔轿车消声器有限责任公司	22984	-8.4
长春天然气有限责任公司	22840	22.3
长春祈健生物制品有限公司	20311	0.6
长春德联化工有限公司	20226	26.6
邦迪汽车系统(长春)有限公司	18793	91.5
长春均胜汽车零部件有限公司	17844	461.5

【重点产业】 2015年,受经济下行压力加大影响,长春市工业领域中的重点产业产值出现下滑,汽车、食品、装备制造业和生物医药、光电子信息、材料、能源等7个重点产业合计完成产值8230.3亿元,比2014年下降12.4%。其中,汽车工业完成产值4856.3亿元,比2014年下降17.8%;食品工业完成产值1282.5亿元,下降9.3%;生物医药产业完成产值140.5亿元,增长6.5%;光电子信息产业完成产值447.4亿元,下降9.2%;材料工业完成产值632.7亿元,下降3.5%;能源工业完成产值521.1亿元,下降5.5%;装备制造业(不含汽车制造业)完成产值673.8亿元,增长10.0%。全市产业结构出现变化,汽车工业完成产值占全市的比重为55.9%,下降4.2个百分点;轨道交通装备制造业完成产值340.9亿元,增长8.9%,产值占全市的比重为3.9%,提高0.5个百分点。其他产业均实现平衡较快发展,农产品加工业完成产值占全市的比重为14.8%,上升0.4个百分点;生物医药产业完成产值占全市的比重为1.6%,提高0.3个百分点;光电子信息产业完成产值占全市的比重为5.1%,上升0.1个百分点;材料工业完成产值占全市的比重为7.3%,上升0.6个百分点;能源工业完成产值占全市的比重为6.0%,上升0.4个百分点;装备制造业完成产值占全市的比重为7.8%,提高1.5个百分点。

【重点企业】 2015年,长春市规模以上工业企业户数达1139户,比2014年增加68户。其中,40户重点企业完成产值6101.2亿元,下降16.5%,占全市工业总产值的70.2%。全市除一汽集团之外的工业企业完成产值5092.2亿元,下降4.7%,占全市规模以上工业总产值的比重达到58.6%。全市产值超亿元的工业企业户数达677户,比2014年增加22户,占全部规模以上工业企业总数的59.4%,下降0.6个百分点,其中,产值在100亿元以上的企业7户,与2014年持平;产值在10亿~100亿元的企业63户,下降7户;产值在1亿~10亿元的企业607户,增加32户。

2015年长春市40户重点工业企业产值完成情况表

企业名称	完成工业产值(万元)	比2014年±%
一汽集团公司	35959555	-19.7
吉林亚泰(集团)股份有限公司	3999845	-7
吉林省电力有限公司	3435321	-6.1
长春轨道客车股份有限公司	3170781	11.1
长春大成玉米有限公司	2540487	-36.5
长春皓月清真实业有限公司	2144663	-16.5
长春丰越公司	1694779	-20.1
一汽天合富奥汽车安全系统长春公司	803813	-10.2
大陆汽车电子(长春)有限公司	686938.2	-4.9
长春富维江森自控汽车饰件系统公司	654386	-17.2
长春大合生物技术开发有限公司	606274	14.4
大众一汽平台零部件有限公司	492916	11.7
吉林烟草工业有限责任公司	459343	-4.7
富奥汽车零部件股份有限公司	412145	-13.2
采埃孚富奥底盘技术(长春)有限公司	409571	-22
吉林华正牧业开发股份有限公司	308823	4.3
吉林达利食品有限公司	296907	26.9
长春博泽汽车部件有限公司	250237	-18
新大农安石油化工有限公司	211907	-25.9
一汽丰田发动机公司	206236	-13.9
长春旭阳工业(集团)有限公司	201209	-14.8
佛吉亚(长春)排气系统公司	192681	-17.7
中粮生化能源(榆树)有限公司	190225	14.6
吉林龙家堡矿业有限公司	175001	-8.9
金锣集团(九台)有限公司	173556	-30.6
修正药业集团长春高新制药有限公司	168456	-6.2
吉林德大有限公司	146551	11.3
长春海拉车灯有限公司	133719.2	-11.2
长春轨道客车装备有限公司	132400	8.2
福耀集团长春有限公司	129979	-23.7
启明信息股份有限公司	123513.9	17.2
吉林森工集团	123165	-25.6
长春长客-庞巴迪轨道车辆有限公司	98135	-21.9
李尔长春内饰件系统公司	92254	-16.5
吉林省吴太感康制药有限公司	77329	16.3
长春百事可乐饮料有限公司	61555	-23.1
长春生物制品研究所	24416	10.5
长铃集团	14996	62.9
长春发电设备有限公司	7905	-71.2
长春汽车改装车有限公司	167	-91.3

【重点产品】 2015年，长春市工业企业重点产品产销基本平稳，累计实现产销率98.9%，比2014年增长0.9个百分点。全市28种工业重点产品中，有5种产品产量实现增长，其中，棉纱、油漆、鸡肉及制品(德大)、铁路客车等4种产品产量增势良好，分别增长59%、17%、16%、13%。有23种产品产量下降，其中，亚泰水泥、淀粉及制品(大成)、拖拉机、汽车离合器、轻型货车、改装车、中重型货车、汽车油箱、汽车座椅、全市猪肉产品等10种产品产量下降幅度较大，分别下降92%、76%、40%、38%、38%、26%、23%、23%、20%、20%。2015年，全市工业品出口大幅下滑，完成出口交货值115.6亿元，下降20.1%。其中，汽车工业出口39.7亿元，下降25.2%；轨道客车及装备制造业出口32.6亿元，下降10.1%。

【工业投资】 2015年，长春市工业投资实现快速增长。全市规模以上工业完成固定资产投资2295.7亿元，比2014年增长22.1%。全市工业投资占全市全社会固定资产投资的比重达53.6%(按可比口径)，增速高于全社会固定资产投资8.7个百分点。全市规模以上工业企业完成技术改造投资1699.1亿元，增长42.2%，占全市工业固定资产投资的74%。投资结构进一步优化。全市工业投资中，采矿业完成投资14.7亿元，下降8.7%；制造业完成投资2200亿元，增长23%；电力、燃气及水的生产和供应业完成投资80.9亿元，增长6.1%。汽车及零部件产业完成投资856.5亿元，增速15.4%，占比37.3%；轨道交通和装备制造业完成投资391.1亿元，增速45.9%，占比17%；农产品加工产业完成投资272.1亿元，增速3.3%，占比11.9%。三大支柱产业合计完成投资1519.7亿元，占全市工业投资比重为66.2%。

【特色产业园区】 2015年，全市重点推进的特色产业园区28个，其中纳入省规划管理的19个，分别是长春汽车产业园区(国家级新型工业化产业示范基地、省级特色工业园区)、长东北生物化工产业园区(国家级新型工业化产业示范基地、省级特色工业园区)、长春轨道交通装备产业园区（国家级新型工业化产业示范基地、省级特色工业园区)、长春皓月清真产业园（国家级新型工业化产业示范基地)、长春专用车产业园区(省级特色工业园区)、启明软件园(省级特色工业园区)、中科院长春光电子产业园区(省

2015年长春市工业28种重点产品产量统计表

序号	产品名称	计量单位	年产量	比2014年±%
1	中重型货车	辆	129798	-23
	其中 重型货车	辆	87135	-26
	中型货车	辆	42663	-14
2	轿车	辆	1890210	-11
	其中 奔腾轿车	辆	88660	-17
	捷达轿车	辆	288641	-2
	奥迪轿车	辆	313052	-6
	睿翼轿车	辆	2676	-64
	速腾轿车	辆	272297	-11
	迈腾轿车	辆	155893	-25
	宝来轿车	辆	200226	-11
	马自达轿车	辆	72688	-15
	高尔夫轿车	辆	196887	0
	大众CC	辆	33487	-31
3	大中型客车	辆	1794	-17
4	轻型货车	辆	31099	-38
5	改装车	辆	12759	-26
	其中 汽车改装	辆	0	-100
	一汽改装车	辆	12597	-23
6	拖拉机	辆	490	-40
7	铁路客车	辆	2565	13
	其中 普通铁路客车	辆	40	-49
	动车组	辆	896	2
	城轨客车	辆	1629	24
8	锦湖轮胎	万套	323	-7
9	汽车油箱	只	357312	-23
	其中 考泰斯公司	只	357312	-20
	汽车油箱公司	只	-	-
10	汽车离合器	万套	77.5	-38
11	汽车安全玻璃	万平方米	1053.6	-18
	其中 福耀集团	万平方米	1053.6	-18
	皮尔金顿	万平方米	-	-
12	汽车座椅	台份	66600	-20
13	全市猪肉产品	吨	701204	-20
	其中 九台金锣	吨	175634	8
	榆树四海	吨	11123	-41
	农安华正	吨	129089	-44
14	牛肉(皓月)	吨	103718	-18
15	鸡肉及制品(德大)	吨	-	
	其中 鸡　肉	吨	60250	16
	鸡肉制品	吨	-	-
16	饮料	吨	437841	1
	其中 百事可乐	吨	167029	-5
	可口可乐	吨	270812	4

续表

序号	产品名称	计量单位	年产量	比 2014 年±%
17	全市啤酒	千升	270549	-9
	其中 农安	千升	144422	-13
	双阳	千升	101842.5966	-2
	榆树	千升	24285	-9
18	彩电	台	-	-
19	淀粉及制品(大成)	吨	-	-
	其中 玉米淀粉	吨	480000	-76
	淀粉糖	吨	528000	-76
	变性淀粉	吨	28800	-76
	赖氨酸	吨	180000	-70
	蛋白粉	吨	21600	-78
	玉米油	吨	50388	-75
	饲料	吨	239996	-76
20	全市煤炭	吨	3435138	-17
	其中 羊草集团	吨	1006000	-7
	双顶山	吨	48503	-75
	营城矿业	吨	467644	11
21	数控机床	台	-	-
22	变压器	台	197	-19
23	油漆	吨	43525	17
24	卷烟	万箱	39.6	-1
25	棉纱	吨	6300	59
26	亚泰水泥	万吨	1331.2	-92
27	汽柴油	吨	295589	-14
	其中 汽油	吨	149549	-15
	柴油	吨	146040	-13
28	全市发电量	万千瓦时	2289500	-10
	其中 二热电公司	万千瓦时	179420	59
	长春热电发展	万千瓦时	242766	-27
	龙华热电公司	万千瓦时	739032	-7

级特色工业园区)、温馨鸟服装工业园区、长春旭阳汽车内饰件工业园区、长春文化印刷产业园区、吉林省梅花鹿产业园区、德惠玉米食品工业园区、皓月国际皮革工业园、长春九台农机装备制造产业园区、长春经开装备制造园区、德惠休闲食品工业园区、长春农安汽车轨道客车配套产业园、长春朝阳交通运输设备(汽车零部件)产业园、长春高新区长东北新材料产业园。

重点培育的园区 9 个，分别是净月光电信息产业园、高新区国家汽车电子产业园、农安伏龙泉新能源产业园、东北亚文化创意科技园、吉林动漫游戏原创产业园、长春广东工业园、双阳吉通(德国)工业园、二道国际物流园区、宽城装备制造产业园。按所属行业分，汽车及相关产业类 11 个，农牧产品加工类 4 个，装备制造类 4 个，光电信息类 2 个，软件动漫及文化创意类 4 个，其他 3 个。特色园区已逐渐成为工业强市的基地、招商引资的平台、工业经济发展的集聚区。2015 年，全市特色产业园区规模以上工业总产值完成 6747 亿元，占全市规上工业总产值 8688.2 亿元的 77.7%；规模以上工业增加值完成 1815 亿元，比 2014 年增长 5%，占全市工业增加值 2132 亿元的 85%；实现工业利润 646 亿元，占全市工业利润 734 亿元的 88%。

2015年长春市重点特色产业园区统计表

园区等级	园区名称	所在区域	备注
省级特色园区（6个）	长春汽车产业园区	汽车区	国家新型工业化产业示范基地
	长东北生物化工产业园区	经开区	
	长春轨道交通装备产业园	绿园开发区	
	长春专用车产业园区	经开区	–
	启明软件园	净月区	–
	中科院长春光电子产业园区	经开区	–
省规划管理园区（13个）	长春皓月清真产业园	绿园区	国家新型工业化产业示范基地
	温馨鸟服装工业园区	经开区	–
	长春农安汽车轨道客车配套产业园	农安县	–
	吉林省梅花鹿产业园区	双阳开发区	–
	九台农机装备制造产业园区	九台开发区	–
	长春旭阳汽车内饰件工业园区	净月区	–
	德惠休闲食品工业园区	德惠市	–
	长春经开装备制造园区	经开区	–
	皓月国际皮革工业园	九台开发区	–
	长春文化印刷产业园区	文化开发区	–
	德惠玉米食品工业园区	德惠市	–
	朝阳交通运输设备(汽车零部件)产业园	朝阳开发区	–
	长春高新区长东北新材料产业园	高新区	–
重点培育的园区（9个）	净月光电信息产业园	净月区	市级授牌
	东北亚文化创意科技园	高新区	–
	高新区国家汽车电子产业园	高新区	–
	双阳吉通(德国)工业园	双阳区	–
	宽城装备制造产业园区	宽城区	–
	吉林动漫游戏原创产业园	高新区	–
	二道国际物流园区	二道开发区	–
	农安伏龙泉新能源产业园	农安县	–
	长春广东工业园	合隆开发区	–

【技术创新】 2015年，全市产业创新水平不断提升。围绕产业结构优化升级，全市加大对重大创新项目、创新体系、高端创新人才和技术创新投融资的支持，推动战略性新兴产业规模不断壮大。全年全市战略性新兴产业新增规模以上企业70户，比2014年增长29%，总数达到241户，占全市规模以上企业总数比重达21.7%。产业创新工程有序推进，重点推进重组人促卵泡激素、机场道路异物监测设备、工业机器人等战略性新兴产业项目224项，占全部计划项目总数的75%以上。企业创新能力持续增强。按照企业发展初创期、成长期、成熟期3个阶段，推进364户重点科技创新型企业。以着力提升企业自主创新和成果产业化能力为主线，集聚创新要素，强化创新驱动，长春迪瑞医疗科技股份有限公司获得国家工信部和财政部认定的2015年国家级创新示范企业。全市国家级技术创新示范企业达5户。全年全市新认定战略性新兴产业市级企业技术中心11户，总数达82户，五大新兴产业全覆盖，占全市企业技术中心总数53.6%。产品创新力度有效加大。全年全市实施重点新产品新技术开发工程项目100项，实现产值32.7亿元；全市工业企业204个项目列入2015年吉林省企业技术创新工作指导计划，其中，新产品规模化生产项目47项、新产品新技术38项、企业技术中心能力提升项目24项、产学研合作开发项目95项。吉林省龙展新材料科技有限公司、吉林省安洁士固体废物处理有限公司等16户企业共获得900万元省级重点产业发展引导资金支持。

【节能与资源综合利用】 2015年，全市工业节能降耗工作，坚持以绿色低碳、节约优先、循环利用为导向，以提高工业资源能源利用效率、控制工业煤炭消费增量、建立新常态下工业节能减排工作机制为目标，推动工业发展方式向绿色、循环、低碳转变，工业节能减排与资源综合利用工作有序推进。全市规模以上工业企业综合能源消费量983万吨标煤，比

2014 年下降 15.8%,万元工业增加值综合能耗同下降 4.5%,较好完成省政府下达的年度节能目标,其中全市 28 户"万家"重点用能工业企业单位产值综合能耗比 2014 年下降 9.8%以上，实现节能量 27 万吨标煤。

全市工业资源综合利用工作进一步加强,全年回收利用粉煤灰 130 多万吨、炉渣 60 多万立方米、煤矸石 20 多万吨,主要用于生产水泥、熟料、墙体材料等产品；年处理和利用生活垃圾 40 多万吨,秸秆利用 80 多万吨。全年全市规模以上工业消费煤炭 2209 万吨,下降 12%;全市工业用电总量达 1505617 万千瓦时,占全市工业综合能耗总量的 18.8%,消费量比 2014 年下降 8.1 个百分点;工业使用天然气 31755 万立方米，占全市综合能耗总量的 4.4%，消费量比 2014 年下降 13 个百分点；全市工业用热 25106260 百万千焦,占全市工业综合能耗总量的 8.6%，消费量与 2014 年基本持平;工业汽、柴油消费量约占全市工业综合能耗总量的 1.8%，消费量比 2014 年略有增加。全市 14 个县(市)、区、开发区所属规模以上工业企业综合能源消费量 573 万吨标煤，占全市总能耗的 58.3%。与 2014 年同期比较,各县(市)区、开发区工业综合能耗总量大幅下降,工业增加值小幅下滑，单位增加值综合能耗总体保持下降趋势。

全市发电、供热、燃气等能源加工转换行业综合能耗总量 535 万吨标煤,占全市能耗总量的 54.4%；汽车及装备制造业综合能耗总量 132 万吨标煤，占全市能耗的 13.4%；农副食品加工业综合能耗总量 43.9 万吨标煤，占全市的 4.5%；非金属矿物制品业综合能耗 159 万吨标煤,占全市的 16.2%。全市综合能源消耗超过 3000 吨标准煤的规模以上工业企业 120 户，综合能源消费量合计达 914 万吨标煤，占全市综合能源消费总量的 93%。其中,年综合能耗 100 万吨标煤以上的 2 户,分别是吉林亚泰(集团)股份公司、吉林龙华热电股份公司,两户企业全年综合能耗总量达 289 万吨标煤，占全市综合能源消费总量的 29.4%;年综合能耗 10 万~100 万吨标煤企业 13 户，综合能耗总量 523 万吨标煤,占全市综合能源消费总量的 53.2%;年综合能耗 1 万~10 万吨标煤的企业 24 户,年综合能耗 1 万吨标煤以下的企业 81 户。

(赵海洋)

交通设备制造业

【中国第一汽车集团公司】 中国第一汽车集团公司(简称一汽集团),核心商号"一汽",企业品牌"中国一汽"。2015 年《中国 500 最具价值品牌》中,中国一汽品牌价值 1362.79 亿元，居中国 500 强最具价值品牌第 9 名。一汽集团居国内汽车企业品牌价值第 1 位、世界 500 强第 107 位、中国企业 500 强第 17 位、中国机械 500 强第 2 位。一汽集团分 4 级,除母公司外有各级子企业 112 户,其中,二级子企业 33 户、三级子企业 71 户、四级子企业 6 户;分公司 6 户;各级境外单位(境外子企业)6 户;各级金融子企业 6 户;各级控股上市公司 4 户。全年销售汽车 284.4 万辆，营业收入 3951 亿元,利润 450 亿元,完成国资委下达调整目标。

"十二五"期间一汽累计销量 1409 万辆、销售收入 2.10 万亿元、利润 2270 亿元、工业总产值 2.29 万亿元、经济增加值 1489 亿元、税金 4048 亿元。资产总额从 1725 亿元增长到 3286 亿元，负债率从 59.6%下降到 40.7%。投入研发费用 325 亿元,构建以技术中心为核心、以自主整车和核心零部件研发资源为支撑的研发体系。投放红旗 H7、奔腾 X80 等 43 款整车,V6、4GB 等 10 款乘用车发动机,9L、13L 等 17 款商用车发动机和 8 款变速器。实现 A0 级到 B 级新能源车全覆盖。成立一汽股份公司，构建董事会、监事会及各专业委员会下的企业经营管控模式。建立东北、华北、西南、华南、华东等 5 大生产基地，形成立足东北、辐射全国、面向海外的开放式发展格局。设立一汽南非车辆等境外子公司 5 家，建设伊朗中重卡和乘用车等海外 KD(散件组装)生产基地 6 个。

拓展合作平台,与中国信达成立合资公司,与中石油、中国农业银行、华为公司、中科集团、成都市政府等签署战略协议。8 月 14 日,一汽集团与中国国际技术智力合作公司签署人力资源管理提升战略合作协议。双方在企业组织管理、人力资源管理领域构建全面战略合作伙伴关系,在管理咨询、招聘猎头、人才培养和外包服务等方面开展合作。8 月 28 日，一汽集团与成都市政府签署战略合作协议。9 月 9 日,一汽集团与中国电子科技集团公司签署战略合作框架协议。双方按照需求引领、技术推动、自主创新、互利共赢的合作原则,在汽车电子和智能制造等领域开展更广泛合作。10 月 16 日,一汽集团与华为技术有限公司签署战略合作框架协议。双方在车联网、智能汽车、企业信息化、企业全球化等领域展开合作，推进现代信息技术在汽车领域的应用。11 月 6 日,一汽集团与中国铝业公司签署战略合作框架协议。双方在汽车用铝合金材料性能数据库建立、汽车用铝合金材料应用技术研究等相关领域进行战略合作，推进铝合金轻量化技术在汽车产业上的应用。

2015 年，一汽集团投入研发费用 62.5 亿元。加快新产品投放，投放奔腾 B30、佳宝 V60、JH6、J6F 等 4 款自主整车和 4GB、1.6L/1.4T、6DM3(13L)等 2 款动力总成。推进 A1EV、A2EV、H7PHEV 等新能源车开发。投入 2.8 亿元推进 457 个科技创新项目。制造技术攻关完成率 93.7%，自主体系制造过程能力提升 2.5%。投入资金 5343 万元推进制造技术创新项目 101 个。

集团及下属各子公司全年为国家扶贫、救济、教育、公益性事业捐赠总额 4967.1 万元。一汽向西藏昌都地区左贡县、吉林镇赉县、广西凤山县、吉林和龙市（县）派驻干部 5 名，投入资金超过 3927 万元,用于支持教育工作、扶持特色产业、改善农牧区基础设施、建设体育场馆等。

(马富文)

【中车长客股份有限公司】 到 2015 年年末,长客股份公司员工总数 18354 人。其中,具有高级专业技术职称 806 人,中级专业技术职称 1189 人,高级工人技师 208 人,技师 663 人。公司设立一级机构 26 个,二级机构 129 个(不含子公司),公司内部按产品和客户设铁路客车业务部、城铁客车业务部、海外业务部 3 个业务部;按产品设置客车制造中心、高速动车组制造中心、转向架制造中心、动车组检修中心 4 个制造中心。公司固定资产原值 110.4 亿元、净值 71.06 亿元;设备总数 10848 台(套),生产用地 328.94 万平方米。全年实现营业收入 315.06 亿元、净利润 29.09 亿元。

改革改制 公司完成企业发展蓝图规划。编制完成公司"十三五"战略,明晰公司未来的发展目标、思路和路径,形成公司的顶层设计和蓝图规划。开展内部体系改革。在系统管理思路的指导下,按照正向设计的原则,实施研发、工艺、运营管理等多个系统的改革,调整涉及公司十余个部门、千余名员工、700 余条职责流程。

经营管理 结合公司的实际,对精益指标管理体系、衡量评价机制等方面进行认真梳理和改善,创新精益推进方式,聚焦价值链源头环节,完善系统推进机制,巩固既有改善成果,提高精益工作实效性。财务管控能力进一步增强。通过持续强化预算管理、提高资金使用效率、利用海外低息贷款融资、开展税收管控和业务筹划等手段,财务管控能力得以增强。项目管理体系不断完善。梳理完善产品交付流程、专业计划管理流程、销售备品备件管理流程等相关制度,开展项目管理标准化工作,编制完成新版项目管理手册,夯实项目管理基础。通过规范文件管理、建立信息沟通机制、实施项目平台化管理等手段,完善"项目集"和项目管理平台体系。信息化建设取得进展。在信息化软件工程建设上,完成 SAP 系统优化搬迁,解决业务系统异地访问问题;通过建立供应商信息平台及对 MRP 进行优化,完善物流供应管理体系;完成差旅费报销系统及五级修管理项目的信息化开发工作,提升相关业务管理水平。在产品信息管理工程建设上,完成公司设计工艺制造一体化平台建设规划,为有效解决设计、工艺、制造相互脱节的问题奠定基础。在信息化基础建设上,完成桌面云硬件平台扩展,为公司今后桌面虚拟化应用推广、内外网安全逻辑隔离创造了条件。供应链管理不断加强。通过物资配套平衡落实、动车预投储备订货、采购供应风险识别、关键零部件国产化、供应商过程管控等有效措施,提高供应风险控制能力和物资供应保障能力。通过采取招标订货、竞争性谈判、联合审价等多种方式,有效降低采购成本。通过推进采购信息化建设、加强日常数据监控、完善管理流程制度等手段,不断夯实管理基础,物资采购管理水平持续提升。

科技创新 在新产品研发上,完成时速 350 公里中国标准动车组、时速 250 公里卧铺动车组、泰国 SRT 铁路客车、成都 3、4 号线地铁等 26 个项目的开发工作。在关键技术研究上,完成中国标准动车组、混合动力动车组列车网络控制系统的研发工作。在基础研发上,与青岛四方车辆研究所和北京交通大学共同组建了研发中心,启动国家实验室二期工程建设,基础研发实力不断增强。在工艺研发上,突破激光叠焊工艺,推进铝合金搅拌摩擦焊技术的深化和应用,攻克转向架厚板焊接等特殊工艺难题。公司全年完成专利技术申报 122 项。获得国家科技进步奖特等奖一项、吉林省科技进步奖二等奖两项,获得原中国北车科技成果奖特等奖一项、一等奖和二等奖各三项。公司技术中心在全国 1098 家国家认定的企业技术中心中排名第八位,在中车和吉林省排名中均处于首位。

生产运营 公司实现产能全面突破。铁路客车系统通过加强基础建设,消除瓶颈工序,优化资源配置,较好地完成全年计划任务,形成动车组月产 15 列的稳定产能。城铁车系统面对新产品试制项目多、生产资源紧张的严峻挑战,坚持问题导向,做实基础工作,形成城铁车月产百辆的稳定能力。动车组检修系统通过完善质量管控机制,推行厂内检修与异地检修质量管控同步化,在检修质量稳步提升的基础上,形成动车组每月 24 列的检修能力。转向架系统坚持以生产为主线、技术为保障、管理为基石的工作思路,克服多场地作业难度大、进口料件影响严重等困难,创造转向架造修产量全球第一的新纪录。公司全年共生产完成各类车型造修 3533 辆,转向架造修超 9000 多个,各业务板块生产能力提升明显。

市场营销 国内铁路客车市场,签约动车组新造和检修车 2048 辆。国内城铁车市场,取得北京、南昌、上海、成都、武汉等城市的 12 个项目。海外市场,中标土耳其伊斯坦布尔无人驾驶地铁车、以色列特拉维夫红线轻轨车、伊朗地铁车等多个项目。公司在三大市场上共获 600 亿元订单,再一次刷新历史记录,为公司稳定发展提供重要支撑。

基建与技改 公司重点新建项目 6 个,完成投资约 7.82 亿元。美国波士顿组装基地项目总投资概算约 7 亿元,总占地面积 16.2 万平方米,总建筑面积 1.9 万平方米,于 2015 年 9 月 2 日奠基。完成更新改造项目 122 项,总造价约 8115 万元。完成老厂区东、南、西、北和物资外门 5 个大门的改造。同时完成老厂区内饰件办公楼、转向架设备部办公楼等 6 个生活间的施工。完成厂南体育场改造、北门停车场改造、南门园中园改造等项目。

人力资源管理 公司加大对高端人才的引进力度,国际化人才、外国专家、国内知名院校硕士引进数量均有所突破,引进人才质量大幅度提升。积极推行劳务派遣、属地化用工等新的用工模式,通过"管辅瘦身"、严控"自用人员"等措施,提高人员使用效能。强化各类培训,以提升国际化综合能力和专业技能水平为导向,有针对性地开展外语、国际标准技术法规、国际项目管理等 30 余个培训班,参训人员达 2500 余人次,公司人才国际化适应能力得到快速提升。进一步推进公司人事、用工、分配三项制度改革,建立境外派遣员工管理制度,完善子公司用工、分配制度和单车工资含量承包机制,人力资源管理体系不断健全。

质量管理 公司不断健全质量管理体系,在体系建设方面,进一步完善 IRIS 质量管理体系,通过 2015 年度 IRIS 质量体系监督审核;修订质量责任制,优化子公司质量管控机制,开展

CMMI认证工作，为公司集团化管控和“走出去”奠定基础。在实物质量管控方面，设立产品造修6条质量安全红线，在影响动车组运行安全的关键工序，采取质量安全智能化监控手段，有效降低质量安全风险；开展城铁车源头质量问题整治工作，取得初步成效。在供应商质量管控方面，重新明确进口件检验流程，修订质量保证协议，完善供应商现场改造管理办法，制定零部件技术审查规则，公司对供应商的管控能力进一步增强。2015年，公司未出现批量返厂、批量质量事故，质量损失率控制在0.3%以下。公司CRH380B高寒动车组项目荣获全国质量奖卓越项目奖。

中国北车长春轨道客车装备有限责任公司 2015年末，长春轨道装备公司员工总数3879人，其中，具有高级专业技术职称201人，中级职称255人，高级工人技师24人，工人技师79人。固定资产原值11.87亿元，净值7.61亿元。占地面积64万平方米，生产作业总面积28.3万平方米，拥有各类机械动力设备1885台。设置1个生产中心，22个行政部室，10个直属厂，5家子公司，全年实现销售收入16.07亿元，利润-1.46亿元。全年厂修客车749辆。公司独立自主设计25T型新造车YZ、YW、RW、CA4种基本车型(除转向架部分)，建立完善的新造车设计、工艺技术管理体系，形成全套设计图纸8000余张，技术文件400余份，并实现4辆样车新造试制任务。在城铁轮对新制方面，公司项目组按年产能4000条到4800条对公司工艺布局进行规划，新增设备5项，其他配套工艺装备11项，搬迁设备4项，设计制作配套工装10余套，编制技术文件30余份，完成12列288条西安地铁2号线（增购）轮对新制、46条执行EN13260的轮对组装标准的南京地铁2号线动车轮对新制工艺开发及生产工作。在牵枕缓项目方面，研究开发HUCK铆钉冷铆接工艺，钢模块、枕梁批量机械手焊接工艺等新技术。公司在新造客车项目中，销售新造客车38辆，实现销售收入0.52亿元。在全路厂修客车招标中，签订740辆厂修客车订单，占总数的17.15%。铁道部招标车辆实现销售收入6.95亿元，厂修地方铁路客车73辆，实现销售收入0.64亿元，承揽客车小修程及改造项目实现销售收入0.82亿元。车轴销售43078根，旋压制动缸4073套/件，轮对修造1513条，动车组检修184列(上下体)。城铁车检修23辆/列，旋压制动缸1270套/件，科诺尔产品43567件，牵车缓1519辆。

长春长客—庞巴迪轨道车辆有限公司 2015年末，长春长客—庞巴迪轨道车辆有限公司有正式员工576人，其中，中方正式员工573人，外籍3人；管理人员76人，工程技术人员234人，生产员工263人。设有人力资源部、财务与控制部、办公室、信息系统部、市场部、项目部、车辆安全工程部、技术部、工艺技术部、生产协调控制部、采购部、生产制造部、调试试验部、质量部、体系与安全管理部等14部1室。公司实现主营业务收入97587万元，利润总额3082万元，净利润2871万元。年末资产总额累计142941万元，其中，流动资产137254万元，固定资产3913万元，无形资产1774万元。在市场开发方面，2月，与长春轨道客车股份有限公司合作，签订上海轨道交通9号线三期工程车辆采购项目的分包协议，协议金额为5.5亿元，计216辆A型地铁车辆。8月，又与长客股份公司共同合作，赢得上海轨道交通7号线增购车辆采购项目，计180辆地铁车辆。在生产制造方面，完成新加坡地铁项目123辆车的装配工作、上海地铁12号线项目24辆车的装配与调试。经过多年的技术引进和消化吸收，公司主导研制国内A型车地铁项目，完成技术相关的各项工作。

习近平总书记视察长客股份公司 7月17日，中共中央总书记、国家主席、中央军委主席习近平，在中共中央政治局委员、中央政策研究室主任王沪宁，中共中央政治局委员、中央办公厅主任栗战书，吉林省委书记巴音朝鲁，省长蒋超良，省委常委、长春市委书记高广滨，市长姜治莹等领导陪同下，到公司视察指导工作。这是习近平总书记第一次到长客。董事长王润、党委书记陈孝敏、总经理安忠义等公司领导在CRH380高速动车组总组现场接待总书记一行。董事长王润向总书记汇报了企业经营发展、自主创新和“走出去”情况。“一带一路”是习近平总书记关心的重要话题。王润告诉总书记，近年来企业的海外业务发展非常快，特别是在国家“一带一路”战略指引下，公司正在推进跨国经营的战略，公司产品已出口到泰国、马来西亚、巴基斯坦、美国、阿根廷等18个国家和地区，累计5700多辆车，创汇超过60亿美元。在CRH380高速动车组污水箱接线工序旁，车下传感器接线班姚智慧，向总书记展示“端子排接线工艺文件一口清”。总书记称赞道：“背得挺好！”习近平登上一辆正在组装的CRH380B型高速动车组，查看车辆内饰。在司机室内，他询问了企业自主创新情况。副总工程师李军向总书记进行汇报。习近平发表重要讲话。他说，今天来到长客股份公司，我很高兴。现在，高铁是中国的一张亮丽名片。它一方面体现了我们中国的装备制造业水平，是一个标志性的产品、产业；另一方面，现在我们“走出去”、“一带一路”建设，它也是一个“抢手货”。习近平表示，我这两年走了很多国家，可能谈的最多的就是高铁建设和合作，还有就是拓展动车组的市场。有人说，我们国家的发展已经进入了“高铁时代”。中国高铁现在是1.6万公里，世界的一半啊！中国现在也在推动“四化”，新型工业化、城镇化、信息化、农业现代化。实现新型工业化，装备制造业要起中坚作用。高铁、动车组这方面，你们是走到前头的。希望你们再接再厉，继续领先、领跑，通过创新驱动，继续勇攀高峰。同时，带动整个装备制造业，形成“比、学、赶、帮、超”的局面。这也是实现我们中华民族伟大复兴、实现中国梦，脚踏实地奋斗的足迹。

李克强总理视察长客股份公司 4月10日，中共中央政治局常委、国务院总理李克强，在国务委员、国务院党组成员兼国务院秘书长杨晶，吉林省委书记巴音朝鲁，省长蒋超良，省委常委、长春市委书记高广滨等省市领导陪同下，到公司视察指导工作。北车股份公司总裁奚国华、公司董事长王润、党委书记陈孝敏等领导及城铁系统部分干部职工接待了李克强总理一行。北车股份公司总裁奚国华向李克强总理介绍长客是北车的核心企业，您是我们的“超级推销员”，在国际市场上经常推销高铁，让我们受益匪浅，中国北车是最大的受益者，2014年我们国际订单增长73%。所以，您不仅是我们的总理，更是中国装备的代言人。李克强说，有品质做保障，我们才有竞争力。中国装备有底气，但同时也有很大的压力和动力，我们的产品一定要有竞争力，技术、服务要保证。他还简要询问了南北车整合情况。李克强一行登上正在装配的巴西地铁车。奚国华告诉总理，“我们有一个目标，就是奥运会开到哪儿，我们的车就要开到哪儿。我们的体育运动员在赛场上为中国增光，我们要在赛场外为中国增光。”李克强微笑着说，“你们这个增光，是给中国装备打名片、闪亮光，中国装备带动的不仅是中国产业的升级，也是中国技术工人的金名片。”他表示，很快就要到巴西访问，会向巴西政府讲中国装备，要让他们知道中国产品的质量、服务和性价比都是一流的。李克强发表了重要讲话。他说，“我到中国北车的核心企业来，中国北车和中国南车就要合并了，合并后你们将组成联合舰队，不仅在国内为我们国家提供铁路装备，还要走出去，走向世界。”“你们这只联合舰队不仅可以抱团出海，更要有序竞争，要带动大量的小渔船、小鱼艇，带动大量的配套企业进来，带动大量的劳动力就业。”李克强寄语这支联合舰队—“你们已经成为中国装备的名片、代言人，不仅订单在持续增长，利润也是大幅增长。”但是在工作中要有竞赛机制，要维护中国装备的形象，要在国际市场上展示自己的性价比，而且质量要可靠。他同时强调，铁路装备这个市场的前景非常广阔，你们不仅担负着企业的责任，而且还担负着国家的责任，希望你们把责任担在肩上，而且把名片擦亮。祝你们明年还有更大的跨越！

中国标准动车组下线 6月30日，由公司研制的具有完全自主知识产权时速350公里中国标准动车组正式下线，并在中国铁道科学研究院环形试验基地展开试验工作，这标志着中国标准动车组研制工作取得重要阶段性成果。中国标准动车组采用的重要标准涵盖动车组基础通用、车体、走行装置、司机室布置及设备、牵引电气、制动及供风、列车网络标准、运用维修等全部13个大的方面，其中大量采用了国家标准、行业标准、中国铁路总公司企业标准，以及专门为中国标准动车组制定的一批技术标准。自2012年开始，在中国铁路总公司主导下，集合国内有关企业、高校科研单位等优势力量，产学研用紧密结合、协调创新，开展中国标准动车组研制工作。2013年12月完成总体技术条件制定，2014年9月完成方案设计，2015年6月下线。中国标准动车组的设计研制，遵循安全可靠、简统化、系列化、经济性、节能环保等原则，在方便运用、环保、节能、降低全寿命周期成本、提高安全冗余等方面加大创新力度，具有创新性、安全性、智能化、人性化、经济性等特点。中国标准动车组的下线和试验验证工作，将为中国动车组实现全面自主化、标准化打下坚实基础。

中国北车集团长春客车厂 2015年末，长客厂总资产3363.8万元、净资产3063.54万元，固定资产原值1956.39万元、净值995万元。2015年营业收入309.76万元，净利润4.58万元。

（张　科）

5月25日，为巴西生产的地铁车辆　　（张　科　提供）

农产品加工业

【概况】 在重点龙头企业带动下，长春市农产品加工业快速发展，与汽车、轨道客车“三足鼎立”的支柱产业地位更加突出，为全市经济快速发展提供支撑。2015年全市农产品加工业实现销售收入1930亿元，其中，粮食产业加工量600万吨，实现销售收入800亿元，畜禽加工量1.8亿（头、只），实现销售收入700亿元，特产品实现销售收入200亿元。2015年龙头企业总资产1200亿元，固定资产450亿元。

【农产品加工业所占比重增加】 全市规划建设的玉米、水稻、生猪、肉牛、禽类、乳制品、鹿业、肉兔、大豆及蔬菜（食用菌）加工产业已具规模，形成年加工玉米700万吨、水稻100万吨、生猪1100万头、肉牛80万头、禽类4.95亿只、乳制品45万吨、大豆150万吨、鹿产品600吨、肉兔1000万只、蔬菜（食用菌）30万吨的能力，粮食及畜产品加工能力和水平在全国处于领先地位。农产品加工业的发展，增强县域经济发展活力，以玉米加工业为主的农产品加工业的快速发展，改变本市农村长期存在的三次产业结构不合理问题，二产业比重稳步上升，支撑县域经济的能力增强。榆树、德惠等县(市)以玉米为主的农产品加工业税收占到县级工业税收60%以上,“农业大县”“工业小县”“财政穷县”的状况得到改观。

【龙头企业】 龙头企业集群集聚优势明显,成为农产品保障供给主要力量。多数企业围绕市场需求建设优质原料基地,实行产加销一条龙、贸工农一体化的经营模式,延伸农业产业链条,实现农产品多环节增值增效。全市各类农产品加工企业发展到2425户,产值超亿元的企业95户,超10亿元的企业10户,超百亿元企业3户;全市拥有市级以上龙头企业295户,其中,国家级龙头企业17户,省级龙头企业73户。长春市市级以上龙头企业数量和规模在全国同类城市中处于领先地位,一些重点龙头企业成为国内乃至国际同行业排头兵。龙头企业通过“公司+合作社+基地+农户”等形式,完善企业与基地农户之间互利共享联结机制,形成利益共同体。龙头企业既吸收大量农村劳动力,同时促进土地流转。随着土地流转规模增加以及龙头企业农事代理业务加强,农村劳动力离开农村进城愿望强烈,有效推动新型城镇化建设。2015年,市级农业产业化龙头企业辐射带动种植业基地933333.33公顷,畜禽养殖量2亿(头、只),带动60万种养殖农户参与一体化经营,带户增收20亿元;龙头企业直接安排2.6万农村劳动力就业。

(于长志)

君子兰产业

【概况】 2015年,长春市君子兰产业基地占地面积125公顷,拥有标准化日光温室1200多栋,温室面积60多公顷,养兰1.5亿多株,从事君子兰生产人员10万人,规模以上养兰户2500多户。拥有小合隆、兰家、新月、雁鸣湖、农博园、朱家、新农家等15个具有一定规模的生产基地。举办第十一届中国长春君子兰节,发起打造“父亲花——君子兰”系列活动。

【君子兰节】 2015年3月20日至22日,在春莲花卉城举行第十一届中国长春君子兰节,由长春市花卉协会君子兰专业委员会、吉林省春莲园艺工程(集团)有限公司及长春市君子兰产业发展办公室共同主办。以“展示风采 筑牢品牌”为主题,以“惠及花民 扩大影响”为理念,通过花卉展销、文化展示、花卉论坛、名花评选、花卉赠送等一系列活动,展现长春市君子兰花卉优良品质的培养成果。此届君子兰节参展展位达700个,展示精品君子兰精品2万多株,参展的外省市君子兰协会达46个,现场交易额2000多万元,意向交易额5000多万元。

“我们心目中的父亲花,满满幸福带回家”赠送活动　　(项　微　提供)

【“父亲花”活动】 长春市花卉协会君子兰专业委员会联合长春晚报社、新浪网等多家媒体开展“寻找父亲花—君子兰”之旅,通过新闻报道与社会活动相结合的方式,组织召开座谈会,进行基地参观,建设西一条君子兰露天市场,赠送花苗,使市民与媒体、市民与君子兰协会、文化界人士与市民之间进行互动。在舆论上引导市民将长春君子兰定位长春父亲之花,带动长春君子兰产业的发展。

【“十三五”计划目标】 在“十三五”期间,长春市君子兰产业逐步调整精品兰和商品兰比例,发展鲜切花,扩大长春君子兰在全国市场的份额。结合现代都市农业发展,打造集花卉繁育、生产加工、观光休闲、科研示范、园林景观等多功能于一体的现代化君子兰产业园,筹划建设大型君子兰交易市场及君子兰收购中心,加快建设市场网络服务平台,形成“产、研、销、赏”于一体的君子兰产业经济体系,打响长春君子兰品牌。

(项　微)

烟草业

【卷烟营销】 2015年,全地区卷烟零售户26773户,卷烟零售户毛利率6.9%。全年卷烟营销实现效益型增长。长春市局(公司)实现卷烟销售287814.34箱(含雪茄烟166.23箱),完成省局下达的年度销量任务;单箱销售收入24587元,比2014年增加531元,增幅2.21%。

【专卖管理】 强化打假打私和市场监管,开展声势浩大的“‘两节’期间清理整顿卷烟市场”和“斩断售假网络、打击非法销售”2个大型集中整治专项行动,成效明显。2015年,长春市查处各类涉烟案件417起,其中符合国家局标准网络案件5起。收缴各类非法卷烟2794.75件,其中非渠道卷烟1866.99件,假冒商

“3·15”销毁假烟（庄政学 提供）

标卷烟880.74件，走私烟46.97件，案值合计1514.62万元。破获案值2万元以上的案件95起，5万元以上案件50起，15万元以上案件15起，100万元以上案件6起，1000万元以上案件1起，公安部督办案件3起，其中包括1起涉互联网网络案件，抓捕犯罪嫌疑人29人，判刑5人，超额完成省局下达的网络案件任务。全面加强“两烟”经营日常监管，对卷烟销售重点环节、重点商户、重点品牌，烟叶合同、收购、调拨等关键环节实行动态跟踪，有效防范内部经营风险。全年产生有效预警信息19616条。处理完成率74.55%。

（庄政学）

食品与医药监督

【概况】 2015年，长春市食品药品监督管理局位于长春市人民大街10111号，有市级行政机关1个、行政直属机构1个、派出机构12个、直属事业单位4个、派出机构所属事业单位12个、参公事业单位2个。长春市食品药品监督管理局市局机关101人，药品稽查分局32人，12个城区分局机关315人，直属事业单位170人，派出机构所属事业单位270人，参公事业单位11人，工勤人员10人。2015年，全市有61户药品生产企业通过新版GMP认证，206户批发企业通过新版GSP认证，受理药品零售企业GSP认证申请1900户，现场检查856户，通过检查660户，通过率77.1%，限期整改179户，整改率20.9%。全市有医疗器械生产企业141家，其中，一类生产企业12家，二类生产企业117家，三类生产企业12家。医疗器械经营企业3533家，其中二类经营企业2153家，三类经营企业1380家。医疗器械使用单位643家，其中三级医疗机构10家，二级医疗机构410家，一级医疗机构209家，其他医疗机构14家。对12家保健食品生产企业的试点工作进行验收。全市有食品生产企业718户，883张食品生产许可证。全市流通环节实有食品经营单位29324户，食品流通许可证34653张。全市现有餐饮服务单位19787家，A级224家，B级10092家，C级6936家。立案查处违法违规案件4336件，捣毁制假售假窝点8个，向公安机关移送涉嫌犯罪案件11件。办理外埠协查函302件。监测和移送药品、医疗器械、保健食品违法广告192个。

【机构改革】 依据长春市机构编制委员会办公室《关于同意将长春市农产品质量安全与检测中心部分人员编制划归长春市食品药品检验中心有关事宜的批复》（长编办〔2015〕58号）精神，将长春市农产品质量安全与检测中心从事蔬菜批发市场、果品批发市场检测职能及20名全额拨款事业编制及人员划入长春市食品药品检验中心。

【食品药品安全放心工程】 2015年，根据《吉林省人民政府关于推进实施食品药品安全放心工程的意见》（吉政发〔2015〕6号），按照吉林省食品药品监督管理局统一安排部署，开展“食品药品放心工程”建设。做好省级示范县（市、区）和示范园区申报工作，榆树市、南关区被认定为省级食品药品安全示范县（市、区），长春华正食品工业园区被认定为省级食品安全示范园区。朝阳区通过省级示范县（市、区）复核确认。截至2015年底，全市创建德惠、朝阳、农安、榆树、南关5个省级食品安全示范县（市、区），皓月食品产业园区、长春华正食品工业园区2个省级食品安全示范园区。全力推进可追溯体系建设。全市已有7169户“四品一械”（食品、保健食品、药品、化妆品和医疗器械）企业安装可追溯系统，另有16739户企业完成签约入网。累计完成23908户，超额完成年度计划（109.45%）。15个县（市、区）中，南关分局和榆树市市场监督管理局成绩突出，分别以211.33%和153.33%的完成率分别排在第一、二位。

加强食用油和餐厨废弃油脂监管。为条件具备的餐饮服务企业安装油水分离器，加强对餐饮单位、机关学校食堂、群体性聚餐服务单位和高耗油食品生产加工企业等监管。配合省局指定的有合法资质的企业为餐饮服务单位安装油水分离器和开展废弃油脂回收工作。2015年，完成3000户餐饮服务单位油水分离器的安装任务。采取直播式、透明式和敞开式等多种模式，积极推进“阳光厨房”建设。坚持抓好“两结合”，与行政许可工作相结合，与量化分级管理工作相结合。建成“阳光厨房”3404户、“信息化阳光厨房”97户，做到“三屏”（电脑、监管平台、手机）、“三类人群”（监管人员、企业管理人员、社会公众）可看，完成省局年内实现二类以上餐饮服务单位“阳光厨房”改造率达到60%以上,新开办餐饮服务单位阳光厨房达100%的任务要求。

【行政审批】 2015年,长春市食品药品监督管理局有《药品经营许可证》(包括药品连锁总部、药品批发初审事项)《餐饮服务许可证》(包括集体用餐配送单位、中央厨房)《食品生产许可证》(包括豆制品、调味品、速冻食品、淀粉及淀粉制品、糕点、蜂产品、方便食品、《医疗器械经营许可证》麻醉药品和第一类精神药品运输证明核发、麻醉药品和精神药品邮寄证明的审批、第二类医疗器械经营备案、第一类医疗器械备案、第一类医疗器械生产备案8个审批及备案项目。将《药品经营许可证》(零售、连锁)《餐饮服务许可证》(连锁)《食品流通许可证》(连锁)《食品生产许可证》行政审批事项下放到各县(市)、区。在确保符合法律法规规章的基础上,对企业申报材料进行大幅度精简,平均精简条目达到30%。将长春市局承担的经营许可事项新办、换证由20个工作日压缩为15个工作日;将药品零售和医疗器械经营变更注册地址、仓库地址、经营范围,由10个工作日压缩为7个工作日,为民营经济发展提供便利。2015年,完成行政审批事项4444件,其中承诺件2187件,即办件2257件,承诺件提前办结率达到90%以上。实现许可审批的按时办结率、审件正确率、结件归档率、群众满意率4个“100%”。

【认证管理】 长春市食品药品认证中心成立于2014年12月,于2015年年初正式启动工作,设置事业编制15名,在编人员7人,为长春市食品药品监督管理局直属全额拨款事业单位。受行政主管部门委托,负责市级权限内药品GMP、药品GSP、医疗器械、食品技术审查、现场检查认证工作。中心现有吉林省药品GMP认证检查员、GSP认证检查员资格人员各5名。2015年,参与省级药品批发企业认证12户、飞行检查4户、复查4户。

组织完成长春地区药品经营企业GSP认证初审受理工作2598户,其中药品批发企业205户、药品零售企业连锁总部20户、药品零售经营企业门店2373户。对提出申请认证的企业受理率达到100%。药品零售经营企业连锁总部通过GSP认证15户,其中首次认证通过13户,通过率87%;限期整改后复查通过2户,限改率13%。完成药品零售企业门店GSP认证1115户,其中首次通过认证824户,通过率为74%;限期整改271户,限改率为24%;不通过33户(其中:限期整改企业复查不通过1户,不通过零售企业再次认证再次不通过3户。),不通过率为3%。限期整改企业复查通过125户。发出《药品经营质量管理规范认证证书》853户,发出GSP延期证书228户、延期证明453户。审核企业认证结论1128份,审核认证通过企业和认证限期整改企业整改材料1000余份,发现整改报告整改不到位的50余件,返工率达5%。超额完成年初制定的完成GSP认证1000家企业的工作目标。2015年长春地区GSP认证中限期整改和不通过企业达307户,位于全省限期整改率及不通过率前列。

【安全监测】 2014年末市编办批准设立长春市食品药品安全监测中心,为长春市食品药品监督管理局所属公益一类事业单位。核定全额拨款事业编制15名,实有人数为9人。主要职责是负责辖区内食品、药品、化妆品、医疗器械安全监测工作及食品、药品、化妆品、医疗器械安全的社会宣传教育工作。2015年,长春市食品药品安全监测中心收集上报药品不良反应报告14776份,达到每百万人口1981份;医疗器械不良事件报告3828份,达到每百万人口513份;药物滥用监测报告970份;化妆品不良反应报告65份。新的、严重的ADR报告3441份,占ADR报告总数23.28%;医疗机构ADR报告数占报告总数85.88%,医疗机构MDR报告数占报告总数79.71%。中心的4项监测工作在全省9个市(州)中均排第一名。

【检验检测】 2015年完成食品药品检验4169批,其中监督抽验2107批。非基本药物监督抽验2027批,不合格103批,不合格率5.1%;基本药物监督抽验80批,不合格0批,全检76批,全检率95%。委托检验438批,注册检验49批。食品监督抽验1485批,不合格44批,不合格率2.96%。化妆品检验18批。认证认可及其他检验72批。全年核查处置国家和省食品安全监督抽检不合格样品及问题样品351批次,其中“国抽”324批次,“省抽”27批次。全部由各地监督部门及时对不合格食品采取封存下架召回等措施,依法依规进行行政处罚,及时通过网络平台向省局报送核查处置信息,完成国家和省监督抽检的后处理工作。

开通绿色快速检验通道,进行应急检验。23批投诉、举报、办案样品,经检验均符合规定;89批外阜协查样品,涉及54个品种,24个生产产家,检验结果均符合规定。建立适宜基层药品市场监管的药品快速检验方法,承担9户生产企业共9个品种的基本药物近红外建模任务,并于11月15日完成,模型和原始数据均已上报中检院。根据《吉林省食品药品监督管理局关于开展提升药品生产企业检验能力专项行动的通知》,对长春地区药品生产企业质量控制实验室进行能力考评。2014年考评27户,2015年考评34户,计61户药品生产企业。

【食品生产监督管理】 组织食品生产企业普查,摸清企业底数,通过普查、排查

2015年检验结果汇总表

非基本药物		基本药物		药品委托		药品注册检验		食品监督		化妆品监督	
总数	不合格数	总数	不合格数	总数	不合格数	总数	不合格数	总数	不合格数	总数	不合格数
2027	103	80	0	438	10	49	0	1485	44	18	0

企业风险点和隐患点100余个，限期整改，跟踪落实，并对81户问题严重企业向省局提出注销许可证处理建议。开展食品安全专项整治，先后组织食用明胶、豆制品、糖果和巧克力制品、蜂蜜产品、配制酒和调味面制品等产品的专项整治和酒类、肉制品、瓶（桶）装饮用水、乳制品、食用植物油“五大类”重点食品综合治理，全年检查食品生产企业718户，发现违法违规问题65个，立案查处118户，罚没金额225万元。探索食品生产企业风险分级监管，制定和下发《长春市食品生产单位食品安全风险分级管理工作方案（试行）》，对食品生产单位进行风险等级划分，对718户企业完成风险分级，其中，高风险企业52户、中等风险企业260户、较低风险企业241户，低风险企业165户。

推进可追溯体系建设，加强生产源头管控，全市有619户食品生产企业被列入可追溯体系建设项目，截至2015年12月31日，已签约665户，开通运行246户。重视生产环节质量安全，加大监督抽检力度，投入经费164.5万元，抽检生产环节的乳制品、肉制品、饮料、酒类和食用植物油等25大类计628批次食品，对监督抽检中发现的不合格产品，督促辖区监管部门进行核查处置并启动约谈机制，先后对13户有代表性的食品生产企业进行约谈，督促企业落实主体责任，召回和销毁问题产品，并现场办公，帮助企业分析、查找问题产生原因，改进生产工艺，做到监管和服务相结合。

【食品流通监督管理】 2015年，开展各类食品安全专项整治和执法检查12次，出动执法人员23200余人次，检查批发、集贸等各类市场522个次，检查食品经营者38800余户次，其中，检查乳制品经营者9542户次、检查肉及肉制品经营者9268户次、检查农村食品经营者7733户次，查处食品违法案件131起，收缴罚没金额42.81万元，捣毁黑窝点12处。大力推进食品药品电子追溯系统建设进程，截至2015年末，已有16595户食品经营单位进入食品药品电子追溯信息平台，推动全市流通环节食品安全电子可追溯系统建设工作。理顺食品药品便民服务站监管体系，年底前顺利完成由食安委办向食药监局设备、设施和公益岗位人员的交接，正式接收食品药品便民服务站200处。

【餐饮服务监督管理】 开展餐饮服务单位食品安全监督量化分级管理工作，较为合理的椭圆形分布形态基本形成，量化分级管理率100%。推进“户外公示法、倡导开展‘寻找笑脸就餐’”活动。全市224家A级餐饮服务单位在门前显著位置悬挂专属“笑脸”标示牌，鼓励群众寻找“笑脸”就餐。创建示范街22条，示范店684户。与教育部门联合，开展学校及托幼机构食堂规范化建设，开展学校食堂和校园周边食品安全专项整治和飞行检查，对重点区域、重点环节、重点品种，实施专项检查和抽查。以解决“小餐饮”卫生状况“脏、乱、差”为突破口，组织开展“小餐饮”整顿规范专项行动，共取缔152户，停业整顿137户，立案1485件，办结案1464件。

开展食用油、露天烧烤、火锅原料底料和调味料、含铝食品添加剂、非法添加和滥用食品添加剂等专项整治，检查出问题食用油24公斤，标识不符合规定食用油158公斤。检查全市肉质品生产企业58户，检查露天烧烤单位4113户次，签订《杜绝违规经营露天烧烤保证书》1328份，责令整改779户，停业整顿70户，取缔无证经营45户。对39户餐饮服务单位的81批次小麦粉及其制品进行现场快速检验，未检出硫酸铝钾等含铝食品添加剂。2015年完成餐饮服务单位食品安全监督检验7479批，其中，现场快检3823批次，实验室抽检3656批次。组织对9家不同业态、存在严重违法违规行为或严重食品安全隐患等的餐饮服务企业食品安全责任人进行约谈。

【药品注册和生产监管】 2015年，全市有2户无菌药品生产企业部分生产线通过新版GMP认证，有21户非无菌药品生产企业通过新版GMP认证。检查原料药生产企业7户。完成白医大制药厂、显锋科技2户药品生产企业品种转移申请现场检查和抽样工作，完成修正、海悦、百益和国药一心4户企业生产现场和研制现场检查及抽样，完成六福堂、万通、显锋科技和吴太感康4户企业品种再注册。对吉林省跨海生化药业、长春大政、长春长庆、吉林省华威药业等9户企业进行10次有因飞行检查，对长春大政、长春长庆、吉林省华威药业下达《责令改正通知书》，对吉林省华威药业做出收回《药品GMP证书》的处理。

加强对戒毒药物盐酸美沙酮口服液配制工作的管理，全年监督配制盐酸美沙酮口服液2次、3批次，共计212桶，

10月27日，监管人员开展“寻找笑脸就餐”日常检查　（刘同磊　提供）

保证全市禁毒用药的需求。组织开展长春市中药生产集中整顿工作,派出16个检查组,检查中药饮片、中药制剂生产企业46户计47户次,监督检查面达100%,对其中5户药品生产企业下达《责令改正通知书》。长春银诺克药业、吉林省跨海生化药业、吉林省红石制药生产的风湿关节炎片因被检出松香酸被国家总局通报,对上述3户企业法人负责人、质量负责人进行约谈。组织召开"药品注册和生产监管事权下放座谈会",明确各级监管部门职责。组织开展疫苗、银杏叶药品、多组分生化药注射剂、医疗机构制剂生产等专项整治工作。对全市6户疫苗企业进行检查,进一步完善疫苗生产企业的质量保证体系。对生产银杏叶药品企业进行抽验,责令企业召回问题产品,主动收回吉林省跨海生化药业《药品GMP证书》。对9户多组分生化制剂生产企业进行检查。对3户小牛血去蛋白提取物注射剂生产企业进行了检查,对33户医疗机构制剂进行检查,监督检查面达100%。

【药品流通监管】 集中开展对批发企业集中库区和零售连锁总部专项整治,检查批发企业56户,连锁总部20家,对存在问题企业,责令限期整改或立案调查处理。把违规企业列为监管重点,召开168家新办药品批发企业、零售连锁企业负责人会议,通报检查结果和违规企业名单,实行药品质量安全集体约谈制度。根据假劣中药饮片流入渠道,常见假劣饮片品种,多发经营企业及使用单位,有针对性开展中药饮片集中整治行动。查处非法经销中药饮片窝点4处,饮片货值金额约2.8万余元,品种140余个,行政罚款8万余元。

集中打击"药贩子"的违法犯罪行为,加大假劣药品查处力度,监督检查各级各类医疗机构1034家,其中,省(市)县、区级公立医院166家,个体843家,社区卫生服务中心24家,疾控中心1家,责令整改67家,立案114起,行政罚款5.3万元。进一步加强疫苗监管,检查14户,对达不到要求的5户单位责令整改。加强对含麻复方制剂的监管,检查企业675户,整改27户。强化电子监管,全市15个县(市)区局都配备药品电子监管秘钥,实现药品购进渠道实时追踪。在吉林大药房等24家门店开展远程电子处方试点,全面系统修定《远程电子处方验收细则》,制定《关于药品零售连锁企业建立远程电子处方系统的若干规定》,细化远程电子处方系统的机构组成、执业药师、执业医师配置、设施设备、运行质量标准,探索建立起适合零售连锁门店处方药管理的模式。

开展医疗机构药品质量管理试点工作。按照《规范化药房建设标准》,以吉林大学第一医院为试点进行药品仓库整体改造,调整充实质量管理机构和人员,完善微机管理系统,基本达到批发企业库房GSP认证建设标准,这一举措对于全面提升公立医院的药品存储条件,保障医疗机构药品质量安全有积极促进作用。

【保健食品化妆品监管】 对全市13户保健食品生产企业、14户化妆品生产企业及2700余家保健食品化妆品经营使用单位进行全覆盖监督检查。完成24户企业、73个品种上报调查保健食品批准证书持有者调查和39户企业、392个已备案国产非特殊用途化妆品专项核查工作。开展美容美发单位经营使用化妆品专项整治,重点整治违法违规经营使用化妆品,严厉打击化妆品违法添加和使用禁限用物质行为。开展含"银杏叶提取物"保健食品、酒剂保健食品专项检查,对相关企业负责人进行警示约谈。保健食品生产企业质量受权人制度试点工作取得显著成效。完善监管档案,充分发挥监管网格的作用。634家保健食品化妆品生产经营单位进入全省可追溯系统。加强技术监督,抽验保健食品119批次、化妆品121批次。为一线执法人员配备快捡设备。

【医疗器械监督管理】 强化监管制度建设,制定《长春市医疗器械经营质量管理规范实施细则》,2015年12月18日通过市政府法制办备案,于当天发布。完善内部管理制度,修订和完善《医疗器械质量管理体系》,进一步明确各级部门职责,工作目标,执法内容和监管重点。按照机构调整后的部门职能,修改、完善《质量管理手册》《程序文件》及《日常监管手册》,制定《医疗器械生产经营企业日常监督检查程序》及《指导原则》等9项指导性文件。截至2015年年底,全市医疗器械监管质量体系基本建立。开展体外诊断试剂质量评估、无菌医疗器械、装饰性平光隐形眼镜等11项专项整治,全年各类专项整治检查生产企业173户次,经营企业1704户次,使用单位946户次,责令整改274户次。推进器械监管领域的分级分类管理工作。制定《医疗器械生产企业检查计划》,推进分级分类管理,实时启动对5户高风险企业飞行检查,对存在问题的2户生产企业提出停产建议,依法予以行政处罚。全年检查医疗器械生产企业75户、173次,其中四级监管企业13户、32次,三级监管企业37户、85次,二级监管企业25户、56次,超额完成年度检查频次要求,有效控制企业监管风险。

【食品药品咨询举报】 2015年,长春市食品药品监督管理局投诉举报受理处受理投诉举报案件3554件,比2014年增长209.04%。其中,食品投诉2417件,增长288.60%,占投诉总量的68.12%;药品投诉411件,占11.56%,增长33.44%;保健食品投诉112件,占3.15%,增长9.80%;化妆品投诉83件,占2.34%,增长219.23%;医疗器械投诉52件,占1.46%,增长23.81%;其他方面的投诉479件,占13.48%,增长839.22%。投诉举报数量比2014年同期出现成倍增加,体现整合投诉举报途径的成果以及政策宣传的作用。各承办单位对投诉举报特别重视,按时限完成交办案件,做到办结率、反馈率均达100%,满意率达92%。

【食品稽查】 2015年,食品稽查分局加强行政执法与刑事司法衔接工作,联合公安部门开展打假、打黑工作。2015年6月8日,长春市公安局净月分局治安管理大队联手在农安县合隆镇内端掉一家

“豆芽”黑加工点。现场查获国家禁止使用的“特效绿豆芽生长剂”“无根剂”30余袋，用禁用物质生产的豆芽1100余斤。2015年6月18日，联合市局出动执法人员30多人，市公安局出动公安60人，联合查处市水产批发市场4户肉品经营企业涉嫌“违法经营进口牛肉”案件，查扣涉嫌违法进口牛肉30个品种、4513箱、约140吨，抓捕涉案人员3人。查处10余起食品生产加工环节违法违规案件。查处一批食品流通环节违法违规案件，查办工商部门移送的王海举报案件。多次到市动检站、长春海关及吉林出入境检验检疫局进行核实，处理案件28起。全年查办食品、保健食品、化妆品案件计118起。受理省外各级药监局发来的协查函11件。承担餐饮服务行业食品安全监督抽检工作国家级食品样品24批、市级食品样品50批，食品安全快速检测100批；承担化妆品、保健食品质量安全快速检测，检测化妆品样品150余批、保健食品30余批。

【药品稽查】 2015年，药品稽查分局检查企业650余户，立案查处案件89件，结案82件，重大案件34件。接市局投诉举报中心和应急处转办投诉案件17件，经核实立案查处2件，全部按时反馈，满意率100%。收市局转办的不合格药品检验报告书87份，全部立案查处；收市局转办不合格医疗器械检验报告书10份，符合立案条件企业7户，追溯购进渠道发现涉案企业2户，立案查处经营不合格医疗器械企业9户。收外埠协查函97份，100%回函，并立案1件。按照省局“协查含麻黄碱类复方制剂跟踪核查药品销售流向”的要求，针对“复方氨酚苯海拉明片”对外发函69份，回函24份。与公安机关密切配合，协同查办2起涉药犯罪案件。

历时近2年时间，于2015年7月8日，与省公安厅治安总队联合查处“吴晓娟、杨顺成等制售有毒有害食品药品案”，联合抓捕涉案人员9人，查扣药品、医疗器械、保健品、化妆品478个品种，20.9万余盒，查扣制假设备3台套及大量生产原料和包装物，公安机关暂核定货值金额500余万元。此案被公安部列为2015年打击食品药品犯罪“利剑”行动第一批督办案件，被国家食药总局稽查局列为重点食品药品违法犯罪挂牌督办案件。高标准完成国家总局下达的开展银杏叶药品专项监督检验任务，抽检药品经营单位95家，有效抽检单位20家，有效抽检批次24批。完成省级基本药物、省抽检品种、辅料、内包材、医疗器械等379批的抽样任务。11月初，对查扣的假劣药品进行无公害集中销毁处理，焚烧各类假药15吨。

【法制建设】 全市食药监系统全面推进“五权”和事权划分工作，出台《长春市食品药品监督管理局深入推进“五权”工作意见》《长春市食品药品监督管理事权划分意见（试行）》，明确事权划分工作职责，强化监督管理。全面梳理行政职权，摸清行政权力底数，确定了45项具体行政职权。全面推行责任清单制度，经市审改办审核确定主要职责13项、具体工作事项23项，建立内部监督管理制度1个、外部监督管理制度18个，公共服务事项4项，完成与其他8个相关部门边界职责划定。

强化规范性文件管理，建议市政府废止《长春市酒类专卖管理条例》，经市政府法制办审核备案，出台《长春市医疗器械经营质量管理规范实施细则（试行）》。依据行政许可法的规定，出台《长春市食品药品监督管理局行政许可联合办理制度（试行）》，规范行政许可行为。严格实行“办、审、定”三分离制度，制定《长春市食品药品监督管理局城区分局行政处罚实施规则》《长春市食品药品监督管理局稽查分局行政处罚实施规则》，规范行政处罚行为。

落实行政执法责任制要求，制定《长春市食品药品监督管理局行政执法督查制度》和《长春市食品药品监督管理局行政执法案卷评查制度》，开展行政执法监督检查和案卷评查活动，认真执行重大案件审核制度，防止违法或不当的行政行为。2015年开展执法监督2次，案卷评查2次，审核食品稽查分局、药品稽查分局办理的重大案件43件，备案审查各区（开发区）分局办理的重大案件70件。

推进行政执法规范化建设，建立执法全过程记录制度，为一线执法人员配发执法记录仪300台。加强行政执法队伍建设，制定《长春市食品药品行政执法人员管理制度（试行）》，实行资格考试、岗位聘任、在职培训和工作考核制度，为系统629名执法人员换发新的执法证件。加大行政执法人员培训力度，全年集中培训5次，送课到基层8次；组织开展全员学法活动，配发《食品安全法》单行本880册、《食品安全法释义》230册。

【科技发展和信息化建设规划】 制定《长春市食品药品监督管理局信息化发展规划》（2015—2017征求意见稿），初步确定未来三年的发展思路。在此基础上，制定《长春市食药局“1149”工程一期建设方案》提请智慧长春办公室审核。10月底，收到复函确认通过审核。复函同时建议工程落实要依托市政府政务云平台设计实施。“1149”工程是长春市食药监局启动的信息化建设项目，即1个食品药品监管信息平台，1个食品药品信息共享数据库，政务协调办公、应急指挥管理、移动执法管理、行政审批管理4大体系，政务内网协同办公、政务对外信息查询、食品药品投诉预警、应急决策指挥信息、网络舆情管理信息、移动日常监控、移动执法管理、食品可追溯查询、食品许可证审批查询9个系统。

【应急管理】 2015年，制定下发机构改革后的首部《长春市食品药品监督管理局食品安全事故应急预案（试行）》及《长春市食品药品监督管理局药品安全突发事件应急预案（试行）》。依托市食品稽查分局、药品稽查分局，分别组建市级食品安全事故应急处置分队和市级药品安全突发事件应急处置分队。提高应急信息报送能力，组织建立信息直报系统，为各分局配发15套应急信息直报设备。加强食品药品安全舆情信息监测工作。制定下发《长春市食品药品安全突发事件信息报告管理办法（试行）》，各分局及直属单位及市场监管局设置1名舆情监测信息员，第一时间掌握全市食品药品安全舆情动态，及时引导和回复食品药品安全舆情所引发的社会关切。2015 年监测到食品药品安全舆情信息 21 件，所有信息全部整理后及时上报主管领导，并按照领导指示转交相关业务处室及分局处理。积极做好应急事件处置，全年处置食品药品应急事件共 17 起，所有事件处置妥善及时。

（张　博）

供电业

【概况】 国网吉林省电力有限公司长春供电公司是国网吉林省电力有限公司所属的大型重点供电企业，承担着长春市区及所辖 4 个县（市）2.0571 万平方公里、361 万客户的供电任务。公司设置 11 个本部职能部门、8 个业务支撑和实施机构、1 户集体企业、6 家县公司，供电全民职工 2395 人，农电全民职工 3056 人。2015 年，售电量完成 160.16 亿千瓦时；综合线损率 6.7%；实现第 9 个安全年。

长春地区电网发展步伐提速，电网网架持续加强　（杨振宇　提供）

【安全生产】 开展长春电网运行分析，确定重点问题 20 个，编制专项治理方案 40 项。加强电网检修方式优化和安全风险评估，发布风险预警 108 份。实施断路器远方遥控操作，故障处理平均时间压降 67%。配合电网建设、市政工程、设备改造、业扩新增开展检修作业 1058 项，省内率先完成低电压技改大修任务，设备健康水平和标准化作业管控能力持续提升。完成春秋检、设备五防、重要活动保电等季节性工作。

【电网发展建设】 召开长春市电网建设与改造指挥部会议，政企联动助力电网发展全面提速。"十三五"输电网、配电网规划报告通过国家电网公司评审。加快建设配网自动化二、三期线路工程，自动化覆盖率 58.2%。推进农网改造升级，解决 6 项历史遗留问题，完成 31 项工程建设及 3.48 万户"低电压"治理任务；5 项新增工程进度省内站排头。农安公司被评为国家电网公司"十二五"农网改造升级工程先进单位，榆树 10 千伏先锋主干线改造工程获农网"百佳工程"称号。

【提升服务水平】 深化"人民群众用电满意工程"，客户满意率 99.8%。实施业扩报装"一访、一评、两公开"，平均接电时间压缩 3.12 个工作日。主动服务长春地铁一号线、"两横三纵"等 101 个省、市重点项目，开辟绿色通道 57 个。与社区建立"黑楼道"亮化联动机制，楼道亮化率 98%。制定故障报修标准化作业流程，开展延伸服务 913 项，不满意工单压降 39%。有线电视催费客户增至 19.3 万户；推广"掌上电力"手机 APP 业务，提供全新"拇指生活"体验。省内率先实现水、电、气、热"四表合一"数据远程采集。

【经营管理】 推广电采暖、地源热泵等电能替代项目 414 个，替代电量 9.3 亿千瓦时。制定 12 项电费高风险客户"一户一策"预警方案，报备 1.46 万户未安装负控装置客户信息。建立涵盖 4 个层级的对标目标及包保责任制，创新采用拆分指标因子分析法，实施对标管理改进。取得国家专利授权 31 项，省公司科技成果 6 项；获国家电网公司 2015 年管理创新成果 3 等奖及推广成果 2 等奖。完成农安驻点调研问题整改及帮扶工作。

【依法治企】 开展依法治企综合检查和自查自纠，闭环整改 110 个存在问题。健全完善内部控制体系，安排部署关键领域、重点环节 105 个协同监督事项，形成"一书两报告"36 份。变被动"接访"为主动"下访""一对一"量身定制巡访监察方案，查摆集体企业 8 类 121 个问题、乡镇供电所 3 类 146 个问题。重新明确重要客户界定标准，及时补签新版供用电合同 124 份。建立外聘律师库，妥善处理 10 起诉讼案件。

（杨振宇）

民营经济

中小企业

【概况】 2015年,全市民营经济和中小企业实现主营业务收入11071亿元,比2014年增长8.6%;全市民营经济市场主体数量47.3万户,增长17%。其中,企业户数11.54万户,增长19%;个体工商户数35.75万户,增长16.5%;从业人员达222.8万人,增长6.8%;民营经济增加值占全市GDP的比重达46%。科技"小巨人"企业和高新技术企业达400户和242户,分别增加14.28%和20.4%。

【运行特点】 小微企业发展迅猛。2015年,全市小微企业实现主营业务收入6338亿元,占全市民营经济主营业务收入的57.2%;小微企业数量48.54万户(含个体工商户35.75万户),占全市登记注册市场主体总数(不含农民专业合作社)的98%;小微企业上缴税金342亿元,占全市全口径财政收入的31.7%;就业人数212.3万人,占城镇就业人员的74.5%;吸纳大学生创业就业占全市的90%以上。

电子商务成为民营经济新的增长点。2015年长春市电子商务交易额1150亿元,比2014年增长40%,占全市社会商品零售总额的11%。具有一定规模的电子商务企业200余户,个体网店超过4万户,比2014年新增5000户。跨境电商依托综合保税区跨境电子商务综合服务平台、省电子口岸快速发展;位于朝阳区青年电商集聚示范园的吉林省豪玛电子商务有限公司作为吉林省唯一的阿里巴巴诚信通授权运营商,2015年实现电商交易额160亿元;位于高新技术产业开发区吉林省差旅天下网络技术股份有限公司和吉林旭海科技股份有限公司两户电商企业实现新三板上市。创新创业基地不断完善。全市建设创业创新基地175个(含23个大学生创业园),总建筑面积7860000平方米(含121万平方米的大学生创业园)。其中,全市众创空间数量50个,总建筑面积257900平方米;建成市级以上科技企业孵化器45个,孵化面积2300000平方米;建成小企业创业创新基地(创业孵化基地)80个。

特色商贸区提质升级。全市商贸企业集聚区涵盖9个商圈、29条重点商业街以及14个商贸物流园,全市城区物流仓储库总面积达3150000平方米。开展城市物流共同配送,建设7个城市物流共同配送中心,分别是蔬菜配送中心、水果配送中心、冷链配送中心、医药配送中心、日常消费型配送中心、电子商务配送中心、铁路零担配送中心。截至2015年年底,城市共同配送信息平台服务物流企业50余户,整合物流配送车辆2000余辆,整合货主企业5200余户,日订单量500余单,月均交易额100余万元。参与长春市城市物流共同配送的20户试点企业,设立及配送的大中小型网点22000余个。

【综合配套改革示范区试点】 2015年,民营经济综合配套改革示范区试点重点工作任务87项,具体建设任务69项,分别落实到领导小组各成员单位、"一区多点"责任主体单位,明确工作任务目标、措施、进度、责任部门和责任人。加强示范区重点任务的调度和推进工作,建立月调度、季调度制度、建立"一区多点"保包责任制。

【行政审批制度改革】 行政审批项目由原来823项减少到246项,减放比例70.1%,市本级非行政许可实现"零审批";通过并联审批,工业项目审批时限由302个工作日压缩到51个工作日。建立市级权力清单制度,取消没有法律法规授权的行政权力3888项,精简53.9%。建立完善政务中心集信息、业务、管理、服务于一体的全流程网上审批系统。

【商事制度改革】 落实注册资本认缴登记制、先照后证、工商年检年度报告公示制、"五证合一""一照一码"等登记制度改革,探索"住改商"、简化住所(经营场所)登记手续、"一址多照""一照多址"等登记制度改革,2015年为10484户市场主体办理"先照后证"注册登记。其中,办理企业登记3948户,办理个体工商户登记6536户。为26742户市场主体办理"一址多照""一照多址"和住宅改商用注册登记。实施"五证合一、一照一码"登记制度改革,为9268户企业颁发"五证合一、一照一码"营业执照,其中新登记企业 9268 户，变更登记事项换领新执照 14619 户。

【市场体系建设】 依托吉林长春产权交易中心，建成集产权、股权、技术产权、文化产权、金融资产、农村产权、环境能源交易于一体的专业化区域性产权交易市场，实现企业挂牌 312 户，开展股权质押服务，帮助企业融资 209 亿元，与 12 家银行签约合作，帮助企业获得授信额度总计 400 亿元。吉林省技术产权交易中心正式投入运营，开展成果登记、转让、挂牌交易服务。中心与省内五校两所、北科建、中科院长春分院和 37 户金融机构建立合作关系，入库专家 3206 名，入库项目 3000 个，开展技术合同认定和技术交易工作。

建立长春首家杂粮(电子)交易平台“渤海商品交易所杂粮（电子）交易中心”，实现网上杂粮的国际化网络销售，年交易额达 500 亿元以上。推进九台区国家首批农村集体经营性建设用地入市试点，6 月 29 日，《长春市九台区农村集体经营性建设用地试点实施方案》正式获得国土资源部批准，12 月 30 日，吉林省首宗集体经营性建设用地在九台区正式以协议出让方式入市，开启长春市农村集体经营性建设用地的正式上市交易。开展政府与社会资本合作建设社会公共领域投资项目试点，静态停车场等 7 个市政项目进入国家发改委 PPP 项目库。

【创新体系建设】 推进北湖科技园吉林省集成创新综合体建设，实现科技地产的分割出售，吸引 50 户高水平研发机构入住，开展技术产权交易，签定技术合同 5 项，促成技术交易 20 笔，总交易额 1680 万元。2015 年末，长春市已建成国家级企业技术中心 5 个，国家重点实验室 14 个，国家工程技术研究中心 2 个，国家级科技企业孵化器 15 个，省级企业技术中心 119 个，市级企业技术中心 82 个，公共技术服务中心 42 个。吉林省技术产权交易中心投入运营，国家技术转移东北中心正式挂牌运行，中科院长春技术转移中心促成多个项目落户长春。中试与检测中心达 20 个。国家级科技企业孵化器 15 户，省级以上众创空间 7 户。与中科院所属研究所加强项目对接合作，与 14 个国家建立科技合作关系，与俄、白、乌等独联体国家合作引进孵化项目 35 项，与韩国企业发展合作项目 25 项；推进长春中俄科技园、中白科技园、中德汽车产业园等国际科技合作园区建设，长春光机所获批国家光电国际创新园。

【融资服务】 2015 年，通过各种融资平台和方式帮助民营企业实现融资 660 亿元，其中通过股权质押、股权转让业务，帮助 339 户企业实现融资 209 亿元；通过新兴产业“股权平台”和“债权平台”，累计投资项目 176 个，累计投资额 13.36 亿元；通过搭建银企对接平台，帮助企业融资 50 亿元；通过 79 家融资担保机构为近 4000 余户中小微型企业提供贷款担保 365 亿元。通过 184 家小额贷款公司，发放贷款 10.27 亿元；通过科技融资服务平台，为 94 户企业实现融资 9.73 亿元；通过与“远东租赁”开展融资租赁业务，帮助 18 户企业实现融资 1.4 亿元；通过“助保金池”平台，帮助 13 户企业实现融资 1.17 亿元；与开行、建行、吉林银行及担保公司合作，通过信用贷款为企业争取资金 0.5 亿元。

【服务平台】 制定《关于加快推进中小企业公共服务体系建设的指导意见》，推进融资担保、创业咨询、人才培训、事务代理、管理诊断、信息网络、法律维权、公共技术、电子商务、市场开拓等 10 大公共服务平台建设，全市中小企业公共服务平台 316 个，其中省级以上中小企业公共服务(示范)平台 47 个，占全省比重达 41%，组织公益性和低收费服务对接活动 1000 余次，年服务中小企业能力达 2 万户(次)以上。长春市民营经济综合服务平台正式启动，依托长春信息港对网络和硬件设施进行更新改造。设立信息咨询、网上办事、企业展示、综合管理、运行监测等模块。

【众创空间】 在国家大众创业万众创新政策措施的推动下，市众创空间建设工作成效初显。2015 年年末，全市众创空间数量 50 个，总建筑面积 257900 平方米，其中，10 个众创空间纳入省级以上科技企业孵化器的管理体系，总面积 30000 平方米，服务类型囊括专业服务、创客孵化、投资促进、培训辅导等。以专业服务为主的众创空间数量 23 个，占空间总数的 46.0%，专业服务领域涵盖文化创意、光电信息、高端装备制造等多个产业。众创空间聚集 843 个创业项目、7621 名创客，支持创业人数 15331 人。

【科技孵化器】 截至 2015 年底，全市建成市级以上科技企业孵化器 45 个，孵化面积 2300000 平方米，其中省级以上科技企业孵化器 21 个，孵化面积 1397000 平方米。在孵企业 1901 户，累计毕业企业 1329 户，就业人数（含在孵企业）31299 人。

【小企业创业创新基地】 截至 2015 年，全市建成小企业创业创新基地（创业孵化基地）80 个。其中，被国家工信部认定为“首批国家小型微型企业创业创新示范基地”2 个，被吉林省工信厅认定为省级创业孵化基地 77 个，被长春市工信局核准市级创业孵化基地 1 个。在长春市工信局备案的创业孵化基地总建筑面积 5300000 平方米，在孵企业 2551 户，培育的企业(产业)类型涉及汽车零部件、装备制造、农业畜牧业、光电信息、文化创意、新材料、物流、电子商务等。由市人社部门培育和扶持建设的各级大学生创业园 23（扶持基地）个，总面积约为 1213400 平方米。其中，省级大学生创业园 13 个，市级大学生创业园 5 个，县区级大学生创业园 5 个。创业园内现有 582 户大学生创业企业，合伙创业 1271 人，带动就业 6886 人。

【人才培训】 实施人才引进计划和创新创业人才培养工程，依托国家中小企业发展促进中心长春培训基地，社会中介培训机构和清华大学长春中心、吉林大学等各类培训资源，开展“千名创业者、千名小老板”等培训工程，举办各类创业培训、对接活动89期(次),培训和服务2.5万人次。开展千名科技专家服务民营企业行动,征集科技专家7人,科技成果19项,科技难题120个,向国家人社部申请人才资金3项。实施千名高技能领军人才培养工程。对首批评选出的20名技能大师、60名岗位技能带头人、120名技术能手进行表彰。完成17个引进海外高层次人才项目在国家立项,引进国外高层次人才73人次。帮扶6家科技型小巨人企业聘请外国专家34人次。

【政府购买服务】 依托市中小企业服务大厦,通过公开招标方式引进25户服务机构入驻,为中小企业提供资产评估、环评、审计、法律、管理咨询、会计代理、税务代理和商标注册代理等8个方面的服务,累计服务中小企业1200户,财政拨付政府购买服务补贴资金200万元。

【政策落实】 梳理国家、省、市鼓励促进民营经济和中小企业发展的政策条款95条,促进政策贯彻落实。对省市突出发展民营经济的有关意见进行责任分工,印发《长春市突出发展民营经济重点任务分解表》进行落实。编辑印发《长春市突出发展民营经济综合配套改革示范区试点工作实施意见读本》。市民营办联合市人才办、市房地局推进部门合作机制,共同落实"全市每年拿出一定数量公租房出租给新引进的高端人才使用"政策条款,2015年开展两批次公租房配租发放工作,为24户民营企业的52名引进人才提供公租房支持。

【市场开拓】 组织长春市秀辉米业有限责任公司、吉林盘古梅花鹿生物科技有限公司、吉林天景食品有限公司、长春老韩头清真食品有限公司等133户民营企业的300多种产品,免费参加第九届江苏春季食品商品展览会、2015曼谷国际食品展览会、第十届东亚国际食品博览会、第十七海峡两岸经贸交易会国际食品展、中国——阿拉伯国家(银川)博览会、2015科隆国降食品博览会、第十二届中国中小企业(广州)博览会等10个经贸展销等活动,签订意向性合同71项,金额达1.2亿元,现场成交金额200余万元。

【产业集聚】 推进基础设施建设,开展城乡双向一体化、扩权强县强镇和户籍制度改革。2015年,全市开发区(工业集中区)新开工投资3000万元以上基础设施项目85个,新增和完善基础设施配套面积20平方公里左右,完成工业土地出让255万平方米,比2014年增长27%。建成兴隆综合保税区、中德工业园、生物(材料)产业制造园区等一批新兴产业园区。

【培育企业】 开展"百强民营企业""百户民营科技型小巨人企业"培养工程,推进民营企业入统入规,对首次"三上"入规企业进行奖励,启动民营企业现代企业制度管理咨询项目,推进重大技术创新和技术改造项目建设,国家高新技术企业达242户,科技型"小巨人"企业400户,战略性新兴产业规上企业总数241户,"四上"企业4000户。

【运行监测】 市工信局与统计局民营办建立协商沟通工作机制,两部门联合向吉林省工信厅申报《长春市民营经济运行监测统计服务体系建设项目》,获得支持资金40万元。就民营经济综合统计的范畴介定问题向省民营办请示。依据《中华人民共和国统计法》的有关规定制订的"长春市民营经济综合统计报表制度"已完成第三讨论稿。完成督导全市180户企业完成国家中小企业监测点报表申报工作,完成国家要求新增90户监测点的组织工作。

(王新明)

乡镇企业

【概况】 2015年,全市乡镇企业发展到18013户。按登记注册类型划分,内资企业17990户,其中,集体企业84户、私营企业17906户;港澳台商投资企业10户,外商投资企业13户。按国民经济行业划分,农业企业705户,工业企业9108户,建筑企业892户,交通运输仓储业920户,批发零售业3819户,住宿及餐饮业1302户,居民服务、其他服务业和娱乐业1070户,其他类型企业197户。全市乡镇企业从业人员388355人,实现营业收入18050615万元,上交税金383016万元。全市乡镇企业个体工商户总户数202512户,从业人员572645人,实现营业收入12619385万元,上交税金104984万元。

【乡镇规模工业企业】 全年全市有营业收入2000万元以上乡镇规模工业企业379户,实现营业收入9856895万元,上交税金287203万元。

【出口创汇】 全市有乡镇出口企业36户,实现出口产品交货值310108万元。其中,年出口交货值500万元(含500万元)以上的企业5户,实现出口交货值306180万元。

【乡企固定资产投资】 全市乡镇企业完成固定资产投资2820801万元。其中,新建项目完成1830203万元,改建项目完成11196万元,扩建项目完成684447万元,其他项目完成294955万元。国家及有关部门扶持资金51890万元,金融机构贷款万元,引进资金480466万元(其中引进外资46293万元),自有资金1366553万元,其他资金205480万元。

【企业管理】 市乡企局组织企业参加国家和吉林省组织的休闲农业与乡村旅游星级企业示范创建工作。榆树市土桥镇皮信村被农业部办公厅评为"2015年中国最美休闲乡村";关东文化园、辽金时代和九台隆达生态园被农业部办公厅、国家旅游局办公室评为"2015年全国休闲农业与乡村旅游示范点;国信现代农业有限公司被全国休闲农业与乡村旅游协会评为"全国休闲农业五星级企业"。长春市有22户企业被吉林省休闲农业乡村旅游分会评为吉林省休闲农业星级示范企业。其中,五星级企业9户、四星级企业7户、三星级企业6户。

(靳朝辉)

交 通

综 述

【生产经营】 2015年,长春地区铁路货物发送量完成493.2万吨;旅客发送量完成2900万人,超计划完成61万人,超出2.2%,比2014年多完成159万人,增长5.8%,全年加开列车588趟,加挂3106节,多发送旅客50.6万人。截至2015年末,长春市有营运货车118364台,全年完成货运量10344万吨、货运周转量2812268万吨公里;全市有营运客车3888台,全年完成客运量7621万人次。城市公交新增公交专用道4条、22公里,更新、新增公交车辆525台,更新出租汽车1700台。全年吉林省民航机场集团公司完成运输航班8.57万架次,旅客吞吐量1059.58万人次,货邮吞吐量8.46万吨,比2014年分别增长12.99%、16.26%、5.87%。其中,长春机场完成运输航班6.74万架次,旅客吞吐量855.62万人次,货邮吞吐量7.78万吨,分别增长11.91%、15.29%和5.75%。全年长春市社会物流总额完成1.82万亿元,是“十一五”末期的1.68倍,近五年年均增速11.1%;物流业增加值完成392.55亿元。

【基础设施建设】 2015年,长春铁路工程、设施改造工程、货场工程及扩能工程等完成投资46.2亿元。计划建设农村公路879公里,实际投入资金6.83亿元,新建改建农村公路1167公里、改造危桥59座,新通达自然屯66个,使长春市通屯率提升0.7个百分点,达69.1%。长春机场二期扩建工程航站楼桩基础工程施工完成,长春机场新建国内临时远机位候机区、航站楼前道路及停车场改造等重点工程投入使用。物流方面,全市铁路及铁路专用线里程达400多公里,公路通车总里程2.24万公里,其中高等级公路385.7公里,航空货运航线达39条。

【安全运行】 截至2015年末,长春火车车站实现无责任较大及以上事故11986天,无一般B类及以上事故3931天,无责任人身重伤及以上事故3650天,连续实现8个安全年;车务段实现无责任重大、大事故4504天,无责任一般事故1482天,无责任死亡事故4504天,无责任重伤事故4504天,无责任轻伤事故4513天,无责任火灾事故4513天。航空方面,全年安全飞行7.02万小时/2.84万架次,比2014年分别增长8%和4%,确保飞行和空防安全,实现连续24年安全飞行,连续保持259个月的空防安全。南航吉林分公司非天气原因2小时以上恶性延误率0.93%,保障VIP航班2506班,完成两会、运兵、公安部包机和3次维和部队等运输任务,运指部获股份SOC系统航班正常性管理先进单位称号。

【服务质量】 开发“掌上公交”手机APP,初步实现市民公交智能化出行,在20条线路、800余台公交车上实现WIFI覆盖,组建一卡通股份公司。在公交、出租、市容环境、城建、公安执法、园林等9个重点领域,推广应用新能源汽车443台。更新、新增公交车辆525台,更新出租汽车1700台,建设亮化式公交集合站牌、候车亭各50座。新辟、调整公交线路10条,对长春市快速公交(BRT)建设进行可行性研究。开展公交、出租、公路客运“争、创、树”文明创建活动,评选出360名文明服务之星、33个文明服务车队(客运站)、13户文明服务企业。

(徐 航)

铁 路

【概况】 2015年,沈阳铁路局在长春经济吸引区内以运输汽车、铁路客车、粮食、煤炭、石油、医药、焦炭、化肥农药、建材等为主要货运服务项目,以日常旅客、出境、国内旅游、会展、节日旅游旅客运输为主要客运服务项目。长春境内铁路运输生产单位有9个,分别是长春站、长春北站、长春车务段、长春客运段、长春车辆段、长春供电段、长春电务段、长春工务段和长春货运中心。

【主要运输指标完成情况】 2015年,长春地区铁路货物发送量完成493.2万吨。其中,发送粮食66.6万吨、煤炭119.3万吨、石油34.2万吨、化肥农药5.1万吨、医药3.1万吨,其他品类5.2万吨。

【铁路重点建设项目】 新建辽源至长春铁路工程,2015 年完成投资 12.5 亿元;长春车辆段客车段修及整备设施改造工程,完成投资 2.6 亿元;长春至白城铁路扩能工程,完成投资 30.1 亿元;长春铁路综合货场工程,完成投资 1 亿元。

【长春站】 长春站位于吉林省长春市宽城区长白路 5 号,邮编 130051。站内主要设备包括普速场和高速场上下行正线各 1 条,普速场与高速场间联络线 1 条,到发线 22 条,牵出线 5 条,集中联锁道岔 200 组。车站设行车指挥中心 1 个,客运综控室 1 个,高架候车室 1 座,高站台 9 座,无站台柱风雨棚 9 个,售票厅 3 个。长春西站主要设备包括上、下行正线各 1 条,到发线 9 条,集中联锁道岔 43 组,行车室 1 个,客运综控室 1 个,高架候车室 1 座,高站台 5 座,无站台柱风雨棚 5 个,售票厅 1 个。龙嘉站主要设备包括上、下行正线 2 条,到发线 2 条,集中联锁道岔 12 组,行车室 1 个,候车室 1 座,站台 2 座,售票厅 1 个。车站在沈阳动车段长春动车所设行车室 1 个,在崔家营子设线路所 1 个。车站固定资产主要包括,长春站、长春西站、龙嘉站共设扶梯 83 部,直梯 27 部,自动检票闸机 114 个,自动售、取票机 82 台,安检查危仪 16 台,中央空调系统 7 套,消防系统 7 套,职工食堂 5 处,综合公寓 1 处(内部设置浴池、健身房),净水设备和洗衣设备各 1 处,客运监控、引导、到发、广播、自动查询系统各 1 套,公务用车 3 辆,生产用汽车 7 辆。车站在岗职工 1433 人。其中,干部 173 人;工人 1260 人。全年客运收入完成 255571 万元,比年度计划超收 3878 万元,增长 1.5%,比 2014 年多完成 34714 万元,增长 15.7%;旅客发送量完成 2900 万人,超计划完成 61 万人,超出 2.2%,比 2014 年多完成 159 万人,增长 5.8%;全年加开列车 588 趟,加挂 3106 节,多发送旅客 50.6 万人。其他业务收入完成 502 万元,比计划超 57 万元;扶持开办集体企业经营项目,实现产值 2547.31 万元。快货任务完成 2.2 万吨,收入 193.3 万元。截至 2015 年末,车站实现无责任较大及以上事故 11986 天,无一般 B 类及以上事故 3931 天,无责任人身重伤及以上事故 3650 天,连续实现 8 个安全年。

长春站铁路职工及时清理雪后站台 （李英奇 提供）

【长春北站】 长春北站位于吉林省长春市东三环路宽城区奋进乡，邮编 130052。车站中心位于长春枢纽京哈线 1011.922 公里处，龙北联络线自龙泉站起 8.886 公里处，长白线自长春北站起 0.0 公里处,衔接长图、长白线,为单向混合式二级四场,站场全长 5.8 公里,隶属于沈阳铁路局。长春北站始建于 1988 年,成立于 1992 年 12 月 28 日,全部开通使用于 1999 年 8 月 9 日。按业务量为一等站,按技术作业性质为编组站,主要承担哈尔滨、棋盘、四平、大安北、烟筒山方向货物列车改编作业和中转技术作业;办理专用线取送作业,是区域性主要编组站。车站现有正线 3 条,到发线 24 条,编发线 6 条,分类线 13 条,西部线群联络线 1 条,专用线 36 条,货物线 4 条,换装线 2 条,禁溜线 2 条,迂回线 1 条,安全线 2 条,机待线 7 条,机车走行线 1 条,机车出入库线 5 条,牵出线 2 条,站内道岔 354 组,减速器 23 组,可控停车器 54 台,综合调度楼 1 个、半自动化驼峰 1 座，调车机 7 台。固定资产原值 3476 万元,净值 2380 万元。车站有职工 566 人。其中,干部 69 人;工人 497 人。全年车站日均办理 9431 辆，其中有调 5578 辆,日均到发列车 98 列,中转时间完成 3.7 小时，一次作业时间完成 25.5 小时。全年发送快运货物 23331 吨,收入 252 万元。截至 2015 年末,车站实现行车安全生产 3600 天。

【长春车务段】 长春车务段位于吉林省长春市宽城区人民大街 161 号，邮编 130051。管内有车站 48 个,办理客运业务车站有 33 个，总营业里程 696.1 公里。管辖京哈干线里程 269.6 公里,其区间包括十家堡、郭家店、蔡家、大榆树、公主岭、陶家屯、范家屯、大屯、长春南、一间堡、米沙子、沃皮、布海、德惠、达家沟、姚家、陶赖昭、团山、扶余、蔡家沟站,闭塞方式为双线双向自动闭塞，日均办理接发列车 259 列,其中旅客列车 124 列;长白线里程 128.8 公里，其区间包括小合隆、开安、华家、农安、柴岗、哈拉海、王府、七家子站,闭塞方式为单线半自动闭塞,日均办理接发列车 36 列,其中旅客列车 18 列;长图线里程 4.1 千米,其区间包括长春东、龙泉、兴隆山、龙泉北站闭塞方式为单线半自动闭塞，日均办理接发列车 45 列；哈大客运专线车站 3 个,德惠西、扶余北站、公主岭南,闭塞方式为分散自律调度集中，日均办理旅客列车 75 列;陶舒线(合资铁路)里程 92.2 公里,其区间包括五棵树、刘家店、榆树、新立镇、谢家镇站闭塞方式为单线半自动闭塞,日均办理接发列车 12 列,其中旅客列车 4 列;长双烟线(合资铁路)里程91.8公里,其区间包括泉眼、奢岭、双阳、山河、五家子站,闭塞方式为单线半自动闭塞,日均办理接发列车2列;松团线(合资铁路)109.6公里,其区间包括松原北、三井子、弓棚子、扶余西站,闭塞方式为自动站间闭塞,日均办理接发列车6列,其中旅客列车2列。段行车设备有到发线126条、牵出线31条、专用线251条、专用铁道4家、合资铁路3家、候车室30个、旅客站台52座(其中有风雨棚站台4座)、天桥5座、地道3座。固定资产净值2192.61万元。全段1831人。其中,干部246人;工人1585人。全年旅客发送量计划完成704万人,实际完成688.3057万人;客运收入计划完成32080万元,实际完成32860万元,超计划780万元,比2014年增长2.4%;一次作业时间计划完成22.2小时,实际完成21.3小时;中转时间计划完成7.2小时,实际完成7.2小时。截至2015年末,车务段实现无责任重大、大事故4504天,无责任一般事故1482天,无责任死亡事故4504天,无责任重伤事故4504天,无责任轻伤事故4513天,无责任火灾事故4513天。

【长春客运段】 长春客运段位于吉林省长春市宽城区丹东路97号,邮编130051。主要负责担当长春至齐齐哈尔、阿尔山、哈尔滨、白城、呼和浩特、大连(北)、昆明、乌鲁木齐、南宁、北京、西安、广州、上海虹桥、青岛北、重庆北、厦门旅客列车的乘务工作。其中动车组列车24对,其他列车31.5对(直达3对、特快3对、快速17.5对、普快6对、普客2对)。固定资产原值1804.39万元,累计折旧915.87万元,净值888.52万元。2015年新开行4对列车,其中6月10日开行长春至厦门Z102/3/4/1次,6月30日开行白城至青岛北K958/5/6/7次,9月1日开行长春至北京南G400/399次,9月1日开行丹东至吉林(长春)至哈尔滨西G8104/1-G788/5-G786/7-G8102/3-G8108/5-G8106/7次。全段有职工5162人。其中,干部273人;工人4889人。全年运输收入计划完成12960万元,实际完成14647万元,完成计划的113%,超收1687万元。旅客发送量完成5264.4万人,比2014年多输送270.5万人,增长5%,日均发送旅客14.4万人。全年开行临客列车81.5对。截至2015年末,客运段实现无一般D类及以上事故2900天。

【长春车辆段】 长春车辆段位于吉林省长春市辽宁路939号,邮编130051,地处哈大干线700公里处,主要承担客车车辆运用职能。管理跨度以长春为中心东至图们529公里,北至白城333公里,南至通化401公里。长春车辆段是客车运用段,下设长春、图们、通化、白城4个客整所,长春1个客车列检所。主要承担配属客车的日常检修、辅修、临客整备、客车加装改造,车电机具的中修等检修任务。担当长春至北京、上海、广州(东)、重庆北、西安、乌鲁木齐、厦门、南宁、宁波、昆明、牡丹江,图们至北京、青岛北、哈尔滨,通化至北京、青岛北,白城(乌兰浩特)至北京、天津、青岛北、呼和浩特等直达特快、特快、快速旅客列车和沈局管内多地快速、普速旅客列车的车辆乘务工作。长春客列检担负着京哈线、哈大线、长白线、长图线在长春站始发、终到、通过旅客列车的检修任务。段机械动力设备保有325台。其中,金属切削设备25台、锻压剪冲设备14台、动力设备33台、电气设备59台、工作炉金属处理设备1台、木工铸工设备6台、试验设备77台、其他杂项设备37台、运输设备36台、起重设备15台、架车设备22台。全段有房屋35栋,总面积135794平方米;办公房屋4栋,总面积9700平方米。有客车整备线36股,总有效长17459米。客车停留线22股,总有效长7458米。客车整备线与停留线总计24917米,能停留客车1028辆。有临修线8股,总有效长666米。固定资产总值307631万元。全段配属客车2177辆,开行图定列车56.5对110组1719辆。2015年,新开列车1对3组54辆。车体换型1对3组57辆。全现有职工2893人。其中,干部211人;工人2682人。全年完成客车厂修174辆、段修893辆、辅修1052辆、A1修1679辆、轮对旋修2158条。开行临客82组1163辆、旅游列车22组330辆、军运客车341辆、客车加挂789辆次、支南临客4组76辆。全年运输总支出累计有权68042万元,实际支出67983万元,节支59万元。截至2015年末,车辆段实现无行车一般D类及以上事故1318天,无职工责任轻伤以上事故97天,无路风问题、无火灾爆炸事故、无设备事故3575天。

【长春供电段】 长春供电段位于吉林省长春市宽城区松江路395号,邮编

4月29日,长春供电段职工正在进行长春北站215供电线路改造施工

(李英奇 提供)

130051。担负着哈大客专、长珲城际、京哈、平齐、通让、长白、白阿、长图、四梅、陶舒(委管)、长双烟(委管)、松陶、锡乌、长辽14条线路129个站2382运营公里线路的生产、生活供电维修管理任务，其中管辖高铁线路319.145运营公里。主要设备：普速方面，接触网1009.17条公里，牵引变电所5座、RTU箱32台、隔离开关239台，电力架空线路3539.6公里、电缆线路2456.3公里，变(配)电所29座、变配电装置4675面、变压器1665台、变压器台1377座、箱变179座、通讯照明塔(桥柱)3229座；高铁方面，接触网874.25条公里、隔离开关254台，牵引变电所亭6座，AT所10座，开闭所2座，分区所6座，电力架空线路26.6公里、电缆线路2614公里，变(配)电所14座，变配电装置2787面、变压器388台、箱变278座、通讯照明塔(桥柱)39座。全段现员1349人。其中，干部183人；工人1166人。全年检修接触网365.43条公里、隔离开关236台、牵引变电所亭29座、分段绝缘器238座、上网开关、分相点18处。更换绝缘子2358套、擦拭绝缘子3244个、整治管内倾斜支柱19根、处理树木侵界26801处、补装接地极13处、完成动态检测缺陷处理25处。全年检修哈大高铁线路共计完成874.25条公里，开展高铁安全专项整治，更换AF分段绝缘器28台、更换避雷器脱离器174个、AF线对锚改造28处、更换长春动车所隔离开关8台、更换坠砣限制管钩钉118处、更换等电位线夹8处、斜拉线热缩17个锚段关节、处理树木侵限529棵、驱鸟刺安装33处、对长春西牵引变电所地回流进行改造、对管内59个避雷钢塔螺栓进行紧固、组织长珲城际线平推检查1次。更换避雷器脱离器174个、补装接地极13处、高铁AF线对锚改造28处。施工方面，四平站接触网改造施工、四平上网点改造施工、长春北站货运快车站台改造工程、甲一、甲四路改造工程、公主岭站综合物流基地搭建风雨棚、长北215馈线改造工程、吉林机务段长春整备车间改造工程、吉林机务段长春整备车间M2线加网工程等。长白、四郑电力排迁、长春北站区综合整治、长春车辆段改造等配合任务。介入四郑、乌白等新建新路建设；检修架空线路985.8公里，电缆线路602.1公里，箱式变电站27座，变压器326台，配电装置543面，变压器台295座，投光灯塔(桥)1082座。推进架空裸线改绝缘线工程，全年更换34万米。电杆护砌293处，补装接地极222套，对绝缘线空旷地段加装避雷针242套、防雷绝缘子230组，更换HGW4型隔离开关93组，修剪树木2万余棵。高铁方面，完成13座变配电所7座信号变电所、12座站房变电所、94座箱式变电站高低压开关远动调试工作，调试远动高压开关1231个、低压远动开关1247个。检修受电线路断路器12座，隔离开关24座，电缆接头箱29座，电缆井25座，避雷器60支，电杆147基，拉线33处，共33条。全年运输总支出有权49517万元，实际支出49435万元，节支82万元；电损率控制在9.17%范围内，比计划降低0.001%；实现其他业务收入4109万元，比计划4083万元多完成26万元。截至2015年末，供电段实现无责任重大、大事故3574天，无责任一般事故2天，无责任人身重伤及以上事故1942天，无责任火灾3574天，无轨道车运行事故3574天。

【长春电务段】 长春电务段位于吉林省长春市汉口大街793号，邮编130051。全段管辖2534.155公里。其中，普速线既有线2183.368公里；高速线350.787公里；自动闭塞1111.761公里；半自动闭塞1164.859公里。承担京哈、通让、长白、平齐、白阿、陶舒、四梅、长双烟、松团、锡乌、长吉城际和京哈高速12条运输线路电务设备的维护工作，管辖126个站、19个场。信号设备有70个微机联锁站，10个微机联锁场，90个微机监测站，站内信号机4920架，区间信号机638架，标示牌342个，道口84个(25个有人监护道口、59个监护道口)，自动化驼峰站3个，非自动化驼峰站2个，轨道车103台，机车164台，动车39组，全段信号设备换算道岔组数43382组。通信设备有架空电线路1080公里，直埋光缆线路5537.57公里，架空光缆线路55公里，高频电话252台，电视会议终端设备60套，电视会议显示设备31套，基站110个，数字调度交换机166套，非触摸屏式调度通信操作台213套，车站值班台24套，列车广播144台，客站广播系统48台，调度命令车站转换器48台，道口无线预警设备65套。铁塔339架，全段通信设备换算89402.63皮长公里。全段固定资产19.86亿元。全段有职工2105人。其中，干部448人；工人1657人。全年完成长春车辆段改造、乌兰浩特北站加电厂线、龙泉和双阳辽长铁路接入、北站“六楼合一”工程、一间堡计算机联锁改造、通四电气化改造、长春北站机务段大修、白阿线及长白线复线电气化改造、葛根庙站计算机联锁改造和管内通信网改造等施工任务。通过春秋检设备整治，消除站内绝缘混电、等阻线单断问题，对全段584组提速道岔进行重点防卡检查，整治道岔存在的三道缝问题，检查含高铁在内的自动闭塞1038公里及全部半自动闭塞接近区段电缆径路，全年更换锁闭杆58根、心轨锁框滚轮100个、锁钩轴销20个、尖轨动作连接杆40根、心轨动作连接杆50根、尖轨草帽绝缘600个、心轨草帽绝缘50个、转辙机溢流阀30个、电机油泵10个、接点环1万个，对5578台转辙机及密检器进行防寒封堵，对液压道岔加装小棉被；通过日常检查整治，更换客专有源应答器防雷模块底座117个，检查整治客专模拟网络盒1596台、改造808台、更换北站和四平站直流双杆液压转辙机液压站51台、更换长春南和到保等21个站TDCS老化电源线、整治2DQJF改回本组合56台、组织160/260继电器接点改造1883台、更换动接点座744个、更换JD-1A驱动板144块、25HZ轨道架零层断路器5A改10A累计完成58个站、高铁设备防击打整治应答器663台及等阻线426处、室外轨道电路并联1A熔丝3353个区段、完成12个站鼎汉电源屏同步时钟板单电源整治工作、补齐京哈和平齐线禁停牌1800个及电缆标桩1500个、更换区间禁停牌950个。通过隐患整治，对594台S700K道岔表示并联接点进行拆除，解决表示接点烧损的问题;对倾斜的信号机、过桥涵电缆防护槽起伏隐患进行整治,消除列车刮碰风险;更换区间组合电解电容1104个,消除超期电容危害设备的隐患问题;开展驼峰设备整治,确保102组驼峰道岔7毫米不锁闭、122组减速器制动钳及钢轨承座无断裂,风缸、三位五通阀无漏风;开展机械室防火隐患整治,对527台硅整流进行加装熔丝防护工作,对132台顶盖使用黑色绝缘板的座式硅整流器绝缘进行点燃试验。全面加强车载设备的整治,完成380BG型动车组的G5B高耐压速度传感器更换72台,标准车整治工作13组,减少外界电磁干扰引发的ATP设备死机故障;机车车载设备I级修537台次、II级修15台次、III级修7台次;出入库检测38940台次,全年分析LKJ文件134109件、主体化文件6759件。发现LKJ问题1658件、主体化问题136件;全年检测GYK设备289台次,处理故障155件次;换装GYK数据27版2660台次。全年信号设备综合合格率100%;信号合格显示率100%;信号机优质率100%;道岔优质率100%;轨道电路合格率99.85%;电源屏合格率100%;通信设备合格率99.5%;无线列调电台运用良好率98%;机车电台出库合格率100%;机车电台入库合格率99.95%;全年培训工人3896人次,培训率100%。其中脱产培训班26期,培训710人次,脱产培训率47%。组织行车主要工种持证上岗培训1583人,上岗合格率100%。全年完成年总产值35488.8万元,直接支出3787.20万元,间接费用支出1092.70万元,经营管理实现预期目标。截至2015年末,电务段实现无行车重大大事故24524天,无责任人身死亡事故24524天,无责任重伤事故19901天,无火灾事故24524天。

【长春工务段】 长春工务段位于吉林省长春市人民大街81号,邮编130052。主要负责线路的线桥养护维修任务。线路设备正站段岔特线1414.680公里,其中,站段岔特线368.358公里,道岔1175组。非路产专用线147.559公里,道岔109组。桥涵设备43584换算米,其中桥梁393座/70609米/31733换算米,涵渠909座/19029米/3806换算米,河调505处/84655立米/2116换算米,灰坑48座/3100米/930换算米,隧道6座/5510米/3863换算米,限界架及其他1135换算米。全段现有机械设备951台。其中,机械动力设备885台;各种机床8台;锻压、剪切设备1台;动力设备55台;木工、锻工设备2台。固定资产净值220526.04万元。全段职工2301人。其中,干部170人;工人2131人。全年正线综合修662公里。其中,大机维修670.15公里,到发线综合修66公里。站线综合修35公里。其中,大机维修34公里。正线道岔综合修305组。其中,大机维修222组。到发线道岔综合修32组,站线道岔综合修18组,到发线保养修102公里,站线保养修58公里,到发线道岔保养修163组。无缝线路短轨焊复673头,更换曲线侧磨轨4.7公里,接头冻结575头,长轨放散27.05公里,线上更换新长轨6公里,更换再用长轨10.24公里。焊补锰钢辙叉46个。冻害注盐314处/1546米,注盐90吨;累计更换尖轨54根、基本轨35根、辙叉44颗、伤损钢轨178根;累计木换砼2246根、更换木枕340根、轨距杆471根、轨撑230对、尼龙挡板座4016个、扣件977套、胶垫4769块;累计完成线路打磨35公里;补充碴石511车/19163立方米;更换老式SC330道岔III型条26组,自动闭塞区段安设绝缘臌包夹板580套。道岔大修完成41组。其中,长春东站完成12组、长春站完成7组、长春北站完成4组、德惠站完成6组、陶赖昭站完成12组。换轨大修完成21.8公里。线路中修完成56.706公里。道岔破底清筛完成33组。其中,长春站完成1组、龙泉北站完成4组、长春南站完成11组、大屯站完成17组。截至2015年末,工务段实现无一般D类事故199天,一般C类事故11872天,一般B类事故1339天,一般A类事故24528天。

【长春货运中心】 长春货运中心位于吉林省长春市宽城区人民大街81号,邮编130051。管辖京哈线四平至蔡家沟段,长白线长春至七家子段,陶舒铁路陶赖昭至榆树段,长双烟铁路长春至五家子段,松陶铁路扶余至弓棚子段。总计8个货运营业部,37个货运营业室、210家企业专用线,总计营业里程677公里。中心(含陶舒、长双烟、松陶合资铁路)现有货物线69条、专用线202条、专用铁道8条、货场38个、货物仓库38座、货场雨棚11个、货运营业厅38座、货物站台32座。有生产运输设备236台。其中,汽车36台(包括10台大型货车、26台厢式货车)、门吊7台、抓料机22台、装载机33台、叉车25台、正面吊5台、汽车吊1台、输送机107台。固定资产原值8860.1万元,净值6071.7万元。中心现有职工1227人。其中,干部164人;工人1063人。全年货物发送量完成580万吨,日均装车397车;运输收入完成100725万元,吨均收入率完成121.79元/吨。东北快运货物运输实现收货发运703万件,重量47.94万吨,收入4514万元。截至2015年末,中心实现无责任重大、大事故929天,无责任一般事故929天,无责任死亡事故929天,无责任重伤929天,无责任轻伤事故564天,无责任火灾事故929天。

(李英奇)

公路运输

【概况】 截至2015年年末,长春市公路总里程22820.618公里。其中,国道739.243公里、省道918.024公里、县道1015.26公里、乡道4116.242公里、专用公路27.36公里、村屯道16004.528公里。全市公路网密度达111公里/百平方公里。有营运货车118364台,全年完成货运量10344万吨、货运周转量2812268万吨公里;长春市有公路客运站86个、招呼站193个。全市有公路客运线路1294条。其中,跨省线路83条、跨地市州线路163条、跨县线路181条、县内线路867条。全市有营运客车3888台,全年完成客运量7621万人次;全市有机动车维修企业1768户,有驾校166所,年培训能力214100人。

九台至双阳段辅道工程绿化　　（郭　昊　提供）

【规划编制】 完成《交通运输发展战略研究》，编制《"十三五"交通运输发展规划》，制定《综合运输体系建设专项规划》《干线公路建设养护专项规划》《农村公路建设养护专项规划》《公共交通专项规划》《道路运输专项规划》和《海事发展专项规划》。

【路网建设】 2015年9月，投资3200万元的吊水壶旅游公路改建工程完工并全线通车。10月，投资3.7亿元的经济圈环线九双辅道完成交工验收；投资2.8亿元的龙东公路(原长清公路)实现年内开工、年内通车的目标；长伊公路、机场大道、经济圈环线高速、长双快速路等项目前期工作稳步推进。

【农村公路建设】 2015年，计划建设农村公路879公里，实际投入资金6.83亿元，新建改建农村公路1167公里、改造危桥59座，新通达自然屯66个，使全市通屯率提升0.7个百分点，达69.1%。主城区500公里农村公路工程进入实施阶段。京哈公路北出口16公里绿化美化工程完成全部改造任务。

【服务质量】 长春交通运输从业资格考试中心投入使用。投资7000万元，占地面积1.3万平方米的智能化从业人员考场投入使用，采用考试无纸化、全程视频监考、实操模拟考试等多种智能化考试形式，年考试能力超过5万人次。组建局信息中心，对局门户网站进行全新改版升级，开通公众微信平台，开发"掌上公交"手机APP，初步实现市民公交智能化出行。在20条线路、800余台公交车上实现WiFi覆盖；启用新版运政系统，完成客运站联网售票升级改造；由交投集团牵头组建一卡通股份公司。在运政执法上，开展16次专项整治行动，暂扣各类非法营运车辆746台（"黑车"385台），暂扣违法违规证件3000件；在路政执法上，检测车辆5.87万台次，查处超限车辆1355台，卸货1067吨，清理占道经营、不规范道口200余处，查处路政案件9起，完成迎国检工作任务；在海事执法上，强制19艘年度检验不合格船舶退出航运市场，开展浮桥救援应急演练；在建设质量监督上，完成2014年农村公路质量鉴定复验，开展新改建农村公路和国道龙东线改造工程质量监督。制定2015年度新能源汽车推广应用实施方案，在公交、出租、市容环境、城建、公安执法、园林等9个重点领域，推广应用新能源汽车443台。

【安全稳定】 以"平安交通"建设为主线，落实企业安全生产主体责任；加大业绩考核、评优评先安全生产工作所占权重，实行"一票否决"；构建以"法规制度、安全责任、预防控制、宣传教育、支撑保障"为主要内容的安全生产新体系。推进交通运输企业安全生产标准化建设。考评通过三级班车客运企业2户，旅游客运企业29户，危险品运输企业46户，另有24户企业在限期整改；全市24户公交企业、52户出租车企业、70户一类维修企业完成安全标准化建设业务培训，开展达标考核。开展"春季大检查""夏季攻坚""秋冬会战""六打六治六整顿"等系列安全隐患排查治理活动11次，派出检查组117个，排查安全隐患430处，挂牌重大安全隐患6个。开展公交、水运应急演练，组建道路运输、工程建设应急队伍和物资储备库，完善部门间信息共享和联席联动机制。

【队伍作风】 落实党风廉政建设责任制。狠抓作风纪律建设。治理"公路三乱"，强化执法人员、服务窗口监控管理；开展"规范执法、优质服务""窗口服务和机关效能专项整治"等活动；在局网站、公示板等向社会公布监督电话，聘请政风行风义务监督员，开展服务对象大走访；对局属单位公务用车、办公用房、三公经费等进行全面检查。强化党风廉政宣传教育。每季度组织机关党员干部观看一次警示教育纪录片，组织局系统党员参观吉莲大厦、净月监狱等警示教育基地；重要节假日及时下发廉政过节警示通知，与局系统副处实职以上干部签订《严禁党员领导干部亲属违规参与企业改制、土地征用、工程建设公开承诺书》；指导基层廉政文化走廊建设，在局网站开设廉政建设专栏和廉政知识测试平台。受理举报投诉件15件，处理违法违纪治超站职工2名，追究领导责任1人，双开局属单位违法违纪处级员1名。开展"深化作风建设，纠正四风"自查自纠活动，组织明察暗访6次，查办政风行风案件11件。

（郭　昊）

民用航空

【概况】 吉林省民航机场集团公司（以下简称“吉林机场集团”）是首都机场集团的全资子公司。2015 年，公司完成运输航班 8.57 万架次，旅客吞吐量 1059.58 万人次，货邮吞吐量 8.46 万吨，比 2014 年分别增长 12.99%、16.26%、5.87%。其中，长春机场完成运输航班 6.74 万架次，旅客吞吐量 855.62 万人次，货邮吞吐量 7.78 万吨，分别增长 11.91%、15.29%和 5.75%；长春机场起降架次和旅客吞吐量增速在东北四大机场均居首位，在首都机场集团公司干线成员机场中位列第二。

【安全服务】 全年未发生人为原因不安全事件，在东北民航企事业单位航空安全责任考核中蝉联第一。所属机场服务质量保持稳定，未发生重大服务质量投诉和社会高关注度事件。长春机场航班放行正常率为 77.22%；国际机场协会 ACI(Airport Council International)旅客满意度平均值 4.80 分。修订长春机场使用手册和部门规范化运行手册。推进安全隐患库、风险管理数据库和设施设备病例库建设。制发员工资质和安全教育培训管理办法、机场从业人员安全准入培训教材；地面服务操作标准与规范教学片全面推广应用。危险品培训机构取得资质；组建首支内部培训师队伍。建立、健全应急救援闭环管理机制，开展专项实战应急演练。办公区域实施封闭管理，航站楼内采取三警联动与全覆盖数字监控互通协作。联合省公安厅开展“砺剑五号”反恐应急演练。推进“平安民航”建设。机场公安局在国内首起乘客开启应急舱门受起诉案件办理中的经验做法被民航局确定为“吉林模式”。长春机场完成容量评估，高峰小时航班时刻容量由 18 架次提高至 21 架次。购置除冰雪设备，升级长春机场数字监控系统。创建大航务管理模式。开展新安法微课堂、隐患随手拍等系列活动，设立“安全在线曝光台”。改善商业设施，改造停车场，增设自助值机和无行李旅客安检通道，开通长春机场门户网站和微信公众平台。采取提前 40 分钟截办值机手续、提前 10 分钟关舱门等措施，提高机场放行正常率。

【内部管控】 组建长春机场二期扩建工程指挥部、设备保障部和白城机场公司。《吉林省民用机场管理条例》颁布实施，行政监察执法支队挂牌成立。编制完成法律风险防控手册。强化预算管理和执行，盘点开发经营性资产，启动绩效考核管理体系建设，以安检为试点，推进用工机制和薪酬分配制度改革，建立企业年金计划。

2015 年 5 月 23 日，长春龙嘉国际机场圆满完成维和部队返长保障任务

（杨振宇　提供）

【市场开发】 吉林机场集团有 32 家航空公司在吉林省内累计运营航线 152 条，通航城市 73 个。新开通哈巴—长春—曼谷航线是吉林省首条第 5 航权客运航线。首次开通至大阪定期航线，实现与环日本海国家的全部通航。新增九元、长龙、俄罗斯乌拉尔、航星、雅库特 5 家客货运公司，青岛、天津航空恢复运营。新增客运满洲里、宜宾、扬州和俄罗斯海参崴、哈巴罗夫斯克、新加坡及货运潍坊、俄罗斯莫斯科、爱沙尼亚塔林等 10 个航点，恢复大连、包头、唐山和日本大阪航点。

【机场基本建设】 长春机场二期扩建工程航站楼桩基础工程施工完成。长春机场新建国内临时远机位候机区、航站楼前道路及停车场改造等重点工程投入使用。

【民航春运保障】 春运期间，吉林机场集团保障航班 9934 班次，完成旅客吞吐量 128 万人次、货邮吞吐量 8800 吨，比 2014 年分别增长 14.90%、16.60%和 17.54%。其中，长春机场保障航班 7761 班次，完成旅客吞吐 103 万人次、货邮吞吐 8069 吨，分别增长 11.03%、13.82%和 17.76%。

（杨振宇）

【南航吉林分公司】 2015 年，南航吉林分公司执管空客系列飞机 21 架，净增 1 架飞机。其中，空客 A320 飞机 8 架，空客 A321 飞机 8 架，空客 A319 飞机 5 架。航班编排适应市场需求和运行保障能力，恢复或开通天津、宜宾、兰州、西宁、海参崴、大阪等通航点。引进兄弟公司增开三亚直航、延吉—大连—上海，增加客源。全年安全飞行 7.02 万小时 /2.84 万架次，比 2014 年分别增长 8%和 4%，确保飞行和空防安全，实现信息、车辆、综合治理、维修施工和卫生食品的一方平安，实现连续 24 年安全飞行，连续保持 259 个月的空防安全。运力投入、运输总周转量、货邮运输量增幅分别为

2015 年 5 月 6 日,南航吉林分公司长春至宜宾首航仪式　　（符邕　提供）

10.06%、10.52%、5.73%。客座率 80.13%，载运率 71.76%，分别提高 0.36 和 0.56 个百分点。南航吉林分公司获股份 2015 年度客运收入贡献、中转销售、航班优化及运力支持、货运高端产品、货运服务营销先进单位。分公司执管航班 2.87 万班，比 2014 年增加 1338 班，执管正常率、出港正常率 75.95%、68.10%。非天气原因 2 小时以上恶性延误率 0.93%。保障 VIP 航班 2506 班,完成两会、运兵、公安部包机和 3 次维和部队等运输任务。运指部获股份 SOC 系统航班正常性管理先进单位称号。严把航班放行、航班动态、现场运行、干部值班等关口;严抓航班正常性考核,强化保障效率,合理规范实施航班临时调整。启用现场运行保障中心、延吉基地机组飞行准备室。保障进出港旅客 318 万人次、行李 161 万件,其中特殊旅客 1900 余名。处理投诉 1784 件,比 2014 年下降 5.8%。进行空地服务检查 12 次,跟踪整改 19 项问题,采取冬季客梯车防滑措施;开展“微笑在客舱”活动;抓空地勤员工的穿衣戴帽,改善飞机内外和地面休息室环境卫生。

（符　邕）

城市公交

【场站设施建设】 南部新城和北亚泰 2 处公交运营场建成投入使用；长春龙嘉机场综合交通枢纽项目完成方案论证评选；长春南综合客运枢纽完成项目建议书招标；长春凯旋综合客运枢纽改造项目完成方案设计；长春站南广场综合换乘枢纽完成方案编制单位招标；净月区净月潭交通枢纽开工建设，同步规划建设 1 处占地 2 万平方米的公交运营场；高新南北区、汽开区 4 处公交首末站完成选址,进入筹建阶段。

【公交运行】 新增公交专用道 4 条、22 公里;在 15 个路口设置公交车专用左转通行信号，轻轨 3 号线 5 处平交道口安装优先信号设施;新建 20 处公交专用道违法抓拍装置;完成北京大街、民康路、北安路、长清公路等一批港湾式公交停靠站建设。

【运营服务】 更新、新增公交车辆 525 台,更新出租汽车 1700 台,建设亮化式公交集合站牌、候车亭各 50 座;新辟、调整公交线路 10 条，对长春市快速公交(BRT)建设进行可行性研究;开展公交、出租、公路客运“争、创、树”文明创建活动，评选出 360 名文明服务之星、33 个文明服务车队(客运站)、13 家文明服务企业。

【体制机制保障】 起草《城市公共交通基础设施规划建设管理办法》,列入市政府 2016 年立法计划；按照国有主导、多方参与、规范经营、科学补贴的思路推进公交体制改革，民营公交线路整合工作方案待政府批准后实施;将创建“公交都市”示范城市纳入政府重点工作,形成政府督查室牵头按季督查，市政府主要领导、分管领导定期调度的工作推进机制;通过开展“公交出行宣传周”活动、召开新闻发布会、组织记者体验式采访等形式对创建工作进行多次集中宣传。

（郭　昊）

物　流

【概况】 2015 年,长春市社会物流总额完成 1.82 万亿元，比 2014 年增长 7.1%；物流业增加值完成 392.55 亿元,比 2014 年增长 7%,2015 年物流业增加值占现代服务业增加值的比重为 16.3%，物流业增加值占 GDP 的比重为 7%;全市社会物流总费用为 1012.44 亿元,比 2014 年增长 6%,比 2014 年同期下降 1.3 个百分点，社会物流总费用增速放缓。

【物流企业】 到 2015 年年末,长春市物流企业发展到 3900 多户,物流企业累计资产 380 多亿元，其中企业资产超过 1000 万元的有 123 户，超亿元的有 12 户。全市有 41 户企业被评为“国家 3A 级”以上物流企业,A 级企业总数超过沈阳与哈尔滨两市总和。在物流企业中,运输型企业占总数的 80%左右,仓储型占 5%左右，综合型占企业总数的 10%左右,其他类型的占 5%左右。

【产业物流】 2015 年,工业品物流仍然占全市物流业总额的 58%以上,工业产业物流在物流业体系中居于主体地位。汽车物流增加值占全市物流增加值的 62%左右；农产品物流占全市物流增加值的 18%左右。生产型物流的增加值占全市物流业增加值 90%以上,生活型不足 10%。

【基础设施】 到2015年年末，长春市交通运输网络比较完备，形成以京哈高速和珲乌高速为对外主通道的“一横一纵一环一射”高速公路网，全市公路总里程22824公里，公路密度111公里/百平方公里。通行哈大高铁、长吉城际铁路、京哈线、长图线、长白线等铁路线路，全市铁路及铁路专用线里程达400多公里，航空货运航线达到39条。保税区物流中心、香江、中机、海吉星等10余个综合性物流园区和配送中心相继建成运营，全市仓储库面积累计突破400万平方米。

【批发市场】 全市滚动推进20个区域性批发市场建设，到2015年年末，全市建成17个，完成投资130多亿，直接和间接解决劳动力就业6万人左右，平均每个项目直接或间接带动近3000多人就业，批发业对地税的贡献率由9%提高到14.5%左右，提高5.5个百分点。

【运输网络】 到2015年末，全市物流运输车辆发展到10万多台，全年公路货运总量2.8亿吨，物流运营网络有定向、定线、定点的常规运营线路100多条。市内全部覆盖外五县(市)和一些重点乡镇，省内基本覆盖各地市州和一些重点县，国内远至广州、昆明、拉萨、乌鲁木齐，近至沈阳、哈尔滨，基本覆盖全国70%地级以上城市，专业经营国际物流业务的企业有7户。

【装备技术】 2015年，互联网技术在全市物流企业中的应用程度提高，65%以上的物流企业建立管理信息系统，物流信息资源开发利用能力增强，中机城市配送信息平台建成运行。仓储保管、装卸搬运、分拣包装、自动拣选等专用物流装备广泛应用于物流业务环节，智能标签、配载配送和路径优化等技术得到推广。

中机物流园 (崔永哲 提供)

【行业发展】 长春市有20户企业被认定为标准化管理企业，长春一汽物流被国家选定为服务业标准化试点企业。人才结构逐渐改善，70%以上物流企业均招录拥有大专以上学历职工。

【行业协会】 2015年，行业协会为政府和企业提供服务达10余项，涉及调查研究、物流统计、政策咨询、金融融资、法律援助、资源整合、资信评定、人才培训、行业宣传、信息化建设和标准化推广等领域。30余户物流及其相关企业直接或间接在协会开展的相关服务中受益。

【重点项目】 2015年，重点推进中机(长春)物流科技园、长春·宽城汽车贸易物流园一期、长春海吉星农产品物流中心、长春东北金属交易中心有限公司综合物流园区、电商快递产业园等大型物流园区建设。一汽大众汽车物流园区项目是省、市年度重点推进的项目。截至2015年年末，通道部分完成投资4.49亿元，完成总工程量的78.97%；启动建设长春市与公主岭市、伊通县相连接的富民大街、东风大街、汽车大路、硅谷大街和前进大街5条通道延长线建设任务。2015年，重点打造包装铁路领域重大物流基础设施建设项目。开展物流基础设施项目包装建设工作。围绕102国道东西两侧，引进包装沈阳铁路局大屯山铁路货运场站和吉林省华航物流铁路综合物流园区，2个项目总投资60亿元左右。在高新北区投资50亿元的东北亚国际铁路货运枢纽中心，该项目采取高新北区与沈阳铁路共建模式，到2015年年末，项目前期工作启动，施工设计方案和土地征收完毕。

(崔永哲)

信息产业

综　述

【智慧长春建设】 2015年，对《智慧长春建设规划纲要》进行修改完善。结合“一带一路”“互联网+”和“中国制造2025”战略贯彻，增加“普惠金融”“智慧能源”“网络信息安全”“创新创业促进”等内容。下发《智慧长春建设近期重点工作安排》，协调落实重点项目实施。在广泛调研论证的基础上，筛选10个具有核心引领和带动作用的项目作为重点推进项目，市信息化工作领导小组印发《关于印发智慧长春建设近期重点工作安排的通知》，协调推进项目建设。至2015年年末，10项重点工程全部启动。其中，智慧政务一期工程在市政务大厅全部窗口开始运行；由吉林数吉钱包电子商务有限公司开发建设的“爱长春”市民主页正式上线，聚合政务服务、市民服务、企业服务、农民服务四大板块的多项应用，线上活跃用户1万余人；空间地理信息共享服务平台基本建成，为全市提供空间地理信息服务；智慧人口和健康工程在绿园区开始试点；4G移动通信基站建设工程进展顺利。电子政务云平台一期工程、城市公共设施物联网应用支撑平台、智慧安全生产监督管理工程完成立项进入政府采购流程。智慧交通一期工程、市民一卡通工程进入方案设计。协调开展长春市无线WiFi建设工程。全市部署智能商业WiFi800余处，覆盖主要公共热点区域。

【工业化与信息化融合】 推进“两化”融合评估诊断和对标引导工作。有170余户企业进入省“两化”融合数据采集评估系统，开展企业“两化”融合诊断评估。有20个项目取得1300万元吉林省重点产业发展引导资金扶持，占全省26%；有29个项目列入吉林省2015年滚动实施“两化”融合重点项目，占全省23%。制定促进国家“两化”融合管理体系贯标的鼓励政策，纳入《长春市人民政府办公厅关于进一步推动工业稳增长促转型的若干意见》，对首次纳入国家“两化”融合管理体系贯标试点的企业经营者给予10万元奖励，对首次实现达标的企业经营者给予20万元奖励。有6户企业申报工信部“两化”融合管理体系贯标试点，1户企业申报国家“两化”融合管理体系贯标咨询服务机构，11户企业申报2015年省级“两化”融合管理体系贯标试点，1户企业列为工信部互联网与工业融合创新试点。3户国家级和5户省级试点企业启动贯标工作。

【电子政务体系建设】 完成市政府通用办公业务系统升级和应用推广，网络化办公系统实现全市覆盖。在对全市通用办公业务系统多年应用和完善的基础上，由市本级应用推广到县（市）区，结合应用推广对系统进行升级，优化全市政府系统的网络化办公体系。推进政府部门间数据交换，以数据共享促进应用深入。依托长春市政务数据交换共享平台，实现13个政府部门的数据交换。

【十三五规划编制】 编制《长春市“十三五”信息化发展规划》。规划到十三五末，基本建成高效、泛在、安全的信息基础设施，新一代信息技术在城市管理、社会服务及经济发展各领域实现普及性、融合性应用，一批面向政府、企业、民众的智慧应用系统建设取得实效，形成信息资源高效融合的公共信息服务支撑平台，基本建成安全可控的信息安全保障体系，信息化推动经济转型升级成效显著，全面实现基础设施监控化、政府服务协同化、城市管理智能化、公共服务网络化、市民生活数字化、新兴产业融合化和企业发展电子商务化，长春市信息化整体水平迈入全国先进行列。

（刘钦磊）

中国邮政集团公司长春市分公司

【概况】 2015年，长春邮政贯彻落实“一体两翼”（一体指平台建设，两翼指金融翼和寄递翼）经营发展战略，全区累计完成收入6.3亿元，完成计划的101.62%，占全省收入比重25.1%。

【邮政业务发展】 2015年，市公司坚持以市场为导向，推进专业创新经营和区域规模拓展。全区金融业务累计实现收入4.18亿元，完成计划的105.71%，其中，储蓄余额规模达202.86亿元，全省占比22.94%。新增余额12.43亿元,全省占比30.64%,增幅为6.53%,全省排名第1位。强化区域发展的平台作用,2015年,6个区域营销中心实现业务收入2.67亿元,占全区业务总收入的42.33%,完成计划的96.22%。五县(市)分公司发展持续提速,全年实现收入2.74亿元,占全区业务总收入的43.63%,按省公司统一口径,平均增幅20.26%,高出全省县域平均增幅7.87个百分点,占全省40个县收入比重达18.69%,占全省县域净增绝对值的28.57%。在集邮"两节"营销活动中,五县(市)在全国445个重点县域分公司中名列前茅。生肖主题营销活动实现收入2593万元,完成计划的173%;"自邮一族"项目,全区发展会员16848名,办理车险754单。营销体系建设得到持续完善,修订完善营销队伍管理办法。2015年全区拥有专职营销人员119人,确立营销项目116个,启动项目112个。

【平台综合实力】 平台综合实力得到持续增强。在自有平台建设上,完成网点迁址6处,装修改造8处,手工网点升级为电子化支局4处,布放ATM16台,CRS43台。新建主题邮局3处,新增报刊亭3处,完成3处乡镇空白网点补建工作。在社会平台建设上,全区优化清退便民站359个,整合便民站、村邮站、助农取款站"三站合一"36个,新增便民服务站597个,总量2883个。平台(含便民站)全年交易1309.8万笔,交易额16.67亿元,增幅8.7%。投递平台建设上,配备乡邮投递机动车102台,配备投递三轮电动车33台,开办社会代投点26处。与16个校区洽谈布放智能包裹柜22台,安装9台。配发手持智能终端设备690台,实施话费补贴政策。城市投递部安装WiFi设备22处。外包县域邮路4条,制作单体信报箱12000个。强化11185的服务和经营双重职能,打造服务与营销功能并存的综合平台,支撑专业发展。

【科学管理水平】 基础管理进一步规范。2015年按照省公司统一部署,完成"子改分"工作,保证企业平稳运行。确立周例会制度,明确领导班子周碰头会制度,全年向各单位下发《每周要情》计11期,制定职能、专业周联席会议制度。财务管理进一步深化。强化成本管控,注重降本节支,规范报账签批流程。通过压缩非生产性支出,管理费用比2014年下降14.09%。强化项目预算管控,深化专业、网点损益核算工作。通过全面盘点、清查,盘活库存和房产,提高资产使用效益。严格编制管理,控制人工成本。年初核定各单位用工编制数,通过业务外包、劳务承揽等方式,减少从业人员81人,解除终止劳动合同57人,人员总量继续保持负增长。修订绩效办法,考核累计进度,增设"奖池争霸",约束与激励并进。优化用工结构,转变用工类别。制定《业务发展突出贡献转招实施方案》,全地区115名劳务用工转招成B类用工,提升员工企业忠诚度。从员工出勤签到簿入手,加强员工考勤管理。开展寄递渠道清理整顿专项行动,加强收寄验视制度的执行,消除安全隐患和服务热点问题。实行质量监督检查管控体系,实行履职责任追究、联责考核,将履职情况纳入绩效考核。开展"体察实情,破解难题,进一步提升投递服务质量活动",市公司领导深入基层一线,解决投递生产中的问题。开展"提升邮政投递服务质量劳动竞赛活动",推荐五星级投递部、投递班长、投递员参加省公司评定,树立邮政投递服务标杆典范。

【企业文化建设】 开展思想教育、文化生活等主题活动。组织全体党员在团山花园社区聆听全国"时代楷模"吴亚琴先进事迹报告会,学习集团公司总经理李国华关于乐东经验的重要批示和《人民日报》刊发的"乐东经验"报道。同志街支局、长新街支行荣获长春市文明窗口称号。2015年全区累计举办6类、199期、12010人次的培训及考试,完成年度计划的102%。新增邮政特有工种职业技能各等级持证人员201人。组织百人以上脱产封闭式培训三期,组织领导、骨干参加职业经理人专题培训。

(江　琳)

中国联合网络通信有限公司长春分公司

【概况】 2015年,长春联通公司加快4G和全光网络建设,推出"沃4G+"、"为客户提质计划"等举措。长春联通公司累计完成主营业务收入245494万元,完成利润3.16亿元。

【建立和完善差异化服务体系】 长春联通公司开展短板整治工作,建立全业务、

长春联通4G手机节开幕现场活动　　(初继锋　提供)

长春联通 517 电信日现场营销活动　　（初继锋　提供）

全过程、全员参与的“大服务”体系，推出“宽带分区”和“延伸服务”承诺。强化客服工作纵向专业化管理，构建支撑市场经营工作的大服务体系，落实一线即时服务承诺，实现工单透明化，实现投诉处理工作集中上移。落实“30 分钟投诉接触服务”。全年普通投诉比 2014 年下降 19.92%。移动网络质量升级投诉比 2014 年下降 3.87%。

【优化网络布局】 公司推进全光网络建设。打造电商模式，实现 FTTH 自开通，支撑效率得到提升。全年 3G 网络路测指标改善明显，市区路面测试良好信号质量提升 19%，移动网速率提升 23%。4G 网络建设效果良好，网络覆盖率 95%；呼叫成功率、接入时延等指标得到改善。加快宽带网络光纤化进程，全网光端口占比提升到 65%。

【提升管理能力】 公司建立以统一运营体系、名单制项目投资管理体系、客户感知保障体系为核心的企业基本管理架构，实现营销网格向一体化、专业化、扁平化、自主经营的过渡和转变，推进自主经营体体制机制落地。强化任用考察程序，强化“业绩导向，聚类排名，结果应用”，形成公开透明、公平竞争的选用机制。推进薪酬优化改革，实现经营分析变为“薪酬分析”。

（初继锋）

中国移动长春城区分公司

【概况】 2015 年，累计完成运营收入 22.98 亿元，完成挑战目标值的 102.57%，比 2014 年增长 3.9%，收入完成进度、收入增幅均列全省第 1 位；无线上网收入 8.5 亿元，完成全年目标值的 110%，全省排名第 2 位，占总收入比例由 25%上升至 40%；4G 运营各项指标远超全省平均水平，4G 用户 97.4 万户，占通信用户比例 32.3%，与全国平均值持平；累计完成通信及信息化收入 2.04 亿元，达成全年目标的 116%，全省排名第 2；五类重点产品收入贡献由 22.55%提升至 33.69%，收入结构进一步优化；全年建成 4G 基站 2187 个，4G 基站 5404 个，全省占比 25%，4G 基站总量超过 2/3G 十年建设总和；LTE 特殊场景及碎片化建设纪实历史性荣获集团公司“2015 年度中国移动优质通信工程奖”一等奖第 1 名；网络健康度由年初 21.4 分提升至 87.26 分，改善度 84%，全省排名第 1；在年末集团测试中，长春城区的语音质量 98.11%，全国排名第 3，LTE 下载速率 40.33M，全国排名第 11，LTE 综合覆盖率 98.99%，全国排名第 7，整体网络质量达到全国领先水平。公司先后荣获全国文明单位、集团公司企业文化示范单位、通信行业节能管理创新先进单位等 20 余项集体和个人荣誉称号。

【网络提升】 开创碎片化、路灯杆 + 集束天线、新型天线、微管微缆等，提升建设质量。克服政府审批、铁塔公司能力滞后以及区域资源垄断等因素影响，修建管道完成 154.55 千米，新增 GPON 光缆 311.31 公里，495 个一级光交箱、415 个二级光交箱具备承载能力。复地哥德堡异构网纳入集团创新优秀案例库，高层深度覆盖解决方案、2G 资源释放方案在集团八省片区会得以推广，打造集团层面认可的标杆工程。推进感知区域问题解决、资源数据质量提升以及高干扰小区整治等工作，以量化薪酬为手段提升故障处理效率，基站退服率由 0.855%降至 0.055%，高干扰小区占比由 3.38%降低至 0.39%。优化传输网络结构，PTN 成环率由 72%提升至 90%，接入节点双上联比例由 30%提升至 90%。网络运营取得新效益。通过流量分析牵引完成 1035 个 2G 热点区域的 LTE 基站建设，分流 2G 高流量区域 30.5T，激发流量 644.35T；针对 2/3G 高流量用户，通过网络与市场专业协同，从建设、优化以及营销政策等方面入手，全年迁移至 4G 网络 4.3 万户，解锁 GSM 高流量用户 2623 户，解锁 TD 高流量用户 8370 户。

【市场营销】 以号卡 + 终端组合营销为核心，提升用户发展质量。全年新增用户 106 万户，沉淀 82.3 万户，新增用户沉淀率 76%，其中 4G 用户 31.8 万户，占比 38.6%，全省排名第 1；校园迎新活动中激活卡品 10.5 万张，激活率 98%，超出省公司目标 18PP，通信用户 9.56 万户，通信率 91%，比 2014 年提升 19PP，至2015年底沉淀9.51万户，沉淀率90.22%。加强存量用户的维系与保有，推进全渠道4G换卡、4G终端、4G套餐、无线宽带组合营销，月均离网率2.85%，比2014年降低0.21PP。全年净增“惠民网”D类集团用户31.8万户。专注4G营销主题，全年换卡94万张，办理实名制74万户，高流量用户、4G终端用户换卡比例达90%以上，全网用户实名制比例90.77%，自有渠道办理量分别占全渠道总量的64%和50%。拓展“终端+号卡+套餐”全业务复合型渠道105家，新建直供网点500家，拓展一镇一店14家，一校一店19家，实现重点商圈100%覆盖，社会渠道终端销售及新增用户贡献占比分别达92%和72%。提高电子渠道运营能力，手机营业厅累计使用用户数达38.4万户，官方微信关注用户突破33万户，支撑办理实名制25.34万户，占办理总量的34%。完善终端订货会后续管理，优化酬金政策，加速全渠道终端销售，强化终端销售节点的4G换卡和4G套餐等业务办理，全年累计销售4G终端61万部，达成年度目标的103%；精确选取低流量用户开展唤醒工作，月均激活4G低流量用户3400户。全年4G手机上网流量8461T，比2014年增长175%；4G流量分流比由年初的49.2%提升至83.2%，增长34PP；加大无线宽带拓展，聚焦出租车、安监局等高流量需求目标群体，无线宽带用户15.3万户，完成目标值的109%，创收8000万元。打造省市联动、专业化结合属地化的集客业务运营模式，优化集团客户经理网格化包保维系机制，将4G换卡及实名制工作与集客真实化工作有机结合，开展现场办公1980场，梳理真实集团3000家。累计签约项目120个，打造二道区政府监控、绿园区政府专线及长春市公安局4G警务巡逻车等精品项目，专线、IMS、IDC、集团短彩信及物联网五项产品累计达成收入6876万元，占总体通信及信息化收入的33.82%，份额比2014年提升11.14PP。完善品质监督体系建设，定期召开各专业基业联席会，聚焦投诉热点强化运营各环节的品质管控，不知情定制管控取得突出成效，基础业务类投诉比2014年下降29%，基础通信类投诉比2014年下降41%，万客户投诉率月均282.39件，比2014年下降18%，投诉量历年最低。

【管理提升】 完善市场化人力资源管理机制，通过三级经理和员工岗位竞聘工作，实现人才优选；分4批完成250名派遣制员工择优录用，劳务派遣制员工占比由年初38.7%下降至19.1%。优化多元激励体系，加大岗级间薪酬差异，启动转制员工量化薪酬，开展劳动竞赛活动，实现多劳多得，奖勤罚懒。完善项目管理措施，加大项目管理的激励力度，确保集团ATU测试保障、2/3G高流量用户迁移、校园迎新、二道区政府监控等重点事项的快速推进和目标达成；完善财务管控，增强增值税核算管理，综合税负率保持在全省前两名；持续提升风险防控能力，发起站址租赁类诉讼30起，追回经济损失16.3万元，解决5处遗留站址纠纷问题；规范合同模板及审核流程，建立信息安全管理架构，配合内控风险测试及各专项审计工作；完善安全生产管理措施，实现全年安全生产零事故，配合公安机关打击盗窃破坏通信设施案件以及伪基站等违法行为，挽回经济损失60.7万元。

（刘学锴）

中国电信长春分公司

【概况】 2015年，公司主营收入12.5亿元，比2014年增长6.1%。移动用户市场份额增长1.31个百分点，为12.53%。宽带用户市场份额增长1.22个百分点，为29.06%。公司收入增量份额、移动电话用户增量份额在本地行业内排名第一，宽带用户增量份额排名第二。公司获“优秀企业”“员工岗位创新活动优秀组织奖”“全省精神文明建设先进集体”等多项荣誉。

【市场营销】 公司移动出账用户数1075887户，比2014年末提升11.89%，有效发展率17.36%。移动过网用户数104万，销售终端59.21万台，比2014年末提升36.56%，其中智能终端56.89万台，智能终端占比96%。

【网络建设】 2015年，接入网端口容量与覆盖用户数量稳步提升。FTTH端口比2014年增长92.75%。4G网络向下延伸，4G+具备提供业务能力，网络能力在行业内领先。4G网络实现城区广域覆盖，城区平均感受速率提升到45M，比2014年提升31%。新开通无线网LTE室外基站451个，增加载波聚合基站158个。LTE室内分布安装开通60个载扇，完成94个新增CDMA基站的安装开通。开通宽带小区光网改造项目271个、可替换163397个LAN端口。民资引入完工104个项目、覆盖10.6万户。承接政企有线接入2275项、大学校园12个，累计投资8000万元。全年新建城域网管道582孔公里、本地网光缆1237公里、接入层光缆867公里。

【服务质量】 利用手机看店、明查、第三方暗访等方式夯实自有营业厅的基础类服务，包含服务用语、服务礼仪、服务态度、主动热情程度等。组织天翼会员活动，开展观影、天翼大讲堂、吉林翼支付采摘、积分兑换等活动。3G用户满意度行业排名第一。组织《关于开展4G业务和渠道“服务大体验，能力再提升”活动》，通过以客户身份体验4G业务，10000号、营业厅、电子渠道（欢go网掌厅）、新媒体渠道（易微信客服）等重点渠道，收集客户意见，及时整改。

（王丽梅）

商业 旅游业

商贸流通

【概况】 2015年，国内经济形势严峻，长春市消费品市场发展增速趋缓，全年实现社会消费品零售总额2409.29亿元，比2014年增长8.8%，增速低于全国1.9个百分点、低于全省0.5个百分点。与2014年同期相比增速回落3.8个百分点，回落幅度与全国及15个副省级城市趋同，增幅在15个城市中排位第12名，比2014年后退7位。按业态分。批发和零售业实现零售额2172.1亿元，增长8.5%。其中，零售业实现2000.7亿元，增长9.4%；批发业实现171.5亿元，下降1.7%。住宿和餐饮业实现零售额237.2亿元，增长12%。其中，住宿业实现20.9亿元，增长8.5%；餐饮业实现216.3亿元，增长12.4%。按地域分。城镇市场实现零售额2206.7亿元，增长8.6%；乡村市场实现零售额202.6亿元，增长11.2%。按规模分。限额以上实现零售额951.2亿元，增长1.5%(批发业实现91.7亿元，下降10.1%；零售业实现834.1亿元，增长3%；住宿业实现6.1亿元，下降1.9%；餐饮业实现19.4亿元，增长0.7%)；限额以下实现零售额1458亿元，增长13%(批发业实现79.8亿元，增长9%；零售业实现1166.6亿元，增长13.3%；住宿业实现14.8亿元，增长11.1%；餐饮业实现196.9亿元，增长13.7%)。

【消费品市场运行特点】 2015全市社会消费品零售总额比2014年增长8.8%。从各季的增幅来看，一季度实现零售额540.7亿元，增长7.3%。上半年实现零售额1127.6亿元，增长8.3%，增幅比一季度提高1.0个百分点。前三季度实现零售额1734.2亿元，增长8.5%，增幅比上半年提高0.2个百分点，比一季度提高1.2个百分点。全年实现零售额2409.3亿元，增长8.8%，高于前三季度增幅0.3个百分点。消费品市场整体呈现出稳步提升、稳中向好的趋势。县（市）零售额增速高于城区及开发区。3县（市）实现零售额396.3亿元，增长9.8%，高于全市平均增幅1个百分点，占全市比重为16.4%；7城区实现零售额1587.1亿元，增长9.3%，占全市比重为65.9%；5开发区实现零售额425.9亿元，增长6%，占全市的比重为17.7%。限额以下企业增速拉动明显。从规模看，限额以下零售业增速高于限额以上，拉动作用明显。全市限额以下单位实现零售额1458亿元，占社会消费品零售总额的60.5%，增长13%，高于全市平均水平4.2个百分点，对零售额增长的贡献率为86.4%，拉动全市社会消费品零售总额增长7.2个百分点。餐饮行业逐步回稳。1至4季度餐饮业营业额增长幅度分别为14.5%、15%、15.3%和12.4%，其中限上餐饮业营业额增幅分别为2.4%、4.2%、5%和0.7%。汽车销售止增回降。全年汽车类商品零售额实现230.7亿元，下降6.4%。石油制品销量锐减。成品油受国际市场原油价格持续走低影响，价格下降，2015年，汽、柴油价格分别下降18.9%和21.1%。大客户对柴油的需求量减少，石油制品类商品销量锐减。全年石油制品类零售额实现117亿元，下降8.1%。生活必需品仍为主要拉动力。按商品类值分，限上生活必需品类实现零售额260.9亿元，拉动限上社零额增长1.5个百分点；限上家居装潢类实现零售额122.3亿元，拉动限上社零增长1.3个百分点；金银珠宝类实现零售额37.1亿元，拉动限上社零增长0.4个百分点；限上汽车类实现零售额230.7亿元，拉动限上社零下降1.7个百分点；限上石油及制品实现零售额117亿元，拉动限上社零下降1.1个百分点。消费价格指数继续上涨。2015年，全市居民人均可支配收入达29089.7元，增长6.6%；居民消费价格总指数上涨1.3%。其中烟酒类、医疗保健和个人用品类价格指数上涨较多，涨幅为3.4%和3.3%；衣着类、居住类、食品类价格指数也有所上涨，分别上涨2.4%、2.1%和1.1%；交通与通讯类、娱乐教育文化用品及服务类、家庭设备用品及维修服务类价格指数下降，分别下降0.8%、0.6%和0.5%。

【商贸流通体系建设】 城市物流共同配送项目进展顺利。712城市配送试点工程初见成效，7个配送中心初具规模，20家企业铺设网点近2万个，城市共同配送信息平台和配送车辆上线试运营，通过国家考核验收，城市共同配送网络初

2015年全国15个副省级城市社会消费品完成情况表

单位:亿元

城市	零售额	位次	比2014年%	位次
长春	2409.3	14	8.8	12
成都	4946.2	3	10.7	5
大连	3084.3	13	8.5	13
广州	7933.0	1	11.0	4
哈尔滨	3394.5	11	10.5	6
杭州	4697.2	5	11.8	2
济南	3410.3	9	10.5	6
南京	4590.2	6	10.2	9
宁波	3349.6	12	12.0	1
青岛	3713.7	8	10.5	6
沈阳	3883.2	7	8.2	14
深圳	5017.8	2	2.0	15
武汉	4876.2	4	11.6	3
西安	3405.4	10	10.1	10
厦门	1168.4	15	8.9	11

2015年长春市限额以上主要类值零售额增长对比一览表

指标名称	2015年			2014年		
	增幅	贡献率	拉动率	增幅	贡献率	拉动率
限上社会消费品零售额	1.5	–	–	5.9	–	–
一、生活必需品	5.5	51.9	1.5	4.4	20.1	1.2
1、食品、饮料、烟酒类	7.6	30.3	0.9	7.2	13.3	0.8
2、服装、鞋帽、针纺织品类	4.0	21.6	0.6	2.5	6.8	0.4
二、金银珠宝类	11.8	14.8	0.4	3.7	2.3	0.1
三、家居装潢类	10.9	45.1	1.3	2.79	5.4	0.3
1、家用电器和音像器材类	7.6	15.2	0.4	-6.6	-7.2	-0.4
2、家具类	15.8	12.9	0.4	16.8	6.1	0.4
3、建筑及装潢材料类	12.7	17.0	0.5	13.6	6.5	0.4
四、石油及制品类	-8.1	-39.4	-1.1	6.7	15.6	0.9
五、汽车类	-6.4	-60.2	-1.7	5.4	23.6	1.4

步形成。开展“万村千乡市场工程”建设,欧亚集团等企业承办的“管理系统”信息更加完善,全市“农家店”经营管理水平得到提升。远方集团投资的农超对接“蔬菜、水果生鲜配送中心”建设项目和海吉星公司投资的“南菜北运”蔬菜标准化销售专营区项目建成并投入使用,获上级扶持资金1080万元。肉菜流通追溯体系建设顺利推进。城市追溯管理平台搭建完毕,完成各类节点建设144家,实现各节点子系统及中央平台的数据对接。支持家政服务体系建设,启动全市养老服务试点工作,加快推动居家养老服务的多元化发展,打造多元消费热点。提升“一刻钟社区服务圈”商业服务水平。支持双佳电子科技公司“社区商业信息服务平台”项目建设,有50个社区参与其中。

【促消费扩内需活动】 市、区(县)联动,开展“名店联展惠春城,喜气洋洋过大年”“冰雪节”“千企促销”等专项活动200余次。组织全市近60户企业的名特优产品参加“国际食品和饮料展览会”“吉林名品广州行”“宁波食品博览会”等国内知名展会,意向成交额3000余万元。支持欧亚集团“全渠道电子商务平台”项目和亚泰集团“亚泰e家电商平台”项目建设,加快推动商贸流通模式创新,实现线上线下互动融合,提升市场活跃度。加强市场运行监测和分析。全年发送市场监测信息1050篇,原创信息232篇,其中动态分析136篇,专题及综合分析10篇。做好肉菜等必需品市场应急管理,适时开展肉菜储备调控。组织12户承储企业,储备土豆、白菜等蔬菜1万吨。春节期间,通过8户承储企业,向全市各大市场、超市投放生猪1万头,保障市场供应稳定。

【电子商务发展】 壮大电商主体，新增2个省级电商示范基地和7户省级电商示范企业。跨境电商实现新突破。“阿里－长春跨境电商平台”和“全球货源平台O2O综合体”正式启动，累计发送包裹达220万件，业务范围辐射俄罗斯、韩国、德国、日本、新西兰、澳大利亚等190多个国家和地区，成为继广州和杭州之后，全国第3个跨境电商重要核心节点城市。推进电子商务公共服务平台建设。举办首届中国(长春)电子商务产业峰会和电子商务博览会，组织企业参加东北亚电商资源对接大会、吉林省首届“互联网+”电商微商与传统行业企业交流对接会。依托吉林万和、吉林豪玛、纵横易电商创业孵化基地、新时代商务咨询等平台，开展多层次电商人才培训，为农村青年及大学生通过电商创业提供便利条件。推动“中国玉米市场网”大宗农产品现货电商平台、“好汇购”农业电商平台、“淘宝特色中国·吉林馆”“独特购”、鼎元电子商务“独特卖”等专业化农特产品电商平台建设，引导农民直接利用电商实现创业增收。

（赵兴华）

供销合作社

【概况】 2015年，长春市供销社(以下简称市供销社)系统有1个地级供销合作社联合社、5个县级供销合作社联合社和106个基层供销社、610个产业活动单位。其中市供销社有1户资产经营公司、7户股权占90%以上的绝对控股企业和12户参股企业，主要分布在农业生产资料、棉麻土特产品、再生资源、干鲜果品、日用消费品、农副产品、烟花爆竹、商品批发(集贸)市场等经营领域。长春市供销社系统商品购进总额完成548076万元，比2014年增长6%。农副产品购进总额实现101350万元，增长12.6%。再生资源收购额完成14254万元，增长10.5%。商品销售总额完成601628万元，增长13.2%。消费品零售总额实现71268万元，增长7.3%。售给农民的农业生产资料实现219262万元，增长12%。连锁销售总额实现83137万元，增长20%。商品批发(集贸)市场交易总额实现186019万元，增长13%。盈亏相抵后利润总额实现3443万元，增长15%。资产总额9.8亿元，增长14%。所有者权益为4.1亿元，增长24.2%。市供销社系统有商品基地30个。其中，种植业16个，种植面积1798公顷；养殖业14个，联结农户4070户，帮助农民实现收入28395万元。有庄稼医院77个，进行测土配方施肥7557公顷。为农民提供技术培训、咨询服务58071人次；提供种子、种苗服务1860万元。市供销社在供销社系统综合业绩考核评比中，获得中华全国供销合作总社（以下简称国家总社）一等奖、吉林省供销合作社(以下简称省供销社)特等奖。

【综合改革】 综合改革工作有序展开。形成《中共长春市委、长春市人民政府关于深化供销合作社综合改革的实施意见(征求意见稿)》。榆树市供销社被确定为全省综合改革试点单位后，发挥先行先试作用，在体制机制创新、基层组织建设、为农服务功能提升等方面取得突破性进展，形成可复制、可推广的典型经验。2015年，双阳区供销社被确定为全省供销合作社综合改革试点单位。

【“新网工程”建设】 市供销社围绕农资、农副产品、日用消费品、再生资源、烟花爆竹5大产业，加强项目建设，推进“新网工程”快速发展。2015年，全系统新发展4个配送中心，总数20个，新发展连锁经营网点278个，总数1727个，形成县有配送中心、乡有连锁超市、村有综合服务社的连锁经营体系。

【农业社会化服务体系建设】 市供销社着眼于推动土地适度规模经营，在榆树市、农安县和双阳区开展土地托管服务，全年托管土地3830公顷。增强为农服务实力，长春市供销兴合资产经营有限公司出资450万元入股吉林省田丰机械种植专业合作社联合社(股权占30%)，创新采取“市级企业＋基层社＋农民专业合作社”模式，开展农资供应、土地托管、农村金融等服务。全系统供应化肥41.2万吨，满足农业生产需求。加强农产品流通服务，推进各类农村集贸市场建设，全系统形成23处农贸市场。开展农村金融服务，田丰资金互助部运转良好，内部开展信用合作人员190人，吸收互助金210万元，发放贷款135万元。

【基层组织建设】 指导各县(市)、区供销社利用供销社无形资产吸引社会资本入股，采取新建和改造方式恢复发展基层社，2015年，全系统发展2个基层社，总数达106个，覆盖率76.5%。采取领办、联办等方式，扶持发展种植、养殖、农机、土地流转等各类农民专业合作社，全系统发展农民专业合作社36个，总数达160个。加强行业协会和农村综合服务社建设，全系统发展各类协会18个，总数达249个；发展农村综合服务社57个，总数达424个。创新组织形式，榆树市农村合作经济组织联合会会员发展到60余家，开展政策宣传、服务承接、经济交流、综合协调等工作；双阳区农民专业合作社联合社有135户农民专业合作社加入，农业生产专业化、组织化程度得到提升。

【社有企业改革发展】 长春市农业生产资料有限公司进行混合所有制改革后，建立农资物联网，该企业被列为吉林省农资物联网应用与示范项目4户试点企业之一；长春果品批发市场有限公司引进寿光地利农产品集团有限公司等2户民营企业进行重组，合作组建长春地利农副产品有限公司，计划投资7.6亿元，在3年内建设新的大型农副产品批发市场；长春市鸿兴再生资源开发有限公司投资4100万元新购置2处资产，拓展经营服务领域，开设宾馆以及儿童教育等社区服务；长春市环城供销有限公司投资260万元入股双阳区双联供销合作社有限公司，组建双阳区奢岭综合服务中心。长春供销兴合资产经营有限公司实现收益155万元，比2014年提高3.3%。

【项目建设】 2015年，市供销社争取中央财政服务业发展专项资金1项，农村物流发展引导资金2项，分别为长春润邦农业生产资料有限公司农资物联网项目、农安百万亩粮田仓储设施建设项目和双阳区铭旺食品有限公司仓储物流项目，获得专项资金699万元。市供销社对德惠市岔路口供销社农产品流通网络新建和改造项目、九台区长春兴远肥业有限公司农业生产资料生产加工新建项目、双阳区宏源肥业有限责任公司控释混肥生产线改造项目、长春市环城供销有限公司同泰综合农贸市场升级改造项目进行检查验收。

【信访工作】 市供销社在资金非常紧张情况下，筹措200多万元，重点解决市果品公司企业改制遗留问题。参加局长接待日12次，接待群众上访46件、116人次，处置市长公开电话14件，为系统改革发展营造良好氛围。

【安全生产】 市供销社与企业签订7份安全生产责任书和3份食品安全责任书，对社有企业开展"夏季攻势""秋冬会战"安全生产拉网式大检查，针对社属企业存在的安全隐患，投入40余万元进行整修，有效预防安全事故发生。

（丁明粉）

粮食流通

【长春大米】 利用国内知名展会平台，举办5场长春大米推介会。在北京、天津、西安、福州、昆明等10个城市开展长春大米展览展示，在西安、天津、昆明、北京和福州举办长春大米推介会，同当地粮食部门签署粮食产销战略合作框架协议，长春市大米协会与西安、天津、昆明、北京和福州等地共签订25万吨的大米购销合作协议。着重进行长春大米落地直销工作。1月，在海南省海口市建立长春大米(海口)直销店。八一前夕，把14户长春大米骨干企业的优质产品集中起来，建立长春大米(长春)直销中心。11月，在福建海峡自贸区吉林商贸城成立长春大米营销体验中心。各企业也在各地建立直销机构，长春大米落地直销工作取得实质进展。借助长春农博会重要平台，为长春大米宣传造势。8月14日，在第十四届中国长春国际农业·食品博览(交易)会期间，省、市粮食局在长春共同"吉林省2015年粮食产销协作会"。来自北京、上海等12省(市、区)粮食局和企业代表200多人参会。省委书记巴音朝鲁、省委常委高广滨等领导莅临现场。市粮食局组织大米骨干企业产品参展参会，除在吉林大米馆布设100多平方米长春大米特装展厅外，还在农博园最显要位置设立6块户外广告牌，在省内多家媒体作专题宣传报道。利用报纸、广播、电视、网络、户外广告等形式开展宣传。自推介活动开展以来，国内外有500余家知名媒体相继进行报道。与凤凰网、新浪网、吉和网等网络平台建立长期稳定的合作关系。在机场高速两侧设立两块长春大米户外广告牌；在长春火车站北站主楼显要位置悬挂6块户外广告牌；在人民大街与自由大路交会处，设立大型LED屏幕，宣传长春大米，宣传内容、元素等做到实时更新。通过宣传推介，长春大米品牌知名度大幅飙升，企业销量、大米价格均有大幅提升，网上销售长春大米取得明显进展，长春大米骨干企业将产品远销美国、欧洲、日本、韩国、台湾、香港等国家和地区。2015年8月13日，长春市被中国粮食行业协会授予"中国优质粳米之都"的称号。

【粮食收购】 在全市范围内确定具备政策性粮食收购资格的库点345个。配合中储粮做好临储收购库点开库的基础工作，使临储开库点数量稳步增加，全市临储玉米收购库点到4月收购结束前达256个，占备选库点的74%。市粮食局对粮食收购工作实行分片包干，督导政策性粮食收储企业落实质价政策，解决收购中出现的问题。截至2015年5月12日，全市入库新粮1137.2万吨，创历史最高水平。比2014年同期增加104万吨，增长10%，完成粮食收购任务，实现农民应卖尽收，保护农民利益，企业效益明显提高，全市粮食收购整体收入在285亿元以上。

【宏观调控】 通过对办证企业的规范化管理，规范统计工作，各社会用粮企业按时上报统计报表，调度全市粮食收购进度，确保上级主管部门和市领导了解掌握粮食收购情况。完成社会粮食供需平衡调查工作。开展社会粮食供需平衡调查，保证调查数据的准确性和连续性，适当调整农户粮情调查点，掌握城镇居民口粮（油）消费情况和全社会粮食供需情况。全市完成城镇户385户，农户400户的调查任务，为国家宏观调控提供基础数据。落实10天成品粮油应急储备。与应急承储企业签订2015年粮油应急储备预购合同，加强对应急成品粮油承储企业管理，掌握承储企业的库存情况和经营现状，确保应急工作不出现偏差。完成国家粮食局部署的粮油应急相关资料的报送，对全市情况进行汇总。会同财政部门将成品油应急储备计划调整到九三集团长春金隆豆业公司，确保储备计划不落空。

【库存检查】 市粮食局从5个县(市)区抽调6个检查组，对四平地区和公主岭市列入检查范围的101户粮食收储企业存储的473.9万吨粮食库存情况进行全面普查。重点检查粮食库存账账、账实情况，中央储备粮轮换管理检查情况，仓储管理安全生产及中储粮承储资格情况和企业执行国家粮食购销政策等情况。通过检查除发现个别企业在账目处理、安全生产、储粮安全等方面存在问题外，所有粮食企业保管的粮食都做到数量真实、质量完好、储存安全。

【粮油检测】 年初，市粮食局会同市工商局联合下发《关于开展2015年成品粮油质量专项整治的通知》。把粮油批发市场、农贸市场、连锁超市确定为重点整治对象，把城乡结合部、农村小食杂店经营的粮油作为重点区域，以节日为重点时期，加强粮油市场监管和抽检力度，坚决杜绝不合格粮油产品流入市场。截至12月10日，检测粮油样品1291个批次，超额完成成品粮油质量检验监测任务。

【科学储粮】 全市危仓老库改造项目总

投资1.2亿元，涉及55户企业，维修仓容80万吨。年底项目全部竣工并投入使用。有16个项目通过国家和省审批建设收纳仓和标准仓，建设仓容41万吨，总投资2.21亿元，项目已如期完成。市粮食局组织全市粮食收储供应保障工程（2015-2020年）建设规划工作。未来5年，全市粮安工程总投资47亿元，共涉及新建仓储设施项目、危仓老库改造项目、粮食物流项目、农户科学储粮户项目、粮油应急主食产业化项目、粮油质量安全保障体系项目、应急供应体系项目、军粮供应网点建设项目、粮情预警监测系统建设项目等9个方面，确保全市粮食仓储设施和收储能力再上新台阶。

【安全储粮】 市粮食局对全市粮食入库、烘晒以及货位形态和露天囤储存情况进行定期调度检查，确保入库粮食安全。到各县（市）区指导检查农户安全储粮工作，重点对地趴粮问题比较突出的县（市）进行重点督导，确保农户安全储粮。粮食烘晒工作结束后，市粮食局结合粮食库存检查、临储粮验收等专项工作，对粮食水份、质量情况进行排查，发现隐患及时处理，防止发生坏粮事故。《关于构建长春市城区地方粮食收储保障体系的实施意见》，将长春市直属东湖粮食储备库、中储粮长春直属库、吉粮集团双龙粮库、吉粮集团嘉实米业有限公司、吉粮集团外贸公司兴华粮库等5户企业统一纳入到长春市城区地方粮食收储保障体系，可实现粮食收储能力33万吨。

【安全生产】 定期到企业检查安全工作，下发、转发安全生产类文件20余份，指导县（市）区粮食部门和企业做好安全生产工作。组织企业签订《安全生产承诺书》，落实安全生产主体责任。5月27日，榆树市泗河镇金丰米业有限公司发生安全生产事故后，市粮食局高度重视，组织人员赶赴事故现场，配合市安监局做好事故调查处理工作。下发《长春市粮食局关于切实加强当前安全生产工作的紧急通知》，通报事故情况，分析事故原因，制定安全措施，对全市安全生产工作进行再安排再部署，坚决防止类似事故发生。开展安全生产“夏季攻坚”、春季防火、安全生产月、秋冬会战等专项活动。对企业进行粮食收购证核查、库存检查、临储粮验收等，把安全生产检查纳入其中，全年排查一般隐患980余项，其中整改921项，整改率94%。

（刘成军）

旅游业

【概况】 2015年，长春市实现旅游业总收入1072.63亿元，比2014年增长25.13%；接待国内外游客5726.04万人次，增长15.72%。长影世纪城迈入国家AAAAA级景区行列，九台区、双阳区和净月区入围全国“全域旅游示范区”创建单位，榆树钱酒业被评为全省工业旅游示范点。长春市获全国“避暑旅游城市”和“2015旅游业最美中国榜”颁发的“文化魅力旅游目的地城市”称号。

【旅游项目建设】 召开全市旅游规划、项目建设工作会议，完成《榆树市旅游业发展规划》《双阳区旅游业发展规划》等区域旅游规划评审。完成《长春市智慧旅游发展规划》《九台吉林现代旅游实验区发展规划》和《长春市汽车文化旅游发展规划》等专项规划编制和策划。加大旅游项目开发力度，全年开工建设旅游项目81项，其中新建20个，续建61个，完成投资151.86亿元，重点开发建设双阳奢岭乡村旅游示范区、庙香山旅游度假区和农安剑鹏马城等重点项目。

【旅游产品开发】 推进生态冰雪旅游产品建设，以“净月雪世界”为龙头的主要冰雪产品社会总投入超过2亿元，比2014年增长18%；加速乡村休闲度假旅游产品开发，以双阳乡村旅游带、净月乡村旅游带、朝阳现代都市观光农业示范区、绿园乡村集聚区为节点的环城乡村旅游休闲度假带形成规模；加速工旅融合，对工业企业进行指导，提升其旅游功能，榆树钱酒业被评为全省工业旅游示范点；培育温泉度假及商贸文化旅游产品，天怡温泉、国信南山温泉度假区、巴蜀映巷特色文化旅游商街竣工投入运营。

【服务功能提升】 复航、增开俄罗斯海参崴，韩国清州，日本名古屋、大阪和新加坡等国际航线，宜宾、满洲里、包头和威海等国内航线。推进游客服务中心“网点化”建设，首批22处长春旅游咨询网点正式挂牌，实现政府公共服务功能与企业发展结合。实施“旅游厕所革命”，新建、改建旅游厕所176座。完善旅游餐饮、购物、道路标识及景区停车场、紧急救援等基础设施。智慧旅游建设成果显著，旅游呼叫中心服务专线投入运营，导游员培训、信息查询、旅游应急及管理等应用平台投入使用。

【市场宣传促销】 强化城市旅游形象宣传，新版长春旅游宣传片网络点播量超300万次。参加伦敦、台北等境外旅展和海峡两岸旅游业联谊会、国内旅游交易会和北方旅游交易会等专题旅游展会。赴新加坡、泰国、香港和台北等客源地举办一系列旅游推介及交流活动，提升长

净月潭正门　　（邹　健　提供）

春市境内外旅游市场份额。在广州、南京、香港和台北等境内外重点客源市场建立长春旅游营销体验中心，实现旅游宣传的阵地化。“旅游进社区”活动品牌化、系统化，成为服务市民、激活本地市场的新载体。推进旅游区域合作，由长春市发起成立、17个城市为首批成员的东北旅游推广联盟成为强化东北地区旅游合作新阵地。

雕塑公园　（邹　健　提供）

【节庆旅游活动】 2015年，长春冰雪旅游节注重冰雪旅游产品建设，推进“冰雪进课堂、冰雪进社区、全民上冰雪”工程，展示长春冰雪旅游产品特色和活动亮点。以森林马拉松、山地自行车马拉松赛、消夏灯会和乡村旅游节为主体活动的第九届中国长春消夏节影响力得到提升，期间举办的第三届消夏啤酒节产品丰富，活动精彩，受到市民和游客喜爱。

【行业规模壮大】 开展“旅行社诚信体系建设优胜单位评选”和“旅行社接待奖励考核”等评先创优活动，下发《关于进一步加强文明旅游工作的实施意见》，引导旅行社诚信守法经营。推进标准化建设，长影世纪城成为继伪满皇宫博物院和净月潭风景名胜区之后又一家全国AAAAA级景区。雕塑公园进入创建国家AAAAA级景区预备名单。对长影旧址博物馆、省自然博物馆、吉视传媒方舟美术馆、国信南山温泉和巴蜀映巷等景区进行景评指导。推进标准化试点工作，伪满皇宫博物院、长春文化国际旅行社、吉林省中国青年旅行社通过省级验收，伪满皇宫被推荐为国家旅游标准化试点单位。截至2015年年底，长春市有国家A级景区45家，星级饭店59家，乡村旅游A级接待单位57家，旅行社211家，导游人员1.2万余名，旅游直接和间接从业人员近50万人。开展导游员年审培训和伪满皇宫博物院讲解员培训，提升导游人员整体素质。

莲花山度假区净莲大街街景　（邹　健　提供）

【旅游市场监管】 强化市场监管机制，市政府下发《关于开展旅游市场联合执法工作的意见》，形成旅游市场综合监管执法长效机制。坚持依法治旅，开展旅游检查80次，出动执法人员425人次，联合相关部门开展春季旅游市场秩序专项整治，加强旅游短线和非法网络营销监管，规范市场秩序。加强旅游投诉处理，受理旅游投诉51件，为游客挽回经济损失33.9万余元。落实行业安全监管职责，制定下发《长春市旅游突发公共事件应急预案》列入政府专项预案体系，完成全省旅游突发公共事件应急演练任务。会同相关部门对旅游市场开展安全检查，确保长春旅游市场健康安全发展。

（邹　健）

会展经济

【概况】 全市举办规模以上会展活动125项，展览面积240万平方米。展会直接收入40亿元，带动其他相关产业收入360亿元。全市会展企业发展到86户，长春国际会展中心有限责任公司、长春百瑞国际会展集团、长春东北亚文化城成为能够承办大型会展活动的会展龙头企业；会展人才培养取得突破性进展，长春职业技术学院、吉林省艺术学院、长春大学旅游学院、吉林经济技术管理学院开设会展专业。农博园室内外展览面积60万平方米，其中室内使用面积6万平方米；东北亚文化城、中机（长春）物流园、欧亚卖场会展中心得到完善和发展。全市拥有正规展览场馆5处，室内外展览总面积近100万平方米，其中室内展览面积26万平方米。

【中国·吉林农业机械产品展示交易会】 由吉林省农业委员会主办、吉林省东博会展商务有限公司承办的“2015年中国·吉林农业机械产品展示交易会”于3月27日至29日在长春国际会展中心召开。来自全国140家农机生产企业流通企业210户千余种农机产品前来参展，展览面积6万平方米。本次展会，参展商品涵盖进入国家、吉林省支持推广农机产品目录的产品和其他农业机械设备，包括拖拉机、农用运输车、内燃机及动力机械设备、耕整地机械、种植施肥机械、收货机械、收货后处理机械、排灌机械、设施农业机械、农用工程机械、农副产品加工机械、畜牧水产养殖机械、食品加工和包装机械、园林机械等及各种农机配件等1600多种型号机械设备。中国一拖、福田雷沃、奇瑞重工、约翰迪尔、洛阳中收、奥瑞海山、五征、时风等国内130多个著名农机产品企业产品参展。有15万多人次参观展会。现场完成农机产品交易额订单4.45亿元。

【第二十届长春国际建筑装饰及材料博览会】 由吉林省建筑装饰业协会主办、长春维达展览服务有限公司承办的“第二十届长春国际建筑装饰及材料博览会”于4月10日至12日在长春国际会展中心举办。展会规模室内22000平方米，室外8000平方米，展位数1600个。展会设建筑装饰材料展区；厨房卫浴产品展区；建筑节能产品、新型墙材展区；门窗幕墙、屋顶技术及加工设备展区；供热供暖、空调、新能源设备展区；给排水、水处理技术设备及泵、阀、管道展区；太阳能及新能源展区和社会公共安全产品展区8个展区。行业领军企业有93户参展，国外参展企业24户，其他均为来自国内相关产品生产企业。展会期间，协议成交额为3亿元人民币，参观人数2万人次，其中专业观众16000人次。

【第十二届中国（长春）国际汽车博览会】 由中国国际贸易促进委员会、中国汽车工程学会、中国汽车工业协会、中国汽车流通协会共同主办，中国国际贸易促进委员会长春市委员会承办，长春百瑞国际会展集团有限公司执行的第十二届中国（长春）国际汽车博览会，于7月12日至21日在长春国际会展中心举行。本届汽博会展出面积20万平方米，参展企业137户家，参展车辆1226台，参展品牌146个，参展观众67.2万人次，现场销售车辆28627台，成交额57.25亿元。

【第十四届中国长春国际农业·食品博览（交易）会】 由国家农业部、吉林省政府和长春市政府共同主办，长春市人民政府承办的第十三届中国长春国际农业食品博览会于8月14日在农博园拉开帷幕，本届会期10天，展会占地面积106万平方米，分为展馆区、展场区2部分。其中，展馆区27万平方米，展场区79万平方米。安排展示展销和文化活动2大类25项内容。展馆区设6大板块，分别为名优新特农产品展示区、关东（吉林）农耕民俗文化展示区、农业机械展示区、农村新型能源展示区、农业信息化成果展示区和农业高新技术装备展示区。云集国内外2200多家展商，展示展销1000多个系列、万余种名优特农产品、食品、农资产品、畜禽良种和农机具等。参展人数超过175万人次，实现现场交易额16亿元。展会期间，组委会组织多项经贸洽谈活动，达成签约203项，签约金额164.3亿元。有包括联合国项目事务署、国际粮农组织官员等在内的国内外1200多位重要来宾参加本届农博会的各项经贸、文化等活动。

【中国（长春）国际智能物流科技博览会】

由中国物流技术协会、中国国际贸易促进委员会物流行业分会、中国建筑材料流通协会、长吉产业创新发展示范区主办,长春市会展业协会、长春市二道区人民政府、长春物流协会、长春农业博览园承办的"2015中国(长春)国际智能物流科技博览会"于8月30日至9月1日在农博园举行。本届展会由展览、论坛、战略合作签约及招商引资推介3大板块组成。展览面积3.8万平方米,展位数1488个,参展企业235户,其中国内知名企业50户,前沿智能科技机构40户,国外展商8户,其他传统物流运输、仓储及地段设备等137户。涵盖交通运输设施、物流仓储设备、物流金融相关服务、物流快递、城市配送、智能物流与科技、物联网、电商、物流仓储运输企业等物流类别及相关行业。展会期间参观人数2.6万人次,实际成交10项,金额600万元;签订意向合作25项,金额约1.3亿元。

【中国(长春)物流产业发展高峰论坛暨长吉产业创新发展示范区物流产业规划发布会】 由中国物流技术协会、中国国际贸易促进委员会物流行业分会、中国建筑材料流通协会、长吉产业创新发展示范区主办,长春市会展业协会、长春市二道区人民政府、长春物流协会、长春农业博览园承办的"2015中国(长春)物流产业发展高峰论坛暨长吉产业创新发展示范区物流产业规划发布会"于8月30日在长春国际会议中心举办。国务院发展研究中心党组成员、经济学家余斌,中国物流与采购联合会首席顾问丁俊发等领导及物流企业CEO,就宏观经济和物流行业趋势作主旨演讲;商务部、国家工商总局、中国证监会、中国物流技术协会、中国建筑材料流通协会等行业专家出席论坛活动。约500位物流行业代表人士、参展企业负责人、物流专业人士参会;长吉产业创新发展示范区物流产业规划在大会上发布,受到与会人员关注。

【第四届中国(长春)国际茶产业博览会】 由深圳市华巨臣实业有限公司、长春国际会展中心共同主办,深圳市华巨臣实业有限公司承办的第四届中国(长春)国际茶产业博览会于2015年9月18日至22日在会展中心举办。展览面积22000平方米,国际标准展位1264个,设全国各地名茶展区、紫砂艺术展区、茶具收藏品展区。举办茶艺表演、茶文化知识讲座、紫砂知识讲座、Hitea寻宝、品牌推介会、高端品鉴会等活动。来自吉林、黑龙江、沈阳、云南、福建、湖南、湖北、河南、台湾、越南、斯里南卡、日本等72个名茶产区的530余家企业参展,汇聚云南普洱、云南滇红、福建铁观音、武夷岩茶、梧州六堡茶、湖南黑茶、太晚高山茶、斯里南卡红茶等各类名茶,以及宜兴紫砂、钦州坭兴陶、景德镇陶瓷、红木茶具、建瓯根雕等茶具工艺品。

8月30日至9月1日,2015中国(长春)国际智能物流科技博览会在长春农博园举办

(宋　丹　提供)

【中国长春冰雪旅游节暨净月潭瓦萨国际滑雪节】 由长春市人民政府、中国滑雪协会、吉林省旅游局和瑞典诺迪维国际发展公司主办的2015中国长春冰雪旅游节暨净月潭瓦萨国际滑雪节于2014年12月1日至2015年2月14日举行,围绕着冰雪旅游、冰雪体育、冰雪文化、冰雪经贸4大板块,策划113项活动。有48个项目签约,签约金额617.45亿元。净月招商引资经贸洽谈会吸引来自国内外90个大型经贸团体200余位嘉宾参加,净月高新区与北京新兴发展集团有限公司、北京四环医药控股集团有限公司等企业签订18个项目合同,投资金额197.8亿元。滑雪节上,集购物、休闲、娱乐、餐饮等功能于一体的大型商场超市推出系列惠民促销举措,吸引大量以家庭为单位的市民及周边地区游客来此购物、休闲。

【第十一届中国长春君子兰节】 由长春市花卉协会君子兰专业委员会、吉林省春莲园艺工程(集团)有限公司、长春市君子兰产业发展办公室主办,历时6天的第十一届中国长春君子兰节于3月20日在春莲花卉城开幕。本届君子兰节展区面积12000平方米,设展台700个,其中君子兰展台500个,其他花卉展台200个,主展区划分为君子兰展区、文化展区、评选区及服务区4个展区。前来参展的外省市君子兰协会46个,现场交易额2000多万元,意向交易额5000多万元。

【中国(长春)高端文化艺术产品展暨国际佛事文化用品博览会】 由长春市会展业协会、长春市海州展览服务有限公司共同举办的"2015中国(长春)高端文化艺术品展暨国际佛事文化用品博览会"于2015年5月15日至18日在长春国际会展中心举办。展会规模26000多

6月25日至7月9日，第二届中国双阳梅花鹿节在双阳举办　（宋　丹　提供）

平方米，展位数量1087个，设10个展区，展出12类近万种展品。800多户国内外企业参展，展会现场实现订货2328万元，58户企业达成合作意向，签约金额782万元，实现现场销售5800多万元。无论规模和效益均居东北同类展会之首，全国25个同类展会中，在规模、效益、影响力方面，本届长春佛博会排列第5(厦门、福州、深圳、广州均举办7届以上)，居黄河以北之首。

【第十一届中国(长春)国际动漫艺术博览会】 由长春市人民政府、中共吉林省委宣传部、吉林省文化厅、ChinaJoy组委会主办，中共长春市委宣传部、长春市文学艺术界联合会、长春市会展业协会承办的第十一届中国(长春)国际动漫艺术博览会，于2015年6月19日至23日在长春国际会展中心举办。2000余名动漫周边、游戏厂商云集本届动博会。组织、实施“2015ChinaJoy Cosplay嘉年华东北赛区总决赛、动漫原创展示、动漫展览交易、相关体验活动”4大板块构成20多项活动内容，有24.9万人次在展馆内参观购物，创历届之最，现场成交额256万元。有300余支动漫团队、近万名Cosplay选手参加2015ChinaJoy Cosplay嘉年华东北赛区预选赛，选拔出5支优秀团体，2支双人队伍代表东北赛区晋级7月上海总决赛。来自包括法国和韩国的1000余名国内外选手或社团参加“2015金松鼠奖”动画、漫画征集大赛，150名选手参加街舞大赛，200余名选手参加第六届桌游争霸赛，300余个团队参加“英雄联盟挑战赛”，举办童趣游戏展演大赛、四驱车大赛、初音未来演唱会、动漫明星见面会、淘气堡体验区、现场涂鸦等多种娱乐互动活动。

【第二届中国双阳梅花鹿节】 由长春市消夏节组委会主办，双阳区人民政府、长春市旅游局、长春市会展业协会承办的第二届中国双阳梅花鹿节于2015年6月25日至7月9日在双阳区举办。接待游客50万人次，比2014年增长20%。鲜鹿茸交易量150吨，交易额4.2亿元。鹿产品1500吨，交易额12亿元。

【第三届中国长春国际消夏啤酒节】 由长春市旅游局、长春国际会展中心（集团)公司主办，吉林省广智文化传媒有限公司承办的“第三届中国长春消夏啤酒节”于6月26日至7月7日在长春国际会展中心举行。啤酒节期间，10多种适合儿童及成人玩乐的娱乐嘉年华游艺设施首次进驻，200余种国内外知名啤酒品牌和著名地产啤酒亮相，近300种台湾、东南亚、印度、闽浙等地特色小吃齐聚节会，开展特色啤酒市民免费品鉴日、啤酒文化展、春城百姓演艺秀、万人笑脸墙、酒王争霸赛、啤酒文化定点推介、“醉美E刻”摄影大赛、赠票送福到社区等亲民活动，接待市民及国内外游客43万人次，比2014年增长31.5%，实现现场营业额2775万元，增长85%，均为历届最高。

（宋　丹）

金 融

综 述

【银行业】 截至2015年年末,全市本外币存款余额10521.64亿元,本外币贷款余额9297.52亿元,分别新增561.73亿元和288.4亿元,比2014年增长12.9%和13.4%,基本和全国平均水平相当(12.6%和13.4%),贷款增速略低于全省平均水平(12%和16.3%)。全市有40家银行信社类金融机构在长春设立营业网点。其中,法人机构21家,包括省联社、吉林银行、7家农商银行和12家村镇银行。吉林银行在吉林省内和大连、沈阳拥有11家分行,357个营业网点,在吉林省内及域外发起设立10家村镇银行及1家贷款公司(德惠长银贷款公司),与一汽财务公司合资设立一汽汽车金融有限公司。全市银行业资产总额17558.77亿元,不良贷款余额181.34亿元,不良率1.95%。

【多层次资本市场】 长春市本地法人证券公司2家,为东北证券和恒泰长财证券公司,外地驻长37家证券公司设营业部43家,证券公司营业部60家。全市有上市公司26户。其中,中国国内上市22户企业,23支股票(富奥股份同时在B股上市),中国香港上市3户,新加坡上市1户。"新三板"挂牌企业25户。2015年末,A股上市公司总股本139.6亿股,总市值2449.7亿元,均占到全省的56%左右。截至2015年年末,长春市企业通过上市首发、配股、增发等方式募集447.2亿元资金。

【保险业】 长春市有34家保险公司,其中全国性保险公司1家(为安华农业保险公司),地方性保险公司1家(鑫安汽车保险)。省级保险分公司32家,包括财产险公司14家,人身险公司18家,其中外资保险1家,为安盟保险。保险分支机构225家。

【其他金融机构】 长春市有资产管理公司、期货、信托、财务公司、汽车金融等其它金融机构10余家。其中,法人期货公司2家,为东方汇金期货、天富期货;外地驻长期货营业部8家。财务公司2家,为一汽财务和森工财务;信托为吉林省信托资。

【类金融机构】 小额贷款公司及股权投资类企业在长发展势头迅猛。全地区批准开业小额贷款公司187家。截至2015年年末,全省在基金业协会登记的私募基金管理人114个,位居东北三省第一。长春市有会计师事务所、律师事务所、资产评估、信用评级等各类与金融相关的配套服务机构200余家。

【出台扶持政策】 《关于加快东北亚区域性金融服务中心建设发展的若干意见》(长府发〔2015〕15号)于8月19日正式发布。该意见通过在机构聚集、机构办公用房、高管专项激励、金融科研和人才培养、特色金融街区建设及政务服务等方面加大支持和完善力度,加快东北亚区域性金融服务中心的招商和建设进程,推动金融业态聚集发展,提升全市金融业对经济发展和结构转型的支撑功能。

【金融机构引进与培育】 3家域外机构落户。通过招商及沟通协调工作,全年推动中华联合保险吉林分公司、华泰保险吉林分公司吉林北方国际金融资产交易市场等3家机构在长落户开业。参加由省政府和中国银行业协会联合主办的"外资银行吉林行恳谈会",随同省市领导到平安银行上海总部拜访,与平安银行、东亚银行、渣打银行等有意愿来长的银行建立联系。2家村镇银行开业。长春宽城融汇村镇银行和二道农商村镇银行获批开业,全辖实现新型农村金融机构全覆盖工作取得进展。对长春域内有意向的民营企业进行多渠道、多层次的遴选。截至11月26日,完成主发起人遴选和发展规划设计等工作,吉林银监局完成对主发起人的尽职调查,民营银行设立的有关材料已报送至中国银监会待审。

【发展多层次资本市场】 新增17户企业挂牌"新三板"。通过调动市、城区、开发区金融系统发挥作用,重建全市上市(挂牌)企业资源库,举办企业上市、新三板知识培训班等工作手段,推动企业上市(挂牌)。截至2015年年末,长春市累计实现22户企业在“新三板”挂牌融资，企业进入资本市场的速度明显加快。上市企业26户，中通国脉、吉林电信等4户拟上市企业材料上报证监会，正在排队等待IPO审核。以吉林股权交易所为代表的区域股权市场发展较快，股交所新增挂牌企业151户；截至2015年年末，股交所实现企业挂牌312户(精选板9户，展示板302户，初创板1户)。股交所通过推出中小企业私募债、小额贷款公司私募债、“股通宝”“股兴保”等一系列金融产品，与12家签约银行合作，帮助企业获得授信额度400亿元。

【设立金融业发展专项资金】 为鼓励域内金融机构加大对长春市经济建设的贡献力度，市金融办会同市财政局，利用长春市金融业发展专项资金，对新设立、新迁入的达到一定规模的金融机构、类金融机构和对长春市经济发展具有积极贡献的机构进行奖励。2015年，有32家金融机构、类金融机构获资金奖励，奖励总额1750万元。

【融资服务】 市金融办会同市直相关部门及下属项目单位，促成太平洋保险总公司与长春市保障房基础设施等12个重点项目的对接，实现意向性融资36亿元。参加2015年度全省重大项目(总投资额亿元以上项目)融资需求信息调度工作，上报征集18个重点项目，总额37亿元。

【小贷、融资担保等类金融机构发展】 截至2015年12月月末，全地区累计批准开业小额贷款公司189家，注册资本76.34亿元，全市累计发放小微企业贷款10.11亿元。对小贷公司实行逐月核查制度以来，全市民间借贷市场发展稳定，有效缓解长春市中小微企业融资难问题。长春市有备案的融资担保公司80家，新增在保余额231亿元。

【优化金融发展环境】 2015年6月，市金融办开展防范打击非法集资宣传活动，取得良好舆论和宣传效果。坚持做好对非法集资活动的监测和预警工作，实行零报告制度，每月向省金融办报送新发案件情况。协调市政法委、市法院、市公安局等部门，了解相关案件进展，配合开展案件善后资产处置做好相关准备工作。配合有关部门完成全市文明城创建工作，包括完成相关制度文件的草拟初创和修改完善；长春市社会信用体系建设工作方案的起草和征求意见；信用工作领导机制、推进框架的设计和请示等。与文明办一起建设信用信息服务平台，平台已申请域名并录入部分部门的信用信息。

【研究谋划金融发展战略】 与吉林大学合作，研究制定的《长春市金融业发展战略研究》于2015年年底形成终稿。通过客观分析长春市金融业的发展现状、所处的发展阶段和存在的问题，制定出加强金融组织体系、优化金融资源配置的未来发展战略。该研究将与长春市“十三五”金融业发展规划一起，作为未来5年长春市金融业发展的指导性文件。

（王　爽）

中国人民银行长春中心支行

【货币政策】 制定下发《深入贯彻落实稳健货币政策支持吉林经济发展的指导意见》，定期召开吉林省金融运行分析会，引导全省银行业金融机构主动适应新常态，加大信贷支持力度。2015年，全省本外币贷款增长20.6%，高于全国平均水平7.2个百分点。召开金融支持现代农业、金融扶贫等专题座谈会，督导银行业金融机构落实人民银行有关政策。继续发挥差别准备金动态调整机制的逆周期调节和结构导向作用，强化对法人金融机构的信贷调控管理。加强金融对“三农”、小微企业等薄弱环节的支持。灵活运用货币政策工具，发放支农再贷款23.4亿元，办理再贴现75.9亿元。发挥存款准备金政策对金融机构的激励作用，对符合条件的银行机构释放流动性200.5亿元。规范支农再贷款管理，对17家银行机构开展现场检查，确保支农再贷款资金全部用于涉农领域。加强民贸贴息政策宣传和贴息审核，全省民贸民品企业获利息补贴4.2亿元。推进扶贫开发金融服务工作。白城市中心支行创新“支农再贷款+贷款”模式，减少贫困贷款户利息支出600万元，金融扶贫工作取得实效。培育合格市场主体，推动企业债务融资工具应用。2015年，全省发行债务融资工具330亿元，比2014年增长57.5%。辽源市中心支行协调交易商协会，推动地方政府拓宽融资渠道，通过地方政府融资平台发行中期票据8亿元。引导地方性法人金融机构参与货币市场业务，推动吉林银行等4家法人机构发行二级资本债40亿元，九台农村商业银行等3家法人机构发行同业存单360亿元。推动跨境人民币业务快速发展，全省有20家银行机构开展跨境人民币结算业务，办理跨境人民币结算468.4亿元，占全省本外币跨境收支总额的28%。延边州中心支行发挥地域优势，2015年6月率先实现人民币兑韩元现钞区域挂牌交易。

【金融改革】 开展对111家银行业金融机构负债管理和4家商业银行授权授信管理的专项现场评估。加强金融稳定资产管理，收回被冻结10年的金融稳定再贷款4000万元，维护中央银行债权。白山市中心支行与白山市保险业协会签订合作备忘录。开展《存款保险条例》实施工作，全省95家吸收存款的法人银行业金融机构全部完成投保手续的办理工作。通化市中心支行开发存款保险数据管理系统，被总行采用。建立吉林省利率定价自律机制，提升金融机构利率定价能力和水平。推动地区金融改革实践，配合政府相关部门制定《吉林省农村金融综合改革试验方案》，研究推进吉林省农村金融综合改革试点工作。

【外汇管理】 下放外商投资企业登记权限，取消直接投资项下外汇登记核准和境外再投资外汇备案，简化外国投资者出资确认登记管理。落实保险外汇管理改革，推动全省保险业健康发展。推进跨国公司外汇资金集中运营管理，完成吉林通钢国际贸易有限公司等企业的备案审核工作，有效提高企业外汇资金集中运营的便利化。优化境外并购中关村外汇管理试点政策审批模式，简化政府审核确认程序。创新外汇管理方式，支持重点企业发展，为长春轨道客车申请到短期外债余额指标1.5亿美元。加大对重点主体和关键环节的外汇监管力度，加强对购付汇重点企业、个人的专项监测，开展银行及涉汇主体外汇业务真实性检查，打击利用离岸公司和地下钱庄转移赃款的专项行动，查处各类外汇违规案件32起，罚款187万元人民币，结案率和罚没款收缴率均100%。

【金融服务】 完成第2代支付系统在吉林省推广工作。加快支付服务产品创新，发挥"联银快付"项目优势，实现粮食等大宗农副产品收购全程非现金结算。打造"智慧农村"手机支付项目，被省政府纳入"智慧吉林"战略协议。加强支付服务监管，清退上海汇付等4家支付机构在吉林省银行卡收单业务。开展整治银行卡网上非法买卖专项行动，组织银行机构协查案件26起。加强农村金融基础设施建设，提升银行卡助农取款服务点功能。四平市中心支行推动设立农村淘宝村级服务站，实现金融服务与农村电子商务有效融合。推动国库支出电子化，实现省本级支出联网。作为全国第1批试点地区，成功上线运行财关库银横向联网系统。开展"取消国库往来专用凭证作为重空管理"工作，总行拟于2016年2月1日起在全国进行推广。做好国债发行和兑付工作，累计发售国债33.8亿元。吉林市中心支行延伸国库柜台模式，解决吉林食品区库距离较远的问题。推进信用体系建设工作，推动小微企业与农村信用体系建设，开展应收账款融资服务平台应用工作。加强征信监督管理，对49家金融机构进行现场检查。组织小额贷款公司、融资性担保公司接入征信系统和开展评级，指导45家两类机构通过互联网平台接入征信系统，推动12家小贷公司和8家担保机构参加信用评级。科学调拨发行基金，有效保障现金供应，全省发行基金投放1809.5亿元，现金回笼1600.6亿元，发行基金净投放208.9亿元。完成总行残损人民币销毁任务，销毁残损人民币419.8亿元。开展反假货币工作，建立东北地区反假货币合作机制。进行人民币现钞跨境调运工作，吉林省与俄罗斯远东地区现钞陆路跨境调运渠道正式开通。健全完善反洗钱工作机制。进行重点可疑报告移交、报送工作，向反洗钱监测分析中心上报研判线索6起，向公安部门移送线索4起，涉及金额20亿元。协助省公安厅破获公安部督办的"901"地下钱庄案件，涉案金额870亿元。与省总工会联合举办全省金融系统反洗钱知识竞赛，有效提升金融系统反洗钱从业水平。

【专题教育】 制定印发"三严三实"专题教育实施方案，成立专题教育领导小组。党委班子成员带头为干部职工讲专题党课。分层开展专题学习研讨，坚持边学边查边改，查摆出"不严不实"问题11项。开展理论辅导、警示教育、业绩展评、专题座谈等"四个一"辅助活动。长春中心支行"三严三实"专题教育经验材料被《金融时报》采用。

【内部管理】 加强对重点工作的督查督办力度。开展财务工作标准化，集中采购管理水平逐步提高，采购资金节约率达9.2%。加大办公用房清理力度，全省清理腾退办公用房10913平方米。认真执行守库、押运制度，严格枪支弹药管理，保证发行基金和枪弹安全。支付清算系统和同城票据交换系统安全稳定运行。开展专项检查工作，针对检查中发现的问题及时督促整改。开展审计工作，完成涉及基本建设、科技综合管理、发行基金安全管理等3个领域6个审计项目。履行事后监督职能，发挥风险防范作用。加大新闻宣传力度，组织开展人民银行经理国库30年、金融消费者权益日等主题宣传活动。做好后勤服务保障，推进节能减排工作。履行工会职能，提高工会管理水平，长春中心支行工会获得总行级模范职工之家称号。

（杨胜利）

中国工商银行吉林省分行营业部

【概况】 中国工商银行股份有限公司吉林省分行营业部（以下简称工行吉林省分行营业部）本部设16个部室，6个直属机构，下辖22个一级支行，130个营业网点，从业人员4139人。截至2015年年末，实现净利润18.92亿元，在全国29家一级分行营业部及直属分行中（以下简称系统内）排名第14位，在域内4大行及东北三省营业部中均排名首位。在系统内经营绩效考核排名上升到第17位，继2014年提升7个位次后，又上升1个位次。实现经济增加值（EVA）11.37亿元，系统内排名第13位，提升1个位次，绩效和EVA排名均创历史最好水平。

【核心业务】 截至2015年年末，从时点看，工行吉林省分行营业部本外币全部存款余额1208.64亿元，比年初减少26.27亿元，一般性存款余额1167.11亿元，比年初减少33.78亿元；本外币各项贷款余额849.29亿元，比年初增加54.41亿元。从日均看，本外币全部存款余额1256.06亿元，比2014年日均增加36.26亿元，一般性存款余额1193.12亿元，日均增加10.78亿元；本外币各项贷款余额836.51亿元，日均增加73.35亿元。实现中间业务收入7.15亿元，增加2.09亿元，增长41.40%，增幅系统内排名第1位。

【支持地方经济】 服务长春经济全局，提升支持实体经济发展的效率和能力。在解决吉林省交通厅一类债务问题上，营业部创新政府主导的基础设施项目融资方式，为交通厅政府购买服务项目投放贷款25亿元，该项目是吉林省政府解决政府债务的创新方式，是工总行在基础设施建设领域的第一单全新尝试，为推进政府购买服务模式打开发展空间。在重点项目上，截至2015年年末，累计投放项目贷款110亿元、房地产开发贷款28亿元、流动资金贷款836亿元。重

2015 年 12 月 5 日，营业部市场营销技能竞赛总决赛　（张祎男　提供）

点支持长春市地铁、长春土地储备中心、长春净月土地储备中心、高新城投新农村建设、吉林泉德秸秆综合利用有限公司等一批区域龙头企业。破解小微企业融资难问题，加快产品和服务的创新步伐，优化业务审批流程，提高贷款审批效率，确保小微企业、新农村、县域经济等实体经济领域的资金投向。截至 2015 年年末，累计发放贷款 45 亿元，惠及客户 400 余户，贷款投放遍及汽车零部件制造、物流、医疗、批发零售等领域。支持长春支柱产业发展，发展“链式”金融，以一汽、轨道客车等一批核心企业为依托，为核心企业及其上下游供应商、经销商提供融资方案，业务规模连续保持几何式增长，截至 2015 年年末，供应链融资累放额 296.4 亿元，余额 41.4 亿元。

【金融服务】 支持政府重点项目改革，成功中标司法体制改革项目，成为吉林省法院、检察院 2 大系统、近 200 个成员单位的国库集中支付业务独家代理银行；中标吉林省产业投资引导基金托管银行和唯一基本账户开户行资格；中标长春市社保失业金代发项目；中标国库现金管理项目，中标量列同业第一。支持长春居民投资和消费需求，围绕长春市养老健康家政、信息、旅游、住房、绿色、教育文化体育等领域消费工程，创新消费和民生领域的产品体系，打造惠及春城的“5 动 2015”银行卡促销活动品牌，为春城百姓提供全方位金融服务，该活动获第九届理财总评榜吉林分榜 2015 年度卓越服务支持奖。提高个人贷款特别是消费贷款和个人住房按揭信贷比重，全面构建以个人住房贷款为基础，以逸贷、个人资产综合服务、个人金融资产自助质押业务 3 项重点产品为核心的“1+3”个人贷款产品体系，让个人消费贷款渠道更丰富、更快捷、更贴近百姓。截至 2015 年末，个人住房贷款余额突破 245.5 亿元，比 2014 年增长 5.37%。完成 30 家网点的新增、优化、升级等建设工作，着力优化 16 个支行营业室，网点物理环境得到明显改观。

【基础管理】 在银行业、系统内不良贷款继续反弹的形势下，不良贷款连续 10 年保持“双降”，不良贷款余额降至 6.27 亿元，比年初下降 868 万元，不良贷款率降至 0.74%，比年初下降 0.06 个百分点。在可比同业中，是唯一实现不良贷款双降的银行。解决考核“最后一公里”问题，深化薪酬管理体系创新，提高岗位价值、业绩贡献、能力素质与薪酬管理匹配的契合度，赋予支行更大绩效调节权利，促进支行更加精准地实施管理行为。完善客户经理考核管理体系，完善签约机制。

（张祎男）

中国农业银行吉林省分行营业部

【概况】 2015 年，中国农业银行股份有限公司吉林省分行营业部（以下简称农行吉林省分行营业部）下辖 18 个一级支行，168 个分支机构，在岗员工 3867 人。全行人民币各项存款余额 577.09 亿元，比年初增加 54.18 亿元，其中个人存款余额 428.42 亿元，增加 33.18 亿元。对公存款余额 148.67 亿元，增加 21 亿元；各项贷款余额 405.74 亿元，增加 74.69 亿元。其中，法人客户贷款余额 323.63 亿元，增加 72.7 亿元；个人客户贷款余额 82.11 亿元，增加 1.99 亿元；实现中间业务收入 2.92 亿元，增加 5160 万元；实现利润 10.28 亿元，增盈 1.1 亿元，实现经济增加值 3.04 亿元，增加 1.6 亿元。

【服务实体经济】 围绕重点客户，实施“提质”工程。加强重点客户营销与维护，支持华润医药、国网吉林省电力、欧亚集团、大唐吉林发电、吉高股份、一汽综合等企业加快发展。支持城市管廊、棚改、风电等重点项目。围绕重点客户，实施“团队”维护。围绕汽车、电力、轨道客车、生物医药等重点行业，加强营销与维护。完成对一汽、省交通运输厅、高等级公路、高速，国网省电力、大唐长春第二热电等重点客户的授信工作。加快产品创新。开办高端投行业务。为东方联合置业、亚泰水泥、保利恒信、保利恒富提供顾问服务，为龙翔集团、长发控股，开办短期融资券及理财融资业务。推进金融同业业务，拓宽收入渠道。提升国际业务市场份额。重点发展高附加值国际贸易融资业务以及跨境资金池、跨境电商等新渠道业务。加大对优质楼盘营销力度，新支持 12 家楼盘；以“安家贷”为平台，满足进城农民购房的贷款需求，发放贷款 1307 万元；强化与大型优质房产中介合作，提高二手房贷款市场份额，发放贷款 3471 万元。发展消费信贷，加大“房抵贷”“随薪贷”和“保捷贷”等产品推广力度。

【服务“三农”】 创新农户贷款产品,实现农户贷款的广覆盖和普惠制。截至2015年年末,支持新型农业经营主体2199户,投放贷款5.11亿元。其中,种植业专业大户1360户,投放贷款2.86亿元;养殖业专业大户712户,投放1.33亿元;农机专业大户127户,投放9200万元;九台区苗木花卉贷款56户,投放2730万元;农村土体经营权抵押贷款14户,投放1555万元。常年发放农民展业创业贷款,全年小额农户贷款在10亿元以上。在贷款办理上,坚持“送贷下乡,办贷到户”,得到农民好评与认可。代理各项涉农资金,发挥惠农卡多元化金融服务功能。在服务“三农”上,借助于惠农卡,全面推广“农行+多种经营”“农行+合作社+社员”等服务模式,整县、整乡、整村推进。到2015年年末,累计发放有效惠农卡79万张,实现对乡、镇、村的全覆盖。做实惠农卡功能,拓宽代理品种,让农民足不出村享受现代金融服务。已代理财政补贴资金、农发行粮食收购资金、小型金融机构客户结算、水电气和通讯、供热等项目。特别针对农民卖粮现金结算难和不安全的实际,开发“粮易金”业务,仅2015年,“粮易金”收粮企业开户数187户,布放无线转账电话226部,支持粮食经纪人1425个,每年粮农交易资金结算量达亿元,减少现金交易,既方便农民又降低风险。实施金穗“惠农通”工程。到2015年年末,“惠农通”工程有效服务点1697个,覆盖行政村1493个,行政村覆盖率100%,办理金融服务业务72.9万笔、金额115.2亿元。“惠农通”工程让农民足不出村办理金融业务,为农民汇款、理财、缴电费、通讯费、电视费,以及小额取现提供便利。为更好地服务边远乡村农户,还配备“流动银行”服务车,提供上门服务,得到广大农民赞许。支持县域优势产业、支柱产业。加大对皓月集团、众品食业、大成集团、康大集团、泉德纸业、中化帝斯曼等农业产业化龙头企业支持力度,其中支持国家级龙头企业11个、省级龙头企业38个、省级以下46个,国家和省级产业化龙头企业金融服务覆盖率达65%和51%,投放贷款286亿元。在支持支柱产业过程中,为产业化龙头企业的上下游客户提供金融支持。如针对皓月集团上游养牛大户贷款无抵押、资金短缺的实际,推出“农行+龙头公司+担保公司+农户”模式,把更多农民引入产业链致富。加大对农村基础设施建设资金投入,对农网改造项目提供支持,投放贷款6.17亿元。支持县域棚户区改造项目,其中在农安县投放棚改项目贷款2亿元,拟在德惠、榆树市投放棚改项目贷款2.8亿元。5.履行社会责任。为更好地服务农民,把农户小额贷款由原来的一次一申请改为一次申请用信3年,减化农民逐年申请贷款的次数,降低农民办理贷款的融资成本;在长春部分乡镇建立“农村书屋”,用于丰富当地的农民生活;开展捐资助学活动,助学支教40余人次,帮扶师生50余人;开展金融知识普及活动,开展活动22次,普及人数4900余人;把农安县谷家岭村作为扶贫村,投入15余万元,捐赠办公桌椅、电教设施,修整操场,改善小学教育基础设施较为落后的状况。对小桥子村开展精准扶贫,在为当地困难户赠送米面等生活必须品的基础上,为贫困户投放贷款10万元;在“三农”贷款定价上,主动承担平抑农村金融市场利率的社会责任,坚持贷款利率上浮低于同业5个百分点,体现扶持农业、减轻农民负担的国家政策,为农民节省利息支出近370多万元,把让利于民落到实处。

【党建工作】 1.开展“三严三实”专题教育。党员干部下基层200多人次,帮助基层解决实际问题60余项,其中解决历史遗难问题18项。2.抓好责任落实。层层签订党廉建设责任书,构建分级负责,抓落实的领导责任体系,签订责任书3800余份;加强干部教育,组织学习“一准则两条例”,学习面100%;加强干部管理,对支行52名高管特别是“一把手”进行问卷调查,针对存在问题,第一时间向支行反馈,整改率100%;加大干部考核力度,开展任前廉政谈话8次,涉及40名处级干部;强化责任追究,对11位处级、19位科级干部给予撤职、记过、警告、诫勉谈话等纪律处分。3.加强基层党组织建设。2015年末,全行165个营业网点建立独立支部;加强基层党员培养,全年预备党员转正27人,预备党员29名,基层占比达98%以上;加强作风整顿,整顿软弱涣散基层党组织3个,给予原支部书记免职处理。4.加强队伍建设。选好干部,配强班子,全行各级班子凝聚力、战斗力明显增强,广大党员干部守纪律讲规矩的自觉性明显提高。5.加强作风建设,围绕“党建促经营”目标,加强企业文化建设和群团工作,加强困难员工帮扶,开展职工运动会等各项文体活动,全行凝聚力、向心力、战斗力得到增强。6.组织“两学一树”和“争先创优”活动,打造雷锋银行,推树一批先进单位和个人。“七一”期间,召开“一先两优”表彰大会,对基层先进党组织、优秀党员和优秀党务工作者进行表彰;开展党建促经营等主题活动,二道、开发区、春城、绿园、曙光、德惠等支行领导班子成员深入基层,为基层办实事、解难题、落实帮扶项目。春城支行实施“双联制度”,支行党总支包网点、包支部、包客户,支行机关支部包网点、包党员。开发区支行发起微信红包,为长春特殊学校59名特殊儿童送上圣诞礼物,城市晚报给予报道,获得社会好评。2015年,全行多家单位和个人被省行评为先进党组织和优秀共产党员。绿园、汽车城支行被长春市政府评为精神文明建设先进单位,农安、榆树支行被长春市政府评为“五一劳动奖状”,宽城支行被总行评为“五一劳动奖状”,曙光支行耿冬梅被长春市政府评为精神文明建设先进个人。

【基础管理】 加强内控管理,发现问题,第一时间进行整改,整改面100%,连续4年被省行评为内控管理一类行;加大处罚力度,全行合规水平得到提升;加强“三化三铁”创建,三铁、良好、达标单位分别占比均高于省行平均水平;顺利完成BoEing四期上线,发挥科技对业务的支撑作用;深化“大保卫”理念,成功堵截刑事案件9起、妥善处置事故3起,实现“零案件”目标,被长春市公安局评为先进集体;加强信访维稳工作,加大舆情控制,实现无群体访、无异常访、无进京非访、无媒体炒作“四无”目标。2015年风险考核评价跨入 A+类行列，考核得分 223.32 分，全国农行排名第 1 位。

（曲洪生）

中国建设银行股份有限公司吉林省分行

【概况】 建设银行吉林省分行有营业机构 318 个，自助银行网点 624 家，自助设备 1900 台，固定支付终端 21500 台，员工总量 9300 人，资产负债规模、客户账户总量、利润总额等主要指标居于同业首位。各项存款实现稳健均衡增长。全口径存款时点余额 2338 亿元，新增 116 亿元，增速 5.2%。各项融资按计划控制投放。各项贷款余额 1559 亿元，新增 139 亿元，增速 9.8%。全行各项贷款和对公贷款余额居 4 行第 1 位。实现拨备前利润 51.5 亿元，比 2014 年少增 3.1 亿元，居同业第 1 位。

【重点业务】 加大对汽车、医药、涉农、装备制造、电力等支柱产业和优势行业的支持力度，培育一批骨干客户群体，重点推进网络银行 e 销通、融资租赁、ETC 和 PPP 贷款项目，营销养老保险账户、社保专户和职业年金账户，实现造价咨询与公司、机构业务联动营销。个人金融业务方面。开展抓全量客户精准营销，紧跟重要市场资金流向，抢抓全量资金，优化组合资产配置服务，满足客户资产保值增值需求。国际业务方面。支持客户“走出去”发展，发挥国际结算、代客资金、贸易融资传统优势和出口承诺额度融资、跨境融资性风险参与等创新服务。

【转型规划落地】 落实总行转型发展规划，把转型作为全行可持续发展的重要推手，制定了转型发展规划实施方案，突出综合化金融服务方向，以对公板块为先导，打通跨板块、跨条线、跨层级、跨前后台的联动营销通道，实现一点接入、多方协同、多产品覆盖的综合服务目标。

【机构和渠道综合化建设】 强化网点“三综合”建设，优化长春城区机构管理模式，将原省行直管的 95 个支行调整为直管 12 个综合型和 8 个单点型支行，其他 75 个网点型支行划归 12 个综合型支行负责业务推动、调度和日常管理，并保持扁平化中后台保障支撑模式不变。加强物理网点对县域、经济强镇、产业园区、商圈和社区的全面覆盖，首家智慧银行正式营业，省分行成立渠道管理部，集中整合渠道建设管理功能，制定网点发展规划，为深化全渠道转型奠定基础。

2015 年 9 月 15 日，吉林省分行举办最美建行人合规知识竞赛（任天威　提供）

【风险管理】 健全市场交易风险流程管理机制，严格落实消费者权益保护要求，开展具有分行特色的宣传维权活动，参加长春市首届银保系统“以案说法”暨岗位服务技能大赛并获第 1 名。

（任天威）

中国交通银行股份有限公司吉林省分行

【概况】 交通银行吉林省分行在吉林省内长春、吉林、延边、通化、辽源、四平、松原等市（州）设有机构网点 73 个，员工 1924 人。其中，长春市网点 32 个，员工 982 人；吉林市网点 25 个，员工 526 人；延边州网点 11 个，员工 291 人；松原市网点 1 个，员工 35 人；通化市网点 2 个，员工 40 人；辽源市网点 1 个，员工 22 人；四平市网点 1 个，员工 28 人。省分行本部机关部门 24 个。截至 2015 年末，分行资产规模达 843 亿元，比年初增长 96 亿元，增幅 12.85%。其中，人民币各项存款余额 731.37 亿元，比年初增长 100.86 亿元，增幅 16%，市场占比提升 0.68 个百分点；对公存款 443 亿元，增长 40 亿元，增幅 10%；储蓄存款 289 亿元，增长 61 亿元，增幅 26.55%。广义日均存款 680.86 亿元，增长 66.62 亿元，增幅 10.85%，计划完成率 118.96%。人民币各项贷款余额 476.4 亿元，增长 45.58 亿元，增幅 10.58%；各项贷款日均余额 445 亿元，增长 42.68 亿元，增幅 10.61%。资产质量保持系统上游。按照 5 级分类口径不良贷款余额 4.26 亿元，增加 1.95 亿元；不良率 0.89%（上升 0.36 个百分点）。全年盈利水平稳中有升。实现经营利润 13.55 亿元，比 2014 年增 0.54 亿元，增幅 4.15%，计划完成率 92.9%；完成经济利润 7.8 亿元，计划完成率 98.69%。

【市场营销】 促进负债业务稳中提升。分行突出平台建设和创新驱动，注重存量挖潜与抓好增量并举，全年存款整体呈“U”型增长态势。对公存款方面。省级国库集中支付电子化系统正式上线，中标并承销第1批和第2批吉林省地方债发行34.5亿元及定向债发行7.1亿元,带动10亿元地方国库存款,稳定了其他财政存款;中标吉林省产业投资引导基金托管银行并带动存款15亿元;参与设立吉林省首个养老产业基金;拓展“彩虹桥”棚改项目合作,取得长春等6地代理资格,拉动日均存款增长近2亿元;推进社保IC卡、农民工卡等重点项目建设。发挥产品创新优势推动重大项目落地和重点业务拓展。分行与省交通厅、森工集团、亚东投资等开展非信贷业务带动时点存款53亿元;成功办理辖内首笔“金管家”、快易贴、快易收业务;发展表内定制理财销售170余亿元,全年沉淀日均存款46亿元;深化与东北再担保、盐业集团等重点客户合作,2015年,全辖托管规模突破500亿元,沉淀对公存款25亿元。拓展低成本负债。强化名单式管理,加强业务指导,代发工资客户净增16872户,完成计划116%;有效客户净增109.9户,完成计划113.3%;产业链条数30.5条,计划完成率101.67%。年末人民币狭义日均对公存款余额404.73亿元,比年初增加32.8亿元,计划完成率93.71%。储蓄存款方面。拓展基础客户群,通过推出宇光能源自助缴热费项目、开展社区行企业行、推出“沃食安”客户增值服务和特惠商户优惠特享活动、加强零售队伍整合和培训、推出管理创新建立前端客户经理队伍等一系列举措,促进零售业务稳步发展。广义储蓄存款年化日均余额274.74亿元,比年初增长33.65亿元,增幅13.96%,计划完成率168.25%。手机银行新增客户计划完成率162.7%;手机银行动户计划完成率131.13%。国际业务方面。加大与总行各海外分行和总行离岸中心合作办理境内外联动贸易融资业务的力度,利用境外更具价格优势的外币贷款资金提高吉林省分行国际中间业务收入水平;抓住“一带一路”、中资企业“走出去”等战略机遇,和各海外分行互相推荐客户发挥战略协同效应,主动对接吉林省有境外投资和工程承包项目、大型成套设备进出口业务的企业,做好重点客户的项目储备工作;与境外各分行(含离岸中心)以及交银集团各子公司联动,开展跨境投融资等业务合作,推动吉林省具有资质和实际业务需求的企业开展跨境租赁、海外并购、过桥融资、境外IPO、境外发债、债券投资、资金产品交易等业务。与悉尼分行联动办理6笔跨境人民币融资性保函(含备用证)项下贷款业务,金额4.6亿元人民币;与总行离岸中心办理6笔进口代付业务,金额362万美元。实现境内外联动收入1379万元人民币,带动人民币结构性存款26.07亿元人民币。网络渠道拓展方面,提升绿色运营。截至2015年年末,吉林省分行电子银行分流率84.48%,比年初提升5.27%;企业网银6874户,增加621户,增幅9.93%;个人网银1170325户,增加267150户,增幅29.58%;手机银行685000户,比年初增加276502户,增幅67.69%;全辖新增1604户特约商户。理财POS业务4–11月,办理6794笔,约18.58亿元。全辖有自助银行55个,其中新建13个。加快推进普惠型特色网点建设,2015年新建普惠型特色网点6个。完成“531”工程上线。8月14日至16日交通银行吉林省分行顺利完成“531”工程上线任务,实现核心平台平稳切换,8月17日新系统平台正式运营,顺利实现客户维护不受影响、系统上线运行顺畅、整体上线工作不出纰漏的上线工作目标。

【信贷支持】 2015年,人民币各项贷款余额476.4亿元,比年初增长45.58亿元,增幅10.58%。加强重点储备项目全流程管理,办理省交通厅50亿元直投非信贷项目及分行首笔增资过桥非信贷业务,为长春轨道交通的地铁项目新增股权投资类信贷额度35亿元。全融资总量531.4亿元,比年初增长60.58亿元,增幅12.87%。突出重点产品,拓宽收入渠道。实现投行业务收入2.48亿元,增加0.32亿,增幅15%,计划完成率292%。深化与东北证券、九台农商行、一汽财务等理财重点客户业务关系,同业理财日均余额19亿元,任务完成率733%,实现收入1477万元,增长678万元,增幅69%。加大对养老金、他行理财等产品营销力度,托管收入完成1220万元,计划完成率122%。零售方面抓住资本市场机遇,推广基金专户等明星产品,销量超过2.13亿元,实现财管收入8106万元,计划完成率128.67%;信用卡回佣收入实现5959万元,增长1267万元,增幅27%;零售板块中间业务净收入1.71亿元,增长0.41亿,增幅31.44%,计划完成率116.89%。截至2015年年末,分行全口径存贷利差率3.88%。加强对重点项目的支持力度,推动地方经济建设。2015年,吉林省分行在支持和服务吉林省经济发展的信贷投向上,投资25.09

2015年交通银行吉林省分行有5家普惠型网点开业,图为12月9日长春上海路支行开业

(柳世炎 提供)

亿元贷款，重点支持水利工程、文化、教育等领域。投放人民币 6.66 亿元贷款，支行省内重大建设项目。其中，向松花江水力发电有限公司投放 0.41 亿元银团贷款用于吉林丰满水电站全面治理（重建）工程项目建设；向吉林高速公路股份有限公司发放贷款 0.25 亿元用于京哈高速公路长平改扩建工程；向吉林市交通投资建设有限责任公司投放 6 亿元贷款用于长吉公路北线建设。投放 2.75 亿元贷款支持文化、教育等保障领域。投放 15.68 亿贷款支持汽车制造、石化、医药等区域优势产业。加大服务“三农”帮扶力度。吉林省分行涉农贷款余额 72.15 亿元，比 2014 年同期增长 13.4 亿元，增速为 22.81%，是各项贷款平均增速的 4.7 倍。开展土地收益保证贷款服务“三农”。围绕定单农业，打造链式农村金融产品。优选核心农业企业，建立（企业+农户）产品模式，发挥核心企业产业链定单优势，在季节性农耕期间，向其上游有定单作业需求的农户，发放用于购买种子、化肥及支付人工成本的个人经营性贷款。加强联动协作，践行并延伸服务“三农”承诺。经协调省工信厅，为农户贷款申请 2%的政府贴息。创新授信担保方式，以点带面，做大做强农村金融产品。出台土地收益保证贷款管理办法，优选成熟试点地区，推广土地收益保证贷款，持续践行服务“三农”承诺，做大做强农村金融产品。2015 年上半年，吉林省分行围绕定单农业为德惠市 18 户农户投放个人经营性贷款 338 万元，及时解决农户备春耕时期的金融服务需求。发行吉林省农民工主题 IC 卡，维护好农民工合法权益。吉林省分行与建筑公司签订批量办卡协议，批量发卡，实现对农民工工资的统一代发。提升小微企业金融服务。截至 2015 年年末，吉林省分行全辖投向小微企业贷款余额 67.42 亿元，比年初增加 7.62 亿元，增速为 12.74%，超过各项贷款增速 8.45 个百分点。吉林省分行重点将渠道建设特别是平台合作上加强对小微企业金融服务。建立专业化管理系统和管理团队，独立小微企业信贷审批机制、信贷规模和优惠定价，提升小微企业的金融服务。针对

5 月 9 日，绿色交行 美丽中国 共建百年交行青年林　　（柳世炎　提供）

产业链客群，重点挑选省内核心企业，借助核心企业优势地位，围绕上下游小微企业开展批量授信，重点利用应收账款融资、商票保贴、保兑仓等模式拓展业务。对核心企业不能承担风险的，借助核心企业掌握上下游企业名单及经营信息，引进其他风险缓释措施开展业务。

【风险管理】 深化“1+2”全面风险管理体系建设（“1+2”：“1”指全面风险管理委员会，“2”指贷款审查委员会和风险资产审查委员会）。加强对风险“早发现、早预警、早处置”的激励约束，强化经营单位和客户经理“三早”风险意识。加大贷后管理考核力度，每季通报未尽职人员，加强临期贷款和逾期贷款管理。加强重点领域风险管控。关注低迷行业、“两高一剩”贷款、民营集团客户贷款、民间融资、联保连贷和融资性担保公司风险。梳理筛选重点关注贷款 120 户，加强潜在风险较大客户管理。截至 2015 年年末，实现减退考核口径内客户授信 7.1 亿；清收不良贷款 7261 万元，计划完成率 111%。严格执行政府融资平台、房地产、“两高一剩”行业的管理要求，平台贷款余额 73.66 亿元，比年初减少 2.42 亿元。

【品牌服务】 服务排名大幅进位，交通银行吉林省分行营业部获评“中国银行业文明规范服务百佳示范单位”称号，长春新世界、长春友谊、吉林热电、吉林博达、延边春晖、通化光明路等 6 家支行获评星级网点。

【履行社会责任】 2015 年，吉林省分行配合当地监管部门开展“金融知识进万家”、反假币宣传和“绿色生活社区行”等公益宣传活动，向消费者群体普及金融知识。开展户外工作者关爱活动，各营业网点夏季提供免费饮水纳凉服务，冬季邀请交警、清洁工人和城市建设者等户外工作人员到网点喝杯热水歇脚取暖，或走出网点送去手套、口罩、一杯热水，服务民众。4 月，组织员工为因公牺牲的上海徐汇支行员工家属捐款，401 人通过自愿捐款形式奉献爱心，捐款 32100 元；6 月，开展“青春精彩，环保有我”青年员工团队建设活动；开展“绿色交行，美丽中国，共建百年交行青年林”植树活动，70 余名青年员工代表参加，在净月潭种植黄柏 200 棵；9 月，第 24 届中国金鸡百花电影节在吉林市举办，吉林省分行投入 120 万元宣传费，支持家乡城市形象建设宣传，提升交行的知名度、美誉度。开展访贫助教送温暖活动。吉林省分行各营业网点党支部自发组织来到长春市社会福利院、残障老人儿童免费护理院、社区贫困党员家中奉献爱心，捐款捐物累计 11.89 万元。分行本部长春自由支行、德惠路支行、阳光城支行等党支部捐款捐物累计 7 万元；辖属吉林分行与吉林市解放军二二二医院联合，捐款

4.5 万元为松花江中学单心同学的母亲进行康复治疗；辖属通化分行开展通化市慈善救助“双日捐”活动，全行33名职工踊跃捐款3900元，款项全部送到通化市慈善总会。

（柳世炎）

吉林银行

【概况】 吉林银行股份有限公司（简称吉林银行）成立于2007年10月。至2015年末，在吉林省内9个市州和大连、沈阳拥有11家分行378个营业网点，在职员工9383人；资产总额3487.55亿元，各项存款余额2313.41亿元，其中省内对公存款破千亿，市场占有率位列全省第1位。各项贷款余额1545.10亿元，小微金融与个贷业务实现建行以来最大增幅和最快增速。

【业务进展】 总资产突破3000亿元，达3487.55亿元，2015年资产增量超过过去两年总和，增速达26.46%，首次跻身3000亿元以上城商行行列。困扰吉林银行多年的历史遗留问题得到全部、彻底解决，资产质量得到提升，上市进程向前推进。成功发行20亿元二级资本债，资本结构得到优化。加入中俄金融联盟并签署推进中俄本币结算意向书。与盛京银行、龙江银行发起成立东北城商行联盟。成立金融市场部上海业务中心、财富管理部北京业务中心。省内成功首发大额存单2亿元。与支付宝、财付通、微信支付合作，实现借记卡在线支付业务功能。

【品牌建设】 在中国银行业协会举办的“2015年中国银行业文明规范服务星级营业网点”评选中，吉林吉营支行、通化县支行营业部等8家机构分别获“中国银行业文明规范服务五星级、四星级、三星级营业网点”荣誉称号。吉林银行获“全省文明单位”称号。吉林银行理财产品“吉利财富”获全国城商行“最有格调银行理财产品名称”评选第1名。吉林银行个人信贷部获“中国创新创业服务优秀机构”荣誉称号。7月，在英国《银行家》杂志全球1000强银行排名中列第307位，在2014中国服务业企业500强排名中列第201位。

【服务实体经济】 2015年，向实体经济领域投放贷款余额1403亿元，占全行贷款总额的91%。支持农资行业、龙头企业快速发展，全年投放涉农贷款239亿元。推进绿色信贷，为吉林市节能减排项目领域综合授信200亿元。推动人参产业“脱胎换骨”，对11个重点产业和特色行业、战略性新兴产业的信贷投放余额830亿元。支持廉租房、棚户区改造等安居工程建设，投放棚改项目贷款7.26亿元，支持棚户区改造项目占地面积37.95万平方米，居民住房5585户。支持吉林省东北亚铁路等“一带一路”重点项目建设，全年为基础设施建设及民生工程新增资金支持近200亿元。

【服务小微企业】 实施小微金融业务优先发展战略，创新推出“两日贷”、无抵押“微商贷”“接续贷”“小企业非上市公司股权质押贷款”等特色产品。搭建“万民创业”“下岗再就业”“吉青时贷”“土地收益权保证贷款”“直补资金贷款”等金融服务平台，业务范围覆盖全省49个县、市、州。至2015年年末，吉林银行累计以信贷资金支持各类小微企业5.7万户，拉动就业15万余人，支持1.33万名城市青年自主创业。2015年，吉林银行向小微企业新增授信119亿元，增幅76.91%，为吉林银行成立以来最快增速，全行全口径小企业贷款余额557亿元。

【服务民生】 推广“长白山金融IC卡”和“社区一卡通”，整合水、电、燃气、有线电视、供热、电话费等民生服务功能。推出个人婚嫁贷款、个人出国保证金贷款、个人接续养老保险贷款等多项创新业务品种，金融服务广泛覆盖重要民生领域。至2015年年末，吉林银行储蓄存款占全部存款比例为46.12%，居同业领先水平。理财业务管理资产304.5亿元。借记卡发卡量763.8万张。信用卡发卡量3.6万张。个人网银有效注册用户53.4万户，手机银行有效注册用户34.3万户。个人贷款余额140.42亿元，个人贷款和小微贷款占全部贷款比重由2015年初的17.83%提升至2015年末的26.89%。

（王　飞）

高等教育

【概况】 截至2015年年末，长春市有高等院校43所。其中，教育部直属全国综合性重点大学2所，普通高等院校13所，专科5所，军事院校2所，警察院校1所，司法院校1所，成人院校3所，民办本科院校11所（含民办独立学院7所），全日制民办专科院校3所，非全日制民办专科学校2所；有国家级重点学科43个，省级重点学科208个；国家级重点实验室20个，省部（委）级重点实验室265个；享受国家级政府特殊津贴797人，享受省级政府特殊津贴1225人，享受市级政府特殊津贴27人；硕士学位授权点656个，博士学位授权点321个，博士后流动站78个。全市高校有专任教师28574人。其中，教员481人，助教3966人，讲师10274人，副教授8790人和教授5063人；有中国科学院院士29人，中国工程院院士12人；国家级学科带头人22人，省级学科带头人72人；国家级突出贡献的专家学者24人，省级突出贡献的专家学者325人，市级突出贡献的专家学者69人；2015年全市在校学生469624人，其中专科生80886人，本科生339323人，硕士生39880人，博士生9535人；全年全市普通高校招收学生132254人，毕业生人数117447人。

【教学改革】 吉林大学实施《吉林大学全面深化人才培养模式改革方案（2014–2020）》，各类拔尖创新人才试点20个，其中国家级16个，在校试验班人数超过2000人，占本科生总人数4.86%。确立36个本科专业综合改革试点项目，12个专业通过国家教育认证。以高等数学、大学英语为试点，开展公共基础课程标准化题库建设。支持212门双语教学课程建设和教学改革，引进海外高水平教材和优质教学资源。推动全省优质教学资源一体化建设，成立由省内45所高校参与的吉林省课程联盟。依托"吉大在线学堂"课程平台，推进慕课资源建设，新增25门上线课程，近2万人次学生通过慕课学习获得公选课或必修课学分。完善学术学位研究生培养模式，建立以提升职业能力为导向的专业学位研究生培养模式。完成第1轮17个学位授权点的合格评估工作，增设外交学硕士学位授权点和知识产权法学博士学位授权点。改进博士学位论文评审办法，委托教育部学位与研究生教育发展中心评审论文1220篇次。

东北师范大学与长春市净月高新技术产业开发区共建协同创新实验区，深化拓展U-G-E人才培养模式。召开年度教学工作表彰大会，投入400多万元专项经费，对2014年以来在学校教学工作中表现突出的优秀教师、教学团队与教学单位进行表彰奖励。物理学师范专业实验教学中心获批国家级示范中心，一大批试点专业和教改项目获省级认定。修订本科课程计划，立项开展"学院本科教学综合改革"，试点"教考分离"制度，营造良好教风学风。

吉林农业大学农业资源与环境实验教学中心被教育部评为国家级实验教学示范中心，实现该校国家级实验教学示范中心零突破。创新创业项目《现代农业环境监测系统》获选参加第8届全国大学生创新创业年会展示，实现该校创新创业项目最权威、最具影响力大会上展示零突破。获批各级各类专项资金、专项补助经费、建设经费23项，到位经费4098万元。

长春中医药大学成立教学质量监控与评价中心，建立健全质量保障与监控体系。教学全过程监控，利用教务管理平台系统，完善网上评教工作。教学管理工作实现学院独立排课和组织考试，完成网上阅卷试点工作。召开2015年本科教学工作会议。新增3个省级人才培养模式创新实验区。修订人才培养方案，合理安排理论课与实践课课时比例，优化成绩考核办法。启动校内专业认证工作。制药工程、护理学、公共事业管理专业获评吉林省第2批本科品牌专业建设点。省级品牌专业建设点6个。护理学专业成为吉林省首批转型专业。建立PBL案例库，有5个教学单位、51门课程、138名教师参与PBL教学方法改革。依托网络教学综合平台建设精品课程和教育资源库。引进网络通识课程和慕课资源，实施"自主选择+在线修读+线下辅导+统一考核"的选修课修读模式，开出12门网络通识课程和7门慕课。开展学生实践技能大赛及医学类、药学类和语言类学科竞赛。开展大学生研究训练计划,2015年立项课题66个;承担国家大学生创新创业训练计划项目60个,学生在省级以上刊物上发表论文20余篇。

吉林财经大学金融学、国际经济与贸易、电子商务3个专业获批第2批吉林省高等学校品牌专业建设点;学校吉林省财政金融研究基地遴选为吉林省社会科学重点领域研究基地;学校获全国教育科学"十二五"规划2015年度教育部重点课题1项。创新研究生培养模式,健全研究生培养质量监控体系并完善资助体系。制定《吉林财经大学学位授权点评估工作方案》《吉林财经大学学位授权点评估指标体系》,会计硕士、法律硕士、税务硕士、国际商务硕士、统计硕士等5个专业学位硕士授权点顺利通过教育部组织的专项评估。有12篇论文被评为省级优秀硕士学位论文。修订《吉林财经大学研究生科学研究项目管理办法》,为研究生进行科研创新搭建平台。学校与江西财经大学、瑞华会计师事务所共建全国会计专业学位示范性联合培养实践基地获准成立。学校与东北师范大学人文学院、长春财经学院、吉林警察学院、吉林工商学院签署联合培养研究生协议,为吉林省研究生教育贡献力量。

【教学成果】 东北师范大学选出9个师范专业作为试点专业,推进卓越教师培养计划改革项目。12月,学校组织评审专家对"学院本科教学综合改革"项目(20个)进展情况进行集中检查,达到有效推进和强化管理目标。11月,学校组织教师教育项目评审,立项17项。在课程与教材建设方面,组织和审批在线开放课程(6门)、通识核心课程(10门)、学科课程与教学论课程(15门)等进行建设。协调教育科学出版社出版学科教育系列教材(6部)。教学改革与研究项目建设取得显著成果。其中获批国家级教学示范中心1个;省级品牌专业7个;省级卓越工程师培养试点专业2个;省级人才培养模式创新试验区4个;省级教学改革项目19个。

长春理工大学学校通过教育部本科教学工作审核评估。新增国家级精品视频公开课1门,国家级虚拟仿真实验教学中心1个,省级品牌专业建设点5个、省级卓越工程师教育培养计划试点专业2个,省级人才培养模式创新实验区4个。新建校外实习基地20个,立项大学生创新创业训练计划项目120项。公开出版教材13种,11种教材入选第5届"兵工高校"优秀教材。学生参加各类竞赛获得省级以上奖励381项。

吉林财经大学开展三季跨专业综合实训,参加学生223人,累计机时8920小时。完成"中国大学生计算机设计大赛"、2015年全国大学生数学建模竞赛"等14项学科竞赛审批工作。启动慕课平台和课程资源平台建设,完善课程体系和开放课程的引进工作。组织申报省级、国家级大学生创新创业训练计划,推荐60个省级"大创"项目,20个国家级"大创"项目。组织学生参加吉林省第2届"梦想杯"大学生创业大赛、"中国创翼青年创业创新大赛"、首届中国"互联网+"大学生创新创业大赛和吉林省"互联网+"大学生创新创业大赛。其中,学生团队在"梦想杯"比赛中获铜奖;在"互联网+"大赛中获省赛金奖1个、银奖9个、铜奖5个,国赛铜奖1个。完成创业孵化园系列工作,通过举办创新创业竞赛宣讲会、创业主题报告会、开办创业沙龙等方式,激发学生创新创业意识和激情。学生王佐文的创业项目"宅窝窝"快递服务业务,取得500万投资,得到社会和学生认可,王佐文被评为第13届"感动吉林"2015年度创业之星。

吉林建筑大学接受本科教学工作审核评估。撰写130余页自评报告。对新版培养方案的本科课程大纲、教学管理文件汇编等进行修订。开展说课、专业剖析、考试方法改革等专项活动,完善教务管理网站、BIM&FM集成教育人才创新培养实验区等建设,接受审核评估专家现场考察,受到教育部审核评估专家组好评。完成高等工程教育研究基地验收工作。全年获批吉林省教育科学规划课题49项、吉林省教育厅高等教育教学改革课题7项、吉林省职业教育与成人教育教学课题5项、全国教育科学规划课题立项的教育部重点课题1项。完成本科、硕士研究生招生宣传录取工作。2015年,学校在全国27个省(市、区)录取普通高考考生3600余人;完成硕士研究生招生考试命题、复试、调剂等工作,录取全日制研究生280余名。授予硕士学位267人,4篇论文被评为省优秀硕士学位论文。实施教育部教育信息化试点工作按照方案。升级完善OA系统和学校网站建设。实现优质网络视频课程与数字化教学资源服务管理平台、教学资源与设备的"一卡通"管理等功能。图书馆每周开馆83小时;全年借阅图书9万余册,接待师生24万余人次。完成订购查重编目图书1200余种,采购图书4.1万余册,建立土木分馆和经管分管。

【研究生培养机制改革】 吉林大学72篇论文被评为吉林省优秀博士学位论文。遴选361名优秀本科生为(本)硕博连读研究生。实施"高水平研究生课程体系和核心课程建设项目",确立建设课程体系4个,核心课程26门。修订《临床/口腔医学硕士专业学位研究生培养方案》,实现"四证合一",提高医学毕业研究生的临床实践能力和就业竞争。成立吉林大学第一届研究生培养指导委员会。设立710万元的"研究生学术业绩奖学金",激发研究生科研热情。

长春中医药大学完成中医学9个博士点二级学科、1个中药学博士点一级学科、35个硕士点二级学科(含自主设置)、5个专业学位授权点培养方案初稿编写工作。开展专业学位研究生教育教学改革,1项课题被评为吉林省高等教育教学改革研究重点课题。加强研究生培养过程质量监控,以二级学院为单位开展2013级405名硕士研究生的中期考核工作。开展医教协同,深化中医硕士专业人才培养改革工作,2015年级325名中医硕士专业学位研究生全部转入住院医师规范化培训。授予学士学位1901人,硕士学位396人,博士学位20人。评选校级优秀博士学位论文3篇,优秀硕士学术学位论文24篇,硕士专业学位示范论文19篇,其中6篇硕士学位论文被评为吉林省优秀硕士学术学位论文,1

篇硕士论文被评为吉林省硕士专业学位示范论文。开展《长春中医药大学学位授予工作实施办法》修定工作,规范学位授予工作流程。开展全国第5批老中医药专家学术经验继承人员的结业考核工作和硕士学位论文答辩工作。完成中药学和药学专业学位授权点专项评估工作。开展"海城正骨撷英研究生奖学金"评选工作,建立学院与导师联手抓就业机制,1名研究生参加"西部计划"。

【人才队伍建设】 吉林大学成立人才工作办公室。打造"乌俄高层次人才引进特区"。新增"国字号"人才31人,比2014年多14人。其中,新增中科院院士1人、双聘院士6人、"千人计划"7人、"万人计划"3人、"长江学者"3人、国家杰出青年基金获得者3人、"百千万人才工程"入选者2人、国家优秀青年基金获得者6人。新增"长白山学者"30人。新增匡亚明/唐敖庆特聘教授14人、唐敖庆讲座教授5人、学术带头人5人、学术骨干9人、外籍教师2人、海外博士A/B类33人。深化博士后制度改革,完成博士后综合评估与博士后派出项目,学校设有42个博士后科研流动站,覆盖13大学科门类,数量位居全国第4。聘请兼职教授23人,双聘教授4人。11人次获2015年度宝钢教育奖,1人获2015年度"IBM奖教金"。

长春理工大学姜会林教授当选中国工程院院士,成为建校以来学校自主培养的首位院士。引进高层次人才7人。其中,双聘院士1人、"外专千人计划"人选1人、长白学者讲座教授2人、学科领军人才3人。有38人次获评"国家百千万人才工程"国家级人选、吉林省"长白山学者"等高层次人才称号。

吉林农业大学引进高层次人才1人,公开招聘博士、硕士研究生67人。1人入选国家百千万人才工程;1人获得吉林省人才开发资金重点项目资助;10人入选第5批省拔尖创新人才工程人选;推荐1人申报"长江学者"特聘教授。有44名教师赴新西兰、台湾、美国、澳大利亚、加拿大、韩国等国家研修学习;接收国内访问学者和外来进修人员159人。

长春工业大学引进双聘院士1人,特聘教授1人,招聘引进具有博士学位教师和部分岗位硕士学位教师44人,学校专任教师博士学位比例提高2个百分点,达40%。完成万人计划、千人计划、长江学者及省级多类人才称号申报工作。敖玉辉入选"国家百千万人才工程",同时被授予"国家有突出贡献中青年专家"称号。7人获吉林省第5批拔尖创新人才称号,2人获"吉林省第十三批有突出贡献的中青年专业技术人才"荣誉称号。学校获批国家留学基金委"青年骨干教师出国研修项目",进入实施高校行列。完成51名青年教师的青培验收工作,青年教师的综合素质得到验收专家肯定。

长春大学引进博士等高层次人才17人,新增省资深高级专家1人,省高校专家2人,"长白山学者"特聘教授1人,"省第13批有突出贡献的中青年专家"1人,省"师德标兵"1人,"吉林好人·最美教师"1人;派出国家留学基金资助高等教育教学法出国研修项目留学人员3人,省高校青年骨干教师国内访问学者2人。在中国校友会网发布的《2015中国大学教师水平排行榜》中学校列第269位,完成37个部门、50位处级干部届满考核或调整任用工作,5名干部因届满或年龄原因回到教学科研岗位。重新修订《长春大学党政领导干部选拔任用工作实施细则》,全年补充选拔正处级干部10人、副处级干部6人。

吉林工商学院评聘正高级职称8人、副高级12人、中级30人。聘任"长白山技能名师"3人。招聘具有硕士及以上学历青年教师38人(博士研究生2人)。有1人分别入选省第5批拔尖创新人才第二层次人选和长春市第6批突出贡献专家候选人。加强师德建设,有1人被授予长春市"师德标兵"称号。

【国际交流与合作】 长春理工大学获准设立吉林省唯一的教育部留学服务中心出国留学培训基地。签订校际协议9个,派出29名教师和85名学生赴国外交流学习,招收留学生154人。首个本科层次教育部中外合作办学项目正式招生。获批1个硕士研究生中外合作办学项目,这是吉林省省属高校中首个研究生层次的中外合作办学项目。

长春工业大学机械工程和电气工程及自动化2个中外合作办学本科教育项目均以合格成绩通过教育部2015年本科及以上层次中外合作办学评估。申办工业工程专业中外合作办学项目获得批准,学校中外合作办学项目4个。首批通过合作项目到美国奥克兰大学学习的3名本科生已毕业,2人保研获全额奖学金,另1人获全额奖学金直读博士。在籍学生近1200人,其中26人到奥克兰大学学习。巩固和拓展国际友好校际关系,接待来访团队29个,96人次。派出4人代表团赴澳大利亚南澳大学等3个国家8所院校进行访问。与50所国(境)外大学签订校际合作协议,与美国奥克兰大学文理学院签署联合培养硕士研究生协议。学校各类赴外研修、培训、短期学习和交流教师19人,各类赴国(境)外学习和交流学生人数74人。学校获批教育部"春晖计划"项目18项,获科研经费29万元。

长春中医药大学招收留学生90人,生源国家和地区达20个。新开设CMB(临床医学本科专业)留学生班。实现留学生网上招生功能。学校领导受邀在中韩(威海)传统医药高层论坛和第4届东北亚旅游论坛发表主旨报告。派出境外出访9个团组17人次,接待荷兰、菲律宾、希腊、日本、韩国、新加坡等国家和地区12个团组81人次。与荷兰莱顿大学、韩国大韩中医协会、俄罗斯(莫斯科)中国传统医学实践发展中心等签署合作协议,推进与日本东京药科大学合作。

吉林财经大学与美国普渡大学、加州大学(欧文)、俄罗斯普列汉诺夫经济大学、日本上智大学、台湾静宜大学、中原大学和北台湾商业大学签署校际合作协议,开展学生交换和联合培养项目。启动与澳大利亚麦考瑞大学和韩国南首尔大学校际合作谈判,与这些学校在学生联合培养、教师海外进修、教师科研合作等方面达成初步意向。学校与国(境)外合作院校达38所。学生出国留学目的地包括美国、澳大利亚、俄罗斯、日本、韩国、新加坡等6个国家和中国台湾地区的22所院校。新增与美国普渡大学、加州大学(欧文)、杰克威尔大学、日本早稻田大学、上智大学、台湾中原大学、静宜大学、俄罗斯贝加尔法律经济大学学生交流项目；与澳大利亚纽卡斯尔大学的2+2项目扩展至全校学生；与日本北海道文教大学首次开展本科2+2联合培养项目。学校有近160名本科生和研究生参加国境外交流学习，交流形式涵盖暑期项目、学期/学年项目和联合学位项目等。学校有3名教师获得国家留学基金委全额资助，赴美国访学进修；2名教师获得教育部“春晖计划”国际科研合作项目立项；1名教师获得国家外国专家局“引进境外智力项目”立项。学校承办吉林省2015年度教育部“春晖计划”项目申报大会暨“春晖计划”项目结项答辩会；举办“第七届中美电子商务高级论坛”。

吉林华桥外国语学院与美国、英国、俄罗斯、墨西哥、埃及、新加坡等16个国家和台湾、香港地区的37所院校建立起合作关系，其中与蒙古国立大学合作，为学校开设蒙古语专业奠定基础；首次与墨西哥两所大学签署合作协议。加入意大利“马可波罗计划”，扩大意大利语专业学生留学渠道，尤其是学校与美国新泽西城市大学，不但开展国际金融专业合作办学项目，而且第1所孔子学院在该校揭牌。学校建立起学分互换、本科双学位、本硕连读、专业实习等全方位的合作项目体系，其中学分互换项目覆盖学校所有专业。吉林省第1所独立运营的“世宗学堂”在该校成立。学校接待美国、瑞典、澳大利亚等国家和地区45个高校访问团组，开展合作交流；举办“中外大学校长论坛”“2015中俄青年友好交流年闭幕式及吉林省中俄青年学生论坛”“韩国语国际学术会议”等活动。学校派出学生579人，占应届学生总数24%，比2014年增加203人；留学生数量和来源国持续增加，接收外国留学生146名，其中学历生21人，比2014年增加15人。留学生结业30人，毕业本科生2人，研究生3人，首批硕士留学生毕业实现民办高校留学生教育零的突破。有外籍教师42人，其中具有硕士以上学历的23人，占外籍教师总数55%。2015年，学校聘任来自美国、日本的客座教授5人，邀请日内瓦联合国总部语言服务中心主任，名誉首席翻译Hannelore Lee-Jahnk教授等6名外国专家来校讲学。韩国籍教师朴安洙获2015年吉林省优秀外国专家奖。学校开始举办“大使讲坛”活动。邀请5位中国前驻外大使来校举办讲座。在国家汉办组织的汉语教师志愿者遴选中，2名研究生在1000多位报名者中脱颖而出(7名合格者)。

长春大学派出7个团组分赴俄罗斯梁赞国立大学、亚美尼亚斯拉夫大学等高校考察访问，接待来自美国、日本、台湾等国家和地区的高校团组。有16个国家的218名硕士、本科留学生在校学习。与俄罗斯梁赞大学设立的全球“先进孔子学院”举办庆祝全球第2个“孔子学院日”暨学院成立5周年活动。承办吉林省“汉语桥—感知吉林文化，情系大美吉林”活动；联合举办中俄青年联合庆祝世界反法西斯战争胜利暨中国抗日战争胜利70周年图片展；举办中俄人文合作项目成果《东方战场的伟大胜利》图书首发式暨远东战役俄罗斯老兵赠书仪式。

长春工程学院与英国西苏格兰大学、俄罗斯南俄国立技术大学、西班牙罗维拉·维尔吉利大学、俄罗斯阿穆尔共青城国立技术大学、德国雅德应用科学大学、美国加州州立大学奇科分校、韩国莲庵工业大学、台湾朝阳科技大学、大同大学和高雄第一科技大学等国家(地区)高等院校建立校际联系和学术交流关系，并互派专家、学者、留学人员进行学术交流，开展教育和科研合作。经教育部批准学校与英国西苏格兰大学合作开办土木工程专业和机械设计制造及其自动化专业本科教育项目，有1届学生毕业；与俄罗斯南俄国立技术大学合作开办能源与动力工程本科专业教育项目开始招生。学校设立中青年教师出国进修专项经费，选派中青年教师出国进修。

长春师范大学多次接待法国、美国、俄罗斯、韩国等代表团来访，签订合作协议2个。与法国驻沈阳总领事馆合作，在学校建立吉林省第一家法国文化中心。与俄罗斯克麦罗沃国立文化艺术大学合作举办第4届中俄大学生艺术联欢节获得教育部资助。开展与台湾高校交流合作，选派70名学生赴台交流。承办由教育部、国务院港澳台办等4部委联合主办的第22届华夏园丁大联欢活动。

吉林艺术学院通过承办第10届俄罗斯声乐艺术大师班，参与“美的视野”中俄油画艺术交流活动及交流音乐会等活动；聘请意大利福贾美术学院特里济院长、美国马里兰艺术学院詹妮弗·菲利普斯、美国南犹他州立大学威廉·伯恩斯教授、德日韩以及中国的6名钢琴家到学校讲学并举办音乐会，邀请台湾6所大学美术学院教授到学校举办《台湾教授领航者美展》并做2场主题讲座，聘请1名长期外国专家、40余人次短期外国专家在学校工作；确立与法国巴黎国际服装学院的等国际院校的交流合作关系。通过申请“艺术类项目”“地方合作项目”，3名教师赴美、英等国的知名院校进修；推荐3名学生赴英国诺森比亚大学、2名赴台湾艺术大学交换学习，选派第2批学生赴台交换学习5个月。

【科研工作】 吉林大学开展“一流大学与一流学科”建设，1个高原学科晋升为高峰学科，新增3个高原学科建设项目、3个新兴交叉学科建设项目、5个公共服务平台建设项目。投入0.7亿元建设52个继承性项目。学校有9个学科进入ESI全球排名前1%，其中化学和材料科学进入全球前1‰，在ESI中国20强大学中排名第10位。组织校内50余个学科建设单位对所建设学科进行自我评估，形成《学科专业结构和布局优化调整建议方案》。完成食品科学与工程等2个一级学科整合，成立食品科学与工程学院。科研经费12.34亿元。其中，自然科学到校财务经费11.54亿元，新立科技项目近1900项。新增近千万级重大项目3项，其中包括合校以来校获的首个国家自然科学基金委员会重大项目，经费2115万元。推进“综合极端条件实验装置—高温高压大体积材料研究系统”大科学工程。“高性能聚合物合成技术国家地方联合工程实验室”获发改委批准建设。“高分辨对地观测系统吉林数据与应用中心”获国防科工局批准建设。获国家科学技术奖2项，其中，以第一单位申请的“高压下钠和锂单质和二元化合物的结构与物性”项目获自然科学2等奖，作为参加单位申请的“车辆联网感知与智能驾驶服务关键技术及应用”项目获科技进步2等奖。获省部级科学技术奖81项，其中，吉林省特殊贡献奖1项，特等奖1项，国际合作奖1项，1等奖17项。SCI收录论文3103篇，位列国内高校第9名，排名上升1位。SCI引用论文高校排名第10位。EI收录论文2232篇，高校排名列第9名，高校排名上升3位。申请专利1487件，授权专利1219件，其中发明专利605件，首次突破500件，比2014年增长77%。与青岛市人民政府签订全面合作框架协议，与青岛市李沧区、青岛市科技局共建汽车研究院合作框架协议。依托新型电池物理与技术教育部重点实验室，在珠海校区建立吉林大学(珠海)电化学储能技术产业化工程实验室。成立吉林大学通化市、江苏省淮安市技术转移中心。完成吉林大学学生创新创业园和“互联网+”产业集聚园改造工作，入驻“互联网+”企业14家。哲学社会科学获立项目521项，到账经费8012.82万元，比2014年增长5.17%。获立国家社科基金重大项目8项，国家社科基金重大委托项目1项；获立国家社科基金年度项目37项，立项数量并列国内高校第3位。20项成果获第7届高等学校科学研究优秀成果奖（人文社会科学），创历史最好成绩；3部书稿入选《国家哲学社会科学成果文库》，入选数量并列全国高校第1位；92份研究报告被相关部门采纳应用，其中3份研究报告得到国家领导人肯定性批示，为历年最多；1项成果入选第六届全国优秀通俗理论读物。推进智库建设。成立“全面依法治国重大问题研究中心”。创办《吉林大学智库专刊》。由学校作为主办方之一的“纪念世界反法西斯战争暨中国人民抗日战争胜利70周年国际研讨会”在莫斯科举行。习近平主席和普京总统分别为研讨会发来贺信。

东北师范大学科研合同总经费2.53亿元，比2014年增长15.29%。文科获立国家哲学社会科学基金项目35项，立项数位列全国高校第7位，获立教育部人文社科一般项目32项，位列全国高校第2位，连续4年位列全国高校前5位。全国教育科学“十二五”规划课题立项数量和资助经费位列全国第1位。获立国家艺术基金资助项目、国家社科基金艺术学项目和文化部文艺科研项目9项，项目数并列全国第3位。“东亚史上的‘落差-稳定’结构与区域走向分析”获立国家社科基金重大项目，“新形势下加强和改进马克思主义理论教育研究”获立教育部重大招标课题，“世界主要国家教育法治研究”获立教育部重大委托项目。2015年，学校7项成果获教育部第7届高校人文社会科学研究优秀成果奖，其中1等奖2项，填补学校自2003年第3届以来无1等奖的空白。学校牵头成立中国农村教育发展协同创新中心，与教育部政策法规司合作共建国际教育法治研究中心，一批协同创新中心和研究机构获吉林省重点立项或培育建设。理科获立国家自然科学基金项目89项，创历史新高，学校76.4%理科青年教师主持过国家自然科学基金项目。作为第一单位发表SCIE论文556篇，其中高于学科平均影响因子的论文占总篇数61.3%，篇均被引次数居百强高校首位。学校中国大学自然指数排名位列全国高校第31位。学校有1项成果荣获2015年度国家自然科学奖2等奖，学校4年3次连续获得国家自然科学奖2等奖。联合培育共建东北农业与生态可持续发展国家重点实验室、新能源材料化学与物理国家重点实验室。

长春中医药大学申报项目442项，立项258项，合同经费3881.8万元。“长白山现代中药协同创新中心”被批准为省级“2011协同创新中心”。“吉林省中医药事业发展研究智库”成为首批吉林特色新型高校智库。与校外科研院所及企业合作，进行成果推介83项。

吉林华桥外国语学院确定建设2个省级一级重点学科和3个校级一级重点学科的目标，通过建设任务书；与省教育科学研究院共同成立了吉林省民办教育研究所；获批准“吉林省省属高校人文社会科学重点研究基地”“吉林省高校新型智库”“吉林省重大需求协同创新中心”。7个团队被批准为校级科研创新团队，其中非营利性民办高校办学模式的研究与实践、英美文学2个团队获批为省级科研创新团队。申报科研项目150项，获批51项，其中省级以上项目37项；组织大学生开展科研活动，上报2015年吉林省大学生创新训练计划项目2项，校内大学生科研立项6项。开展中青年教师科研能力提升系列培训，举办系列培训讲座13场；举办各种学术讲座26场，参加师生达7000多人次；学报共收稿82篇，编辑出版学报2期，用稿58篇，其中校外稿件13篇。

长春大学申报国家级、省市级课题264项，获得国家社会科学基金、自然科学基金、教育部和文化部项目等国家级课题15项。全校教师发表核心期刊以上论文323篇，出版著作19部，专利授权39项。新增“网络国学院”“网络文化研究中心”等国家级科研平台，新增省文化产业研究基地和“校园安全工程科技创新中心”2个省级科研平台；“农产品生物加工技术团队”入选“吉林省高校创新团队”立项培育计划。特殊教育学院作为省首批高等教育研究基地通过验收。由李丹教授为负责人的“中青年科技领军人才及优秀创新团队”发表的2篇论文SCI影响因子分别达4.074和3.811。《学报》社科版在统计公布的数据影响因子为0.276，位居省属高校第1名，影响力排名在全国632个学术期刊中列230位，居省属高校第3名。学校在最好大学网公布的《2016年中国高校科研规模单指标排名》中，位列第243名(论文数量为989篇)。

吉林工程技术师范学院硕士研究生联合培养获突破，联手长春师范大学，获批教育硕士(职业技术教育领域)专业学位研究生教育试点单位。与东北师范大学、吉林农业大学等4所大学合作，在学校全程培养硕士研究生。机械工程、信息与通信工程领域方向获批2016年联合培养硕士研究生招生计划20人。“吉林省互联网+职业教育科技创新中心”被科技厅列为科技创新中心;“出版传媒教育研究中心”被省教育厅评为吉林省高校人文社科重点研究建设基地;“职业技术教育”创新团队被评为吉林省高校创新团队;“分子营养实验室”和“材料表面仿生技术实验室”2个重点实验室被批准为立项培育吉林省高校重点实验室。获国家自然科学基金青年基金项目立项1项;教育部人文社科项目2项;教育部司局项目3项;省发改委重大项目1项;省科技厅项目6项;省社科规划办项目2项;省教育厅项目38项;团省委项目2项;长春市社科规划办项目14项;横向科研项目6项。完善校级科研项目,设立种子基金项目。科研经费268.8万元。发表4大检索论文32篇、核心以上论文171篇,获专利52项,出版著作教材14部。出版《中国现代职业教育发展报告丛书(2008—2014)》(共10册),主编出版《吉林省职业教育年度发展报告》(共6册)。承担教育部委托课题3项,承担省委、省政府“建设全国首个数字化职业教育博物馆”项目等3项,职教研究在全国、全省的影响力得到提升。《职业技术教育》期刊入选2015年版“中文核心期刊”目录。

【学生工作】 长春理工大学开展各类思想教育活动300余项,2万余人次参与。举办首届辅导员职业能力大赛。举办校内招聘会近300场,2015届本科生就业率为91.7%,研究生就业率为93.4%。举办第11届大学生心理健康节,近万名学生参与。发放各级各类奖助学金1200多万元,奖励资助4000余人。

吉林农业大学开展主题教育和纪念中国人民抗日战争暨世界反法西斯战争胜利70周年系列活动。聘任134名新生班主任;选聘7名辅导员,弥补辅导员配比上不足。学生奖、贷、助、减、免金额1900余万元。大学生心理中心利用特色心理测试方法为大学生提供心理咨询和服务,为教职工子女开办注意力训练班。

吉林财经大学录取本科生2828人,整体录取平均分与往年基本持平。2015年,学校毕业生3103人,毕业生就业率90.56%。建立“吉财微学工”“吉财学子互助讲师团”公众号,让更多学生和教师了解辅导员队伍工作要求及工作成果。关注学生心理健康教育咨询工作,推进“心育”工程。完成2015年度经济困难学生资助工作。

吉林建筑大学举办纪念中国人民抗日战争暨世界反法西斯战争胜利70周年系列活动。长春市第8届大学生田径运动会上,学校运动成绩名列甲组总分第1名;精神文明奖取得团体总分第1名,实现3连冠;大型舞蹈《中国梦·民族情》荣获最佳文艺表演奖。学生工作获得吉林省优秀辅导员、军训工作先进单位及个人、辅导员优秀微信公众平台建设团体奖及个人等奖项。举办第5届大学生外语节系列活动、“高雅艺术进校园”活动等30余项,举办“青春作伴、梦想起航”迎新文艺晚会,营造浓厚校园文化氛围。坚持开展“三下乡”社会实践,组建32支重点服务团队分赴全省各地,受到团省市委的表彰。青年志愿服务开展社区共建、义务支教、助老助困等30余次,得到社会各界的高度评价。学校团委被共青团长春市委评为先进基层团委,多次获得团省、市委的集体和个人表彰。

长春师范大学建立马克思主义学院,对加强思想政治理论课建设和高校意识形态工作具有重要意义。组织“学工论坛”“辅导员技能大赛”等交流活动10余次,学工教师获全国高校辅导员职业能力大赛3等奖,省级比赛2等奖。学工教师晋级教授1人,副教授1人,辅导员队伍向职业化、专业化迈进。成立吉林省首个以少数民族学生教育与研究为主的辅导员工作室。学校有3人获省级优秀辅导员称号。省、市、校三重“十佳大学生”传媒学院黄忞同学入围第10届中国大学生年度人物候选人名单,《光明日报》《中央电视台》等多家媒体进行报道。学校与榆树市文联、二道区团委、东盛街道等11家单位和社区合作共建,开发志愿服务项目。学校有18名同学投身“西部计划”,远赴宁夏、新疆等地开展志愿服务工作,学生团队获得全国“挑战杯”和“互联网+”竞赛吉林省赛区金奖,共青团工作获团中央“全国‘三下乡’社会实践活动优秀团队、“示范团支部”“全国百佳大学生理论学习社团”“全国大学生志愿服务西部计划优秀项目”等省级以上奖励5项,市级奖励2项,连续4年被团市委评为“五四红旗团委”。学校引进招聘单位402家,提供招聘岗位12060个,开拓新加坡海外就业渠道。学生考取基层项目115人,完成“双困生”就业能力培训602人,少数民族学生职业技能培训2期85人,培训就业指导教师28人次,获批各类就业创业教科研立项5项。《大学生职业发展与就业指导》校本教材获批全国特色教材立项,学校成功建立大学生创业实训基地和大学生创业模拟实训中心。

吉林艺术学院举办法制教育讲座、优秀学生事迹报告会、“十佳大学生”评选、“我眼中的绿色”环保主题微电影大赛等30余项校园文化活动,以及“百校美育工程”暨大学生志愿者“三下乡”等志愿服务活动。加大对学生“奖助贷”,为1832名奖学金获得者发放金额603.6万元,为18名新生奖学金获得者发放金额3万元,为345名困难新生开辟入学“绿色通道”,帮助33名困难生申请16.95万元国家助学贷款,帮助308名困难生申请236.7万元生源地助学贷款。开展心理健康教育服务和教学工作。开设院级选修课《大学生心理专题》,有550名学生选修;举办“快乐学习 阳光生活”大学生心理健康教育宣传月活动。

【精神文明建设】 2015年,东北师范大学、长春中医药大学、吉林体育学院3所学校晋升为全国文明单位;吉林财经大学、吉林华桥外国语学院等8所学校晋升为吉林省文明单位;市高校工委、吉林艺术学院被评为吉林省军(警)民共建精神文明先进单位。此外,有5所高校被评为市级精神文明单位,7所高校被评为市级精神文明先进单位,3所高校被评为市级军(警)民共建单位。9月16日,对2014年度“高校文明杯”竞赛活动暨“十佳大学”进行表彰,为“高校文明杯”竞赛活动优胜单位颁奖。长春电视台两次播出“十佳大学生”颁奖典礼盛况,将大会实况制成光碟,连同吉林学出版社出版发行的《感动校园》一书发给学校。9月23日至25日在长春经开体育场举行长春市第8届大学生田径运动会，展示高校体育教育成果。

（崔 静）

基础教育

【促进校际均衡】 深化大学区管理模式改革，推进区域义务教育均衡发展。启动东北师大附中与长春市第26中学一体化管理模式改革。举行吉林省暨长春市实施大学区管理模式改革现场会，推广长春市经验。以优质带动为平台，开展第3轮30所新优质校创建活动，已有百余所学校顺利通过综合评估，优质教育覆盖面逐年攀升。

【基本建设】 城区中小学启动新建、扩建项目19个，市级计划投入7.3亿元，总建筑面积38万平方米，建成后可容纳在校生3万人。市级投入资金6600万元，实施城区食堂及食品操作间改造项目，21个项目全部开工建设。改善各城区少年宫条件，2个城区少年宫改造项目全部开工建设。实施城区中小学直饮水项目。为九台等6区111所学校配备图书88万多册，图书码洋2890多万。投入6200多万，完成113所中小学特色装备建设任务。启动"长春智慧教育平台"建设，建设"长春基础教育资源云平台"，开展全市中小学信息技术应用展示活动。在全国"一师一优课，一课一名师"活动中，向省里推课1381节，推向国家1049节，占吉林省总数的1/2。在"全国2015年全国教育信息中心主任工作会和教育网络与信息安全工作研讨会"上，长春市作为全国唯一一个地市代表进行汇报。榆树市五龙中学成为全国教育信息化典型学校。

【促进师资均衡】 通过事业单位招聘、免费师范生安置、特岗计划等引进优秀人才1061名。在全市范围内开展校长、教师交流工作，全年有1179名教师（含137名校长）参与交流，组织选拔25名优秀教师到延边州农村学校支教。确定在南关、汽车和榆树开展"县聘校用"和"教师无校籍管理"试点工作，打破教师与学校间的人事关系束缚。通过"千人进城，百人下乡"活动，加大对农村教师培训力度，采取个性化、订单式培训方式，提高农村教师培训的针对性和实效性；发挥远程培训资源优势，实现农村教师培训全覆盖。

【促进生源均衡】 全市发放义务教育入学通知书52868份，保障每一名适龄儿童少年都有一个相对就近的公办义务教育学位。其中外来务工人员子女16521人，占报名总数的31.2%，比2014年增长11%。进城务工人员随迁子女可以平等参与优质公办学校空余学位和民办初中部分学位的电脑派位。完成30%民办初中部分学位和公办空余学位电脑派位工作，全市有10所民办初中1129个民办初中学位、3739个公办优质空余学位面向社会派位。

【学前教育】 出台《长春市学前教育三年行动计划》，起草《长春市人民政府关于贯彻〈吉林省学前教育条例〉的实施意见》。起草《长春市城市住宅小区配套幼儿园建设管理的意见》，力求在住宅小区与配套幼儿园同步规划、同步建设、同步交付使用政策方面有所突破。

【义务教育】 借助第三方完成年度中小学教育质量综合监测工作，提高学校教育教学管理水平。出台《长春市中小学教育质量综合评价实施方案》，指导各县区做好学生综合素质评价工作，为中考改革做准备。深化推荐生制度改革，扩大初中推荐生比例，中心城区由2014年统招生计划的75%提高到80%，3县2区在原来基础上提高10个百分点。提升区域特色办学水平，开展30所"三星"素质教育特色校评估认定工作。深化课程改革和课堂改革，市一实验小学的核心素养课题研究项目带动一批学校发展，南关区生态课堂建设、朝阳区的学科生命教育等办出特色。开展阳光体育运动，举办长春市中学生运动会、长春市中小学学校文化建设现场会，承办省农村学校艺术教育现场会。全市建设133所足球项目推广学校、73所吉林省校园足球特色学校、31所全国校园足球特色学校、3个市级试点县区。长春在全国中小学心理健康教育示范区经验交流会上作经验交流，3所中小学被评为国家级特色学校。在全国中小学社会主义核心价值观教育经验交流会上，长春市介绍通过"时事新闻课"探索社会主义核心价值观教育新途径经验。长春市《以'时事新闻课'为突破口探索社会主义核心价值教育的新路径》被评为全国中小学社会主义核心价值观教育优秀案例。

【普通高中教育】 召开全市普通高中教育工作推进会。出台《普通高中优质带动薄弱改革项目实施方案》，探索优质带动薄弱合作模式。深化普通高中课程改革，开展基于高效课堂背景下"高阶思维教学"研讨活动，并通过教学联盟、学科联盟平台组织开展教学研究活动，提高教学质量。

【特殊教育】 修改完善《长春市特殊教育三年提升计划》。出台《加强7—15岁孤独症及智力障碍适龄儿童少年补贴资金管理的通知》，通过政府购买民办特教机构服务方式，解决特殊儿童少年教育及康复训练问题。解决公办特殊教育学校在校生餐费补贴。完善教育功能，改善工读学校办学条件，晨光学校时隔10年恢复招生。举办全市特殊教育5年发展成果展。全市开设特教班6个、随班就读点300余个、送教上门服务点50余个，实现有学习能力的残疾儿童少年义务教育全覆盖。

【民族教育】 推进双语教学改革，召开长春市少数民族学校校本课程建设、双语教学高效课堂建设研讨会，对全市70余名少数民族学校校长及专任教师进行培训，新疆班工作稳步发展，新疆学生综合素质得到提升，高考本科进线率继续保持在100%。

【民办教育】 鼓励社会力量兴办教育，

支持民办基础教育优质发展，合理规划义务教育学校布局结构，按程序依法审批成立4所义务教育阶段民办中小学校，教育结构更趋合理。

【教育教学研究】 开展教师技能大赛，全市评选出1000名十佳教师，促进教师专业成长。出台《长春市中小学教学基本要求和教学指导意见》，对全市中小学加强教学的终端指导。加强教研队伍建设，成立兼职教研员队伍，提高教研整体水平。强化中考人才库队伍建设，从队伍建设和科学命题入手，提高中考命题质量。

（杨 柳 李大伟）

技工教育

【概况】 2015年，长春市有技工院校15所。其中，国家高级技工学校2所，技师学院2所，省部级技工学校4所，合格技工学校9所。按隶属关系分，中直企业办技工院校1所，省直企业办技工学校1所；市属技工学校5所；民办学校8所。按经费来源分，财政拨款1所，自收自支14所。在校学生13484人，其中城镇生1544人，农村生11940人，有高级技工班学生1435人；毕业生就业率达到98%。技工学校有教职员工715人，教师514人，其中文化理论课教师372人(高级讲师132人，讲师121人)；实习指导教师142人(高级实习指导教师15人)，“一体化”教师233人。全市技工学校占地面积448229平方米，建筑面积261725平方米；实习实验设备6873件套；专业设置达64个，其中复合性专业12个。

【创新教学方式】 学校根据自身特长建立1个职业群，每年围绕市场需求变化推出新专业，组成新模块。技工学校将新课程充实到教学模块中，使学生所掌握的技能与社会需求相适应。组织省部级以上重点技工院校开展“一体化教学”试点工作，深化人才培养模式和教学模式改革，创建与长春市经济社会发展相适应，与企业用工能力标准相适应的人才培养模式和教学模式。

【实训基地建设】 技工学校的教学模式是理论教学和实践教学相结合，其课时比例大体为1:1，有的专业达4:6，注重学生专业基本技能训练和与生产实际结合。利用与企业协作关系，在企业建立生产实习基地，实行前校后厂、产教一体化教学模式，保证学生有足够时间实训，加快由学生向技术工人角色转变，使毕业生到企业能很快适应工作岗位需要。

【学校专业建设】 全市各技工学校建立以数控机械、机电一体化、汽车检测与维修、生物制药等专业为龙头的名牌专业，特别是各学校围绕长春市10大产业对专业技能型人才的需求，开发新专业，构建专业品牌课程体系框架，保证学校在市场中有核心竞争力，为社会培养输送“产销”对路的学生，全年安置毕业生4509人，就业率98%。

【师资队伍建设】 各技工学校结合本校专业设置和教学情况，加大教师培训力度，通过组织到上级大专院校进修，聘请专家系统讲课，深入到企业学习现代企业管理知识，提高教师专业素质。培养和建立省、市、校3级骨干教师队伍，培养省、市专业带头人。“一体化”教师比例由20%提高到40%。聘任兼职教师129名。

【助学资金管理】 加强对长春市技工院校助学金、免学费补助资金管理工作，严防虚报学生人数骗取国家助学金、免学费补助资金等问题发生，维护国家助学政策严肃性，确保财政资金安全。局基金监督处对助学资金管理进行审核。

【技师学院建设】 长春市技师学院建设进入实施阶段，征地工作有序推进，开展技师学院内涵建设，专业建设体现部门特色，确定近30个技工专业，10个高职专业，技师学院招生1807人，在校生4684人，毕业生1832人。

（李 刚）

职业教育

【基础建设】 完成职教园区1期工程，长春师范高等专科学校获省政府批准。出台《长春市加强职业教育实习实训装备建设的意见》，9所院校15个重点专业完善实训设备，新增设备总值6000余万元。启动公关学校异地新建项目和长职院宿舍楼、长职校综合实训中心、汽车高专营销实训中心建设项目，职业教育办学条件得到提升。

【人才培养模式改革】 推进校企双元育人模式改革，完成国家老工业基地产业转型技术技能人才双元培育改革试点论证申报工作。立项教育部现代学徒制试点项目3个，在10所院校的20个专业启动市级现代学徒制试点。

【职业素养培养】 加强职业院校德育工作，启动“劳动模范、技能大师进校园”活动，在公关学校举办“养成教育主题活动”观摩会。

【专业与产业对接】 实施新一轮专业设置调整，新增养老护理等55个专业(点)，撤销与市场需求脱节的专业(点)33个，促进专业与产业对接。制定《长春市职业院校深度对接产业品牌专业群建设实施方案》，启动中高职15个品牌专业群建设。

【师资队伍建设】 立项建设30个优秀教学团队和30个名师工作室，组织300名专业教师到企业一线挂职实践。

【招生改革】 推进中高职衔接培养，完成招生2600人。3所高职院校完成提前单独招生2100人，中职学校完成招生1.8万人。

【技能培养】 举办全市中等职业学校师生技能大赛，承办吉林省职业院校技能大赛的2/3赛项和全国高职院校汽车专业技能大赛，在省级大赛23个项目中有20个赛项中获1等奖和第1名，153名选手参加全国职业院校学生技能大赛56个赛项的比赛，获奖牌58块，占全省获奖总数70%。中高职院校毕业生就业率分别达96%和95%。强化社会服务，职业院校面向社会培训6万人次。

（李大伟）

教育保障

【督导保障】 制定《教育重点工作目标管理责任制实施方案》与指标体系，纳入政府绩效考核，加大重点指标权重，推动各县区工作。统筹推进义务教育基本均衡发展迎国检工作，7个区（含开发区）全部一次性高质量通过国检验收，教育部评估组对长春市推进义务教育基本均衡取得的成绩给予肯定。制定评价体系，在市直高中全面试行高中综合考评高中。

【安全保障】 出台《长春市中小学(幼儿园)安全管理工作流程》，对学校安全工作重点时段、重点部位、重点环节、重点人群存在的安全隐患应采取的措施及具体责任人作了明确规定；统一制作"长春市学校安全管理责任网格化公示板"，把安全管理责任分解细化，确保安全管理责任的有效落实；通过开展安全工作自查、互查、暗查及督导检查，解决学校安全工作问题；完成《长春市学校安全工作信息管理综合监管软件》的开发工作，提高学校安全工作的信息化管理水平；通过市长公开电话、局长信箱、局长接待日、日常接访等多种形式，畅通与百姓之间有效沟通渠道，解决一大批百姓关注的热点、难点问题。

【师资保障】 制定《教师培训项目管理规定》和《教师培训项目质量管理与评估办法》，整合60个教师培训项目，对项目实施过程进行管理；组建长春市中小学(幼儿园)教师继续教育专家组和长春市首批兼职培训教师队伍。长春市中小学教师专业发展型学校的"打造网络研修平台，线上线下助力教师成长"案例成功入围第4届全国教育改革创新典型案例推选活动，成为180个候选案例之一。

【法治保障】 制定教育系统推进依法治教实施方案。加强现代学校章程和工作规范建设，选树现代学校章程和工作规范建设先进典型。制定长春市中小学办学规范，完善学校规章制度建设，健全学校依法办学自主管理的制度体系。在全市中小学及职业学校开展"法治进校园"系列活动，广大青少年学生法治素养得到提升。

（杨　柳　李大伟）

教育行政

【规范教育部门行政行为】 简政放权，规范义务教育阶段民办学校审批和管理，城区义务教育阶段民办学校审批管理权下放到区级教育行政部门；体育、艺术类中等职业学校允许招收义务教育阶段学生，办学资质由属地区级教育行政部门审批认定；明确和强化区级教育行政部门对义务教育实施监管的主体责任。梳理权力清单、责任清单和相关制度，对近2000个规范性文件进行清理，提高依法行政能力和服务水平。

【师德师风】 出台《长春市中小学师德建设工作考核办法》《公办学校教师师德考核细则》，对师德考核工作实施量化管理。评选表彰长春市50名"我身边的好老师"师德先进典型。开展中小学和在职教师乱办班乱补课专项治理行动，全市15个县区成立105个检查小组，通过明察暗访，借助教师影像识别管理系统，对全市近2000所中小学和近千所民办学校进行重点检查和专项治理，受理举报573件，解散黑班117个，查处违纪教师47名，师德师风明显好转。

【办学规模】 按照《吉林省义务教育办学标准》，出台长春市义务教育学校办学规模具体核定办法，通过改、扩、异地建、合并、分流等有效措施，逐步解决超大校和超大班额问题。

【招考秩序】 对考试风险进行梳理，完善《考务管理实施细则》，防范和打击考试作弊，实现"平安考试"目标。制定《义务段中小学招生入学工作实施意见》，实行划片入学。制定普通高中和中职招生计划，促进高中与中职协调发展。规范中小学招生行为，禁止各类学校违规考试招生。

【教学行为】 严格执行《关于减轻义务段中小学课业负担的十条规定》，要求各学校开齐开足规定课程，规范课堂教学管理，严控教学进度和难度，严控考试次数和难度，保证学生体育活动时间，义务教育段坚决取消以任何名义设立的重点班和直升班。针对个别学校不按规定时间放学放假、过量布置家庭作业等违规现象进行检查，规范办学行为。

【规范办园行为】 加强对各类幼儿园监管，严格幼儿园审批、注册、准入制度。扶持普惠性民办园规范发展，认定97所普惠性民办幼儿园并进行奖补；采取"批""停""关"的方式，对辖区内"三无"幼儿园进行治理。

【民办教育】 规范义务段民办学校审批及管理，强化区级教育行政部门义务教育主体责任；按照"一校一案"原则清理规范义务教育段公参民学校，有5所学校处于退公过渡期；开展民办非学历教育培训学校清理整顿，与市工商部门联合开展治理房地产企业承诺买房赠学位专项治理活动。

【国际办学】 严格审核14所高中国际交流班招生计划，比2014年减少451人。国际交流班严格按照批准班额招生，单独编班、单独授课，不与其他学生混合编班。

（杨　柳　李大伟）

2015年在长部分高校概况一览表

学校名称	现职校级领导数					在校学生数					招生数					毕业生数					专业教师数					
	均龄	男	女	党员	其他	计	专科	本科	硕士	博士	计	专科	本科	硕士	博士	计	专科	本科	硕士	博士	计	教员	助教	讲师	副教授	教授
吉林大学	55.4	12	3	15	0	68278	1647	42240	16877	7514	18586	525	10316	6193	1552	17974	574	9986	6053	1334	6663	0	1154	1459	2074	1976
东北师范大学	52.5	7	1	8	0	25466	0	14402	9846	1218	6686	0	3415	2869	402	7090	0	3516	3256	318	1526	0	46	459	548	473
长春理工大学	53.6	5	3	8	0	19764	0	16099	3250	415	5202	0	3988	1132	82	4772	0	3636	1089	47	1196	0	91	447	448	210
吉林农业大学	53.88	7	1	7	1	18193	0	15488	2416	289	4804	0	3879	861	64	4661	0	3855	761	45	1161	34	91	507	361	168
长春工业大学	52	8	0	8	0	19914	2437	15636	1821	20	5681	1054	3968	648	11	4795	128	3999	668	0	1095	0	53	557	317	168
长春中医药大学	53.88	8	0	7	1	10983	1173	8411	1327	72	2814	384	1936	473	21	2583	277	1897	389	20	644	3	82	243	200	116
吉林财经大学	54.12	5	3	8	0	12701	0	11000	1701	0	3338	0	2718	620	0	3401	0	2813	588	0	570	0	28	258	202	82
吉林建筑大学	52.1	7	1	7	1	15616	178	14605	833	0	3967	0	3689	278	0	4002	154	3617	231	0	819	0	12	367	323	117
吉林华桥外国语学院	56	4	3	6	1	9510	0	9374	136	0	2469	0	2402	67	0	1837	0	1788	49	0	527	3	102	172	147	103
长春大学	51	5	1	6	0	15764	1065	14622	77	0	4115	382	3687	46	0	3776	238	3538	0	0	808	0	11	426	268	103
长春工程学院	54.25	7	1	8	0	15045	1334	13548	163	0	4111	621	3427	63	0	3681	381	3258	42	0	763	0	15	359	287	102
长春师范大学	54	6	1	6	1	22092	4778	16986	321	7	5716	1269	4327	117	3	5487	1375	4040	72	0	851	71	43	390	255	92
吉林工程技术师范学院	53	5	1	6	0	9604	1023	8581	0	0	2818	379	2439	0	0	2214	330	1884	0	0	531	0	44	279	164	44
吉林艺术学院	53.3	6	0	6	0	8178	53	7295	830	0	2177	0	1887	290	0	2060	51	1770	239	0	556	0	133	199	171	53
吉林体育学院	53.3	6	1	7	0	6570	46	6242	282	0	1700	12	1569	119	0	1656	64	1513	79	0	604	0	163	260	125	56
吉林工商学院	55	5	2	5	2	14069	4128	9941	0	0	4246	1330	2916	0	0	3884	1462	2422	0	0	671	0	99	241	225	106
吉林警察学院	53	6	1	7	0	7163	2196	4967	0	0	1733	402	1331	0	0	1851	813	1038	0	0	276	0	67	110	73	26
吉林省教育学院	53	5	1	6	0	1164	1164	0	0	0	878	878	0	0	0	1052	1052	0	0	0	276	0	29	91	115	41
吉林动画学院	48	8	4	8	0	12148	0	12148	0	0	3138	0	3138	0	0	2965	0	2965	0	0	724	11	251	210	177	75
长春建筑学院	52	7	4	11	0	12554	0	12554	0	0	3740	0	3740	0	0	2515	0	2515	0	0	706	30	224	250	136	66
长春科技学院	60	6	1	6	1	13642	2670	10972	0	0	3922	1168	2754	0	0	2771	326	2445	0	0	734	11	112	286	228	97
长春光华学院	58	5	0	4	1	11542	511	11031	0	0	3038	178	2860	0	0	2622	33	2589	0	0	540	2	39	233	157	109
长春财经学院	54	7	1	8	0	10591	0	10591	0	0	2860	0	2860	0	0	2066	0	2066	0	0	545	0	52	258	148	87
东北师范大学人文学院	60	7	0	7	0	11309	0	11309	0	0	2880	0	2880	0	0	2901	0	2901	0	0	574	11	47	276	128	112
长春理工光电信息学院	53	4	2	6	0	9508	0	9508	0	0	2460	0	2460	0	0	2124	0	2124	0	0	525	0	52	238	156	79
长春工大人文信息学院	59	9	3	12	0	10222	0	10222	0	0	2578	0	2578	0	0	2296	124	2172	0	0	543	11	38	203	224	67
吉林建筑大学城建学院	53.3	7	2	9	0	9978	0	9978	0	0	2454	0	2454	0	0	2286	0	2286	0	0	583	2	148	162	198	73
长春大学旅游学院	50	3	3	6	0	9445	304	9141	0	0	2283	134	2149	0	0	2162	35	2127	0	0	413	0	94	161	116	42
长春金融高等专科学校	50	6	1	7	0	5674	5674	0	0	0	2410	2410	0	0	0	1659	1659	0	0	0	137	0	4	62	54	17
吉林交通职业技术学院	52	4	0	4	0	6892	6892	0	0	0	2543	2543	0	0	0	2122	2122	0	0	0	318	0	38	130	118	32
吉林司法警官职业学院	52	6	0	6	0	5664	3364	2300	0	0	2180	1380	800	0	0	1124	1124	0	0	0	326	158	44	70	46	8
长春医学高等专科学校	57	2	1	3	0	6034	6034	0	0	0	2028	2028	0	0	0	2026	2026	0	0	0	350	7	88	128	97	30
长春汽车工业高等专科学校	50	3	0	3	0	9189	9189	0	0	0	2780	2780	0	0	0	2791	2791	0	0	0	459	5	169	124	134	27
长春职业技术学院	53	5	2	7	0	10338	10338	0	0	0	3860	3860	0	0	0	3255	3255	0	0	0	519	23	106	184	182	24
长春东方职业学院	55	3	1	3	1	2092	2092	0	0	0	1178	1178	0	0	0	198	198	0	0	0	151	40	29	20	34	28
长春信息技术职业学院	58	5	0	5	0	4995	4995	0	0	0	2093	2093	0	0	0	901	901	0	0	0	273	3	124	61	52	33
吉林科技职业技术学院	48.8	6	0	5	0	7261	7261	0	0	0	2658	2658	0	0	0	1794	1794	0	0	0	509	2	38	364	87	18
吉林俄语专修学院	47.5	1	3	3	1	472	340	132	0	0	130	90	40	0	0	120	64	56	0	0	108	54	6	30	15	3
总计	53.52	218	52	254	11	469624	80886	339323	39880	9535	132254	29736	86607	13776	2135	117447	23351	78816	13516	1764	28574	481	3966	10274	8790	5063

2015 年在长部分高校教学、科研队伍情况一览表

学校名称	学科带头人		享受政府特殊津贴			突出贡献的专家学者			硕士学位	硕士生指	博士学位	博士生指	博士后	院士数		重点学科		重点实验室	
	国家级	省级	国家级	省级	市级	国家级	省级	市级	授权点	导教师	授权点	导教师	流动站	科学院	工程院	国家级	省级	国家级	省部委级
吉林大学	0	0	551	1120	0	12	57	24	304	4045	244	1537	42	21	8	36	70	11	54
东北师范大学	0	0	48	36	2	2	73	0	43	808	25	390	20	0	0	5	32	1	50
长春理工大学	1	15	44	60	8	1	36	9	83	591	25	131	7	6	2	1	16	1	18
吉林农业大学	1	10	46	0	0	4	30	0	78	521	21	83	7	0	1	1	13	1	13
长春工业大学	0	8	33	0	4	2	24	1	24	483	3	33	0	1	1	0	8	3	28
长春中医药大学	19	19	24	0	2	0	28	4	5	249	2	50	2	0	0	0	22	2	45
吉林财经大学	0	0	3	0	2	0	12	7	62	0	0	0	0	0	0	0	7	0	0
吉林建筑大学	0	5	10	0	0	1	6	5	21	269	0	0	0	0	0	0	5	0	5
吉林华桥外国语学院	0	2	6	0	0	0	1	1	4	37	0	0	0	0	0	0	2	1	5
长春大学	0	0	10	0	0	2	13	3	5	95	0	2	0	0	0	0	2	0	3
长春工程学院	0	3	9	0	1	0	5	1	2	58	0	1	0	0	0	0	6	0	15
长春师范大学	0	0	3	0	1	0	10	6	10	212	1	6	0	0	0	0	3	0	1
吉林工程技术师范学院	0	0	0	0	0	0	1	0	0	0	0	0	0	0	0	0	5	0	10
吉林艺术学院	0	0	0	2	0	0	9	2	7	221	0	5	0	0	0	0	4	0	1
吉林体育学院	0	1	2	0	0	0	2	1	8	44	0	0	0	0	0	0	1	0	4
吉林工商学院	0	4	2	6	2	0	5	1	0	0	0	0	0	0	0	0	4	0	1
吉林警察学院	0	2	0	0	0	0	2	0	0	10	0	1	0	0	0	0	2	0	2
吉林省教育学院	0	0	1	0	0	0	4	0	0	0	0	0	0	0	0	0	0	0	0
吉林动画学院	0	0	0	0	0	0	0	1	0	0	0	0	0	0	0	0	0	0	5
长春建筑学院	0	0	0	1	0	0	0	0	0	0	0	0	0	0	0	0	0	0	3
长春科技学院	0	0	0	0	0	0	0	0	0	0	0	0	0	0	0	0	1	0	0
长春光华学院	0	0	1	0	0	0	0	0	0	0	0	0	0	0	0	0	1	0	0
长春财经学院	0	0	3	0	2	0	1	0	0	0	0	0	0	0	0	0	1	0	0
东北师范大学人文学院	0	0	0	0	0	0	0	0	0	0	0	0	0	0	0	0	0	0	0
长春理工大学光电信息学院	0	0	0	0	0	0	0	0	0	10	0	4	0	1	0	0	0	0	0
长春工大人文信息学院	0	1	0	0	0	0	0	0	0	0	0	0	0	0	0	0	1	0	2
吉林建筑大学城建学院	0	0	0	0	0	0	0	0	0	0	0	0	0	0	0	0	1	0	0
长春大学旅游学院	0	0	1	0	0	0	0	0	0	0	0	0	0	0	0	0	1	0	0
长春金融高等专科学校	0	0	0	0	0	0	2	0	0	0	0	0	0	0	0	0	0	0	0
吉林交通职业技术学院	0	0	0	0	0	0	2	0	0	1	0	0	0	0	0	0	0	0	0
吉林司法警官职业学院	0	0	0	0	0	0	0	0	0	0	0	0	0	0	0	0	0	0	0
长春医学高等专科学校	0	0	0	0	0	0	0	0	0	0	0	0	0	0	0	0	0	0	0
长春汽车工业高等专科学校	0	0	0	0	0	0	0	1	0	0	0	0	0	0	0	0	0	0	0
长春职业技术学院	0	0	0	0	3	0	1	2	0	0	0	0	0	0	0	0	0	0	0
长春东方职业学院	0	1	0	0	0	0	1	0	0	0	0	1	0	0	0	0	0	0	0
长春信息技术职业学院	0	0	0	0	0	0	0	0	0	0	0	0	0	0	0	0	0	0	0
吉林科技职业技术学院	0	0	0	0	0	0	0	0	0	0	0	0	0	0	0	0	0	0	0
吉林俄语专修学院	1	1	0	0	0	0	0	0	0	0	0	0	0	0	0	0	0	0	0
共计	22	72	797	1225	27	24	325	69	656	7654	321	2244	78	29	12	43	208	20	265

科学技术

【概况】 2015年,长春市科技创新突破关键技术100项以上,转化重点科技成果超过100项。新增国家高新技术企业41户,总数达242户。新增科技型“小巨人”企业50户,总数达400户。新增新三板上市科技型企业12户,超额完成年初预定的3至5户的目标。技术合同交易额24.4亿元。全年专利申请量历史性突破1万件整数关,达10184件,比2014年增长29.7%,占全省专利申请量的68.8%,其中发明专利申请量4664件,增长19.4%,占全省75.8%,发明专利申请量占专利申请总量45.8%,高于全国平均水平9.1个百分点。长春市科技局被评为长春市文明单位。

【产学研协同创新】 围绕建设协同创新平台、协同创新载体、协同创新基地等5个方面,在全市范围选定21个产学研协同创新示范点,集成资源,重点建设,科技局领导班子逐一走访、协商推动,促进科技成果与产业、企业、资本等方面良性互动。长东北科技创新中心累计引进建设40个高水平研发机构,重点项目加快推进,激发了产业创新动能。吉林省集成创新综合体建设取得突破性进展,其中,长春北湖科技园开园以来88户入驻,长春工业大学科技园20余户企业投入运营,吉林省光电子科技创新基地年内有30余户企业入驻,吉林省化工新材料科技创新基地2个通用技术平台、3个专用技术平台基本建成。长春市“政产学研用金介”协同创新云平台完成硬件基础设施部署和系统架构搭建工作。6个省级中试中心建设进展顺利。吉林省技术产权交易中心投入运营,国家技术转移东北中心挂牌运行,中科院长春技术转移中心促成8个项目落户长春。8大协同创新基地建设向纵深推进。企业主体、市场导向的科技成果转化“舟桥”机制初步建立。

【科技计划项目建设】 实施百项重点科技攻关项目、百项重点科技成果转化项目,解决长春市支柱产业、优势产业和战略性新兴产业存在的技术难题。实施“双十工程”,集中支持高灵敏度双波段电晕监测仪、光电编码器自动组装线等14个重大科技攻关项目,安全环保型化工灌装机器人系统、高清晰高均匀度全色LED大屏幕显示器产业化等10个重大科技成果转化项目。近年来,通过实施科技计划项目,推进新技术、新产品、新装备、新业态的研发和成果转化,为稳增长提供有力支撑。吉林省中研高性能工程塑料股份有限公司承担的“聚醚醚酮开发及产业化”项目、长春星宇网络软件股份有限公司承担的“云终端SoC集成电路”项目,在第四届中国创新创业大赛中分别获全国新材料行业企业组第2名和优秀奖。长春长光辰芯光电技术有限公司承担的“大面阵、高分辨率CMOS图像传感器”项目,开发出全国首枚拥有自主知识产权的分辨率为1.5亿像素的CMOS图像传感器,在航天航空及科学成像领域具有重要意义。

【科技企业培育】 配合省科技厅进行国家高新技术企业认定工作,加强培训指导,提供全方位服务,推动长春市高新技术企业数量增长。支持企业创建创新型科技企业,对通过认定的科技型“小巨人”企业择优给予一次性后补助,对首次通过认定的高新技术企业给予一次性后补助。滚动实施科技型“小巨人”企业培育计划,市级各类科技计划向“小巨人”企业倾斜,2015年,投入科技经费2000余万元,支持“小巨人”企业创新发展。近年来,长春合心机械制造有限公司、长春丽明科技开发股份有限公司等一批企业发展迅速,吉林省科英激光技术有限公司、长春希迈气象科技股份有限公司、长春新产业光电技术有限公司等一批企业成长为国内同行业的排头兵。2015年,长春市国家级高新技术企业发展到242户,科技型“小巨人”企业发展到400户。

【科技金融结合】 加快建设长春市科技金融创新服务中心,努力建设成为科技企业的“融资基地”。中心入驻投融资及中介机构25家,与近百家签订合作协议,创建全省“六个第一”:全省第一家科技金融创新综合服务平台、第一家专业化科技支行、第一家科技小额贷款公司、第一家科技信用担保公司、第一家与银联合作的“互联网+”科技金融服务平台、第一家人才科技金融服务平台。中心举办科技金融工作协调会、创投与高科技企业对接会、银企项目对接会等各类活动30余场次，引导投融资与中介机构关注、支持长春市高新技术产业发展。中心设立科技金融综合服务大厅，为科技企业提供科技信贷、小贷、担保、保险、评估等“一站式”“窗口化”服务，对符合条件的科技企业给予贷款贴息补助，探索开展互联网＋理财业务(P2P)，长春农商银行高新科技支行创新开展了科技票据融资、知识产权质押融资等业务。2015年长春市科技金融创新服务中心为科技企业提供投融资22亿元。

【科技企业新三板上市】 启动实施“助推科技企业新三板上市”行动计划，依托科技金融平台，把具有发展前景和增长潜力的科技企业列入上市企业培育资源库，邀请金融领域专家对接服务，聘请专业机构和券商加强辅导，引导科技企业进行股份制改造。设立科技计划专项，对2015年度完成股改和券商辅导并收到新三板上市管理机构《受理通知书》的科技企业给予一次性后补助。2015年，近40户科技企业与长春市科技金融创新服务中心签署“共同推进科技企业新三板上市协议书”，12户科技型企业在新三板挂牌上市。

【国际和区域科技合作】 发挥院地合作优势，组织科技型“小巨人”企业、高新技术企业与中科院所属研究所进行项目对接，10余个项目达成合作意向；与中科院长春分院联合主办“中国科学院电子装备科技成果专项对接会”，4个项目签订意向性合作协议；召开长春市科技成果推介会，集中推介展示在长重点高校院所157项最新科技成果，促进科技与企业对接、创新与创业结合；组织科技企业参加“2015长吉图区域中韩国际技术转移大会”，达成4项合作意向；组织科技团组参加中韩产业创新合作对接会、首届“一带一路·中俄科技合作北方论坛”等会议和活动，拓宽对外合作渠道。2个项目列为国家级国际科技合作项目(对俄专项)，获科技部支持资金985万，带动企业投入配套资金2500万。

【国家知识产权示范城市建设】 加强知识产权信息服务，长春市知识产权信息服务平台启动运行，平台拥有最完整、最权威的中国专利文献数据，超过9900万条标准化的国外专利文献数据，具有专利批量下载、专利检索、分析、预警、机器翻译、技术跟踪等功能。实施知识产权优势企业培育计划，支持企业贯彻国家标准“企业知识产权管理规范”。推动知识产权与金融结合，探索开展专利保险工作，3户科技企业9个专利投保。加强知识产权培训和宣传工作，举办培训班5期，培训近500人次，利用知识产权宣传周、专利活动周开展系列宣传活动，提高知识产权保护意识和维权意识。加大执法力度，设立知识产权维权投诉中心，重点开展专项执法、展会执法和电商执法，净化市场环境。

（王立章）

2015年6月26日，面向科技型中小企业的互联网＋科技金融战略合作签约仪式举行

（王立章　提供）

科学技术协会

【科技人才“服务幸福长春行动计划”】 以科技人才“服务三农行动计划”“服务企业行动计划”“服务社区行动计划”“服务健康行动计划”“服务民生行动计划”为依托，实施科技人才服务幸福长春行动计划。在“服务三农行动计划”中，邀请农业博士专家在春耕备耕时间节点，为二道区、九台区、农安县等多个种养殖协会，开展15场“送技术、送信息、解难题”的科技培训活动。在双阳区太平镇成立了坚果科普示范基地，引领当地500户农户发展坚果种植产业，种植面积1500公顷。在“服务社区行动计划”中，组织医学博士专家走进社区，围绕“吃与健康”“自然养生”“黄帝内经的节律养生”等专题，开展讲座15场。“服务健康行动计划”中，成立“长春市博士专家健康服务指导中心”，为科技人才提供健康服务。在“服务企业行动计划中”，搭建平台，开展对接服务16场，为企业和地方政府牵线搭桥，帮助企业项目落地，促成双阳区太平镇与“博大东方”公司合作，大规模种植藜麦。市科协牵头在双阳区太平镇建立吉林省首家藜麦种植基地，协调成立藜麦专业技术协会。在“服务民生行动计划”中，在《城市晚报》开辟专栏《科普广场》，通过媒体专栏宣传群众衣食住行各方面最新的科技信息及科学应用。

【学术交流】 开展科技创新，举办“新常态下的创新驱动与幸福长春建设博士论坛”，举办、联办第五届纳米操作、制造与测量国际会议，“东北地区灰霾与地区发展”“生命科学与健康领域” 等学术研讨活动。围绕创新和发展，举办“互联网＋医学影像大数据分析”“互联网＋科技文化旅游产业”“互联网＋民营企业发展”“互联网＋汽车后服务市场”“互联网＋传统农业的融合与发展” 等5场“互联网＋”系列高峰论坛。

【实施“基层科普行动计划”】 抓好“基层科普行动计划”项目培育、申报、推荐工作，推荐评选出2个国家级优秀农村专业技术协会，2个国家级农村科普带头人，2个国家级科普示范社区。4个省级先进农村专业技术协会，1个省级农村科普示范基地，5个被评为省级农村科普带头人，7个省级科普示范社区，获国家和省级奖补资金104.5万元。

【科技工作者之家建设】 市科协科普教育中心基地建设设施更加完备，功能更加齐全。各类科普创意作品，县(市)区、学会、协会、研究会图文简介，院士专家风采等成为楼内墙体展示部分。市博联会秘书处、市科普作家协会回归科协办公，科协办公楼的1、2层经过升级改造，为科技工作者开展理论研讨、科技沙龙、技术交流等活动提供充足的场所和空间。在“第六批长春市有突出贡献专家”申报工作中，市科协推荐吉林大学李桂英、李北伟、中日联谊医院杜建时参评。经过评审，吉林大学李桂英被评为“第六批长春市有突出贡献专家”。

【群众性科普活动】 完成市委宣传部文化产业项目，组织市科普作家协会创作科普话剧《七号网格长－荷花颂》进行巡演，引起社区工作者和观众强烈共鸣。成功申请并在农安县和榆树市组织流动科技馆巡展活动，结束长春市没有流动科技馆的历史。全国科普日暨长春科普周活动设置9个专题展示区，内容丰富，群众关注。组织市科普作家协会创办《今·科学》杂志，拓宽科普宣传阵地和覆盖维度。科普进军营活动成果得到巩固和深化，受到驻长部队官兵欢迎。

7月24日，机关党员在九台区开展科普志愿活动　　（孙瑞繁　提供）

【科普大舞台】 市科协与长春电视台合作，通过小品、歌舞、二人转等形式，将科普与大型文艺表演相结合，联合举办“2015年长春广播电视台三下乡暨长春市科协科普大舞台活动”，台上进行科普文艺表演，场下进行科普宣传、医疗咨询等活动。全年开展活动29场，行程5600余公里，观众总人数达25000余人次。

【科普大擂台】 举办“2015年长春市科普知识竞赛” 活动，知识面涵盖防震减灾、垃圾处理、低碳环保、医疗养生、食品安全、生活百科、节能减排等内容。各个县市区组成10个代表队参加城区和农村2个组别的比赛角逐冠军。

【青少年科技竞赛】 全国青少年创新大赛，长春市获青少年科技创新项目一等奖2项，二等奖3项，三等奖2项；青少年创意项目一等奖、“十佳创意之星奖”2项；专项奖7项，茅以升科学技术奖1项，周培源青少年科技创新奖，香港赛马会科技创新奖，INTELISEF奖1项，香港城市大学科技创新奖1项，香港理工大学启迪思维、成就未来科技奖1项，市科协获“优秀组织单位”称号。在第15届中国青少年机器人竞赛吉林赛区竞赛中，长春市科协组织参赛队30人获1等奖，42人获2等奖，24人获3等奖。第30届吉林省青少年科技创新大赛，市科协组织代表队53人获1等奖，26人获2等奖，13名选手获3等奖。

【科技文化交流】 省、市科协共同主办，吉林动画学院设计学院承办，东北师范大学等省内28所高校协办，以“万众创新、拥抱智慧生活”为主题，通过新闻媒体和网络向社会征集优秀作品，征集招贴设计、环境设计、产品设计、服装与服饰设计、动画类、漫画类、游戏类、微电影等作品1795件，其中包括台湾省作品70件，经评选有650件作品入选本届展览。巡回展新增实物展示和交互设计方面的优秀作品，体现“互联网＋”的思维和信息手段，为服务广大青年对科技多样化、小众化需求和自主意识、参与意识不断增强。

【科普信息化】 落实国务院关于“互联网＋”工作部署，树立“互联网＋科普”理念，推动科普信息化工作发展，对科协网站、对科普网站进行全面改版，开发设立科普大屏幕远程传输系统，首期在市委、市人大、市政府、市政协、市政务大厅、国土办事大厅、长山社区、东站十委社区及驻长部队部署10台。

9月19日，全国科普日暨吉林省长春市科普周活动启动仪式

（孙瑞繁　提供）

【开展首次公民科学素质状况调查】 委托中国科协科普研究所按照规范程序和标准，首次对长春市公民科学素质状况进行调查。调查显示，到2015年年底，公民具备基本科学素质比例达8.4%，高于全国6.2%和吉林省5.97%的平均水平。

（孙瑞繁）

防震减灾

【概况】 2015年，长春市实施“一体两翼”（监测预报为主体，震害防御和应急救援为两翼）“双轮驱动”（人才驱动，创新驱动）“四化融合”（监测预报信息化、震害防御社会化、应急救援专业化、公共服务便民化）战略，防震减灾事业实现快速发展。在2015年度全国市级防震减灾综合考核中，长春市位居第1名。在2015年度全国县级防震减灾综合考核中，宽城区、二道区、朝阳区获先进单位称号。

【法制建设】 推进《长春市防震减灾条例》立法工作，完成《长春市防震减灾条例》草案，已征求相关部门意见。推进防震减灾行政审批减放权，将“建设工程地震安全性评价资质验证审批项目”改为备案制管理，将“建设工程抗震设防要求审批”下放到各县（市）和双阳区，规范权力，方便群众。利用“5·12”防灾减灾日和“12·4”法制宣传日，在全市范围内组织开展防震减灾法制宣传活动。活动期间，长春市有5个防震减灾科普教育基地免费向公众开放，上万群众参加应急演练，散发各类宣传资料2万余张（册）。

【监测预报】 建设长春市地震台网“两台一馆”工程。即新建农安地震台、德惠地震台，新建长春市地震科技馆。已完成立项、征地拆迁和办理报建手续。选派5名台站技术骨干到福建对口学习GNSS观测技术，组织专业人员参加中国地震局在吉林省举办的“数字化观测资料分析与应用”培训班，安排16名新进技术干部到省地震局系统学习专业知识。邀请省局专家开展2期地震科学技术专题讲座，出版《地震探讨与研究》论文集2期，收录论文34篇。全年分析处理地震警报3049起，发送震情短信11550条。地震监测能力达1.0级，百公里内无一漏报。在副省级城市中，率先实现地壳运动观测网络、相对重力观测网络、强震动观测网络、地下流体观测网络、地震速测速报网络“五位一体”。组织各台站、中心，召开长春及周边地区震情趋势会商会。对伊通—舒兰断裂带及其附近地区、松原老震区和龙家堡矿区地震活动进行研判。参加2016年度全省震情趋势会商会，获第1名。8月5日，长春市地震局与吉林大学地探学院科技合作框架协议签字仪式在长春市地震监测台网中心举行。妥善处置农安县边岗乡双城子八社水泥路起鼓破裂事件、农安县永安乡新民村水井冒泡声响事件和九台市卡伦镇孙家村六社30眼水井浑浊事件，确认3起异常均为非震宏观异常现象，群众生产生活未受影响。7月20日，中国地震局地震研究所副所长、中国地震局形变学科组组长、湖北省地震局副局长杜瑞林一行6人到长春调研地震监测工作。考察长春市地震监测台网中心、长春市双阳地震台，了解台站建设和发展情况，对长春市地震监测工作所取得的成就给与高度评价。

【震害防御】 5月11日，召开全市防震减灾工作会议。市委常委、副市长王路出席会议并讲话。会议回顾总结2014年度防震减灾主要工作，安排部署2015年防震减灾重点任务。要全力创建国家防震减灾示范城市。8月26日，举办中国东部郯庐断裂带城市震情监视及综合减灾研究合作组织第5届学术年会。征集学术论文25篇，这些论文为近年来郯庐断裂研究的最新成果，代表郯庐断裂研究最高水平。长春市汽车区东风街道文光社区、长春市二道区东盛街道亚泰社区、长春市二道区东盛街道万通社区、长春市二道区东站街道紫盈社区、长春市二道区八里堡街道太有社区、长春市宽城区团山街道长山社区、长春市宽城区群英街道长盛社区、长春市宽城区兰家镇合隆站村、长春市朝阳区桂林街道湖光社区、长春市朝阳区前进街道孟家社区等8个社区被评为国家地震安全示范社区。5月22日至6月1日，以长春市地震局局长祖国为组长的考察组一行6人赴俄罗斯、匈牙利和波兰进行考察，就地震监测、地震应急等方面与俄罗斯、匈牙利、波兰有关政府部门、社会组织进行交流，参观部分城市地震应急基础设施，就深化地震研究合作与到访国有关机构达成初步意向。

【应急救援】 在农安县合隆村创建首个市级防震减灾示范村，高标准建设1.5万平方米地震应急避难场所和占地800平方米的救灾物资储备库，确保遇到突发情况时，村民能够及时疏散和妥善安置。7月27日至28日，全省地震系统地震应急演练在长春市宽城区举行。长春市派出40人的地震现场工作队伍，配备流动测震车、应急运输车、移动通讯电台、海事卫星电话和应急搜救犬等先进装备和力量，展示近年来长春市地震应急工作取得的突出成就。开展防震减灾应急演练进企业活动。组织各县(市)区、开发区防震减灾工作部门、民政部门和应急部门，现场观摩欧亚商超东盛店地震应急演练宣传活动。联合教育、应急等部门，组织全市各中小学校开展地震应急疏散演练，参演人数超过10万人次。在副省级城市中，率先实现地震应急预案体系、地震应急通讯系统、地震应急避险网络和军地应急合作机制4个全覆盖。

【社会动员】 联合市委宣传部在《长春日报》开辟防震减灾专版。内容包括地震常识、防震知识、法治在线、趣闻轶事、震情简报、专家访谈和工作动态等。2015年出版4期8版。市地震局官网和政务微博实时推送防震减灾动态信息。5月12日，宽城区在兰家镇合隆村举行“村民防灾减灾应急演练暨市级防震减灾示范村、宽城区救灾物资储备库揭牌仪式”。兰家镇合隆村200名村民进行村民地震自救、互救应急救援演练。合隆村村民、宽城区消防队部分官兵、区卫生系统部分医疗工作者参加此次演习。5月8日，在长春市30中学举行“平安中国防灾宣导千城行动进校园——吉林省暨长春市放飞梦想张扬生命色彩防震减灾综合演练”。推进防震减灾“进机关、进学校、进企业、进农村、进社区、进家庭”活动，将防震减灾知识传送给社会大众。全年开放5个专业地震监测台站，举办50场地震知识科普讲座，布设2000余块(幅)防震减灾科普展板、挂图，发放应急自救科普光碟、小册子等各式宣传材料5万份。

(王春光)

社会科学

【科研工作】 2015年，科研工作深入化课题招标和课题自主申报制，确定10项资助课题。长春市如何参与“一带一路”建设、如何增强长春市经济增长的内生动力、完善长春市科技创新机制的对策研究、推进长春特色的新型农业现代化研究、长春城市人口变化趋势研究、长春市深入培育社会主义核心价值观的路径研究、加强汽车后市场服务—助力长春市经济增长、长春市中小学吉剧音乐文化教育传承模式及对策研究、长春市经济发展空间扩散策略研究、东北老工业基地城市转型升级问题研究—以长春为例。这10项课题正陆续结项，通过《要报》上报市领导实现转化。

【社团管理】 2015年，所属社团的优秀率达60%，标兵率为20%，国家级先进社团达12家。组织、协调、联合、指导所属社团开展活动，如科社学会开展“长春市社团组织现状与发展”调研和“跨世纪优秀大学生深入基层工作”理论研讨活动；会计学会、溥仪研究会等社团开展以纪念抗战胜利70周年为主题的论文、征文活动；珠算协会开展“弘扬珠算文化，保护非物质文化遗产”讲座和培训活动；配合组织部、民政局进行直属社团党组织建设情况的考核和调研工作。

【科普工作】 组织编写《社会主义核心价值观常识解读》《生活中的社会学》《什么是新常态》《社交礼仪修养》等7本科普手册，印刷10万多册，在全市散发，读者反响良好。与长春人民广播电台合作开办“新闻时评”“理财在线”等科普专题节目，请社科专学学者与听众互动，就如何认识当前社会和经济发展形势进行讲解，就怎样理财、持家、投资给予引导，全年播出100多期，赢得听众好评，栏目收听率在长春广播电台中多次排名第1。组织社会工作者深入社区、学校做专场、专题报告，聘请吉林大学心理学教授和长春教育学院青少年教育专家在长春市45中学开展科普讲座，全校近5000师生收听。购买价值4000余元的科普图书赠送给师生。在长春师范学院组织3场科普讲座。“七一”期间，在飞跃社区组织科普活动，捐赠近5000元的科普图书。科普基地建设实现突破，在长春市建起1处吉林省级社科普及基地：长春伪皇宫博物院，省、市组织专场科普报告30多次；建起2处长春市级科普基地：长春市绿园区图书馆和南关区文化馆，组织11场科普报告。长春市被评为2015年度吉林省社科普及工作先进单位。

【刊物编辑】 出版《长春社会科学》6期，刊发各类稿件90余篇、45万字。交流到全国大中城市，提高长春市影响力。4月至7月中旬，编辑部完成《〈要报〉精选文集》(2005－2014)的编辑出版工作。该文集汇集《要报》10年的精品文章100余篇，约70万字，分上下册一次性推出，被北京国家图书馆收藏，并寄给“收藏证书”。社科院《要报》出刊11期，近15万字。完成《第六届长春社科优秀成果获奖作品简介》《社科院〈要报〉精选文集》的编辑出版工作。召开《〈盛京时报〉长春资料选编－伪满洲国卷》编辑工作论证会，就该书收录的内容、编辑体例、编辑方式等进行论证。

【队伍建设】 开展“两锋(风)行动”和“学习型组织”建设活动，党员在各自岗位上发挥先锋模范作用。主动参加“结对帮扶”“代理妈妈”等各项公益活动，帮扶3户贫困户，捐款3000多元。2015年长春市社科联被评为全国大中城市先进社科联，有2人被评为全国大中城市社科联的优秀工作者。

(刘 薇)

文化

文化产业

【项目建设】 随着文化产业快速发展，长春市一些传统产业开始转型升级，跨界发展；文化产业自身也在融合发展。永新集团重点建设的希派创意城项目进展顺利，1期项目楼体完工，招商工作有序推进。该项目以文化创意设计为核心，通过打造“一点多面”全产业链，构建文化创意设计类企业集群、产业集群，推进文化创意和设计服务与相关产业融合发展，成为长春市创意、创业、创新基地。服装行业龙头企业温馨鸟集团开始进军文化产业领域。温馨鸟文化创意园园区主体建成，进入招商阶段。广告产业龙头企业吉广集团重点打造的吉林省国家广告产业示范区1期工程竣工，吉广传媒、吉视传媒、知合动漫、中艺文化交易中心、领域文化创意等大型文化企业入驻园区。“吉广”产业园实现广告产业资源合理配置，打造又一引领文化创意产业发展平台。林田远达集团3月启动“林田创客公园”项目，9月完工投入使用。该项目专注智慧城市、智能汽车、智能生活、互联网和艺术设计等领域的创业创新，力争打造成吉林省内最大的“互联网+”创客创业创新的孵化服务平台。

【产业融合】 2015年3月，“蝶翼TV”模块电视全球发布会在长春举行。会上，长春鹿石科技公司公布其研发团队开发的“蝶翼TV”模块电视。此模块电视在其设计理念，核心技术及用户体验方面实现全面升级，这是世界首款真正意义上的模块化TV。11月，长春吉湾微电子有限公司自主研发的被称为中国第一云芯的“吉湾一号”云终端CPU实现量产，开始陆续投向市场。“吉湾一号”CPU取代传统PC笨拙的主机箱，变成将本地的显示器、键盘、鼠标等输入输出设备和云连接的转换器，具有广阔市场前景。林田集团重点打造的林田创客公园，为创客、创业、创新的群体提供全方位服务，让艺术家、设计师、软硬件高手、DIY达人等利用现代高端前沿的科学技术，将他们的想法变成现实，并将创新成果逐步运用到现实生活中。截至2015年年底，有几十家创业团队入驻，举办全国大学生创客大赛等系列活动，带动长春创客文化快速发展。

【资金扶持】 推荐长春知和动漫产业股份有限公司申报2016年度国家文化产业发展引导资金；推荐长春知和动漫产业股份有限公司、长春伍陆柒捌集团有限公司、吉林省装饰工程设计院有限公司、长春艾米文化传播有限公司、长春海和信息技术有限公司、吉林省紫晶动漫科技开发有限公司、吉林省林田远达形象集团有限公司、长春紫玉木兰工艺有限公司、吉林省凯蒂动画科技有限公司、吉林禹硕影视传媒股份有限公司、长春昊隆天淇文化科技有限公司、长春出版传媒集团有限责任公司、长春出版传媒集团有限责任公司13户文化企业申报2016年度省级文化产业引导资金。

【交流合作】 5月14日至5月18日，组织长春市相关文化企业参加第十一届中国（深圳）国际文化产业博览交易会，展示长春文化产业成果，加强与深圳在文化产业方面的交流与合作。第十一届中国（长春）国际动漫艺术博览会（简称动博会）于6月19日至6月23日举行，动博会邀请国内外知名动漫企业、院校参展，其中包括腾讯动漫、英特尔中国有限公司、北京创音天承文化传播有限公司、名家数码系统科技（深圳）有限公司等知名文化科技公司；展会安排多种现场互动体验活动，如英雄联盟挑战赛、Intel科技体验展、3D私人订制展示、摩尔真人镭战、桌游争霸赛等。9月29日，“点燃激情·创意长春”暨2015长春市首届文化创意周开幕式在长春希派创意城举行。开幕式后举行“新常态下创意产业的新机遇”主题报告会，全国政协原副主席、上海市创意产业协会会长厉无畏以及全国剧协副主席、上海戏剧学院院长韩生，创客大爆炸联合创始人李大维等分别以《文化创意产业——文明城市建设的新引擎》《演艺创意空间》《创客：物流网万众创新的新时代》等为题作报告。文化创意周活动从9月29日起至10月3日结束，活动期间开展原创手工创意作品展、创意家居展、“创意至上、涂出态度”涂鸦创作大展、“灵”创意书画作品展、创意品牌企业展、长春优秀LOGO设计展、纪念徐悲鸿大师诞辰120周年画马大赛长春希派展和“创意版权计划”衍生品征集评选等活动。

【人才培训】 1月，市委宣传部与吉林省政府驻深圳办事处、长春净月高新区管委会等单位联合举办以“文化创意产业现状与思考”为主题的“瓦萨论坛”；会上，深圳和长春文化产业领域的专家、学者就两地文化产业如何转型升级、快速发展进行交流和讨论；有部分文化企业达成合作意向。6月，实施全市文化产业领域“唤醒计划”，通过开办以“互联网+”为主题的培训，为企业发展提供智力服务。2015年，举办论坛、培训、沙龙8期，参加人数超过1000人次。利用“文化百脑汇”微信公众平台，通过市文化产业办公室主任赵建华每天在公众平台上的评述，传播文化正能量，引导和推进文化产业发展。“文化百脑汇”微信公众平台推出600余期，点击量超百万人次。

【文化产业联合会】 1月，召开2014年度长春市文化产业联合会总结表彰大会。对2014年做出突出贡献的分会及个人进行表彰。对休闲文化协会等10个协会授予先进协会奖；授予东北亚文化创意科技园董事长孙爱东等10人为文化产业风云人物奖；授予吉林省华邦聚联科技文化创意有限公司总经理赵天华等10人为文化产业先锋人物奖；授予长春关东文化园休闲度假有限公司总经理曾放等10人为文化产业新锐人物奖；授予东北亚文化产业研究院院长孟剑等10人为文化产业最佳贡献奖；授予长春市文化产业联合会顾问赵国华等5人为文化产业最佳传播奖。

（刘维科）

2015年长春市投资超亿元的重点文化产业项目一览表

序号	项目名称	总投资(亿元)	项目简介	项目特点
1	长春万达影视文化街区	20	该项目总占地面积30万平方米，街区总长2.3公里，将建设戛纳·蒙特利尔大道、柏林大街等4条影视主题街路和东方影都广场、奥斯卡广场等8个影视文化广场，打造集购物、娱乐、餐饮、商务、旅游于一体的新都市型国际影视文化生活街区。	项目位于长春市朝阳区中西部，是长春市文化、商业集中区域，对突出红旗街商圈中心地位，传承影视文化、提升城市形象、带动文化创意产业等新兴业态集聚发展发挥重要作用。
2	希派创意城	10	该项目总占地面积2.5万平方米，包括4栋商务写字间、1栋精装酒店式公寓、1座地上立体停车场；目标是打造东北亚首家“一体四园”三创基地，即：一体是产业商务综合体，四园是创意设计产业园、影视制作产业园、互联网产业孵化园、上市企业孵化园，三创基地是创意、创业、创新基地。	项目位于长春市南四环与南湖中街交会处，以文化创意设计为核心，打造“一点多面”全产业链，构建文化创意设计类企业集群、产业集群，推动文化创意设计企业机构集聚融合，推进文化创意和设计服务与相关产业融合发展，推进长春东北亚文化名城建设。
3	温馨鸟文化创意园	8	该项目总占地面积5.5万平方米，包括创意研发中心、服装文化博物馆、创意文化收藏中心、婚庆创意商业街、教育培训基地等；是聚集创意与消费双重功能的时尚文化体验基地。	这是长春市第一个以服装文化创意为核心的产业园区，通过提供绿色生态创意空间，服务国内外各类文化创意企业，将其打造成吉林省最著名的国际化、规模化的文化生态创意平台基地。
4	东北亚文化城	7.9	该项目总占地面积20万平方米，主要以文化艺术展览和演艺为主要经营模块，包括：东北亚书画院、东北亚艺术博物馆、东北亚古玩城、印象东北亚剧院、文汇坊等；曾陆续举办了东北亚国际钢琴音乐会、东北亚国际书画摄影展、东北亚文化艺术周等大型文化活动。	通过全方位的展览展示，将艺术创作与产业经贸紧密结合起来，成为一个文化产品和服务的展示、以及社会资本和文化资源对接的重要平台。
5	林田创客公园	2.5	该项目总占地面积3万平方米，整体分为创客广场、创客微工厂、汽车标识工厂、大学生创业园创业者公寓及汽车标识和智慧城市产品户外展示区5个功能区域；创客公园采取创新与创业、线上与线下、孵化与投资相结合的服务模式，提供社会化、市场化、专业化、集成化、网络化的服务。	项目位于长春市高新区飞跃东路与普天路交会处，是长春市以“互联网+”理念构建的创客创业创新孵化服务平台，也是吉林省最大的集成式创客创业创新服务平台。

文学艺术

【创作出版】 2015年,长春市创作出版长篇小说《记忆汹涌》《青春是一首跑调的歌》等文学专著20余部;发表中、短篇小说、诗歌、散文、报告文学、评论等各类文艺作品1100篇。其中多部散文、中篇小说在《小说月报》《小说选刊》等国内有影响的刊物上发表并转载。有多位作家作品被收入《2014年吉林文学作品年选》。有10位作家参加鲁迅文学院吉林省中青年作家培训班学习。吴广孝获中国当代寓言家称号,《吴广孝寓言选》被评为寓言名著,《科学家和定律》被评为寓言名篇;王位获中国当代寓言文学贡献奖、金江寓言奖和廉政寓言奖;曹景常的广播剧剧本获全国农村题材微广播剧征集活动1等奖等。民间艺术家协会组织会员申报“第十二届中国民间文艺山花奖·民间工艺美术作品奖”和第九届中国(长春)民间艺术品博览会精品奖,并分别有3件及35件作品获奖。同时组织会员申报第十五届中国人口文化奖—民间艺术品类和宣传品类评选。剧协组织会员申报第九届全国戏剧文化奖、第二十一届曹禺戏剧文学奖。在第十一届吉林省长白山文艺奖评奖中,长春市在文学、书法、美术、戏剧、影视、民间艺术等方面,有20余部作品获奖。出版《新世纪·长春老作家经典文丛》1套10部图书,并举行首发式,展示长春市知名老作家创作成果。编辑的《盛世繁花—新世纪长春文艺作品集萃》进入后期校对阶段。出版《意林》杂志36期、《春风文艺》6期、《春风文艺》增刊1期、《汉俳诗刊》3期。

【文艺创作活动】 长春市文联在全市文联系统开展以“中国梦·长春情”为主题的文艺创作活动。深入宣传被中宣部命名为“时代楷模”的长春市宽城区团山街道长白花园社区党委书记、居委会主任吴雅琴的先进事迹。组织作家创作叙事长诗《回荡楼道的琴声》、报告文学《定盘星》等,在《吉林日报》、长春电视台、《春风文艺》等媒体广为宣传,收到良好社会效果。1月6日,长春民间文艺家协会在明珠社区开展剪纸创作辅导活动,并组织会员创作24字社会主义核心价值观剪纸作品,赠送明珠社区。书法家协会、美术家协会、摄影家协会等也分别组织会员创作作品参加国家及省级各种展览和比赛。

【南昌·杭州·济南·长春书画精品交流展书画笔会】 此项活动于8月7日在长春国际会展中心大饭店·乾元艺术中心举办。笔会由南昌市文学艺术界联合会、杭州市文学艺术界联合会、济南市文学艺术界联合会、长春市文学艺术界联合会联合主办,由长春书法家协会、长春美术家协会、长春书画院承办。40余位来自南昌、杭州、济南的书画名家挥毫泼墨、现场创作。此次书画笔会是“四地联谊·笔墨生辉”南昌、杭州、济南、长春书画精品交流展的收官活动。

【第二十届中韩(长春·蔚山)书法美术交流展】 7月23日,第二十届中韩(长春·蔚山)书法美术交流展开幕式在长春会展中心大饭店·乾元艺术中心隆重举行。本次展览由中国长春书画院、长春美术家协会、长春书法家协会、乾元艺术中心、韩国蔚山广域市美术协会联合举办。长春市书画界艺术家、韩国蔚山广域市美术协会代表团以及各大新闻媒体200余人参加开幕式。本次展览展出65位韩国书法家和美术家、90位长春书画家的优秀作品。中国长春市与韩国蔚山市缔结友好城市已经21年。

【架上艺术10人展】 此项展览由吉林省群众艺术馆、长春市文联、长春市美协共同主办,于2015年10月13日至23日在吉林文化大厦举行。展出10位70后画家的68幅作品,作者大多任教于高校及专业协会,深厚的学术积淀和开放的生活状态,使得在艺术创作中保持当代文化底蕴和开放的学术探索性。

【羊年新春楹联征集活动】 由长春市文联、长春作家协会、长春书法家协会共同举办,征集楹联872条,既有长春本土作者的辛勤笔耕,也有来自四川、江西、广西等全国各地的作品,参与者上至耄耋老人,下至孩童。活动最终评选出一等奖3名,二等奖6名,三等奖12名,优秀奖20名。

【“第四届长春文学奖”评奖活动】 第四届长春文学奖于2014年3月启动以来,广大作家踊跃报送作品,有120件作品参评。2015年12月,进入终评委评选阶段。第四届长春文学奖评委会组织召开终评会议,集中讨论阅读并进行投票表决。最终产生第四届长春文学奖金奖作品4件、银奖作品6件、铜奖作品16件、新秀奖2名、成就奖3名。

【“送文化下乡”活动】 2月6日,长春市文联文艺志愿服务团“送欢乐、下基层”活动走进双阳区太平镇板石村,送演出、送春联、送剪纸,为板石村的百姓送去新年祝福。活动现场,文联文艺志愿服务团的艺术家们以歌曲、舞蹈、春联、福字等多种艺术形式,使当地群众近距离感受到艺术的魅力。这次活动是长春市文联和双阳区文联联合开展的“深入生活,扎根人民”主题实践活动。

【“文化惠农直通车”活动】 1月25日,长春市文联“文化惠农直通车”来到德惠市松花江镇罗坨子村,开展文化下乡走基层活动。书法家们挥毫泼墨,为村民书写春联,摄影家为村民拍摄照片。德惠市文联献上一台载歌载舞的节目,将活动推向高潮。在春节期间,市文联重点选取农安、九台、榆树、德惠、双阳等县(市、区)的10个贫困重点村,与各县市区文联一同组织著名书法家、摄影师,以送春联、送图书、送“全家福”为主要内容,将文化大餐送给广大农民群众。

【庆“七一”送欢乐下基层活动】 6月30日上午,为迎接中国共产党建党94周年,吉林省文联、长春市文联主办,吉林省二人转艺术家协会、榆树市文联承办的“永远跟党走 共筑中国梦”庆“七一”送欢乐下基层二人转专场演出在榆树市太安乡双合村举行。

【原创诗歌征集、演唱活动】 6月10日至7月10日，为纪念中国抗日战争胜利70周年暨世界反法西斯战争胜利70周年，由长春市委宣传部、长春市文联共同举办“铭记历史、缅怀先烈、珍爱和平、开创未来”原创诗歌作品征集活动。征集活动结束后评选出的优秀诗歌，在长春文艺网以专栏的形式集中展示，同时《春风文艺》杂志选出部分优秀作品进行刊登。2015年8月31日举行“纪念中国人民抗日战争暨世界反法西斯战争胜利70周年诗歌演唱会”，让歌声唤醒记忆，用诗情点燃激情，让大家了解历史，珍惜和平。

【第一届中国(长春)国际标准舞(体育舞蹈)大赛】 9月19日，由市文联、市体育局、市体育总会、市舞蹈家协会主办的2015年第一届中国(长春)国际标准舞(体育舞蹈)“心动舞之梦杯”大赛在长春市体育馆举行。有300多名选手参加本次舞蹈大赛。

【送文化进军(警)营活动】 1月30日，长春市文联领导带领长春市舞蹈家协会，前往武警长春市支队签订警民共建协议，并送上新春慰问演出。2月2日，长春市文联组织作家、书法家、美术家、摄影家等30余人前往航空大学二航院举行文学笔会、诗会、讲座、书画摄影交流辅导等活动。

【摄影讲座、培训等公益活动】 2月7日，摄影家协会组织相关人员赴九台区，与当地摄影爱好者进行交流，展示百余幅《街头巷尾》纪实作品，并为当地影友做器材使用指导和相关服务。6月12日，摄影家协会与长春市总工会合作，面向全市职工摄影爱好者，举办一次手机摄影专题讲座。6月19日，摄影家协会讲师团成员到中科院长春应化所举办数码摄影基础知识讲座。此外，各协会还举办类似相关活动20余项，丰富广大群众的业余文化生活。

【第九届中国（长春）民间艺术博览会】 民博会于2015年8月7日至11日在长春国际会展中心举办。展会有5个主题馆、20大展区、1050个展位。展出60类25万个品种的民间艺术品。展会期间组织实施民间艺术品展示、展销、“山花奖”评选、项目合作洽谈、民间艺术藏品鉴赏、全市少儿舞蹈大赛、“童眼看民博”小记者采风活动、“文化节日，幸福长春”长春文联艺术团汇演、四城市书画精品展、我拍民博“最”现场手机摄影比赛、全市广场舞展演等10余项主体活动。开展书画名家笔会、中小学生民间艺术知识普及讲座，答问题、赠门票；教师、军人、老年人、艺术家、贫困户、残疾人等6类人群免费看民博会等20余项辅助活动。参展企业1030余家，其中，国内参展企业700余家，国际参展企业300余家。展会期间，参观人数82.4万余人次，总成交额1837.1万元。签约项目19项，达成意向性合作金额1.2亿元。评选出第九届中国(长春)民间艺术博览会优秀民间艺术作品精品奖32名，其中“山花奖”若干名。评选出第九届中国(长春)民间艺术博览会优秀作品奖168件。舞蹈大赛经过两天的比赛，评选出个人、双人、三人、集体舞以及优秀编导、优秀指导教师奖等若干名。第九届民博会获2015年度经济贡献大奖，主席张守智获“中国会展经济产业贡献奖”。

【第十一届长春国际动漫艺术博览会】 展会于于2015年6月19日至23日在长春国际会展中心成功举办。展会期间，来自全国各地的2000余名动漫周边、游戏厂商云集本届动博会。组织实施“2015ChinaJoy Cosplay嘉年华东北赛区总决赛、动漫原创展示、动漫展览交易、相关体验活动”4大板块构成的20多项活动内容，有24.9万人次在展馆内参观购物，现场成交额256万元。作为展会重要活动之一，有300余支动漫团队、近万名Cosplay选手参加2015ChinaJoy Cosplay嘉年华东北赛区预选赛，参赛社团和演员创历届之最。经过预赛，有62个社团晋级决赛。成功选拔出5支优秀团体，2支双人队伍代表东北赛区晋级7月份上海总决赛。有来自包括法国和韩国的1000余名国内外选手或社团参加“2015金松鼠奖”动画、漫画征集大赛，有87名选手或社团分获各类奖项。有150名选手参加街舞大赛，有6名选手获奖。有200余名选手参加第六届桌游争霸赛，有6名选手获奖。有300余个团队参加“英雄联盟挑战赛”，有6个团队获奖。同时还举行童趣游戏展演大赛、四驱车大赛、初音未来演唱会、动漫明星见面会、淘气堡体验区、现场涂鸦等娱乐互动活动。

【文艺支教活动】 2015年，将文艺支教活动扩展到全市德惠、农安、九台、双阳

1月30日，市文联送文化进军营 （王德田　提供）

等所有的农村县(市)区,实现对农村县市区文艺支教的全覆盖。受援学校12所,招募志愿者22名,受到受援学校师生好评。6月17日,在长春师范大学举行以“艺术点亮人生,真爱播种梦想”为主题的中国文联文艺支教项目榆树服务点第3批文艺支教成果汇演。受援学校的学生们表演舞台剧、古筝弹奏、舞蹈、电子琴弹奏、口风琴吹奏、陶笛合奏等文艺节目,展示文艺支教活动取得成果。汇演前,吉林省文联、长春市文联、榆树市文联、榆树市教育局的领导以及受援学校的校长与长春师范大学团委、音乐学院、美术学院的领导进行座谈,就新时期文艺支教新途径、新办法、新方向等议题进行研讨。

2月6日,市文联下基层演出　　（王德田　提供）

【长春文艺大讲堂活动】 这项活动是大型公益文艺培训活动,活动涉及书法、美术、音乐、舞蹈、摄影、收藏以及文学创作等艺术门类,全年开展活动30余场,惠及群众近1万人。活动采用固定课堂和流动课堂相结合的形式,不仅由浅入深引导群众领略文艺不同层次的美,而且能够按需培训,最大化扩大惠民范围。

【文艺志愿者进社区活动】 长春文艺志愿服务讲师团的艺术家与社区组成一帮一特色服务组,帮助基层文联提高创建活动水平,创建一系列文艺特色村（社区）,根据各地创建情况评选出若干个市级文艺特色村(社区)并给予资金补贴。此次基层申报参评文艺特色村(社区)30余个,5月份评出第1批6个“文艺特色社区(村)”。同时,服务讲师团以小分队的形式深入基层开展形式多样的文艺志愿服务活动,为广大人民群众送去慰问演出,文艺讲座,表演指导,文学作品、惠民服务等,丰富了群众的文艺生活,受到广大群众欢迎。

【主题实践活动】 5月21日,长春市文联、朝阳区委宣传部在湖东社区举办“到人民中去——长春文艺志愿服务采风创作活动”。文艺家们为市民群众献上魔术、杂技、舞蹈、合唱、二人转等精彩的文艺演出,赢得社区居民欢迎。演出结束后,各位艺术家来到湖东社区与社区的艺术爱好者进行艺术交流互动。书法、绘画、摄影、文学创作等门类的艺术家在现场进行辅导、授课、传经授艺。活动现场为2014年长春市第1批6个“文艺特色社区(村)”举行授牌挂匾仪式。

【“结对子、种文化”文艺志愿服务活动】 活动由长春市文联领导带队组成小分队,每队成员不少于10人,分别走进朝阳、双阳、九台等6个县区基层。了解百姓生产生活的新情况新变化,帮助基层开展文艺创作活动,对基层文艺社团、文艺骨干、文艺爱好者进行有针对性的培训工作,为基础文艺骨干发现、培养、扶持创造条件。依托“文艺志愿者”团队开展文艺志愿帮扶工作,根据各县区实际需求开展定制式的文艺资源服务项目。以农安县、榆树市、德惠市一级文联为重点,创建戏剧、电影、音乐、美术、舞蹈、民间文艺、摄影等艺术门类的“文艺志愿创作服务基地”。在深入基层期间,市文联将对长春市各县区符合条件的地区进行审定,选择一批文化积淀悠久、艺术氛围浓厚的有特色、有活力的乡镇、村、屯建立创作基地,进行挂牌,不定期的组织重点作家、艺术家到基地进行采风创作、艺术交流。10月30日、11月12日,第一支、第二支小分队深入到九台区、德惠市开展“结对子、种文化”活动。2015年长春市文艺志愿服务团有5人获得中国文联文艺志愿服务通报表扬;有5人被评为吉林省优秀文艺志愿者。长春市文联艺术团、榆树市文联、双阳区文联获吉林省优秀志愿服务团队称号。长春市文艺志愿服务团在第四届吉林省优秀志愿服务组织评选中被评为“吉林省优秀志愿服务组织”。

【建设“网上文联”】 强化长春文艺网站管理。自2014年4月16日正式开通以来,浏览率持续增长,步入良性发展阶段。2015年初,网站进行改版升级,增加“文艺志愿服务”“艺术家官网”等重点、热点项目。长春文艺网不再是简单“名片型”网站,网站保持较高更新率。与中国美网合作成立中国美网长春工作站、开通长春文艺微信平台、为县区文联工作活动进行网上宣传等,扩大长春文艺网的影响力和辐射力。自启动以来,网站接收市民建议500余条,采纳129条,浏览用户10万多人次。做好长春市文联微信工作,微信自2014年10月平台成功开通以来,做到手机第三方与长春文艺同步宣传推介,截至2015年年底,刊发信息600多条,微信听众1000多人,得到社会各界人士关注。

【信息报送】 向市委信息处、市委宣传部等部门上报信息36条,向《中国文联简报》上报长春市文艺界各项文艺活动、文艺资讯信息42条,向各兄弟文联单位进行文艺信息交换1400多条。

(王德田)

群众文化

【概况】 2015年,长春市群众艺术馆组织开展"文化庙会""市民艺术节""农民文化节"等品牌活动;策划组织开展纪念世界反法西斯战争胜利暨中国抗日战争胜利70周年"电影歌曲对抗赛""百寿图"展、"千家万福公益拍"、指尖上的艺术—"手指英雄"在长高校师生手机摄影大赛、东北三省省会城市优秀节目展演、长春市直机关(企事业单位)系列文化活动、吉林省金秋合唱艺术周、2015校园达人秀、长春市第四届群众诗歌、散文大赛以及翰墨飘香两岸情—2015年长台书画展、《以史为鉴 珍爱和平》史实展等系列活动。开展各类公益培训辅导,以及舞蹈骨干、大学生文艺骨干、企事业艺术培训等高级培训。举办各类培训班60期,333个班次,培训15万余人次。

【基础设施建设】 长春市群众艺术馆新馆逐步投入使用,具备使用条件的业务用房,对市民开放。培训教室、展厅、剧场、休息区投入使用。举办各类展览13项,观展群众4万人次;举办各类活动52场。剧场从10月投入使用以来,举办各类大型活动18场,每场观众不少于400人。一天到馆人数最高峰达1100人次(超出设计平均每天680人次)。数字化体验室正在采购、装修、调试中,视听室、录音棚等数字化服务将于近期为市民提供服务。

【网站建设】 长春市群众艺术馆网站全面改版,增设"公共服务""数字中心""分馆建设"等栏目,加强在线服务功能,如公益培训在线报名、剧场活动在线订座,教师预约。网上展厅、视频点播等功能成为数字艺术馆建设的展示窗口和互动平台。

【分馆建设】 长春市群众艺术馆净月分馆运行进入正轨,全年开设2期公益培训班,培训30个班次,1万余人次。长春市群众艺术馆与长春广播电视大学正式签订协议,合作建立长春市群众艺术馆电大分馆。这是长春市群众艺术馆建立的第2所分馆。电大分馆位于长春市西广场长春广播电视大学6楼,开设舞蹈、声乐、器乐、摄影、书画等培训课程,将建立舞蹈团、合唱团、模特队等各种艺术团队。首期培训于9月正式开班,开设舞蹈、声乐培训等内容,培训学员近百名。进入试运行阶段,首期培训班开设3个专业。

【馆办艺术团】 长春市群众艺术馆依托长春市内69个群众文化活动示范点,推进契约化服务模式,强化与各区馆、街道的资源整合,在69个馆办艺术团(其中5所农民子弟校,8所大专院校)所在地,建立长春市群众艺术馆培训示范基地,为每个示范点制定课程安排表,指定培训教师按课表上课,并对教师授课情况进行考核。

【文化庙会】 长春文化庙会以长春市地域传统文化为主要内容,突出民俗文化,举办展览、展示、表演、展销等系列群众文化活动。展览包括非物质文化遗产展览区、"迎春送福"手工艺品获奖作品展区、"长春市百寿图展"展区;"新春寄语"展示墙,微信征文活动优秀作品展示。表演以东北大鼓、二人转、古琴、古筝、杂技等优秀民族传统文化(非物质文化遗产项目)展演活动为主,同时广场开展百姓健康舞、威风锣鼓、秧歌表演。在活动展销区,设有民俗用品、年货用品展位,进行现场展销,方便市民群众购置年货。

【市民艺术节】 市民艺术节以"美丽长春·绽放幸福"为主题,开展以6个节点、6大系列为内容的群众文化活动。组织演出活动59场,书画展览4项,非遗系列、诗歌、书画、摄影大赛等活动,包括长春市群众文化启动季、长春市群众艺术团舞蹈大赛、"展老年风采、抒乐龄情怀"主题摄影展暨颁奖活动、第四届群众诗歌、散文征集活动、2015长春市指尖上的艺术——"手指英雄"在长高校师生手机摄影大赛、长春市第二届校园达人秀、翰墨飘香两岸情—2015年长台书画展、大学生艺术团进乡村、《爱我中华》民族服饰展及"千家万福"民族服饰公益拍、庆祝第10个文化遗产日系列活动、纪念反法西斯战争胜利70周年"电影歌曲对抗赛"《以史为鉴 珍爱和平》史实展纪念活动等。参与作品3000余幅,参与人数10余万人次。

【农民文化节】 长春市农民文化节活动以"情系黑土地"为主题,在各县(市)区开展赛事活动、展览展示、各种文艺演出系列活动。包括纪念中国抗战暨反法西斯战争胜利70周年双阳、九台、榆树文艺汇演;长春市群众艺术团舞蹈大赛德惠市、九台区、双阳区初赛;长春市第二届农民歌手大赛暨原创歌曲演唱大赛6场初赛、4场复赛、1场决赛;非遗文化进校园活动—"关云德满族剪纸"进其塔木中心校;大学生艺术团志愿进乡村演出活动5场;基层骨干德惠、九台、双阳、榆树培训班、榆树农民书画大赛暨优秀作品展等。

【"百寿图"展览】 长春市"百寿图"有奖征集活动于2014年重阳节启动,历时4个月,有100多位老人和家庭踊跃参与本次活动,其中最高龄老人111岁。2015年2月9日,在长春市群众艺术馆举办"百寿图"展览。此次展览是从征集活动中选择出"长春寿星"和"长寿之星"百余位健康老人的图片、故事进行集中展示。展览现场气氛热烈。有8位老人、70余位老人家属代表来到现场。

【"千家万福"公益拍活动】 2月25日,长春市群众艺术馆携手新文化报开展"千家万福"公益拍活动,活动历时14天,涵盖整个春节。此次公益拍完成近千个家庭全家福拍摄。其中包括残疾人、农民工、养老院等特殊群体家庭。除夕夜,长春市群众艺术馆志愿者为坚守在工作岗位的消防官兵、武警官兵、医护人员、公安干警等单位群体进行拍摄。《新文化报》以不同角度,分10次对公益拍活动进行全方位跟踪报道,并将公益拍过程中发现的感人至深的普通人家故事分享给长春市民。

【区域联动】 由长春市群众艺术馆牵头召开东北三省省会城市馆长工作会，会议确定2015年3城市区域文化联动项目，签订2015年东北三省省会城市区域文化联动合作协议。8月27日，由长春市群众艺术馆、哈尔滨市群众艺术馆、沈阳市群众艺术馆共同举办的东北三省省会城市“友谊之夜”优秀节目展演在哈尔滨文化活动中心上演。12月10日，由长春市群众艺术馆、哈尔滨市群众艺术馆、沈阳市群众艺术馆共同举办的“群星绽放”东北三省省会城市专场文艺演出在长春市群众艺术馆剧场落幕。

【公益培训】 长春市群众艺术馆与吉林省舞蹈家协会合作，举办为期5天的2015年吉林省暨长春市群众舞蹈业务骨干培训班；与吉林省老干部大学共同举办“展老年风采、抒乐龄情怀”摄影展前期公益培训讲座；全年开设2期公益培训班，30个班次，培训14544人次；组织开展基层骨干培训班4期，20班次，2300人次。为中小学、大学、企事业14个艺术团、驻馆3支艺术团长期开展培训、辅导。长春市群众艺术馆继续推进“艺术点燃希望 行动关爱未来”大型公益培训项目，针对农民工子弟学校，在腰十小学、西安小学、一汽实验小学、特殊教育学校、力旺小学进行常年公益培训，开设舞蹈、声乐、器乐、非遗技艺等培训，创新性地在特殊教育学校—聋哑学校开展针对聋哑孩子的舞蹈培训项目，为残疾儿童送去关爱和帮助。

【群众艺术团舞蹈大赛】 开展长春市群众艺术团舞蹈大赛。大赛举办9场初赛，有94支队伍、119个节目2000余人参加初赛选拔。31个优秀舞蹈作品进入决赛，邀请专家和群众组成评委团，评选出最佳表演奖8个、最佳风采奖8个、优秀奖15个。推荐9支获奖舞蹈队伍参加2015吉林省第二届“市民文化节”暨吉林省群众舞蹈(优秀作品)展演活动，获得7个优秀作品奖、2个优秀表演奖。

【法人治理结构】 按照吉林省文化厅关于建立和完善事业单位法人治理结构试点改革要求，长春市群众艺术馆作为2015年法人治理结构试点单位，开展实地调查、学习研讨、制定方案等工作，完成《长春市群众艺术馆法人治理结构模式探索工作方案》。完成理事会、监事会组建，召开理事会成立大会和第一届理事会第一次全体会议，审议通过《长春市群众艺术馆章程(试行)》《长春市群众艺术馆2016年工作要点》《长春市群众艺术馆五年发展规划(草案)》等。

(李欲伟)

【长春市朝鲜族群众文化】 丰富群众文化活动和节日文化生活。1月11日，长春市朝鲜族群众艺术馆在会展中心音乐厅主办“2015年迎新春团拜会”，长春市朝鲜族老年协会、妇女协会、吉林省朝鲜族振兴总会、吉林省朝鲜族企业家协会、长春市朝鲜族社会科学家协会、各朝鲜族中小学的负责人、各文化(艺术)馆领导、省市民委、文广新局的有关领导以及部分朝鲜族群众参加此次活动。长春市朝鲜族群众艺术馆为大会献上精彩的文艺节目。会上组织座谈，以如何繁荣发展朝鲜族的经济、政治、文化为主题，发表自己的建设性意见，参加人数达500余人。3月5日，长春市朝鲜族群众艺术馆在长春市朝鲜族中学体育馆举办“长春市朝鲜族老年人正月十五民俗活动”，长春市各区朝鲜族老年协会近2000名老年人穿着节日盛装参加本次活动。活动举行开幕式各协会集体舞表演、掷柶比赛、花图、象棋、扑克、排球等民俗游戏比赛和联欢舞会等。3月8日，在朝鲜族中学举行“三八国际妇女节活动”，举行“代理妈妈”表彰大会。多年来“代理妈妈”在资助贫困儿童方面做出大量贡献，获社会各界赞扬。6月，端午节朝鲜族传统体育项目赛事拉开帷幕，其中包括足球、排球、围棋等比赛项目。6月13日，在新馆舍多功能厅举办长春市朝鲜族卡拉OK比赛，比赛面向长春市朝鲜族社会各界人士。6月20日，在南岭体育场市朝鲜族群众艺术馆举办端午节朝鲜族传统文化体育活动，此项活动是每年长春市朝鲜族群众文化活动当中规模最大、参与人数最多、影响最广泛的一次民族团结盛会，来自长春市各界的朝鲜族群众3万余人参加本次活动。8月30日，为迎接反法西斯70周年抗战胜利，长春市朝鲜族群众艺术馆首次在新馆舍多功能厅举办朝鲜族老年人抗战歌曲合唱比赛，来自各老年协会分会的10支队伍参加此次比赛。

开展免费开放活动。长春市朝鲜族免费艺术辅导工作自4月起启动，4月8日至17日，长春市朝鲜族群众艺术馆和吉林省朝鲜族经济科学振兴总会主办

5月22日，群众文化启动季 舞蹈《花开时节》表演 (李欲伟 提供)

“长春市朝鲜族文艺骨干农乐舞学习班”，邀请韩国专业老师亲自指导，长春市朝鲜族各社团文艺骨干约60人参加培训。9月22日，长春市朝鲜族中学举办校园艺术节，内容包括伽倻琴展演、声乐、舞蹈等。10月，开展下半年免费开放培训活动，内容包括长鼓、伽倻琴、洞箫、百姓健康舞等。百姓健康舞培训，艺术馆舞蹈队专业人员精心创作出5套朝鲜民族百姓健康舞，受到群众们喜爱。参加各种中外文化交流演出。6月，市朝鲜族群众艺术馆黄海月被评为全省第六次民族团结进步先进个人。7月，在第二届吉林省市民文化节舞蹈比赛中，长春市朝鲜族群众艺术馆创作并表演的舞蹈《融》获得“特别奖”荣誉。9月1日，长春市朝鲜族群众艺术馆组织长春朝鲜族妇女协会代理妈妈艺术团、长春朝鲜族老年协会阿里郎艺术团暨艺术馆未成年人活动基地-宽城区朝鲜族小学金达莱艺术团、绿园区朝鲜族小学小蓓蕾艺术团、长春朝鲜族中学艺术团在东北亚博览会吉林文化产业展会上进行首场独具特色的朝鲜民族舞蹈展演。9月17日至20日，长春市朝鲜族群众艺术馆6名业务骨干受邀赴韩国参加韩国大邱“国际舞蹈艺术节”演出。此次带去艺术馆西藏舞、新疆舞等5个舞蹈节目，使市朝鲜族群众艺术馆业务骨干人员得到锻炼和交流机会。

长春市朝鲜族群众艺术馆新馆舍建设情况。在亚泰大街3909号原39中学院内，按国家一级馆标准合建朝鲜族群众艺术馆馆舍和南关区文化馆新馆舍，2012年2月立项，2013年3月份开始投入建设。资金来源由市财政投入，投入资金5220万元，2015年全部竣工，投入使用。新馆占地面积7154.22平方米，建筑面积地上3719.3平方米、地下2794.60平方米，合计6513.9平方米。房屋建设包括地下1层，地上3层。建设水平达全国同级民族艺术馆的最高水平。

（赵香淑）

长春报业

【概况】 2015年，《长春日报》出版338期，2900块版面，无政治性差错，编校质量得到提高。日、晚两报，有108件作品获各级各类新闻奖。

【重大时政报道】 出色完成习近平总书记、李克强总理视察吉林的重大时政报道任务。长春新闻网推出专题报道，2个微博平台发布新闻260余条，“看长春”手机客户端发布92篇图文报道，制作配乐幻灯片。其中，长春日报官方微信平台推出《习总书记吉林行》，阅读量突破10万次。

【主题策划报道】 完成东北4市党报“重走抗联路”重大主题策划报道，实现地市党报走出本省，走向全国的跨越。该策划历时近4个月，踏访抗联遗址100多处，刊发专版百余块。该策划获省委宣传部颁发的宣传策划奖。

【特色专刊】 2015年，《幸福长春》专刊把关注视角更多放到群众共建共享中的“获得感”方面。当长春市再次被评为最具幸福感城市后，《长春日报》第一时间在一版重要位置刊发综述《魅力长春幸福之城》。该专刊获全市宣传思想文化工作创新奖，并受到市委市政府的表彰。

【融合发展】 2015年，长春日报社重点抓报网深度融合和全媒体建设。尝试在日报主要稿件后面，附带二维码链接新媒体网页。读者扫描二维码，即可阅读新闻主干部分之外的更多信息，从而实现平面媒体立体化。尝试开展新媒体的即时直播，并在两会期间进行直播，扩大新媒体平台影响力。推进长春日报历史报纸数字化项目。完成老报纸扫描工作，着手数据库建设。

【党风廉政建设】 1.抓班子带队伍。全年召开党委会和党委中心组学习会19次，专题研究党建工作会6次，班子成员深入基层调研30余次。强化党委把关作用，做好中层干部竞聘和专业技术职称评定工作。强化党委纪委的监督职能，加强对党员领导干部管理，落实全市干部人事档案专项审核工作，对报社管理的48名中层干部档案进行初审和复核，对发现问题坚决整改。2.抓基层夯基础。完成机关党委换届工作。成立长春晚报党总支。召开报社首届职工代表大会，通过《长春日报社职工代表大会制度》，保障职工参与报社民主管理和监督。3.抓执纪转作风。贯彻执行党的廉洁自律准则和纪律处分条例，坚持“高标准”“严底线”“零容忍”惩治腐败，保持党的先进性和纯洁性。4.抓教育树正气。开展“三严三实”专题教育，党委领导班子带头讲党课，以上率下抓好学习研讨，立规执纪，确保取得实效。

（张寒梅）

文化广播新闻出版

【概况】 2015年，市文广新局被市国家安全工作领导小组评为国家安全人民防线建设先进单位、被市防火安全委员会评为2014年度消防工作先进单位。在全市民生信息报送工作中排名第三，在全省系统排名第一，被评为市政府、省新闻出版广电局政务信息报送先进单位。长春市文化市场综合执法支队、二道区文化体育局、榆树市文化市场综合执法大队3家单位被国家版权局评为2014年度查处侵权盗版案件有功单位3等奖，组织长春市文化广电新闻出版系统干部职工参加国家新闻出版广电总局法制知识竞赛，被评为优秀组织单位。被吉林省新闻出版广电局评为新闻出版统计突出贡献单位，被国家新闻出版广电总局评为新闻出版统计工作先进单位。市图书馆获得社会科学文献出版社颁发的“2014年度馆藏及阅读推广优秀图书馆”、长春市总工会授予的“五一劳动奖状”、市委宣传部、长春市教育局授予的“长春终身学习活动品牌”、2015年吉林省社会科学普及工作先进单位、吉林省古籍保护工作先进单位、2013~2015年度吉林省文明单位；市少年儿童图书馆“蒲公英主题绘本馆”获选“全国十佳绘本馆”；市群众艺术馆获得吉林省第二届市民文化节暨首届诗文朗诵大赛最佳组织奖、第十三届中国合唱节银奖、第三届“沙坪坝文化杯”全国故事邀请赛最佳组

9 月 10 至 11 日，第 27 届全国十五城市公共图书馆工作研讨会

（李　镇　提供）

织奖、2013-2015 年度吉林省文明单位；市朝鲜族群众艺术馆创作并表演的舞蹈《融》在第二届吉林省市民文化节群众舞蹈展演中获得“特别奖”。在长春市人民政府消防管理工作宽城区现场会，以《常态化管理模式筑牢系统行业工作坚实“防火墙”》为题进行大会现场典型经验交流发言。《“宁波声广传媒有限公司长春分公司”违规制作播放电视节目案》作为优秀案卷上报国家，全市网吧转型升级工作在全省进行交流推广，国家新闻出版广电总局对行政处罚案卷和“六五”普法工作进行验收评查，给予充分肯定。文化部在东北三省公共文化服务示范区创建成果交流会上对长春市工作给予高度评价。

【文艺精品创作】 优秀儿童剧《大山里的红灯笼》剧目作为全省唯一入选剧目参加在杭州举办的“第八届全国儿童剧优秀剧目”展演，受到与会专家和广大浙江观众一致好评，形成舆论热点。开展“戏剧星期六话剧艺术沙龙系列活动”，举办“2014 年度戏剧星期六颁奖典礼”演出，扩大“戏剧星期六”影响力。长春市朝鲜族群众艺术馆创作并表演的舞蹈《融》在吉林省第二届吉林省市民文化节舞蹈比赛中获“特别奖”的荣誉；长春杂技团狮子舞参加在韩国首尔举办的 2015 中国旅游年—美丽中国之夜文艺演出，参加中央电视台一套黄金时段播出的“挑战不可能”节目，挑战极限高空，蒙眼摞啤酒箱 24 个，全票通过挑战成功，播出后社会反映强烈，为省市艺术界增光添彩。

【现代公共文化服务体系建设】 出台《长春市关于开展现代公共文化服务体系建设试点的总体方案》，全市 178 个社区、154 个行政村参与试点建设并通过省、市验收。在长春市图书馆、长春市群众艺术馆开展法人治理结构改革工作取得实质性进展，理事会成立暨第一届理事会议于 11 月 20 日召开。下发《关于加强公共文化服务机构常态化运行的通知》，对全市公共文化设施常态化运行的开放时间、开放项目、开放展示空间等提出具体要求，有效提升公共文化服务效能。在长春市图书馆开展延时服务试点，开馆时间从早 8 点半到晚 8 点半，由原来一天 8 小时延长到 12 小时，日均到馆读者 2200 人次，单日最高 6000 余人次。要求乡镇综合文化站和社区文化活动室开展错时服务，双休日和节假日必须开放，上班串休；根据服务群体需要，适当调整服务时间，增加晚上开放时间。启动汽车图书馆、地铁图书馆、24 小时自助图书馆建设项目，开展 24 小时自修服务试点，为方便群众借阅图书提供条件。加强农家书屋规范管理和有效使用，召开全市农家书屋负责人工作会议，举办农家书屋管理员培训班，开展农家书屋征文活动，编辑《农家书屋管理工作指南》工具图书，制作宣传画和统一标牌，实施送书进书屋活动，提升农家书屋建设管理水平。文化部在东北三省公共文化服务示范区创建成果交流会上对长春市工作给予高度评价。

【依法行政】 简政放权，审批项目 65 项。其中，取消 6 项、暂停 5 项、下放 31 项、改变管理方式 17 项、保留 6 项。此外承接 4 项，有效提高行政效能。开展行政审批人员专业培训，强化行政审批权限下放后续跟踪管理指导工作。开展权力清单制度推进工作，对 400 余项行政职权进行梳理，精简为 209 项，向社会公示。开展文化市场专项整治。全市出动文化市场综合执法人员 2900 余人次，检查场所 3950 家次，处罚违规经营场所 82 家次，取缔黑网吧 2 家，查处 35 起非法广播频率案件，收缴相关设备 30 余套，合计处罚金额 48 万余元。3.健全“扫黄打非”工作机制，制定《2015 年长春市“扫黄打非”工作方案(要点)》，下发 7 批查缴目录，开展专项治理行动 9 次，收缴非法出版物 18 万余张(册)。举办“2015 年吉林省暨长春市侵权盗版及非法出版物集中销毁活动”，现场对 58 万余张(册)非法出版物进行集中公开销毁。

【丰富群众文化生活】 长春读书节举办征集荐购、比赛评选、讲座展览、主题阅读等近 50 项各类读书文化活动，社会反响良好。完成全市公益电影放映任务，放映 22292 场。其中，农村放映 20292 场，城区放映 2000 场。举办“我们的中国梦——文化进万家活动”，深入农村、社区等基层开展送戏下乡公益演出 191 场，演出覆盖城区和外县(市)区、乡镇、村屯。举办长春市文化庙会、元宵节秧歌大赛、长春市市民艺术节、2015 年在长高校师生手机摄影大赛、纪念世界反法西斯战争胜利 70 周年电影歌曲演唱会、纪念中国抗战暨世界反法西斯战争胜利

5月25日，朝阳区文化馆艺术团《冰凌》舞表演　　（李　镇　提供）

70周年系列演出等文化活动。开展长春市纪念中国人民抗日战争暨世界反法西斯战争胜利70周年—“保卫黄河”交响音乐会、大型交响乐“祖国颂”音乐会等6场艺术精品系列演出活动。3.《“书香长春”2015年全民阅读活动方案》以市委、市政府两办名义印发，依托全民阅读成员单位及社会民间阅读团体，建立起全民阅读活动推广机制，开展中华优秀传统文化经典诵读、读书讲座、读书征文等读书活动300余场，为特殊困难群体发放50万元购书卡，民生读本9万余册；加大优秀读物推荐引导力度，组织开展“书香之家”“书香之乡(镇、街道)”推荐活动。省新闻出版广电局给予长春市文广新局高度评价。

【发展文化产业】 帮助企业获悉国家、省市文化产业相关政策，把申报各类重点项目作为推进文化产业发展的重要议事日程，完成《创客公园建设项目》等7个项目资金补助1850万元的2016年度省级文化产业发展引导资金申报工作。推荐吉林省宇平旅游纪念品产业园区为第3批省级深化产业示范园区，吉林省宏骏工艺品制作有限公司、吉林省八吉工艺美术(集团)有限公司为第4批省级文化产业示范基地。开展文化产业基础调研，扶持企业快速发展，引导申请2015年度省级文化产业发展引导资金项目补助的企业实现良性发展。

【文化遗产保护】 开展文物保护相关法律法规宣传普及工作。发放文物报专刊2000份、《长春市文物保护条例》1000册，制作文物宣传版22块。围绕中国人民抗日战争暨世界反法西斯战争胜利70周年，开展系列主题纪念活动。进行国保单位重点保护工作。伪满洲国军事部旧址、伪满皇宫旧址、伪满洲国经济部旧址和长春电影制片厂早期建筑修缮方案获国家批复并拨付9114万元补助资金；完成伪满洲国国务院旧址、伪满洲国民生部旧址、伪满洲国司法部旧址和吉长道尹公署旧址保护修缮工程、安防工程、消防工程的国家专项补助资金申报，1.34亿元拨付到位。左家山遗址发掘取得阶段成果，再次发现新石器时代陶器、石器及动物骨骼，其中的2件鸟形器物雕刻，是这次考古发掘重要发现。开展第一次全国可移动文物普查工作，完成长春地区文物收藏单位可移动文物的数据录入与报送。加强非物质文化遗产保护工作。开展非物质文化遗产保护进校园、进社区、进农村传承活动，举办第10个文化遗产日宣传纪念系列活动。10月28日，长春市人民政府印发《长春市人民政府关于公布长春市第三批非物质文化遗产名录的通知》(长府发〔2015〕20号)文件，批准长春市第3批非物质文化遗产名录(7大类22项)，对外公布。

【文化体制改革】 调整内设机构和职能。向市编办申请对局内设机构职能进行部分调整，10月23日，市编办同意调整意见。对所属部分事业单位机构进行整合。将长春市文化科技研究所、长春市文物保护研究所2个单位机构整合成立为长春博物馆（长春市文物保护研究

9月24日，为纪念中国人民抗日战争暨世界反法西斯战争胜利70周年，市文化广电新闻出版局协同吉林艺术学院在东方大剧院共同举办“2015年艺术精品系列演出——大型交响乐“祖国颂”　　（李　镇　提供）

所），将长春市艺术研究所、中国长春电影节办公室2个单位机构整合成立为长春市艺术研究所（中国长春电影节办公室）。正式文件于10月20日上报市编办待批。推进院团改制。组织市直3家文艺院团职工与长春演艺集团签约，制定工资分配办法和人事管理制度，完善院团领导班子配备和组织架构，建立健全长春市演艺集团现代企业管理制度。

【安全生产】 开展全系统安全生产隐患大排查，确保实现全市文广新系统安全生产形势平稳。4次召开专题会议对安全生产工作进行部署，印转发20余件与安全生产相关文件强化工作督导，开展9次安全生产隐患大检查大整改大演练专项行动，组织3次大型行业安全生产应急演练活动。开展全局行业安全生产应急预案编制工作。办理12345市长公开电话投诉310件，做到规定时间办结率、答复率100%。信访事件15起，接待51次，接待人数259人次，均按程序进行办理。按照《长春市文化广电新闻出版局局领导信访维稳积案化解包保方案》相关要求，成立2015年历史遗留信访积案集中调查处置专项工作领导小组，对信访积案进行逐案包保，落实化解和稳控责任，对长春广播电视服务中心等历史遗留问题进行主动化解，取得成效，确保安全稳定大局。

（李　镇）

长春出版社

【概况】 2015年，长春出版社出版图书1404种，新书631种，再版17种，重印756种，实现图书发行码洋2.5083亿元，实洋回款1.2亿元。一批优秀图书如期出版，如《无障碍读经典》《名家手绘版四大名著》《侯外庐著作与思想研究》《西方社会文化生活丛书》《中华优秀传统文化教育》读本等，完成吉林省唯一一套国标《语文》教材重新改版修订等工作。长春出版社获第3届吉林省新闻出版奖优秀集体奖；《图本中国现当代作家传》《中国文学史》（4卷）、《马克思主义中国化新探》《东北方言大词典》获第3届吉林省新闻出版奖图书精品奖；“长春出版社教育云平台”获第3届吉林省新闻出版奖数字出版物精品奖；《旗帜的力量》获中华优秀出版物提名奖；《乌丙安民俗研究文集》（8卷）获中国版协城市出版社工作委员会年度优秀图书1等奖，《世界生物群落丛书》（8册）《荣格文集》（9卷）等4种图书获2等奖；《中华文化元素》丛书被列为国家新闻出版广电总局2015年主题出版重点出版物，成为长春出版社获国家出版基金资助的第3个项目；《“速滑少年”优势动漫出版资源与新兴媒体融合项目》被列入2015年国家改革和发展项目库重点扶持项目；在第5届“韬奋杯”全国出版社青年编校大赛上，长春出版社有4名编辑代表吉林省参赛（全省共9名），取得2个团体3等奖、编辑组个人3等奖和个人优秀奖的良好成绩。

【主题出版】 举办长春市“培育和践行社会主义核心价值观”中学生语文读写大赛，“小学生社会主义核心价值观素质竞赛”。强调“重教轻赛”，让孩子们体会、感知、学习社会主义核心价值观精髓，养成诚信待人的沟通习惯。挖掘和整理东北抗战史料及重大人物事件，组织出版《东北抗战史》《中国母亲与日本遗孤口述史》《东北抗战那些年》等。重点选题《侯外庐全集》《中华文化元素》系列丛书、《西方社会文化生活丛书》《中华优秀传统文化教育》读本等进展顺利。《侯外庐全集》《中华优秀传统文化教育》读本年底前出版；《中华文化元素》系列丛书、《西方社会文化生活丛书》是国家出版基金扶持项目。

【核心产品出版】 《语文》教材修订送审及发行工作。教材审定获得通过。进行市场开发和教材服务保障工作，在教师培训、师生反馈调研、网络资源、教材体系建设等方面取得较好效果。开发《中华优秀传统文化教育》（1套19册）读本，11月全部编写完毕。本套教材是国家现行第一套具有课程设计理念的优秀传统文化教育教材。开拓书法教材市场。书法是教育部要求开设的国家课程，2015年将书法教材正式列入国家中小学教材征订目录，长春出版社代理的《书法练习指导》在吉林省学生中使用率达51%，占据吉林省大部分市场。

【图书选题开发】 “无障碍读名著”系列是长春出版社的品牌产品，在原有4大名著基础上，将古典名著品种逐步扩充。聘请著名画家将4大名著按每个章回创作1幅插图，做成名家手绘版。少儿类图书产品在市场一直有较好的品牌效应，如《名侦探柯南》《灌篮高手》《数学绘本》等，但这些品种引进版居多，原创品种缺乏。长春出版社为此进行原创尝试，与中国青年漫画家于彦舒合作，推出《黑白无双》。

【发行工作】 2015年，重点抓好教材回款，中小学馆配和农家书屋招标项目和网店营销工作。全年图书完成发行总码洋2.5亿元，实洋回款1.2亿元，产业呈现良好发展态势。

【开发新兴媒体融合产品】 以“互联网+教育”为核心理念的K12产品投资2000多万的教育云平台建设1期工程接近尾声，这是国家文化产业基金支持项目。通过大量产品研发和经验积累，突破传统出版技术瓶颈，实现传统出版的数字出版转型，为实现与新兴媒体融合奠定基础。策划的传统出版与新兴媒体融合项目《“速滑少年”优势动漫出版资源与新兴媒体融合项目》开始启动，该项目2015年列入国家改革和发展项目库重点扶持项目。

（李春芳）

电影产业

【长影旧址博物馆获评“吉林省工业旅游示范点”】 2015年，吉林省旅游局根据《吉林省工业旅游示范点评定标准》，经评定组最终评定长春长影旧址博物馆为“吉林省工业旅游示范点”。

【长影世纪城成功获批国家AAAAA级旅

8月10日,“长影电影制片厂成立70周年金银纪念币”首发仪式

(赵 乐 提供)

游景区】 8月6日,“国家AAAAA级旅游景区”揭牌仪式在中国独有世界级特效电影主题公园长影世纪城举行,这是长影世纪城景区在创建品牌中继摘得“中国驰名商标”“最受欢迎旅游品牌”等殊荣后摘得的又一重磅级荣誉招牌。至此吉林省国家AAAAA级旅游景区增至4家。长影世纪城以独特的电影文化魅力成为吉林旅游靓丽的名片,有力地推动了本地旅游快速发展和文化事业的繁荣,成为极具核心竞争力的旅游目的地。

【“长影成立70周年”金银纪念币全球首发】 8月10日,长影成立70周年系列文化活动—“长春电影制片厂成立70周年金银纪念币”首发仪式在长影音乐厅举行。为纪念长影成立70周年,中国人民银行向海内外公开发行“长春电影制片厂成立70周年”金银纪念币。该套纪念币共3枚,其中1/10盎司金币1枚,1/2盎司银币2枚,均为中华人民共和国法定货币。金币最大发行量1万枚,银币最大发行量各3万枚。纪念币正面图案均为中华人民共和国国徽,并刊国名、年号,背面以栩栩如生的长影“工农兵”标识为主体图案,衬底以彩带状胶片构成数字“70”作为辅助元素进行组合设计,并刊“长春电影制片厂成立70周年”字样及面额。两枚银币背面图案,分别展现出长影电影主业与电影产业的发展成就,银币背面均刊“长春电影制片厂成立70周年”字样及面额。

【3D动画《龙之谷》获金鸡奖最佳美术片提名奖】 9月18日,在第30届中国电影金鸡奖获提名奖表彰仪式上,长影集团领衔出品的年度3D动画电影《龙之谷:破晓奇兵》,以其艺术创作在270部报名候选影片中,获金鸡奖最佳美术片提名奖。该片是长影首部3D视效动画电影,在2014年暑期档上映后,创造海内外4亿票房,荣获第十届中美电影节“金天使”优秀影片奖、首届加拿大电影电视节最佳动画视觉创意大奖,并销售到世界35个国家和地区,成为由好莱坞6大电影公司之一的环球影业负责在海外发行的首部国产动画电影。

【“长影成立70周年纪念邮资封国庆节首发】 10月1日,纪念邮资信封首发仪式在长影电影院隆重举行。为纪念长春电影制片厂成立70周年,经国家邮政局批准,中国邮政向全国公开发行“长春电影制片厂建厂70周年”纪念邮资信封,这是中国电影业内首枚纪念邮资信封。纪念邮资封1套1枚,编号JF118,邮票面值1.20元,售价10元。邮资信封图案以长影典型的“工农兵”标识为主体,附图为彩带状黑白胶片,长影经典影片《英雄儿女》《开国大典》等影片的场景跃然于胶片之上,纪念邮资封背面为长影简介。

【《老阿姨》拍摄制作】 10月3日,由长影集团出品的主流价值观电影《老阿姨》在江西革命老区萍乡市莲花县开机拍摄。影片由著名编剧郭中束等执笔,长影总导演雷献禾执导,中国电影家协会主席、著名表演艺术家李雪健扮演甘祖昌将军,国家一级演员陶慧敏扮演龚全珍。影片讲述了开国将军甘祖昌与夫人龚全珍扎根山村几十年,把大半生都无私奉献给家乡建设的故事。是一部弘扬

9月22日,庆祝长影成立70周年大会

(赵 乐 提供)

社会主流价值观、实现社会效益与经济效益相统一的优秀作品。

【长影成立 70 周年电影创作研讨会在京举行】 10 月 12 日，由省委宣传部主办、长影集团承办的“走人民之路，开艺术之花——长影成立 70 周年电影创作研讨会”在北京召开。吉林省相关领导、业内专家及《老阿姨》剧组主创出席研讨会，省委宣传部副部长张志伟主持研讨会。与会领导及专家给予该片一致好评。

【《我的二哥二嫂》摘得中美电影节电视剧“金天使奖”】 11 月，第 11 届中美电影节开幕仪式暨“金天使奖”颁奖典礼在洛杉矶举行。由长影集团出品的长影成立 70 周年感恩大戏《我的二哥二嫂》，获“优秀中国电视剧金天使奖”。该剧由著名编剧郭中束与导演刘家成携手打造，实力派演员于震、郝蕾领衔主演。《我的二哥二嫂》于 2015 年 2 月在 10 余家地面频道以及天津卫视、辽宁卫视热播，并赢得观众口碑，一直跻身收视前三甲，在收官当日更是收视率排名第 1。

（赵　乐）

2015 年长影集团有限责任公司生产影片情况

序　号	类　别	名　称	时　长	主　创
1.	电　影	《三只小猪与神灯》	90 分钟	编剧:王远超 导演:刘　炜 配音:王晓彤　李　晔
2.	电　影	《大嫂》	87 分钟	编剧:孙艳平 导演:卫兆红 主演:郭铁城　方晓莉
3.	电　影	《葵花朵朵向太阳》	89 分钟	编剧:邱利峰　杨春达 导演:蒋　从 主演:井　旺　匡满仓
4.	电视剧	《少帅》	48 集	编剧:江奇涛 导演:张　黎 主演:文　章　李雪健　宋　佳

图书馆

【概况】 2015 年，长春市图书馆经费总投入 4656 万元，其中文献购置费 1000 万元，固定资产累计 11018 万元。长春市图书馆文献入藏总量 165342 册(件)，其中，纸质文献 109748 册；电子文献 55558 件；视听文献 63 件。截至 2015 年 12 月月底，长春市图书馆总藏量 3089307 册(件)。2015 年，接待到馆读者 1380000 人次，办理读者证 28688 张，文献外借 782112 册次；解答咨询 369886 条；网上参考咨询 88000 条；课题咨询 33 项；代检索课题 2261 项；提供课题服务 162 项；文献宣传 76 次；文献开发 67504 条。举办读者活动 354 次，参加人次 215600，其中，讲座、培训 179 次，16329 人次；展览 30 次，150830 人次；其他活动 145 次，48441 人次。媒体报道 982 次。

2015 年，长春市图书馆围绕全国文化信息资源共享工程长春市支中心建设、长春市协作图书馆工程建设以及巩固发展公共文化服务示范区创建成果工作，坚持分馆高标准建设、规范化管理的原则，完成分馆建设、资源配送、业务培训与辅导等工作。全年新建 8 个分馆，并为其中 4 个精品分馆配备自助借还设备终端，与总馆实现通借通还。指导分馆文献资源建设，依托全国文化信息资源共享工程资源，通过“一卡通”服务系统，实现地区图书馆间的文献信息资源通借、通阅。根据分馆的实际需求，合理分配图书资源，全年为分馆配送书刊 7.7 万册。完成辅导基层图书馆 50 次，开展基层培训工作 6 次。发挥中心馆组织引领作用，共享活动资源，全年联动分馆开展 50 余项读者活动。

2015 年，长春市图书馆获全国社会科学普及工作经验交流会组委会授予的“吉林省优秀社会科学普及基地”称号，获吉林省精神文明建设指导委员会授予的“2013-2015 年度全省文明单位”称号，吉林省文化厅颁发的“吉林省古籍重点保护单位”称号，获吉林省文化厅授予的“全国社会科学普及教育基地”称号，获吉林省老龄工作委员会授予的“全省敬老文明号”称号，获长春市总工会授予的“五一劳动奖状”，获中国教科文卫体工会长春市委员会授予的“2015 年先进职工之家”称号，获中共长春市委宣传部、长春市教育局授予的“长春终身学习活动品牌”称号(“城市热读”公益讲座、“长图雅音”高雅艺术沙龙)，获长春市老龄工作委员会授予的“敬老文明号”称号，获中共长春市朝阳区委员会、长春市朝阳区人民政府授予的“2015 年度平安创建工作先进单位”称号，获长春市文化广电新闻出版局授予的“2015 年度全市

11 月 20 日,长春市图书馆理事会成立大会　（王英华　提供）

文化广电新闻出版系统政务信息工作先进单位”称号。

【成立理事会】 推进法人治理改革工作,于 2015 年 11 月 20 日成立长春市图书馆理事会。长春市图书馆理事会为决策机构和监督机构。理事会由 11 位理事组成,理事长由举办单位任命,执行理事由图书馆馆长担任。理事会每届任期为 3 年。理事会的主要职权包括:审议和提出本馆章程的修改意见;审议本馆业务发展规划和重大活动计划;审定本馆内部主要管理制度;审议本馆财务预算和决算;监督管理层执行理事会决议;审议管理层年度工作报告并对管理层工作进行考评;审议通过拟任法定代表人人选;理事会届满前 3 个月内负责组建下届理事会,并报举办单位审核同意;决定其他重大事项等。理事会按《长春市图书馆章程》开展相关工作,改革工作取得初步成效。

【古籍《大般若波罗蜜多经》被鉴定为宋刻本】 长春市图书馆再添新的镇馆之宝。馆藏《大般若波罗蜜多经》,简称《般若经》,全书 600 卷,馆藏存 4 卷,即 107 卷、124 卷、453 卷、522 卷（此卷不全)。此书被国家古籍保护中心专家组鉴定为宋刻本。宋本书存世较少,可谓弥足珍贵。

【十五城市公共图书馆工作研讨会】 9 月 10 至 11 日,由中国图书馆学会主办、长春市图书馆承办的第 27 届全国十五城市公共图书馆工作研讨会在长春市举行。来自文化部、中国图书馆学会、省文化厅、市政府、市文化广电新闻出版局等方面领导,以及全国十五城市公共图书馆馆长、业务骨干等近百人参会。市委常委、副市长张晶莹出席并致辞。文化部公共文化司巡视员、中国图书馆学会副理事长刘小琴女士出席并讲话。北京大学信息管理系李国新教授做主旨报告。与会代表围绕“现代公共文化服务体系建设进程中城市公共图书馆的创新发展与服务效能提升”这一主题,进行学术研讨与典型案例交流,达到预期效果。会后编辑出版专业论文集。这次会议是长春市图书馆装修改造开馆后举办的最大规模的图书馆界盛会。

【“城市热读”讲座】 “城市热读”以“打造文化服务品牌,培育社会阅读风尚”为宗旨,全年推出 9 个系列 49 场讲座。2015 年重点策划推出“文苑百家谈”系列,这是一档围绕“读书”开展的讲座,目的是让更多的人知道有哪些好书,别人在读什么,自己如何读,从而引导形成阅读的良好氛围。推出《最是书香能致远》《说真道假话红楼》等多场高端讲座,读者反响热烈,取得较好社会效益。2015 年,“城市热读”讲座不仅继续得到广大市民的喜爱和欢迎,而且被中共长春市委宣传部、长春市教育局授予“长春终身学习活动品牌”称号。

【“长图雅音”艺术沙龙活动】 “长图雅音”艺术沙龙活动致力于提升市民的艺术修养,全年举办音乐、美术、电影、朗诵、话剧等沙龙活动 80 余场。活动凭借艺术特色鲜明、领域覆盖完整、活动形式多样、师资力量专业、主题设计亲民、活动节奏稳定等特点赢得长春市民的喜

4 月 18 日,爱读书 荐馆藏——亲子阅读团荐购活动参加活动的全体小读者
（王英华　提供）

爱，成为市图艺术沙龙的文化符号，被中共长春市委宣传部、长春市教育局授予“长春终身学习活动品牌”称号。

【青少年阅读推广】 2015 年青少部总接待读者 23 万余人次，外借 5.3 万余人次，26.8 万余册次。“青少年阅读推广活动”全年举办 50 余项。包括在寒暑假举办“义务小馆员”社会实践活动、“假日影院”；在世界读书日、图书馆宣传周期间分别举办了“爱读书 荐馆藏”亲子阅读团荐购活动、“连环画里看世界” 系列活动及娃娃进市图活动等。为发挥图书馆教育职能作用，开展“幼小衔接 无痕过渡”家长课堂活动。培养低幼儿童阅读习惯的养成，全年举办“快乐小陶子”绘本故事会 24 期，500 余人参加。以长春市 2015 年市民读书节为契机，举办“长春市少年儿童新编短剧大赛” 与 2014-2015 年度“读书小状元”评选及表彰活动。

【老年读者阅读服务】 为满足老年读者的阅读文化需求，为老年人实现“老有所学、老有所乐、老有所为”搭建公共平台。强化阵地服务，以老年读者阅览室为基础，筑造老年读者精神家园，阅览室期刊全部适合老年人阅读。打造服务品牌，引领老年读者乐享阅读文化。以世界读书日、图书馆服务宣传周、全民读书月、重阳节及休闲假日为契机，开展针对老年人的读者活动。全年开展“最美夕阳 精彩人生” 老年读者才艺作品展示系列活动、“墨韵丹青” 国画艺术老年读者沙龙活动等 13 次，得到老年读者欢迎。

【休闲假日五大系列活动】 全年重点开展五大休闲假日系列活动，分别是“文化惠民 悦享生活 迎新春系列活动”“阅读的力量 世界读书日系列活动”“图书馆服务宣传周系列活动”“夏日书海 怡情泛舟 2015 年暑期阅读活动”“书香长春 圆梦中国 2015 年市民读书节系列活动”，开展公益讲座、文献展阅、数字阅读、文化展览等 200 余项活动，发挥图书馆引领阅读的文化导航作用。

【文化助残公益活动】 加强对残障人士文化服务。新进有声图书、电影 68 部，自制有声资源 3 部。为视障学生开展送书上门借阅服务。建立“长春市残疾人阅读指导中心”，开展“2015 年长春市残疾人读书推广活动”。启动“温暖时光”影院，举办“温暖，在世界读书日——无障碍电影专场”活动。开展“聋人参观市图书馆 体验公益文化服务”活动，取得良好社会效益。

【微信公众平台】 长春市图书馆微信公众平台通过高集成化的服务嵌入，为市民提供阅读、咨询、指引、预约、预告等一站式服务，关注人数达 2.7 万人，全年发布信息 100 余期，阅读总量近 60 万人次。微信平台通过举办“青年，你有不读书的理由吗？”“数字阅读竞猜”“英语写作大赛” 等一系列数字阅读与线下推广活动取得较好活动效果。在 2015 年第一季度的大陆地区公共图书馆、高校图书馆微信影响力排行一百强中，长春市图书馆微信平台位居第 6。

【馆刊《品读》】 搭建、巩固馆刊《品读》阅读推广平台，全年出版《品读》7 期。影响力不断扩大，3 年的坚持不懈使其成为市图阅读推广和宣传工作的一个重要载体。

【馆长谢群出席全民阅读推广峰会并做报告】 10 月 16 日，在由图书馆届的专家、学者近 300 人参加的 2015 全民阅读推广峰会（秋季）暨中国图书馆学会阅读推广委员会成立十周年学术研讨会上，馆长谢群受邀在会上作了题为“长春市市民读书节的文化创意与可持续发展实践”的报告。报告展示了市图书馆依托市民读书节这一文化创意载体开展阅读推广活动的特点、亮点以及可持续发展实践，获得与会代表的广泛共鸣和好评，扩大了长春市图书馆在行业内的学术影响力。

【业务知识竞赛】 4 月至 6 月，在全馆范围内举行业务知识竞赛。竞赛分笔答赛和公开赛 2 部分进行。笔答赛于 5 月 27 日举行，内容涵盖图情领域相关知识、国家对公共图书馆发展提出的方针政策、公共图书馆服务规范、本馆发展概况等方面，采用闭卷笔试形式。全馆 12 个业务部门 89 名专业技术岗位的馆员参与竞赛，评选出笔答赛团体一、二、三等奖及个人一、二、三等奖。公开赛包含预赛和决赛 2 个环节，内容涵盖笔答赛的范畴，并融入情报学、文献学、网络技术、时政要点、文化常识等方面知识信息。决赛于 7 月 1 日举行，青少部、研究辅导部、办公室分获冠、亚、季军。决赛结束后随即举行“长春市图书馆 2015 年业务知识竞赛总结表彰大会”，大会对竞赛中获奖的团体和个人给予表彰奖励。

（王英华）

2015 年 7 月 1 日，市图书馆业务知识竞赛总结表彰大会　　（王英华　提供）

卫生 体育

卫生 计生

【概况】 2015 年,全市拥有医疗卫生机构 4219 家,其中综合医院 95 家,专科医院 53 家。其中三级甲等 14 家,三级丙等 2 家;二级医院 34 家(甲等 9 家,乙等 17 家,丙等 4 家,未定 4 家)。妇幼保健机构 11 家,疾病预防控制中心 14 家,卫生监督所 11 家,急救中心 1 家,血站 1 家。乡镇卫生院 134 家,社区卫生服务中心 72 家。卫生从业人员 62790 人,其中专业技术人员 45210 人(执业医师 18816 人,注册护士 18006 人,药师 2320 人,技师 2387 人,其他 3681 人)。床位 47444 张,每千人口床位数 6.07 张,每千人拥有执业医师 2.49 人。全市总人口 779.3 万人,出生人口 4.9 万人,出生率 6.3‰,自增率 1.95‰,政策生育率 95.73%。流动人口 62.3 万人,其中流出人口 42.1 万人。"单独两孩"出生 828 人。

【基层卫生服务】 "十二五"期间,投入 6.36 亿元对 5 所县级医院进行升级改造,投入 1.02 亿元对乡镇卫生院进行标准化建设。利用 3 年时间投入 9260 万元对 1517 个村卫生室进行标准化建设。10 个乡镇卫生院被评为省级示范卫生院;7 个社区卫生服务中心被评为国家级示范社区。2015 年基层医疗卫生机构门诊量 460 万人次。农村 70%的患者在县以下医疗机构就诊。

【卫生事业公益性】 将卫生应急纳入全市应急体系,将血液供应、120 急救纳入城市安全保障体系,将医疗救助纳入城市大救助体系。市中心血站采血量突破 40 吨,保证临床用血安全。市政府为急救中心购置特种急救车和更新普通救护车,年接警量 30 万次,有效出车 6 万次,保持平均 15 分钟到达现场承诺,院前急救工作处于全国领先水平。在城乡建立医疗救助中心,低收入家庭成员进入中心接受治疗,自付医药费用占总费用 10%。采取"政府出一点、保障体系多报一点、社会捐一点、医疗机构让一点"方式,开展系列特病救助,实现特殊困难人员先心病、白血病、慢性肾病透析、艾滋病、重症精神病、儿童先天性耳聋等疾病免费治疗。

【新农合保障】 筹资标准由 150 元提高到 480 元,筹集参合资金 17.9 亿元。新生儿一出生就享受新农合政策,42 种疾病在门诊可以报销。推进以总额控制、单病种限价为主的支付方式改革,对眼科、分娩等疾病实行定额管理,有效控制医药费用不合理增长。

【公共卫生服务】 孕产妇死亡率得到有效控制,连续多年孕产妇死亡数控制在 10 个以内,保持"乡镇卫生院无孕产妇死亡"的记录。城乡居民健康档案累计建档 647.6 万份,老年人健康管理 70.8 万人。孕产妇健康管理率 94.12%,儿童健康管理率 87.46%。高血压患者规范管理率 85.9%;糖尿病患者规范管理率 85.98%,均超过国家指标。建立饮水卫生监测结果发布制度,每季度向社会公布水质监测结果。

【保持低生育水平】 完成国家和省制定的各项任务指标。政策生育率 95.72%,是全国首个全面开展免费孕前优生健康检查的城市。检查 29.7 万人,对 27530 人的高风险人群进行风险评估。在全国率先开展高质量的免费乙肝病毒母婴传播阻断项目。全市有 4200 余人受益,阻断率 98.1%。推进创建幸福家庭活动。先后 4 次在全国创建幸福家庭会议上介绍经验。2015 年长春市被国家评为创建全国幸福家庭活动示范城市。

【医药卫生体制改革】 实施城市公立医院综合改革。明确医改领导小组成员单位的工作职责,形成政府主导,卫生牵头,各部门分工负责格局。理顺医疗、医药、医保联动机制。医疗服务价格调整、医保支付方式改革、财政投入机制改革等相关方案制定完毕。巩固县级公立医院改革成果,基础建设、人才培养、设备更新、医疗质量等工作得到有效落实。7 月,国家在长春召开医改培训会,市长姜治莹在会上作经验介绍,与会代表参观了绿园区医院和农安县医院,县级公立医院改革成效得到国家肯定。

【基层卫生服务】 开展"创建群众满意乡镇卫生院"活动,榆树市五棵树等 6 家乡镇卫生院被国家评为“群众满意乡镇卫生院”。如期完成3年1517所标准化村卫生室的建设任务。建成后的标准化村卫生室全部实施基本药物制度，药品零差率销售。投资1254万元开展12类45项基本公共卫生服务均等化项目。流动人口均等化工作多次在国家会议上介绍经验。加强基层专业技术人员培训，对10个专业528名社区专业技术人员进行培训。培训乡镇卫生院业务骨干、管理人员268人，培训乡村医生3800人，农村卫生人员培训率100%。

【新型农村合作医疗】 2015年，全市有374.2万农民参合，在乡常住人口参合率99.5%，人均筹资标准480元，筹集参合资金17.9亿元。报销封顶线提高到16万元，42种特殊疾病门诊费用按住院补偿，儿童“两病”、妇女“两癌”患者在省、市级定点医疗机构按70%比例报销，30种常见慢性病门诊医药费补偿比例为60%。基金支出12.33亿元，占年度筹资总额的73.2%，有120.2万人次受益。

【疾病控制】 2015年，长春市无甲类传染病报告。没有输入性中东呼吸综合征、埃博拉出血热等疫情发生。开展第3轮艾滋病综合防治示范区创建工作，艾滋病救治政策得到落实。开展“每月一课一题”疾病防控业务培训活动。加强预防接种门诊规范化建设，推广双阳区接种门诊建设经验，建成214家规范化预防接种门诊。榆树市、九台区顺利通过省级慢病示范区考核验收工作。落实国家精神卫生综合管理试点项目，8000余名严重精神障碍患者得到有效治疗。

【妇幼保健】 全市出生人口52101人。强化监管，非医学指征剖宫产率下降7%。榆树市连续4年没有发生孕产妇死亡。制定《长春市产后母婴保健机构管理和服务标准》，规范服务机构的从业行为。开展妇幼保健项目，免费孕前优生健康检查34254人，完成率103.86%，其中高风险3311人。免费乙肝病毒母婴传播阻断978人，阻断成功率100%。农村孕产妇住院分娩补助率100%。新生儿苯丙酮尿症、先天性甲低筛查率和新生儿听力筛查率均达99%以上；儿童视力筛查完成3.8万人，对筛查阳性者及时干预。“两癌”项目检查64339人，筛查出19例患者得到规范治疗，并减免30%的治疗费。

【专项整治】 德惠市监督队伍整合得到国家卫计委认可。加强执法业务培训，全年培训300余人次。开展各类生活饮用水水质监测，每季度通过主要媒体公布监测结果。做好食品安全风险监测，将31家二级以上医院全部设置为市级哨点医院。开展控烟、生活饮用水、公共场所、学校卫生、医疗广告、消毒产品生产企业、消毒隔离、打击代孕、规范人类辅助生殖技术、集中消毒餐饮具等10项专项整治行动，打击违法行为，全年立案处罚3201件，罚没365.9万元。

【卫生应急】 重新修订《自然灾害卫生应急预案》等应急预案，完善突发公共卫生事件风险评估、信息报告、事件处置等工作制度，组建长春市突发公共卫生事件应急处置专家咨询委员会和群众防空组织医疗救护队，妥善处置双阳区的疑似水污染事件等3起突发公共卫生事件。推进城乡急救网络体系建设，建立规范的急危重症抢救流程，急救中心全年受理呼救30多万次，出车6.4万次，院前救治5.8万人，比2014年增长4.9%。

【健康宣传】 制定《长春市卫生计生宣传工作实施细则》，开通官方微博、微信，每天发布工作信息，点击率与日俱增。在各类媒体上刊（播）发稿件500余篇，在广播电台做专题讲座20余期。开展“走基层、进社区、入村屯，服务百姓健康”志愿服务宣传活动。将4月18日定为“卫生健康日”，开展“幸福长春，健康你我”主题活动。制作《健康谈话》《乡村医生》等宣传材料30余种，5万余册。开展婚育新风进万家活动，倡导依法、科学生育。扩大控烟宣传，开展进机关、进企业、进村组、进社区、进校园、进军营、进家庭百场义务巡讲。推进无烟家庭项目工作，开展入户调查、电话随访和短信干预。举办首场“创建无烟和谐城市、控烟公益文艺晚会，为消除和减少烟草烟雾危害创造良好舆论氛围。

【医疗服务】 完善医疗质量控制体系，成立儿科疾病质控中心等23个质控中心，培训专业人员2000余人。加强医疗机构药事管理，开展抗菌药物临床应用专项整顿，建立处方点评规范等监督机制，二级以上公立医院住院患者药占比由47%降至42%。在5家医院开设癌痛标准化治疗示范病房。推进护理岗位管理工作，规范护理岗位设置名录。严格依法进行行政审批，朝阳区、南关区高质量完成医疗机构和医师注册信息重新审核录入工作。加强无偿献血的宣传，全年采血33.56吨，其中团体献血8.2吨，比2014年增加48%。

【医疗救助】 开展医疗救助工作。建立疾病应急救助制度，审核医疗机构疾病应急救助资金1174万元。推进急诊急救患者政策，保证患者第一时间得到救治。城乡医疗救助中心收治患者2013人，发生医疗费用2256.86万元，贫困患者支付的费用占总费用的7.05%。在全市范围内开展“服务百姓健康行动”大型义诊周活动，有165家医疗机构1000余名医护人员参与。5000余名百姓参加健康大讲堂等健康宣传活动，发放健康宣教材料5万余份，120余名义诊患者被收入院治疗，义诊手术20余台。义诊周期间，减免就医费用近40万元。在全市153家医疗机构组建志愿医疗服务队164支，对462家养老机构进行巡诊，覆盖床位21891张。为养老机构免费赠送价值11.8万元的药品，发放宣传资料26280份。

【医疗安全】 加强医院内涵建设，选派4个组参加全省成果展示全部获奖。建立医疗安全预警信息发布制度。将医疗纠纷纳入仲裁调解，编印《医疗纠纷处理相关法律法规文件汇编》，医疗事故呈逐年下降趋势。收集违法广告56条，对涉事的12家医疗机构进行诫勉谈话，立案调查8起，净化医疗广告市场。实施健康医疗信息惠民行动。35家医院开通预约诊疗,预约诊疗率92.25%;开展城市医院对口支援工作。全年诊疗5661人次,开展示教手术401台次,开展讲座156次,培训县医院医务人员2501人次,派驻医生63名,进修医生89名。朝阳区与长春中医药大学附属医院对口支援社区卫生服务中心工作,提升基层医疗机构中医药服务能力。

【中医药】 强化中医服务能力建设。投资150万元,在30家乡镇卫生院实施中医馆建设项目。社区卫生服务中心平均开展4.88种中医药治未病项目,服务群众32万人次。老年人、儿童中医药健康管理率分别达47.26%和52.34%。推进"西学中"培训工作,120人完成临床实习阶段考核。南关区推广中医药适宜技术,中医馆群众认可度显著提升。

【爱国卫生】 开展"爱国卫生月"活动。全市清理卫生死角380处,出动清运车辆2560余台次,清除各类垃圾25590余吨,清理楼道11335个,清除堆放物及占道物550余车,野广告43.3万余条。高新区在活动中开展专项督查。对食品安全、市容环境、农贸市场、公共场所、健康教育以及学校、铁路、轻轨、伊通河等进行专项检查,对没有进行及时整改的进行通报。实施农村改厕工作。在榆树市试点筹建20座农村水冲厕所,对实施农村改厕进行调查摸底。做好迎接国家卫生城市复审工作。完成向国家爱卫会的复查申报工作。

【计划生育】 "单独两孩"政策平稳有序实施。全年再生育审批9945例,其中"单独两孩"2630例,"单独两孩"出生828人。加强基层基础工作。市级投资100余万元加强村级信息化平台建设,实现与省级人口计生信息平台实时对接。建立和完善全员人口数据质量通报制度,主要数据项完整率达98%以上。双阳区人口信息质量在全省评估中名列第一。简化再生育办理,推行承诺制度,一站式服务。计划生育基层队伍保持稳定,农安县实现村级卫生计生工作资源共享。开展送温暖、送健康、送政策、送服务主题活动。走访慰问计划生育特殊困难家庭1821户,发放慰问金73.95万元。全年农村奖励扶助52216人,每人奖励960元。计划生育家庭特别扶助10520人,发放扶助金3178万元。为307名吉林柴油机厂职工发放独生子女父母奖励费61.4万元。长春市创建幸福家庭做法得到国家认可,被评为全国首批创建幸福家庭示范市。

【信访维稳】 全年受理群众投诉1545件,办结率100%,反馈率100%。接待来访310人次。特别是对涉及吉林大学第一医院等医疗纠纷以及失独家庭越级访问题,制定专门预案,耐心讲解政策法律,告之解决途径,赢得信访人理解。

【安全生产】 开展安全生产"春季行动""夏季攻坚""秋冬会战"等活动。组织16个安全生产督导检查组,排查安全生产隐患56项,整改隐患49项。组织42个医疗安全检查组,检查医疗安全隐患68项,整改医疗安全隐患68项。

【人才培养】 加强人才引进,面向社会公开招聘岗位129个,录用本科生60人,研究生80人。推动继续医学教育工作改革创新,全市申报省级继续医学教育项目13项,获批8项。市级继续医学教育项目201项,10750人参加培训。申报省卫生科研和适宜技术推广项目26项,6项省级科研项目通过结题评审。

【依法行政】 《公共餐饮具集中消毒管理办法》公布实施。规范依法行政行为,出台规范性文件制定程序等50项工作制度。将305项行政权力减放到139项。

(姜德强)

体 育

【群众体育】 取得国家和省里支持健身器材和资金1500万元,本级投入资金650万元,实现城区健身路径社区全覆盖、乡镇健身设施配置率达100%,60%的行政村配备健身设施,完善杏花村、儿童公园篮球场体育健身设施。加大资金支持,打造榆树市大岭镇体育特色强镇,使其成为长春市第一个实现村级文体广场全覆盖的乡镇。加大政府购买公共服务力度,发挥各级体育社团、俱乐部作用,开展2015年全民健身运动会等系列活动近2000项次,参与人数达百万人次。整合全市20个国民体质检测站和国民体质监测车资源,免费为1.5万余名城乡居民进行体质检测,并提供运动健身处方,公布《市民体质状况报告》。2014年长春市20~59周岁成年人体质,总体合格率为91.7%,其中,优秀率27.38%,良好率25.51%,合格率37.38%,不合格率8.73%,总体合格率高于全国平均水平。完成"互联网+全民健身"系统软件升级和"低碳环保、绿色出行"软件开发工作,社区体育智能服务管理水平得到提高。推进体育社团"1+"工程,完善市、区、街道(乡镇)、社区(行政村)4级体育组织建设,完成全市篮球、乒乓球、羽毛球、桥牌和社会体育指导员、健身操舞协会换届工作。6.举办长春市青少年冬令营、夏令营和公益篮球培训活动,青少年体育技能免费公益培训项目22项,近7万名青少年学生从中受益,校外体育技能培训实现常态化。举办15期全市社会体育指导员培训、讲座,发展社会体育指导员近1600人次;组织全民健身志愿者参与各类健身活动1000余项次,全民健身志愿服务队伍建设得到加强。深化全民健身战略合作。与东北师范大学签署战略合作协议,充分利用高校专业人力、物力资源,推进全民健身事业发展。完成全国社会体育指导员技能培训、吉林省暨长春市全民健身日系列活动启动仪式、全省社区体育对抗赛等国家和省大型全民健身活动。组队参加全国武术之乡比赛、全省健身站点展示大会等项活动取得优异成绩,展示才春市全民健身活动成果。参加美国小石城、日本仙台、德国沃尔夫斯堡马拉松比赛,促进友好城市之间的体育文化交流。

【竞技体育】 参加国际国内大赛取得优

异成绩。截至12月9日，长春市及长春市培养输送的运动员参加年度国际和全国比赛45项次，获世界系列冠军12个，全国冠军49个；向国家队(集训队、青年队)输送运动员29人。被省体育局授予“2014年度市州体育突出贡献奖”称号。参加首届全国青年运动会取得优异成绩。3月，预赛在全国部分城市展开。长春市选派146名运动员参加射击、射箭、举重、摔跤、柔道、跆拳道、拳击、武术散打、田径、足球(男足U18、女足U16)10个项目预赛，有69名运动员取得决赛资格。决赛期间，长春市运动员夺得2枚金牌、1枚银牌和2枚铜牌，并有12人进入前8名的优异成绩，涌现出一批优秀年轻体育后备人才。长春市代表团还获得开幕式入场仪式最佳组织3等奖、“体育道德风尚奖”等项荣誉，实现赛前提出的取得运动成绩和精神文明双丰收的奋斗目标。推进2016年第十三届全国冬运会备战工作。制定备战参赛工作方案，备战训练计划。通过参加年度全国比赛及冬运会资格赛，确定参加决赛运动员名单，将组成150人的长春市体育代表团参加十三冬会开闭幕式及决赛。超前组织2018年第十八届省运会备战队伍。建立各年龄段后备人才梯队，完成新周期省、市运动员年度注册工作。各县(市)区体校、项目基地校、俱乐部、学校运动员在全省注册人数2823人。进行运动员招生、选材、聘用工作。制定冰雪、射击、射箭、重竞技、田径等重点项目的运动员选材测试和大纲考核比赛计划，已完成重竞技、冰雪、乒乓球项目的选材测试和大纲考核比赛，有24个单位的74名教练员、794名运动员参加测试和考核，并对测试结果进行综合评价。

5月29日，全省社体技能展演 (孙彩贤 提供)

【体育竞赛】 品牌赛事数量快速增加。承办瓦萨国际越野滑雪赛、国际雪联越野滑雪赛中国巡回赛、世界罗佩特越野滑雪巡回赛、中美男篮对抗赛、2015年长春净月潭森林越野马拉松大赛、乒超联赛吉林队主场比赛、中超足球、CBA篮球等国内外大型体育赛事10余项次。市级体育赛事更加丰富。举办长春市篮球、排球、足球、游泳、短道、速滑、摔跤、举重、柔道、射击、射箭青少年比赛及长春市乒乓球、羽毛球、武术锦标赛；长春市高中生篮球联赛、中学生运动会、大学生运动会等各级各类体育竞赛活动500余项次。指导各县(市)区、各单项体育协会举办各级各类体育竞赛活动2000余项次。形成以点带面，全市联动、全民参与、覆盖城乡、贯穿全年的体育竞赛新格局。规范裁判员队伍建设和运动员审批工作。举办竞赛组织人员、裁判员培训班9项次，申报、审批国家级裁判员3人，一级裁判员45人，二级裁判员160人。建立二级运动员技术等级审批责任制度，确保二级运动员技术等级审批工作有效进行。

【体育产业】 完成行政职权清理，建立权力清单制度。行政职权由35项，清理至18项(其中，行政许可1项、行政处罚7项、行政检查1项、行政监督3项、行政奖励1项、行政确认2项、其他行政职权3项)，并上报市清权办备案。加强经营高危险性体育项目场所安全检查、巡查工作。对净月潭、莲花山、庙香山和新立湖4家滑雪经营场所进行检查，排除安全隐患，确保安全运营。完成国家体育产业联系点申报工作。长春市被国家确定为体育产业联系点城市。全年，长春市体育彩票销售额15.36亿元，占全省销售额40%以上。

【体育设施】 配合高新区，进行长春奥林匹克公园建设，与龙翔公司进行工作对接。体育馆钢构完成90%、游泳馆钢构全部完成，屋面系统完成30%；体育场主体结构完成，钢构环梁安装完成50%；全民健身中心完成近亿元的基础工程量。地下1层混凝土部分全部完成。投入资金3000余万元，对长春体育中心内各主体建筑外立面、道路、给排水、消防设施等进行维修改造，为赛事活动和全民健身营造良好环境。完成长春市体育运动学校、长春市军体中心射击射箭馆新址工程前期勘探、施工图设计等基础工作，正在办理代建、招标等相关手续。委托长春市城乡规划设计研究院，完成《长春市体育设施专项规划》的体系框架、支撑内容以及部分指标设置标准等研究工作。

(孙彩贤)

社 会

城乡人民生活

【概况】 2015年，长春市城市居民人均可支配收入达29089.72元，比2014年增长6.5%，其中，工薪收入增长5.6%，经营净收入下降38.2%，财产性收入增长26.9%，转移性收入增长15.1%。城市居民人均消费性支出为23221.59元，比2014年下降0.9%。农村居民人均生活消费支出8139.78元。

【城市消费水平】 2015年，城市居民人均消费支出23221.59元，比2014年下降0.9%。其中，食品消费5541.19元，下降3.6%；衣着消费1819.45，下降15.4%；生活用品及服务消费1313.24元，增长2.6%；医疗保健消费2542.09元，下降8.0%；交通和通讯消费3081.60元，增长4.4%；教育文化娱乐消费3085.34，下降0.5%；居住消费5177.56元，增长9.3%。

【农村消费水平】 2015年，农村居民人均生活消费支出8139.78元。其中，食品消费2119.37元，衣着消费513.75元，居住消费1388.53元，生活用品及服务消费303.22元，交通通信消费1318.46元，教育文化娱乐消费1234.22元，医疗保健消费1062.24元，其他商品和服务消费200元。

【消费结构】 2015年，城市居民恩格尔系数为23.9%，农村居民恩格尔系数为26%。城市居民消费支出中，衣着消费比重为7.8%；家庭设备用品及服务消费比重为5.7%；医疗保健消费比重为10.9%；交通通讯消费比重为13.3%；教育文化娱乐消费比重为13.3%；居住消费比重为22.3%。农村居民人均生活消费支出中，衣着消费比重为7.8%；居住消费比重为17.1%；生活用品及服务消费比重为3.7%；交通通信消费比重为16.2%；教育文化娱乐消费比重为15.2%；医疗保健消费比重为13%；其他用品和服务消费比重为2.5%。

（黄思念）

婚姻家庭

【概况】 长春市有婚姻登记处14个。其中，城区7个；县(市)3个；开发区4个。全市所有婚姻登记处全部达到婚姻登记机关规范化建设标准，其中朝阳区婚姻登记处等8个登记处达到国家3A级标准。

【结婚登记网上预约】 从5月1日起，长春市各婚姻登记机关正式开通婚姻登记网上预约服务，婚姻当事人只要通过吉林省民政厅官网(http://mzt.jl.gov.cn)的婚姻登记网上预约系统，可以得到婚姻登记预约服务。参加预约登记服务的婚姻当事人必须具备法定婚龄，且至少有一方是为长春市户籍，预约机关为户籍所在区(县、市)民政局婚姻登记处。预约成功后，当事人可凭预约单或预约号，持所需资料到预约的婚姻登记机关办理登记手续，工作人员会根据当事人在网上预约时填写的个人信息，在现场对材料进行查核后导入婚姻登记系统。在预约时间内没有到达现场的，视为放弃预约，若填写信息错误，登记部门有权拒绝处理。网上预约需要提前一个工作日申请，受理日期为一个月(按30天计算)之内的工作日。暂不受理双休日的婚姻登记预约，对于超过3天的国家法定的节假日，全市统一于假期最后一天的上午集中受理网上预约登记。

【结婚登记】 2015年，长春市各婚姻登记机关严格按照《婚姻法》和《婚姻登记条例》的规定，公开审批程序，审核登记手续，全年办理结婚登记81716对，登记合格率100%。

【离婚登记】 2015年，长春市各婚姻登记机关依法对离婚登记手续齐全，尤其是根据离婚协议书的内容，对当事人在子女抚养、财产及债务处理等事项明确的情况下，准予办理协议离婚登记。全年办理离婚登记35278对。

（郭大鹏）

2015 年长春市婚姻登记数据统计表

地区	工作总量	结婚登记（对）	补办登记（对）	离婚登记（对）	撤销结婚（对）	补发结婚证（对）	补发离婚证（对）	出具婚姻登记证明(份)	补录历史数据(对)
合　计	251834	81716	7661	35278	2	15863	4607	114368	81
南关区	26276	5257	46	2472	–	1666	590	16291	5
宽城区	24993	4690	61	2541	–	1452	429	15881	–
朝阳区	14757	6975	38	3030	–	2534	591	1627	72
二道区	19351	4294	75	2341	–	1540	385	10791	–
绿园区	19897	5004	51	2548	–	1612	447	10286	–
双阳区	13099	3813	382	2255	–	982	319	5730	–
农安县	27769	11059	1890	4094	–	1205	292	11119	–
九台区	22200	7906	1472	3432	2	1177	273	9410	1
榆树市	31244	13002	3482	4384	–	1141	712	12005	–
德惠市	22403	10554	–	4194	–	529	229	6897	1
高新开发区	3951	1632	18	600	–	201	35	1483	1
经济开发区	7846	2467	–	924	–	460	103	3892	–
汽车开发区	11332	3217	3	1345	–	668	105	5997	–
净月开发区	6716	1846	143	1118	–	696	97	2959	1

工作总量=结婚登记+离婚登记+撤销结婚登记+补发结婚证+补发离婚证+出具婚姻登记证明；其中补录历史数据已包含在结婚

民族工作

【概况】 2015 年，长春市有 49 个少数民族，人口 30.33 万，占全市总人口的 3.9%。有满族、回族、朝鲜族、蒙古族、锡伯族 5 个世居民族。其中，满族 17.8 万人，占 58.7%；朝鲜族 5.7 万人，占 18.8%；回族 4.9 万人，占 16.2%；蒙古族 1.5 万人，占 4.9%；锡伯族 1354 人，占 0.4%。有 4 个民族乡：双阳区双营子回族乡、九台市胡家回族乡、九台市莽卡满族乡、榆树市延和朝鲜族乡。43 个少数民族聚居村。少数民族社团 6 个；少数民族特需商品定点生产企业 7 户；市级朝鲜族群众艺术馆 1 所；乡级少数民族文化站 4 所。民族中小学 13 所；民族医院 1 所，民族乡医院 4 所，少数民族聚居村合作医疗点 43 个。

【民族团结进步创建活动】 2015 年 8 月 7 日，长春市委、市政府召开全市民族工作会议暨第六次民族团结进步表彰大会，省委常委、市委书记高广滨在会上作重要讲话，会议表彰全市民族团结进步先进集体和先进个人。由长春市发改委牵头，长春市民委起草文件，经长春市委、市政府同意，印发《关于加强和改进新形势下民族工作的若干意见》。民族团结进步宣传工作成效显著，围绕长春市民族工作会议、民族工作亮点、民族节庆活动等内容，在国家和省市级媒体宣传 30 余次。长春市不断完善少数民族民生服务体系、创新开展新形势下城市民族工作的做法在吉林省民族工作会议上做了经验介绍，被《中国民族》等国家级报刊宣传推介。在全省民族工作会议暨第六次民族团结进步表彰大会上，清真寺社区等多个民族团结进步先进集体和个人受到吉林省表彰。扶持东北师大民俗博物馆开展民族知识教育，年接待 2 万人次。

【城市民族工作】 长春市民委指导有关社团和单位举办锡伯族西迁 251 周年活动、市朝鲜族传统文化体育活动、开斋节庆祝活动、蒙古族首届广场文化晚会、纪念满族颁金 380 周年长春市第 22 届庆

红十字志愿者在高考期间开展温馨服务　　（潘　爽　提供）

祝活动暨满族文化促进会成立大会等活动。确定南关区清真寺社区和天利南社区为民族宗教工作试点社区,开展全市民族宗教工作试点社区建设的调研工作。2015年,清真寺社区被长春市政府评为"全市民族团结进步先进集体"。长春市少数民族流动人口主要来自西北地区,长春至乌鲁木齐的T302次列车的开通,使少数民族人口流动更加便利。在长春少数民族务工子女就学享受同城待遇,仅回族小学免费接收200多人;斋月期间,在繁华城区增设临时礼拜点2处,满足流动穆斯林群众特殊需求。在长春的新疆维吾尔族举办的诺鲁孜节活动安全有序。2015年10月17日,长春市满族文化促进会在市民主党派大楼多功能厅召开成立大会,106位会员出席大会。该协会在满族历史、满族语言、满族文艺、满族体育等方面进行研讨和交流。长春市民委指导市朝鲜族老年协会等少数民族社团开展纪念抗日战争暨反法西斯胜利70周年纪念活动。组织市朝鲜族妇女协会开展捐资助学、民俗料理等活动。长春市民委协调市民政局和各区民政、民族部门,帮助解决朝鲜族老年协会活动场所问题,拨专款用于解决朝鲜族老年协会活动场所陈旧失修、保暖效果差等问题。

【少数民族经济发展】 长春市民委到4个民族乡,通过问卷、座谈、实地踏查等形式,对民族乡经济社会发展情况进行调查统计,针对制约民族乡村经济社会发展问题提出对策建议。在安排使用少数民族生产生活补助费时,加大对民族乡村基础设施建设的投入。到7家少数民族特需商品定点生产企业服务,落实优惠政策,帮助企业贷款总额20.25亿元,享受优惠利率贴息超过5800万元。加强少数民族生产生活补助费等资金的管理。对2014年经费使用情况进行全面检查,确保专项经费专款专用。发放少数民族生产生活补助费。申报2015年省少数民族发展专项资金。完成10个民族村申报国家少数民族特色村镇工作。

【少数民族合法权益】 正式使用清真食品信息管理系统,实现网上查询、统计、监管功能。强化对清真食品生产经营企业和商户的日常审批和监管,元旦和春节期间,长春市民委联合有关部门对皓月、"老韩头"等清真食品专柜进行重点检查,对存在的问题进行整改督查。

【少数民族民生工作】 推进长通路清真寺修缮工程,完成原女礼拜殿地上物的拆迁工作,开展女礼拜殿和女淋浴房建设。长春市民委、市卫计委和宽城区相关部门到长春民族医院,就新建选址和建设发展情况进行调研,推进民族医院回迁工作。长春市民委协调相关部门解决宽城区朝小幼儿园经费不足问题,推进长春市朝鲜族群众艺术馆投入使用工作,协调解决南关回小幼儿园继续招生问题。春节前走访慰问少数民族贫困户,开展为民族乡村送医送药送温暖活动,完成2015年回族等少数民族的肉食补贴发放工作。

(潘　爽)

宗教工作

【概况】 2015年,长春市有天主教、基督教、佛教、伊斯兰教、道教5种宗教,信教群众约37.55万人。全市有宗教教职人员616人,批准登记的宗教活动场所434处。全市重点宗教活动场所5处:东四道街天主教堂、西五马路基督教堂、长春般若寺、长春地藏寺、长通路清真寺。市宗教团体6个:市天主教爱国会、市天主教教务委员会、市基督教三自爱国运动委员会、市基督教协会、市佛教协会、市伊斯兰教协会。

【宗教事务管理】 规范宗教活动场所的行政审批工作,市宗教局指导属地做好宗教活动场所的拆迁重建审核。开展整治乱建大型宗教造像工作。依法开展朝觐人员报名排队工作,完成穆斯林朝觐行前教育培训工作。加强宗教信息库建设,完成全市宗教活动场所、市级宗教团体、县(市)级宗教团体、教职人员的信息采集工作。进行新增教职人员认定备案的考核工作;开展佛教道教活动场所统一悬挂标识牌工作;推进宗教活动场所财务监管工作,将场所财务监管作为常态化的工作;解决遗留问题,落实宗教教职人员社保工作常态化工作机制,解除教职人员生活上的后顾之忧。加强对大型宗教活动和重大节庆活动的管理。保障全市"浴佛节""四月十八""四月二十八"庙会、复活节、盂兰盆节、古尔邦节、圣诞节等重大宗教节日的安全稳定。

【消防安全】 进行宗教活动场所的消防

6月14日,长春市锡伯族同胞在东北师范大学"东北民族民俗博物馆"举办"4·18"西迁节纪念活动

(潘　爽　提供)

安全工作。春节前，长春市宗教局协调南关区消防大队，分别在市东四道街天主教堂、市西五马路基督教堂和长通路清真寺组织消防知识培训和消防安全演练，城区宗教活动场所负责人及相关工作人员近200人参加。组织宗教活动场所开展火灾隐患大排查、大整改工作。7月中旬，长春市宗教局对全市宗教活动场所安全工作进行全面检查，请吉林省卫民安防火知识宣传中心在各县(市)区作了消防常识讲座，研究解决慈航寺、长通路清真寺、市西五马路基督教堂和东三马路基督教堂消防隐患问题。开展“消防宣传月”活动。11月初，长春市宗教局召开全市宗教活动场所2015年冬季火灾防控工作暨宗教场所“消防宣传月”活动工作会议，对冬季火灾防控工作进行部署。11月26日，长春市宗教局在亚泰基督教堂举办宗教活动场所消防安全知识培训，般若寺、地藏寺、长通路清真寺、市西五马路基督教堂、市东三马路基督教堂和亚泰基督教堂等15处宗教活动场所负责人、消防安全员近50余人参加培训。市宗教局依法查处多起非法宗教活动，协助有关部门打击邪教的破坏活动，依法治理整顿基督教私设聚会点。指导属地妥善处理因宗教房产、内部矛盾引发的矛盾纠纷。通过协调、做思想工作、拨专款设立临时活动点及审批小房身清真寺作为固定活动点等措施解决部分流动西北穆斯林在公共场所集体礼拜的难题。

【引导工作】 推动宗教界加强自身建设。支持天主教推进民主办教，市宗教局协助市基督教“两会”开展“9·23”纪念日活动，举办神学思想建设研讨会。发挥市西五马路基督教堂爱国主义教育基地的作用，逐步完善教育基地设施，开展参观学习等活动。8月21日，长春市宗教局举办全市天主教、基督教界人士纪念抗战胜利70周年报告会。加强宗教团体和重点宗教场所的组织建设。12月17日至18日，长春市基督教“两会”第九次代表会议在中日友好会馆召开，全市109位基督教代表参加会议，选举产生新一届“两会”班子。市政协副主席、市委统战部部长刘德生，市宗教局局长韩忠宝，各县(市)区宗教机构负责人等应邀出席大会。开展以“教风”为主题的和谐寺观教堂创建活动。4月10日至12日，市宗教局在长通路清真寺多功能厅举办长春市伊斯兰教创建和谐清真寺培训研讨班，各级伊协有关人员，寺管会负责人和主要教职人员，市宗教局部分机关干部100多人参加培训。在培训研讨班期间，长春市回族婚姻介绍所联合东亚经贸新闻报、吉和红娘会举办“新月之缘回族未婚青年联谊活动”，来自长春、吉林、沈阳和广州等城市的未婚回族青年和家长近千人参加联谊活动，有3对青年成功牵手。开展“宗教政策法规学习月”活动。以“国法与教规的关系”为主题，引导宗教界正确认识和处理国法与教规之间的关系，指导团体在场所内设立政策法规宣传栏，协助团体在天主教、基督教教职人员中开展宗教政策法律法规知识竞答活动。市宗教局先后举办“长春市伊斯兰教场所财务管理暨教风建设培训班”“长春市基督教界宗教政策法规培训班”“长春市佛教场所财务管理暨教风建设培训班”。支持宗教界开展公益慈善活动。指导长春市伊斯兰教协会组织全市穆斯林群众为“4·25”西藏地震灾区捐款。长春市东三马路基督教堂的吉林省邦尼老年服务公司、绿园区东山教堂的养老院被列入国家宗教局编写的《宗教服务社会事例汇编》。6月18日至7月18日，长春市伊斯兰教协会在斋月期间组织“尊老爱老爱心公益活动”。

（潘　爽）

民政工作

【社会救助】 城区城市低保标准由月人均435元提高到510元，城区农村低保标准由年人均2700元提高到3000元。修订《长春市城乡居民临时救助办法》，落实临时救助资金3383万元，近7000人次得到及时救助。出台《长春市医疗救助办法》，重点救助对象封顶线提高到2万元，投入医疗救助资金6000余万元、救助12万人次。开展新一轮万户特困户结对救助活动，确保13000余户城乡低保特困家庭的基本生活。加大居民家庭经济信息核查力度，全年清理低保对象4577户、7112人。

【社会养老】 推进“全国养老服务业综合改革”试点。全年新建7个城市托老中心，120个社区日间照料中心升级为居家养老服务中心。居家养老服务券发放范围扩大到60岁以上重点优抚对象，为

7月22日，民政部副部长窦玉沛到长春检查第八次全国双拥模范城创建工作

（李冬岩　提供）

符合条件的1869名老人提供居家养老服务。打造委托经营、延伸服务等多种居家养老服务模式，全省居家养老社会化服务工作经验交流会在长春市召开。全市在建各类养老机构18个，新增养老床位3000张。全市养老机构与各级医院全面建立医疗协助关系，20家养老机构被确定为首批失能人员长期医疗照护定点单位，1022名失能老人享受照护政策。全市建成养老服务大院640个，实现主城区全覆盖。

【社区建设】 社区用房平均面积达千米以上，全市千米社区比例超过60%。启动基层民主协商试点，朝阳区协商民主“4335”(推进社区协商，细分出发展类、管理类、监督类、选举类4个协商类别，突出政府部门协商、驻区单位协商和居民内部协商3个协商层面，强化参与主体多元化、协商程序规范化、协商形式多样化3项协商要求，建立民主恳谈、议事、听证、咨询、评议5项协商制度)工作模式，获得民政部“2014年度中国社区治理十大创新成果提名奖”。发挥典型引领作用，评选吴亚琴等10名“社区工作者楷模”和34名“最美社区干部”，全市53个社区被命名为“幸福社区”。社区服务实现创新突破，二道区在全省率先实现“前台一口受理、后台协同办理”的“一门式”服务。农村社区建设扎实推进，绿园区作为全市农村社区建设试点区发挥示范作用。社工“百站千才计划”提前超额完成，全市社工组织312个，持证社工1812人。

【社会组织建设】 社会团体和民办非企业单位成立、变更、注销登记时限大幅压缩。深化社会组织直接登记，全市直接登记社会组织136家，社会组织总数5601家。对528家社会组织进行检查，执法监察数达到社会组织总数的11%。对96家社会组织开展评估。推进政府购买服务，制定出台《长春市具备承接政府职能转移和购买服务资质的社会组织目录编制管理办法》(试行)。

【双拥优抚工作】 长春市作为全省唯一代表，迎接国家双拥模范城检查考评并受到考核组高度评价。社区拥军服务工作创新开展，为优抚对象、退役士兵群体解决多项难题，宽城区在全国“双拥”工作推进会上作了经验介绍。开展“情系驻长官兵、关爱革命功臣”主题拥军优属活动，协调解决驻军部队和基层官兵关注的热难点问题45件。推进退役士兵阳光安置工作，符合条件的退役士兵100%得到安置。为纪念中国人民抗日战争暨世界反法西斯战争胜利70周年，组织以“铭记历史、缅怀先烈、珍爱和平、开创未来”为主题的《东北抗战长春英烈》事迹展等系列活动，编辑出版《长春抗战老兵口述录》和《东北抗战　长春英烈》两部珍贵抗战史料。各类优抚对象、军休干部优待政策得到落实。

【防灾减灾救灾工作】 开展“防灾减灾日”宣传周活动，组织演练活动120余场次、参与群众近200万人。强化减灾委35个成员单位职责，救灾应急体系进一步完善。全面建成市、县(区)两级救灾物资储备网络，储备物资4100万元，具备一次性保障3万人转移安置和物资保障能力。全市74处应急避难场所功能得到完善，可转移安置200万人。新增6个国家级、34个省级防灾减灾示范社区。

【社会事务管理】 出台《长春市文明祭祀工作暂行管理办法》，开展央视说吧、百姓祭百家、时空信箱等具有长春特色的清明文化活动，打造长春市公益祭祀新模式。对940名符合殡葬救助条件人员实施殡葬救助，推进农安县基本殡葬免除试点工作。开展“寒冬送温暖”专项活动，全年救助流浪乞讨人员5375人。开通婚姻登记网上预约服务。探索建设未成年人保护管理平台。落实《长春市地名管理条例》，全面推进第二次全国地名普查工作、“暖房子”楼门牌补设和门牌全覆盖工程。

(李冬岩)

社会保险

【参保扩面】 截至2015年12月月末，城镇职工养老保险扩面新增10.9万人，完成吉林省计划指标的141.6%，参保总量204.2万人(含退休人员)；城乡居保参保总量186.5万人；失业保险参保95.3万人。

【基金征缴】 “两金”(养老金、失业金)征缴总量152.4亿元。其中，城镇企业职工基本养老保险征缴基金128.6亿元，比2014年增加12.3亿元，完成吉林省计划指标的104.1%；城乡居保征缴基金

5月6日，长春市召开全市社会保险工作会议　(张暗礁　提供)

8.8 亿元，缴费率 85.7%，超出吉林省计划指标 15.7 个百分点；失业保险征缴基金 15 亿元，完成吉林省计划指标的 190%。

【保障水平】 2015 年，累计为 59.3 万企业职工发放养老金 146 亿元，比 2014 年增长 17.2%。完成连续第 11 次养老保险待遇上调，市本级调整后月人均养老金 2140 元，比 2014 年增长 12.3%；为城乡居保领取待遇的 72.7 万人发放养老金 7.8 亿元，完成城乡居保首次提标工作；为 2.5 万名失业人员发放失业金 1.1 亿元。

【扩面征缴】 5 月初召开全市社会保险工作会议，各县（市）区、开发区签订社会保险工作目标责任状，主管市长和秘书长多次调度扩面工作进展情况，巩固以各级政府为主导，政府、街道（乡镇）、社区（村屯）纵向领导，人社、社保、财政、民政等相关职能部门横向联动的扩面征缴机制。组织街道、社区开展入户调查，累计调查 13100 户企业、125 万居民；对部分重点行业进行集中扩面，对欠费 10 万元以上的 447 户企业进行跟踪催缴，收缴欠费 2.8 亿元，与各区人社部门开展联合执法，加大审计稽核力度，对“十二五”以来没有审计的单位进行重点审计，累计稽核 389 户，核增参保 4314 人、缴费基数 18870 万元，最大限度遏制少报瞒报缴费基数和缴费人数等问题。研究落实失业保险降点、稳岗补贴等优惠政策，减轻企业负担，激励企业缴费。借助媒体宣传政府助保、社保补贴、多缴多得等政策。

【机关事业单位养老保险】 机关事业单位养老保险改革相关文件下发后，成立筹备启动办公室，配备专门人员，对业务窗口布局、业务经办流程等进行系统研究与安排，启动机关事业单位参保工作按照上级要求准备就绪，随时可以启动业务经办。

【管理与服务】 推行综合柜员制，简化业务程序，调整服务窗口布局，涉及对外服务的项目全部设置在 1 层至 3 层楼以内，方便办事人员，内勤 22 个业务经办窗口实行综合柜员制；精简业务流程，完善明确参保人员一次性缴费、未按期办理退休手续待遇计发等 7 项业务规定，通过压缩纸质留存资料、整合相关业务表格、变手工填写为系统自动打印等方式简化业务程序 9 项；建设智能社保，完善推广网上经办，免费对企业发放网上经办系统 UK，覆盖参保单位 4500 余户，开发建设短信微信公众服务平台，提高信息化服务水平；推行“三网合一”认证，将城镇职工、城镇居民、新农保三项保险享受待遇人员资格认证工作整合，方便退休人员，提高认证率；启动“五证合一”登记制度改革，简化准入手续，整合行政资源，与相关部门配合，做好业务系统和市数据交换中心的对接，减轻企业负担。

（张暗礁）

6 月 12 日，长春市开展社会保险宣传活动 （张暗礁 提供）

老龄工作

【做好高龄津贴发放工作】 与有关部门协调，将市政府新出台的 80 周岁以上低收入老年人高龄津贴纳入发放范围，力争将双阳区、九台区高龄老年人津贴待遇提高到与主城区相同标准。全市发放各类老龄高龄津贴约 1900 万元。

【提升“助老安康”效果】 加强老年人意外伤害保险的宣传，扩大老年人意外伤害保险的覆盖范围，提高老年人抵御意外风险的能力，全市有近 30 万名老年人购买老年人意外伤害保险，覆盖率达 20%，其中，由政府出资统保的老年人近 5 万人，理赔金额 400 万元。

【做好老龄信息工作】 强化和规范老龄信息的采集编辑工作，办好“长春老龄信息”。市老龄办工作人员深入全县（市）区、各镇及村（社区）检查督促指导 60 岁以上老年人信息采集录入工作。根据省、市安排，完成对全市 60 岁以上老年人信息采集录入工作。

【推进养老大院建设】 根据长春市实际，在农村养老服务大院建设过程中，坚持实际、实用、实效、实惠的原则，就地就近为老年人提供生活照料、健康保健、学习教育、文体娱乐、精神慰籍、法律援助等服务，打造农村养老服务大院。全市现已建成养老服务大院 540 个，主城区已基本实现全覆盖。

【抓好老年协会建设】 市老龄办把加强基层老年协会建设作为老龄工作的一项重要内容来抓，全市建成城市社区老年协会 365 个，村老年协会 1336 个，其中，

6 月 16 日，全市离退休干部纪念抗日战争胜利七十周年专场文艺演出

（何卫东　提供）

有 232 个城市社区老年协会，1250 个村老年协会实现规范化建设标准。

【推进老年文体活动开展】 开展“乘夕阳红包列助老年人圆梦”活动；继续举办“看长春，游家乡”活动；开展“老年百团歌舞大赛”及“送文化下基层演出”活动；开展全市老年体育健身展示活动。

【维护好老年人的各项权益】 宽城区建立区老年人维权工作室，开通老年人维权热线（89990215），打造“老年维权直通车”品牌，累计接受咨询 450 人次，解决老年人实际问题 36 人次，协调解决房屋纠纷 2 起，租赁纠纷 12 起，讲解法律知识 32 场次。两级老龄办解决全年接待来信来访 87 件。

【开展老龄问题调查研究】 开展老龄问题的调研工作，撰写出 5000 字的《关于加快推进农村养老服务的探讨》论文，作为省老龄办评选出的优秀调研成果，于 11 月上报国家老龄办参加评奖。

【强化全社会敬老、爱老、助老新常态】 创建“敬老文明号”。截至 2015 年年末，全市创建国家级“敬老文明号”窗口服务单位 6 家，省级 15 家，市级 76 家。按照国家和省开展 2015 年“敬老月”活动的要求，长春市开展“敬老月”活动，以“培育敬老家风，建设和谐家庭”为主题，着力打造长春最有人情味、最具幸福感的城市文化品牌。

（王冬旭）

殡　葬

【清明节文明祭祀】 2015 年清明节期间，全市累计出动执法人员 9.6 万人次，车辆 1.2 万台次，摸排造纸厂 20 家，查处违法经营业户 2000 余户，查获收缴封建迷信用品 110 多车。3 月 27 日至 4 月 5 日，在南湖公园、文化广场举办的长春市 2015 年社会公祭微思念系列活动为全国首创。期间，倡导市民在媒体网站上书写微信、微博生命寄语、在时空邮箱中投下寄语卡片、放飞寄语风筝等形式开展纪念活动。为期 9 天的社会公祭系列活动发放思念风筝 2000 个、发放鲜花 5000 只、发放思念卡片 15200 张、收集时空邮箱寄语 9400 条、微博寄语 8000 条、微信寄语 11000 条、发放倡议书 30000 份，传播覆盖 42 万人。

【全市殡葬救助工作】 根据长春市人民政府《关于进一步加强和改进殡葬服务工作的意见》的有关要求，2015 年对 982 名符合殡葬救助条件人员去世后实施殡葬救助，减免金额 45 万元。

【第六届公益海葬活动】 为顺应殡葬改革，推进绿色环保葬式，2015 年清明节期间，长春市举办第六届公益海葬活动，全市 260 位逝者骨灰在大连海域实施海葬。

（何卫东）

县(市)、区概览

农安县

【概况】 农安县位于吉林省中部，地处松辽平原腹地，幅员5400平方公里，实有耕地37.5万公顷，辖22个乡镇，377个行政村，人口120万。常年粮食总产量保持在35亿公斤阶段性水平，占全国粮食总产量的1/180、全省的1/10，多年被评为全国粮食生产先进单位。油母页岩、天然气、二氧化碳气、陶土、矿泉水等资源丰富。

【国民经济】 2015年，全县实现地区生产总值405.5亿元，增长7.8%；全口径和地方级财政收入分别完成23.7亿元和12亿元；社会固定资产投资完成261亿元，增长17%；社会消费品零售总额完成130.8亿元，增长13.2%；城乡居民收入分别达到21550元和12000元，增长7.5%和8.5%。

【农业】 集中打造两家子、陈家店等6个现代农业示范区，落实玉米播种面积34万公顷，被吉林省委、省政府确定为率先实现农业现代化试点县，粮食总产量保持平稳水平。发展棚膜经济1.6万亩，建设国家和省级蔬菜种植示范区3个。全省首家农机具4S店建成使用。畜禽饲养总量、肉类总产量和畜牧业产值稳步增长。推进土地确权登记工作，流转土地10万公顷。清收林地1.2万公顷，还林2300公顷，改造农防林269公顷。投资1.5亿元，实施河湖连通、波罗湖湿地和松城灌区改造工程，灌溉农田3.33万公顷，实现生态环境和农田水利建设“双赢”。

【工业】 全年签约项目69个，超额完成省市下达的指标任务。新建、续建项目158个，一汽试验场、富士康、旺旺、修正药业、轻工产业园等重大项目快速推进，路通轨道客车、菲诺制药、富亿升食品等110个重点项目建成投产。完成工业固定资产投资179亿元，增长17.6%。加快园区转型升级，投资3.8亿元支持园区建设，清理闲置厂房27万平方米、土地80万平方米，嫁接盘活企业41户，达产达效23户。扶持民营经济发展，实现主营业务收入1326亿元、税金19.7亿元；新注册商标1500件，打造省市著名商标4件，钟药师药业在Q板成功上市；强化食品工业品牌地位，荣获“全国食品工业强县”称号。

【城乡建设】 新开发楼房152万平方米。创新采取PPP模式，加大综合性融资力度，运作银行贷款20亿元，推进棚户区改造，被国家住建部称为棚改“农安模式”。推进德彪街、兴华路、农安大路和县城出口等精品工程；实施滨水生态治理，高品位打造城中水系和生态长廊，实现百姓多年的企盼和夙愿，结束县城没有活水历史，解决沿线乡镇抗旱和灌溉用水问题。研究落实37项“扩权强镇”政策，推进合隆新型城镇化建设。建设完成社区11个，宝塔社区得到中央和省市领导肯定。制定实施《城市综合管理办法》，精细化管理成效显著，省级卫生城通过复检。

【社会事业】 全年民生投入40.5亿元，106件民生实事全面完成。就业保障服务中心正式投入使用，新增城镇就业7600人。推进“高质量就业示范村”创建工作，转移农村劳动力33万人次，实现劳务收入59亿元。城乡低保扩面提标，新农合实现全覆盖。集中解决16个乡镇、10万农村居民安全饮水问题。举办首届全国智慧人才创业大赛区域决赛，启动中国·农安大学生智慧创业引领工程；电子商务服务中心作用凸显，线上交易额5000余万元。实行中心校、村小一体化管理，新四中竣工并通过验收，高考实现“零差错、零失误、零信号、零投诉”。全国医改现场会在农安县成功召开；县医院、中医院分别与吉大二院、吉大一院建立医疗联合体；启动县医院扩建工程，完成村级标准化卫生室建设；同家综合体项目快速推进。举办第六届黄龙府文化艺术节，丰富城乡群众文化生活。

【人民生活】 开展“法律六进”活动，法治化水平明显提高，全县安全生产形势持续稳定。推进行政审批制度改革试点和政务信息公开，3330项权力清单在政府网站公布，288项行政审批事项全部进驻大厅，减少审批流程，压缩审批时限，杜绝“前店后厂”，实现“一站式”办公。完成市场监管部门资源整合，在全省率先实施“五证合一”和并联审批。

（张生雷）

2015 年农安县国民经济和社会发展主要指标完成情况

指标名称	单位	实际完成	比 2014 年±%
国内生产总值	亿元	405.5	7.8%
第一产业增加值	亿元	94.9	4.6
第二产业增加值	亿元	120.2	7
第三产业增加值	亿元	190.3	10.1
全口径财政收入	亿元	23.7	-8.8
财政支出	亿元	55.3	16.5
固定资产投资	亿元	261	17
规模以上工业企业户数	户	166	82.4
规模以上工业总产值	亿元	300.96	5.8
社会消费品零售总额	亿元	130.6	9.81
城镇居民人均可支配收入	元	21451	7
农民年均纯收入	元	11545	4.4
普通中学	所	54	0
普通小学	所	306	0
卫生机构	所	986	4.1
教育支出	万元	127992	0.08
科技三项经费	万元	375	-
医疗卫生支出	万元	53029.25	10.5
人口自然增长率	‰	0.6	-0.67

榆树市

【概况】 榆树市位于吉林省中北部，地处松辽平原腹地，处在世界黄金玉米带上，在长春、吉林、哈尔滨三市构成的三角区中心。幅员 4712.49 平方公里。耕地 391007 公顷。境内有松花江、卡岔河、拉林河三大水系，无崇山峻岭。辖 9 个乡、15 个镇、4 个街道，388 个村、12 个城市社区。有省级经济开发区、工业集中区各 1 个，长春五棵树经济开发区、吉林省榆树环城工业集中区。2015 年，全市总户数 443212 户，总人口 1263160 人，其中农业户数 304638 户，农业人口 1047587 人。有满、朝鲜、回、蒙古、哈萨克、藏、苗、彝、壮、侗、瑶、土家、黎、佤、达斡尔、羌、锡伯、白、傣、傈僳 20 个少数民族。榆树市连续 12 年获全国粮食生产先进市，连续 10 年跻身全国最具投资潜力中小城市百强，连续 2 年获得最具幸福感城市，被评为全国生态文明先进市、绿色宜居城市、农业标准化示范市、群众体育先进市、文化先进市、中国民间艺术之乡，成为国家级生态示范区、全国国土资源节约集约模范市、全国农产品加工创业基地、全国产业发展能力百强市。2015 年，地区生产总值 4055378 亿元，年均增长 6.09%，全口径财政收入 116748 万元，比 2014 年减少 17.3%，本级财政收入 88403 万元，比 2014 年减少 21.5%，全社会固定资产投资累 215 亿元，比 2014 年增长 15.19%，城镇居民可支配收入、农民人均纯收入分别达 19413 元 11748 元。

【农业】 2015 年，粮食作物播种面积 378936 公顷。其中，玉米 298668 公顷；水稻 72054 公顷；薯类 7610 公顷；大豆 592 公须。粮食产量 66.68 亿公斤。粮食产量构成主要是玉米和水稻，玉米平均亩产 607 公斤，总产 2717665 吨；水稻平均每公顷产 7746 公斤，总产 558130 吨；大豆平均每公顷产 3969 公斤，总产 2350 吨；薯类平均每公顷产 7356 公斤，总产 55979 吨。农业科技支撑力。在农业科技园区内设 8 个功能区，引进墨西哥高产栽培技术，开展 46.7 公顷玉米高产攻关，公顷平均产量 11435.5 公斤，对照增产 48.8%。建立 2000 公顷试验、示范基地。落实技术，建设 30 个万亩高产示范片。推广旱田保护性耕作 8 万公顷，水田高光效栽培 26.7 万公顷。推广机械深松整地技术 6.67 万公顷，建立机艺融合示范点 30 个。航化作业 3.07 万公顷。农田灭鼠 45.3 万公顷，防治玉米螟 29.3 万公顷。新化验土样 7000 个，开通手机信息平台，测土配方施肥 22.7 万公顷。推广水稻钵盘稀育机插技术 3 万公顷。农业科技培训。举办乡镇级科技培训班 298 场次，培训农民 10.3 万人次，走村窜户举办科技培训班 1262 场次，培训农民 22.6 万人次，发放玉米、水稻科技指导手册 2 万册，发放技术明白纸 8 万张，培训农民 33 万人次。农村经济管理。完成村级账务录入，缴纳保费 4252.5 万元，落实农业保险承保 14.17 万公顷。为 7 家合作社申报省级农业发展引导资金合作社贷款贴息发展项目，为 16 家合作社落实扶持资金，农民合作社发展到 3650 家，家庭农场发展到 490 家，流转土地 1.54 万公顷。土地仲裁立案 110 件，仲裁

106件，开庭审理106件。农业项目投资。争取农业项目18个，到位资金22170万元。其中，农机购置补贴资金11000万元；深松整地技术推广资金2000万元;保护性技术推广资金990万元;现代农业投资1000万元;新农村建设投资895万元；农村能源投资750万元;农产品质量监管投资100万元;扶持新型农业经营主体投资240万元；科技推广类投资4795万元;新型职业农民培训投资221万元;29个土地流转服务平台投资179万元。农业安全生产。组建5个种子市场稽查小组，管理种子生产企业5家、种子经营门市334个，清理虚假种子宣传单300份。立案查处种子案件9起,结案9起,罚款金额2.8万元。处理农民投诉151起,处理玉米“天农九”种子问题，为农民挽回经济损失3500万元。检查农药管理经营单位285家，立案查处7起，罚款人民币1.7万元，为农民挽回经济损失45万元。检验拖拉机16768台，签定安全责任书8566份，办理拖拉机注册登记2802台，转移登记185台。查处违法违规行为1200起，培训拖拉机驾驶员1414人。农村人居环境改善。新修水泥路7.7公里，排水沟13个村29.8千米，10个村健身广场2.4万平方米。牧业生产。全市牧业小区总数806个。其中，通过省市标准验收364个；节能减排验收137个。生猪发展到715万头，肉牛发展到179万头，羊发展到29万只，家禽发展到7000万只，比2014年分别增长0.07%、1.59%、持平和14.6%。肉、蛋、奶产量64万吨、14万吨、3.8万吨，比2014年分别增长1.75%、3.78%和持平，牧业生产总值78亿元。

【幸福榆树建设】 民生项目建设。筹资8亿元，治理“一江两河”，建设秀水强排站，除险加固堤防护岸36.5公里，解决困扰沿岸4个乡镇、10万人的水患。整合资金2.2亿元，实施现代农业项目11个，建设29个土地流转平台，建成万亩示范片30个、农机农艺示范点30个，实施病虫害统防统治航化作业3.07万公顷、测土配方施肥22.7万公顷。整合资金5248万元，新建创业孵化基地5个，创业成功项目120个，引导扶持创业1262人，民营经济总数27446家，带动就业2756人，从业人员29万人，产值778亿元，比2014年增长3.4%。新建农村劳动力转移就业基地20个，农村劳动力转移就业品牌9个，高质量就业示范村2个，农村劳动力转移就业48万人次，劳务经济收入80.56亿。城镇新增就业7226人，失业人员再就业2608人。惠民政策落实。设立主要商业区24小时自助办税服务终端，减免1936家小型微利企业增值税、所得税，将3.2万离退休人员基础养老金从55元提高到75元。扶持新建大型福利养老中心1个，培育民办养老机构48个，医疗巡诊实现全覆盖。城镇职工和城镇居民参保人员失能后医疗护理费用报销比例分别达92%和83%。完善医疗救助制度，全额资助城乡三类贫困对象7.9万人参保参合，救助1.1万贫困患者。春夏荒救助受灾群众10万人。民生实事利民成果。新建维修校舍35所，改造棚户区6个、2012户、12.31万平方米。分配廉租房172套，改造旧楼供水系统108公里，合并散乱小供水泵站75座，新建改建二次供水泵站14座。撤并小锅炉房3座，改造供热老旧管网40公里。单户改造10万平方米。开工建设新城水系景观带，榆三公路、佰金街等20条街路建设竣工，绿化铁北路西段、繁荣大街南段等20条街路。新修农村水泥路300公里，改造危桥20座。改造农村危房1000户。太安乡双合村、五棵树镇爱国村被长春市评为首批“最美乡村”。推进农村安全饮水工程，7.6万农民、1.8万师生用上安全水。新建村级文体广场98个，健身路径20套，开展大型全民健身活动10次，送戏下乡120场。

【林业】 林地清收。集中清理回收80年代以来流失林地。查清流失林地23638.61公顷。其中，清回林地4934.28公顷；纳入二轮土地承包和享受粮食直补林地18353.33公顷；非林调出林地面积120公顷；征占用林地231公顷。绿化造林。2015年春全市完成造林绿化2630公顷。其中，农防林更新造林204公顷；用材林主伐造林126公顷；清林还林2300公顷。绿化村屯15个。林木采伐。采伐林木4.5万立方米，农防林更新改造继续实行1:1配套，实行市场化运作，先竞价后审批，采伐公平、公正、公开。森林防火。发放宣传单、出动宣传车、悬挂防火旗宣传森林防火，印制森林防火旗2000面，出动森林防火宣传车110台，发放森林防火宣传单30000份，消除人们的经验主义和麻痹思想，树立风险意识和责任意识。森林资源保护。2015年全市没有出现森林火灾火警现象，全年处理涉林案件33起，处理违法责任人33人，与2014年相比发案率明显降低，森林资源得到保护。

【城乡建设】 规划编制调整。报审项目17项，总建筑62万平方米，其中公建报审项目14项，个人建房报审3户、建筑270平方米。完成村镇规划现场踏查46件，发出《村镇建设用地规划设计条件》29件，签出《建设项目选址意见书》10件、《建设用地规划许可证审批表》45件。总规编制9个乡镇，修编6个乡镇，改善人居环境试点村庄项目90项。规划设计条件图62项，市区、棚户区修建性详规32项、8项，乡镇和村屯修建性详规编制58项。工程勘察32项，取样544个，排查出燃气管线点不符合规范11处。基础设施建设。2015年供水639.1万吨，比2014年增加24.1万吨，接收并建设深井6眼，加固供水设备260台套次。改造和铺设二次管网38714米，铺设地沟管道1102米，楼内管道1648米，安装水表641块。市政道路建设。养护春季路面70万平方米；疏通排水管道2500米；日常清掏检查井2100座、雨水井4000座；填路面损坏坑槽10000平方米；维修坍塌检查井350座、雨水井360座；更换损坏检查井盖380套、雨水井篦子360套，扶正路边石3500米，修补人行步道方砖2000平方米。城市供热。检修锅炉及辅机33台，更换炉排片7000片，对流管束100根，敷设外网管道6520米，单户改造3.3万平方米。累计投资200万元，更新改造老化严重和局部不热管网21260米；新增容供热30万平方米,总供热400万平方米。燃气工程。新开通燃气管道用户3000户。接入管线铺设和老旧管网改造6公里。处理挖断管道事故3起。园林绿化。投资150万元,日常养护市区20条街路,2个公园、4个广场、2处街头绿地,树木成活率90%以上。投资260万元,在市区内栽植草本花94万株,宿根花卉10.5万株。广场摆花5.6万棵,栽植垂吊牵牛9830棵,补植垂吊6300棵。彩化建设工农大街、新民立交桥,面积1268平方米。污水垃圾处理。填埋生活垃圾9.6万吨,处理渗滤液0.8万吨,焚烧医疗垃圾52吨。处理污水627万吨,去除COD1740吨,氨氮145吨,SS(悬浮物)974吨,产泥量约2928吨,粗、细格栅去除垃圾40吨,厂区设备大中型维修95次,更换曝气器475个,4个泵站清淤11次,排除提升泵池提升泵129次堵塞,维修2号泵站污水管道4次。保障性安居工程。购买政府完全产权廉租住房74套。发放租赁补贴3400户,新增400户。分配政府完全产权廉租住房60套。改造城市棚户区6个区段,建设回迁安置住房2012套、14.79万平方米。小城镇建设。治理镇容镇貌,出动人力42万人次,车辆10万台次,清运垃圾近50万立方米,搬迁柴草近1万垛,整修道路近700公里,清理路沟近220万米,植树栽花近200万棵。

【招商引资】 经贸交流。参加国家、省和长春市组织或举办的经贸交流活动。全年参加经贸交流活动6次,签订引进项目合同5份,合同引资额79亿元。1月2日,参加"中国长春冰雪旅游节暨净月潭瓦萨国际滑雪节"活动。签约两个项目。6月24日至26日,参加"民企吉林行"投资说明会暨项目签约仪式活动,与四川四海集团投资28亿元的生物质发电项目正式签订合同。7月27日"央企走进吉林"项目签约仪式上,长春五棵树经济开发区与中节能绿碳环保有限公司签订总投资10亿元的废弃物综合转化利用项目合作合同。9月1日至6日参加在长春市国际会展中心举行的第十届中国—东北亚博览会,同中外企业进行项目洽谈对接。9月2日,参加第十届东北亚博览会项目签约仪式,与大连市正德物流有限公司就投资4亿元的正德物流项目签约。项目建设。2015年,全市在建项目46个。其中,新开工项目23个,总投资147.8亿元;扩、续建项目23个,总投资259.06亿元。新开工项目主要有泰国正大集团肉鸡屠宰食品加工,泰国正大集团正大饲料加工项目等8个,扩建续建主要有哈尔滨宏达建设发展集团北方航空产业园,吉林省凯禹废弃资源开发利用有限公司生物质资源化综合利用等10个项目。重点洽谈推进亿元以上项目33个,总投资126.9亿元。其中,亿元以上重点项目32个;10亿元以上项目2个。

【两区建设】 长春五棵树经济开发区。2015年,开发区地区生产总值123.44亿元,比2014年增长7.1%;工业增加值33.3亿元,比2014年增长7.6%;工业总产值完成100.8亿元,比2014年增长7.8%;固定资产投资76亿元,比2014年减少5%;一般预算全口径财政收入9015万元,比2014年减少1.54%。招商引资。2015年,接待国内外客商80批次,签约项目7个,签约资金54.3亿元。招商引资。实际利用内资28.1亿元,比2014年增长14.8%,实际利用外资2800万美元,比2014年增长11.2%。项目建设。2015年,开发区4个项目投产达效,6个续建项目完成阶段性任务,7个新开工项目推进,正在洽谈项目22个。服务企业。检修老化污水排水管线,保证污水达标排放;协调协调消防、住建部门办理各类手续,建立网格化安全生产体系,开展安全生产常规排查12次,开展消防安全培训3次,稳定安全生产形势。吉林省榆树环城工业集中区。全年固定资产投资44.5亿元,占全年任务的104%;工业固定资产投资31亿元,占全年任务的108%;实际利用外资6000万美元,占全年任务的207%;实际利用内资达18亿元,占全年任务的150%。落地建设的泰国正大集团屠宰及食品加工厂项目,总投资16亿元,占地35.6万平方米,年屠宰加工1亿只肉鸡,主要产品鲜鸡肉、香肠、羽毛粉、鸡血粉,厂房主体建设竣工。

【文教卫生】 文体基础设施建设。投入800万元,建设105个村级文体广场,配发116个省级文化大院秧歌服;投入266万元,建设拆装式小型全民健身中心1个,35套文体广场健身器材;投入100万元,维修文体中心看台白钢扶手,大理石和彩砖地面。群众文体活动开展。举办"翰墨关东魂,出彩榆树人"主题书法大赛,征集书画作品300幅,评选优秀作品书法75幅、绘画30幅,展出书画作品280幅。举办纪念抗日战争胜利70周年社区文艺演出、全民阅读知识竞赛、全市艺术新人大赛。举办中小学学生排球赛,开展乡镇街特色活动20次。举办机关干部、职工气排球赛,发展气排球运动员4000人,体质检测1500人。组织文化惠民送戏下乡演出120场。义务教育。新建小学2所、异地新扩建小学2所、扩建小学1所。改善中小学办学条件。投资7900万元,新建校舍30栋,27846平方米。投资1776万元,强化教育技术装备建设。现代职业教育。完善校企合作机制建设,与荷兰帝斯曼、中粮集团等企业开展联合办学,培训企业所需技术人才10000人次。职教中心和长春职业技术学院联合开设数控管理和酒店管理2个专业,2015年新招生210人。学前教育、特殊教育。投资498万元,新建农村中心园2所、维修幼儿园6所。实施康复、训练、指导、就业"四位一体"办学模式,满足残疾儿童入学需求,残疾儿童入学率达到90%。公立医院改革。完善基本药物制度,网上采购基本药物总额8593万元,基本药物使用率50%以上。实施乡镇中医馆建设和中医服务能力建设,开展"中医临床技术骨干培训项目",全市中医药服务全覆盖。基层卫生服务体系建设。完成3年352个标准化村卫生室建设任务,开展建设"群众满意乡镇卫生院"活动,开展巡回义诊,上门为福利院老人诊治疾病。公共卫生管理。传染病发病率比2014年下降18.7%,网络直报率100%,一类疫苗接种率均97%以上,强化孕产妇系统管理,住院分娩率99.9%,剖宫产率控制在51.4%。新农合管理机制。全市参合人数97.7万人,筹集新农合基金4.6896亿元。全年支出4.3902亿元，年度基金使用率99.86%，补偿受益436812人次。计划生育政策落实。备案管理一胎生育2601例，审批再生育1428例，政策生育率达93.14%。2015年，全市总人口122.26万人，人口出生率3.36‰，自然增长率-2.34‰。

【环境保护】 环境监管。检查企事业单位526家；三产服务业464家；规模化畜禽养殖129户；工业园区1个。建档1120家，网上录入1120家，检查发现57家企事业单位存在违法行为，下达执法文书57家，完成整改7家。专项检查2次，检查98家，组织验收审批项目36家。大气污染防治。新安装油烟净化设施32台；排查锅炉及除尘设施193台，查处不正常使用设施5起，开展物料堆场排查整治，检查煤场、渣场25家，责令覆盖露天堆场15处；联合开展秸秆禁烧专项检查16次，发现20处焚烧点，及时制止。治理挥发性有机物30户，锅炉整改20户。全年优良级天数336天，达到国家环境空气质量二级标准。水污染防治。排查市区内二水源和三水源水源，排查企业工商户125家，完成整改2家，榆树市水源地水质达标率100%；加大涉水企业13家等重点污染源监管，处理设施运行率100%，达标率100%；开展河道清洁整治行动，出动车辆30台次。安静工程。加强建筑工地夜间施工扰民的监管力度。拉网式排查市区内工业企业、建筑施工单位、餐饮服务业等255家，对7家噪声超标限期整改，对夜间违法施工的5家工地责令停止施工，全年夜检工地12次。环境监测。常规监测获大气监测数据576个，获地表水数据402个，废水监测数据504个，完成环境噪声监测130家，环境仲裁监测73次，完成建设项目环保设施竣工验收监测21家，开展挥发性有机物监测和流域断面监测。

【安全生产】 安全生产"春季行动"。督促企业完善安全防范措施，整改安全隐患。检查生产经营单位342户，查出一般安全隐患115项，整改110项，整改率95.6%。组织安全生产巡视暗访32次，发现安全生产隐患18项，责令企业整改18项，整改率100%。安全全产"夏季攻坚"专项整行动。检查跨年和在建工程项目26个。下达整改指令书13份，排查整改一般安全隐患42处；检查危化企业65家，发现并整改一般隐患22项；检查烟花爆竹批发企业3家，发现并整改一般隐患14项，下达责令限期整改指令书4份；检查电力保护区内粮食收储企业32户，整治安全隐患43处，处理违章建筑3处、违章堆放2处；检查特种设备使用单位81家，检查电梯16部，发现并整治隐患电梯2部；查处改装改型车辆122台；检查易燃易爆单位、人员密集场所325家次，发现并整改火灾隐患632处；聘请省专家重点检查9家粉尘企业，发现一般隐患12项，专家提出整改意见12条，落实116户职业危害生产经营单位危害整改。安全生产"秋冬会战"。检查易燃易爆危化品企业97户，发现一般隐患26项，下达责令限期整改指令书8份；检查危化企业32户，发现一般隐患7项；聘请专家现场检查易燃易爆危化

2015年榆树市国民经济和社会发展主要指标完成情况

指标名称	单位	实际完成	比2014年±%
国内生产总值	万元	4055378	6.0
第一产业增加值	万元	1049965	5.0
第二产业增加值	万元	1071523	6.0
第三产业增加值	万元	1933890	6.5
规上工业总产值	万元	1857306	3.6
农业总产值	万元	1964809	4.3
全口径财政收入	万元	116748	-17.3
本级财政收入	万元	88403	-21.5
固定资产投资额	亿元	215.03	15.1
社会商品零售额	万元	1323015	9.9
新增实际使用外资额	万美元	8494.5	7.9
民营经济增加值	万元	3092696	7.0
非私营单位在岗职工年人均工资	元	42844	14.6
城市居民人均可支配收入	元	19413	7.8
农民人均纯收入	元	11748	4.0
普通中学数	所	54	-1.8
普通小学数	所	275	-2.1
人口出生率	‰	3.36	-34.12
计划生育率	%	93.14	-0.11
城乡居民储蓄存款余额	万元	1722896	13.6

品企业，检查企业8家，提出整改意见19条。检查特种设备使用单位81家,发现一般隐患23项,全部完成整改;检查消防重点单位77家，发现火灾隐患68处,整改火灾隐患67处。宣传安全生产知识,印发新《安全生产法》单行本2万册和致企业负责人的公开信1万份。"网格化”安全体系建设。划分一级网格6个,二级网格28个,三级网格217个,摸清有固定经营场所生产经营单位8440户,逐个落实到22个行业部门,对8440户生产经营单位进行分类,6779户生产经营单位录入“网格化”监管平台系统。聘请专家为属地、行业、专业人员进行平台系统培训,培训各级各类人员960人,发放培训光碟10000盘。

（刘爱民）

德惠市

【概况】 德惠市地处吉林省中北部,幅员3435平方公里,辖16个乡镇、4个街道办事处,总人口100万人。位于长春、吉林、哈尔滨3大城市之间,处在长东北开放开发先导区和哈大经济隆起带的重要结点位置。京哈铁路、102国道、同三高速公路和哈大铁路客运专线平行穿过全境，同三高速公路在德惠境内设有米沙子、德惠、菜园子3个出口,哈大铁路客运专线在德惠设站。耕地面积21.4万公顷,盛产玉米、大豆、水稻和瓜菜,是全国重点商品粮基地县之一，肉鸡年出栏量居全国县(市)首位;德惠市矿产资源丰富,是东北最大轻体建材生产基地,粘土矿、砂石矿遍布全市,境内天然气探明储量3000亿立方米,页岩储量434万立方米。形成以食品加工业、玉米加工业、环保建材业、生物制药业、现代包装业和冶金制造业为支柱的门类较齐全的工业体系,产品达400多个品种,有40余种产品曾获得国家和省部级优质产品奖。

【国民经济】 全市地区生产总值实现412.6亿元,比2014年增长7%;规模以上工业总产值实现463亿元，增长15%；一般预算全口径财政收入完成15.8亿元,地方级财政收入完成10.8亿元；固定资产投资实现233亿元，增长16.5%；社会消费品零售总额实现132亿元,增长9.1%;城镇居民人均可支配收入实现22119元,增长8%;农村居民人均可支配收入实现12366元，增长8.5%。

【招商引资】 开展有针对性务实招商,引进一批重大项目,增强经济发展后劲。全市共引进项目85个，投资总额294.2亿元,引资到位额66.5亿元。其中,超亿元大项目21个。

【园区建设】 德惠经济开发区德佳生活垃圾发电项目完成设备安装，泉德新型建材等项目完成主体工程。米沙子工业集中区新建项目15个,续建项目10个。启达汽车配件、长春燃气调峰中心等16个项目投产。香江物流与诸葛修车网吉林分公司确定战略合作关系。大学城项目配套设施开工建设。菜园子大成（德惠）生化工业区大成公司破产重组转型为国有控股企业,恢复生产运营,年产3万吨苏氨酸项目初步投产。吉林嘉鹏废弃料2期项目完成主体框架。朱城子食品加工产业园对道路、电力、通讯等进行一次性整体规划,储备土地140公顷。建设排水1.1万米、道路3条。万宝高新材料化工产业园获得长春市政府正式批复，完成总体规划设计,66千伏变电所完成土建工程。布海汽车配件产业园完成24.6万平方米用地规划调整,建设道路排水8992米,架设供电线路1条。年产20万件汽车曲轴3个项目签约。

【民营经济】 民营经济主营业务收入实现1297.5亿元,比2014年增长17%;实缴税金12.9亿元，增长12.6%；企业3251家,增长16%;从业人员27.01万人,增长9.7%。

【产业结构】 特色主导产业板块逐步清晰,初步形成以达利、德大为代表的食品加工业;以大成、泉德为代表的生物质资源利用业;以一汽四环、大华机械为代表的装备制造业;以海鹰城开、蓝天密封为代表的新型建材业;以吉林油田、坤森天然气为代表的石油化工业;以都邦药业、银河制药为代表的医药化工业，经济结构更加优化,逐步向有序集聚、科学集约方向转变,形成多轮驱动、各业竞相发展的良好格局。

【农村农业】 建设粮食高产示范片25个,全市粮食产量19.5亿公斤。园艺特产业面积2.33万公顷,实现产值28.4亿元。布海镇被评为“吉林省香瓜之乡”,菜园子镇菜园子村棚膜蔬菜园获省级棚膜园区称号。建设生猪小区40个,建成国家级畜禽标准化养殖场6个，省和长春市级示范场97个。102线两侧畜产品加工带列入长春市畜牧业发展“三园一带”总体规划。新发展长春市级龙头企业6

德大广场全景 （王忠祥　提供）

户，省级龙头企业2户。投资1.49亿元的高标准基本农田建设项目，修建田间道路384公里，涵桥336座，灌溉机井517眼，渠道清淤4.5公里。“五大围堤”套子里和学安围堤防洪、中小河流治理、松沐灌区等工程按序时进度推进。取得国家农机购置补贴8600万元，农机总动力119万千瓦。完成深松整地1.33万公顷。更新农防林、改造残次林184公顷，清收林地4718公顷。米沙子镇太平沟村、朱城子镇良种场村、布海镇十三家子村被评为吉林省“美丽乡村”。举办第5届长春(德惠)农民节。农村土地承包经营权确权登记颁证外业实测、数据录入等工作基本完成。培育新型农业经营主体，新发展合作社500个、家庭农场50个。新建的米沙子镇农贸综合大市场投入使用。

【城乡建设】 聘请同济大学专业团队对城市总体规划进行新一轮修编，对城市科学有序建设起到引领作用。城乡楼房开工60.3万平方米，其中城区50万平方米。改造棚户区16.8万平方米，建设安置房2198套，改造农村危房3203户。修建城市道路22条，总长9000米。完成老火车站站前广场硬化、迎宾公园地面铺装。改造老旧供热管网21.6公里。泉德给水管线、德佳生活垃圾发电项目排水管线、污水处理厂截流干管和再生水利用等工程完成年度建设任务。在主要街路栽植苗木1.7万余棵、花卉61万余株。在惠民公园、文化公园安放休闲座椅等公共服务设施。对285个有绿地楼院进行绿化美化。修改完善《城区供热管理办法》和《城市供水管理办法》，收缴追缴房屋维修专项资金3000余万元。新设交通监控探头24个，城区主要路口监控覆盖率提升到85%。农村公路的养护与管理被国家交通部评为“全国农村公路养护与管理先进单位”。

【民主法制】 推进财政信息公开，政府预决算、部门预决算、“三公经费”预决算在市政府门户网站公开。扩大预算绩效评价试点，试点资金增加到18项，整体支出绩效评价单位增加到10个。完善政府采购制度，提高采购限额门槛。制定第一批政府向社会力量购买服务指导性目录。推进政府部门权力清单和责任清单制度，实现非行政许可“零审批”目标。在政府机构改革上，将食药监局、质监局、工商局、食安办、酒办整合组建市场监督管理局。在粮食流通体制改革上，对30家破产粮库职工债权进行分配，使历时7年之久的企业破产工作顺利收关。在商事制度改革上，实行先照后证的审批程序，实现“五证合一”。开展“六五”普法和“五五”依法治市工作，加强安置帮教、法律援助等工作。自觉接受人大法律监督、工作监督和政协的民主监督，办理人大代表建议51件，政协委员提案67件，答复率和满意率均达100%。长春市维稳工作现场会在德惠召开。市看守所和拘留所被公安部分别评为“三进建设”先进单位和“三项重点工作”推进落实活动先进单位。

【民生事业】 新开发就业岗位9281个，城镇新增就业8192人，下岗失业再就业3245人，失业率控制在4%以内。农村劳动力转移23.9万人次。城镇职工和居民基本医疗保险参保分别为7.5万人和15.5万人。城乡居民养老保险参保35.8万人，被征地农民基本养老保险参保10635人。城市低保标准从每人每月313元提高到353元，农村低保标准从每人每年2627元提高到2968元。分散和集中五保户供养标准达到每人每年2800元和4700元。改造残疾人危房20户。完成20个方面46项建设幸福德惠行动计划。市第三幼儿园、第十二中学、第二十中学新建工程完成基础建设；农村饮水安全工程，打水源26处，建管理房26座，解决5万农村居民的饮水安全问题；市福利中心扩建及救灾物资储备库、流浪儿童救助中心工程建设完成；万宝、同太卫生院及部分村级卫生室新建扩建工程，村卫生室建设全面完成；100公里乡村水泥路建设工程超额完成建设任务；城区破损路段及巷道维修改造工程全部维修改造完毕；城区二次供水设施改造工程，新建和改造供水泵站13座，更换智能水表3万块；年度60万平方米“暖房子”改造任务全部完工；老旧小区地沟通畅工程完成清淘579栋，惠及居民5000户；德惠西综合客运站及配套设施建设工程完成主站房主体工程，高铁站前地面硬化铺装完毕。新建“文图”两馆投入使用。

【安全生产】 推进安全生产防控体系建设，运用信息化手段提升安全监管能力。综合监管平台录入企业基本信息18874家，录入率100%。集中开展专项整治行动，检查生产经营企业4390家次，整改安全隐患4403项。

(王忠祥)

2015年德惠市国民经济和社会发展主要指标完成情况统计表

指标名称	单位	实际完成	比2014年±%
地区生产总值	亿元	405.0	7.0
一产增加值	亿元	71.6	6.0
二产增加值	亿元	159.8	4.8
三产增加值	亿元	173.6	9.8
全口径财政收入	亿元	16.1	-17.0
其中：地方财政收入	亿元	11.1	-19.2
固定资产投资	亿元	233.4	11.0

续表

指标名称	单位	实际完成	比2014年±%
农业总产值	亿元	137.3	9.6
工业总产值	亿元	463.3	15.0
其中:规模以上工业总产值	亿元	463.3	15.0
城镇人均可支配收入	元	21815	6.5
农民人均纯收入	元	11855	4.0
社会消费品零售总额	亿元	133.4	9.7
民营经济主营业务收入	亿元	1170	8.6
引进内资	亿元	60.06	15
引进外资	万美元	10229.6	13.1

九台区

【概况】 九台区位于吉林省中部，属长白山与松辽平原过渡地带。东及东北与舒兰市和榆树市为界，南及东南同永吉县接壤,西与长春市为邻,西南同双阳区毗连,北及西北均界德惠市。辖11个街道、5个建制镇、2个民族乡、310个行政村。总人口82.5万人。周边境线381.5公里,幅员3375.27平方公里,地表结构为"三山一水六分田"。耕地面积185721公顷,耕地土质肥沃,是国家主要的商品粮生产基地,盛产玉米、水稻、大豆、高粱、谷子,以及油料、甜菜、瓜果、蔬菜等作物,是各种杂粮、杂豆的高产区域,苗木花卉远销全国各地,被称为"北方苗木花卉之乡"。林地面积56329公顷,森林覆盖率15.7%,林木蓄积量495万立方米。水域面积22726公顷，总储水量8亿立方米,"一江三河"(松花江、饮马河、雾开河、沐石河)流经域内,坐落在西营城街道和东湖镇之间的石头口门水库是长春市最重要的水源地。域内煤、沙、矿泉水、沸石、钠基膨润土等矿藏资源丰富,千万吨储量以上的矿产11种,其中原煤储量5亿吨,年产煤炭700多万吨,占长春市煤炭产量80%。粮食年产量稳定在15亿公斤左右。年产300万吨优质煤的龙家堡煤田和吉林省单机最大、投资规模最大的华能九台电厂是矿产龙头企业。有"一脉五峰十景",国家AAAA级旅游景区1个,AAA级旅游景区4个,AA级旅游景区6个,A级旅游景区7个。九台区处于长春市和吉林市之间的交通走廊地带和长吉经济圈的核心位置，域内有"四横三纵一空"的立体化交通格局。长吉高速公路、长吉北线公路、长吉高速铁路、长图铁路横贯东西,九万公路、九双公路、莱口公路纵穿南北,长春龙嘉国际机场坐落境内。长吉城际高速铁路在九台西营城街道设立中间站。

【国民经济】 截至2015年年末,九台区地区生产总值406.6亿元,比2014年增长7.1%。规模以上工业产值550亿元,位列全省第2位。规模以上工业企业235户,位列全省第一。全口径财政收入21.35亿元,其中本级财政收入13.68亿元。规模以上工业总产值550亿元,增长7.3%。固定资产投资237亿元，增长12.4%。社会商品零售总额125.9亿元,增长9.4%。城镇居民可支配收入19443元,增长8.1%;农民人均纯收入11904元,增长8.5%。一次产业增加值40.5亿元,增长4.1%;二次产业增加值204亿元,增长4.1%;三次产业增加值162亿元,增长12.4%。

【民营经济】 2015年,全区民营经济实现营业收入1360亿元。民营企业总户数3947户,个体工商户36106户。全年实现社会消费品零售总额125.8亿元。进出口总额2085万美元，其中出口额1863万美元。14户企业实现自营出口,其中3户企业出口额度超过200万美元(长春海伯尔生物技术有限责任公司570万美元、吉林省煜玺工贸有限公司316万美元、长春新华通制药设备有限公司284万美元)。

【开发区建设】 空港经济开发区。项目建设完成兴港大街600多米顶管施工、高铁北高压线下路基铺设、起点至创新路段沥青最后面层铺设工作。站北路道路工程、人行步道及非机动车道、雨污水管道工程、绿化、路灯、信号灯及标线工程已招标,完成工程总量的70%。创新路沥青道路工程、桥梁工程、雨污水管道工程已施工,完成工程总量的85%。进行便桥拆除和干渠护坡的修复工作。香山路沥青道路工程、箱涵工程、给水、雨污水管道工程已施工，完成工程总量的60%。进行路基铺设和圆管涵的施工。污水处理厂建设项目已办理规划、土地、施工许可等手续,主体全部封闭,厂区内管线处于施工阶段。

卡伦经济开发区。2015年,全区地区生产总值实现200亿元,比2014年增长8.1%；工业总产值实现540亿元,增长8%；其中规模以上工业总产值实现440亿元，增长10%；工业增加值实现130.6亿元,增长9%;固定资产投资完成135亿元,增长5%;一般预算全口径财政收入实现7.5亿元,增长10%。全年新签约钻智生物等4个项目,总投资17亿元;新开工盛大电缆等8个项目,总投资27亿元;续建复工项目24个,占全年计划复工项目85%;新增投产运营创恒科技等9个项目。山水大道(二期)道路及给排水工程等4个项目完成前期工作。污水处理厂一期工程完成。纬八路、乙三街新建路灯工程完成电缆铺设及安装。红星村、十里村4000多米乡村公路全面竣工，铺装面积15000平方米。完成日供水能力3.5万吨供水厂扩建工程。城镇化建设步伐加快。完成3个村300多户村民的整体搬迁和补偿安置工作，搬迁农民养老保险参保率98%。任家村新农村建新区一期11栋农民回迁楼主体完工，都市农业观光园投入运营，景观滨河走廊、农民休闲广场、村委会办公楼完成设计。投入368万元对14个村部进行整体改造，实现村部建设改造与村屯环境提升、文化氛围营造同步。村集体经济管理，实施抓资源管理保增收、抓产业发展促增收、引企业帮扶助增收3种办法，全年村级集体经济收入实现300万元，村均收入21万元，消除空白村。全年排查企业323户，个体工商户734户；排查重大隐患15家，重大危险源5家，重大隐患31处，一般隐患1324处。全年整改重大隐患26处，一般隐患1237处，整改率93%；取缔违法违规企业4家，封停关闭企业10家；开展应急救援演练245家300余次；安全隐患治理“网格化”综合监管平台录入生产经营单位1057户，约谈企业140户。

【农业】 2015年，粮食总产量161万吨，其中玉米140万吨，水稻21万吨；粮食商品量139万吨，其中玉米120万吨，水稻19万吨。继续保持“全省十强产粮大县”荣誉；农业总产值118.6亿元，比2014年增长11%；规模以上农产品加工业销售收入总额131.8亿元，比2014年增长42.9%。国家级新型职业农民培育完成1100名新型职业农民培育任务。国家级土地确权登记颁证完成沐石河、其塔木、胡家、莽卡、上河湾5个乡镇5.33万公顷土地确权。国家级农村金融改革试验区全面完成顶层设计的10项试验任务；创新金融产品6个，新增金融机构13家；国家终期评估组完成终期评估，试验成果在全国推广应用。农业加工产业发展到365家，规上农业特色加工企业27家。纪家镇腰房村马铃薯产加销基地被评为全省“一村一品”示范村。家庭农场发展到1270家，新增530家；农民专业合作社发展到2800家，新增428家。全区农机总动力100万千瓦，比2014年增长9%。拖拉机保有量3.23万台，增长2%。大中型拖拉机1万台，增长6%。联合收割机1650台，增长27%。其中，新增玉米收获机351台，增长44%。机耕水平98.2%，机播水平94.9%，机收水平59.4%，综合机械化水平85.6%，比2014年提高3%。农机合作组织486个，其中农机合作社388个，农机合作社等新型农机经营主体发展逐步由数量增长向质量提升转变。全年完成机耕面积14.53万公顷，机播种面积16.73万公顷（机械插秧2.1万公顷），机收获面积11.33万公顷。推广保护性耕作、深松整地等农机化新技术4项，技术实施面积6万公顷，召开现场会5次，举办农机化技术培训班21期，培训各类人员5200人（次），发放技术资料11000余份，推广免耕播种机等新型农机具380台套。全年完成高标准深松整地作业任务3万公顷，其中苗期深松作业任务1.67万公顷。培训农机各类人员6350人，完成计划任务的317%。年检审拖拉机3351台，完成计划任务的112%。新车落籍1013台，完成计划任务的101%。培育壮大新型农机合作组织103个，重点建设新型农业生产经营主体3个，建设省级机库4000平方米，争取到位省级资金600万元。畜牧业生产稳定发展。生猪、肉牛、家禽分别发展到150万头、18万头、6000万只，分别增长2.3%、3.1%和4.6%，奶牛存栏9000头，增长8.2%，貂、狐、貉等经济动物年出栏15万只，增长30.1%。

【新农村建设】 2015年，有在建省级重点村13个，市级重点村5个，省市专项补助资金734万元，其中省级专项资金554万元，市级专项资金180万元。包括路边排水沟、休闲文化广场、太阳能路灯等项目23个，全部实行招投标和政府集中采购，所有项目完成。新建路边排水沟27600米，新建休闲文化广场6个，硬化广场总面积1万平方米，安装太阳能路灯100盏。打造龙家堡村、聂家村、吴家店村3个“美丽乡村”示范屯。龙家堡村完成投资1300万元，新建柏油路、水泥路2000米，砌筑路边排水沟1764米，新建农户院墙4200米，改造农户大门72个，铺设污水管线104米，新建多功能村部240平方米，文化广场958平方米，建设荷花池1000平方米，建设微地形公园900平方米，栽植大梨树120棵、松树180棵，安装太阳能路灯100盏。聂家村完成投资149万元。新建红砖边沟135延长米，毛石边沟340米，建设文化广场地面3053平方米、太阳能路灯3盏、宣传栏2块，改建农户围墙194米，改造仓房1座、大门5个，建设景观石1座。吴家店村完成投资132万元。建设护堤排水沟185米，修砌毛石边沟310米，砖砌边沟690米，改建广场东西两侧仓房150平方米、大门4个、围墙25米，修砌铁艺围栏140延长米，建设景观石1座。龙家堡村、波泥河村、荒山村被评为吉林省“美丽乡村”和长春市首届“最美乡村”荣誉称号。打造“美丽庭院”3000个，“干净人家”8000户。纪家街道办事处腰房村获得“全国一村一品示范村”荣誉称号。莽卡乡舍岭村成功申报省级新农村建设示范村。九郊街道办事处新立村被评为“全国精神文明先进村”，九郊街道办事处被评为吉林省精神文明先进单位。

【林业建设】 实施《2013–2020九台区林业产业发展规划》，加强对各乡镇指导，完善工作流程，推进确权发证工作。审核合同3363本，包含地块3759块，面积3973.33公顷，涉及村数124个村，整理归档合同2000多本。2015年，全区投入资金230万元，完成造林306公顷，绿化村屯34个，栽植苗木79万株。其中，农防林更新造林78.67公顷，栽植苗木16万株；迹地更新造林72.6公顷，栽植苗木24万株(其中针叶树21万株，阔叶树3万株)；蚕食林地造林97.07公顷，栽植苗木32万株。绿化村屯34个，栽植苗木花卉4万株，补植各类苗木0.8万株。制订完善《森林火灾扑救预案》《森林火灾预警响应预案》《森林防火工作方案》等各项应急响应预案。加强防火宣传。印发防火宣传单5000余份，刷写、张贴防火宣传标语800余条，防火旗阵由500面增加到1000面。成立森林防火快速反应扑火分队，配备小型四驱运兵车2台，1.5吨森林消防水车1台，25台德国进口风力灭火机，25台对讲机，25套防火服及其他配套设备。开展病虫害防治工作。完成林业有害生物无公害预防面积744.53公顷，其中日本松干蚧预防面积294.53公顷，美国白蛾预防面积450公顷。加强检疫执法力度。进行产地检疫445.2公顷，各种苗木2447万株，受理调运检疫苗木829万株，各种原木3915立方米，木材992立方米，张贴和发放《吉林省森林植物检疫检疫条例》、各种政府通知、宣传单等8300多份。完成“四率”指标，其中林业有害生物成灾率控制在2.5‰以下，无公害防治率86%，测报准确率90%，种苗产地检疫率100%，平均测报准确率100%，无公害防治率100%，种苗产地检疫率100%。严格林业行政执法。查处刑事案件4起，行政案件6起，罚款43万元。对全区27家采石场进行全面测绘，对采石场开采的年限、面积、林种进行分类。林政执法系统查处各类林业行政违法案件74余起，其中盗伐滥伐林木案件19起，违法占用林地案件24起，防火期非法野外用火31起，林政罚款24.17万余元。调处涉林纠纷7起。受理市长公开电话承办件5件，反馈率100%，办结率100%，满意率100%。受理群众信访事项3件，办结3件，开展局长接待日活动10次，接待群众林业政策咨询1300余人次。

【城乡建设与管理】 2015年，投入资金2.06亿元，实施中央大街西侧拓宽和沿河街西段道路改造，补植乔灌木2.2万株，新增绿地7.5万平方米；改造城市二次供水管网和楼内管网492公里，合并供水泵站21座，安装水表6.2万个。完成城区道路维护面积2万平方米，路沿石修复3500米。全年供水总量841万吨，处理污水800万吨。维修墙皮脱落、屋面漏水72栋，完善房产登记制度，审核登记2.1万件，办理商品房预售登记许可证87件。全年房地产开发面积94.22万平方米。土们岭镇马鞍山村被评为国家级美丽宜居示范村，龙嘉镇龙嘉堡村、波泥河张家店村被评为省级示范村。

【环境综合治理】 全年收缴违章摆放禁停牌、隔离墩180个，制止违规占道支彩门、搞店庆等行为55起，清理校园周边食品摊床41处，劝离、制止卖纸、烧纸行为4300人(次)，查处在主干道、楼头墙体私粘乱挂广告牌300余块，清除小野广告4万条，协同食安、工商、环保等相关执法部门规范管理烧烤业户600户。全年垃圾清运12万吨，处理率100%；城区100座公厕按标准做好日常保洁，清掏粪便1.8万吨；维修破损公厕40座；更换果皮箱、垃圾桶200余个；协助各乡、镇、街、村、屯治理环境卫生，清理越冬垃圾1300吨，清运垃圾600吨，清理河道垃圾8处，定期清理弃管小区垃圾4处；垃圾中转站项目进行初步设计评审。妥善处理封堵垃圾填埋场事件，对14户不符合搬迁政策、群体聚集扰乱秩序人员依法打击，确保全区垃圾清运工作正常进行。完成城区公交候车亭总体规划，建设公交候车亭及站点牌450处，结束城区没有公交候车亭的历史。2015年，九台区有107家规模化养殖场列入减排计划。其中，87家养殖场完成畜禽粪便加工有机肥、尿液深化处理项目；20家规模化养殖场治污基础设施建设任务完成，全部通过国家审核。对工业污染源、饮用水水源地、自然保护区、群众信访举报投诉重点案件及久拖不决的突出环境问题进行拉网式排查。全区检查并录入749户，其中一般企事业单位562户，三产58户，规模化畜禽养殖业125户，水源地1个，自然保护区1个，工业园区2个。查出未批先建项目50户，久拖未验项目156户，未执行“三同时”企业12户。下达行政处罚22家，收缴罚款46.38万元，关停非法私自屠宰的生猪屠宰点1家，联动查处并移送案件1件。严格执行排污费征收程序，科学准确核定数据。收缴排污费573.2万元。建立机动车环保检验远程监控系统，限期治理机动车尾气排放超标车辆，2015年检测机动车21537台，发放环保标识32281个，实现环保检验率80%，在线监控率100%。对秸秆禁烧工作进行检查和督查，出动车辆40台次，人员180人次，有效减轻露天焚烧农作物秸秆对环境空气质量的影响。保障城区2个空气自动监测站正常运行，适时报送传输九台区空气质量。九台区空气优良级天数344天，优良率94.3%。完善安全生产“网格化”综合监管平台，对8家危废单位、2家放射源单位、3家医疗单位进行检查，强化环境安全监管责任意识。为整治农村环境，修建199个垃圾池，采购运输车17辆、小卡车25辆、铲车或钩机17辆，总投资572.5万元。处理环境信访案件87件。环境信访案件处理率100%，结案率100%，满意率98%。开通“12369”环保微信举报平台，拓宽人民群众的举报渠道，方便公众监督。

【民生工作】 就业富民。2015年，开发城镇工作岗位9500个，城镇新增就业7200人，其中下岗失业人员再就业4012人，“4050”大龄就业560人；全口径劳务输出32万人次，其中农村劳动力输出28万人次，实现劳务经济收入24亿元。城镇登记失业率控制在4%以内，解决零就业家庭比率100%，创业促就业成功项目402个，带动就业2016人，发放小额担保贷款3800万元，为下岗失业人员发放社会保险补贴6860人，发放资金2200万元，发放率100%，为失业职工1552人发放失业金。全年下岗失业人员职业技能培训2150人，农村劳动力引导性培训22000人，其中职业技能培训3155人，创业培训600人，创业成功率55%，参加职业技能鉴定率96%，职业技能鉴定合格率80%。全年开展以“春风行动”为主题的专场招聘会活动6场，组织82家企业，提供招聘岗位2310个，接待求职人员近5000人，现场达成就业意向1503人，其中为开发区企业输送近千人。大学生创业园入驻创业孵化企业34户，创业团队人数110人，带动420名大学生就业，产值6000万元，实现税收200万元。投资1786万元，新建12栋20394平方米孵化器。大学生创业园孵化场所面积4万平方米，可同时孵化

170户大学生创业企业，其中70户实体创业企业、100户电商创业企业。被长春市人社局认定为“千名科技专家服务民营企业基地”。全年受理劳动保障投诉案件85件，涉及984人，涉及金额1300万元，全部结案。收缴农民工工资保障金企业107户1882万元，返还农民工保证金74家1335万元。立案受理劳动争议案件117件，涉案金额428万元。劳动人事争议案件结案率92%。信访案件按时报结率100%、息访率95%。安置2014年军队转业干部2人，安置完成比率100%。为52人办理复员军人的调配手续。为7名自主择业军转干部办理住房补贴、取暖补贴、医保费、独生子女费，全部发放到位，保证军转干部整体稳定。

社保扩面。城镇职工和居民医疗保险参保人数178203人，续保缴费率90%；生育保险参保人数43103人，工伤保险参保人数45501人，大额医疗保险参保人数57462人。财政全额拨款机关事业单位人员开展公务员补充医疗保险，参保人数25573人，财政全额拨款机关事业单位在职人员全都单独缴纳工伤保险。各项基金当期支出9404万元，当期结余2535万元，历年结余37020万元。城乡居民养老保险共参保30.9万人。其中，农村居民303983人，城镇居民5097人，有94808名60周岁以上人员享受养老金待遇。实施社会保障卡“一卡通”建设工作，社会保障卡持卡39.6万人。从业人员养老保险参保人数年计划42807人，实际参保人数45430人，完成全年任务的106%；扩面新增年计划1050人，实际新增2419人，完成全年任务230%。年基金征缴计划为26880万元，实际征缴额27194万元，完成全年任务101%。失业保险参保人数年计划为32109人，实际参保人数32370人，完成全年任务101%，失业保险费征缴年计划为803万元，实际完成1246万元，完成全年任务的155%。城乡居保参保人数达314861人，其中实际缴费213706人，享受待遇人数超过10万人，续保率84%，完成全年任务112%。失地农民参保人数5582人。享受城镇企业职工基本养老保险待遇的离、退休人员40439人，月支付养老金6448万元，全年支付养老金76455万元，发放丧葬抚恤金1682万元。享受城乡居民养老保险待遇108833人，发养老金10699万元。征地农民、独女户待遇发放934万元。失业保险金发放151万元。为38707名离退休人员进行人脸建模，待遇领取资格认证率97.87%。整治“五七家属工”与新农保待遇重复领取问题，全年清理371人，追回养老基金75万元。

扶弱助困。通过各种形式和渠道开展临时救助和救急难工作，为城市低保户发放冬季取暖补助和节日补贴1000多万元。发放临时救助资金265万元，受助家庭1300多户，3500多人次，城乡低保标准分别由月人均325元和年人均2700元提高到360元和3000元。实施医疗救助1万多次，发放临时救助金2000多万元。鼓励民间资本参加农村福利中心的建设、管理和经营，维修、改扩建农村福利中心8所。扶持民办养老机构健康发展，全年新增床位200多张。178名各类精神病患者得到住院治疗，为680名精神病人免费送医送药。启动“助行圆梦活动”。为残疾人贫困户免费发放配送轮椅649个、分指板188件、四脚手杖384副、腋杖406副、手杖538副、助行器272件、偏瘫康复训练器59台、滑轮吊环训练器211台、坐便椅458个，为947名残疾人配备各类器材3162件。完成肢体残疾人儿童康复在训1名，贫困智残儿童康复在训1名，家长培训1名，聋儿康复在训1名，聋儿家长培训1名。完成盲人定向行走90名。加强《残疾人就业条例》宣传，依托九台文波职校培训各类残疾人1200人。其中，农村残疾人860人，城镇残疾人240人。完成盲人保健按摩培训10人，盲人电脑培训4人，巧手工程培训7人，职业技能初级培训6人。新增残疾人就业170人，带动残疾人就业及创业40人。为企业推荐残疾人就业32人，投入创业、就业扶持资金15万余元，扶持就业人数51人，其中盲人6人。为企业实施网上保障金免税年审工作13家。开展阳光家园居家托养工作，416户残疾人受益，每户发放500元现金救助，投入资金28万元。为15户残疾人危房实施改造，改造补助资金每户6000元，投入资金9万元。组建配齐18个乡(镇、办事处)、337个村(社区)居委会残联残协班子，明确落实355名残疾人专职委员岗位职责，各村组(社区)建立残疾人联络站，形成常态常效工作机制，基层残联组织健全完善到位。诊治耳病患者23人，接受咨询50多人，登记需植入人工耳蜗的听力残疾儿童2名，发放宣传单1000多份，为20名听力有障碍的青少年免费配发总价值1万元的助听器。

住房保障工作。煤矿棚户区改造项目完成建设楼房9415套，安置居民7510户。城市棚户区改造项目采取自建和购买相结合的方式，完成2450套的阶段性棚改任务，并争取到国家开行贷款资金7.25亿元。国有工矿棚户区改造项目实际建设277套，建筑面积1.78万平方米，已主体封闭。改造农村危房1700户，争取到位国家和省市补助资金3382.5万元，全部发放到农户手中。

卫生保障。2015年，全区有54.8万人参合，占常住农业人口的99.3%。筹集参合基金2.6亿元。有110783人次在各级定点医疗机构就诊并受益，支出参合基金2.1亿元。完成标准化村卫生室建设，其中新建24家，改扩建260家。全区取缔无证行医诊所12家，立案83起，处罚517家，罚款49.97万元，受理市长公开电话、群众举报投诉31起，出动卫生监督人员2000余人次。加强传染病防控督导和技术指导工作，全年下达督导意见书150余份。完成全区27家预防接种门诊省级达标验收工作，被吉林省卫计委正式命名为“吉林省慢性非传染性疾病综合防控示范区”。

教育均衡。全区各级各类学校186所。其中，幼儿园59所(教育部门办28所，民办31所)，小学89所(独立小学14所，村小75所)，普通初中30所(独立初中7所，一贯制学校23所)，普通高中5所(独立高中4所，完中1所)，特殊教育学校1所，职业学校1所，教师进修学校1所。在校学生总数76521人，教职工总数9218人，其中专任教师7120人。2015年，新建学校4所，改扩建项目22

个，总面积13万平方米。投资1930万元，完成东湖中心学校等10所学教学楼、食堂、宿舍加固和维修改造工程。投入资金5500万元，完成教育装备建设项目9大项。3名优秀教师被评为“吉林好人·最美教师”，3名教师被评为长春市“我身边的好教师”。全区补充教师130人。其中事业单位招聘教师71人，特岗教师招聘50人，“三支一扶”6人，免费师范生3人。完成第二实验小学教师队伍组建工作。对全区18个乡镇(办事处)所辖街道、社区、村屯内正在开办的191所民办园进行两次地毯式检查。“限期整改”并由主管部门备案的有32所；“停园整改”51所；“封园”取缔108所。

文化繁荣。2015年，新建农村文化小广场82处，全民健身路径16条，配套健身器材207件；投入50万元，修缮改造“文图两馆”，投入20万元，为40个农村文化大院配备音响、锣鼓、唢呐、秧歌服等设备1360件；为6个农家书屋配送图书6000册。启动农村综合服务中心试点工作，九郊新立村等7个文化活动中心，被长春市列入试点综合文化服务中心创建行列。重点提升“两馆一站”标准化建设，保证图书馆每周免费开放56小时，文化馆、乡镇文化站每周免费开放49小时。文化馆开展活动22次，参加活动的文艺骨干达2300人次，惠及群众2万余人；举办各类培训班20期，培训文艺骨干1200人次。图书馆投入资金42.5万元，购置新书3000种71826册；全年到馆读者12万人次，流通图书91280册次；新建图书流通点4个，配置图书1000册，实现“图书漂流”3000册次；图书馆网站点击量1500余次，手机图书馆下载量1300余次。开展农民文化节、市民艺术节、广场文艺演出、青年歌手大奖赛、全区乒乓球赛、门球赛、篮球赛等大型特色文体活动42次，农村秧歌、农民剪纸、农民画展、萨满冬捕等民俗展示活动60场，广场群众文化活动80场，“送戏下乡”演出30场，社区惠民演出40场。以“书香九台”为主题，开展送书下乡活动12次，赠送图书5000册，为310个行政村免费放映数字电影3720场。举办吉林省第二届“协会杯”门球球王争霸赛，获得特殊贡献奖。与文化经营单位签订《安全防火责任书》106份。组织开展专项整治行动6次，收缴盗版音像制品800余张，违禁书刊500余册，排查隐患23处，查处网吧接纳未成年人案件3件，取缔无证经营业户2家、校园周边无证地摊3处，打掉非法无线电台1个，收缴非法无线电信号发射设备1套，实现网吧转型升级10家。举办消防安全培训班2次，培训文化业主80余人，发放普法宣传单5000余份。依托庙香山—马鞍山—八台岭—四棱山生态旅游带，创建吉林省首批省级生态旅游示范区。拥有初具规模的景区(景点)42个，其中国家级水利风景区1个，国家A级旅游景区22个，国家A级旅游景区数量列全省各县市区第1位，被列为首家吉林省旅游标准化试点县(市)；土们岭镇被评为全国特色旅游景观名镇，全区乡村旅游经营单位突破30家。联合长春市文化国际旅行社、环球旅行社开通石头口门一日游、碧水庄园一日游、上河湾123苹果采摘一日游等旅游线路。组织实施九台第三届冰雪文化旅游节、萨满文化冬捕节、马鞍山冬季徒步、万人上冰雪等系列活动。

公共安全工作。开展春季行动、夏季攻坚、秋冬会战、一老一小场所、防粉尘爆炸、涉液氨泄露、油气输送管道占压、有限空间作业、餐饮场所燃气、危险化学品和易燃易爆物品等系列专项整治行动。排查企业和个体工商业户13042家(次)，排查各类隐患13690处，整改13313个，停产停业整改97家，关停6家，打击非法违法行为141起。投入8500万元，对煤矿进行机械化、自动化、信息化、智能化升级改造。清理非煤矿山残垣断壁125处、土石方2.3万多立方米，治理高陡险坡87处，修建排水沟3780米，植树4.5万株、栽花种草1600平方米，回填采坑26个，回填土石方4500立方米，修复作业场所7处，管护修复损毁村屯道路25公里。排查加油站、涉氨制冷装置、易燃易爆设备、管线、罐区和重大危险源等169处，整治安全隐患236个。对23家“前店后宅”、“下店上宅”等不符合安全距离要求的烟花爆竹经营业户，吊销安全生产经营许可证。排查幼儿园193所，限期整改32所，停园整改51所，封园取缔108所。排查养老机构67家，排查各类安全隐患241个，停业整改11家。全区235家消防安全重点单位全部实行“户籍化”管理。检查宾馆、网吧、商场等重点人员密集型场所1332家次，发现火灾隐患1679处，督促整改1629处，临时查封单位14家，责令“三停”单位11家。免费印发新《安全生产法》手册5000册。举办4次培训会，培训工商贸行业法人、安全监管人员、企业从业人员1600多人次。开展安全生产月活动，各行各业组织开展489次应急救援实战演练，参加演练19000多人次。对全区25家畜禽屠宰厂(场)进行审核清理，经限期整改24家上报申请核发换证。检疫工作严格执行检疫申报、定点屠宰、同步检疫、盖章出证。全年产地检疫生猪29.76万头，牛羊0.42万头(只)，家禽139万只；屠宰检疫生猪45万头，牛羊0.13万头(只)，家禽25.74万只；接收报检动物产品1074吨，出具产品检疫合格证明2.5万余张，无害化处理动物产品9吨，实现产地检疫90%、屠宰检疫100%、出入县境申报检疫100%、检疫证明及耳标回收率100%。投入建设经费760万元，建设检疫申报点16个，官方兽医配备动检“e”通移动终端50部。13个乡镇无害化处理池建设竣工并投入使用。兽药饲料专项整治出动执法人员24人(次)，完成抽检兽药50个品样，饲料160个品样，未发现不合格兽药、饲料。“瘦肉精”违法添加专项整治。检测牛羊5000头次、猪5000头次，遍及900多个养殖场(户)及屠宰场(点)；生鲜乳收购站跟踪监管。抽查奶样10次，送检样品60样。养殖环节无害化处理死猪2.3万头、羊10只；屠宰场所及市场无害化处理畜产品产886公斤，确保动物性食品安全源头治理。

环境提升。完成西外环路西侧南段1.5万平方米野花组合。完成长通路与福临大街交会处东南角绿化800平方米。栽植灌木紫叶李4000株、金叶榆4000株、红叶李球16株、金山绣线菊3000株，栽植宿根花卉八宝景天2000株、玉簪13550株。开展春季补植工作。南山公园补植金叶榆球10株、九角枫4株,溪桥公园补植紫椴7株、五角枫4株、九角枫4株、小叶丁香200株,新州公园栽植五角枫7株、九角枫12株、紫椴4株、云杉7株、小叶丁香200株,教育花园补植红叶李800株、小叶丁香3100株、金叶榆球10株,长通路补植木绣球200株、金叶榆7050株、三角枫球2株、绣线菊1220株,福临大街补植女贞篱800株、三角枫1030株、云杉130株,西外环路隔离带补植卫矛9株、王族海棠65株,四家子交通岛补植金叶榆球4株、云杉5株、红叶李9株、稠李1株,西环路补植绣线菊2800株,福临北门补植蒙古栎8株、柳树7株,西立交桥栽植金叶榆4000株、红叶李球60株。全城区栽植草花50万株,栽植五色草小品11件,铺种草坪4000平方米,摆放花钵1130盆和新华大街摆放吊篮274盆。在公园及街路补植乔木146株,灌木22060株。清理越冬垃圾15吨;树木造型修剪26000余株;完成南山公园、新州公园、溪桥公园及新华大街等街路树木浇返青水工作;完成西外环路西侧及中央路西侧等地80000平方米野花组合清除花杆及浇水工作。

交通畅通。空港中央大街下穿长吉城际铁路公铁立交桥竣工通车,新建乡村水泥路15.1公里,改造危险桥梁3座。干线公路保养270.2公里,专养干线、新调省道及专养县道的坑槽修补、油路灌缝、处理翻浆、白色养护等工作,农村水泥路灌缝335公里。维修处理乡村公路较大安全隐患24处,安装各种指示、警示等安全标志65套,更换公路设施标志牌100块,对15座危桥设置和补充了险桥、限载、限速标志。对748台“两客一危”运输车辆实施卫星定位车载终端升级改造,对普货运输企业12吨以上车辆安装GPS指定监控平台装置,对市内出租车司机进行诚信考核和等级评定。以“公交都市”建设为载体,更换新能源车辆24台,全区公交车117辆,1路、3路、21路公交车实行固定站点上下车运营。

社会公平。加大纠纷排查化解力度。受理各类矛盾纠纷5264件,调解成功5159件,调解成功率98%。开展律师进社区活动20余次。组织讲师团开展普法22场。受教育干部群众和学生2万余人。完善公共法律服务体系。在全区建立18个乡镇法律服务工作站,方便广大人民群众法律诉求。加强特殊人群管理。加强社区服刑人员教育管理和监督检查,在矫544人没有出现再犯罪。完善社区戒毒基地建设,接收社区戒毒人员104人。全区1350回归人员均落实帮教。建立18个法律援助工作站、282个法律援助工作点,完成法律援助工作向村屯延伸。严把公证质量关,办理各类公证事项1388件。全年打击处理各类违法犯罪分子2220人,其中刑拘413人,逮捕317人,直诉477人;治安处罚1013人,其中治安拘留719人;抓获各类在逃人员220名;打掉犯罪团伙27个、抓获团伙成员162人。立各类刑事案件2303起,破获939起,破案率40.8%;立命案18起,侦破18起,破命案积案4起,命案综合破案率122.2%;立经济案件115起,破案106起,破案率92.2%,打处人犯83人,为群众挽回经济损失500余万元。受理治安案件3313起,查处3260起,查结率98.4%。立侵财案件1798起,占全部案件的81.2%,与2014年同期2282起相比,减少484起,下降21.2%。破获侵财案件710起,占破获全部案件68.8%。其中立“两抢”案件19起,破获15起,破案率78.95%;立盗窃案件1365起,比2014年同期减少600起,下降30.5%,破获盗窃案件397起,破案率29.1%。立诈骗案件382起,侦破238起,破案率62.3%。破获涉毒刑事案件20起、抓获犯罪嫌疑人20名,查处涉毒行政案件360起、行政处罚吸毒人员381名,强制隔离戒毒32人,收缴冰毒232克、冰毒106片,打击和遏制了毒品违法犯罪。抓获各类网上逃犯220名,其中外省逃犯15名,历年逃犯17名,消除潜在社会治安隐患。受理各类治安案件3313起,查处3260起,查结率98.4%。破获涉黄涉赌刑事案件6起、刑拘14人,查处“黄赌毒”行政案件30起、行政拘留95人,罚款293人,收缴赌资30余万元,收缴并销毁赌博机100余台。破获制假贩假、有毒有害食品刑事案件9起,刑拘(已批捕)9人,收缴并移交行政部门销毁各类有毒有害食品、假药价值20余万元。在“缉枪治爆”专项战役中,收缴火药枪3支、自制手枪1支、弩2把、炮弹3枚、雷管6枚、各类子弹637发、管制刀具5把;刑拘(已批捕)1人、行政拘留1人。检查企事业单位2691家次,发现火灾隐患或违法行为1353处,督促整改火灾隐患或违法行为1312处,下发《责令改正通知书》1288份,下发《行政处罚决定书》144份,临时查封单位25家,责令“三停”单位17家,罚款126.45万元,行政拘留15人。利用标准化信息采集室共采集十指指纹信息16818份,采集SIM卡信息3360份,Y库信息采集45000条;此间,户籍派出所录入实有房屋202187户(其中出租2876户);录入实有人口总数584286人。其中,常住人口515444人,暂住人口10264人,寄住人口58578人;录入层次人口8346人。其中,管控人员2345人,掌握人员3062人,熟悉人员2939人;单位行业场所2072个,从业人员3177人。16个农村乡镇派出所二级视频监控平台全部建成开通,前端1368个探头全部接入二级监控平台。查处各类交通违法行为49766起,其中酒驾325起,客车超员113起,货车超载329起,排查隐患车辆23台,涉牌涉证219起,闯红灯1152起,违法停车1966起,超速行驶11029起。刑拘30人,取保62人,行政拘留32人,抓获各类逃犯23人。

(张斌成)

2015 年九台区国民经济和社会发展主要指标完成情况表

指标名称	单位	实际完成	比 2014 年±%
地区生产总值	万元	3886348	7.5
第一产业增加值	万元	403303	4.6
第二产业增加值	万元	2055740	9.0
工业增加值	万元	1389845	11.5
规模以上工业增加值	万元	1004840	13.1
第三产业增加值	万元	1427305	6.1
规模以上工业企业户数	户	213	3.90
规模以上工业总产值	万元	5035330	15.27
规模以上工业销售产值	万元	4870320	15.02
固定资产投资总额	万元	2900000	13.67
社会消费品零售总额	万元	1150399	13.13
全口径财政收入	万元	203424	-14.68
其中:地方本级收入	万元	130120	-18.37
税收收入	万元	180018	-14.51
地方级税收收入	万元	104094	-19.05
企业所得税	万元	42515	1.36
一般预算财政支出	万元	427966	-1.90
金融机构存款余额	万元	1685262	7.62
其中:居民储蓄存款	万元	1344241	11.33
金融机构贷款余额	万元	1109392	38.88
城镇居民可支配收入	元	17986.54	8.10
农民人均纯收入	元	10971.59	8.50
电力消费量	万千瓦小时	99625	4.60
其中:工业用电量	万千瓦小时	54454	2.76

朝阳区

【概况】 朝阳区位于长春市区中南部，是长春市科技、文化、经济、教育、商贸中心城区。下设重庆、永昌、清和、红旗、桂林、湖西、南湖、前进、富锋 9 个街道，53 个社区，2 个镇，24 个行政村，以及省级开发区——长春朝阳经济开发区。幅员 237 平方公里。

【国民经济】 2015 年，全区地区生产总值 437.2 亿元，比 2014 年增长 6.4%；全口径财政收入 73.7 亿元，增长 9%，其中本级财政收入 12.6 亿元，增长 2.2%；固定资产投资 242.9 亿元，增长 16.6%；服务业增加值 319.5 亿元，增长 7.5%；社会消费品零售总额 675.3 亿元，增长 9.2%。

【招商引资】 编制《掘金计划手册》，谋划包装项目 135 个，成立招商小分队赴外招商。全年开展招商活动 22 次，组织参与大型投资环境说明和项目推介签约活动 18 次，拜访企业 260 余户，与贵州兴伟集团、大连万达集团等企业签订 31 个项目，签约总额 435 亿元，项目签约额度、数量和质量均居全市城区首位。全年引进内资 71.97 亿元，比 2014 年增长 15%；利用外资 1.16 亿美元，比 2014 年增长 13%。

【项目建设】 实施《朝阳区项目建设管理办法》，通过领导包保、联席会议、现场办公等有效举措，帮助企业解决各类实际问题。全年开工 3000 万元以上重点项目 80 个，万科柏翠园、海航荣御等一批项目实现竣工，东安开运福里、吉林远创商务楼宇等一批项目加速建设，万达文华公馆、高力华茂中心等一批项目陆续启动。

【创新转型示范区建设】 设立朝阳区创新转型示范区。智慧城市高科技产业园入驻万易、科大迅飞等科技创新型企业 46 户，神州数码、方正集团等 50 余户企业洽谈中，集聚效应初步显现。电子商务集聚园注册电商企业 100 余户，豪玛电商学院培训服务企业 4000 余户，阿里诚信通企业发展到 2600 户，杂粮(电子)交易中心、诚信通交易额均突破 100 亿元。服务外包产业园引进国博创富、安信卓越等 29 户服务外包企业。与“舌尖上的中国”栏目签约合作，打造国内首个融入云计算技术的餐饮企业孵化器和股权众筹平台。文化创意产业园入驻企业 185 户；建筑面积 31 万平方米、总长约 2.3 公里的长春影视文化街区项目正式启动，与杜莎夫人蜡像馆等多家国内外知名企业签约合作。

【民营经济】 扶持民营经济快速发展，成立小贷公司 28 户，为企业提供担保贷款1000万元，帮助50余户企业申请各类专项资金2661万元。2015年，民营经济主营业务收入1191亿元，比2014年增长8.2%；税金46.6亿元，比2014年增长6%；民营企业家数18600户，个体工商户33900户。

【开发区建设】 编制《交通运输设备配套产业园发展规划》，通过省级验收。盛家村村庄规划获批，成功申购耕地占补平衡指标100公顷。完成双山村棚户区改造和客家商会项目前期准备工作，硅谷大街、开运街延长线项目列入市建设计划。铺设中高压燃气管线4.8公里，开运街沿线自来水主线项目完成立项和施工设计，富锋66千伏输变电项目完成主体建设和设备安装并正式运行。绿化养护38万平方米，铺装道路3万平方米。着力打造项目、融资、用工、咨询、闲置资源、技术合作等6大服务平台，助推企业发展。全年开工项目30个，实现全口径工业产值208亿元。2015年，朝阳经济开发区被评为吉林省新型工业化产业示范基地和省级特色园区，在全省省级开发区评比中排名第2。

【农业转型】 修改完善《现代都市观光农业示范区发展规划》。委托吉林大学对乐山进行地热探测，取得实质进展。乐山反恐基地项目完成规划设计和11.1公顷土地征收。总投资1.45亿元的千顷蔬菜基地项目，成为国家级蔬菜标准化园区，三期通过生产运营模式创新。现代农业快速发展，鱼菜共生、汽雾栽培等先进技术成功应用，杏鲍菇项目达产，优质蟹稻米项目扩大到30公顷。成立土地流转服务中心，在19个村设立土地流转服务站。农民专业合作社、经营大户等新型农业经济主体分别突破100家。全年新建、养护农村公路70公里。前进大街延长线完成初步设计。投资1500万元，开展农村环境综合整治。建设新型农村生态卫生厕所54座，完成试点任务。乐山镇塘坊村被评为省级“美丽乡村”。

【市政建设】 完成大、中修市政道路27条，维护巷道314条，铺设沥青路面11.7万平方米、方砖13.5万平方米。巷道改造工程遵循先地下后地上的原则，对居民区外网排水管线损坏严重的先进行管线改造，后进行道路铺装，杜绝反复破坏、反复维修带来的资源浪费。5月初开始进行城区防汛应急预案的完善与包保责任制度的落实，成立10支防汛应急抢险队伍，落实防汛所需机械及物资储备，完成市防汛指挥部下达的各项任务。全年城区出现3次强降雨过程，没有造成人员伤亡及财产损失。施划停车泊位1.2万个。完成“两横三纵”、地铁二号线等重点工程年度征收任务，欧亚卖场东侧规划路、硅谷大街与绕城高速互通立交桥项目征收进入收尾阶段。

【宜居城区打造】 启动前进西街西地块、湖光路南地块征收工作，全年征收房屋8万平方米、土地17万平方米。棚户区改造工作稳步推进，新招标棚户区、旧城改造地块4处，面积29.2万平方米。建工学院旧城改造项目A、B地块完成净地出让，全面动工。按照“原地址、原结构、原面积”原则对辽宁路2栋危房进行原地翻建，永安街危房改造主体封顶。开展占道经营、露天烧烤、乱堆乱放、野广告等专项整治，巩固重点区域和商圈市容环境秩序。拆除各类违规牌匾1170余块，提档升级900余块，拆除违法建筑4万平方米。采取疏堵结合方式，设立烧烤疏导点7处，打造湖光路无烟烧烤美食街。开展全区单位庭院、居民小区和背街小巷环境整治，清理街巷1600余条、庭院2200余个。完成前进大街精品街路建设任务，对6条街路和新民广场实施冬季亮化美化工程。依托数字化管理平台，综合运用视频监控和保洁车辆GPS定位，推行环卫区域网格化管理和垃圾直运模式，建设2处封闭式转运站，机械化清扫率71%。2015年，朝阳区在全市城区城市管理综合考评中排名第一。

【城市生态环境建设】 投入8000万元，实施220万平方米“暖房子”工程，综合整治欧风花园等8个“老旧散”小区，解决事关居民生活的水、电、气、热、路、地沟、基础绿化等问题。以建设绿色宜居森林城为中心，高标准打造生态街路10条，生态社区10个，生态庭院10个。在8个街道办事处辖区内，采取破硬还绿、密植增绿的方法，新建17处居住区绿地，绿化面积1.24万平方米。对21所区管中小学及幼儿园进行绿化改造，校园绿化环境明显改善。新建湖光路社区公园，高标准完成前进大街、卫星路、南部快速路及节点林荫道建设工程、新民大街公园连道建设工程、南湖大路幸福微绿地工程以及11个老旧散小区绿化提升工程，城区绿化覆盖率44.4%。启动双山公园土地征收工作及富裕河绿化带排迁工作，完成全年森林城建设工作目标。投入5000万元，启动建设社会主义核心价值观主题公园—长春德苑。加强大气污染防治，开展“禁燃”“秸秆禁烧”专项行动，淘汰10吨以下燃煤小锅炉272座。

【幸福朝阳建设】 投入16.2亿元，落实《2015年幸福朝阳行动计划》，完成15个方面63项民生任务。完善就业和社会保障体系，开发城镇就业岗位14500个，安置城镇各类下岗失业人员13500人，城镇登记失业率控制在4%以内，零就业家庭保持动态为零。城乡居民基本养老保险参保33248人，城镇居民医疗保险续保210896人，实现应保尽保全覆盖。通过低保救助、慈善救助、医疗救助、应急救助等多种渠道，全年发放各类救助金4711.24万元。增设长春市第二医院、延安医院为医疗救助定点医院。为2263位老人提供4万余小时的志愿服务和日间照料服务。构建残疾人就业服务网络，加快残疾人创业（就业）孵化基地建设，全年开发残疾人就业岗位204个。开展失独家庭、特殊儿童关爱行动。推进廉租房、公租房并轨工作，分配保障性住房960套，改造农村危房100户。为52名在乡复员军人、16名烈属定期发放资金106200元。推进残疾人康复教育保障体系建设，为全区300户三瘫人员（偏瘫、脑瘫、截瘫）提供入户康复训练。组织110名特殊儿童开展“守望星，吉大行”活动，在南湖小学和特殊教育学校实施“博爱助学”项目。开通网上诉求专线，开发APP终端,利用微信、微博等现代科技手段,搭建政府与公众沟通平台。建立群众诉求投诉处理中心,网格员利用APP终端,由后台自动进行分类汇总,交办、转办给相关部门,确保网格中出现的问题,小事不出网格,大事不出社区。

【优质教育】 将驻区省市直属学校纳入大学区建设,实施"大学区联盟"管理模式,通过定期例会、主题研讨、个性交流、教学开放等形式,推进大学区建设,教育优质资源实现由点扩面。召开"生命课堂 灵动小班"培训交流会,增加10所小班化教学实践试点校,确定2所学校开展学生核心素养与个性化培养改革实践,"小班化"教学得到推广和提升。规范招生管理,制发《2015年朝阳区义务教育学校招生计划》《2015年朝阳区公办中小学学区划分方案》和《2015年朝阳区优质公办学校空余学位"电脑派位"工作实施方案》,完成9595名适龄儿童少年的入学工作和315个民办优质学位、486个公办优质空余学位派送工作。招生工作接受国家教育部基础教育司调研并受到好评。代表吉林省接受并通过国家义务教育基本均衡督导评估验收。成立全省首家社区教育中心。投资1.1亿元,新建、改造项目10个,标准化食堂和操场改造项目竣工。投入740万元,启动中小学直饮水工程。投资2000万元,完善学校装备配备,全区学校建室率、配备率均达100%,在全省专项检查中排名第1。投入1045万元加强学校安全管理系统建设,全区学校实现校车服务、校园警务室建设、安全管理信息化"三个全覆盖"。

【健康朝阳】 实施健康朝阳行动计划,开展"身边的社区卫生服务"活动和家庭医生签约服务试点工作,提高基层医疗服务水平。投入67.5万元,完成9所标准化村卫生室的改造升级。全区13家计划免疫门诊标准化建设通过省级验收,社区卫生服务示范区和食品药品安全示范区顺利通过省复检。推进实施"助业惠民"计划,开展结核病防治的民生工作,深入到农村、社区及大专院校开展健康讲座,成立结核病防治天使志愿者服务队,定期与健康专家深入社区开展结核病防治巡讲活动。联合开展"大篷车进农村送健康活动",从健康生活方式、疾病预防知识、心理健康等不同侧面传播健康知识。有效控制重点传染病,加大对手足口、麻诊、流感等重点传染病的防控力度。流调处理驻区医院报告外地出血热266例、伤寒7例、副伤寒1例、疟疾病例4例;流调处理朝阳区出血热4例、猩红热23例、甲肝10例;流调处理手足口病重症病例6例。规范医疗市场秩序,区卫生监督所多次联合媒体开展整治药店坐堂医、外国医师来华行医等专项整治行动,全年出动执法人员368人次、执法车辆96台次,查处非法行医5户,取缔5户;没收医疗机械、药品21箱;没收非法所得11000元。加强对医疗机构的监管,对检查中存在问题的医疗机构下达卫生监督意见书578份,立案查处52起。其中,传染病处罚案件24起;医政处罚案件28起。罚款82500元人民币。

【科技工作】 为各类科技企业协调争取省、市扶持资金3400万元。全年科技立项35项,申请专利3000项,比2014年增长29.6%,约占全市总量的50%。加强产学研合作,举办产学研对接活动13次,促成校企对接合作26项。

【群众性文体事业】 以"雅韵朝阳"新年音乐会为起点,举办朝阳区第二届"丹凤朝阳·创业之星"演出、"送文化下基层"慰问演出、庆祝"六·一"儿童节演出活动等活动。在"舞动春城"舞蹈大赛中,朝阳区选送的节目《冰凌》荣获1等奖。主办"朝阳之秋"暨五彩中秋南湖市民诗会活动,得到良好社会反响。打造国学馆,弘扬国学精粹。4月正式成立,全年开展国学讲堂5次。投资92万元,改造小剧场1个,建设文化小广场4处,为7个村配备文体设施。开展群众性文体活动300余场次。全年新增体育协会20个、体育活动小组25个、国家二级社会体育指导员120名,全区晨、晚练点274个,全部纳入各街镇文体站管理中。组织社会体育指导员培训1次,选派20名骨干参加吉林省一级社会体育指导员培训,5人参加国家级社会体育指导员培训。朝阳区有注册各级社会体育指导员1850人,涉及太极、田径等多个项目。举办千人柔力球、"雅韵朝阳"精品惠民文艺演出等特色活动。2015年,朝阳区被中国老年体育协会评为"全国柔力球之乡"。

【幸福社区建设】 开展"最后一公里"电商惠民服务、"幸福市集""助老圆梦工程"等特色便民利民活动。投入749万元,新建、改造农村社区18个。农村社区面积全部达450平方米以上,城市"千米社区"达60%。在21个城市社区和2个农村社区推行社区(村)协商民主试点,该模式被评为"中国社区治理十大创新成果提名奖"。朝阳区被评为全国社区治理和服务创新实验区。

【平安朝阳】 完善综治责任体系建设,实行街镇领导包片、机关干部包点、社区(村)主任包网格的层级责任机制。加强社会治安综合治理,实行24小时警务巡防,严厉打击违法犯罪,群众安全感和满意度不断提升。落实领导干部接访、包案、督办等工作制度,全年受理群众来信来访、网络投诉615件次,受理率、按期办结率均100%。完成全国"两会""9·3阅兵"、十八届五中全会等重要时期信访维稳工作。调解民间纠纷1510件,承办各类法律援助案件224件。受理市民投诉22133件,均做到件件有回复。加强应急管理,妥善处理群体性和突发性事件。落实新《安全生产法》,构建安全监管防控体系,生产经营单位主体责任、部门和属地安全生产监管责任得到强化。开展隐患排查治理,排查生产经营单位24241家,整改隐患1749项。

【信息化建设】 推进"互联网+公共服务",从城市运营管理的精细化和社会公共服务便捷化入手,制定"智慧城区·幸福朝阳"行动计划,并启动实施。投入600万元,完成视频监控系统二期建设,新增高清监控探头1266个;三期工程计划投资3000万元,全面启动。

【依法行政】 严格执行区人大及其常委

会决议，自觉接受人大依法监督和政协民主监督，定期向人大报告工作，向政协通报情况。全年办理区人大代表建议115件、政协提案230件，办复率100%、满意率98%以上。以改革推进政府职能转变，制定政府“权力清单”，向社会公开晒权881项。承接市政府下放行政审批项目89项。推进行政复议体制改革，设立行政复议委员会，行政复议案件统一集中到区政府办理。各街镇全部建立法律顾问团制度，法律顾问网络基本形成。完善并联审批机制，审批时限缩短20%，全年办理行政审批事项92655件，办结率100%。加强政府投资项目招标管理。组建财政投资评审中心，实行国库集中支付，健全政府采购制度。强化审计监督，完成各类审计项目50项。推进政务公开，依法主动公开政府信息。全年承办国家及省、市各类现场会、工作研讨会37次，获国家及省、市各类荣誉130余项。

（袁　源）

2015年朝阳区国民经济和社会发展主要指标完成情况

指标名称	单位	实际完成	比2014年±%
国内生产总值	亿元	437.2	6.4
第二产业增加值	亿元	115.5	6
第三产业增加值	亿元	319.8	6.6
规模以上工业产值	亿元	133.0	-10.6
全口径财政收入	亿元	73.7	9
本级财政收入	亿元	12.6	2.2
地方财政支出	亿元	24	-1.7
固定资产投资(含房地产)	亿元	242.9	16.6
社会消费品零售额	亿元	675.3	9.2
民营经济主营业务收入	亿元	1191	8.2
农村经济总收入	亿元	23	15
农民人均收入	元	13500	12.5
个体私营企业	户	52700	8.5
教育经费总额	万元	57361	1.2
科技三项经费	万元	3000	11.1
卫生事业费	万元	13549	23
人口出生率	‰	3.02	-1.04
政策生育率	%	99	0.1

南关区

【概况】 南关区是长春市的中心城区，位于长春市市区中南部，是长春市的南大门。辖区东起伊通河与二道区隔河相望，西至人民大街与朝阳区接壤，南起新立城镇、永春乡边界与长春净月潭旅游经济开发区、长春高新技术产业开发区为邻，北至新发路、上海路、光复路与宽城区相接。南关区下辖自强、民康、新春、长通、全安、永吉、南岭、鸿城、明珠、富裕、曙光、桃源等12街道及幸福乡，7个行政村，57个社区，和省级开发区—长春市南部都市经济开发区。总人口47.8万人，幅员80平方公里，是长春市面积最小的城区。其中，南部都市经济开发区区域面积约33平方公里，是长春市规划建设的城市新中心，也是东北亚区域性金融服务中心的核心区。南关区一产基本退出，二产逐渐转型，三次产业比重为0.03:13.36:86.61。其中二产基本为建筑业，服务业成为南关区的主导产业。

【国民经济】 2015年，南关区实现地区生产总值259亿元，比2014年增长6.5%；全口径财政收入53亿元，比2014年增长5.4%；固定资产投资105亿元；引进内资36亿元，外资6839万美元。

【产业转型升级】 东北亚国际金融投资集团和吉林长春产权交易中心2个平台启动运营，招商银行等金融总部陆续进驻。引入吉林省汇城支付网络技术公司等优质税源企业47户，其中注册资本亿元以上企业8户。特色商业街区建设加快推进，15条特色商业街区业户2008户，比2014年增长21%。打造“政策洼地”，民营企业和个体工商户4.3万户，主营业务收入实现599亿元。

【项目建设】 全年实现亿元以上项目开复工建设60个。其中，新建项目15个，续建项目45个。10亿元以上项目21个。商业综合体和商务商业类项目20个，公建和民生类项目15个，住宅类项目25个。开复工面积300万平方米，竣工面积170万平方米，商务商业面积占到30%以上。新星宇广场和华億洲际酒店等新建项目实现开工建设；长春国际金融中心、恒兴国际城等项目完成主体建设;长春市群众艺术馆、交警指挥中心等公建及民生类项目竣工将投入使用;长春市城市规划建设展览馆和长春市博物馆实现主体完工;长春活力城、希派创意城等项目投入运营,一大批符合现代新兴业态的企业已意向签约入驻。

【招商引资】 通过省、市举办的“民企吉林行”“央企走进吉林”和第十届东北亚博览会等大型活动及展会,开展一系列招商引资和经贸交流活动。对接清华同方、英中贸易协会等国内外金融、科技研发类知名企业105户,签约项目21个,签约金额261.2亿元。开展以商招商活动,国联商务楼、通钢大厦、中远大厦等商务楼宇吸纳吉粮集团、新浪吉林、东北大宗商品交易中心、世纪镜象影视传媒有限公司、大中华保险、沈阳华泰财产保险公司等17户总部类企业选址落位。为大地保险、韩亚银行、新华保险、吉林核电等企业提供优质选址服务。储备重点项目62个,计划总投资630亿元。

【城市建设】 南部新城年内开复工道路29条段,完成通车道路12公里,完成供水、供热、供气、通信等管线铺设51公里;乙六路地下综合管廊基础工程启动建设;高压线改线工程完成施工总量的38%;柴户张、谢家沟、八一沟等水系防洪工程进展顺利。北部老城区完成城市道路维修养护188条,改造小区巷道242条;新增绿化面积28.61公顷,新增绿化覆盖率0.72个百分点。推进排污、扬尘、秸秆禁烧等环保整治,淘汰撤并燃煤小锅炉193台,完成污染减排任务。

【市容整治】 推进市容环境综合整治,拆除违章建筑4.5万平方米,规范户外广告牌匾1510块,高空广告200余块,清理橱窗字1200余处。查处各类占道行为1600余处;健全完善环卫工人后勤保障体系,扩大专业化保洁范围,机械化清扫率由65%提高至67%;做好城市道路清雪、除尘。完成金宇大街、长乐公路城市出入口综合改造工程;规范设置在建工程围挡2万米,清理非法小广告710余万处,粉刷墙体7万余平方米;打造民康路、大经路、东岭街等3条市容精细化管理示范街路。完善市容环境数字化系统平台建设。

【幸福南关建设】 《2015年建设幸福南关行动计划》中10类59项任务基本完成。建立“1公里基层公共就业综合服务圈”,开发就业岗位15665个,实现城镇新增就业13898人。创建社区残疾人康复站点22个,为残疾人提供训练指导等各类康复服务7770人次。实施279万平方米的“暖房子”工程,90个“老旧散弃”小区实现居民自治管理;提高扶贫工作精准性,重点开展居家养老服务、流乞人员救助、免费健康体检等10项惠民项目。创新大学区管理模式,被国家教育部列入教师队伍管理全国首批19个“县管校聘”示范区;引进东北师大附中优质资源与26中学联合办学。区属医疗机构全部实行基本药物制度,药价下降幅度50%以上;新农合参合27420人,参合率稳定在99%以上。推进国家公共文化服务体系示范区创建工作,8个精品街道文化站和20个社区文化活动室功能得到完善;以纪念中国人民抗日战争暨世界反法西斯战争胜利70周年为主线,举办第九届社区文化艺术节和冰雪趣味运动会等文体活动83场次,参与群众达20万人次以上。

【社区建设】 南关区推进幸福社区创建工作,重点围绕居民小区物业管理、居家养老、青少年课后教育、帮扶救助困难群体等方面打造社区特色服务品牌。桃源社区、东风社区等8个社区,被市政府评为长春市“幸福社区”先进示范社区;陈蓓、宿丽、王敏等3人获长春市优秀社工荣誉称号;7名社区干部获长春市“社区工作者楷模”称号;国家民政部部长李立国对东风社区进行专题调研,对南关区社区功能设施建设及服务环境给予肯定。

南部新城金宇大街开发建设场景　　（杨　斌　提供）

【养老体系建设】 建立居家养老服务网络平台,创新引入长春市天瑞英杰居家养老服务中心、南关区老年乐护理院等社会服务组织,为困难空巢老人提供上门定制式服务。推动公办与民营相结合的养老服务机构发展,全区养老服务机构达33家。其中,民办养老机构31家,公办养老机构2家。养老机构总建筑面积26020平方米,床位1585张。

【“老旧散弃”小区整治】 南关区有“老旧散弃”小区240个,涉及住宅楼1839栋,居民9.84万户。南关区坚持将老旧散小区整治与园区环境改造相结合。投入2400万元,对盛华小区、红光小区等6个规模较大的老旧散弃小区进行立体化、区域性规划改造，主要完成小区内园林绿化、休闲广场、健娱设施、步道铺装等环境改造工作。利用天网工程扩面的契机，增设监控探头6000余个，通过技防手段促进社会治安防范工作，全区治安案件、刑事案件比2014年分别下降78.3%和68.1%。坚持将老旧散小区整治与下水管网改造相结合。投入8000万元，对全区所有"老旧散弃"小区地下排水管网进行专项整治。完成9个老旧散小区小锅炉并网改造，对32座小锅炉实施环保改造升级，完成居民供热改造面积近150万平方米。坚持将老旧散小区整治与居民物业自治相结合。结合弃管小区的实际情况及居民意愿，探索推行基础保障自治、互助型自治、选用专业化物业管理等3种准物业管理模式，使175个"老旧散弃"小区实行居民自治管理和准物业管理。

【平安建设】 落实信访工作责任制，开展"区长接待日"活动，接待受理群众来信来访767件次，5644人次，比2014年下降11%。推进公共服务综合信息平台系统功能升级，实现民意诉求智能服务一站式办理，全年受理百姓诉求49588件，解决49111件，群众满意率95.43%。加强基层平安创建，东风社区等35个社区被市委、市政府评为创新社会治理示范社区。加强安全隐患体系平台建设，开展执法检查3746次，整改隐患7929项。推进食品药品监管，被评为省级食品药品管理示范城区。

【依法行政】 接受区人大法律监督和区政协民主监督，275件人大代表建议和政协提案全部予以办结。完成"六五"普法和"五五"依法治区各项任务，进入"全国法治县(市区)创建活动先进单位"行列。推行权力清单制度，对801项行政职权编制形成"一单、一表、一图"在政府网站予以公开。深化集中支付改革，建成预算单位基础数据库系统，全区149家一、二级预算单位全部纳入国库集中支付。强化审计监督，完成预算执行、经济责任和政府性投资等审计项目61项。

（杨　斌）

2015年南关区国民经济和社会发展主要指标完成情况

指标名称	单位	年实际完成	比2014年±%
地区生产总值	亿元	259.0372	6.5
第一产业增加值	亿元	0.0728	16.2
第二产业增加值	亿元	34.5994	9.9
第三产业增加值	亿元	224.3650	7.6
单位面积产出	/km²	3.24	6.5
全口径财政收入	亿元	53	5.4
区本级收入	亿元	10.1	11.2
固定资产投资额	亿元	105	16.7
社会商品零售额	亿元	142.8	9.2
新增外商投资企业	个	–	–
新增实际使用外资	万美元	6839	0.57
个体私营企业	个	15150	11.2
民营经济增加值	亿元	165	9.8
农民人均纯收入	元	14120	20.6
普通中学数	个	8	–
普通小学数	个	25	–
各类医院	个	26	–
绿化覆盖率	%	43.24	0.72
人口出生率	‰	3.31	−1.61
政策生育率	%	100	–

宽城区

【概况】 宽城区位于长春市区北部，东以102国道为界，与二道区、长春市经济技术开发区为邻；西至长沈铁路、铁西街、西环城路，与绿园区、农安县搭界；南起小铁道街、光复路、上海路、新发路，与朝阳区、南关区相接；北与德惠市毗邻。幅员237.99平方公里，辖10个街道、1个镇，58个社区、19个村和长春宽城经济开发区、长春装备制造产业开发区，全区户籍人口387125人。

【国民经济】 2015年，宽城区地区生产总值249亿元，比2014年增长7.1%；全口径财政收入34.4亿元，增长2.4%；全社会固定资产投资235.5亿元，增长

13.2%；实际利用内资69.5亿元、新增实际使用外资8480万美元，分别增长15.1%和13.1%。

【项目建设】 围绕调结构、稳增长、强后劲，抓好项目建设。2015年，全区开(复)工的重点项目50个，其中亿元以上项目46个、10亿元以上项目16个。计划总投资139.1亿元，实现投资146.4亿元，完成年计划的105.2%。“海尔创新产业园”(一期)建成即将运营；长春汽博贸易中心二手车市场建成对外营业；“电力电器设备”生产加工项目和“中东城市广场”项目基本竣工；长客股份高速动车组检修项目建成投入生产，城轨车辆制造项目的建设即将开工；轨道客车零配件产业园建成，有12户企业入驻；中青旅集团投资建设的“宽城一号”商业综合体项目落位；东北国际商贸城项目和中北·尊邸商业综合体项目成功签约；新疆特色农(林)产品物流配送中心的建设加紧施工，东北亚生活日用品集散中心项目建设的规划制定，长江路步行街的改造扎实推进。项目建设的抓紧运行拉动全区规模经济和服务业持续稳定的发展，全区34户规模工业企业实现产值39.3亿元，比2014年增长0.2%；工业固定资产投资实现105亿元，占全年固定资产投资的43%。全区规模服务业营业收入实现6.3亿元，比2014年增长10.8%；全社会消费品零售额实现258.1亿元，增长9.5%。

【重点领域改革】 推进纪律检查体制改革，调整区纪检监察机关内设机构和职能。推进区法院、区检察院司法体制改革，完成“员额制”“大部制”改革任务，优化队伍结构。推进行政审批制度改革，办理行政审批事项近9万件，非行政审批事项近8万件，公开政府信息1.3万条。推进财政体制改革，成立区财政投资评审中心，加大政府性投资项目资金管理力度，部门预算、政府采购、国有资产管理、非税收入管理等项工作得到加强；审计政府投资项目163项，查处违法违规资金3亿元。实施简政放权，健全权力运行监督机制，梳理850项行政职权，建立并公布权力清单、责任清单。开展铁北老工业区搬迁改造试点工作，利用国家的扶持政策争取资金近2亿元，使域内15家需要搬迁改造的企业有8户按计划实施。

【农业和农村发展】 全区农业总产值5.45亿元。农民年人均收入11500元。蔬菜商品量0.7亿公斤，肉类总产量0.27万吨，禽蛋总产量0.16万吨。全年引进蔬菜新品种10个、新技术2项。实施科技培训，全年培训种菜农民5000人次。养护农村公路140公里，绿化农村公路15公里，计投入38万元。完成农村造林7.5公顷。兰家镇东道村排涝站工程建设竣工，兰家河综合治理工程的建设有序推进。开展畜禽基础免疫工作，没有发生重大动物疫情；转变畜禽生产方式，建设规模养殖场，全区畜禽规模养殖场有11个。落实农机购置补贴政策，全年申报补贴车辆及农业机械19台(件)，农民享受补贴48.57万元。争取市新农村建设资金45万元，为农村道路安装太阳能路灯100盏。推进兰家镇城镇化建设，完成镇域部分地块的规划调整，争取国家开发银行贷款1.9亿元，实施棚户区改造。以规划为引领抓好现代农业和美丽乡镇的发展，相继编制《宽城区都市农业发展规划》《宽城区“十三五”水利发展规划》和《宽城区2015-2024年农防林规划》等项规划。

【城区建设】 围绕北四环路以内路网格局的完善，全年新建、续建道路11条，大中修道路22条，实施巷道改造214条。依法推进50个市、区城市建设重点项目有关土地的征收工作。新建、续建棚户区改造项目13个，建筑面积142万平方米；开工建设回迁房7万平方米。改造太阳花园小区、钻石村小区等5个“老、旧、散”居民小区，26个建筑面积84.31万平方米的弃管居民小区实现物业管理服务全覆盖，1.33万户居民受益。加强生态环境建设，全年投入资金2200万元，新植街路2条，新建绿地6块，并重点绿化“两横三纵”快速路、凯旋路和北四环路等多条道路，全年新增绿化面积30万平方米，绿化覆盖率39%。

【市容环境管理】 改革城市管理体制，成立区城市管理委员会，设立区城市管理指挥调度中心，强化对工作的指导，提高市容市貌管理效率。全区拆除各类违章建筑60万平方米，在区域内的12条主要街路和2条快速路实施机械化保洁作业。重点抓好长春火车站站区周边的环境卫生管理，成立专门保洁员队伍，配备各类保洁车辆19台，坚持每天24小时循环清扫。在长春火车站南广场、北站广场附近增设95个果皮箱，设置3个移动式垃圾挤压箱站点，每日清运各种垃圾50吨，使站前地区环境保洁质量得到提升。集中整治露天烧烤、非法广告、占道经营和渣土运输。全年清理取缔违规烧烤点168处，收缴炉具及附属器具9000余件，教育劝导烧烤人员1200人次。对26条主次街路的户外广告牌匾依法规范，拆除违规广告牌匾258块，更换缺字断亮广告牌匾102处；收缴非法广告2800余份，清刷覆盖非法广告16万余处。针对经营者在繁华商圈和主要街路非法占道经营的现象进行整治，全年组织联合执法65次，出动执法人员3500余人次，清理占道经营3987处、清理占道物1550件。狠抓渣土运输管理，检查渣土运输车辆600余台，查处违规车辆50余台，对相关施工单位及当事人进行教育。以清运各类垃圾和抓好长农公路出城口、长松公路出城口等区域的环境卫生为重点，多次组织开展市容环境综合整治行动。全年清运建筑垃圾4.6万吨、清运生活垃圾1.4万吨、清运超高土1650吨。粉刷和维修旱厕120座，在23处水洗、免冲公厕的周边实施绿化，对171座各类公厕日常检修计500余次。出动环卫工人162400人次，出动清雪机械车辆20600台次，清运积雪13892车208380立方米。

【民生工作】 全年开发就业岗位1.48万个，新增城镇就业1.35万人。农村劳动力转移就业1011人次，劳务经济收入1437万元。全区“零就业家庭”保持动态为零的目标，城镇登记失业率控制在

4%以内。全年分配保障性住房138套，为1820户低收入家庭申报公租房，为4414户低收入居民和D级危房居民发放租房补贴。为10960名困难群众发放低保金及各类救助资金5423万元。区财政设立的100万元应急救助资金，全年实施临时救助176人，支出37万元。为339名贫困危重孕产妇和1076名农村孕产妇发放救助补助资金，为598对计划怀孕夫妻进行优生健康检查，为800名贫困妇女进行有关癌症的免费检查，加大利用中医药服务群众的力度，全年服务65岁以上老年人8456人次。城乡居民基本养老保险做到应保尽保，城镇居民医疗保险参保150652人，续保缴费率96%，新型农村合作医疗参合44108人，参合率100%。全年新增城镇残疾人就业183人，残疾人职业技能培训436人；为6923名残疾人实施康复服务，康复救助精神疾病患者604人，为残疾人发放各类辅助器具1964件。在吉林省率先建立脊椎损伤残疾人康复平台，为这类残疾人的康复服务探索出新方法。春节期间，在全区组织开展“寒冬访民情，温暖送万家”慰问活动，为城乡低保户、困难户6626户发放慰问金323.4万元。

【社会事业】 宽城区柳影中学、宽城区奋进中心校的重建和长春市公关学校、宽城区育红小学的迁建工程有序推进；落驻区域内的吉林建筑大学城建学院和长春理工大学光电信息学院续建项目分别竣工并投入使用。宽城区被评为全国特殊教育改革试验区、全国义务教育发展基本均衡县(市、区)。宽城区民族医院、宽城区中医院的改造抓紧进行，按照省定标准化要求，改造22家村级卫生所。升级改造16个社区(村)的文化活动室。举办“牢记历史·珍爱和平”宽城区纪念中国人民抗日战争胜利暨世界反法西斯战争胜利70周年文艺汇演、宽城区迎新春文艺展演、宽城区古筝音乐会、宽城区农民文化节文艺汇演、宽城区社区文艺汇演等群众性文化活动50余场；放映公益电影100余场；举办“宽城区历史地名文化展”，开展“乐享读书·幸福宽城”为主题的全民阅读活动，为各社区图书室发放图书10000余册，向困难群众发放惠民购书卡3万余元。宽城区文化馆被评为“全国优秀文化馆”。全年组织冰雪趣味运动会、足球民间争霸赛等全民健身活动30余场次，参加群众近2万人次；承办全国百城健身气功交流展示系列活动吉林省大会、吉林省第二届健身秧歌腰鼓大赛等赛事；全区增加健身路径9条，达到131条；宽城区代表队在吉林省2015年青少年田径锦标赛上取得11枚金牌，金牌总数创历年参赛最好成绩。全年培育1个国家级科普示范社区、1个国家级防震减灾科普示范村。吉林省规模最大的养老院-祥祉圆建成即将对外营业。加大档案服务机关、服务人民群众力度，全年为区直机关各部门和人民群众提供档案查阅服务670余人次，查阅档案805卷(件)，与2014年相比，服务人数增长2%。宽城区被评为“吉林省档案工作先进单位”。

【“平安宽城”建设】 围绕“平安宽城”建设，强化普法宣传。全区发放普法宣传资料20000多份、法律书籍10000余册；全区组织的“百姓法律服务大讲堂”讲法121场，受教育人数7000余人次。发挥各级人民调解组织和各“百姓说事点”作用，全年化解各类矛盾纠纷1351件，调解成功率100%。加强信访工作，信访新案办结率95%，国家、省、市交办信访案件的办结率100%；区长信访接待日安排12次，接待上访群众324件次，跟踪督办案件270件，区长信访接待日接访的做法在长春市有关会议上交流。开展社区矫正工作，277名在册社区服刑人员的再犯罪率为零。成立全省首家“农民工讨薪专项法律援助工作站”，为618名劳动者讨薪378.9万元；建立区公共法律服务中心，各街道(镇)、各社区(村)建立公共法律服务站，使法律利民服务的平台建在基层，为群众提供更加贴心便捷的服务。开展“平安家庭”“最美家庭”创建活动，评选出各级各类“平安家庭”示范户770户和“最美家庭”800户，评选出“最美家庭”先进人物63名。持续开展社会治安打击防范行动，治安案件与2014年相比下降46.5%。加大食品安全专项整治力度，突出食品安全检测，把住食品入市关。全年检测各类食品18288批次、128个品种，合格率100%。治理各类隐患，促进安全生产和经营，全区排查生产经营企业4670户，查改隐患864个；排查商贸市场、文化娱乐场所等人员密集场所356家次，查改隐患165个，宽城区被市政府评为长春市安全生产工作目标管理考核1等奖。

【“三严三实”专题教育】 宽城区的“三严三实”专题教育自2015年5月开始至年末基本结束，全区参加专题教育的处级以上领导班子64个，参加的副处级以上党员干部371人。在专题教育中，宽城区委成立组织机构，召开会议部署，制定下发工作方案，加强指导和督查，确保专题教育有序有效开展。全区组织集中理论学习培训8场次，参加的科级以上干部近3000人次；处级以上党员领导干部亲自讲党课356场次，其中班子主要领导讲党课71场次。全区371名处级以上党员领导干部参加专题民主生活会，799个基层党组织召开组织生活会，8000多名党员参加并接受民主评议。通过专题民主生活会的召开，全区各级班子列出“不严不实”问题整改清单350余条，提出整改措施325条，并落实整改。在“专项整治”中，区委组成3个工作组，通过摸底排查，暗访明察等形式查出基层干部“不作为、乱作为”等损害群众利益的问题15个，均进行处理。为强化“三严三实”，促进中层领导班子建设，区委加强建章立制工作。建立完善《宽城区中层领导班子议事规则》《宽城区中层领导干部日常行为规范》《宽城区中层领导班子和领导干部综合考核实施办法》等5项规章制度。

（曹继晔　张士学）

【长春宽城经济开发区】 长春宽城经济开发区(以下简称宽城开发区)辖站前、新发、东广、南广、群英5个街道和兰家镇12个村，划分为工业与物流园区、商贸服务园区2个园区，总面积77.2平方公里。2015年，宽城开发区地区生产总值150亿元，比2014年增长7.1%；规模以上工业产值28亿元，增长12.2%；社会固定资产投资128亿元，增长15.3%；限额以上批发零售业销售额70亿元，增长12.5%；一般预算全口径财政收入22.4亿元，增长10%。宽城开发区全年有各类重点项目35个，总投资额136亿元，计划开复工建设的项目25个，实现开复工的23个，完成年计划的92%；实现竣工或部分竣工的项目15个，占开复工项目总数的65%。坚持叩门招商、展会招商、媒介招商、服务招商等形式，全年招商引资61亿元，比2014年增长8.3%。在路网建设方面，总投资8300万元，在甲五路、乙九路、丙二十路等6条续建道路铺装人行步道方砖和边石；维修区域内9400平方米的路面；实施道路灌缝工程67000米；完成富盈路5000平方米路面开口恢复及排水管线铺装工程；投资1488万元，在丙八路、丙九路、丙六十一路等5条道路安装路灯；在配套设施建设方面，总投资610万元，铺设“汽博家园”“星宇华府”、恒大回迁小区的自来水管线；铺设邱家小区四期、恒大回迁小区的燃气管线；完成海尔大道至丙八路、丙八路至“金达洲地产”“恒大地产”至恒大回迁小区、新光复路市场至“星宇华府”4个项目供热管线铺装工程。在生态环境建设方面，总投资3000万元，在甲五路和丙六十七路实施绿化5.5万平方米，新增绿化面积6.5万平方米；完成凯旋公园的维修任务，绿化补植1万平方米。在回迁小区建设管理方面，邱家回迁小区下水管道、露台保湿和车库防水的维修工程结束；恒大回迁小区全面建成，实现居民的回迁。在土地管理方面，重点完成“益和医药”二期“旭辰机械”项目供地工作，供地9.31公顷；协助兰家镇抓好“恒大”“雨润”项目的土地征收工作；完成“一汽旭发”“新康监狱”等8个项目土地规划调整工作；完成“车桥零部件”“长航液压”“海尔二期”等6个项目规划条件办理工作；完成开发区十二号地23.66万平方米土地的收储审批、挂牌、出让工作。在长江路步行街改造方面，完成改造设计方案制定，步行街罩棚棚顶拆除，商家经营权公开拍卖，地下天燃气管网改造等项重点工作，实现年初确定目标。

（田佳鑫）

【长春装备制造产业开发区】 长春装备制造产业开发区（以下简称装备产业开发区）为市级开发区，位于宽城区境内，区域东部与宽城区兰家镇的邵家村、丛家村交界，南部与绕城高速公路相接，西部与长春市绿园区域为邻，北部与农安县合隆镇接壤，幅员26.9平方公里，规划建设用地面积17.9平方公里。装备产业开发区规划有轨道交通装备制造、智能装备制造、教育研发、配套生活服务和现代都市农业5个功能区。2015年，装备产业开发区全口径财政收入10426万元，比2014年增长40.89%；区级留用收入1483万元，增长100.13%；社会固定资产投资24亿元，增长137.34%；工业固定资产投资12亿元，增长500%。在项目建设方面，重点抓4个项目建设。“长客装备”新厂区的长客股份公司动车组检修基地三级检修项目建成投产，实现投资5亿元；长客股份公司环线内城轨车辆制造项目，计划总投资45亿元，2015年主要完成项目建设前4个批次土地面积的测绘任务，即将开工；轨道客车零配件产业园项目，全年完成建筑面积15.26万平方米18栋标准化厂房的建设任务，有轨道客车零部件配套和汽车零部件配套的12家企业入驻，实现投资6亿元；“大学城”项目建设，长春理工大学光电信息学院和吉林建筑大学城建学院的建设分别竣工，计实现投资17亿元，2所学院的学生迁入新校园。通过招商引资，装备产业开发区新引进“万润光电”“德润轨道科技”“一汽天奇泽众汽车装备”等7家企业，实现招商引资额6.25亿元，比2014年增长22.6%。加强基础设施建设，投资1亿元建设“大学城”道路5.4公里，铺设排水主干网4.3公里、给水主干网5.3公里、天燃气主干网5.3公里和热力主干网4.8公里。维修养护13条道路。其中，路面灌缝24200米，调整边石247米。绿化甲二路、甲七路，铺设草坪11640平方米；亮化乙十路、甲七路，安装路灯489盏，绿化、亮化计投资477万元。全年征地42公顷，为重点项目的建设提供保障。

（陈佳骐）

2015年宽城区国民经济和社会发展主要指标完成情况统计表

指标名称	单位	实际完成	比2014年±%
地区生产总值	亿元	249	7.1
第一产业增加值	亿元	1.7	0.7
第二产业增加值	亿元	72.9	5.4
第三产业增加值	亿元	174.4	7.9
规模以上工业总产值	亿元	39.3	0.2
全口径财政收入	亿元	34.4	2.4
其中：本级财政收入	亿元	8.4	-10.9
财政支出	亿元	24	31.8
全社会固定资产投资	亿元	235.5	13.2
社会商品零售额	亿元	258.1	9.5
利用内资	亿元	69.5	15.1

续表

指标名称	单位	实际完成	比 2014 年±%
新增实际使用外资	万美元	8480	13.1
绿化覆盖率	%	39	1.3
普通中学	所	12	–
普通小学	所	26	–
教育经费总额	万元	67653	65.8
医疗卫生支出	万元	20262	17.2

二道区

【概况】 二道区位于长春市区东部，东与吉林市永吉县万昌镇相连，南与经开南区、净月区接壤，西靠伊通河，北与宽城区、高新北区、经开北区、九台市东湖镇相临。全区面积 452 平方公里，其中，二道区直接管辖区域 102 平方公里，辖 1 个省级开发区——长春国际物流经济开发区，7 街、1 镇，41 个城市社区、8 个行政村，总人口 40 万。二道区内临河街、东盛(远达)大街、东环城路、洋浦大街、东部快速路贯穿南北，自由大路、吉林大路、机场快速路和东荣大路横贯东西，构成“四纵四横”的城区交通格局；正在建设的地铁 2 号线、开通运行的轻轨 4 号线穿区而过；哈大、长吉高速等交通干线与二道区紧密相连。长春龙嘉国际机场紧邻辖区东部，二道区是机场进入长春市区的首先区域和必经之地。二道区水源、电力、热力能源供应充足，路网、电网、信息通信网络和金融网络等基础配套设施齐备，服务功能齐全。

【国民经济】 地区生产总值完成 160.7 亿元，增长 8.2%；社会消费品零售总额完成 209.8 亿元，增长 9.6%；固定资产投资完成 164.8 亿元，增长 16.9%；引进内资 53.46 亿元，增长 15%；利用外资8250 万美元，增长 13%。全口径和本级财政收入分别完成 40.3 亿元和 9.3 亿元，分别增长 8.9%和 3.5%。

【项目建设】 全年实施亿元以上项目 74 个。长春国际电商产业园、电商快递产业园、华润万家电商产业园、亚泰建材园、第一国际等 63 个项目推进建设；东北亚家居总部基地等 13 个项目竣工达效。

【招商引资】 中汇城新型城镇化综合开发项目、传化公路港物流项目等 16 个重大项目签约，总额 420 亿元。承办2015 首届中国长春电子商务产业峰会，阿里巴巴等 176 户知名电商企业参会，亚信大数据、九弦资本等 11 户电商企业成功签约。

【民营经济】 全区新注册市场主体 4524 户，增长 11%，民营经济主营业务收入完成 792.7 亿元，增长 8.9%。搭建创新创业平台，建成东北亚艺术中心电商创业基地和凯利青年电商创客基地，入驻电商企业 29 户。用好融资担保平台，为 20 余家中小企业融资 2.9 亿元。助推创新企业上市，长春弘大能源勘探开发股份有限公司在“新三板”(“新三板”市场原指中关村科技园区非上市股份有限公司进入代办股份系统进行转让试点，因为挂牌企业均为高科技企业而不同于原转让系统内的退市企业及原 STAQ、NET 系统挂牌公司，故称为“新三板”)挂牌。长春二道农商村镇银行正式获批。创新投融资模式，在全市率先形成 PPP 模式操作实务体系。长春国际物流经济开发区完成固定资产投资 66 亿元，规模以上工业产值 21.1 亿元，规模以上工业利润 9590 万元，民营收入 236 万元，引进内资 24.1 亿元，新增民营企业 389 户，包装项目 36 个。在省级开发区综合考评中位列全省第 1。全年出让工业用地面积53.7 公顷，在全市各城区中位居第 1。上东国际、金色东方等 82 万平方米的商务楼宇投入使用。

【城市建设】 以“干线拓展、支路提升、断头路打通和巷道改造”为重点，实施东新路、公平路等 20 条道路建设，改造巷

5 月 27 日，二道区科协在丰泰社区樱花苑开展科普大舞台活动

(马 玲 提 供)

道180余条。申请保障性住房配套基础设施项目扶持资金近2亿元。东部区域给水管线、十里堡排涝站、三道变电所增容等工程开工建设。完成开发改造住宅小区建筑面积123万平方米;实施"暖房子"改造9栋,受益居民2200户。洁白楼道115栋;完成"老旧散"小区改造15个、60万平方米,改造面积全市第1。实施51条街路绿化,经验做法在全市推广。街边楼间小绿地数量大幅提升,全区新植绿地22万平方米,绿色宜居森林城建设提速。实施治污工程,英俊污水处理厂开工建设。开展大气污染防治,淘汰、改造燃煤小锅炉146台,完成率全市第1。

【社会民生】 实施幸福二道行动计划,做好15大类50项民生实事。全年新增就业13037人。城乡居民社会养老保险、城镇居民医疗保险实现应保尽保。通过低保救助、医疗救助、临时救助等多种渠道,全年发放各类救助金5784万元。创新实施"2-1-2"集优化办学模式,即创建长春市一零八教育集团和长春市第五十二中学教育集团、长春市第五十三中学校际联盟,对东盛大学区和新太大学区实行一体化管理,覆盖率100%。高标准通过国家义务教育均衡发展督导评估验收。荣获"全国中小学安全教育案例"单位。教育信息化工作在全国会议上介绍经验。全区新优质学校11所。全市中考状元连续第2年在二道区产生。实施校长教师交流轮岗等举措,促进教育均衡。新建早幼教管理服务中心以及2所幼儿园,中小学生安全教育体验中心投入使用。做好医疗惠民,基本药物制度实现全覆盖。完成英俊镇卫生院、村卫生室标准化建设,基本公共卫生服务和乡村卫生服务工作走在全市、全省前列。基层综合公共文化服务中心建设通过验收,举办"文体惠民·幸福二道"系列活动100余场。完成第二轮二道区志编修工作。创新"三社联动"服务模式,建立以社区为依托,社工、社会组织和志愿者联动的社区服务新格局。具有二道特色的网格化管理"1+5"模式在全区铺开,"1"指二道区社会治理指挥中心平台;"5"指五项措施,即精细的网格设置、专职的网格队伍、多元的参与体系、扁平的处理流程、便捷的综合服务。全市首个融合综合信息、数字城管、应急指挥等功能的社会治理指挥中心投入运行。新增高清探头1283个,110治安案件、"两抢(抢劫、抢夺)"案件数量分别下降19%和14%。加强安全建设与监管,工商贸领域事故起数比2014年下降100%。

(马　玲)

2015年二道区国民经济和社会发展主要指标完成情况

指标名称	单位	实际完成	比2014年±%
国内生产总值	亿元	160.7	8.2
第二产业增加值	亿元	54.8	7.5
第三产业增加值	亿元	105.7	8.7
全口径财政收入	亿元	40.33	8.9
本级财政收入	亿元	9.35	3.5
固定资产投资	亿元	164.8	16.9
工业固定资产投资	亿元	25	23.5
社会消费品零售额	亿元	209.8	9.6
实际引进内资	亿元	53.5	15
实际使用外资额	万美元	8250	13.2
个体工商户	户	25852	15.6
民营企业	户	10812	22.4
普通中学	所	10	11.1
小学	所	16	6.7
教育经费总额	万元	43982	20
科技三项经费	万元	3500	-2.8
卫生事业费	万元	19752	24.4
人口出生率	%	4.51	-0.9
计划生育率	%	99.9	0.1
建成区绿化覆盖率	%	39.6	0.3

绿园区

【概况】 绿园区位于长春市区西部,东连朝阳、宽城两区,南接长春汽车经济技术开发区,西邻公主岭市,北依农安县。下辖春城、普阳、正阳、青年路、铁西、同心、林园7个街道办事处,56个城市社区;城西、西新、合心3个镇,24个行政村;4个开发区:长春绿园经济开发区(加挂长春轨道交通装备产业开发区牌子)、长春绿园西新工业集中区、长春皓月清真产业园区、长春西部新城开发区。全区总面积216平方公里，常住人口51万人。

【国民经济】 2015年，绿园区地区生产总值完成228亿元，比2014年增长8%。规模以上工业总产值完成263.7亿元，比2014年减少15.5%。固定资产投资238亿元，比2014年增长15.7%。全口径财政收入完成50.68亿元，比2014年增长4.6%。地方级财政收入8亿元，比2014年增长2.6%。城乡常住居民人均可支配收入分别达29483元和12189元。

【经济结构调整】 三次产业比重调整为1.5:58.5:40。轨道交通装备、汽车配套、农产品加工产业加快发展，新增规模以上工业企业17家，全口径规模以上工业总产值突破600亿元，长春轨道客车股份有限公司、皓月集团龙头企业辐射带动能力不断提高。绿园区制定《支持中小企业直接融资奖励办法》和《实施细则》，高新技术和"小巨人"企业发展到18家，吉林省中研高性能工程塑料股份有限公司等3家企业在"新三板"成功挂牌。服务业发展势头加快。绿园区制定出台《进一步加快发展现代服务业的若干意见》和《服务业产业发展专项资金管理办法》，新增限额以上商贸企业40户，完成社会消费品零售总额111.9亿元，比2014年增长9.2%。2015年，海吉星农产品物流中心交易蔬菜60万吨，中机物流科技园进驻商户260户，城市共同配送"96656"智慧物流平台启动运营，远创紫樾台等一批地产项目如期推进。现代都市农业健康发展。绿园区蔬菜水果种植面积3450公顷，标准化养殖场27个，专业合作社发展到134家。完成东安等5个村土地确权工作。

【招商引资和项目建设】 引进新城控股集团有限公司等25个亿元以上项目，引进内资53.17亿元，比2014年增长15%；实际利用外资8373万美元，比2014年增长13%；完成固定资产投资238亿元，比2014年增长15.7%；48个投资3000万元以上项目相继开工、复工。23个"两车"配套项目开工建设，长春一汽综合瑞曼迪斯环保科技有限公司等2个项目投产，上海坦达轨道车辆座椅系统（长春）有限公司等4个项目试生产，江苏日盈电子股份有限公司等7个项目主体完工，新城吾悦广场城市综合体项目住宅工程主体封闭，商业部分完成地上二层建设。开发区转型加快推进，编制《生产力布局规划》，出台《新引进工业投资项目管理办法》，为企业解决土地、规划、开工手续等历史遗留问题36件。基础设施不断完善，绿园经济开发区66千伏变电站二次设备安装调试，西新工业集中区道路及绿化工程完成维修养护，皓月大路地下综合管廊工程正在设计，西客站周边新建丁三十一路、丁三十八路等5条道路局部开工，安庆变电站项目办理规划手续，西正甲乙线高压线迁改工程完成招标。合心省级特色城镇化示范镇完成"三规合一"城镇化发展规划，引进社会资本组建项目公司，确定启动一期4个重点项目。

【城乡建设】 新建大成北路，续建青龙路，大、中修春阳街等14条道路，改造192条巷道。长双高速、地铁二号线（绿园段）项目征收加快推进。迎春大路和小五环路工程确定投融资主体，报批土地手续。投入9000万元，新植6条街路和5处绿地，完成花溪公园、兴隆湖公园绿化种植，新增绿地65.5公顷，建成区绿化覆盖率34.1%。投入3600万元，完成长白、长农公路出城口改造，城市出入口和城乡结合部环境极大改观。开展市容环境综合整治，推进城市管理规范化、精细化、长效化建设，市场外溢、占道经营等顽疾得到治理。推动城乡环卫一体化，绕城高速以内全部纳入专业化保洁，三环以内机械化清扫率达70%。坚持控制违法建筑建设和拆除违法建筑相结合，建立常态化巡查机制，严厉打击出现在卫星遥感图片上的违法用地，拆除违法建筑629处、23.8万平方米。整体推进35处棚户区地块改造，建设回迁房20万平方米，完成9个老、旧、散小区和158万平方米"暖房子"改造，对99栋、17万平方米楼道进行粉刷并实施楼道文化，改善7万城市居民的居住条件。完成228个二次供水泵站普查和5个二次供水泵站建设，淘汰燃煤小锅炉154台。绿园区被确定为吉林省绿化美化整体推进区。投入1000万元，绿化美化村屯5个，修建村屯道路13.5公里，新增市级"美丽乡村"2个，绿园区被确定为吉林省新农村建设现场会参观现场之一。

【幸福绿园建设】 完成《建设幸福绿园行动计划》56件民生实事。投入3140万元，实施社会救助57000人次，城乡低保标准分别提高到月人均435元和年人均

改造后的解放花园小区　　（景年国　提供）

西四环路的绿化工程 （景年国　提供）

2700元。实施社会救助网格化管理，建立社会救助信息平台，困难群体基本生活得到有效保障，国家民政部给予高度评价。为3963名被征地农民办理养老保险。成立吉林省首家标准化劳动人事争议仲裁院。开发就业岗位17400个，新增城镇就业14800人，安置残疾人就业73人，城镇登记失业率控制在4%以内。深化社会化和“医养结合”养老服务，在吉林省率先打造“居家、日托、机构”三位一体的新型养老服务模式，养老机构与医疗卫生机构实现有效对接。发放高龄补贴174万元。启动宁静小学扩建工程，完成绿园区少年宫、生命安全教育基地场馆和功能室建设，综合改造23所中小学设施，教育装备和信息化建设不断加强，顺利通过国家义务教育基本均衡区评估认定。打造15个基层综合文化服务中心，组织开展纪念反法西斯战争胜利70周年、庆祝建区20周年等文体活动百余场。在吉林省率先开展人口健康信息化平台建设。农村标准化卫生所实现全覆盖。深化公立医院综合改革，基本药物制度让利百姓近千万元，全国医改研讨班参会人员到绿园区考察学习，流动人口基本公共卫生计生均等化服务工作在全国会议上介绍经验。投入2700万元，完成2个村、8所农村学校饮水安全工程，惠及农村居民15600人。开展安全生产春季行动、夏季攻坚、秋冬会战和“六打六治”行动，查处整改安全隐患15400处，危险化学品等4项监管工作代表吉林省、长春市迎接国家检查，吉林省安全生产网格化现场会、长春市隐患排查治理体系建设现场会在绿园区召开。投入4900万元，完善公安视频监控网络平台建设，加密公共监控覆盖面，提升治安防控能力，刑事和治安案件破案率分别提高43%和92%。

【民主法治建设】 学习贯彻习近平总书记系列重要讲话精神，突出教育主题，强化问题导向，开展“三严三实”专题教育，加强从严从实作风。自觉接受绿园区人民代表大会及其常务委员会的法律监督、工作监督和政协绿园区委员会的民主协商、民主监督，认真执行绿园区人民代表大会及其常务委员会的决议和决定，办理人大代表建议85件和政协委员提案34件。推进行政体制改革，调整完善绿园区财政与镇、街道办事处、开发区财政体制关系，实施46个政府购买公共服务项目。推进社区硬件达标和服务提升，有千米社区53个，占比95%，服务功能日趋完善。强化行政效能监察，完成绿园区政府权力清单梳理，建立法律顾问参与行政决策和社会稳定风险评估机制，推行重大领域、重点行业、重要部门、关键岗位审计监督，从严治政、依法行政取得新成效。畅通区级领导接访、局长接待日、民情恳谈、公开电话、法律援助等诉求渠道，综合运用领导包案、带案下访等措施，集中解决台北阳光小区团购房、金色欧城小区产权办理等一批信访积案。

（景年国）

2015年绿园区国民经济和社会发展主要指标完成情况统计表

指标名称	单位	实际完成	比2014年±%
地区生产总值	亿元	228	8
第三产业增加值	亿元	69.4	2.7
农业总产值	亿元	8.6	5
规模以上工业总产值	亿元	263.7	-15.5
全口径财政收入	亿元	50.68	4.6
本级财政收入	亿元	8	2.6
固定资产投资额	亿元	238	15.7
工业固定资产投资额	亿元	110	16.7
社会消费品零售总额	亿元	111.9	9.2
利用内资	亿元	53.17	15
新增实际使用外资额	万美元	8373	13

续表

指标名称	单位	实际完成	比 2014 年±%
普通中学数	所	9	12.5
普通小学数	所	27	0
各类医院数	所	17	6.25
教育经费总额	万元	51729	35.5
科技三项经费	万元	1000	-30.5
卫生事业费	万元	15587	33.87
绿化覆盖率	%	34.1	-
人口出生率	‰	2.1	-40
计划生育率	%	99.81	-0.08

双阳区

【概况】 长春市双阳区位于吉林省中部，长春市东南部，南北狭长，最长直线距离 60 公里，东西最宽，直线距离 39 公里。东濒饮马河与永吉县相望，东南、南与磐石市毗邻，西南、西和伊通县接壤，西北与长春市净月开发区为邻，北、东北与长春市二道区相连。双阳区人民政府驻西双阳大街 599 号。全区幅员 1677.42 平方公里，人口密度为每平方公里 233 人。其中陆地 1672.91 平方公里，占总面积 99%；水域 4.51 平方公里，占总面积 1%；林地面积 25834 公顷。有各类矿藏 30 余种。矿泉水、膨润土等资源储量大、品质高，开采前景广阔。全区辖 4 个街道、3 个镇、1 个乡，15 个城市社区，134 个行政村。其中民族乡 1 个，民族村 17 个。总人口 376413 人。其中，城镇人口 118572 人，农村人口 257841 人。有满族、回族、朝鲜族、蒙古族等 20 多个少数民族。

【地区经济】 2015 年，长春市双阳区生产总值 214.88 亿元，与 2014 年比增长 7.6%；三次产业比调整到 9.2:49.5:41.3；固定资产投资 195 亿元，与 2014 年比增长 15.3%；财政总收入 32.2 亿元，本级财政收入 5.34 亿元，比 2014 年分别增长 27.2%和 6.1%。城镇、农村常住居民人均可支配收入增幅均 5%以上。全口径工业总产值 280 亿元，比 2014 年增长 8.9%。奢岭乡村都市、浩鑫农牧循环经济等农业重大项目扎实推进。国家梅花鹿养殖综合标准化示范区建设顺利实施，良种精液与基因库投入使用，鹿产品精深加工业紧随政策调整快速发展，现代服务业发展步伐明显加快。社会消费品零售总额 65.8 亿元，比 2014 年增长 13.7%。

【项目建设】 全年开工项目 105 个，固定资产投资 195 亿元，比 2014 年增长 15.3%。其中，超亿元项目 45 个，超 10 亿元项目 7 个，1 亿~10 亿元(不含 10 亿元)项目 38 个。谋划重大项目 55 个，其中超亿元项目 31 个。在"民企吉林行"、东北亚博览会等招商引资活动中，一批重大项目达成投资意向或签约落地。全年引进天盛养老新城、吉林安装集团住宅产业化基地、中华贤孝国际城等项目 58 个，到位内资 100 亿元，利用外资 1 亿美元。

【新型工业经济格局】 2015 年，全区工业总产值 280 亿元，比 2014 年增长 8.9%。组织申报入库规模以上企业 10 户，区属规模工业产值 46 亿元，增长 9.5%。中德工业园、东南热电厂等重大工业项目投产，以汽车零部件、装备制造、生物医药、新型材料等产业为主体的新型工业经济增长格局逐步形成。

【城乡建设】 辽源至长春铁路(双阳段)工程完工，国道龙东公路提标改造工程竣工通车，完成 365 公里农村公路新建改造任务。鹿鸣大街东段和滨河大路北段竣工通车；完成嵩山路、泰山路等精品街路建设和东双阳大街、禹山路等街路大中修工程；城区环路和龙东、龙双公路亮化工程安装路灯 3000 盏。森临馨园、龙湾御景等房地产开发面积 8.8 万平方米。建设城区一次给水观测井、主产井 42 眼，改造二次供水管道 3 万米。成泰生物质热电联产项目铺设供热管线 6 公里，撤并小锅炉 126 座，城区新增集中供热面积 20 万平方米。城区新增绿化面积 8 万平方米。鹿乡二次变电站建设工程投入使用。投资 3 亿元，实施 9 项市政道路建设工程；投资 5000 万元，实施精品街路建设和街心园、西广场提标工程，城区面貌焕然一新。对违法建设、机动三轮车非法营运、岭上商圈市场外溢等顽疾进行集中整治，市容环境更加规范有序；投资 4.6 亿元，完成龙东公路提标改造工程。新建改造吊水壶旅游路等农村公路 365 公里。投资 2.6 亿元，实施梨树排涝站新建、双阳河中段治理等 34 项水利工程。

【民生工作】 幸福双阳行动计划 16 个方面 64 项实事全面落实。城乡常住居民人均可支配收入分别达 22700 元和 11700 元，均实现较快增长。培训城乡劳动者 2.3 万人次，开发就业岗位 8880 个，安置就业 7753 人。发放救助资金 230 万元，群众突发性、临时性生活困难实现"有一助一"。分配廉租房 531 套，完成 35 万平方米暖房子和 670 户农村危房改造任务。投资 2 亿元，实施 15 项教育重点工程，义务教育均衡发展工作通过国家督导评估认定。启动全国健康促进区创建工作。出台加强和改进城市社区工作意见，开展"一社区一特色一品牌"活动，提升社区服务能力和服务水平。城镇职工、居民基本医疗保险和新农合等社会保障工作运行平稳。离退休人员平均养老金、职工最低工资、社会平均工资分别由2010年的1020元、820元和2046元提高到1650元、1480元和3330元。城乡低保标准分别达360元/月和2800元/年，比2010年增长35.8%和86.7%。有效预防、化解各类信访矛盾，群众合理合法诉求得到及时妥善解决。健全完善立体化社会治安防控体系，群众安全感测评位居全省前列、全市第1。全区未发生重特大生产安全事故。

【都市农业】 全区粮食作物播种面积84096公顷，绿色优质水稻发展到8300公顷，粮食总产量7.65亿公斤。国信现代农业园区等一批都市农业项目投产，棚膜蔬菜面积1060公顷，新建、改扩建特色农牧园区12个。植树造林1800公顷，实施14座小(2)型水库除险加固等农田水利工程。转移农村劳动力11.7万人次，实现劳务经济收入11亿元。打造新农村示范样板村屯22个。

【社会事业】 双阳科技网站开通。投资2亿元，实施城北学校等15项教育重点项目，通过国家义务教育均衡发展评估认定。深化公立医院改革，双阳区传染病医院改扩建项目主体封闭，双阳区急救中心改建项目即将完工。实施双阳区体育馆改造提升工程，行政村体育健身场地设施在全市率先实现全覆盖，组织开展群众性大中型文体活动64场(次)，比2014年增加1倍以上。柏山社区商会大厦、清江社区办公楼项目进展顺利，城市社区服务用房全部达到千米标准。创建残疾人扶贫基地3个，流浪未成年人救助保护中心投入使用。

(朱守林)

2015年双阳区国民经济和社会发展主要指标完成情况

指标名称	单位	实际完成	比2014年±%
地区生产总值	亿元	214.88	7.6
第一产业增加值	亿元	19.08	4.3
第二产业增加值	亿元	100.32	6.5
第三产业增加值	亿元	95.48	9.8
全口径工业总产值	亿元	280	8.9
农业总产值	亿元	34.20	4.9
全口径财政收入	亿元	32.2	27.2
本级财政收放	亿元	5.34	6.1
固定资产投资	亿元	195	15.3
旅游收入	亿元	29.6	24.4
社会消费品零售额	亿元	65.8	13.7
实际使用外资	亿(美元)	1	
实际利用内资	亿元	100	
城市人均可支配收入	元	22700	5
农村人均可支配收入	元	11700	5
普通中学	所	26	-
普通小学	所	111	-
各类医院	所	18	-
教育经费总额	亿元	7.4	21
医疗卫生经费	亿元	1.1	43
人口出生率	‰	2.68	-

开 发 区

开发区发展综述

【经济发展】 截至2015年年底，全市开发区实现地区生产总值4020亿元，占全市的70.4%；实现全口径财政收入722亿元，占全市的67%；实现工业总产值7690亿元，占全市的88.5%；完成固定资产投资3105亿元，占全市的71.5%。

【产业发展】 2015年，开发区坚持土地集约、企业集聚原则，把产业集群作为发展的基本模式，推进企业有序迁移，加快50个产业集聚区建设。截至2015年底，全市有4个开发区主营业务收入超千亿，3个开发区工业产值超千亿，5个特色产业园区工业产值超百亿；以发展工业为主的国家级开发区产业集聚度达80%，省级开发区达56.2%。以开发区为载体的汽车及零部件、轨道客车、光电信息、生物医药等产业基地加快建设，形成以汽车及零部件、农产品加工、轨道客车为主导的多功能综合性产业集群。

【项目建设】 2015年，全市开发区开工投资3000万元以上项目1032个，计划总投资7118亿元，实际完成投资2246亿元。其中，工业项目499个、服务业项目364个、社会事业项目84个、基础设施项目85个。重大项目建设取得突破，30万辆奥迪Q工厂、百万台EA211发动机、长客股份动车组检修基地、亚泰医药产业园等一批重点工业项目建设取得重要进展，EA211发动机一期等多个项目实现竣工投产；长光卫星航天信息产业园、吉林省国家电子商务产业园、清华金融科技园、淘宝中国特色吉林馆等一批重点科技创新型项目相继落位并运行，吉林一号卫星成功发射升空在轨运行，净月众创大厦、高新技术创业服务中心、吉广文化创意产业园投入使用；高新区核心区城市综合体、际华物流商贸园、综保区跨境电子商务中心、吉林省金融大厦、商务广场等一批重点高端服务业项目快速推进，跨境电子商务产业现有顺丰、申通等14户国内外知名企业落户，业务开展至俄罗斯、德国等180多个国家和地区，年可实现出口电商包裹500万件。

【招商引资】 截至2015年年底，有170个国家和地区在开发区投资，60户世界500强企业在开发区落户，在开发区注册的外资企业4000多户，占开发区注册企业总数的20%。2015年，开发区实际利用内资970亿元、占全市87.4%，实际利用外资50.8亿美元、占全市88.9%，成为外商来长投资的首选之地。开发区主动融入长吉图开发开放战略布局，抓住国家振兴东北等老工业基地的重大机遇，加快对外开放平台建设，2015年综合保税区各项工作进展迅速，基础设施不断完善，全年签约项目69个，通关能力实现报关单5500份，业务额2亿美元，借助国家“一带一路”战略的发展机遇，开辟航空通道——长春至莫斯科货运包机，海铁联运通道——长春至大连的保税货运专列，陆海联运通道——陆路运输至珲春转至扎鲁比诺港线路，欧亚铁路运输通道——“长满欧”铁路。空港经济开发区划入长春新区规划，长春新区即将获批，形成全方位、多层次、宽领域对外开放新格局。

【科技创新】 开发区加快由要素驱动向创新驱动转变，努力建设长春市重要的高新技术研发与成果转化基地。截至2015年底，全市开发区高新技术企业239户，高新技术企业实现工业产值占工业总产值的比重40%。建立省级以上企业技术中心100多家，重点规上工业企业R&D占比达2%左右，科技成果转化率达50%左右。推动大众创业和万众创新，建设重点科技孵化基地28个，省级以上创业孵化基地数量达50个。北湖科技园全面启动二期建设，新签约15户高科技企业，总数41户，光电和智能装备产业园正式开工建设。

【环境建设】 开发区围绕建设国际性现代化中心城市，以契合和带动城市空间规划和城市功能为目标，高标准推进区域基础设施建设。2015年，全市开发区完成基础设施投资134.9亿元，实现“七通一平”配套面积15平方公里，全年新开工重点基础设施建设项目47个，计划完成投资91.9亿元，实际完成43.6亿元。截至2015年底，汽车开发区、经济开发区申报国家生态工业示范园区，已经通过省商务厅和环保厅审核验收，正在等待国家商务部和环保部的考核验收，北湖国家湿地公园、汽车公园、国际会议中心、长春农业博览园等相继建成并投入使用。

（张　立）

长春高新技术产业开发区

【概况】 长春高新技术产业开发区（简称长春高新区）是1991年国务院批准建立的首批国家高新技术产业开发区之一，是吉林省第一个开发区和第一个国家级开发区，辖区面积150平方公里。其中，南区55平方公里；长东北核心区95平方公里。全区辖2个乡、1个街道办事处、27个行政村、23个社区，常住人口20.7万人。2011年，与德惠市合作开发建设"长德新区"，新增发展空间150平方公里，其中起步区面积37平方公里。2014年11月14日，吉林省委、省政府作出依托长春高新区挂牌建设长吉产业创新发展示范区的决策。2015年2月26日，长吉产业创新发展示范区正式挂牌成立，规划控制区面积3710平方公里，范围包括长东北、吉林市产业发展示范区2个相连的区域，率先启动建设的长东北先导区面积为504平方公里，包括长德新区、空港经济开发区、东北亚国际物流园区、长东北创新产业园区。

【主要经济指标】 2015年，全区营业总收入实现3871亿元，地区生产总值实现950亿元，工业总产值实现3515亿元，固定资产投资完成547亿元，全口径财政收入完成457亿元，一般预算财政收入完成94.9亿元。产业结构不断优化，剔除一汽大众因素，二三产业比重调整为72:28，第三产业增加值比2014年提高3%，区域经济发展质量和效益稳步提升。

【特色产业集群】 围绕培育以先进制造业、现代服务业、现代农业为重点的现代产业体系，先进装备制造企业发展到339家，实现产值3237亿元，长春国家汽车电子产业园入驻38家企业。生物医药企业发展到221户，实现产值74亿元，长东北生物医药产业园累计落位项目20个。光电信息企业发展到108户，实现产值11亿元，总投资30亿元的航天信息产业园投资主体完成注册，将打造卫星接收、处理、分发和应用的全产业链；光电和智能装备制造产业园集聚企业13户，"小巨人"高科技企业集聚区形成规模。新材料新能源企业展到110户，实现产值78亿元，新引进长春恩福油封有限公司年产2亿件汽车密封件、高合黑格尔新材料研发中心、吉林常春高氮合金研发中心等一批优质项目。高端服务业实现收入350亿元，新引进东华软件股份公司、吉林数吉钱包电子商务有限公司等112户文化创意及软件服务外包企业，实现园区化、模块式、集群化发展；软件服务外包企业发展到500余户；适应"互联网+"，引进建设国家电子商务产业园，电子商务企业发展到100余户。培育现代农业，引进落位总投资100亿元的亚太农业和食品安全产业国际示范区项目，正在洽谈项目93个。

【招商引资】 国内外开展大型招商推介活动12次，新引进产业化项目54个，平均投资强度在7000元/平方米以上，其中，总投资超10亿元大项目有5个。总投资50亿元的光电和智能装备制造产业园、总投资37亿元的新能源汽车产业园、总投资30亿元的中信戴卡汽车轮毂生产基地、总投资25亿元的中沃国际产业谷、总投资18亿元的长春东北亚国际机械城等一批重大工业项目正式落位，总投资35亿元奥特莱斯商业综合体、总投资32亿元的五洲国际万国城、总投资15亿元的平安汽车供应链金融产业园等高端服务业项目加快推进。

【项目建设】 全区开（复）工项目170个，开工率达85%。总投资25亿元的长春铁路综合货场工程场地平整基本完成、铁路专用线路基工程加快推进；吉林亚泰集团医药产业园、吉林省华阳集团有限公司年产3万吨高强度玄武岩纤维及制品项目已完成部分主体工程；国内首颗商用遥感卫星"吉林一号"成功发射、平稳运行，卫星运控中心和数据中心投入使用；集成电路领域"吉湾一号"芯片实现"商业流片"批量化生产；总投资5.6亿元长春电子商务物流运营中心项目投入使用；长春诚众汽车零部件有限公司、长春英利汽车部件有限公司二期等项目实现扩能升级、提质增效。

【科技创新】 全年新引进高水平研发类项目14个，总数达51个，云计算中心项目正式运行；光电子平台完成主体工程，年内入驻企业29户；新材料技术平台加快建设，聚酰亚胺树脂、合成橡胶等6个项目正式进驻；吉林省集成创新综合体加快建设，吉林省科技大市场投入运营，承担东北地区技术转移核心区功能；中科院长春分院技术转移中心引进落位项目10个。光电子产业孵化器被科技部认定为科技创业孵化链条建设示范单位，百万米北湖科技园一期全部建成，新签约落户24个高科技项目，总数达50个，25家企业进驻运营。全年申请专利1800项，其中，发明专利近600项，高新技术企业发展到105户，占全市的53%，新评选科技型小巨人企业15户，总数达45户，占全市的35%；金赛药业"重组人生长激素系列产品研制与产业化"获国家科技进步二等奖，长春吉原生物成为全市首批通过国家知识产权管理体系认证的企业，长春生物制品研究所"无硫柳汞流感病毒裂解疫苗的研究"、长生生物"冻干水痘减毒活疫苗"、吉原生物"医用水凝胶眼部保护敷料"等3项成果获第三届"吉林省长白山医药创新奖成果转化奖"。

【"人才改革试验区"建设】 开展第5批英才计划申报评审工作，45个单位的50个人才项目申报，评选出13个人才项目，包括海外高端领军人才1人，高层次创业人才3人，高层次创新人才5人，高级经营管理人才4人，给予680万元无偿资金支持；依托长春海外学人创业园、北湖科技园、中俄科技园等孵化器，新引进197个孵化项目500多名高端人。

【金融服务】 科技金融服务功能，区内合作银行创新推出“助保贷”、“微小企业信用贷”等信贷产品，为企业新增信贷支持近5000万元；与科技支行合作开展股权质押贷款，开创全省中小科技企业信用贷款先河；长春长生生物科技股份有限公司参与连云港黄海机械股份有限公司重组，实现“借壳上市”；吉林省迈达医疗器械股份有限公司、中邦园林股份有限公司、吉林派诺生物技术股份有限公司等12家企业成功挂牌“新三板”，全区储备上市和挂板“新三板”企业近60家。

【企业服务】 全年兑现产业项目扶持资金2.84亿元，涉及732户企业、1571个项目；深入落实全省“五证合一”等审批制度改革，探索实施一口办理、并联审批，实行首问负责制和领办代办制，加强事中事后监管和接续服务，构建优质高效的审批服务链条。

【深化改革】 根据示范区行政管辖范围，推进行政代管工作，完成长德合作区121平方公里、东北亚国际物流园区53平方公里的区划，推进空港经济开发区363平方公里区划工作。促进域内集团公司拓宽融资渠道，提升运营水平，长春长东北龙翔投资建设(集团)有限公司、长春高新创业投资集团有限公司长春高新城市建设投资(集团)有限公司3个集团公司得到发展壮大，其中，龙翔集团作为重点打造的融资平台，资产规模发展到410亿元，拥有8家全资子公司、3家控股子公司、3家参股公司，企业信用等级为AA+，具备土地整理、市政建设、金融投资、地产开发等功能，2015年融资170亿元。深入探索政府和社会资本合作(PPP)模式，强化PPP项目包装、储备和管理，对于公共服务、基础设施类项目，全部采取PPP模式推向市场，建立项目储备库，谋划东北亚国际物流产业园土地开发、雾海生态谷等11个政府和社会资本合作项目，长春北湖国家湿地公园项目申报为第2批国家级PPP示范项目。

【城市建设与管理】 南、北两区规划建设28条道路，北区丙三十五路等重点工程正式竣工，水电气热配套进一步完善；长德新区长德大街等6条道路全面建成，污水处理厂一期加快推进，换热站及配套热力管线建成使用。长春北湖国家湿地公园加快重点景观绿化、垃圾处理场建设等二期工程；东北亚黄金纽带文化产业园加快园区绿化补植及配套工程建设，申办佛教文化艺术雕塑展。创建国家智慧城市试点机遇，完成智慧城市规划设计，确定项目实施主体，稳步推进智慧城市相关基础设施和平台建设。

【民生工作】 实施幸福高新行动计划，15大类、64项民生工作任务全部完成；落实“基层基础建设三年行动计划”，7个方面、25项具体任务。年内发放被征地农民养老金1000余万元，完成400张床位公办养老机构建设任务；全年开发就业岗位5260个；推进老旧散小区改造，在实施暖房子工程基础上，全区老旧散住宅区专业化物业管理、业主自治管理和社区准物业管理覆盖率100%。吉林省第六人民医院迁建项目门诊综合楼、办公实验楼等进行内部装修；北师大附属中小学项目部分投入使用；长春奥林匹克公园体育场、游泳馆主体框架基本完成；长德新区群众文化活动中心基本完工；与吉林大学开展合作办学共建慧谷学校，已经完成教学楼主体。

【党的建设】 开展“三严三实”专题教育，抓好“五个建设”活动。在全区局(处)级以上领导干部中开展“三严三实”专题教育，以严和实的精神做好带头讲党课、开展专题研讨、强化整改落实和立规执纪、开好专题民主(组织)生活会4个“关键动作”，各级领导干部共查找整改“不严不实”问题1600余个，出台新制度9项，巩固和拓展党的群众路线教育实践活动成果，取得作风建设新成效。“五个建设”活动。全年举办“周六大讲堂”14场，参训干部5500余人次，在长春市委党校举办4期专题培训班，促进领导干部思想解放和观念更新；选拔6名年轻干部到社区任职，抽调15名机关干部驻村工作，选派9名优秀年轻干部到村、社区实践锻炼；开展纠正“四风”系列专项行动，增强干部职工廉洁自律意识。投资700余万元，加强村级组织规范化建设，壮大村级集体经济，村集体组织全年实现总收入1150万元；组织“蒲公英”党员志愿者开展“五助”活动1200余次，累计8000余人受益，关爱资金达100余万元；开展“和谐发展·共建高新”惠民行动，促进基层组织服务民生，强化战斗堡垒功能和作用。

（张　健　田莎莎）

长春经济技术开发区

【概况】 经开区全年实现地区生产总值540亿元，增长6.2%；工业增加值323亿元，增长4.2%；一般预算全口径财政收入73.9亿元，增长10.8%；固定资产投资536亿元，增长15.3%；其中工业投资300亿元，增长10%。

【招商引资】 围绕“民企吉林行”“央企进吉林”“东博会”“中小企业节”等各大会事活动载体，务实高效开展各类招商活动近百次，全年实际利用内资140.4亿元，实际利用外资18.84亿美元。签约总投资亿元以上项目40个，总投资256.8亿元。储备在谈项目280个，预计总投资1100亿元。

【项目建设】 历时2年完成经济技术开发区控制性详细规划，对兴隆山镇《总体规划》和《控制性详细规划》进行修编，完成全区给水、10千伏电力等8个专项规划。全年完成20栋回迁楼的建设任务，提供房源1569套，保证当期回迁需求；利用现有房源，全年回迁3035套。新建和改造标准厂房19.3万平方米，专用车园区5、6号地块标准厂房实现当年开工、当年竣工。用80天完成会展中心改扩建工程，对中山大街、成都大路等北区7条街路进行提升改造，中修翻建、方砖改造道路20万平方米，完成长吉南线、长吉北线、102 国道等城市出入口街路道路改造。

【新兴产业】 产业创新基地展示中心竣工投入使用,计 12 家企业落户,9 家企业投产,生产产品 4000 余吨,占全省总产量的 85%。开通对俄跨境电商货运包机航线,出台了简化归类、大包过机查验、与机场系统联动等便利措施,综保区已具备 10 万件跨境电商小包的日处理能力。顺丰、申通等 14 家知名电商及物流企业在综保区注册,全年跨境电商出口业务呈现爆发式增长,实现货物出口近 1000 万票,货值近 5 亿元。委托中国汽车研究中心完成产业发展规划,比克公司已完成注册,10 万辆纯电动汽车配套动力电池项目即将落地,新能源客车项目也在规划实施中;上海中盈志合公司完成工商注册,将与应化所共同生产适合北方高寒地区使用的宽温镍氢汽车动力电池;中兴通讯完成公司注册,将围绕新能源公交车运营、充电设施建设开展工作。综保区云计算、大数据园区和产业发展规划正在编制当中,北京世欣蓝汛项目已经签约,浪潮集团基本明确落户,惠普和天津泰达超算中心共同建设的云计算产业园项目有望上半年落位,九次方大数据公司等也正在筹划开展相关业务。

【长春兴隆综合保税区建设】 园区建设日益完善。加大路网建设力度,甲三路等 14 条主次干路全部完工。铁路专用线集装箱货场和专用线路轨完成总工程量的 70%,6 月份投入使用。5 万平方米的进出口商品展览展示中心实现冷封闭,11 月投入使用。综保区及配套区基本完成"九通一平",主要道路均已实现绿化、美化、亮化,园区承载能力日益增强。功能作用不断创新。综保区获准开展跨境电商直邮进口业务和筹建国际快件监管中心,多式联运海关监管中心和国家铁路开放临时口岸申报工作正式启动,国家跨境电商综合试验区建设方案正式上报国务院。进口肉类指定查验场冷冻冷藏仓库即将建设完毕,具备 3000 吨冷链商品存储、中转和配送能力,英国太古、北京恒慧、欧亚集团、东北亚物流、香港其士等都有意进驻,综保区有望打造成为吉林省乃至整个东北地区进口肉类产品分销配送中心。通道建设取得巨大突破。6 月,长春至大连港的保税货运班列成功开通,将大连口岸的功能真正转移到长春;7 月,长春至莫斯科货运包机实现首飞,已执飞 42 班;8 月,"长满欧"国际铁路货运班列开通,运行 20 列次,实现东北亚至欧洲贸易物流通道的双向贯通。使综保区建立起对俄、对欧的直接双向经贸通道,并与海上实现对接。"长满欧"班列开通以来,线路的成本优势、时间优势和综保区的平台优势日益显现,博泽零部件、福耀玻璃等企业利用"长满欧"进行运输后,综合物流成本降低 40%。园区业务快速增长。签约项目 69 个,计划总投资 98 亿元。全年有 25 户企业开展业务,申报报关单 5500 份,实现业务额 2.75 亿美元,业务规模是 2014 年的 5 倍。

【土地征收与利用】 全年组织实施征地 136 公顷,征收民宅 214 户、工企 32 户,依法周密实施司法强制执行,保障吉林大路东延长线、地铁二号线、机场大道与长吉高速出口节点立交桥、铁路站场改造、金钱村土地收储、际华等市区重大项目建设的需要。土地收储工作全年完成经开药业、大众置业等 5 个收储项目,收储土地 18.9 公顷,保证当期土地出让需要。

【生态文明建设】 北区污水处理厂投入使用、干雾海河截污干管综保区段建设完成,满足区域内污水处理和排放需求。国家生态工业示范园区创建工作通过省级验收,进入国家验收阶段。

【社会管理与民生】 年初承诺的安居工程、社会救助、残疾人保障体系建设等 15 件民生实事得到全面实施。新增社区用房面积 3800 平方米,构建了以居家养老为基础、社区养老为依托、机构养老为支撑的"三位一体"社会养老体系,吸引社会力量成立珠海社区幸福里助老之家和兰州社区养老服务中心,在全市率先创建了居家养老名优品牌。实施"基础教育质量提升"等"五大工程",并投入近 1 亿元改善办学条件。全年受理群众来信来访 1042 批次、7862 人次,比 2014 年分别下降 28%和 31%。

(林　通)

长春净月国家高新技术产业开发区

【概况】 净月高新区位于长春市东南部,是长春市的生态核心区、中央休闲区和高端产业聚集区。净月区成立于 1995 年 8 月,当时是以生态立区的旅游经济区,经过 2006 年全国开发区调整后,成为省级经济开发区,2012 年 8 月,成功晋级为国家高新技术产业开发区,实现整体发展的跨越式升级。净月高新区幅员面积 478.7 平方公里,总人口 40 万,区域林水面积 243 平方公里,拥有 2 个国家 5A 级风景区、3 个整建制镇和 2 个街道办事处。自晋升为国家高新区以来,净月区获得了长足发展,先后被评为国家服务业综合改革试点区、国家电子商务示范基地、国家现代服务业数字媒体产业化基地、国家信息消费试点区、国家级文化和科技融合示范基地。

【经济运行】 2015 年,全区营业总收入完成 1950 亿元,地区生产总值完成 697 亿元,全口径财政收入完成 110 亿元,分别是 2010 年的 2.1 倍、2 倍和 4.7 倍。净月区荣获近 10 项国家级示范区、试点区称号,在同年晋级的 17 家国家级高新区中综合排名列第 1 位,在全市地区绩效考核中连续 3 年位于开发区组第 1 名,成为吉林省开发区转型升级、创新驱动的新典范。

【产业结构】 净月区对西部新区 53.8 平方公里区域进行高位谋划,促进战略性新兴产业的加速聚集。2015 年现代服务业增加值实现 487 亿元,比 2010 年翻一番,占 GDP 比重 70%,一跃成为全市转方式、调结构、促增长的重要增长极。全区三次产业比重由 2010 年的 2.2:

32.6:65.2调整为1.2:28.9:69.9，三大产业已成为推动区域经济可持续发展的强劲动力。

【项目建设】 2015年，引进招商项目328个，其中世界五百强28家，行业领军企业近百家，实现签约总金额2918亿元，是十一五期间的2.3倍；实现每年至少开工20个新建项目、60个续建项目的良性循环，项目投资强度达到2.1万元/平方米；完成土地收储2159公顷，征地2254公顷，拆除房屋大棚2233万平方米。全区土地出让均价3106元/平方米，是2010年的1.5倍。德国大陆电子、日本丸红、一汽金融等40多个项目已投入使用，绿地越峰广场、复华未来世界、金沙中心等130多个项目正在建设，总部经济、现代金融、汽车电子等产业集群已具备雏形，以生态大街为主轴的新兴产业带强势崛起，西部新区实现由图纸到新城的华丽蝶变，区域价值节节攀升。

【科技建设】 科技招商，引进微软创新中心服务平台、澳大利亚英可思、国家02专项等38家高科技龙头企业；孵化载体建设，打造3个国家级孵化器、3个国家级众创空间，全区可用孵化面积超过10万平方米；企业培育，全区有13户企业被认定为国家高新技术企业、6户企业被认定为长春市"小巨人"；人才引进，依托"535人才计划"，建立6个人才信息库、15个人才服务联盟，储备海外高层次人才600余人，成为全省首批引智示范区；在政策支持上，制定出台"6+1"创新创业扶持体系。随着"互联网+"的跨界融合，科技金融产业异军突起，电商产业后来居上，净月区已成为全市高技术产业聚集发展的战略新高地。

【净月区建设】 发挥规划先导作用，启动净月快速路以南22平方公里的市政详规编制，完成新立城32平方公里的控详规编制，实现整个城市规划区域的控规全覆盖。基础设施承载，投入238亿元，实现"道桥水电气热信"同步大推进，新增城市绿地578万平方米，净月生态大街、净月立交桥、生态文化公园、湿地公园、东南污水处理厂等一批省市功能性地标建筑精彩亮相，城市品质全面提升。城市功能体系，引进科技、文化、旅游精品设施，配套建设教育、医疗、商务等服务平台，打造完备的复合型城市功能"生态链"。城市管理，全面实施"网格化"监管，扎实开展市容环境综合整治，城市管理模式受到社会各界高度赞誉，成功经验在全市推广。国有资产效能，整合全区国有资产存量，优化配置结构，促进近千亿国有资产保值增值，搭建以市场化手段提高资本收益的新平台。生态环境，建设净月女神雕塑、瓦萨博物馆、森林木栈道，丰富景区文化内涵；推动出台净月潭风景区保护条例，实现生态保护的法律护航；开展"蓝天工程"和水体治理，完成退耕还林1384公顷，景区森林覆盖率由2010年的66.7%提高到82.9%，净月区生态质量达历史最好水平。

【塑造净月区品牌】 精心培育论坛品牌，举办中国创投长春峰会、中国东北亚金融服务论坛、中国车载信息产业年会等国家级论坛，塑造"净月论坛"的城市新名片。放大休闲品牌，中国瓦萨成功跻身世界罗佩特，森林马拉松、国际自行车越野赛蜚声中外，伪满皇宫博物院成为国家级爱国主义教育基地，长春农博会的国际开放度全面提升，净月潭森林公园和长影世纪城先后晋升AAAAA级景区，城市国际化气质全面彰显。提升商街品牌，省内知名的彩织啤酒街、正在崛起的诺睿德巴蜀映巷商街、已经成型的净月街道"三圈五街"，共同构筑了吸引中外游客的城市新地标。创新发展文化品牌，省历史博物馆落户净月区，"印象净月"艺术节家喻户晓，全市首家"希望工程服务站""群众艺术馆""社区图书馆"引领全市群众文化活动新风尚。

【民生工作】 2015年，净月区发展基础教育，完成全区16所中小学的新建和教育装备系统升级，开发教育特色，促进义务教育均衡发展，受到国家督导组高度评价。推进社会事业，开展西部回迁工程建设，有效解决5800户居民的住房需求；安置就业8.9万人次，实现养老、失业、工伤、生育保险全覆盖，形成综合性、多层次的社会保障和救助体系；安全生产统筹创新，实现动态监管无缝隙，连续5年获得省、市安全生产先进单位称号。加快推进城乡统筹，林家村土地整理、中小型水库除险加固、净月潭上游河道综合治理、集体土地确权、集体林权改革等重大工程取得阶段性成果，农村基础设施和村容村貌焕然一新；实施建区以来规模最大的"暖房子"工程、老旧散小区改造工程和乡道养护工程，人民群众的幸福指数全面提升。

【党建工作】 开展党的群众路线教育和"三严三实"专题教育活动，重点整治38大类损害群众利益问题，修订近百项密切联系群众的规章制度，投入帮扶资金5000余万元，解决群众实际问题近千件。打造基层党建品牌，"红细胞工程"享誉全国，非公党建被中组部总结推广，48个基层党组织活动场所顺利竣工，"党员服务队""红领工程""彩虹工程" 打造党组织服务民生的新载体，为省市基层党建和政权建设做出新示范。构筑廉政惩防体系，细化权力清单，严格落实工程招投标、政府采购和项目审核制度，打造风清气正的政务环境。培育优秀的创业团队，率先建立一整套适合净月区自身发展的录用、晋升、激励机制，激发团队活力和创造力。

（贺国峰）

长春汽车经济技术开发区

【概况】 长春汽车经济技术开发区（以下简称汽开区）是经国务院批准的国家级经济技术开发区，主要承担加快长春国际汽车城建设、建设长春西南城市副中心和承接一汽剥离社会职能3项任务。汽开区行政管辖面积110平方公里，建成区面积50平方公里，共管辖2个街道办事处，9个半行政村。建区以来，先后被授予国家汽车零部件出口基地、国家汽车电子产业基地、国家新型工业化产业示范基地等称号。

【产业优势】 汽开区是长春市汽车产业的核心区域，一汽集团总部，一汽解放、一汽大众、一汽丰越等一汽集团的全资和控股整车制造企业坐落在区内。区内已经形成“中、重、轿”三大系列多个车型的产品格局，形成年产120万辆轿车、20万辆卡车的生产能力。开发区的汽车零部件制造基础十分雄厚，区内有汽车零部件企业300余户，有麦格纳、纳铁福、富奥电装、一汽大众发动机、变速箱、一汽四环股份、杰克赛尔空调、一汽铸造、一汽锻造、一汽模具中心等一批在国际国内较有影响的汽车零部件企业，形成较强规模的配套体系和在国内具有一定竞争优势的零部件制造企业集群。一汽技术中心、中国机械工业第九设计院、长春汽车工业高等专科学校等构成国内汽车研发教育机构最密集地区。全国最大的汽车零部件交易集散地、东北地区最大的汽车、二手车交易市场等。

【经济指标】 2015年汽开区实现地区生产总值实现540.6亿元，比2014年增长7%；固定资产投资完成546亿元，比2014年增长12.8%；区属规上工业产值完成119亿元，增长11%；一般预算全口径财政收入122.83亿元，增长15.45%；实际利用外资7.65亿美元，增长13%。实际利用内资143.3亿元，增长14.3%。各项主要经济指标继续位居全市各县(市)区、开发区前列，财政收入总量和增速列长春市第1位。

【招商引资】 2015年引进工业项目30个，计划总投资120亿元，可实现产值190亿元。抓好项目跟踪储备，共跟踪储备工业项目47个，商业项目12个。落实“一会一活动”招商，完成目标任务。吉林省机器人协会在汽开区正式成立。

【项目建设】 2015年完成征地100公顷，供地153公顷，房屋征收65万平方米。全力推进项目开工，2015年开工项目46个，其中，工业38个，商业8个。投资158亿元的一汽-大众Q工厂、投资14亿元的一汽-大众EA211发动机三期等项目全面建设。星宇车灯、天元奥特等20余个项目竣工投产。

【基础设施】 2015年启动建设项目76项。实施道路桥梁工程，完成了大岭物流通道汽开区段建设，完成富民大路跨永春河桥、高尔夫路、乙二街道路排水工程，建成道路10.5公里。围绕项目需求，加强配套设施建设。完成给水管线4公里、排水管线22公里，天然气管线75公里，通信管线60公里，电力线路92公里。实施长沈路出城口和汽贸商街改造工程。

【城市建设】 加强市政建设和管理，完成道路维修9万平方米，补植街路树木12120株，对20余万株树木进行了修剪和涂白。加快商服业发展，车城万达广场正式对外展示和销售，保利中央公园、西湖中铁城高档住宅加快建设，华航商业综合体、保利五星级酒店积极推进。环外多恩地产、一汽大学生公寓等项目进展顺利。生态工业园区创建工作通过国家专家组验收。

【服务一汽】 加强项目服务，召开专题协调会争取省市支持，解决一汽-大众Q工厂等项目建设中问题。坚持项目月调度制、报表制和领办、代办制，提升服务效率。支持一汽集团生活区“三供一业”接收工作，各项工程有序推进。

【社会事业】 实施幸福汽开区计划。开发就业岗位6306个，城镇新增就业4783人，城镇失业人员再就业1170人，农村劳动力转移就业1100人，引导扶持实现创业621人。新增城镇企业职工基本养老保险954人，城乡居民养老保险19113人，被征地农民养老保险4840人，城镇居民医疗保险续保缴费76866人。机关和事业单位养老保险参保率达到100%，城乡居民基本养老保险数据质量达标工作达标率100%。提高城镇和农村居民最低生活保障标准，为城乡低保户发放低保金1100万元。开展医疗救助工作，为312名困难群众提供医疗救助金145万元。进行拥军优属、老龄和残疾人工作。完成东风家园建设，实施一汽143栋危房改造工程，推进日新家园建设。2015年安置回迁居民1175户。推进教育综合改革实验区建设，通过国家义务教育均衡发展评估验收。深化管理体制改革，完成20所学校法人治理结构调整。启动东风学校建设准备工作。加强卫生工作，加大疾病防治力度，建立传染病预防体系。普及各类疾病防控知识，提高群众健康水平。开展优生健康检查，落实奖扶政策。开展为弱势家庭捐书送书、构建幸福家庭联谊会、和谐邻里百家宴、热爱一汽读书演讲赛和社区艺术节等活动，丰富群众业余生活。开展国民体质监测工作，新增体育健身路径2套，公共体育基础设施覆盖率达90%以上。

【社会治理创新】 以“平安医院”“平安校园”为重点强化平安建设，“天网四期”全面交付使用。推进综治“六必进”工作，街道、社区和农村综治组织覆盖率达到100%。强化服务大局意识，开展“三官一律下基层”“法治宣传服务月”等活动，依法治区能力和水平得到提升。启动街道社区微信服务平台建设，利用新媒体参与社区服务的新渠道。开展文化和志愿服务活动，社区服务工作日益完善。加强社区阵地建设，新组建社区4个，新增社区办公用房5100多平方米。加强社会工作者队伍和社工站建设，“红旗锦程社工服务站”被评为全市社会工作示范机构。深化社区民主自治，社区居民主人意识、权利义务观念明显提升。重视生产安全、公共安全、交通安全、消防安全、食品药品安全工作，落实安全责任制，启动隐患排查治理体系综合监管平台建设工作，开展春季安全隐患集中整治、“夏季攻坚”和秋冬会战专项行动。

【自身建设】 开展“三严三实”教育实践活动，突出抓好党课、研讨、查改环节。学习习近平总书记系列重要讲话特别是吉林调研重要讲话精神学习活动，在全区掀起学习热潮，开通“汽开区党员学习微平台”。贯彻中央八项规定，严格班子工作规则和工作纪律，增强每个班子成员的责任意识、担当意识和表率意识。落实党委书记抓党建第一责任人职责，开展党建专项述职工作。采取专项投入、党费补助方式，加大对社区、农村党建经费投入，建立24个党群活动中心。推进“红旗党建”工程，开展“五型”机关创建活动。活跃农村党组织活动，建设完成5个回迁村一站式服务大厅。强化非公党建工作，坚持开展“两建五送”活动，打造10个非公企业党建示范点，对286名非公企业党组织书记和党务干部进行专题培训。创新非公党建模式，成立汽车销售行业联合党组织，开创长春市非公党建先河。干部选拔任用制度和管理制度改革，对部分中层干部进行轮岗交流。落实“两个责任”，制定出台《实施意见》和《实施办法》。严格落实中央八项规定、省市和汽开区相关规定，加强作风建设，完善教育、制度、监督为核心的预防腐败体系。

（陈晓杰）

长春莲花山生态旅游度假区

【概况】 长春莲花山生态旅游度假区（下称“度假区”）2010年9月经省委、省政府批准成立，是长春市政府直管的五大开发区之一，享有省级开发区优惠政策，是国家长吉图规划、吉林省长吉一体化战略的重要节点和功能区，承载着衔接和支撑长吉一体化城市拓展、加快产业转型升级、实现城乡双向一体化的重任。

【经济指标】 全年地区生产总值实现2.75亿元，比2014年增长5.8%；固定资产投资完成9亿元，一般预算全口径财政收入实现1.8298亿元，本级财政收入实行0.9295亿元，全年实际利用外资1267万美元，全年实际利用内资15.87亿元人民币。

【基础设施建设】 度假区坚持以“市场化运营”为主，探索投融资运营的新体制，建立“管委会以管理为主，财政不举债、不投资，开发建设由公司运作”的开发模式。劝农大街、东吉林大路、泉眼大街、雾开河大街、东自由大路等200多公里主干路网、300多公里乡村道路慢行系统基本完成建设改造，道路绿化、美化、亮化工作全面实施，一张布局合理、衔接顺畅道路网络已经初步形成，水、电、气、热、污水处理等市政配套管网建设等工作也基本完成。珲乌高速公路莲花山收费站正式开通，为度假区融入长吉大都圈、加快推进长吉一体化进程开辟了新的通道。

【新型城镇化建设】 度假区提出“做好集体建设用地开发利用一篇文章，解决宅基地换房、土地流转、农民就业3个问题，实现全域新型城镇化一个目标”的工作思路，被确定为吉林省城镇化建设试点莲花山模式。莲花印象、莲花雅居2个农民安置小区已经建成，完成回迁工作，入住农民实现集中居住，同度假区进行集体土地确权登记，各项工作序推进，启动土地流转试点工作，对农村存量集体建设用地进行排查统计，正在研究开发利用方案，以解新型城镇化建设资金来源和休闲度假项目建设用地问题。

【生态文明建设】 度假区全年植树造林、退耕还林230公顷；规划4.6平公里的莲花湖国家湿地公园；总投资5亿元的雾开河、东风河、赵家岗子沟治理工程。开展创建“森林小镇”和“绿美示范村屯”活动，完成绿化美化村屯10个，完成绿美示范村屯106个。度假区成立以来，完成植树造林、退耕还林8平方公里，退耕还水、还湿地4.5平方公里。推进林地清收还林工作，完成停耕还林313公顷，栽植苗木230万株。对休闲度假项目落位和产业发展，实行最为严格的环境影响评价制度，采用新技术、新能源，满足生态标准和环保要求，形成“宜欣赏、宜游览、宜生活”的发展体系。

【招商项目建设】 度假区围绕低碳商贸娱乐、商务会议、田园度假、生态休闲、慢行游憩五大类产业，。引进南京金鹰集团大型商业综合体项目、香港世茂集团国际中央休闲区项目、长春亚泰集团国际生态旅游度假区项目、吉林华正集团莲花溪谷生态休闲项目、省建设集团现代农业文化产业园项目。以上项目总投资260多亿元，完成投资21亿元。

【现代农业建设】 度假区重点以观光农业、设施农业、采摘农业、订单农业为主的现代农业产业来改造传统农业，把一产变成三产，用经济作物、花卉苗木、水果蔬菜、绿色食品等高效益农产品代替玉米种植。度假区正在推动土地流转，农民土地进入合作社，合作社入股度假区农业发展公司，引入现代农业企业进行集约经营，在不改变土地性质前提下，发展现代农业产业，实现土地效益最大化。吉林省建设集团投资的现代农业文化产业园项目，投资5亿元实施有机蔬菜种植。

【社会事业建设】 度假区制定实施《2015年建设幸福莲花山行动计划》，实施城乡居民基本养老、全民就业创业、大救助体系建设、特色文化惠民等20项民生工程，提高莲花山群众的幸福感、满意度。全区新增就业1963人，农村劳务输出333人次，失地农民养老保险、新型农村养老保险实现应保尽保，教育、科技、体育等事业蓬勃发展。按照“变上访为下访、变来访为回访”的要求，开展信访、市长公开电话、局长接待日等工作，为老百姓解决实际困难。

【干部队伍建设】 度假区对内设机构进行调整，整合职能交叉部门，实行全员聘任制，建立切实可行的绩效考核机制，通过“人员聘用、定期考核、职责明晰、奖惩分明”等多种措施，做到权力与责任相匹配，用人与任务相适应，待遇与贡献相挂钩。开展“三严三实”专题教育活动，查找不严不实等问题，打造一支立场坚定、素质优良、作风过硬的干部队伍。

（李　勇）

人 物

2015 年全国三八红旗手

杨 岚 吉林省榆树市腾龙食用菌种植专业合作社理事长

方 伟 中科院长春光学精密机械与物理研究所空间一部研究员

张云波 吉林省田丰机械种植专业合作联合社经理

2015 年全国劳动模范

李万君 1968 年 10 月生，中共党员，高中学历，长春轨道客车股份有限公司转向架制造中心焊接一车间工人，高级技师。

朱立红(女) 1968 年 5 月生，中共党员，中专学历，沈阳铁路局长春站客运车间客运值班员。

高大伟 1972 年 3 月生，中共党员，研究生学历，一汽-大众汽车有限公司轿车一厂焊装车间主任。

吴宏立 1961 年 1 月生，中共党员，大专学历，吉林东光奥威汽车制动系统有限公司调整工兼现场工程师，研究员级高级工程师，高级技师。

齐嵩宇 1974 年 6 月生，中共党员，大学本科学历，一汽轿车股份有限公司技术部工厂服务科维修电工，技师。

王丹丹(女) 1978 年 2 月生，中共党员，大学本科学历，长春市特殊教育学校康复部主任，一级教师。

鲁 贺 1966 年 4 月生，群众，大学学历，吉林省巴黎春天百货有限公司营销总监。

唐忠民 1957 年 7 月生，中共党员，研究生学历，吉林省农村信用社联合社党委书记、理事长，高级经济师。

佟 毅 1963 年 4 月生，中共党员，研究生学历，中粮集团有限公司吉林管理中心总经理，正高级工程师。

闫树军 1970 年 3 月生，中共党员，初中学历，德惠市达家沟镇合义村党总支书记、村委会主任。

朱金良 1965 年 12 月生，中共党员，大学本科学历，长春莲花山生态旅游度假区劝农山镇同心村党总支书记、村委会主任，高级农艺师。

李金新 1973 年 9 月生，中共党员，大专学历，农安县永安乡羊营子村党委书记、村委会主任。

李 财 1973 年 11 月生，中共党员，大专学历，榆树市蓝河坝米业有限公司监事。

杨茂义 1968 年 3 月生，中共党员，研究生学历，吉林省金塔实业(集团)股份有限公司董事长、总裁，高级经济师。

2015 全国先进工作者

吴亚琴(女) 1960 年 7 月生，中共党员，大专学历，长春市宽城区团山街道长山花园社区居民委员会党委书记、居民委员会主任，政工师。

常 建 1970 年 8 月生，中共党员，研究生学历，长春市公安局南关区分局副局长。

孙 辉(女) 1960 年 12 月生，中共党员，研究生学历，吉林大学中日联谊医院甲状腺外科主任，主任医师、教授。

相世和 1957 年 1 月生，中共党员，大学本科学历，长春市人民医院院长，主任医师。

路亚兰(女) 1965 年 2 月生，中共党员，大专学历，长春市南关区长通街道办事处龙兴社区居民委员会党委书记、居民委员会主任。

高景凤(女) 1969 年 9 月生，中共党员，研究生学历，长春市绿园区人民医院党总支书记、院长，副主任医师。

关尚敏(女) 1955 年 10 月生，中共党员，大学本科学历，吉林省第二实验学校校长，中学高级教师。

万 宇(女) 1966 年 4 月生，中共党员，研究生学历，吉林省孤儿职业学校校长，中学高级。

程 颖(女) 1962年12月生，中共党员，大学本科学历，吉林省肿瘤医院院长，主任医师。

2015年吉林省三八红旗手

长春市

于兴波 榆树市城郊街道昌盛社区党总支书记
孙长秀 德惠市第六小学工会主席
刘慧英 长春市朝阳区法律援助中心主任
王 敏 长春市南关区鸿城街道东风社区党委书记兼妇联主席
张 丹 长春青怡坊经销有限责任公司董事长
卜 睿 吉林省昌睿食品有限公司总经理
蒋 帅 长春市二道区人民检察院团支部书记、公诉部门负责人
赵 虹 长春市绿园区青年路街道龙泉社区党委书记、居委会主任、妇联主席
贾秀丽 长春市双阳区妇联主席
苏凤娟 长春经济技术开发区兴隆山镇妇联主席
沈红杰 长春祁健生物制品有限公司副总经理
林 萍 长春净月区新湖镇林家村妇代会主任
张丽佩 长春市实验中学教务主任
董 严 长春急救中心党委书记兼副主任
穆晓玲 长春市房屋征收经办中心副处长
谭 贺 长春市谭氏正骨综合门诊主任
杨 萍 吉林大学中日联谊医院心内科主任
张关存 长春市关淳农民专业合作社
柳 影 长春市家庭教育指导中心主任
郭 丽 长春市紫玉木兰工艺有限公司总经理
张 雁 长春市公安局净月公安分局副局长

省直

孙亚东 吉林省人民医院内分泌科主任
白雨虹 光机所研究员国际期刊执行主编
张亚玉 中国农业科学院特产研究所药用植物栽培团队首席专家
李文艳 森工集团财务公司经理
武泽云 吉林省女子监狱监狱长、党委书记
栾 哲 吉林日报社工业部主任
刘 丹 吉林省妇联组织部部长

省军区

刘华玉 吉林省军区政治部宣传处副团职干事

省武警

张 南 武警吉林省总队司令部通信站有线中队班长

社会推荐

王丽娟 吉林百合口腔医院股份有限公司董事长
朱桂祯 吉林省中医药学会副会长兼秘书长

2015年吉林省新晋两院院士

姜会林 当选信息与电子工程学部院士。姜会林是长春理工大学学术委员会主任，教授、博士生导师。长期从事应用光学技术研究，曾主持国家“863”重点项目、“995”高新工程专项、“973”重大基础研究项目、国家自然科学基金项目等20余项。曾获国家技术发明奖2等奖1项；国家科技进步奖2等奖、3等奖各1项；授权发明专利53项；出版学术著作9部；发表学术论文301篇。被国务院学位委员会和国家教委授予“做出突出贡献的中国博士学位获得者”，享受国务院“政府特殊津贴”。

于吉红 当选化学部院士。于吉红是无机化学领域专家，吉林大学化学学院教授、博士生导师。2001年获得国家杰出青年基金，2007年受聘为教育部长江学者特聘教授，2011年担任国家重点基础研究发展计划项目(973)首席科学家。于吉红长期从事无机多孔功能材料的合成与制备化学研究，在分子筛多孔晶体材料的结构设计与定向合成研究中作出重要创新性贡献，并于近年在分子筛多孔材料的实际应用方面取得重要进展，分别以第1和第2完成人获得国家自然科学2等奖2项，并获得中国青年科技奖、中国青年女科学家奖及全球华人无机化学“BauFamilyAward”等荣誉。

安立佳 当选化学部院士。高分子物理学家，现任中国科学院长春应用化学研究所所长，长期从事高分子物理基础理论研究，提出了“高分子链部分穿透球模型”，有效地处理了高分子链与溶剂间的多体相互作用和长程累积效应，建立了高分子特性粘度的普适性理论。发展了一套Brown动力学模拟与分析方法，揭示了快速启动形变条件下缠结高分子流体构型和缠结演化规律；提出了“缠结高分子流体剪切抑制解缠结”新概念，合理地描述了传统理论无法理解的缠结高分子流体非线性流变学现象。

第十三届“感动吉林”2015年度人物

张连学团队 执著33年育出良种“人参娃”身份：吉林农业大学教授、博士生导师、国家参茸标准化委员会副主任、中国农学会常务理事。感动事迹：经过30余年的反复筛选、培育、淘汰，张连学和他的团队在前人工作的基础上，终于培育出“集美”等人参新品种，解决中国人参生产没有良种的难题，将人参产量提高。张连学的科研成果使人参病害的生物防治在国际上占据绝对优势。

张久丽 与生命博弈的残疾女孩身份：长春市久丽日用品有限公司总经理。感动事迹：张久丽是一名80后女孩，患有进行

性腓骨肌萎缩，随时可能会瘫痪。她却用智慧、努力和执着创造了自己的事业。她的企业实现年销售额3000万元，自主研发生产的单品达50余种，远销16个国家和地区。2009年开始，她加入扶残助残的队伍。累计培训残疾人200多人次，直接安排残疾人就业50多人次，间接外包在家就业残疾人70多人次，安排残疾人家属就业30多人。

长春市“三八”红旗手标兵

周明辉　榆树市兴隆农牧专业合作社法人
郝建华　农安县环卫处总工程师
王洪源　长春市文庙博物馆馆长助理
林　燕　九台区教育局妇委会主任、党办副主任
孔庆敏　吉林万通药业有限公司总经理
赵淑香　长春市净月开发区爱国村妇代会主任
董　楠　中车长春轨道客车股份有限公司国家轨道客车工程研究中心电气研发部辅助电气开发一室副主任
王文秀　长春公交集团北达汽车公司21路驾驶员
王桂芹　吉林农业大学动物科学技术学院系主任，教授、博士生导师
刚艳苗　长春广播电视台交通之声执行总监

长春市“三八”红旗手

榆树市
何亚荣　榆树市农业技术推广服务中心副主任
李铁英　榆树市法律援助中心律师、主任
李文萍　榆树市妇联副主席
王忠侠　榆树市卫生和计划生育局党委办公室主任
于欣华　榆树市第二实验小学教学副校长
农安县
侯丽梅　农安县三盛玉镇妇联主席兼计生站站长
刘大威　农安县人民刑事审判庭副庭长
徐美娜　农安县物价局科长
李淑艳　农安县兴旺贸易大楼董事长
田春雨　农安县民政局婚姻登记处主任
德惠市
李　凌　德惠市人社局妇委会主任
许　燕　德惠市人民医院 党委副书记
赵雪冶　德惠市达家沟镇妇联主席、党委秘书
丛高华　德惠市建设街道新城社区党总支书记、妇联主席
黄　鹤　德惠市公安局妇委会主任
姜　聪　德惠市松花江镇妇联主席
朝阳区
李　田　朝阳区永昌街道妇联主席
陈　阳　朝阳区卫生局卫生监督所所长兼党支部书记
徐春红　长春市朝阳区乐山镇乐山村副书记
孙琳凤　吉林司鼎律师事务所主任
司学文　长春市朝阳区总工会常务副主席
南关区
胡秀杰　南关区教育局妇委会主任、工会副主席
孙坤娜　长春市南关区鸿城街道办事处妇联主席
王云华　南关区妇联主席
赵袁圆　南关区永吉社区卫生服务中心书记兼主任
宽城区
张　卓　白菊路社区党委书记
陈灵艳　长春市宽城区政府采购中心主任
赵　霞　宽城区长盛小学校长
张宝娟　长春久隆实业有限公司党委副书记兼工会主席
二道区
刘英树　二道区东站街道党政综合办公室主任
张　威　二道区吉林街道沿河社区党委书记
张丽馥　长春市拖拉机幼教集团董事长兼党支部书记
绿园区
韩　兵　长春市绿园区城西镇聚富社区主任
高春颖　长春市绿园区青年社区卫生服务中心党支部书记兼主任
赵　宇　长春市绿园区教育局党委办公室主任
孙淑燕　长春市绿园区司法局妇委会主任
杨淑娟　长春市绿园区青年路街道春阳社区党委书记兼主任
双阳区
周丽君　长春市双阳区金宝农业专业合作社法人
杨冬梅　长春市双阳区太平镇中心小学校长
刘红艳　长春市双阳区文化馆馆长
孙希娜　长春市双阳区医院护理部主任
张丽娟　双阳区妇女联合会农村城市部部长
九台区
陈　光　长春市九台区妇联副主席
李　辉　九台区卫生和计划生育局科长
初淑梅　九台街道办事处福临社区党总支书记主任、妇联主席
关秀春　九台区土们岭街道办事处妇联主席
郭　秋　长春市九台区图书馆馆长
经开区
王冬敏　长春经济技术开发区党工委办公室主任
侯玉春　长春经济技术开发区兴隆山镇中山小学校长
高新区
李艳梅　长春高新第二实验学校副校长
汽开区
孟海燕　汽车区东风街道办事处党办主任
沈　楠　长春汽车经济技术开发区人民法院民事审判庭审判员
净月区
吴明丽　长春净月高新技术产业开发区社会发展局教育科科长
莲花山度假区

李晓光　长春莲花山度假区信访(维稳)局局长

市直

陆　璐　长春市总工会机关党委专职副书记

姚丽娟　长春市人社局公务员录用与培训处处长

于　越　市住房保障和房地产管理局副主任科员

谷　娟　长春市中级人民法院主任科员

许　梅　长春市人民检察院刑事检察部副部长

赵宇英　长春市司法局法制宣传处处长

邵彤彤　市委统战部宣传调研处主任科员

田　慧　九三学社长春市委员会组织处主任科员

苑春红　长春市供热(集团)有限公司东泰供热公司党支部书记兼工会主席

晁　莉　长春水务集团供水服务公司计划处处长

毕明慧　长春燃气股份有限公司综合行政部经理、机关党总支书记

李亚娟　长春市二次供水有限责任公司计划财务处负责人

冯智昕　长春市第十九中学教师

张　影　长春市机械工业学校教师

王晓红　长春市少年宫教师

芦　娜　长春市特殊教育学校教师

赵雅伟　长春市传染病医院院长助理

林静姝　长春市第二医院内一科主任

燕利娟　长春市第六医院 心理二疗区主任

李秋莲　吉林省肝胆病医院疗区科主任

何　凌　长发集团办公室主任

蒋晓丽　长春欧亚卖场经理

陈英红　东北工业集团有限公司党委工作部组织干事

孔　非　长春日报社驻市委特派记者

李　馨　长春市文联组联部副主任科员

刘　薇　长春市社科联办公室综合干事

高海燕　长春市科学技术协会学会部主任科员

陶秀丽　吉林大学妇委会副主任

于立君　长春工程学院管理学院书记

于源华　长春理工大学生命科学技术学院院长

宗丽娜　吉林熠融律师事务所主任

武　辉　吉林大学第一医院新生儿科副主任

社会推荐

张静玲　长春市儿童院机关党支部书记

胡玉晶　长春市公安局交警支队朝阳大队政委

陈　卓　南关区桃源街道党工委副书记

刘金梅　新文化报社财务总监

陈新华　长春中医药大学附属医院副主任

孙玉芹　双阳区山河街道东升村副主任兼妇代会主任

高　慧　长春广播电视台编导

2015年长春市五一劳动奖章(130名)

卜　睿(女)　吉林省昌睿食品有限责任公司总经理

于　路　长春旭阳工业(集团)股份有限公司农业装备制造分公司喷涂班班长

于丽莉(女)　九台市人民医院检验科科员

于春兰(女)　长春市第二中学工会主席

于保全　长春市公安局双阳区分局副处长

于翔海　吉林省石油化工设计研究院计算机中心网络管理员

马小雯(女)　榆树市育珑兔业开发有限公司车间主任

马中旭　吉林省通用机械有限责任公司工人

马晓华(女)　绿园区总工会困难职工帮扶中心主任

王　波　长春市净月包装有限公司董事长

王　娟(女)　吉林大药房药业股份有限公司店长

王广超　榆树市园林管理处副主任

王占富　吉林德惠农村商业银行股份有限公司董事长

王成贵　长春市商贸旅游技术学校教师

王志山　德惠市实验小学教导主任

王志峰　长春朝阳区济世中医门诊部医师

王建明　长春市万龙房地产开发有限责任公司副总经理

王星宇　长春丰和物业服务有限公司小区主管

王晓飞(女)　九台市邮政局副局长

王晓明(女)　长春市审计局派出审计三处处长

王晓春(女)　长春市南关区环境卫生管理处曙光大队队长

车柏乐　长春大正博凯汽车设备有限公司设计员

尹顶成　长春轨道客车装备有限责任公司客车分解厂班长

邓　健(女)　吉林财经大学亚泰工商管理学院院长

艾子洋　中国北车集团长春轨道客车股份有限公司客车制造中心装调车间班长

冯庆荣(女)　长春恒远电力安装有限公司董事长

曲凤楼　德惠市城市环境卫生管理处惠民公园职工

朱廷旺　大唐长春第二热电有限责任公司锅炉分场工程师

任鸿林　长春市南关区中医院院长兼党支部书记

华兴吉　长春市保安集团有限公司朝阳分公司副大队长

刘　征　长春吉田快速成型科技有限公司总经理

刘　策　长春建设集团股份有限公司董事长兼党委书记

刘元柱　长春市工商行政管理局双阳分局党委书记

刘文超　德惠市公安局交通警察大队教导员

刘国学　长春市农业技术推广站推广研究员

刘桂英(女)　九台市园林绿化管理处总工程师

刘晓东　长春市供热(集团)有限公司项目部经理

刘海峰　长春市气象台台长

刘智富　榆树市公安局正阳派出所警长

闫志军　长春市人力资源与社会保障局军官转业安置处主任科员

闫洪亮　长春市双阳区环境卫生管理处材料员

许大洲　长春华夏陵园有限公司管理部经理

孙公兵　长春市净月监狱监狱长兼党委书记
孙文斌　中国人民财产保险股份有限公司长春市分公司德惠支公司业务主管
孙立东　农安县第十中学教师
孙成博　长春市轨道交通集团有限公司工程管理部综合协调科工程师
孙守辉　长春市公路客运总站站长
孙海斌　长春市地方税务局处长
苏丽莉(女)　长春人民药业集团有限公司车间主任
杜一宝　吉林省问天经贸有限公司董事长
杜立波　农安县中小企业发展服务中心科员
李　飞　吉林动画学院设计学院教师
李　龙　长春全家福餐饮连锁服务有限责任公司业务经理
李广三　长春市朝阳区环境卫生运输管理处维修工
李永生　吉林省万邦房地产开发集团有限公司经理
李希晶(女)　农安县邮政局华家支局营业班班长
李英林　榆树市星和医院副院长
李英姿(女)　二道区仙客来幼儿园教师
李京伟　兴业银行长春分行零售事业部 副总监
李建昕　长春市残疾人综合服务中心网络科科长
李洪斌　长春市南关区树勋小学主任
李振宁　长春市二道区财政局预算科科长
李继仁　长春电力建设公司副总经理
李耀宇　长春市大众物流装配有限责任公司经理
杨丽杰(女)　长春市第一五一中学教师
吴　昊　长春市体育局群众体育处副处长
吴　镝　长春市委政法委研究室副主任
吴华山　长春烧伤医院烧伤科主任
吴建鹏　农安县黄龙府协和医院泌尿科医生
吴春明　长春公路客运集团有限公司驾驶员
谷树严　长春爱尔眼科医院角膜科主任
宋艳秋(女)　榆树市华昌街道办事处港榆社区行政服务中心主任
张　卓　长春吉粮天裕生物工程有限公司总经理
张亚义　长春水务(集团)有限责任公司项目经理
张劲锋　东北师范大学附中明珠校区教师
张国臣　长春市公安局宽城区分局局长
张晓红(女)　长春市宽城区小南小学教师
张福利　华粮集团哈拉海粮食中转库主任
张嘉良　吉林良智律师事务所主任
陆　远　吉林省地矿建设集团有限公司吉林分公司项目经理
陈　卫(女)　吉林工程师范技术学院教师
陈广坤(女)　榆树市邮政局局长兼党委书记
邵雅明(女)　长春市二道区东站十委社区党委副书记
范春则　吉林省领通传媒集团有限公司营销策划主管
卓　丹　吉林大北农农牧科技有限责任公司销售经理
季　宁　长春市公安局南关区分局民康路派出所所长
季亚男(女)　吉林省邮政公司长春市分公司副总经理
周树亮　吉林省有色金属地质勘查局 607 队副队长
周洪亮　吉林华商数码印务有限公司总经理
郑　伟　吉林省宏阳电力有限公司工程师
郑瑞婕(女)　长春市国土资源局党办主任
房　旭　长春市职业技能鉴定指导中心 主任
孟祥阔　九台广播电视台新闻中心记者
孟繁利　长春市朝阳区园林管理处司机
赵亚东　长春市夸克普精汽车电子有限责任公司总经理
赵丽华(女)　长春市检察院机关党委专职副书记
赵桂德　中国工商银行吉林省分行营业部总经理
郝彦瑞　农安仁济医院医生
柏世伟　长春第二新华印刷有限责任公司生产部调度
柳　影(女)　长春市家庭教育指导中心主任
段　吉　长春市财政局人事处处长
段淑芳(女)　长春市南关区新春街道松竹梅社区书记
信中立　中国工商银行吉林省分行营业部长春市兴城支行行长
姜宝双　大唐长春第三热电厂发电管理部运行专责
宫春燕(女)　东北师范大学人文学院教师
袁春雨　吉林九台农村商业银行股份有限公司工会干事
贾宝石　长春市长运集团黑水路批发市场服装商场主任
钱春年　吉林省送变电工程公司变电分公司试验室副主任
徐彦辉　长春市美科汽车零部件有限公司机加二车间主任
高　勇　长春中信物业服务有限公司客服助理
高　萍(女)　长春朝阳区重庆社区卫生服务中心副主任护师
高小山　吉林省新华书店集团长春市有限责任公司古籍书店党支部书记
郭树江　长春一汽四环金仑汽车零部件有限公司车间技术员
唐文杰　九台市城市管理行政执法局城管监察大队大队长
陶　楠　长春发电设备总厂销售部主任
姬剑铿　东北工业集团有限公司副总经理
黄浩东　吉林省华翼盛汽车技术有限公司行政专员
曹　雪(女)　吉林省融奥建筑保温工程有限公司董事长
曹国生　长春市建筑设计研究院院长兼党委书记
常秀文(女)　吉林常铸路桥工程有限公司项目部长
梁　洪　吉林省机电研究设计院会计
董　伟　中国第一汽车集团公司动能分公司热电厂检修一车间班长
董红涛　长春市城市发展投资控股(集团)有限公司董事会秘书
蒋　舰　长春市三化实业有限责任公司技术总监
舒红琼(女)　长春豪邦房地产开发集团有限公司会计
楚云杰　长春中医药大学附属医院推拿门诊主任
解艳华(女)　长春市伊通河管理委员会计划财务处处长
蔡永文　长春市创业中等职业学校教师
蔡守琴(女)　吉林省大自然花鸟鱼商城有限公司总经理
阚　慧(女)　长春欧亚集团股份有限公司欧亚商都招商部招商总监

(张晓光)

领导干部名单

（2015年）

中共长春市委员会

书　　记　高广滨
副 书 记　姜治莹　郑文芝
常　　委　袁玉树　肖万民　杨子明　王振华　钱万成
　　　　　孙国武　孙　超　史继山　吴德金　张晶莹
　　　　　赵　明　侯建民
秘 书 长　赵　明
副秘书长　张家祥（兼）

办公厅
　主　　任　郝肖峰
　副 主 任　王继荣（女）　林继东　李卫国
　　　　　　周　鹤（5月任）

组织部
　部　　长　綦远方（女）
　副 部 长　孟宪新　张宝琦（兼）　雷　萦　时万忠

宣传部
　部　　长　吴德金（6月免）　王庭凯（7月任）
　副 部 长　梁国超　王　弋（女）　于迅来

统战部
　部　　长　刘德生
　副 部 长　李　瑛（女，4月免）　薛文革（兼）
　　　　　　张守刚　许　红（女，6月任）

政法委员会
　书　　记　王振华
　副 书 记　孙　飞　姜晓东
　市政法纪工委书记、监察室主任　岂振玲（女）

市委老干部局
　副 局 长　宫立武　魏立斌　马延军

市委、市政府政策研究室
　主　　任　姜保忠
　副 主 任　杨松望（1月任）　邱志华（女）　周　毅
　　　　　　田　成

中共长春市委全面深化改革领导小组办公室
　主　　任　赵　明
　副 主 任　姜保忠　杨松望（1月任）　邱志华（女）
　　　　　　周　毅　田　成

市委、市政府信访局
　局　　长　张家祥
　副 局 长　李伟强　许晓东　金立东
　党组书记　张家祥

市档案局（馆）
　局（馆）长　梁　伟
　副局（馆）长　赵　欣　韩　东　王海清

市委党史研究室
　主　　任　雷　萦（兼）
　副 主 任　王立祥

市委党校（行政学院）
　常务副校（院）长　林　姗（女）
　副校（院）长　吴彦杰　田长海　邵静野　高巨云（女）

市保密局
　主　　任（局长）　刘　徽

长春日报社
　社　　长　刘　宏
　总 编 辑　丁　宁（女）
　副 社 长　尚洪波　温祝明（女）
　副总编辑　王艳春
　党委书记　刘　宏
　纪委书记　何　文

长春出版社
　社　　长　郑晓辉
　副 社 长　庄宝仁

长春社科联
　主　　席　王庭凯（7月任）
　副 主 席　常　新

党组书记

中共长春市直属机关工作委员会

书　　记　赵　明

常务副书记　张知众

副 书 记　战国立　张佐斌

纪工委书记　文智杰(12月免)

机构编制委员会办公室

主　　任　孟凡友(9月任)

副 主 任　杨敬东

副主任委员　乔大勇

法工委

主　　任　崔迎和

副 主 任　乔大勇

研究室

主　　任　孙雁力

副 主 任　张吉氚(女)

机关党委

副 书 记　关立辉

长春市人民代表大会常务委员会

主　　任　李树国

副 主 任　龙　华(女)　王　宁　闻　弘　陈克信　杜　剑

秘 书 长　吴　强

副秘书长　宫国英

办公厅

主　　任　孙　宁

副 主 任　吴丽娟(12月免)　赵笠村　徐高峰

内务司法委员会

主任委员　隋光伟

副主任委员

财政经济委员会

主任委员　王大伟

副主任委员　刘玉铧(女)

预工委

主　　任　王大伟

副 主 任　栾晓虹(女)

农村与农业委员会

主任委员

副主任委员　鞠国彬

城乡建设环境保护委员会

主任委员　盖国庆

副主任委员　王小英(女)

教育科学文化卫生委员会

主任委员　刘　君

民族侨务外事委员会

主任委员　李学军

副主任委员　吴　忠

人事代表选举委员会

主任委员　崔洪泉

副主任委员

法制委员会

主任委员　崔迎和

长春市人民政府

市　　长　姜治莹

副 市 长　肖万民　张晶莹(女)　陈　巳　孙亚明　桂广礼　李　祥　白绪贵

秘 书 长　贺兴国(12月免)　赵　显(12月任)

副秘书长　卢福建　张忠耀　王慧力　邹德东　周继峰　逄吉春　谭景坤

办公厅

主　　任　赵　显(12月免)　张海治(12月任)

副 主 任　张海治(12月免)　王首先　赵首沣　周俊峰　王　飞　杜　勇　高清燕(女,5月任)

党组书记　贺兴国(12月免)　赵　显(12月任)

党组副书记　赵　显(12月免)　张海治(12月任)

市政府参务室

主　　任　张海治

地方志编委会

主　　任　姜治莹(兼)

副 主 任　韩忠宝(兼)　王　磊　丁丽君(女,3月任)

党组书记　韩忠宝(兼)

法制办公室

主　　任　刘凤桂

副 主 任　贾　伟　刘铁良　孙贵志(5月任)

党组书记　刘凤桂

老龄工作委员会办公室

主　　任　徐连东(兼)

副 主 任　于日光

发展和改革委员会

主　　任　吕　凝

副 主 任　宋长者　刘　铭　王　雷　单　纯　张　成

大项目办

主　　任　吕　鑫

副 主 任　刘　铭(兼)

长吉图办

主　　任

副 主 任　韩守庆(兼)　李国恒　李　辉

价格监督检查局

局　　长　王俊德(5月免)

金融办

主　　任　唐庆会(7月免)

副 主 任　崔洪祥

中共长春市发展和改革委员会党组成员

王俊德(5月免)

长春市人民政府金融服务办公室

主　　任　唐庆会(7月免)

副 主 任　崔洪祥

工业和信息化局

局　　长　郝晶祥

副 局 长　刘海军　魏长平(女,1月任)　杨连仲　车仁义　马长山　蒋旭桐　李子臣

党组书记　郝晶祥

科学技术局

局　　长　孙国庆

副 局 长　孟繁军　杨喜春　周衍广　张加才

党组书记　孙国庆

商务局

局　　长　吴相道

副 局 长　李宪忠　任宏雷　祝　凯　程　辉　李　军

贸促会

会　　长　寇纯福

副 会 长　林　野　温淞文　周建波

城乡建设委员会

党委书记　李　健(6月任)

朱永坚(6月免)

主　　任　李　健(6月任)

朱永坚(6月免)

副 主 任　俞　生　于建新　李铁生(9月任)

巡 视 员　佟玉堂(3月任,5月免)

市集体土地征收和国有土地上房屋征收与补偿工作领导小组

办公室主任　陈桂林(5月任)

市政公用局

局　　长　刘东伟

副 局 长　蔡晓时(女,9月免)　任晓强　董　军

党委书记　刘东伟

党委副书记　杨　桦(3月免)　蔡晓时(女,9月任)

纪委书记　杨　桦(3月免)　蔡晓时(女,9月任)

市容环卫局(行政执法局)

局　　长　韩志斌

副 局 长　李凤坤　任建军　张俊庭(10月免)

市城管委办副主任、市容环卫局党组成员

王世忠(1月任)

张鑫彧(5月任)

统计局

局　　长　王海英

副 局 长　刘　刚　姜　波(女)　谭　英(女)

安全生产监督管理局

局　　长　张意海

副 局 长　祝云河　何学勇　刘胜军　陈　锋(女)　王世忠(1月免)

党组书记　张意海

食品药品监督管理局

局　　长　唐若迪

副 局 长　李云义　邱清扬(女)　张文革　丁甫久

党委书记　唐若迪

党委副书记　李振琨(6月免)

纪委书记　李振琨(6月免)

交通运输局

党委书记、局长　沈洪斌

副 局 长　邵永全　张玉新　王　伟　傅凤潮

党委副书记、纪委书记　王国君

环境保护局

党委书记　于　春

党委副书记、纪委书记(正局级)　凌正凯

局　　长　于　春

副 局 长　叶春民　王晓东　叶蓬欣

副巡视员　崔　勇　张　斌

气象局

局　　长　孙　力

副 局 长　尹文斌　杨志东

纪检组长　裴福军

党组书记　孙　力

住房保障和房地产管理局

局　　长　刘大平

副 局 长　陈济生　黄立新　李长城

党委书记　刘大平

党委副书记　高雪峰

纪委书记　高雪峰

规划局

局　　长　曲国辉

副 局 长　韩守庆　杨少清　赵家辉

党委书记　曲国辉

党委副书记　陈亦鸣

纪委书记　陈亦鸣

城市雕塑规划管理办公室

主　　任

副 主 任　林　巍

国土资源局

局　　长　季成员

副 局 长　李东坡　林　松

党委书记 季成员
党委副书记、纪委书记 李贵文
土地监察专员 陈铁志(5月免)
副巡视员 王春志(3月免) 张亲学(4月免)

农业委员会
主 任 王立学
副主任 孙长占 郭晋巍 李 欣 宋占龙
党委书记 王立学
党委副书记、纪委书记 王桂范(女)

水利局
局 长 马国成
副局长 刘国君 田志坤 赵宇琦(3月免)
党委书记 马国成
党委副书记 李中华(女,3月免)
纪委书记 李中华(女,3月免)

林业局
局 长 孙向武(12月免)
副局长 王万成 林崇学
党组书记 孙向武(12月免)

粮食局
局 长 鲍文明
副局长 李北牧 王丽娜(女)

财政局
局 长 胡延生
副局长 高 山 李晓玲(女) 刘显军 姜兴春 刘向国
党委书记 胡延生

国有资产监督管理委员会
主 任 董俊杰
副主任 林立志 黄永超 欧阳丽宇(女) 辛淑兰(女,5月任)
党组书记 董俊杰
党委副书记、纪委书记 朱正皓(5月任)

工商行政管理局
局 长 谢志敏
副局长 郑广慧 胡书鹏 姜 辉 潘 锋(6月任)
党委书记 谢志敏
党委副书记 祁丽梅(女)
纪委书记 祁丽梅(女)

审计局
局 长 李志刚
副局长 吴焕军 贾士武(12月免) 孔维进 赵力彦(女) 孙忠林
党组书记 李志刚
总审计师 李贵军(党组成员)

国家税务局
局 长 杜 锋
副局长 钱立仁 王铁勇 徐 伟 齐志宏
局党组书记 杜 锋
局党组副书记 王铁勇
纪检组长 潘 晶

地方税务局
副局长 裴德民(6月免) 李晓黎(8月免) 杨中凤(8月免) 王明明(10月免) 翟志坚(11月任)
党组副书记 金光日(8月任)
纪检组长 刚占辉(8月任) 李晓黎(8月免)

文化广电新闻出版局
局 长 崔永泉
副局长 张清秀(女) 曲 笑 刘红宇 贾 哲(女) 杨青宇(9月任) 于显民(3月免)
党委副书记 王柏秋(女,3月免) 王 立(6月任)
纪委书记 王柏秋(女,3月免) 王 立(6月任)

教育局
局 长 何泉秀
副局长 周国韬 张茂金 安 军 崔国涛
党委书记 何泉秀
党委副书记 李 敏(女)
纪检委书记 李 敏(女)

卫生和计生委
主 任 齐国华(10月免) 马 平(10月任)
副局长 高舒民 刘 佳(女,7月任) 温贵君 罗 昕 宋学兵(女)
党委书记 马 平
纪委书记 马 平

体育局
局 长 刘海玉
副局长 赵晓路 李志坚
党委书记 张政明
党委副书记 温良杰(女,9月任)
纪委书记 温良杰(女,9月任)

人力资源和社会保障局
局 长 张宝琦
党委书记 张宝琦
副局长 曲玉业 焦 瑯(女) 张宝山 孙晓伟 魏 东
党委副书记、纪委书记 孙 宏(10月免)

社会保险局
局 长 张发文
副局长 杨丽华 (3月退休)
刚占彭 (4月病故)
朱凤海 (4月退休)
崔 伟 林鹏飞 王靖宇 (6月任)
王大立 (8月任) 刘福友 (8月任)

纪检组长　刘振龙

民族事务委员会(宗教事务局)

主任(局长)　韩忠宝

副主任(副局长)　咸荣日　杨　军(女)

党组书记　韩忠宝

民政局

局　　长　徐连东

副 局 长　郑秀梅(女)　许　军　周玉国

党委书记　徐连东

党委副书记

纪委书记

公安局

局　　长　李　祥

副 局 长　唐庆华(10月免)　董世年　梁向东　关连平　张玉龙

政治部主任　公　平

党委书记　李　祥

党委副书记　唐庆华(10月免)

纪委书记　姜宏亮

司法局

局　　长　张洪彬

副 局 长　王承伟　何凤举　李长春　李小华

党委书记　张洪彬

党委副书记　尹晓民

纪委书记　尹晓民

政治部主任　鲍龙乡

国家安全局

局　　长　曲庆江

质量技术监督局

局　　长　沙宪卿

副 局 长　孙令起　孙合民

党委书记　沙宪卿

党委副书记　杨明志(7月任)

纪委书记　杨明志(7月任)

人防办公室

主　　任　曾庆彬

副 主 任　刘寿松　张文华(女)

党组书记　曾庆彬

地震局

局　　长　祖　国

副 局 长　李恩泽

党组书记　祖　国

外事(侨务)办公室

主　　任　齐国华(10月任)

副 主 任　薄中堂　徐怀武

党组书记　齐国华(10月任)

园林绿化局

局　　长　周亚昆

副 局 长　徐　林　孙欣雨(6月任)　王向阳(6月任)

党委书记　周亚昆

党委副书记　杨士平

纪检委书记　杨士平

机关事务管理局

局　　长　武　凌

副 局 长　隋广权　邴晓君　杨皎洁(女,6月任)

党委书记　武　凌

党委副书记　王德中(5月任)

纪委书记　王德中(5月任)

伊通河管理委员会

主　　任　娄长兴

副 主 任　张效佐　王成田

长春高新技术产业开发区管委会

主　　任　孙亚明

副 主 任　孙　莉(女)　刘成福　张少军　于振波

党工委书记、纪工委书记　杨俊良

党工委副书记　唐继东(女)

经济技术开发区管理委员会

主　　任　王庭凯

副 主 任　赵　旭　王志良　王大鹏　丁万钧　王　彪

党工委副书记　王庭凯　孙洪健

纪工委书记　孙洪健

长春兴隆综合保税区管委会

主　　任　王庭凯(兼)

副 主 任　赵心锐(6月任)　曹　臣　吕　东(9月任)

党工委书记　赵心锐(6月任)

党工委副书记、纪工委书记　吕　东(9月任)

净月经济开发区管理委员会

主　　任　管树森

副 主 任　鞠　峻　杨文俊　朱光明　李东光

汽车产业开发区管理委员会

主　　任　李长明

副 主 任　曹　伟　魏朝明　丁文涛　孙弘颜　杨铁夫(6月任)

党工委书记　孙国武(4月免)

党工委副书记　李长明　张世杰

纪工委书记　张世杰

长江路经济开发区管理委员会

主　　任　梁振亚　孙彦鹏

副 主 任　高仲明(兼)　赵海英

党工委书记　务　宏

莲花山度假区管委会

主　　任　杨云超

副 主 任　戚　勇　郝忠奇

党工委书记　杜　福

牧业管理局

局　　长　宋荫卓

副 书 记　富志坚　孙晓晖　迟义昌　王殿奇

党组书记　宋荫卓

供销合作社联合社

主　　任　张　伟

副 主 任　刘金岩　肖建伟

党委书记　张　伟

党委副书记　孙中亮(5月任)

纪委书记　孙中亮(5月任)

旅游局

局　　长　邵大明

副 局 长　秦　岩　张占铎

党组书记　邵大明

接待办

主　　任　宋长生

商业国有资产经营公司

总 经 理　辛延明

副总经理　杨录奇

党委书记　辛延明

中国人民政治协商会议长春市委员会

主　　席　崔　杰

副 主 席　张晓华　孙丰月　张红星　侯治富　刘德生
贾丽娜(女)　崔国光　李维斗

秘 书 长　唐晓明(12月免)

副秘书长　李洪禹(10月免)　于桂兰(女,12月免)
黄　强(12月任)　高丽筠(女，12月任)

办公厅

主　　任　蔡延斌

副 主 任　马　达　马振江

研究室

主　　任　黄　强(12月免)

提案委员会

主　　任　樊玉桂(女)

副 主 任(按姓氏笔画为序)
王立学(兼职)　王首先(兼)
王继荣(女,兼)　冯正玉(兼)
许文才(12月免)　张凤瑛(女,兼)
李　瑛(女，12月免)　陈敏雄(兼)

文化教育卫生体育委员会

主　　任　赵　蕾(女)

副 主 任(按姓氏笔画为序)
王　弋(女,兼)　史　亮(兼)　杨启新
汪鹏辉(兼)　侯冠森(兼)　姚国华(兼)
郭　巍(兼)　郭敬萍(女,兼)　韩晓峰(兼)

经济科技委员会

主　　任　赵　明(女,6月免)　常　新(12月任)

副 主 任(按姓氏笔画为序)
王希庆(兼)　吕冬雷(女)　闫　玉(女,兼)
李北伟(兼)　杨青山(兼)　龚雅军(兼)
薛春志(兼)

港澳台侨和外事委员会

主　　任　张东威

副 主 任(按姓氏笔画为序)
王力量(兼)　张亚萍(女,兼)　刘俊清
邵大明(兼)　陈　密(兼)　唐锡根(兼)
谭国荣(兼职)　薄中棠(兼)

文史资料委员会

主　　任　邢　文

副 主 任(按姓氏笔画为序)
王明时(兼)　李公君(兼)　宋银秋(女,兼)
郑晓辉(兼)　赵继敏(女,兼)　景喜猷(兼)

社会法制委员会

主　　任　姜保国

副 主 任(按姓氏笔画为序)
付　诚(兼)　孙　飞(兼)　孙　捷(兼)
杨丽华(女,兼)　杨盛林(女)
郑秀梅(女,兼)　韩志斌(兼)

民族宗教委员会

主　　任　高丽筠(女，12月免)

人口资源环境委员会

主　　任　沈启天(9月免)　许文才(12月任)

副 主 任(按姓氏笔画为序)
王德利(兼)　孙伟凡(兼)　张越杰(兼)
李　英(女，3月免)　李诚固(兼)
金兆怀(兼)　韩星焕(兼)

机关党委

书　　记　唐晓明(12月免)

副 书 记　张鸿飞

中国共产党长春市纪律检查委员会

书　　记　王长久

副 书 记　李家祺(10月免)　李　刚(12月调出)　胡书君

常　　委　雷　索(兼)　姜元生　徐玉林　邢铁溢
郑玉辉　付印红(女)

秘 书 长　郑玉辉
办公厅(老干部处)主任　吴海涛
组织部部长　苏　荆(女,3 月免)
宣传部部长
调查研究室主任　杨明志(7 月免)
法规室主任
党风政风监督室(长春市人民政府纠正行业不正之风办公室)
主任　裴庆镇
信访室主任
案件监督管理室主任　赵旭明
第一纪检监察室主任　鞠　崑(女,9 月免)
第二纪检监察室主任　王　滔(12 月免)
第三纪检监察室主任　侯俊杰(女)
第四纪检监察室主任　李向阳
第七纪检监察室主任　常永宽(3 月免)
案件审理室(申诉复查工作办公室、市监察局行政复议行政应诉工作办公室)主任　吕　晴
纪检监察干部监督室主任　韩　军(7 月免)
　　鞠　崑(女,9 月任)
机关党委书记　郑玉辉(兼)
长春市监察局
　局　　长　李家祺(10 月免)
　　胡书君(10 月任)
　副 局 长　姜元生　徐玉林　王英梅(女,5 月任)
中共长春市纪委、长春市监察局直属纪工委、监察分局
　第一纪工委书记、监察分局局长　孙德伟(9 月免)
　第二纪工委书记、监察分局局长　赵英军
　第三纪工委书记、监察分局局长　刘大革
　第五纪工委书记、监察分局局长　梁英杰
　第八纪工委书记、监察分局局长　杜云山
　第九纪工委书记、监察分局局长　李露丹(女,12 月免)
　第十纪工委书记、监察分局(2015 年 11 月更名为第十纪工委监察分局)局长　卢　飞(4 月免)
　　张巧珑(6 月任)

民主党派

中国国民党革命委员会长春市委员会
　主任委员　杜　剑
　副主任委员　王英梅(女,5 月免)　鹿　云(女)
　　董　心　任炳忠　别海洲
　　林洁琼(女,2 月任)
　秘 书 长　王庆军(3 月任)
中国民主同盟长春市委员会
　主任委员　孙丰月
　副主任委员　穆金辉　李德山　欧阳继红(女)
　　图力古尔　胡岳岷　冯银江　董　龙
　秘 书 长　李娟娟
中国民主建国会长春市委员会
　主任委员　陈　巳
　副主任委员　丁绍伦(女)　张少杰(兼)　胡　伟(兼)
　　孙忠林(兼)　陈桂芬(女,兼)　布　和(兼)
　秘 书 长　葛建民
中国民主促进会长春市委员会
　主任委员　杜　婕
　副主任委员　林　宇　周国韬　窦　森　董玉琦(兼)
　　禹　平(女)
　秘 书 长　黄金和
中国农工民主党长春市委员会
　主任委员　侯治富(满)
　副主任委员　张慧红(女)　李守春　苗里宁
　　赵宏岩(女)　张金权　阴春霞(女)
　　刘林林(女)　王洪亮
　秘 书 长　张文彬
九三学社长春市委员会
　主任委员　张红星
　副主任委员　王　进　陈济生　王丽颖(女)　李　铭
　　王秋丽(女)　张文祥
　秘 书 长　顾红艳(女)

人民团体

市总工会
　主　　席
　副 主 席　甘　琳(女)　朱　琪　崔维国
　党组书记　甘　琳(女)
　经费审查委主任　高长春(女)
中国共产主义青年团长春市委员会
　书　　记　赵心锐(6 月免)
　副 书 记　丁　佳(女)　吴　威
市妇女联合会
　主　　席　李炜姝(女)
　副 主 席　杜　影(女)　刘　影(女,9 月任)
　党组书记　李炜姝(女)
市工商业联合会
　主　　席　李维斗(兼)
　副 主 席　薛文革　高文学　张光锐　高　岩(女)
　党组书记　薛文革
市社会科学界联合会
　主　　席　王庭凯(兼,7 月任)
　副 主 席　常　新(12 月免)
市文学艺术界联合会

主　　席　吴德金(6月免)　王庭凯(兼,7月任)
副 主 席　张守智　张鸣雨(兼)　崔永泉(兼)
　　刘　宏(兼)　杨云超(兼)　王长元
　　景喜猷(5月免)　孙德伟(9月任)
　　曲　笑(兼)　韩志晨(兼)　孙佳宾(兼)
　　王建国(兼)　金仁顺(兼)
党组书记　张守智
秘 书 长　孙中亮

市科学技术协会
主　　席　孙成军(1月任)　魏长平(女,1月免)
党组书记　孙成军
副 主 席　刘晓明　蔡卓研

市归国华侨联合会
主　　席　张越杰(兼)
副 主 席　陈　坚
　　于洪升(兼)　陈　密(兼)　马晓燕(兼)
　　朱丽伟(兼)　冷雪洁(兼)　王　滨(兼)
　　王　昆(兼)　程　彧(兼)　林　路(兼)
　　刘天星(兼)
秘 书 长　崔　昕

市台湾同胞联谊会
会　　长　孔令智
副 会 长　吴　音(女)　徐正考　路景权　胡　明
　　吴晓东　李思维　郭敬萍(女)　陈明强
　　张　伟　张玉军　刘晓娟(女)　修　远
秘 书 长　徐　昕

市红十字会
名誉会长　高广滨　崔　杰　郑文芝(女)
会　　长　吴　兰(女)
副 会 长　王大雷　卢福建　张知众　马　军　齐国华
　　胡延生　吴　强　崔永泉　公　平

市残疾人联合会
理 事 长　庞国忠
副理事长　王贵君(3月免)　张英君(5月任)
党组书记　庞国忠

地方军事

长春警备区
司 令 员　齐安平
政治委员　孙　超
参 谋 长　郭华山
政治部主任　马德国
后勤部部长　徐荣海

武警长春市支队
支 队 长　虞　超
第一政治委员　李　祥(兼)
政治委员　曹经纬
副支队长　赵立鹏　王崇伟　马东辉
副政治委员　郭洪石

市公安消防支队
支 队 长　李德生
政治委员　赵子魁

法　治

中级人民法院
院　　长　张德友
副 院 长　肖德馗　刘德孝　金运珍(女)　孙苏平(女)
　　李缃凡
党组书记　张德友
党组副书记　肖德馗
纪检组长　裴　莹(5月免)　韩　军(7月任)
政治部主任　王国睿
审判委员会专职委员　宋惠生　许　光(女)　刘大伟
　　胡俊生

人民检察院
检 察 长　张海胜
副检察长　胡金刚　王　禹　李　驳　赵　军
　　高林树(7月任)
党组书记　张海胜
党组副书记　胡金刚
纪检组长　聂施恒
政治部主任　高林树(7月免)
反贪污贿赂局局长　胡金刚
反渎职侵权局局长
检察委员会专职委员　杨玉兰(女)　刘亚利(女)
　　李崇峰(6月任)
检察专员　赵厚福

双重领导局级单位

长春海关
关　　长　薛颖超
副 关 长　于　明　胡　薇(女)　孙玉宁　刘琦瑾
党组书记　薛颖超
缉私局局长　刘琦瑾
纪检组长　刘吉林

市烟草专卖局
局　　长　于显峰
副 局 长　张建华　张　波　车大光　刘　炜

陈　红(女)
党组书记　于显峰

长春供电公司
总 经 理　辛国良
副总经理　李国辉　冷传东　张殿华　张树东　刘洪涛　陈学宇
党委书记　李国辉
党委副书记　辛国良
纪检委书记　罗学明
总会计师　王德春

吉林省邮政公司长春市分公司
总 经 理　刘满堂
副总经理　李宏伟　李远飞　张斌杰(女)
党委副书记　刘满堂

中国联合网络通信有限公司长春市分公司
总 经 理　郭　彤
副总经理　张宏光　闫明柱　张　珂　宋秋梅　王立新　王　为
党委书记　郭　彤

中国移动通信集团吉林有限公司长春分公司
总 经 理　金　亮
副总经理　朱世英　李　刚　马　力　黄　昊　于洪涛　陈　东
党委书记　金　亮

区县(市)

【朝阳区】

中共朝阳区委
书　　记　钱万成
副 书 记　祝永安　丛中梅(女)
区委常委　钱万成　祝永安　丛中梅(女)　宋　驰　毕洪鹰　黄德军　薛春生　陈　杰　谭景凤　王本飚

区人大常委
主　　任　钱万成
副 主 任　韩希光　宋春生(12月任)石新民　蔡晓民

区人民政府
区　　长　祝永安
副 区 长　宋　驰　毕洪鹰　陈德智　孙景龙　张　笃(12月任)

区政协
主　　席　李　军
副 主 席　孙　义　曹望庆

区纪律检查委员会
书　　记　谭景凤(女)

区法院
院　　长　潘长文

区检查院
检 察 长　李忆农
副区级领导(援藏)　王文洲

【南关区】

中共南关区委
书　　记　王铁茗
副 书 记　杨大勇
常　　委　王铁茗　杨大勇　鲁　月(女)　赵明瑞　许　迪　方述华　李　蕊(女)　温永军(至5月)　胡金友(5月任)　周振岩(4月任)

区人大常委会
主　　任　付　臣(至9月)
副 主 任　马跃峡(至12月)　李玉林　赵洪田　张学玉

区人民政府
区　　长　杨大勇
副 区 长　赵明瑞　姜显续(至1月)　丁绍伦(3月任)　袁继业　刘　佳(至7月)　陈云峰(3月任)　杜　煜(7月任)

区政协
主　　席　华　岳
副 主 席　郭成尧　刘润滨　张继良(12月任)

区纪律检查委员会
书　　记　鲁　月(女)

南部都市经济开发区管委会
主　　任　卢明刚(12月退)
副 主 任　安利全

区法院
院　　长　郭桂玲(女)

区检察院
检 察 长　张颖彧

【宽城区】

中共宽城区委
书　　记　李忠斌
副 书 记　左　毅　殷淑琴(女,12月免)
常　　委　李忠斌　左　毅　殷淑琴(女,12月免)　明　翔　徐忠有　李维彬　徐伟民(3月免)　苏　荆(3月任)　靳　明　庞运东(5月免)　张爱民(5月任)

区人大常委会
主　　任　梁振亚(12月免)　殷淑琴(女,12月任)

副 主 任　牛连春(9月免)　田　武
　　贝世琴(女,12月免)　张　捷(女)
　　韩明仁(12月任)　黄淑梅(女,12月任)

区人民政府
区　　长　左　毅
副 区 长　李维彬　邹　娜(女)　所擎柱　赵庆利
　　王　华

区政协
主　　席　严　涛
副 主 席　金　华(女,5月免)　齐树森
　　王晓君(女)

区纪委
书　　记　徐伟民(3月免)　苏　荆(女,3月任)

区法院
院　　长　齐兆云(女)

区检察院
检 察 长　李崇峰(6月免)　卢　炬(6月任)

长春宽城经济开发区
主　　任　孙彦鹏
副 主 任　刘成斌　万家坤　赵海英(女)　务　宏
党工委书记　孙彦鹏

【二道区】

中共二道区委
书　　记　黄宪昱
副 书 记　王　吉　刘任远
常　　委　黄宪昱　王　吉　刘任远　卢天恒　李　宏
　　陈国彦(12月免)　刘　嫱(女)
　　秦锡春(3月任)　姚晓东(3月免)
　　张玉和(3月任)

区人大常委会
主　　任　孙慧颖
副 主 任　刘　琦(女,不驻会)　赵金龙(12月免)
　　陈国彦(12月任)　辛　华(女)　蔡　鸿

区人民政府
区　　长　王　吉
副 区 长　李　宏　李永利　刘占方　魏东岩　曲　杰

区政协
主　　席　孙爱华(女)
副 主 席　王　杨(女,不驻会)　王怀忠　曹正礼

区纪律检查委员会
书　　记　卢天恒

区法院
院　　长　尹彦久

区检察院
检 察 长　姜博仁

【绿园区】

中共绿园区委
书　　记　孙英利
副 书 记　程　宇　曲春雨(6月任)
常　　委　孙英利　程　宇　曲春雨　王希田
　　徐伟民(3月任)　李　瑞(女)　杨万来
　　严宏骞　叶尔肯·杜山(4月免)

区人大常委会
主　　任　王丽秀(女)
副 主 任　李长信　付彩霞(女,不驻会)
　　杜玉凤(女)　杨自山

区人民政府
区　　长　程　宇
副 区 长　王希田　高庆福　高丽丽(女)　刘绍峰
　　宋今东

区政协
主　　席　陈志勇
副 主 席　刘永久　马　学　郭　丽(女)

区纪律检查委员会
书　　记　徐伟民(3月任)

区法院
院　　长　林晓光

区检察院
检 察 长　刘志民
副区级领导干部　杨宝昌　侯　伟

【双阳区】

中共双阳区委
书　　记　王明德
副 书 记　唐铁生　朴连玉(12月免)
常　　委　王明德　唐铁生　朴连玉(12月免)
　　史延文　王大军　王天行　王　辅　谷延年
　　韩玉明　李铁刚　甄玉刚

区人大常委会
主　　任　赵　英(12月免)　朴连玉(12月任)
副 主 任　丰建春　索若达　谭大东

区人民政府
区　　长　唐铁生
常务副区长　王　辅
副 区 长　张艳秋(女)　许占有　王醒时　冯国刚

区政协
主　　席　张立新
副 主 席　兰凤霞(女)　李成兴

中共纪律检查委员会
书　　记　史延文

区人民法院
院　　长　李新生

区人民检察院

检 察 长　孙冠夫

副区级领导干部　李洪波

【农安县】

中共农安县委

书　　记　周　贺

副 书 记　韩明玉　滕广涛(7 月任)

常　　委　周　贺　韩明玉　滕广涛(2 月任)　朱　峻　徐　宁(女,9 月任)　徐志成　赵　欣(女)　刘生贵(7 月免)　赵建国　张跃楠(7 月任)　崔　博(9 月任)

县人大常委会

主　　任　王　伟

副 主 任　张　波　张淑梅(女,不驻会)　宗喜洪　陈　志

县人民政府

县　　长　韩明玉

副 县 长　朱　峻　徐　宁　于德斌　李凤良　刘生贵(7 月任)　李兴涛(7 月任)

县政协

主　　席　蔡　光

副 主 席　贾树飞　赵贵君　王德友

县纪律检查委员会

书　　记　朱　峻(至 7 月)　崔　博(9 月任)

县法院

院　　长　田　良

县检察院

检 察 长　邢立明

【榆树市】

中共榆树市委

书　　记　冯善国

副 书 记　李洪亮(12 月免)　高中会(12 月任)　王立春(女)

常　　委　冯善国　李洪亮(12 月免)　高中会(12 月任)　王立春(女)　马　光　王海瑛(女)　卢　健　李灿明　林小明　金　海　刘继华(5 月免)　霍秀田(5 月任)

市人大常委会

主　　任　孙中兴

副 主 任　李荣武(12 月免)　郭景君　王百陆　李长寿　庄桂良(12 月任)

市人民政府

市　　长　高中会(11 月任)

副 市 长　马　光　王是非　赵国军　常　健　高广野(6 月任)

副市级干部　徐　阁　高洪洲

市政协委员会

主　　席　张树国

副 主 席　张　媛(女)　王伟成

法院

院　　长　王建红(女)

检察院

检 察 长　卢　炬(6 月免)　孙　涛(6 月任)

【德惠市】

中共德惠市委

书　　记　马延峰

副 书 记　赫　哲　林英昌

常　　委　马延峰　赫　哲　林英昌　赵文波　王　涛　杨树峰　王克瑜　王　莹(女)　薛风雷　孔宪权(5 月任)　张胜利(5 月免)　王　涵

市人大常委会

主　　任　马延峰(12 月任)　李志斌(12 月免)

副 主 任　贲云峰(12 月免)　宋云官　韩国明　张国东　李建国(12 月任)

市政府

市　　长　赫　哲

副 市 长　赵文波　王　涛　南振波　白松巍　夏明君　丁日伟　王　涵

市政协

主　　席　于树军

副 主 席　禹希军　王志华

市纪律检查委员会

书　　记　薛风雷

市法院

院　　长　李海峰

市检察院

检 察 长　兰　舰

副市级领导干部　王成波　刘　宏

副市级干部　张国占

【九台区】

中共九台区委

书　　记　史长友

常委副书记　李洪亮(12 月任)　王树民

常　　委　史长友　李洪亮(12 月任)　王树民　宋　超　于海山　王大宏　李国辉　孔庆丰　鲁晓光(女,4 月任)　杨丽敏(女)　祁桂东

区人大常委会

主　　任　林荣效(12 月免)　史长友(12 月任)

副 主 任　李元君　张　进　杨宝玉(8 月任)　曹　义(7 月免)　安秀芝(女,12 月免)

区人民政府

区　　长　李洪亮(12月任)

副 区 长　宋　超　于海山　逯占元　肖志华　李树国　李　金　夏　新(10月任)

区政协

主　　席　关　星

副 主 席　李德军　王宝石(8月任)

区纪律检查委员会

书　　记　鲁晓光(女)

区法院

党组书记、院长　徐建侠

区检察院

党组书记、检察长　焦成千

在市委十二届七次全会上的报告

（2015年9月7日）

高广滨

7月16日至18日，中共中央总书记、国家主席、中央军委主席习近平同志亲临我省视察指导工作。整个视察过程中，总书记进企业、下基层、与群众座谈，并在长春主持召开部分省区党委主要负责同志座谈会，还专门听取省委、省政府工作汇报，作出重要讲话。期间，总书记专门到我市长客和一东两户企业视察，作出一系列重要指示，让我们深切感受到总书记一心为党、一心为国的崇高品质和心系群众、亲民爱民的朴素情怀，所到之处场面非常热烈，充分表达了长春广大干部群众对总书记的崇敬和爱戴之情。

在全国上下扎实推进“四个全面”战略思想和战略布局的关键之际，在我们科学谋划“十三五”、推动老工业基地新一轮振兴发展、全面建成小康社会的重要时期，总书记来我省视察指导工作，在我市召开座谈会，这是长春改革发展史上具有里程碑意义的一件大事。为更好地贯彻落实总书记重要讲话精神，省、市相继召开了一系列会议进行部署，8月20日省委又专门召开十届五次全会，会上朝鲁书记作了重要讲话，全面、深入、系统地阐述了习近平总书记重要讲话的重大意义、丰富内涵，对进一步贯彻落实提出明确要求，我们一定要认真抓好落实。今天，我们召开市委十二届七次全体会议，就是要深入学习贯彻习近平总书记在我省视察时的重要讲话精神，认真落实省委十届五次全会精神，对当前和今后一个时期重点工作进行安排部署，并审议通过《中共长春市委关于深入贯彻落实习近平总书记重要讲话精神、加快推进长春全面振兴发展的决定》。下面，我讲3点意见。

一、要深刻领会习近平总书记重要讲话的重大意义和丰富内涵，切实把思想和行动统一到总书记重要讲话精神上来

习近平总书记在视察期间所作的重要讲话，立足于发展中国特色社会主义伟大实践的大背景，立足于进行具有许多新的历史特点的伟大斗争的大格局，立足于“四个全面”布局的大战略，立足于适应新常态、引领新常态这一经济发展的大逻辑，提出一系列具有重大指导意义的新思想、新论断、新要求，既体现了立足党和国家事业的全局视野，又体现了着眼区域发展的战略思维，是我们振兴发展的根本遵循和行动指南。

总书记的重要讲话为老工业基地振兴发展赋予了全新的历史使命。总书记殷切希望我们“在适应发展新常态中寻求新突破，在振兴老工业基地中积聚新动能，在提高社会治理能力中取得新进展，走出一条质量更高、效益更好、结构更优、优势充分释放的发展新路。”这是总书记在东北地区发展进入新阶段的重要历史时期，准确把握老工业基地发展特征和发展实际，为我们工作提出的总体要求。可以说，“走出一条新路”赋予了我们全新的历史使命，为老工业基地振兴发展注入了新的时代内涵，指明了我们未来发展的前进方向。我们一定要按照总书记的指示要求，着力在“新”上下功夫、求实效，坚持变中求新、变中求进、变中突破，努力走出一条新路。

总书记的重要讲话为老工业基地振兴发展明确了任务。总书记深刻指出，“现在的东北老工业基地振兴不是前10年的简单延续，而是在新形势下、新起点上开始的新征程。”并明

确要求我们“要扎实推进老工业基地振兴、扎实做好农业农村农民工作、扎实推进保障和改善民生工作、扎实建设强有力的领导班子”。这“四个扎实”既紧密联系又相互促进,非常有针对性,非常符合我们的发展实际,为我们指出了主攻方向,是当前和今后一个时期我们工作的重点和关键所在。我们一定要把工作的着力点和发力点聚焦到“四个扎实”上来,保持定力、扎实工作、精准发力,确保在“四个扎实”方面取得新的更大的突破。

总书记的重要讲话为老工业基地振兴发展传授了科学的方法论。在谈到推动产业结构优化升级时,总书记指出“要加减乘除一起做”;在谈到解决制约经济持续健康发展重大问题时,总书记指出“要注意防止急躁蛮干和束手无策两种倾向”;在谈到促进就业时,总书记指出“既打好市场牌,又打好政府牌,让‘两只手’同时发挥好作用”;在我市两户企业视察时,总书记指出“要把装备制造业作为重要产业,奋力抢占世界制高点、掌握技术话语权”;在谈到农民持久稳定增收时,总书记指出“农业不能只停留在耕地上,也可以‘上山下海’,引导农民念好‘山海经’、唱好‘林草戏’、打好‘豆米牌’”;在谈到谋划制定“十三五”规划时,总书记指出“既不能脱离实际、提过高的目标和要求,也不能囿于一时的困难和问题而缩手缩脚”;在谈到东北地区发展遇到的新的困难和挑战时,总书记指出“事物发展总是各种矛盾相伴相生”,“千难万难,只要重视就不难;大路小路,只有行动才有出路”。可以说总书记的讲话通篇都贯穿了马克思主义哲学的思想精髓,体现了科学的方法论,不仅为我们指明了谋划发展、破解难题的具体举措,同时也传授给我们应对困难、做好工作的科学方法。

总之,习近平总书记的重要讲话思想丰富、内涵深刻、意义重大。我们一定要深刻认识总书记重要讲话的重大意义,深刻理解、准确把握蕴含其中的精神实质和深刻内涵,特别是要深刻领会总书记关于谋划“十三五”的重要论述,深入分析我市发展的阶段性特征,辩证认识面临的历史机遇和风险挑战,紧紧围绕“四个全面”战略布局,切实发挥自身独特优势,加强重大问题调查研究,描绘好未来五年发展蓝图;深刻领会总书记关于东北振兴发展的重要论述,着力完善体制机制,着力推进结构调整,着力鼓励创新创业,着力保障和改善民生,坚定信心,迎难而上,开拓进取,坚决打赢新常态下推动新一轮振兴发展的攻坚战;深刻领会总书记关于吉林振兴发展的重要论述,深入理解总书记对我们优势潜力的深刻阐释和对矛盾问题的精确判断,牢牢把握总书记对吉林工作的总要求,聚焦“四个扎实”重点任务,领会“四个扎实”内在逻辑,把扎实推进老工业基地振兴作为核心目标,把扎实做好农业农村农民工作作为重要基础,把扎实推进保障和改善民生工作作为根本归宿,把扎实建设强有力的领导班子作为根本保障,切实推动经济社会持续健康发展;深刻领会总书记重要讲话中体现的科学方法论,注重学习应用贯穿其中的辩证思维、系统思维、战略思维、法治思维、底线思维和科学逻辑,准确把握时代发展的新变化新特点,准确抓住矛盾问题的深层次症结,不断提高工作的系统性、预见性、针对性和实效性,促进各项政策措施、各项工作举措相互配套、协调推进;深刻领会总书记对吉林工作的充分肯定、对吉林人民的亲切关怀、对吉林发展的殷切希望,进一步认清所处的历史方位,认清肩负的使命责任,坚定必胜信心,增强行动自觉,保持奋进状态,敢于担当、善于担当、体现担当,充分发挥长春作为省会城市的重要作用,为全省振兴发展作出新的更大贡献。

当前,全市上下首要的政治任务就是要深入学习贯彻落实总书记重要讲话精神。要着力在学深学透、领会精神实质上下功夫。各县(市)区、开发区、各基层党组织都要认真开展学习,广大党员干部要全员进行学习,逐字逐句领会讲话中的重要理论观点、战略思想和工作部署,通过深入学习、细读深思,准确把握讲话的精神实质。要把学习总书记吉林调研重要讲话精神与学习贯彻党的十八大、十八届三中、四中全会精神,与学习总书记系列重要讲话精神紧密结合起来,真正做到融会贯通。要在学以致用、抓好贯彻落实上下功夫。坚持带着问题学,把工作摆进去,紧紧围绕贯彻落实中央和省委、省政府的重大决策部署,加强对事关全局和长远发展重大问题的研究思考,切实用讲话精神武装头脑、指导实践、推动工作。今天会上审议的《中共长春市委关于深入贯彻落实习近平总书记重要讲话精神、加快推进长春全面振兴发展的决定》,包含了13大方面60项具体贯彻任务,这是当前和今后我们贯彻落实总书记重要讲话精神的行动指南,一定要把任务逐一落实到每一个单位、每一个部门、每一个人头,特别是总书记视察过的长客和一东两户企业,要率先学习好总书记讲话精神,落实好总书记的指示要求,确保抓出实效。要在加强宣传、营造良好氛围上下功夫。宣传部门要加大宣传力度,广播、电视、报纸等传统媒体和网络等新媒体要广泛宣传,主要街路、商圈、广场等重点部位,机关、企事业单位、学校等重点场所,要设置宣传专栏,集中宣传“中国梦”,宣传“四个全面”战略布局,宣传总书记重要讲话精神,进一步掀起学习热潮,引导全市上下切实把总书记的关怀之情转化为拼搏进取的不竭动力,转化为各级党组织和全体党员干部的一致行动,转化为推动老工业基地新一轮振兴发展的生动实践,确保总书记重要讲话精神在长春落地生根、开花结果。

二、要切实按照总书记重要指示和重要讲话要求,全力推进新一轮振兴发展

在省委十届五次全会上,朝鲁书记着眼落实习近平总书记提出的“发展新路”的总体要求,结合省情实际进行了深刻阐述,明确指出:这条新路,必须更加注重发挥比较优势;这条新路,必须更加注重体制机制创新;这条新路,必须更加注重结构优化升级;这条新路,必须更加注重质量效益;这条新路,必须更加注重开放带动、创新驱动;这条新路,必须更加注重统筹协调。朝鲁书记的讲话,抓住了关键,充分体现了总书记讲话精神,我们务必要认真消化理解,深入抓好贯彻落实。总的考虑就是,要深入贯彻落实习近平总书记吉林调研重要讲

话精神，按照省委十届五次全会部署，以“四个全面”战略布局为统领，以新一轮振兴发展为主题，以建设吉林中部创新转型核心区为重点，保持战略定力，增强发展自信，坚持变中求新、变中求进、变中突破，发挥“五个优势”、推进“五项举措”、加快“五大发展”，全力开创老工业基地振兴发展新局面，走出一条质量更高、效益更好、结构更优、优势充分释放的发展新路。具体要抓好这样几方面工作。

1.着力实施创新驱动发展战略，加快打造创新城市。总书记深刻指出，抓创新就是抓发展，谋创新就是谋未来。从当期稳增长的角度，经济下行压力仍然很大，倒逼我们必须通过创新来寻求新的增长点；从加快城市转型升级角度，要加快转方式、调结构，核心还是要下好创新这步先手棋，深入实施好创新驱动发展战略；从抢占未来发展制高点的角度，也需要我们切实发挥好创新这个第一动力的作用，努力打造创新城市。要抓好体制机制创新。老工业基地的问题归根到底还是体制机制问题，解决这一问题核心还是靠改革。要按照“国企改革要深化、民营经济要发展、简政放权要彻底、市场活力要增强”的要求，进一步聚焦、聚神、聚力抓好经济体制和生态文明体制、民主法制、文化体制、社会体制、党的建设制度、纪律检查体制等6大领域147项改革举措475项具体改革任务落实，着力抓好国企国资改革、科技体制改革、投融资体制改革、商事制度改革、农村土地制度改革等，确保长春新区、民营经济综合配套改革示范区、东北亚区域性金融服务中心建设取得实质性突破。要抓好科技创新。长春是科教文化城，科教文化资源富集，我们要切实发挥光机物理所、应化所、地理所等147家科研院所和吉大、师大等37所高等院校在科技创新中的基础作用，推动科教和人才优势向现实生产力转化。要注重抓好创新项目，全力推进“吉林1号”卫星等100个科技攻关和100个科技成果转化项目。继续突出创新方向，切实提高项目的投资强度、提高科技含量、提高土地利用率、提高投入产出比，决不能上一些“傻大黑粗”“瓜菜代”项目。注重抓好创新平台建设，重点是高水平打造净月创新型生态城，加快长东北科技创新中心、北湖科技园、中俄科技园等园区建设，抓好行业中试中心和公共技术服务中心建设，促进科技成果就地转化。注重抓好政策支持和引导，借鉴其它城市先进经验，多出台一些突破性办法，强化政策落实，完善人才激励机制，加大人才培育和引进力度，进一步在全市营造大众创业、万众创新的良好氛围。要抓好企业创新。企业是创新的主体，这个主体作用发挥不出来，讲创新就是一句空话。要进一步完善“政产学研用金介”协同创新机制，下大力气解决好企业与科研机构两层皮、衔接不畅的问题，支持骨干企业加强技术研发中心建设，增强自主创新能力，进一步提升企业的核心竞争力。同时还要积极培育科技型“小巨人”企业，力争“十三五”末发展到1000户以上。另外，还要积极推进产业创新，做好“有中生新”“无中生有”两篇文章，高标准谋划和培育一批新的战略性新兴产业；推进市场创新，充分释放市场活力，不断优化营商环境；推进产品创新，大力抓好新产品研发和推介，改变传统产品占大头，“原”字号、“初”字号产品居多，产业链、价值链不完备等问题；推进业态创新，抢抓国家实施“互联网+”行动机遇，加快各类产业向线上融合，推动形成更多的新业态、新模式、新产业；推进管理创新，自觉运用创新性思维、法治化方式和科技化手段来抓好城市管理，进一步提高社会治理能力，特别是要抓好“智慧城市”建设，全面提升城市管理的科学化水平。

2.着力推进结构调整，积极促进城市转型升级。总书记深刻指出，结构性问题是制约老工业基地发展的一个突出因素。结构问题与体制问题相伴而生，结构问题不解决，又会反作用到体制机制上，全面振兴发展势必受到严重影响。总书记提出了“结构优化要多策并举，加减乘除一起做”的要求，我们一定要全面领会把握这个重大战略思想的深刻内涵和具体任务，围绕加快建设吉林中部创新转型核心区，坚定不移地抓好结构调整。首先，要推进产业结构优化升级。不能再唱“工业一柱擎天，结构单一”的“二人转”，坚持“拉长补短”，走工业服务业双拉动的增长路径，加快构建多业支撑的现代产业体系。要认真落实“中国制造2025”战略规划，加快做大做强汽车、农产品加工、轨道客车三大支柱优势产业。要针对汽车产业当前面临的特殊困难，支持一汽稳增长、支持一汽Q工厂等重大项目建设、支持推动一汽“三供一业”分离移交、支持汽车配套产业做大做强，坚定不移地壮大汽车业；农产品加工业现在面临价格“天花板”和成本“地板”双重挤压，要全力支持大成等一批骨干企业向精深方向发展，破解管理体制机制等难题，推动这些企业尽快走出困境；轨道客车产业要在现有发展基础上，进一步抢抓战略机遇，加快打造全国乃至世界级的制造、研发、试验、出口和检修基地。要大力发展先进装备制造业、医药健康产业、光电信息产业、生物制造产业、新能源及新能源汽车产业、新材料产业；同时还要加快发展金融服务业、信息服务业、文化创意产业、现代物流业、现代商贸服务业、旅游会展业、健康养老业、人力资源服务业，尽快把战略性新兴产业和服务业的“短板”补起来。其次，要推进所有制结构优化升级。要进一步完善国有企业治理模式和经营机制，坚决把国有企业搞好，把实体经济抓上去。在抓好国有企业发展的同时，要把大力发展民营经济突出出来，以推进民营经济综合配套改革示范区试点建设为契机，认真落实体制机制、结构调整、市场准入、要素配置、公共服务体系创新等方面的配套改革措施，着力破解民营经济和中小企业融资难问题，鼓励发展众创、众包、众筹、众扶等新的创业模式，扎实推进“五证合一”登记制度改革，坚持宽进严管，进一步加强商事制度改革后续市场监管，促进民营经济持续健康发展，尽快把民营经济这块“短板”补起来。第三，要推进区域结构优化升级。这些年我们的生产力布局基本确定，“三城两区”框架基本拉开，九台也撤市设区，发展空间进一步扩大，下一步，我们要按照已经出台的生产力布局《意见》，全力促进开发区、城区、县域协调发展、融合发展、互补发展。开发区要率先突破，特别要在推动重大项目、重大产业项目和先进装备制造业项目集群集聚发展上下功夫，实现簇群发展；城区要加快发展，重点要抓好现代服务业和文化产业发展，促进制造业提档升级，高水平搞好城市管理，进一步提升辐射服务功能；县域要重点突破，着力在"城乡统筹"上实现突破，在"产城融合"上实现突破，在工业集中区建设上实现突破，尽快把县域经济这块"短板"补起来。

3.着力做好农业农村农民工作，全力争当现代农业建设排头兵。总书记鲜明指出，任何时候都不能忽视农业、忘记农民、淡漠农村。长春作为农业大市和国家重要的商品粮基地，一定要用行动肩负起排头兵的责任担当，加快走出一条集约、高效、安全、持续的现代农业发展道路。当前重中之重是要突出抓好现代农业生产体系建设，认真落实国家粮食安全战略，坚持不懈地抓好粮食生产，深入实施黑土地保护工程，不断加大农田水利基础设施建设力度，切实提升农业机械化水平，通过良种良法配套、农技农艺结合，着力提高单产水平，努力为保障国家粮食安全做出更大贡献，尤其是要抢抓我市被命名为"中国优质粳米之都"的难得机遇，全力把"松花江"大米这个品牌打响打亮；要突出抓好现代农业产业体系建设，进一步延伸农业产业链条，深入实施"粮变肉"工程，推动精深加工，加快做大做强肉鸡、肉牛、肉鹅、肉猪、乳制品等龙型产业；大力发展"互联网+现代农业"，充分利用渤海商品交易所杂粮电子交易中心这样的互联网平台，唱好电商戏，打好特色牌，不断把我市农业的产业规模做大、品质做优、市场做强。要突出抓好现代农业经营体系建设，稳步推进农村土地确权登记颁证试点、农村金融改革和农村林业改革等重点改革任务，积极推动农业适度规模经营，着力加大专业大户、农民合作社、家庭农场等新型经营主体培育力度，全面提升我市农业经营的集约化、专业化、组织化、社会化水平。围绕"三个体系"建设，我们要集中力量抓好实验区，围绕榆树、农安、德惠平原区粮畜主体型现代化大农业板块，九台、双阳半山区结构优化型特色农业板块，城区周边三产融合型现代都市农业板块这"三大板块"，全力抓好现代农业"五大实验区"，即榆树、农安2个现代化大农业(玉米)综合实验区、松花江流域水田现代化实验区、九台现代特色农业实验区和环城现代都市农业实验区，加快把农博园打造成现代农业科技示范区，切实通过这些实验区和示范区的带动，全面提升我市现代农业整体发展水平，进一步促进粮食增产、农业增效、农民增收。另外要统筹抓好新农村"百村示范、千村提升"工程，强化农村基础设施建设，以"厕所革命"为突破口，全面改善农村人居环境，切实通过我们的努力让长春农业强起来，让广大农民富起来，让农村面貌好起来。

4.着力推进生态文明建设，加快打造绿色宜居"森林城"。总书记指出，环境就是民生，青山就是美丽，蓝天也是幸福。良好的生态环境是长春的特色和名片，我们一定要坚定不移地打好"绿色"牌，加快把长春建设成为宜居、宜业、宜游的美好家园。当前重点要做好这样几件事。一是要全力抓好伊通河综合治理工程。坚持生态优先、水城同治，各相关部门和沿线单位要密切配合，全力抓好防洪工程、截污干管、底泥清淤、湿地建设、道路交通、景观改造等工作，努力把这项工程打造成让全市人民满意的民心工程、造福子孙后代的精品工程，让伊通河这条长春的"母亲河"，成为绿色宜居的"生态轴"、经济增长的"生机带"和崭新城市精神的"生命源"。二是要全力抓好交通基础设施建设。着力推进地铁1、2号线，"两横三纵"快速路配套，南部新城地下交通枢纽，城乡结合部路网建设等重大交通基础设施工程，加快"公交都市"示范城市建设，继续下大力气抓好静态停车场和地下停车场建设，努力解决停车难问题。三是要全力抓好地下基础设施建设。大力推进地下综合管廊建设工程，既有利于促进城市资源集约利用，提升城市综合承载能力，也有利于增加公共产品有效投资，打造经济发展新动力。今年我们要按照整体规划、分步实施、以点带面、梯度推进的原则，重点推进总投资24亿元、总长度17.3公里的地下综合管廊建设任务。今后各城区、开发区在城市建设过程中，必须坚持规划先行，地上地下统筹推进、同步实施，真正建好城市发展的"里子"。四是要全力抓好"森林城"建设。系统推进城市森林、城市绿地、城市水域和城市湿地建设，重点抓好净月、莲花山两大生态区、55个公园建设和旧城绿地提升改造；进一步加大城市绿化工作力度，今年新增绿地面积600公顷；全面提升长东北城市生态湿地公园、新立湖和净月潭湿地公园、串湖水系、南溪湿地建设水平，尤其要按照"河湖连通工程"要求，引进松花江水进入波罗湖湿地，全力推进湿地自然保护区建设，全面改善和提升长春生态建设水平。五是要全力抓好市容环境综合整治。全面加大"打非拆违"、环卫保洁、城市绿化美化亮化力度，不断提高城市综合管理水平。今年建设任务很重，各地、各部门要密切协作，集中力量攻坚，确保重点工程如期竣工，努力让我们的城市天更蓝、地更绿、水更净、城更美。这里还要特殊强调的是，最近中央全面深化改革领导小组审议通过了《党政领导干部生态环境损害责任追究办法(试行)》，首次在国家层面明确环境保护"党政同责"，各级党委政府对此要有清醒认识，切实强化生态环境保护的责任落实，尽最大努力保护我们赖以生存的美丽家园。

5.着力提升经济发展外向度，全力打造"开放长春"。开放也是改革。总书记指出，扩大沿边开放、加强面向东北亚的国际合作，对于振兴东北地区等老工业基地具有重要意义。我们要主动融入国家"一带一路"战略和"长吉图"战略，全面提高我市对外开放的层次和水平。要建好开放平台，高水平抓好长春新区建设，着力提升兴隆综保区、空港经济开发区等重点开放平台功能和水平，扎实推进物流航运业、旅游业、金融业发展，抓好跨境电子商务平台建设，促进对外贸易转型升级，进一步利用好东博会、汽博会、农博会、民博会、电影节、冰雪节等平台，充分发挥好这些平台的独特优势作用，不断提高经济外向度。要打通开放通道，经过多方努力，"长满欧"国际铁路货运班列于8月31日正式开通了，从而建立了长春直达欧洲的国际运输新通道，这是我们积极融入国家"一带一路"战略，突破内陆城市对外开放瓶颈的重大举措，对于促进长春产业转型升级，促进企业"走出去"有重要意义。下一步要加强与中省直单位密切协作，优化服务环境，抓好货源组织和运营管理，推动沿线国家货运乃至投资、金融、体育、文化的互联互通；在已开通到香港航线基础上，积极扩展至朝、俄、日、韩、蒙等更多的国际航线；协调推进机场二期扩建和机场综合交通枢纽建设，打造更加现代便捷的交通枢纽和换乘中心；抓好东北亚综合性物流枢纽建设，紧密对接陆路干港和空港，尽快形成海铁联运、公铁联运、空铁联运的大通道格局。要抓好招商引资，继续围绕重点产业、重点企业、重点园区开展大招商、招大商，特别是要把项目选好，看准了的好项目就要一盯到底，但决不能萝卜快了不洗泥，不管三七二十一，捡到篮里都是菜；要注意创新方式方法，紧扣特色产业优势、紧扣产业链、紧扣产业集群，多渠道、多手段开展精准招商，争取多引进一批创新型、生态型、税源型、就业型、民生型项目，多引进一批“吃得少、产蛋多、飞得高”的企业。要鼓励企业走出去，总书记在我市两户企业视察时强调，“高铁、中国产的动车是中国的一张亮丽名片”。我们要主动融入国家“一带一路”战略，抢抓国家支持先进制造业走出去机遇，加大对出口骨干企业扶持力度，努力叫响这张名片，让更多的优势产业、优势产品走出去，进一步提高出口对经济增长的贡献率。

6.着力保障和改善民生，加快建设“幸福长春”。民生是做好经济社会发展工作的“指南针”，这是总书记对新形势下民生工作形象深刻的提炼概括，进一步阐明了民生工作的极端重要性，我们必须像抓经济建设一样抓民生保障，像落实发展指标一样落实民生任务。尤其是在经济下行压力比较大的情况下，更要把保障和改善民生放在重要位置。要千方百计抓好基本民生。围绕生存性、发展性、安全性民生需求，全力解决好人民群众关心的教育、就业、收入、社保、医疗卫生、公共交通等问题，强化食品药品安全监管，建立完整的食品药品安全现代化治理体系，积极推进“健康长春”行动计划，统筹抓好棚户区改造、“暖房子”改造和老旧散小区改造，已经落实的任务必须千方百计完成，同时还要认真做好公租房、廉租房分配工作，保证把好事办好。总之，年初的计划就是我们向群众的承诺，一旦承诺必须不折不扣地兑现，保障民生链正常运转。要高度关注特困群体，认真抓好扶贫开发和特困救助工作。现在全市还有30万城乡低保对象和其他各类困难群体，今年按照省里要求，我市还要完成13个村整村扶贫推进、3.55万农村贫困人口脱贫任务。要把“一个也不能少”作为根本标准，坚持精准扶贫、精确扶贫，切实拿出管用办法帮助群众脱贫致富，决不能让任何一个地方、任何一个群众在小康路上掉队。同时要进一步完善以“救急难”为重点的大救助体系，继续深入实施好“万户特困户结对救助”活动，真正让困难群众感受到党和政府的关怀与温暖。要把安全生产、维护稳定摆在突出位置。牢记幸福长春、生命至上、安全第一，以创建全国安全发展示范城市为目标，深入开展安全生产“秋冬会战”，认真抓好新一轮“大排查、大整改、大演练”活动，特别是要打好危险化学品和易燃易爆物品安全专项整治攻坚战，做到全覆盖，不留死角、不留盲区；全面落实主体责任、监管责任、属地责任和领导责任，深入推进安全生产防控体系建设，积极运用信息化手段提升现代化监管能力，坚决避免重特大安全生产事故发生。同时要集中精力解决好群众反映强烈的信访突出问题，深入推进“平安长春”“法治长春”建设，持续加大对各类违法犯罪活动的打击力度，严密防范暴力恐怖活动。另外还要认真做好民族工作，积极落实差别化支持政策，大力发展少数民族教育文化卫生事业，努力为少数民族群众办更多的实事、好事，精心维护民族团结。

这里还要特殊强调的是，加快长春老工业基地全面振兴发展，既要立足当前，又要着眼长远，统筹抓好各方面工作。

从当前角度，要把稳增长放在重要位置来抓，认真落实年初确定的经济目标责任制，切实加强经济运行调度，千方百计稳投资、稳工业、稳骨干企业、稳财政、稳就业，特别是要发挥投资在稳增长中的关键作用，全力以赴抓好招商引资，牢牢把重大项目建设抓在手上，全力推动市里今年确定的重大基础设施、重点产业、生态环保和民生4大类项目，现在有效的施工期非常短了，各地各部门必须有紧迫意识，进一步强化联系包保责任，加大政策落实力度，该走的程序和步骤一定要打好提前量，着力破解项目建设过程中的征拆、资金、政策落实等难题，确保重点项目扎实推进。抓项目一定要有一股韧劲，无论是在建还是新上，都必须看紧盯住，尤其对这次东博会上签约的项目也包括前期重点招商引资项目，必须一个一个去推动、去落实，确保项目引进来、落得下，早开工、早达效，切实以优质增量促进全市经济持续稳定增长，为全省发展大局多作贡献。

从长远角度，要科学谋划好“十三五”，聚焦如期全面建成小康社会这个既定目标，着眼未来5年乃至更长远的发展，围绕突出改革创新，突出统筹协调，突出生态建设，突出扩大开放，突出以人为本，坚持目标导向和问题导向相统一、面向国内和全球视野相统筹、全面规划和重点突出相协调、战略性和操作性相结合，科学谋划确定重点任务，努力编制出科学合理、鼓舞人心、落地可行的好规划，为未来5年和今后一个时期发展描绘好蓝图。

三、要扎实推进各级领导班子建设，切实为老工业基地振兴发展提供坚强保障

总书记在吉林调研重要讲话中深刻指出，推动经济社会持续健康发展，关键靠各级领导班子带领干部群众共同奋斗。按照总书记的要求，我们必须把领导班子建设摆在更加突出的位置。

1.严守党的政治纪律和政治规矩，始终与以习近平同志为总书记的党中央在思想上、政治上、行动上保持高度一致。班子是否坚强有力，首先看政治上是否过硬。其中最重要的一条就是能否严守党的政治纪律和政治规矩，这是对党员干部党性纯度和对党忠诚度的重要检验，是不可逾越的红线。全市各级领导班子和领导干部必须把讲纪律守规矩放在首位，认真执行和严格遵守“五个必须”，坚决维护中央权威和党的团结统一，坚决贯彻落实党的路线方针政策和省委、市委各项决策

部署，严格遵守组织程序、服从组织决定，管好亲属和身边工作人员，时刻保持清醒的政治头脑和政治定力，在大是大非面前旗帜鲜明，在大风大浪面前无所畏惧，在诱惑考验面前立场坚定，真正成为讲纪律守规矩的模范。近两年市委、市政府先后出台了《市委常委会关于改进工作作风、密切联系群众的具体规定》《关于进一步规范省级以下国家工作人员因公临时出国的实施细则》《关于进一步加强领导干部外出报备工作的通知》等纪律规定，全市上下一定严守纪律、严格执行。

2.扎实开展“三严三实”专题教育，努力保持良好的政治生态。现在全市正在深入开展“三严三实”专题教育，市专题教育领导小组及办公室要加大指导和推进力度，切实抓住专题学习研讨、召开专题民主生活会、整改落实和立规执纪几个关键环节，确保把这件大事抓实抓细抓出成效。要把专题教育与学习贯彻习近平总书记吉林调研重要讲话精神结合起来，自觉对照总书记重要讲话要求重新审视自身的思想、行为和作风，准确把握践行“三严三实”的本质要求，真正把“严”的标准立起来、把“实”的作风树起来。核心是要坚持问题导向，继续向“四风”问题开刀，向“不严不实”问题叫板，对群众反映强烈、影响面大的问题持续抓好专项整治，推动和促进作风建设持续改进。尤其是要在推动长春新一轮振兴发展中深化专题教育，督促各级领导班子和领导干部以从严从实的劲头抓发展、抓改革、抓民生、抓稳定、抓落实，切实用改革发展的实际成效检验专题教育成果，全力维护积极向上、干事创业、风清气正的良好政治生态。

3.坚持廉洁从政，切实做到一起干事、共同干净。“一起干事、共同干净”是总书记在吉林调研时对加强领导班子建设提出的新要求。其中干事是职责、是前提，干净是关键、是底线。全市各级领导班子一定要按照党要管党、从严治党要求，把党风廉政建设摆在更加突出的位置。要全力落实好“两个责任”。权力的本质是责任，责任的本质在担当。各级党委(党组)一定要牢固树立“不抓党风廉政建设是失职，抓不好党风廉政建设是渎职”的意识，特别是要落实好“一把手”的第一责任人责任，切实把党委(党组)的主体责任扛在肩上、抓在手上。各级纪委要按照“三转”要求，全面加大执纪、监督、问责力度，确保“两个责任”落地生根。要把纪律挺在前面。“禁微则易，救末者难”，一些干部养成毛病甚至出现违法犯罪问题，一个重要原因就是日常管理、纪律建设没有跟上，因此我们一定要把纪律规矩的篱笆扎得更紧更密，坚持抓“早”抓“小”，在法律底线前面架起带电的“高压线”，用纪律管住大多数，防止党员干部由“小错”酿成“大错”。要持续抓好作风建设。作风建设永远在路上。要把作风建设贯穿于从严治党的全过程，认真落实中央八项规定和省、市委具体规定要求，继续加大纠正“四风”和专项整治婚丧嫁娶敛财风、吃拿卡要衙门风、变相公款吃喝风、乱发节礼补贴风“小四风”力度，持续用力、久久为功，推动作风建设持续好转。要加大腐败案件查处力度。坚持零容忍惩治腐败，紧盯重点人群、紧盯“四风”问题、紧盯群众关切、紧盯问责追究，做到有案必查、有腐必反、有贪必肃，始终保持惩治腐败的高压态势。要把学习和执行好《巡视工作条例》作为重要任务，切实运用好巡视结果，强化问题整改，充分发挥好“巡视”的利剑作用。要重点治理“不作为”。市纪委、市委组织部要结合贯彻落实中央出台的《推进领导干部能上能下若干规定(试行)》，抓紧研究制定我市的配套制度和实施细则，集中力量对“不作为”现象进行整治，对为官不为和懒政怠政的党员干部按照组织原则和相关规定，该调整的调整、该问责的问责，全力推动全市各级领导班子“一起干事、共同干净”。

4.强化担当精神，不折不扣地把各项工作任务落到实处。顺境逆境看胸襟，大事难事看担当。当前，我市经济下行压力仍然很大，老工业基地振兴处于关键阶段，各项工作任务艰巨繁重。在这样关键的时候，各级领导班子一定要把“担当”二字突出出来，像习近平总书记要求的那样，敢于担当、善于担当、体现担当。敢于担当，就是要有精气神，有勇于面对困难的锐气和勇气。特别是要有政治担当，在各种复杂局面、重大考验面前，在重大原则问题上，旗帜鲜明，敢于坚持、敢于直面，敢于斗争、敢于发声；要有责任意识，在其位、谋其政，不推脱、不回避，以“功成不必在我”的态度多做打基础、利长远的事；要有更好的精神状态，大力弘扬“劳模精神”，越是压力大、任务重，越是要保持昂扬向上、充满活力的精气神，困难越大、斗志越强，压力越大、干劲越足。各级党组织也要鼓励干部担当，适当宽容因此产生的工作失误。善于担当，就是要讲究方式方法，有解决困难的本领。既要有激情、有韧劲，更要办法管用，急躁蛮干不行，束手无策也不行。要吃透上级精神，不折不扣地贯彻落实好党中央的大政方针和省委、省政府的各项战略部署；不断提高担当的能力，尤其要切实提高运用法治思维和法治方式深化改革、推动发展、化解矛盾、维护稳定的能力；要始终站稳群众立场，学会用群众的思维方式思考，用群众的说话方式交谈，用群众接受的方式为群众办实事、解难事。体现担当，就是要有实际成效，各项工作最终都要有实实在在的成果，要在咬定目标任务的同时，看发展的质量和效益、看人民群众的评价，进一步建立起群众能参与、指标能量化、办法可操作的评价考核体系。总之，就是要以对党负责、对事业负责、对人民负责的态度，把老工业基地振兴的担子扛在肩上，以踏石留印、抓铁有痕的作风和干劲，全力抓好各项工作落实，不断开创各项事业发展新局面。

9月3日上午，纪念中国人民抗日战争暨世界反法西斯战争胜利70周年大会在北京隆重举行，习近平总书记发表了重要讲话，讲话充分肯定了抗日战争伟大胜利的历史意义和重要作用，鲜明表达了中国坚持走和平发展道路、维护世界和平的坚定决心，彰显了深邃的历史眼光、开阔的国际视野和面向未来的战略思考。这是以习近平同志为总书记的党中央坚持和倡导和平与正义的宣言书，是指引我们牢记历史、开创未来的行动纲领，是激励全国人民继续沿着中国特色社会主义道路奋勇前进的动员令，讲话发人深思、催人奋进。全市上下一定要认真学习、深刻领会、坚决贯彻，特别是要大力弘扬伟大的抗战精神，以更加昂扬的斗志和更加饱满的精神状态，全力推进和落实好老工业基地振兴各项任务。

同志们，让我们更加紧密地团结在以习近平同志为总书记的党中央周围，深入贯彻落实省委十届五次全会精神，鼓足干劲、拼搏进取、扎实工作，为推动吉林中部创新转型核心区发展、加快建设幸福长春，为实现“两个一百年”目标和中华民族伟大复兴的“中国梦”而努力奋斗！

在市委十二届八次全会上的报告

（2015年12月4日）

高广滨

同志们：

这次全会的主要任务是：深入贯彻党的十八大、十八届三中、四中、五中全会和省委十届六次全会精神，总结2015年工作，研究部署“十三五”发展任务，组织动员全市广大党员干部群众，开拓进取，扎实工作，为加快长春老工业基地新一轮振兴发展、全面建成小康社会而努力奋斗。

一、2015年工作报告

2015年是“十二五”收官之年，也是长春振兴发展进程中很不平凡的一年。一年来，我们认真落实“四个全面”战略布局和“五位一体”总布局要求，在省委、省政府领导下，坚持稳中求进工作总基调，主动适应经济发展新常态，以创新精神破解转型升级的新问题，以扎实工作回应群众对美好生活的新期待，以优良作风落实从严治党的新要求，较好地完成了各项工作任务。

1. 深入学习贯彻习近平总书记系列重要讲话特别是吉林调研重要讲话精神。今年7月，习近平总书记亲临我省视察指导工作，期间到我市长客和一东两户企业进行调研，并在长春召开部分省区党委主要负责同志座谈会，总书记在视察中提出了一系列具有重大指导意义的新思想、新论断、新要求，这对于加快老工业基地新一轮振兴发展具有里程碑式的重大意义。我们始终把学习贯彻总书记重要讲话精神作为首要政治任务，切实以讲话精神武装头脑、指导实践、推动工作。着力在领导带头、深学深悟上下功夫。对总书记的重要讲话，市委都认真进行传达学习，通过召开常委（扩大）会、全委会等形式，原原本本地学、全面系统地学、联系实际地学，常委班子成员以身作则、率先垂范，带动全市形成了浓厚的学习氛围。着力在组织推动、全面贯彻上下功夫。统筹安排、周密部署全市学习活动，以市委中心组学习为引领，层层开展专题学习研讨，精心组织系列宣讲活动，利用党校、行政学院对干部进行集中培训，使讲话精神在全市深入人心。着力在学用结合、以知促行上下功夫。坚持带着问题学，把工作摆进去，制定出台了《关于深入贯彻落实习近平总书记重要讲话精神、加快推进长春全面振兴发展的决定》，特别是在谋划“十三五”过程中，我们深入落实总书记“走出一条发展新路”要求，认真完善和深化发展思路与各项举措，为“十三五”高起点开局奠定了基础。

2.扎实开展“三严三实”专题教育。牢牢把握总体要求，着力抓好“关键动作”，坚持从严从实，全力将专题教育引向深入。突出抓好领导干部带头讲党课，注重增强说服力、感召度和教育性。紧密结合各单位和党员干部思想、工作、作风实际，着力把“三严三实”的重大意义和丰富内涵讲深讲透，把“不严不实”的具体表现和危害点清点准，把“三严三实”的实践要求定实定具体，全市共举办专题党课4744场次。突出抓好专题学习研讨，注重对照“镜子”、触及问题、深化认识。重点围绕3个专题11个具体专题，进行了深入学习研讨。市委常委高标准完成3个专题学习研讨，全市共开展专题学习研讨3438次。突出问题导向，注重查全、找准、即知即改。引导广大党员干部深入查找在执行党的政治纪律和政治规矩上存在的问题，深入查找在遵守党的组织纪律和廉洁自律有关规定上存在的问题，深入查找在理想信念、宗旨意识、严以用权、求实务实方面存在的问题，逐个建立问题清单，全面实行“问题整改全程记实”，全市县处级以上领导干部共查找出不严不实问题1.9万个，整改完成率达到83.1%。突出抓好专项整治和立规执纪，注重出实招、抓实事、见实效。针对存在的共性问题和群众反映强烈问题，集中开展了规范选人用人、领导干部走读、基层干部损害群众利益问题等专项整治行动，并注重教育成果的转化运用，切实把专题教育激发出的干劲和热情转化为推动工作的强大动力。

3.全力保持经济平稳健康发展。面对宏观形势复杂多变、经济下行压力较大的不利局面，我们始终扭住事关全局的重大问题不放松，着力提高经济发展质量和效益，经济运行稳中向好。坚持把稳增长作为经济工作的首要任务，确保经济增长处于合理区间。抢抓国家支持东北振兴战略机遇，先后出台了关于稳增长、促进工业转型升级、发展服务业等一系列专项政策，有力促进了经济平稳健康增长；坚持“抓大不放小”，积极帮助一汽、大成等骨干企业解决难题摆脱困境，支持中小微企业加快发展，微观市场主体活力不断增强，中小微企业在稳增长、促就业中发挥了越来越重要的作用；滚动推进150个重大项目建设，充分利用“民企吉林行”“央企进吉林”“第九届中国中小企业节”等活动大力开展招商引资，一汽Q工厂、长客高速动车组检修基地、经开中粮聚乳酸、双阳中德产业园、德惠泉德秸秆综合利用、朝阳渤海商品交易所杂粮电子交易中心等项目进展顺利,全市固定资产投资增长15%。全年经济运行“前低后高”走势明显,预计GDP增长6.5%。全力推进产业结构优化升级,坚持“加减乘除”一起做,着力构建多业并举、多元支撑的产业格局。汽车和农产品加工业渐趋平稳,轨道客车产业发展势头强劲,时速350公里的中国标准动车组正式下线,医药健康、生物制造、光电信息、装备制造、新能源汽车、新材料等战略性新兴产业不断壮大;服务业提速发展,国家服务业综合改革试点建设稳步推进,净月开发区和南部都市经济开发区共同打造的东北亚区域性金融服务中心发展态势良好,得到省委、省政府充分肯定,旅游业增长24%,总收入首次突破千亿大关,服务业增长9%。大力实施创新驱动战略,认真做好“有中生新”和“无中生有”两篇文章,努力形成振兴发展新优势。国家创新型试点城市建设和国家知识产权示范城市建设深入推进,高新、净月国家级自主创新示范区建设和莲花山综合配套改革稳步实施,长东北科技创新中心、吉林省集成创新综合体等21个产学研协同创新示范点建设全面铺开,我国第一颗商用遥感卫星“吉林一号”成功发射,新增“新三板”上市企业12户,上市企业总数达到25户,科技型“小巨人”企业发展到400户,高新技术企业达到242户,创新驱动效应逐步显现,为抢占未来发展制高点奠定了基础。加快发展现代农业,农业产业结构更加合理、农业生产方式更加科学、农业农村发展更具活力。围绕“争当现代农业建设排头兵”,编制完成了《长春市争当现代农业建设排头兵总体规划(2016-2020年)》,突出抓好现代农业产业体系、生产体系、经营体系建设,粮食生产克服严重自然灾害等不利因素影响夺取大丰收,我市被命名为“中国优质粳米之都”,农博园申请国家农业科技示范园启动实施,朝阳乐山现代农业示范基地、绿园海吉星农产品物流中心建设扎实推进,新型经营主体发展迅速,农村土地承包经营权确权登记试点工作进展顺利,新农村建设成效明显。继续抓好开发开放,主动融入国家“一带一路”、长吉图战略,不断提高对外开放水平。积极推进长吉产业创新发展示范区建设,依托高新长东北开放开发先导区申报长春新区工作进展顺利;兴隆综保区、空港经济开发区、东北亚综合性物流枢纽等平台建设稳步推进,跨境电商业务发展到190多个国家和地区,由长春经满洲里至德国施瓦茨海德的“长满欧”国际货运班列和长春至俄罗斯符拉迪沃斯托克国际航线正式开通;成功举办了东博会、汽博会、农博会、民博会、房交会以及首届中国长春(二道)电子商务产业峰会,经济发展外向度进一步提高。

4.着力推动全面深化改革各项重点任务。聚焦聚神聚力抓好年初确定的6大方面228项改革任务。国企改革深入实施。加快推进分类改革,进一步完善国有企业治理模式和经营机制,以管资本为主调整优化国资监管方式方法,产权交易中心“事转企”步伐不断加快,长发控股集团作用进一步发挥,一汽等驻长央企“四供一业”分离移交工作进展顺利,实现了国企改革、国资监管同步推进、同步提升。民营经济加快发展。民营经济综合配套改革示范区建设扎实推进,围绕“一区多点”建成了一批特色孵化基地、众创空间、服务平台和产业集群;大力推行“五证合一”,准入门槛不断降低,营商环境进一步优化,截至目前,全市新增注册市场主体90270户,增长15%,新登记私营企业22802户,增长30.5%,大众创业、万众创新氛围进一步浓厚。简政放权稳步推进。连续实施4批行政审批权减放,审批项目由823项减少到246项,减放比例达到70.1%;积极推行“权力清单”,市本级46个政府部门和直属事业单位行政权力精简53.9%。司法体制改革取得实质性进展。在总结南关、九台先行先试经验基础上,全面启动两级法检机关改革试点工作,积极推行司法人员分类管理,从严压实司法责任,建立了全新的司法管理体制和业务运行机制,为全省乃至全国司法体制改革积累了经验。同时,行政事业单位国有资产管理体制改革取得重要进展,政府与社会资本合作(PPP)取得重大突破,我市已有5个项目入选国家示范项目库,占全省示范项目的56%。文化、生态、社会、党的建设等各领域改革也取得了显著成效。

5.突出抓好绿色宜居“森林城”建设。坚持顺应城市发展规律,把握城市未来发展方向,突出抓好城市建设管理各项工作,全力打造绿色智慧人文的新型城市。城市重大交通基础设施建设稳步推进。总投资315亿元的地铁1、2号线工程进展顺利,北湖快轨工程已获国家发改委批准,轻轨3号线一期延伸线工程启动施工,16个城市出入口完成改造提升,南部新城公交枢纽项目如期竣工。城市要素保障水平进一步提升。总投资280亿元的地下综合管廊正式开工,新增集中供热能力775万平方米,改造二次供水管网2800公里,新建燃气管网111公里,全市天然气置换人工煤气工作全部完成,LNG储气调峰、外环高压管网等燃气基础工程全面竣工,城市“气短”问题得到较好解决。城市生态环境不断改善。总投资192亿元的伊通河流域综合治理暨百里生态长廊建设项目启动实施,南溪湿地公园、净月中央公园建设进展顺利,北郊污水处理厂扩建及提标改造工程顺利完成,串湖污水处理厂建成投入使用;总面积249平方公里的农安波罗湖湿地建设正式启动,新建、改建八一、同心等7个大型公园,新建、恢复绿地800公顷,建设城市绿色廊道41.2公里;继续开展市容环境综合整治,落实大气污染防治行动计划,淘汰小锅炉1200多台,淘汰黄标车65543台,并通过治理工地扬尘、控制秸秆焚烧污染、实施脱硫脱硝等办法,多措并举抓好雾霾治理,城市环境得到较大改善。

6.持续加大保障和改善民生力度。坚持把民生作为工作的“指南针”,紧紧围绕群众的民生需求,高标准推进“幸福长春行动计划”20个方面58项民生实事。在全国率先推出失能人员医疗照护保险制度,连续11年提高养老金标准,大幅上调失业保险金标准,社会保障能力进一步提升;继全国现场会在我市召开后,全面建立临时救助制度,支出型、急难型困难群体纳入社会救助范围,以城乡低保为核心的十大救助体系进一步完善；通过大学区建设促进教育均衡发展，城区高质量通过国家义务教育基本均衡验收；创新居家养老服务新模式，依托社会组织开展定制化服务做法得到上级认可；大力实施“健康长春行动计划”，长春医改模式得到国家肯定，在我市召开的全国医改工作会议上，长春经验被国家卫计委推广；创新实施随军家属安置“三维联动”新模式，受到部队和转业干部的一致好评；全面强化食品药品安全监管，我市被列为全国食品安全创建试点城市；连续第6年实施“暖房子”工程，高标准完成900万平方米改造任务；新建公租房1429套、分配24797套，改造农村危房8515户、棚户区住宅10442套，改造老旧散小区64个，城乡居民居住环境明显改善；全力推进“公交都市”示范城建设，公共交通服务保障能力又有新提升；积极创建全国安全发展示范城市，深入开展安全生产大排查、大整改、大演练，全年共排查整改隐患3万余个，安全生产防控体系建设经验做法得到国家相关部门肯定。我市连续8年被有关权威机构评为“最具幸福感城市”。

7.大力加强宣传思想文化工作。围绕学习贯彻习近平总书记系列重要讲话特别是吉林调研重要讲话精神，充分利用广播、电视、报纸、网络等各种媒体进行广泛宣传，在全市持续掀起学习热潮；围绕凝聚实现“中国梦”的强大力量，积极推进社会主义核心价值观建设，大力弘扬“宽容大气、自强不息”的城市精神，深入开展向“时代楷模”宽城区社区书记吴亚琴学习等主题活动，文明城创建成果不断深化，进一步汇聚了共建美好家园的正能量；围绕加强爱国主义教育，精心组织纪念中国人民抗日战争暨世界反法西斯战争胜利70周年、烈士纪念日公祭等一系列纪念活动，有效激发了全市广大干部群众的爱国热情；围绕推动文化繁荣发展，深入实施文化兴市战略，文化产业增长18.3%，国家级文化和科技融合示范基地建设扎实推进，国家公共文化服务体系示范区后续建设成效明显，一批项目投入使用，文化软实力显著提升。

8.积极推进依法治市和民主政治建设。制定出台了依法治市五年规划，启动实施了“法治建设十件实事”，深入开展法治宣传和法律服务，办事依法、遇事找法、解决问题用法、化解矛盾靠法的氛围进一步浓厚。突出依法治访，共化解信访积案197件，全市信访部门受理信访总量、进京非正常访数量同比分别下降14%和87.5%，特别是“9·3阅兵”和党的十八届五中全会期间，我市进京非正常访实现“零登记”。着力深化“平安长春”建设，持续加大对各类刑事案件和治安案件打击力度，严密防范打击暴恐活动，社会大局保持稳定。支持人大依法履行立法和监督职责，围绕经济社会发展热点难点问题广泛开展调研、视察，较好地发挥了人大常委会和人大代表作用；支持政协围绕制定“十三五”规划和幸福长春建设等重大问题协商议政、建言献策，协商民主建设水平进一步提升；深入贯彻统战工作会议精神，大力加强同各民主党派、工商联、无党派人士合作共事；支持工会、共青团、妇联等群团组织充分发挥桥梁纽带作用，全面做好民族宗教工作，深入推进军民融合式发展，民主政治建设不断加强。

9.全面推进从严治党。主动适应从严治党新常态，大力加强领导班子和干部队伍建设，强化党委（党组）在干部选拔任用中的领导把关作用和组织部门的职能作用，按照习近平总书记提出的“做政治的明白人、发展的开路人、群众的贴心人、班子的带头人”要求，认真贯彻落实《干部任用条例》，严格把好人选的政治关、品行关、作风关、廉政关，选拔任用工作进一步规范；认真做好培养选拔优秀年轻干部工作，一批优秀干部走上领导岗位；制定实施了巡视员职务晋升有关办法，进一步优化了干部结构，增强了队伍活力；扎实开展领导干部个人有关事项报告工作，集中整治党政领导干部违规在企业兼职、“裸官”等问题，进一步推动监督工作常态化。积极配合做好巡视工作，今年3月20日至7月10日，省委第三巡视组对我市进行了为期近4个月的集中巡视。市委对巡视工作高度重视，认真组织动员部署，全力配合省委巡视组开展工作，在接受巡视的同时深入查找自身问题，特别是对省委巡视组反馈的5方面问题，逐个制定整改方案，逐条研究整改措施，严格实行销账制度，取得了较好的整改实效，为推进从严治党提供了有力支撑。突出抓好基层服务型党组织建设，在前些年集中精力抓好城市社区党建的基础上，今年我们把重点放在了农村基层党建上，对全市1692个村一对一具体指导、面对面督促整改，93.7%的软弱涣散村党组织实现转化升级，集体收入5万元以上村达到90%，并先后在榆树和九台召开责任落实会和现场观摩会，进一步传导了压力，调动了各县（市）区抓基层党建的积极性，农村党建发生了重大变化；以建设“幸福社区”为抓手，打造党建精品示范社区60个、特色服务品牌47个，命名了53个“幸福社区”，先后有21个省302个城市来我市学习考察，进一步提升了社区党建水平，我市被命名为“全国和谐社区建设示范城市”。狠抓党风廉政建设和反腐败工作，认真落实“两个责任”，制定出台了《实施意见》和《实施办法》，集中通报了11起主体责任、监督责任不落实典型案件，全力推动责任落地生根；驰而不息纠正“四风”，发现违规问题684个，立案调查138件，给予党政纪处分145人，责任追究103人；始终保持惩治腐败高压态势，共立案1440件，移送司法机关62人，处分1395人，进一步净化了党风、政风和社会风气。

回顾一年来工作，在省委、省政府领导下，我们始终坚持抓发展、抓改革、抓民生、抓稳定、抓落实，在下行压力持续加大的困难挑战中保持了平稳健康发展的良好势头，在从严治党、依规治党的新常态下进一步凝聚了团结干事的强大力量。在充分肯定成绩的同时，我们也要清醒地看到，发展中仍然存在一些问题和不足，突出表现在：受宏观经济形势影响，一些支柱产业和重点企业遇到的困难需要加快破解；结构性矛盾比较突出，寻求新的发展动力任务还很重；民生和社会治理水平有待提高，市容管理、交通整治、雾霾治理以及安全维稳等工作还要下更大功夫；党的建设仍需进一步加强，“四风”和不严不实问题有待深入整治，个别干部还存在不作为、乱作为甚至违法违纪问题。对这些问题，我们必须高度重视，在今后工作中认真加以解决。

二、深入贯彻落实党的十八届五中全会精神和省委十届六次全会精神，科学谋划推动“十三五”发展

党的十八届五中全会是在全面建成小康社会决胜阶段召开的一次重要会议。全会听取和讨论了习近平总书记受中央政治局委托作的工作报告，审议通过了《中共中央关于制定国民经济和社会发展第十三个五年规划的建议》，习近平总书记就《建议》向全会作了说明，并在全会结束时发表了重要讲话，为我们深刻认识全面建成小康社会决胜阶段的形势、以新的发展理念引领发展、破解制约如期全面建成小康社会的重点难点问题、提高党领导经济社会发展能力、加强领导干部特别是高级领导干部队伍建设指明了前进方向、提供了重要遵循。全会审议通过的《建议》全面总结了“十二五”时期我国发展的重大成就，深入分析了“十三五”时期我国发展环境的基本特征，鲜明指出了“十三五”时期我国发展的指导思想、基本原则、目标要求、基本理念、重大举措，科学描绘了未来五年发展蓝图，具有很强的思想性、战略性、前瞻性、指导性，是动员全党全国各族人民夺取全面建成小康社会伟大胜利的纲领性文件。省委十届六次全会紧扣中央精神，站在战略和长远的高度，对我省“十三五”发展进行了全面部署，朝鲁书记代表省委常委会作了工作报告，就全省“十三五”规划建议作了说明，并就深入贯彻落实十八届五中全会精神、着力破解制约全面建成小康社会的重点难点问题、切实加强领导干部队伍建设提出了明确要求，特别是强调要着力在国企改革、服务业发展、现代农业发展、工业结构调整、扶贫开发上实现新突破，为我们加快推动老工业基地振兴发展、全面建成小康社会明确了方向。当前和今后一个时期，全市上下一项重要的政治任务就是要认真贯彻落实党的十八届五中全会和省委十届六次全会精神，切实把思想和行动统一到习近平总书记重要讲话精神上来，统一到中央和省委的决策部署上来，全力推动长春各项事业迈上新台阶，不断开拓振兴发展新境界。

面向“十三五”，回顾“十二五”，我们必须看到，经过全市上下共同努力，长春的发展基础更加坚实，已经具备了如期全面建成小康社会的充分条件。过去五年，经济始终保持平稳增长，整体实力稳步增强。妥善应对了国际金融危机持续影响等一系列风险挑战，围绕适应新常态出台了一系列政策举措，经济总量是五年前的1.7倍，人均GDP超过1万美元，全口径财政收入突破1000亿元大关，工业和服务业双拉动增长格局不断稳固，农业基础地位和支撑作用不断增强，创新对经济增长的贡献稳步提高，发展活力通过全面深化改革、扩大开放得到有效释放，发展的质量和效益不断提升。过去五年，民生改善力度不断加大，群众生活水平持续提高。始终把让城乡居民生活得更加美好作为一切工作的出发点和落脚点，高标准启动实施了“幸福长春行动计划”，每年集中为群众办几十件大事实事，增收、就业、保障、救助、交通等民生问题得到较好解决，教育、文化、卫生、体育等各项社会事业健康发展，城乡居民收入预计分别达到五年前的1.6倍和1.8倍。过去五年，城市发展的瓶颈问题得到进一步解决，城市面貌发生较大变化。始终坚持绿色宜居“森林城”发展方向，全力推进新一轮城市大建设大改造，历时3年建成了改变长春城市交通格局的“两横三纵”快速路体系，启动实施了地铁1、2号线工程，完成了轻轨4号线建设，全市已建在建城市轨道交通里程达90多公里，水电气热等要素保障能力全面提升，“市容环境综合整治行动”扎实推进，城市承载服务功能和精细化管理水平显著增强。同时五大开发区、兴隆综保区、空港经济开发区等各级各类开发区竞相发展，九台撤市设区进展顺利，城市生产力布局和空间布局不断优化，长春成为首批国家新型城镇化试点城市。过去五年，城市文明程度显著提高，社会保持和谐稳定。始终注重提升城市软实力，全力推进精神文明建设和社会治理创新，经过16年的不懈努力，2011年长春成功跻身全国文明城市行列，进一步提升了整个城市的对外影响力。与此同时依法治市工作全面落实，信访维稳工作不断强化，群众安全感进一步增强。过去五年的工作，不仅为我们加快振兴发展积累了宝贵经验，也为做好“十三五”工作打下了坚实基础，可以说面对新起点新任务，我们推动发展的“底子”更厚，实现目标的“底气”更足。

当前，随着世情国情不断变化，我国发展重要战略机遇期的内涵也发生了相应变化，正在由原来加快发展速度的机遇转变为加快经济发展方式转变的机遇，正在由原来规模快速扩张的机遇转变为提高发展质量和效益的机遇。我省在“十三五”时期也将进入转方式调结构的关键期、建机制增活力的攻坚期、新优势新动力的形成期、补短板建小康的决战期。尽管宏观形势和外部环境依然错综复杂，但总体于我有利。我们一定要保持战略定力、增强发展自信，积极抢抓机遇，集中力量把自己的事情办好，进一步发挥省会城市的辐射带动作用，努力为全省发展大局作出更大贡献。基于以上考虑，“十三五”时期总的指导思想是：深入贯彻党的十八大、十八届三中、四中、五中全会精神，认真落实习近平总书记系列重要讲话特别是吉林调研重要讲话精神，按照省委十届六次全会部署，以“四个全面”战略布局为统领，以新一轮振兴发展为主题，以建设吉林中部创新转型核心区为重点，坚持变中求新、变中求进、变中突破，发挥“五个优势”、推进“五项举措”、加快“五大发展”，努力走出一条质量更高、效益更好、结构更优、优势充分释放的发展新路，全力打造幸福长春，奋力夺取全面建成小康社会的伟大胜利。

这里要特殊强调的是，实现“十三五”时期发展目标，必须牢固树立并切实贯彻创新、协调、绿色、开放、共享的发展理念。这是十八届五中全会最为突出的理论和实践创新成果，是“十三五”乃至更长时期我们发展思路、发展方向、发展着力点的集中体现，对于我们破解发展难题、增强发展动力、厚植发展优势具有重大意义。

第一，“十三五”必须是一个创新发展的“十三五”，一定要把创新摆在发展全局的核心位置，加快打造创新型城市。创新发展重点是解决发展动力问题。抓创新就是抓发展，谋创新就

是谋未来。必须把创新作为引领发展的第一动力，把人才作为创新的第一资源，把创新贯穿于老工业基地振兴全过程、各领域，紧紧围绕建设吉林中部创新转型核心区目标，以科技创新为重点深入实施创新驱动发展战略，加快形成以创新为主要引领和支撑的经济体系和发展模式。同时坚持全面深化改革，进一步破除制约振兴发展的体制机制障碍。

第二，“十三五”必须是一个协调发展的“十三五”，一定要全力补齐“短板”，着力提高发展的协调性和平衡性。协调发展重点是解决发展不平衡问题。全面小康，重在全面。越是“短板”，越具有后发优势；越是在薄弱环节上多用力，越能起到四两拨千斤的效果。必须从我市发展存在的薄弱环节入手，着力在“短板”上下功夫，不断减弱和消除“木桶”效应，加快推进现代农业、先进装备制造业、服务业协调发展，推进区域、城乡、经济社会协调发展，切实下好“十三五”全市发展一盘棋。

第三，“十三五”必须是一个绿色发展的“十三五”，一定要把绿色发展作为永续发展的必要条件，加快促进生态资源优势转化为发展优势。绿色发展重点是解决人与自然和谐问题。良好生态环境，是最公平的公共产品，是最普惠的民生福祉。一定要始终坚持绿色发展、绿色惠民，大力倡导生态文明理念，加强生态环境保护，做大做强生态绿色产业，着力推动形成绿色发展方式和生活方式，让长春天更蓝、地更绿、水更净、空气更清新。

第四，“十三五”必须是一个开放发展的“十三五”，一定要着力提高经济发展外向度，进一步拓展振兴发展空间。开放发展重点是解决发展内外联动问题。开放是振兴发展的必由之路。必须积极顺应我国经济深度融入世界经济的大趋势，抢抓国家“一带一路”和长吉图开发开放战略机遇，依托我市区位优势、产业优势和平台优势，加快打通对外开放通道，进一步丰富对外开放内涵，准确把握“走出去、引进来”的深度、广度和节奏，不断提高对外开放质量。

第五，“十三五”必须是一个共享发展的“十三五”，一定要更加注重保障和改善民生，让发展成果更多更好地惠及广大群众。共享发展重点是解决社会公平正义问题。迈向全面小康的过程，也是实现社会公平正义的过程。一定要更加注重机会公平，着力保障基本民生，大力实施脱贫攻坚工程，不断夯实共享发展的物质基础、文化基础、社会基础、法治基础和安全基础，切实为全面小康凝心聚力，朝着共同富裕方向稳步前进。

科学编制好“十三五”规划，谋划好我市未来五年发展蓝图，对于加快推动老工业基地新一轮振兴发展、实现全面建成小康社会目标意义重大。为编制好规划，去年7月，市委成立了由我和治莹同志为组长，相关常委、副市长为副组长的规划起草领导小组。领导小组成立以来，多次召开会议专门研究部署规划编制起草工作，并充分借鉴其他副省级城市优秀成果，起草形成了我市“十三五”规划基本思路和《纲要》的基本框架。在此基础上，今年下半年，我们组织人员集中力量起草了“十三五”规划《纲要》。党的十八届五中全会后，我们又按照中央和省委“十三五”规划《建议》，先后10余次对《纲要》进行修改完善。在《纲要》起草过程中和初稿形成后，我们广泛征求了省市领导、专家学者、人大代表、政协委员、民主党派、工商联、无党派人士、市直部门、县(市)区、开发区和社会各界意见。我们还召开了市委理论中心组(扩大)会、市委常委会和专题会议，集中听取各方面意见建议。11月27日，经市委常委会再次讨论，修改完善后形成提交本次全会的《纲要(征求意见稿)》。

在《纲要》编制过程中，我们主要坚持了四个原则。一是坚持问题导向和目标导向相结合。既从迫切需要解决的问题顺推，明确破解难题的途径和办法，又从实现振兴发展的目标倒推，厘清到时间节点必须完成的任务。坚持“加减乘除”一起做，改变工业“一柱擎天”和结构单一的“二人转”。二是坚持发挥优势和补齐短板相结合。既深刻认识、有效发挥和持续放大自身优势，真正把优势潜力转化为发展成效，又围绕振兴发展的薄弱环节，着力强化弱项、补齐短板，切实增强支撑发展能力，特别是突出重大项目的支撑作用，“十三五”期间我市经济社会发展能否有一个大的跃升，项目建设还是重中之重，必须牢牢抓在手上，力争使更多大项目进入国家和省里大盘子。三是坚持立足当前与谋划长远相结合。既坚持底线思维，推动全市经济保持中高速增长，又坚持战略思维，强化发展方式转变、发展质量效益提升和发展后劲蓄积。今后5年GDP增速初步安排在7%左右，是在综合考虑全面建成小康社会的目标要求、新一轮振兴发展的需要和可能性、外部环境变化以及面临机遇和有利条件的基础上提出的，充分体现了既要积极稳妥、符合实际，又要克服困难、争取更大作为。四是坚持市场主导与政府引导相结合。既通过有效市场竞争，激发市场主体活力和创造力，又通过政府调控，弥补市场失灵、保障公平竞争、完善市场监管。

按照相关法定程序，这个《纲要(征求意见稿)》还要提交市人代会审议通过。大家一定要高度重视，切实本着对事业负责、对长春未来发展负责的态度，认真讨论、集思广益、充分建言，尤其是要力争把那些对我市今后一个时期发展具有全局性、战略性、长远性影响的重要工作、重点工程、重大项目充分吸纳进来，努力使我们的“十三五”规划更具前瞻性、科学性、系统性、指导性和操作性。

三、要切实加强领导干部队伍建设

实现“十三五”发展目标，全面建成小康社会，关键在党，核心在人。要切实按照习近平总书记在吉林调研时提出的“一起干事、共同干净”的要求，按照“好干部”标准，按照省委巴音朝鲁书记提出的“负责任、敢担当，重实干、抓落实，有能力、会干事，严自律、保干净”的要求，全力打造一支政治强、懂专业、善治理、敢担当、作风正的干部队伍，努力为“十三五”时期各项事业发展提供坚强保证。

要始终保持对党绝对忠诚。天下至德，莫大于忠，对党绝对忠诚是最重要的政治纪律。要牢固树立党的观念，在党言党、在党忧党、在党为党，自觉维护中央权威，始终在思想上、政治上、行动上同以习近平同志为总书记的党中央保持高度一致,确保在任何时候任何情况下都做到政治立场不移、政治方向不偏。要牢固树立正确的世界观、人生观、价值观和正确的权力观、地位观、利益观,时刻警惕各种诱惑,始终保持清醒头脑,不断增强政治定力。

要严守党的政治纪律和政治规矩。人不以规矩则废,党不以规矩则乱,守住纪律底线是最基本的政治要求。全市广大党员干部一定要始终把纪律和规矩挺在前面,把党规党纪刻印在心上,尤其是要严守党的政治纪律和政治规矩,按照"五个必须"要求,坚决杜绝"七个有之"行为,切实在思想上划出红线,在行为上明确界限,在行动上当好表率。要认真贯彻落实《中国共产党廉洁自律准则》和《中国共产党纪律处分条例》这两项法规,自觉拿起纪律这把戒尺约束自我,决不越雷池一步。

要强化责任担当狠抓工作落实。有多大担当才能干多大事业,尽多大责任才会有多大成就。在新一轮振兴发展、全面建成小康社会的关键时期,全市广大党员干部必须牢固树立敢于担当、善于担当、体现担当的责任意识,在事业和群众面前,不讲价钱、不计名利,在矛盾和困难面前敢于负责、敢于碰硬,努力把掣肘经济社会发展的"硬骨头"一块一块啃掉,把影响群众幸福感的"难问题"一个一个解决,尤其是在"十三五"已经确定的目标任务面前,一定要拿出一种等不起、慢不得、坐不住的劲头来,心无旁骛、一以贯之地抓好工作落实。

要夯实履职尽责的能力基础。经济发展进入新常态、社会结构向更高层次演化,对我们各级党员干部的思维视野、理论素养、方式方法都提出了更高和更迫切的要求。全市各级领导干部一定要根据事业发展和履职尽责的需要,切实在增强本领上下功夫,不仅要在理论上补,在思想上补,还要在实践上补,着力提升善观大势、会谋大事的能力,促进改革、推动创新的能力,厉行法治、依法办事的能力,根植人民、服务群众的能力,努力克服"本领恐慌",切实防范"能力不足"。

要驰而不息抓好作风建设。政治生态清明,从政环境就优良。我们一定要倍加珍惜,继续做良好政治生态的建设者和促进者。要把"三严三实"作为天天面对的要求,作为做人为官的座右铭,时时铭记、事事坚持、处处上心,高质量开好年底前专题民主生活会和组织生活会,做到查摆问题深入、谈心交心充分、相互批评有辣味、整改措施实在,确保取得实效。要以永远在路上的思想和行动自觉,突出抓好作风建设,认真落实中央八项规定和省、市委具体规定要求,持续向"四风"问题开刀,切实解决好不作为、乱作为问题,尤其对省委巡视组反馈的问题,更要以"钉钉子"精神持续抓好整改,进一步在全市营造积极向上、干事创业、风清气正的良好政治生态。

要坚守廉洁自律这条底线。做人就要堂堂正正,做官就要清清白白,做事就要干干净净。我们一定要知自重、常检思,时刻清楚党员干部的职责是什么、党的要求是什么、群众的期待是什么,着力增强严于律己的行动自觉,筑牢拒腐防变的思想防线;要秉公办、严用权,始终牢记权力是把双刃剑,为公则利、为己则害,自觉接受组织和人民群众监督,严格按照党纪国法、原则程序用权办事;要重管教、治家风,牢固树立"治家"有责意识,对家人和身边人时常提醒教育、加强约束管理,决不让危险在身边打开缺口。

管党治党根子在党委、关键靠担当。各级党委要坚持全面从严治党,切实担负起主体责任,把加强党的领导体现在党的建设、管理、监督之中,做到敢管敢治、严管严治、长管长治,特别是各地各部门"一把手"一定要强化第一责任人意识,切实把主体责任扛在肩上、抓在手上、落实在行动中。各级纪委要认真履行监督责任,始终聚焦中心、突出主业,全面加大执纪、监督、问责力度,以"零容忍"的态度坚决查处各类腐败案件,做到有案必查、有腐必反、有贪必肃。

同志们,推动"十三五"发展,任务艰巨,使命光荣。让我们更加紧密地团结在以习近平同志为总书记的党中央周围,按照省委、省政府部署,团结拼搏,真抓实干,努力推动老工业基地新一轮振兴发展,为与全国一道共同实现全面建成小康社会的宏伟目标而奋斗!

政府工作报告

——2015年2月26日在长春市第十四届人民代表大会第四次会议上

姜治莹

各位代表:

现在,我代表市政府,向大会作政府工作报告,请予审议,并请市政协委员提出意见。

一、"十二五"时期工作回顾

"十二五"时期,是长春发展进程中极不平凡的五年。在省委、省政府和市委的正确领导下,在人大、政协的监督支持下,我们紧紧依靠和团结全市人民,主动适应经济发展新常态,从容应对各种风险挑战,推动老工业基地振兴取得了新的历史性进步,建设幸福长春取得了新的可喜成就。

——这是经济发展实力稳步增强的五年。全市经济总量从 3329 亿元增加到 5530 亿元,年均增长 9.3%。地方级财政收入从180.8亿元增加到388.2亿元，增加1.15倍。粮食产量实现“十二连丰”，传统制造业加快转型升级，现代服务业翻番式增长，新产业、新业态、新技术、新商业模式不断涌现。民营经济主营收入突破1万亿元，发展活力和贡献率显著提高。

——这是城市建设质量不断提升的五年。新的城市次中心在绕城高速公路以外竞相成长，主城区700多万平方米棚户区、4000多万平方米老旧楼宇经过改造旧貌换新颜。基础设施建设扎实推进，适应百万辆机动车保有量的立体交通体系基本形成，水、气、热供给能力实现从紧平衡到相对宽松的转变。

——这是人民生活面貌持续改善的五年。教育、文化、卫生、体育事业全面进步。城镇居民人均可支配收入年均增长11.1%，快于经济增长。农村居民人均可支配收入年均增长11.7%，快于城镇居民收入增长。城乡养老、医疗保险覆盖率均达到95%以上，初步实现人人享有基本社会保障。长春连续当选最具幸福感城市。

这份沉甸甸的成绩单为“十二五”划上了圆满的句号，凝聚着全市上下的共同努力和心血汗水，展示了广大干部群众建设幸福长春的坚定决心和必胜信念。

五年来，主要做了以下工作：

（一）始终把扩大有效投资作为第一抓手，推动经济在新常态下转型升级。我们坚持把项目建设摆在经济工作首位，用增量改造传统动能、培育发展新动能，努力推动经济实现更高质量、更有效率、更可持续的发展。五年累计实施亿元以上项目2650个，完成固定资产投资17339亿元，分别相当于“十一五”的2倍和1.8倍。

传统产业在规模扩张中优化升级。整车产量由160万辆提高到220万辆，轨道客车修造量由2000辆提高到4000辆，农产品加工业产值增加1.2倍，三大主导产业新产品产值率达到76%。体现工业质量效益的工业增加值率由22.8%提高到25.3%。一批重大农业增产技术得到推广，粮食亩产由887.2斤提高到1066.4斤，粮食产量达到191.1亿斤。长春被命名为“中国优质粳米之都”。综合农机化水平由64.8%提高到78.5%。家庭农场、农民合作社等新型经营主体数量增加8.5倍。畜禽规模饲养比例达到80%。积极培育文化、养老等服务性消费，社会消费品零售总额增长87%。旅游业总收入突破千亿元大关。启动建设41个商业综合体，300万平方米商务面积投入使用。引入29家域外金融机构，区域性金融服务能力显著提升。2户企业上市，22户企业新三板挂牌。服务业投资连续保持高速增长，对经济增长贡献率提高17.4个百分点。

新兴产业成为支撑增长重要力量。先进装备制造、光电信息、生物制造、医药健康、新能源及新能源汽车、新材料产业投资额增长2.8倍，产值占规模以上工业产值比重从9.4%提高到17.1%。文化创意、信息服务等现代服务业集聚区入驻企业达到2250户。健康休闲、物流快递等新兴业态竞相成长。服务外包执行金额增加1.4倍。大力发展“互联网+”，电子商务企业超过200户、个体网店数量超过3万个，近1/4规模以上工业企业、1/3限额以上商业企业发展网上业务。成功发射“吉林一号”商业卫星，聚乳酸、无人机、工业机器人、单克隆抗体等一批高科技成果实现转化。科技金融创新服务中心投入运行。建成摆渡创新工场等10个众创空间，科技企业孵化器面积达到180万平方米，在孵科技企业超过千户。国家高新技术企业、科技型“小巨人”企业分别达到242户和400户，科技创新驱动发展能力不断增强。

（二）始终把全面深化改革作为第一动力，持续激发和释放发展新动能。我们坚持把全面深化改革作为头等大事，突出抓好具有标志性、关联性作用的重大改革举措落地，努力向改革要动力、要潜力、要红利。

扎实推进政府自身改革。取消下放577项审批权限，减放比例达到70.1%，市本级非行政许可实现“零审批”。撤销89个议事协调机构。事业单位改革稳步实施。改进行政审批服务。深化商事制度改革，降低市场准入门槛。不断完善民营经济融资担保、公共技术、要素配置等公共服务平台。政府权力的减法、服务的加法换来了市场活力的增强，五年累计新登记私营企业5.5万户，大众创业、万众创新热潮初步形成。

全力实施重点领域改革。新型城镇化、服务业综合改革、水生态文明建设、民营经济综合配套改革、农村集体产权制度改革、养老服务业综合改革等试点顺利实施。行政事业单位国有资产管理改革、集体林权制度配套改革完成阶段性任务。政府购买公共服务改革稳步推进。国有企业改革取得新进展。全面规范义务教育阶段公参民学校办学行为。基本完成文艺院团转企改制。市级以下公立医院启动综合改革。

坚持以对外开放促改革。主动融入“一带一路”战略，深度推进长吉图开发开放。兴隆综合保税区封关运行。一汽、长客等重点企业走出去到海外建立生产基地。皓月、希达等一批企业到境外设立产品展示营销中心。汽车零部件等高附加值机电产品出口额实现翻番。在长投资世界500强企业达到70户，五年实际利用外资增长2倍。

（三）始终把绿色宜居城市作为第一任务，稳步推进新型城镇化建设。我们以绿色、智慧、人文理念为指导，启动实施了新一轮的城市大建设、大改造。五年累计完成城建投资1625.1亿元，相当于“十一五”的2.65倍。

优化城市空间布局。主城区通过搬迁工业企业、拆除棚户区、完善基础设施，加速实现产业、功能和环境的有机更新。长东北、莲花山、经开保税等产业园区多点发力、齐头并进，汽开、净月、高新南区竞相建设、加速成长，九台卡伦、德惠米沙子、农安合隆、双阳奢岭积极承接主城区带动和产业转移。旧城与新城、城市与县域良性互动，重构了城市框架，优化了功能布局，也打开了长春未来的发展空间。

提升城市承载能力。“两横三纵”快速路投入使用，四环以内主要道路完成大中修。启动建设地铁1号线、2号线、北湖快轨，轻轨4号线投入运营。城市日供水能力由86万吨提高到116万吨，增加35%。天然气日供给能力由132万立方米提高到227万立方米，增加72%。供热能力由1.01亿平方米提高到

1.89亿平方米，增加87%。污水日处理能力由85.8万吨提高到172.8万吨，增加1倍。新建改造各类地下管网5099公里，自来水漏失率下降17%，供热管网完好率达到89%，燃气管网高危率降低到5%以下。主城区清扫保洁面积由4305万平方米增加到6850万平方米，机械化清扫率达到73%。

改善城市环境质量。新建大块绿地229块。主城区对外开放公园数量增加1倍以上。伊通河综合整治取得实质性进展。淘汰3.2万辆黄标车，拆除1828台燃煤小锅炉，62.5万户煤制气居民用户完成天然气置换，狠抓工业烟粉尘治理、秸秆综合利用，PM10、PM2.5自2013年达到峰值以后分别下降17.8%和10.9%。修复文庙、杂技宫、沙俄领事馆等一批历史文化建筑。长影老厂区等18项文物晋级全国重点文物保护单位。净月潭、长影世纪城晋级国家5A级旅游景区。持续开展市容环境综合整治，从严整治管理顽疾。深入开展文明城创建，长春进入全国文明城行列。

（四）始终把保障改善民生作为第一目标，努力让广大群众有更多的获得感。我们坚持每年把新增财力70%以上用于改善民生，连续实施5个年度行动计划，为人民群众办了390余件实事。

提高居民收入。积极促进就业，城镇累计新增就业62.9万人，累计安置下岗失业人员29.2万人，城镇登记失业率始终控制在4%以下，“零就业家庭”保持动态为零。4次提高职工最低工资标准。在岗职工平均工资提高56.8%。城镇职工医疗保险、城镇居民医疗保险、新农合参保率均接近100%，城镇职工基本养老保险参保率达到95.5%，城乡居民养老保险参保率均超过95%。职工养老金、居民养老金、失业保险金标准分别提高64.5%、127%、151%。

改进公共服务。义务阶段公办学校全部就近划片入学，创建新优质学校127所，城区通过国家义务教育基本均衡评估验收。完成国家公共文化服务体系示范区创建，区（县）图书馆、乡镇文化馆、村文化室全部达标并免费开放。社区、行政村体育设施配置率分别达到100%和60%。县医院、乡镇卫生院、村卫生室全部完成标准化建设。养老机构床位数量增长1.84倍，居家、社区养老服务新模式在全国推广。深入开展幸福社区创建。主城区60%以上的社区用房建筑面积达到1000平方米。

扶助困难群众。5次提高城乡最低生活保障标准，城镇低保家庭老、少、病、残人员等特殊群体补助标准再增加50%。建立城乡居民临时救助、特困群众参加基本养老保险扶助制度。城区困难群众患急难重症到定点医疗机构“先住院、后付费”。残疾儿童抢救性康复救助、贫困重性精神病患者康复救助、贫困白内障患者复明手术实现“有一助一”。困难群众法律援助基本做到应援尽援。累计建设3.2万套保障性住房，为5.6万户居民发放租房补贴，低收入困难群众住房保障基本实现应保尽保。

改善人居环境。基本消除农村泥草房、城市D级危房。综合整治230个老旧散小区。主城区1007座二次供水泵站完成改造。158万农村居民饮水安全问题得到解决。三环以内巷道基本完成改造。创建公交都市示范城市，开辟优化60条公交线路，累计更新公交车2500余台。施划机动车停车泊位3.8万个。一批人行过街天桥投入使用。新建农村公路5998公里、桥梁280座。

强化社会治理。积极构建“人性化、网格化、信息化、法治化”社会治理模式，全面完善社会治安防控体系，城区重点区域高清探头实现全覆盖，公安干警对城区实施24小时不间断巡防，110警情、“两抢”案件、命案数量连续5年下降，长春荣获全国社会管理综合治理最高荣誉“长安杯”。深入开展国家食品安全城市创建试点，切实提升食品药品安全监管能力。全面抓好防震减灾，长春在全国考核评比中荣膺榜首。狠抓安全生产，累计排查整改安全隐患23.1万项，安全生产事故总数下降53.5%。

（五）始终把加强依法行政作为第一要求，加快建设服务型政府。我们始终坚持全心全意为人民服务的根本宗旨，不断加强政府自身建设，努力为群众提供优质高效服务。

主动接受监督。自觉接受人大及其常委会的法律监督、工作监督和政协的民主监督，坚持重大事项向人大报告、与政协协商制度。认真听取各民主党派、工商联以及无党派人士的意见建议。办理人大议案19件、人大代表建议1022件、政协建议案15件、政协提案1537件。

强化依法行政。制定政府部门权力清单、责任清单，认真执行规范性文件合法性审查、行政决策合法性分析及社会稳定风险评估机制，严格约束行政处罚自由裁量权，全面实施行政复议案件集中办理、依法行政示范单位创建，不断提升规范公正文明执法水平。

切实转变作风。深入开展党的群众路线教育实践活动、“三严三实”专题教育，大力整治庸政、懒政、怠政。坚决执行中央八项规定，停建楼堂馆所，清理公车、办公用房，实施公务卡制度，严格控制“三公”经费支出。

加强廉政建设。严格落实廉政建设主体责任和监督责任，着力健全惩治和预防腐败体系，及时公开市本级公共财政收支预算、市直部门“三公”经费预算决算，加大审计监督力度，强化项目招标、政府采购等重点领域监管，始终保持惩治腐败的高压态势。

努力化解矛盾。建成市民来信来访集中受理大厅，全面提高市长公开电话、局长接待日、读报读网工作水平，完善多元化矛盾纠纷化解机制，切实解决群众反映强烈的信访突出问题，群众信访总量稳步下降。

隆重纪念中国人民抗日战争暨世界反法西斯战争胜利70周年。军政军民团结奋进，创建全国双拥模范城获得“七连冠”。

尤其是2015年，面对“十二五”收官的决战之期、复杂严峻的发展环境，全市上下坚持稳中求进工作总基调，积极适应经济发展新常态，团结一心、善为实干、攻坚克难，推动振兴发展取得了新的突破，为“十三五”发展奠定了坚实基础。

一是经济在应对下行中保持稳定增长。先后出台17项稳增长政策，接连采取结构性减税等一揽子措施，全面加大对重点企业帮扶力度，全市经济止跌回稳、逐步提速，增长速度由一季度的5.9%、二季度的6.1%、三季度的6.2%，逐步回升到全年的6.5%，重新回到经济运行合理区间。

二是产业在提质增效中加快转型升级。战略性新兴产业迅速壮大，产值增速超过规模以上工业17.5个百分点。服务业明显提速，占经济比重提高2.56个百分点。“互联网+”行动计划稳步实施，电子商务交易额增长23%，众创、众包、众扶、众筹等新兴业态日渐兴起，新的增长动力加快形成并不断蓄积力量。

三是市场在改革开放中迸发内在活力。“五证合一”登记等37项重点改革任务取得突破。削减了53.9%的政府部门行政职权，行政审批时限整体压缩31%。“一门式”公共服务改革试点取得成效。民营经济综合配套改革向纵深推进，新登记私营企业数量增长21%。“长满欧”国际货运班列、长春至莫斯科货运航线正式开通，跨境电子商务出口业务量跃居全国第三。

四是城市在完善功能中提升质量档次。主城区交通指挥系统完成升级改造，高峰期主干路车速提高15%。国家西气东输干线、长春外环高压管网投入使用，冬季“气荒”全面缓解。百里伊通河生态长廊、百公里地下综合管廊工程全面启动。基本完成16个城市出入口改造。城区新增绿化面积相当于上年的1.9倍。

五是民生在保障兜底中惠及更多群众。城镇新增就业12.6万人，2万套公租房分配到户，7个城区托老中心、120个社区居家养老服务中心投入使用，失能人员医疗照护保险制度全面推行，农村贫困人口减少1.7万人，在经济下行压力不断加大的情况下民生状况得到新的改善和提升。

各位代表，过去五年经济社会发展取得的重大成就，源自于省委、省政府和市委的正确领导，得益于人大、政协以及社会各界的大力支持，归功于全市广大干部群众的团结奋斗。在此，我代表市政府，向为长春发展做出突出贡献的全市人民致以崇高的敬意！向给予我们监督与支持的人大代表、政协委员和社会各界人士，向积极参与长春发展建设的中省直驻长单位，人民解放军和武警驻长部队以及海内外的朋友们，表示衷心的感谢！

成绩来之不易、经验弥足珍贵。“十二五”发展实践充分说明：必须把发展作为解决长春所有问题的关键，始终坚持加快发展不动摇，努力实现更高质量、更有效率、更加公平、更可持续的发展；必须把改革开放作为推动长春发展的根本动力，不断解放思想、不断解放和发展社会生产力、不断解放和增强社会活力；必须把创新摆在长春发展振兴的核心位置，深入落实创新驱动发展战略，全面推动大众创业、万众创新，努力培育形成新的增长动力源泉；必须把改善民生、增进人民福祉作为发展的根本目的，多谋民生之利、多解民生之忧，真正把发展成果体现到人民生活改善上；必须把法治政府建设作为发展的重要保障，严格依法行政、深入简政放权、加快职能转变，努力以政府权力的减法换市场活力的加法。这些经验体会，是我们在实践中积累的宝贵财富，必须继续坚持和发扬。

在肯定成绩的同时也要清醒看到，前进的道路上还面临不少困难和问题。经济下行压力有增无减，结构调整、转型升级任务繁重；创新创业氛围不足，内生动力活力尚需释放；环境污染问题日益显性化，雾霾、水体治理任重道远；就业结构性矛盾突出，住房、医疗、养老、教育、收入分配、征地拆迁等方面群众不满意的问题依然较多；安全基础设施不完善，安全事故高发势头还没有从根本上得到遏制；政府依法行政水平不高，不廉不勤现象仍然存在。对于这些问题，我们必须高度重视，并在今后工作中认真加以解决。

二、“十三五”时期主要任务

“十三五”时期，是全面建成小康社会的决胜期、推动振兴发展的关键期。我们既要深刻认识形势的严峻性、复杂性和紧迫性，直面经济增速换挡、结构调整阵痛、动能转换困难叠加交织带来的艰巨挑战。更要清醒地看到，长春经济韧性好、潜力足、回旋余地大的基本面没有变，经济持续增长的良好支撑基础和条件没有变，结构调整优化升级的前进态势没有变，特别是全市广大干部群众满怀发展激情、奋发有为的精神力量势不可挡。只要我们坚定信心、群策群力、埋头苦干，就一定能够闯关夺隘、奋勇向前、行稳致远，把长春发展推向新的阶段。

今后五年，政府工作的指导思想是：深入贯彻党的十八大，十八届三中、四中、五中全会精神，认真落实习近平总书记系列重要讲话特别是视察吉林重要讲话精神，按照省委十届六次全会和市委十二届八次全会部署，以“四个全面”战略布局为引领，以新一轮振兴发展为主题，以建设吉林中部创新转型核心区为重点，坚持变中求新、变中求进、变中突破，发挥“五个优势”、推进“五项举措”、加快“五大发展”，努力走出一条质量更高、效益更好、结构更优、优势充分释放的发展新路，奋力夺取全面建成小康社会的伟大胜利，努力在实现“中国梦”的伟大征程中追逐“长春梦”。

今后五年，必须牢固树立并切实贯彻创新、协调、绿色、开放、共享的发展理念。坚持创新发展，把创新摆在发展全局的核心位置，让创新贯穿经济社会发展全过程，让创新在全社会蔚然成风。坚持协调发展，牢牢把握全面建成小康社会任务，努力拉长“短板”，不断提高发展的协调性和平衡性。坚持绿色发展，严格环境保护、强化生态修复、节约利用资源，努力建设美丽长春。坚持开放发展，着力引进域内外人才、资金、技术，搭建开放平台，畅通开放渠道，不断提高开放水平。坚持共享发展，更加注重保障和改善民生，使全体人民在共建共享中有更多获得感，朝着共同富裕方向稳步前进。

今后五年，全市经济社会发展的目标任务是：

——经济实力更强。我们要更加重视质量、更加重视效益、更加注重科技创新，在不断转变发展方式、优化经济结构、提高发展可持续性的基础上，确保GDP保持7%左右的中高速增长，财政收入增幅与经济增长相适应，综合实力进入中等发达城市行列。

——发展动能更高。我们要充分发挥创新对发展的支撑引领作用，加快培育新产业、新业态、新技术、新商业模式，推动发展新动能不断壮大。全面实施传统产业升级改造，不断提升产业层次、素质和竞争力，让传统产业持续焕发生机和活力。

——经济结构更优。我们要调整产业结构，农业要争当现代化排头兵，制造业要迈向中高端，战略性新兴产业要在全国形成较强竞争力，服务业占经济比重要逐年提高。调整增长结构，发挥有效投资关键作用的同时，大幅提高消费的经济增长贡献率。

——城市面貌更新。我们要高质量建设新城，高水平改造旧城。落实公交优先战略，基本确立现代综合交通体系。基本完成棚户区、老旧楼宇“暖房子”、历史文化街区改造，切实加强城市管理，全面优化城市形象。大力发展城市文化，努力培育城市精神，促进软实力与硬实力同步提升。

——区域发展更快。我们要坚定不移地支持开发区转型升级，加速成为承载新型工业化、高端服务业的新城区。城区要成为服务业主战场，在环境建设、民生改善、社会和谐等领域实现全面进步。县（市）都要成为中等城市，人口加速向城镇集聚，新农村建设全面推进。

——改革开放更广。我们要全面深化重要领域改革，坚决破除一切不合时宜的束缚和桎梏，充分释放改革红利、动力和潜力。更加积极主动地对外开放，主动融入“一带一路”战略，深入实施长吉图开发开放，全面提升开放型经济水平。

——生态环境更好。我们要不断加大自然生态系统修复保护力度，完成百里伊通河生态长廊综合改造，新建改造一批城市公园、绿地。综合治理大气和水体污染，积极推行循环经济、低碳经济等绿色经济模式，努力把长春建设成为天蓝水净、空气清新的绿色宜居森林城。

——社会大局更稳。我们要加强基层社会管理和服务体系建设，充分发挥群众参与社会管理的基础作用。完善重大决策社会稳定风险评估机制，从源头减少和化解社会矛盾。健全民主法制，保障公共安全，努力开创社会和谐人人有责、和谐社会人人共享的生动局面。

——民生福祉更多。我们要加快完善基本公共服务体系，在学有所教、劳有所得、病有所医、老有所养、住有所居上持续取得新进展。大力推动富民增收，群众收入差距不断缩小，中等收入群体持续扩大，农村贫困人口全部脱贫，城镇低保群众得到更有针对性的帮扶，全市人民共同迈入全面小康社会。

根据上述考虑和安排，市政府制订了《长春市国民经济和社会发展第十三个五年规划纲要（草案）》，并经市委十二届八次全会讨论决定提交本次人代会审议。

三、2016年重点工作

今年是“十三五”开局之年。面对依然复杂严峻的外部宏观环境和交织叠加的各种矛盾困难，我们既要积极适应、把握、引领新常态，在“变”中保持定力、趟出新路，更要认清、抢抓、用好新机遇，在“不变”中坚定信心、推动发展，以充分的准备、扎实的努力去争取最好的结果，确保“十三五”实现开门红。

全市经济社会发展主要预期目标是：地区生产总值增长7%左右，城镇居民人均可支配收入和农村居民人均可支配收入与经济基本保持同步增长，万元GDP能耗降低3%，城镇登记失业率控制在4%以内。

实际工作中，我们不仅要保持经济持续稳定增长的好势头，更要在解放思想中凝聚发展“新气场”，在改革创新中培育发展“新动力”，在转型升级中构建发展“新优势”，在改善民生中定位发展“新坐标”，确保各项工作取得新的更大成效。

（一）保持经济稳定增长

把稳增长摆在突出位置，挖掘增长潜力、激发市场动力、释放企业活力，确保经济运行在合理区间。

统筹三次产业支撑增长。对产值超10亿元工业企业跟踪包保，稳定经济增长大局。积极培育工业增长点，新增规模以上企业200户。促进健康、旅游、文化、绿色、养老消费，扩大移动互联网等信息消费。加快房地产去库存，稳定住房等大宗消费。社会消费品零售总额增长8%左右。夯实农业稳产增产基础，粮食产量正常年景下不低于180亿斤。

扩大投资规模拉动增长。加大对基础设施、科技创新、生态环保等领域政府投资，推广政府和社会资本合作（PPP）模式，引导和撬动社会资本更多投向制造业、战略性新兴产业和现代服务业。落实企业投资自主权，发挥民间投资主力军作用。支持企业上市，扩大直接融资规模。全年固定资产投资达到4800亿元以上。

优化发展环境促进增长。全面落实降低税率、降低电价、降低社会保险费、降低企业住房公积金缴存比例等相关政策，规范中介服务，清理涉企收费，改善物流服务，严格把握最低工资标准，切实降低企业经营成本。有针对性地帮扶遇到暂时困难的重点企业。强化改进政府服务，优化企业经营环境。

（二）加快产业转型升级

狠抓项目建设不动摇，提高供给能力、调整供给结构、优化供给质量，努力使产品和服务更好地满足市场需求，打造长春经济升级版。

落实“中国制造2025”长春实施纲要。积极推动大众Q工厂、一汽乘用车研发中心、长客动车检修、中粮聚乳酸制品等50个重大产业项目建设。加快建设新能源汽车、通用航空、智能制造等一批新型产业园区。不断壮大先进装备制造、光电信息、生物制造、医药健康、新能源及新能源汽车、新材料等战略性新兴产业。积极推动企业技术改造和产品创新。支持存量企业整合、并购、重组。工业投资增长10%以上，战略性新兴产业投资增长15%以上。

落实率先实现农业现代化总体规划。启动建设5个现代农业实验区。适度调减普通玉米种植面积，积极发展高效特色农作物。强化品牌建设，不断提升长春大米知名度和附加值。

加快发展都市休闲农业。综合农机化水平提高 2.5 个百分点。土地流转比例提高 4 个百分点。启动实施皓月 200 万头优质肉牛养加销一体化等一批重大项目。完成免疫无口蹄疫区建设。

落实推进服务业创新发展实施意见。实施服务业发展攻坚，推动服务业发展提速、比重提高、水平提升。加快建设万达、诺睿德等商业综合体。规划建设一批特色商业街区。推动大数据、电子商务、服务外包、文化创意、动漫设计等现代服务业集聚区建设。大力发展旅游业。壮大会展业规模。推进共同物流配送。培育现代保险、互联网金融，加快建设东北亚区域性金融服务中心。

（三）全力实现创新驱动

采取更加有力的措施，发展新产业、新业态、新技术、新商业模式，努力营造大众创业、万众创新的生动局面。

培育新兴产业。实施“互联网+”行动计划，推动新一代信息技术与制造业、服务业深度融合。促进制造业企业开展个性化定制、柔性化生产，推动生产性服务业向专业化转变、向价值链高端延伸，支持生活性服务业加快向精细化和高品质提升，构建新兴产业集群。加快“智慧长春”建设。完善通信基础设施。

完善创新载体。启动建设国家级长春新区，在结构调整、科技创新、体制机制等方面先行先试、大胆实践。积极引导国家级开发区强化创新驱动，培育产业集群，加快转型升级。续建长东北科技创新中心、北湖科技园。完善众创、众包等小微企业孵化基地，力争新增创业孵化面积 50 万平方米。

强化技术创新。支持高校院所建设重点实验室。推进产学研协同创新，实施 10 个重大科技攻关、10 个重大科技成果转化项目。培育 10 户制造业创新中心、100 户企业技术中心。逐步建立鼓励创新创业的收入分配机制。推进“吉林一号”卫星图像数据商业化应用。加快无人机产业化进程。

优化创新环境。加强对中小微企业金融服务，降低创业创新门槛，营造破束缚、汇众智、促创新的良好氛围。强化知识产权管理保护。启动建设人力资源产业园。努力破除人才壁垒，多渠道选用人才，加快建设“人才强市”。全年力争 15 户企业新三板挂牌，新增 50 户科技型“小巨人”企业。

（四）深入推进改革开放

围绕供给侧结构性改革，实施一批标志性、引领性、突破性的改革措施，为发展提供持续动力。

继续实施简政放权。严格落实权力清单、责任清单，启动编制负面清单，放管结合、优化服务，激发市场活力和社会创造力。接住用好国家、省下放的审批事项，进一步削减市级行政审批事项。推行行政审批全流程运行管理，完善审批服务。市级行政审批项目全部进入政务大厅，做到大厅之外无审批。

推进重点领域改革。深化投融资、商事制度、市属国企国资等重点领域改革，推动市场在资源配置中起决定性作用。积极开展水生态文明建设、农村金融综合改革、民营经济综合配套改革试点。支持在长央企改革、中省直公立医院综合改革。发展混合所有制经济。推进财税体制改革，建立跨年度预算平衡机制。

扩大开放促进改革。加大招商引资力度，实际利用内、外资分别增长 12%和 10%左右。不断完善兴隆综合保税区功能。推进“长满欧”综合物流通道建设。开通至珲春、符拉迪沃斯托克（海参崴）的电商货物陆路运输通道。谋划建设东北中韩自贸区示范市。支持一汽、长客等企业开展国际产能合作。

（五）提高城市建管水平

牢固树立人民城市为人民的思想，转变城市发展方式，提高城市承载能力，优化城市环境质量。

构建现代交通体系。续建机场大道、亚泰大街南延长线、吉林大路东延长线、硅谷大街延长线、长吉互通立交桥等重点工程。完善南部新城路网。打通一批断头路、卡脖路。改造一批重要交通节点。建设一批人行过街天桥。加快停车场建设。机动车停车泊位基本做到应划尽划。推进龙嘉机场二期扩建。

坚持公交优先战略。地铁 1 号线试通车，地铁 2 号线、北湖快轨建设取得实质性进展。更新公交车辆 400 台。完善南部新城等重点区域公交线网。新建一批公交换乘枢纽、港湾式停靠站。每个城区、国家级开发区各建 2 处公交首末站。推行公交“一卡通”。完善公交专用道配套设施。

提升综合承载能力。基本完成城区二次供水设施改造。启动新一轮高压电网建设。改造供水管网 380 公里。新建改造燃气管网 210 公里。改造供热管网 100 公里。新增供热能力 500 万平方米。完成地下综合管廊建设 10 公里以上，逐步消除“马路拉链”现象。

推动城市管理创新。扎实开展市容环境综合整治。继续改造提升城市出入口。开展城市设计，培育城市风貌。争创国家历史文化名城。创新城市管理体制机制，积极推动管理重心下移，努力提高城市管理人性化、精细化、科学化水平。

（六）全面加强生态保护

把环境保护摆上更加突出的位置，下决心用硬措施完成硬任务，推动生态环境质量不断提升。

强力治理环境污染。淘汰 10 吨以下燃煤小锅炉 500 台、黄标车 1.3 万辆，秸秆综合利用率提高 3 个百分点。统筹推进伊通河及其支流截污治污和生态修复。实施一批污水处理厂提标改造。治理城区黑臭水体。推动莲花山退耕还林还水还湿工程。

深入实施节能减排。积极调整能源结构，促进煤炭高效利用，扩大供暖煤改气、煤改电规模。实行能源、资源消耗总量和强度控制。深化资源性产品价格改革，居民用气实行阶梯价格。续建餐厨垃圾处理厂、三道垃圾场环保生态公园。

创建国家森林城市。加快建设南溪湿地，启动建设 7 个公园，新植街路 20 条，新建大块绿地 9 块，绿化改造四环路。植树造林 3000 公顷。绿化美化村屯 300 个。建设海绵城市，减少硬化铺装，提高雨水自然蓄积能力。

（七）千方百计改善民生

着力践行以人民为中心的发展思想，实施第 4 个幸福长春行动计划,办一批群众最关心、最直接、最迫切的民生实事。

确保就业稳定。积极扶持高校毕业生、农村转移劳动力、城乡就业困难人员和退役军人就业,开发就业岗位13.5万个,城镇新增就业12万人,农村劳动力转移就业100万人次。对有需求的应届高校毕业生创业培训实现全覆盖。列支1.5亿元失业保险基金,对不裁员、少裁员企业提供稳岗补贴。

帮扶困难群众。城镇和农村低保标准分别提高到上年度人均可支配收入的20%和30%以上。为重度残疾人和贫困残疾人提供护理补贴、生活补贴。实施精准脱贫,确保5.3万名农村贫困人口脱贫。加强贫困村公路建设。优先改造农村贫困家庭危房。

强化养老服务。以政府购买服务方式为城区空巢、失能、失独老人提供居家养老服务。引导社会力量建设多种类型、不同档次的养老机构,新增养老床位3000张。推行高龄老人医疗照护保险、晚期癌症患者舒缓疗护。老年人免费乘坐公交车年龄放宽到65周岁、范围扩大到郊线车。

提升公共服务。继续实施基础教育质量提升工程,推动教育由均衡发展向内涵发展转变。大力发展学前教育、职业教育、民办教育,普及高中段教育。51家公立医院逐步取消药品加成,实行零差率销售。实施普遍二孩政策,强化服务保障支撑。启动少儿图书馆新馆建设。1692个村全部建成村级"一站式"服务群众平台。

改善生活条件。新建续建保障性住房8000套,建设回迁房8456套。实施238万平方米"暖房子"工程。综合改造30个老旧散小区。更新改造部分居民小区陈旧老化地下管网。解决6万农村居民饮水安全问题。主城区周边建成农村公路250公里以上,同步配建公交设施。完善城区"十分钟健身圈",大力开展全民健身活动。

(八)切实强化社会治理

推动社会治理方式精细化和治理能力现代化,维护群众利益,保障城市安全,促进社会和谐。

积极化解社会矛盾。充分利用信访机构接待、局长接待日、市长公开电话等渠道,掌握群众诉求,解决群众困难。完善人民调解、行政调解、司法调解联动体系。推进幸福社区建设,提高社会组织自治管理水平。强化覆盖城乡的公共法律服务体系建设。

全力维护城市安全。创建国家安全发展示范城市,坚决遏制重特大事故发生。增强地震防灾减灾能力,通过国家防震减灾示范城市验收。创建国家食品安全城市,完善食品安全监管体系,切实保障群众"舌尖上的安全"。强化社会治安综合治理和防控体系建设,严厉打击刑事犯罪,努力提升人民群众的安全感。

深入开展双拥共建活动,推动军民融合深度发展,争创全国双拥模范城"八连冠"。

各位代表!实现"十三五"奋斗目标,完成今年各项工作任务,必须加强政府自身建设。

我们要坚持用创新思维来引领。深入开展解放思想大讨论,用新的思想、思维、思路破解难题,用新的信念、理念、观念谋划发展,用新的办法、举措、行动推动振兴,努力做到变中求新、变中求进、变中突破。

我们要坚持用法治理念来推动。坚持法无授权不可为、法定职责必须为。自觉接受市人大及其常委会的法律监督、工作监督,主动接受市政协民主监督,认真听取民主党派、工商联、无党派人士和各人民团体意见。

我们要坚持用纪律意识来强化。巩固党的群众路线教育实践活动和"三严三实"专题教育成果,始终把纪律和规矩挺在前面,严格执行廉洁自律准则,与一切腐败行为作斗争。厉行节约、反对浪费,严格控制"三公"经费,继续降低行政成本。

我们要坚持用宗旨观念来服务。坚持一切从人民群众根本利益出发,全心全意为人民服务,努力为群众排忧解难。把严格管理和热情关心结合起来,推动广大公务员心情舒畅、充满信心,积极作为、敢于担当。

各位代表!站在新的历史起点、加快推动振兴发展,是760万长春人民的殷切期盼、是我们义不容辞的责任使命。让我们紧密团结在以习近平同志为总书记的党中央周围,在省委、省政府和市委的正确领导下,凝心聚力、锐意进取、扎实工作,不断开拓新局面,持续创造新业绩,为实现"十三五"奋斗目标、全面建成小康社会而努力奋斗!

2015 年长春市国民经济和社会发展统计公报

长春市统计局

2015 年，全市人民在市委、市政府的正确领导下，全面贯彻落实党的十八大和十八届三中、四中、五中全会精神，积极应对复杂多变的国际国内经济环境，扎实推进各项工作，国民经济稳步增长，各项社会事业全面进步，民生状况不断改善，为全面建成小康社会奠定了良好基础。

一、综合

初步核算，全年实现地区生产总值 5530 亿元，按不变价格计算，比 2014 年增长 6.5%。其中，第一产业增加值 343.3 亿元，增长 5.0%；第二产业增加值 2770.9 亿元，增长 4.1%；第三产业增加值 2415.8 亿元，增长 9.8%。三次产业结构为 6.2:50.1:43.7。对经济增长的贡献率分别为 4.7%、33.4%和 61.9%。人均生产总值 73324 元(按户籍年平均人口数计算)，增长 6.4%，折合 11299 美元。

地区生产总值（亿元、当年价）

全市一般预算全口径财政收入 1078.2 亿元，下降 6.8%。全市地方财政收入 388.2 亿元，下降 2.3%，其中，税收收入 300 亿元，下降 6.3%。地方财政支出 765.7 亿元，增长 13.3%，其中，教育支出 106.8 亿元，增长 24.7%；社会保障和就业支出 105.7 亿元，增长 37.7%；医疗卫生与计划生育支出 62.5 亿元，增长 23.7%；交通运输支出 19.5 亿元，下降 35.2%。全口径财政收入占 GDP 的比重为 19.5%。

全年居民消费价格总指数为 101.3%，增幅比 2014 年缩小 0.9 个百分点，分 8 大类看，食品、烟酒、衣着、医疗保健和个人用品和居住类价格比上年有所上涨，家庭设备用品及维修服务、交通和通讯和娱乐教育文化用品及服务价格有所下降。

工业品出厂价格下降 1.6%，其中，生产资料价格下降 2.3%，生活资料价格下降 1.2%。工业生产者购进价格下降 0.9%。

居民消费价格指数

单位：%

指　　标	2014 年	2015 年
居民消费价格总指数	102.2	101.3
服务项目价格指数	101.5	100.5
消费品价格指数	102.5	101.6
食　品	104.0	101.1
烟　酒	99.8	103.4
衣　着	101.9	102.4
家庭设备用品及维修服务	101.5	99.5
医疗保健和个人用品	100.2	103.3
交通和通讯	100.2	99.2
娱乐教育文化用品及服务	101.4	99.4
居　住	102.4	102.1
商品零售价格指数	101.2	99.1

全市从业人员总数达 541.5 万人，增长 18.9%。其中，城镇单位从业人员 126.1 万人，从事个体劳动的有 84 万人。2015 年城镇非私营单位就业人员平均工资 61039 元，比 2014 年增长 8.97%。

二、农业

全年完成农林牧渔业总产值 649.6 亿元，比 2014 年增长 6.2%。其中，种植业产值 321.4 亿元，增长 2.6%；林业产值 3.5 亿元，增长 9.8%；牧业产值 302.1 亿元，增长 10.6%；渔业产值 5.5 亿元，增长 6.8%；农林牧渔服务业产值 16.96 亿元，增长 3%。

全年农作物总播种面积 133.4 万公顷，比 2014 年下降 0.17%。粮食总产量 955.7 万吨，比 2014 年减少 12.3 万吨。其中，玉米产量 796.6 万吨，下降 2.9%；水稻产量 136.6 万吨，增长 9.3%。猪出栏 619.4 万头，下降 2.0%；牛出栏 108.8 万头，增长 1.4%；羊出栏 39.3 万只，增长 4.4%；家禽出栏 2.5 亿只，增长 3.3%。肉类产量 114.4 万吨，下降 1%；禽蛋产量 33.4 万吨，增长 5.3%；牛奶产量 7.5 万吨，增长 9.0%。

主要农副产品产量

指标	单位	2015 年	比 2014 年增长±%
粮食总产量	万吨	955.7	-1.3
蔬菜总产量	万吨	288.6	12.0
肉类总产量	万吨	114.4	-1.0
禽蛋总产量	万吨	33.4	5.3
牛奶总产量	万吨	7.5	9.0
出栏生猪	万头	619.4	-2.0
出栏家禽	亿只	2.5	3.3

全年农业机械总动力为 654 万千瓦，比 2014 年增长 9%。

全市蔬菜耕地面积为 76000 公顷，比 2014 年增长 0.4%；蔬菜总产值 94.6 亿元，增长 32.9%。全市有效使用绿色食品标志产品 74 个，有机食品 32 个，无公害农产品 67 个，认定无公害农产品基地 15 个，面积 12333 万公顷。

全年落实国家粮食直补、农资综合直补、农机购置补贴和良种补贴资金 24.29 亿元。全市高标准建设省级新农村示范村 73 个，落实新农村建设项目 5 大类 105 项，获得省新农村建设项目补助资金 3111 万元；开展了长春首届“最美乡村”评选活动，陈家店村等 18 个村荣获长春市“最美乡村”称号。

全市农产品加工业企业产值实现 1930 亿元，比 2014 年增长 10.1%。新开工建设 3000 万元以上项目 115 个，完成投资 367 亿元，增长 11.4%。省级以上和市级龙头企业数量分别发展到 105 户和 209 户。

三、工业　建筑业

全年完成规模以上工业增加值 2131.8 亿元，比 2014 年增长 3.3%。规模以上工业企业万元增加值综合能源消耗降低率为 15.62%。

全年完成规模以上工业总产值 8658.2 亿元，比 2014 年下降 11.8%。汽车制造业累计完成产值 4856.4 亿元，下降 17.8%，占规模以上工业总产值的 56.1%；农副食品加工业完成产值 1282.9 亿元，下降 9.3%，占规模以上工业总产值的 14.8%；生物与医药工业完成产值 140.3 亿元，增长 6.3%，占 1.6%；光电子信息工业完成产值 123.3 亿元，增长 1.1%，占 1.4%；建材工业完成产值 632.7 亿元，下降 3.5%，占 7.3%；能源工业完成产值 521.1 亿元，下降 5.5%，占 6%；装备制造业完成产值 673.8 亿元，增长 10%，占 7.8%。40 户重点工业企业完成工业总产值 5890 亿元，占规模以上工业总产值的比重达 68%。

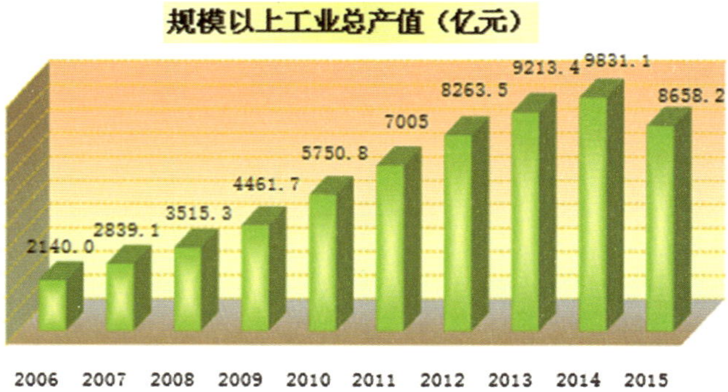

2015 年主要工业产品产量

产品	单位	产量	比 2014 年±%
汽车	万辆	219.7	-12.2
#轿车	万辆	163.1	-10.5
#公路客车	万辆	2.5	25.5
#载货汽车	万辆	11	-28.5
铁路客车	辆	1062	-3.6
变压器	万千伏安	311.5	-23.2
橡胶轮胎外胎	万条	322.6	-7.4
中小型拖拉机	台	4339	-2.6
工业自动调节仪表与控制系统	万台	2.7	-30.2
发电量	亿千瓦时	228.95	-10.4
水泥	万吨	1784.3	-15.9
原煤	万吨	343.51	-17.4
钢材	万吨	14.9	-5.2
卷烟	亿支	198.1	-1
啤酒	万吨	27.1	-8.7
中成药	吨	10703.7	-4
饲料	万吨	394.8	-5.7
精炼食用植物油	万吨	33	42
软饮料	万吨	90.3	1.9
农用塑料薄膜	万吨	2.8	15.1
服装	万件	571.7	6.6

13.7%；利税总额 1275.6 亿元，下降 17.1%；盈亏相抵后实现利润总额 727.6 亿元，下降 20.2%。

全年建筑业完成增加值 425.6 亿元，比 2014 年增长 8.0%。资质以上建筑业完成总产值 1114.7 亿元，下降 10.3%。实现工程结算收入 1077.9 亿元，下降 7.4%。

四、固定资产投资

全年完成全社会固定资产投资总额 4284 亿元，比 2014 年增长 12%。其中，房地产开发投资 506 亿元，下降 5.3%。新增固定资产 3294.1 亿元。固定资产交付使用率为 78.1%，下降 9.5 个百分点。房屋面积竣工率为 9.6%，下降 3.1 个百分点。

从各产业完成投资情况看，第一产业投资 26 亿元，下降 11.9%；第二产业投资 2183.9 亿元，增长 12.5%；第三产业投资 2008.4 亿元，增长 13.1%。从投资主体看，国有经济投资 1233.3 亿元，增长 20.5%；非国有经济投资 2985.0 亿元，增长 9.6%，占全社会固定资产投资的比重为 70.8%。民间投资 2888.6 亿元，增长 9.3%。全市工业投资 2146.4 亿元，增长 14.1%，对全社会投资增长的贡献率达 56.3%。

全市商品房施工面积 6147.8 万平方米，增长 1.3%。商品房竣工面积 590.2 万平方米，下降 23.6%。商品房销售面积 810.7 万平方米，增长 6.8%。商品房销售额 534.2 亿元，增长 12.4%。

2015 年，二手房成交 4.7 万套，成交面积 423.3 万平方米，增长 17.8%；其中，二手住房成交 4.6 万套，成交面积 387.1 万平方米，增长 24.0%。

五、国内贸易

全年实现社会消费品零售总额 2409.3 亿元，比 2014 年增长 8.8%。分行业看，批发零售贸易业零售额 2172.1 亿元，增长 8.5%。其中，限额以上批发零售贸易业零售额 925.7 亿元，增长 1.6%；限额以下批发零售贸易业零售额 1246.4 亿元，增长 13.0%。住宿和餐饮业零售额 237.2 亿元，增长 12.0%。其中，限额以上住宿餐饮业零售额 25.5 亿元，增长 0.1%；限额以下住宿餐饮业零售额 211.7 亿元，增长 13.5%。

2015 年，长春市限额以上批发和零售企业汽车类零售额 237.8 亿元，下降 6.0%；粮油、食品类零售额 93.8 亿元，增长 8.5%；服装鞋帽针纺织品类零售额 147.9 亿元，增长 4.2%；金银珠宝类零售额 37.1 亿元，增长 11.9%；家用电器和音像器材

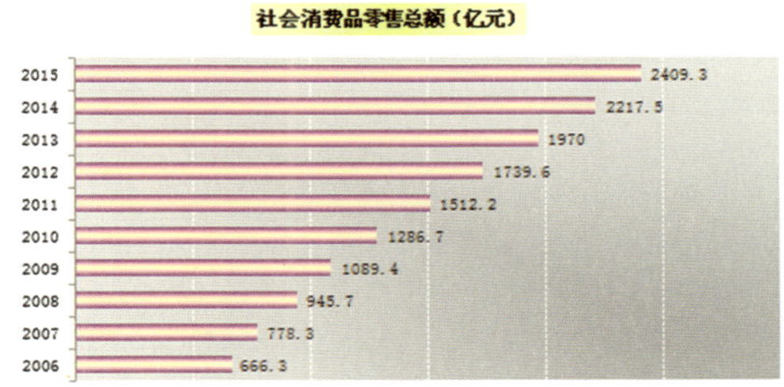

2015 年社会消费品零售额及其增速

单位：亿元

指　标	2015 年	比 2014 年增长%
社会消费品零售总额	2409.3	8.8
按行业分：		
批发、零售贸易业	2172.1	8.5
其中：限额以上批发零售贸易业	925.7	1.6
住宿、餐饮业	237.2	12.0

类零售额 57.1 亿元，增长 7.7%；石油及制品零售额 127.6 亿元，下降 8.2%。

六、对外经济　旅游　会展

全年实现进出口总额 140 亿美元，比 2014 年下降 32.5%。其中，进口 120.7 亿美元，下降 33.9%；出口 19.3 亿美元，下降 22.2%。在出口企业中：一般贸易企业出口 13.7 亿美元，下降 25.3%；加工贸易企业出口 5.5 亿美元，下降 12.3%。

全年新批外资项目（企业）37 个，全年实际利用外资 56.6 亿美元，增长 13.2%。其中，直接利用外资 12.0 亿美元，增长 13.0%。

全年来长旅游人数 5726.05 万人次，增长 15.72%。其中，接待入境游客 43.06 万人次，增长 9.14%；接待国内旅游者 5682.99 万人次，增长 15.77%。全年旅游总收入 1072.64 亿元，增长 25.13%。旅游外汇收入 31850.19 万美元，增长 10.2%。

全市举办规模以上会展活动 122 项，展览面积 220 万平方米，分别增长 12.9%和 12%。展会直接收入 47 亿元，带动其他相关产业收入 415 亿元，分别增长 17.5%和 15.3%。

七、交通邮电业

全年公路货物周转量 356.8 亿吨公里，增长 6.6%；旅客周

转量为 58.2 亿人公里，下降 1.3%。民航完成货邮吞吐量 77793.9 万吨，增长 5.8%；完成旅客吞吐量 855.6 万人，增长 15.3%。2015 年末全市民用汽车保有量 127.1 万辆，增长 11.0%。其中，私人汽车保有量 111.1 万辆，增长 15.1%。

2015 年完成邮电业务总量 74.4 亿元，增长 26.3%。其中，邮政业务总量 5.5 亿元，增长 1%；电信业务总量 68.9 亿元，增长 28.9%。全年特快专递完成 42 万件，下降 19.2%；邮政储蓄平均余额 2557.4 亿元，增长 1.8%。全市市话年末达 121.8 万户，下降 6.7%；农话年末达 24.5 万户，下降 5.4%。移动电话年末达 1080.9 万户，下降 5.7%。互联网用户达 511.6 万户，下降 8.0%，其中宽带用户 106.0 万户，增长 4.4%。

八、金融 证券 保险

截至 2015 年末，全市拥有银行信社类金融机构 39 家，保险公司 34 家，证券公司 2 家，证券公司分公司 19 家，证券营业部 60 家，上市企业 25 户。

全市金融机构本外币各项存款余额 9959.9 亿元，比年初增长 11.8%。住户存款余额 3834.2 亿元，增长 8.9%。金融机构本外币各项贷款余额 9009.12 亿元，比年初增长 19.5%。

2015 年金融机构本外币存贷款及其增长速度

单位：亿元

指　　标	2015 年	比年初增长%
各项存款余额	9959.9	11.8
其中：1.住户存款	3834.2	8.9
2.非金融企业存款	3636.3	11.4
3.广义政府存款	1971.9	5.6
各项贷款余额	9009.1	19.5
其中：住户短期贷款	361.1	9.8
中长期贷款	1496.0	18.1

全市股民账户数 184.5 万户，比 2014 年增长 33.4%。有价证券成交总额 24674.2 亿元，增长 196.5%。其中，股票交易成交额 20651.8 亿元，增长 267.2%；国债成交额 3275.8 亿元，增长 42.9%；基金成交额 535.8 亿元，增长 164.3%。

全年保费收入 161.7 亿元，增长 25.4%。其中，财产险保费收入 60.6 亿元，增长 10.7%；人身险保费收入 101.1 亿元，增长 36.3%。全年赔付总金额 55.4 亿元，增长 13.2%。其中，财产险赔付金额 33.5 亿元，增长 16.5%；人身险赔付金额 21.9 亿元，增长 8.5%。

九、城建

2015 年末，全市完成道路新建和扩建长度 248.6 公里，全市道路总面积 541.99 万平方米，道路长度 3373.83 公里，人均道路面积 19.03 平方米。

2015 年，全市水厂日综合生产能力为 129.1 万立方米/日，城区使用自来水人数达 398.89 万人。全市天然气供气总量 45881.9 万立方米；液化石油气供气总量 3.77 万吨。城区使用天然气、石油液化气户数 134.4 万户。城区集中供热面积 18663.26 万平方米。

到 2015 年末，全市公园绿地面积 16646 公顷，建成区绿化覆盖面积 18926.27 公顷，建成区绿化覆盖率 41.5%。

十、科技 质量技术监督 教育

全年专利申请量由 2014 年的 7853 件增加到 10184 件，增长 29.7%。全年通过鉴定、验收和认定的科技成果 237 项，获得市以上科技进步奖励成果 196 项。其中获省级奖励 196 项。

2015 年末，在全市各级各类科技人员中，驻长“两院”院士 40 人。其中，域内 24 人，双聘 16 人。全市拥有独立科学研究与技术开发机构 89 个。其中，自然科学和技术领域研究与开发机构 59 个，社会科学与人文领域研究与开发机 13 个，科技信息与文献领域机构 3 个。全市民营科技企业技术合同成交额 24.46 亿元。市科技管理部门投入科技经费 1 亿元。全市新认定高新技术企业 41 户。

全市有法定产品质量检验机构 3 家，法定计量技术机构 11 家，计量校准设备 83349 台/件，检验各类器具 186995 台/件。全年定期监督检验产品 683 批次。受理委托检验 17000 批次。国家和省的监督抽查产品质量平均合格率分别达 100%和 98.68%。

2015 年，长春市各级各类教育学校 1622 所(不含幼儿园，以下同)。其中，在长普通高校 37 所(含独立学院 6 所)，成人高校 8 所，中等职业学校 103 所，普通高中 67 所，初中 270 所(含职业初中，以下同)，小学 1126 所，特殊教育 10 所，工读学校 1 所。

全市各级各类学校招生人数 34.5 万人。其中，研究生 1.6 万人，普通本专科 11.7 万人，成人本专科 3.7 万人，中等职业学校 1.6 万人，普通高中 3.9 万人，初中阶段 5.3 万人，小学 6.6 万人，特殊教育 131 人。

全市各级各类学校在校人数 131.4 万人。其中，在读研究生 4.9 万人，普通本专科在校生 42.6 万人，成人本专科生 10 万人，中等职业学校在校生 4.3 万人，普通高中在校生 12.2 万人，初中在校生 17.7 万人，小学在校生 39.6 万人，特殊教育在校生 950 人。

全市各类教育学校专任教师 8.97 万人。其中，普通高等学校专任教师 2.64 万人，成人高校专任教师 926 人，民办机构 184 人，中等职业学校专任教师 0.49 万人，普通高中专任教师 1.02 万人，初中阶段专任教师 2.04 万人，小学专任教师 2.63 万人，特殊教育学校专任教师 360 人，工读学校 29 人。

十一、文化 卫生 体育

2015 年全市有文化(文物)事业机构 225 家，其中艺术表演团体 3 家，艺术表演场馆 6 家，公共图书馆 12 家，艺术馆、文化馆 12 家，文化站 160 户，文化艺术科研、科技机构 2 家，文物保护研究机构 1 家，文物保护管理机构 3 家，其他文化事业 18 家，其他文化企业 1 家，博物馆 9 家。文化市场管理机构 15 家。公共图书馆总藏量 463.15 万册，其中少儿图书馆藏量

55.89 万册。

全市有国家综合档案馆 11 个，馆藏档案 143 万卷、146 万件，开放档案 16 万卷、8 万件。

2015 年，全市有各类文化经营场所 1134 家，其中互联网上网服务营业场所 696 家（连锁 94 家），文化娱乐场所 257 家，演出场所 23 家，音像制品经营场所 155 家，古玩（美术品）经营店 3 家。其中市区（含开发区）文化经营场所 591 家，其中互联网上网服务营业场所 575 家（连锁 89 家），文化娱乐场所 230 家，演出场所 12 家，古玩（美术品）经营店 3 家。

2015 年，全市有广播电台 4 座，节目 10 套，中波发射台和转播台 26 座，转播台 24 座，广播人口覆盖率为 100%；电视台 4 座，节目 9 套，电视人口覆盖率为 100%。

2015 年末，全市卫生医疗机构 4317 个，增长 2.32%。其中，医院、卫生院 301 所，与 2014 年同期持平，拥有医疗床位 4.67 万张，比 2014 年下降 1.58%。卫生技术人员为 4.68 万人，增长 3.59%。每千人拥有执业医师和执业助理医师 2.68 人。

2015 年末，市辖区建成社区卫生服务中心 60 家，城区人口覆盖率达 99.1%。374 万农民参加了新型合作医疗，常住人口参合率达 99.52%，筹集资金 17.96 亿元，已有 144.61 万参合农民受益，支付补偿金 15.35 亿元，占筹资总额的 91.16%。

全年成功承办了瓦萨国际越野滑雪赛、国际雪联越野滑雪赛中国巡回赛、世界罗佩特越野滑雪巡回赛、中美男篮对抗赛等国际国内大型体育赛事 10 余项次，举办了市青少年短道、速滑、篮球等省市各级各类体育赛事 500 余项次。

以“繁荣群众体育，建设幸福长春”为主题，开展全民健身活动近 2000 项次，参与人数达百万人次，公布《长春市民体质状况报告》。投入资金 650 万元，为城区安装 100 套健身路径，为 17 个乡镇、152 个行政村安装健身器材。全年体育彩票销售 15.36 亿元，占全省销售比例的 40.18%。

十二、环境保护

2015 年末，全市区域环境噪声平均值控制在 56.1 分贝，道路交通噪声平均值控制在 69.5 分贝。

全年城区空气环境质量优良级天数 237 天，占总天数的 64.9%，其中，优级天数 39 天，占 10.7%；良级天数 198 天，占 54.2%；空气首要污染物细颗粒物（PM2.5）年日均值每立方米 66 微克，比 2014 年下降 2 微克；二氧化硫年日均值每立方米 36 微克，下降 5 微克；二氧化氮年日均值每立方米 45 微克，上升 2 微克；饮用水源水质达标率 100%。

十三、人口　人民生活　社会保障

2015 年末，全市户籍总人口为 753.8 万人。其中，市区人口 436.1 万人，3 县（市）人口 317.7 万人。全市人口出生率为 7.32‰，死亡率 5.17‰，自然增长率 2.15‰。

2015 年，城镇常住居民人均可支配收入 29090 元，比 2014 年增长 6.6%。农村常住居民人均可支配收入 11749 元，增长 4.1%。

2015 年底，全市城镇企业职工基本养老保险参保人数 204.2 万人，比 2014 年增长 3.8%。其中，在职职工 144.4 万人，增长 3.6%；城镇失业保险参保人数达到 95.3 万人，增长 2.3%。全年征缴养老保险基金 128.6 亿元，增长 10.6%；征缴失业保险基金 15 亿元。全年为 59.7 万名离退休人员发放养老金 145.9 亿元，增长 17.2%；为 2.5 万名失业人员发放失业金 1.1 亿元。

2015 年城镇医疗保险参保人数达到 407.4 万人，工伤和生育保险参保人数分别达 138 万人和 113.3 万人。

2015 年全市共开发就业岗位 15.1 万个，实现城镇新增就业 13.2 万人，安置下岗失业人员实现在就业 5.8 万人，其中大龄就业困难对象再就业 1.2 万人。全市就业困难群体从事公益性岗位人员稳定在 2 万人以上，当年扶持 522 户零就业家庭实现就业。累计实现农村劳动力转移就业 119 万人次。到年底，城镇登记失业率为 3.66%。

截止到年末，全市城市居民 51774 人享受最低生活保障；农村居民 18336 人享受最低生活保障。累计全年发放城乡低保资金 3.4 亿元（城区和双阳区数据）。

全市建设保障性住房 1429 套、建筑面积 7.7 万平方米、总投资额 39000 万元。

全市在民政部门注册养老服务机构有 519 家，总床位数 37743 张。其中，国家办养老机构 6 家，社会力量投资兴办的养老机构 416 家。农村社会福利服务中心 97 所。全年销售社会福利彩票 13.5 亿元。募集善款 2372 万元，总支出慈善募捐款 2381.15 万元，受助群众达 3 万人次。

注：1.本公报各项统计数据为初步统计数。

2.本公报行业数据系有关部门（行业）提供。

3.本公报长春市生产总值、各产业增加值绝对数按现价计算，增长速度按可比价格计算。

2015年主流媒体看长春

媒体	报道题目	时间
人民日报	习近平在吉林调研时强调保持战略定力增强发展自信　坚持变中求新中求进变中突破	2015年7月19日
	习近平八一建军节前夕视察第16集团军时强调适应新形势新任务管好部队带好兵　推动强军目标在基层落地生根	2015年7月20日
	自身求变谋转型　升级高端"加速跑"中国制造助力经济"弯道续航"	2015年4月13日
	李克强在吉林省考察经济形势和民生状况时强调以改革创新扩需求、增动力　保持经济稳定增长和民生持续改善	2015年4月12日
	李克强在吉林考察	2015年4月13日
	东北"加减乘除"攻难题	2015年11月13日
	滚石上山看东北	2015年11月13日
	谢元立:用青春和智慧点亮焊花	2015年4月27日
	不遮丑,不护短　吉林:严管干部　实中求效	2015年8月9日
	"互联网+司法"把诉讼搬到"线上"来	2015年12月9日
	"奥运地铁"交付里约	2015年5月26日
	空军航空开放活动在长春举行　本报独家探访八一飞行表演队	2015年9月11日
	长春农民工的特殊年货　带"俺演的"电影回家	2015年2月19日
	长春永兴街道畅通志愿服务『红细胞』输送正能量	2015年10月8日
	无土栽培显魅力	2015年8月13日
新华社	在吉林调研时强调,保持战略定力增强发展自信　习近平:坚持变中求新中求进变中突破	2015年7月19日
	千难万难,只要重视就不难;大路小路,只有行动才有出路　习近平:精准发力加快东北振兴发展	2015年7月20日
	习近平视察第16集团军时强调推动强军目标在基层落地生根　适应新形势新任务管好部队带好兵	2015年7月20日
	李克强在吉林考察时强调确保经济运行在合理区间更有针对性地实施预调微调	2015年4月12日
	李克强在吉林省考察	2015年4月11日
	李克强主持东北三省经济工作座谈会　强调东北新一轮振兴要靠改革增动力靠开放拓空间	2015年4月11日
	让创客从"零"开始创业——来自长春高新区"摆渡"创新工场的实践	2015年10月13日
	中车长客公司的"中国智造"之变	2015年8月4日
	长春:布下创新"先手棋"引领老工业基地转型升级	2015年8月24日
	从职高走出来的"国家技能大师"——记长春轨道客车股份有限公司转向架制造中心焊接一车间工人李万君	2015年5月2日
	长春农博会:冰天雪地里的"花"样新年	2015年2月20日
	第十四届长春农博会开幕:农业高新技术设备引关注	2015年8月14日
	吉林长春:从源头确保绿色秋菜"绿色"入城	2015年10月4日
	吉林长春:万亩鸭田生态水稻实现"私人订制"	2015年8月9日
	"老产业"焕发新活力——长春汽开区引领"汽车城"转型升级	2015年9月22日
	全面建成小康百姓心中的『十三五』民生图景	2015年10月27日
	长春东站十委社区:志愿服务让阳光更明媚	2015年4月27日
	吉林长春打工农民:"咱的日子挺滋润"	2015年1月22日
	长春五年改造220个"老旧散"小区	2015年11月25日
	长春30万"代理妈妈"20载书写爱心童话	2015年4月17日
	长春:"红细胞"社区志愿服务增强基层党组织凝聚力	2015年10月9日
	电影战线的"好兵"——讲述长影抗战电影背后的故事	

续表

媒体	报道题目	时间
中央电视台	习近平在吉林调研	2015 年 7 月 18 日
	习近平召开部分省区党委主要负责同志座谈会	2015 年 7 月 19 日
	李克强在吉林省考察经济形势和民生状况时强调以改革创新扩需求、增动力　保持经济稳定和民生持续改善	2015 年 4 月 11 日
	吉林:做“加减乘除”谋经济转型	2015 年 8 月 8 日
	中欧铁路货运班列长春至德国线路开通	2015 年 9 月 1 日
	空军举办“追梦空天”航空开放活动	2015 年 9 月 12 日至 9 月 13 日
	吉林长春　徐永琛:不言放弃的特殊考生	2015 年 7 月 21 日
	260 余件日本侵华罪证文物展出	2015 年 7 月 7 日
	东北抗战遗迹联盟在长春成立	2015 年 6 月 3 日
	吉林长春:85 岁老人街头摔倒　市民热心救助	2015 年 1 月 18 日
	春运回家路　吉林长春:迎节前客流高峰　加开列车 58 列	2015 年 2 月 13 日
	高宝华:医者仁心	2015 年 7 月 7 日
	你为谁点赞	2015 年 2 月 19 日
光明日报	走人民的路　开艺术的花——中国电影摇篮长影 70 年发展纪事	2015 年 10 月 3 日
	长春南大营关爱抗战老兵	2015 年 4 月 5 日
	十委社区的亲情温度——长春市二道区东站街道十委社区文明建设纪实	2015 年 4 月 14 日
	长春将打造立体化社会治安防控体系	2015 年 4 月 24 日
	长春市二道区:“一门式”公共服务改革“起航”	2015 年 7 月 21 日
	记录抗战老兵的光荣——90 后大学生黄忞的执着追求	2015 年 2 月 16 日
	为了那一缕『最好的光』——中科院组织『璀璨行动』计划纪实	2015 年 11 月 19 日
	人生如焊花般炫目——记中国北车长客股份有限公司焊接机械手操作工谢元立	2015 年 4 月 26 日
	长春:“红细胞”传递正能量	2015 年 10 月 5 日
	青少年文化艺术教育东北示范基地落户长春	2015 年 7 月 29 日
	『白山松水』积聚振兴新动能	2015 年 8 月 8 日
	吉林:为科技创新“架桥造船又荡桨”	2015 年 5 月 6 日
	大力扶持聚乳酸产业,为“白色污染”寻求根治之道——吉林从“禁塑”迈向“代塑”	2015 年 7 月 28 日
	长春轨道客车股份有限公司焊接工李万君——钢铁“绣”工技艺高	2015 年 5 月 4 日
经济日报	吉林省长春市:科技拥军二十载	2015 年 10 月 7 日
	吉林长春:“红细胞”输送正能量	2015 年 10 月 8 日
	实施长吉图国家战略的重大举措吉林设立长吉产业创新发展示范区	2015 年 3 月 2 日
	吉林大学:引导学生敲开创业大门	2015 年 11 月 2 日
	长春:确保降价后供热质量不降低	2015 年 11 月 6 日
	长春欧亚吉林城市综合体转型升级引领消费——从“迎百客”到“为百客”	2015 年 3 月 3 日
中央人民广播电台	[丝路故事]高铁追梦人	2015 年 12 月 9 日
	高铁动车——中国制造的亮丽名片	2015 年 7 月 18 日
	人车不争、优美安全——长春规划 38 条、近 500 公里慢行廊道	2015 年 7 月 1 日
	吉林秸秆变废为宝　破解丰收烦恼	2015 年 12 月 20 日
	方飞院长做客中央人民广播电台《乡村夜话》栏目	2015 年 8 月 25 日
	“红细胞工程”志愿服务平台为和谐社会“供氧”	2015 年 10 月 4 日
	吉林省高校建立和扶持大学生自学组织	2015 年 3 月 17 日

续表

媒体	报道题目	时间
中国新闻社	李克强长春寄语"中国制造"工人感谢"超级推销员"	2015 年 4 月 11 日
	通讯:李克强长春与农民工唠家常:你们是城市建设的功臣	2015 年 4 月 10 日
	第十二届长春国际车展闭幕　成交额 57 亿元	2015 年 7 月 19 日
	中国制造巴西"奥运地铁"全部交付	2015 年 5 月 25 日
	吉林"创客"的梦想:用"奇思妙想"助力老工业基地发展	2015 年 3 月 11 日
	长春国际车展豪车齐亮相	2015 年 7 月 10 日
	长客副总工程师:中国"高铁之脑"批量装车　打破技术封锁	2015 年 2 月 1 日
	第十四届长春国际农博会闭幕　总签约额超 164 亿元	2015 年 8 月 23 日
	雾凇美景扮靓长春全城	2015 年 3 月 3 日
	长春最大规模灯会亮灯　效果震撼	2015 年 6 月 14 日
	"新中国电影摇篮"长影迎建厂 70 周年	2015 年 8 月 6 日
	日本遗孤中国养母的隔代亲情:想见外孙却已走不动	2015 年 4 月 18 日
	长春举办"九一八"纪念活动 3000 人宣誓勿忘国耻	2015 年 9 月 18 日
	"禁燃"长春收获"春节蓝"	2015 年 3 月 5 日
	冬泳爱好者聚长春　寒冬戏水迎新年	2015 年 1 月 1 日
中国日报(CHINA DAILY)	Jilin sets out key objectives	2015 年 1 月 21 日
	The changing face of changchun´s expats	2015 年 1 月 21 日
	Development zone to revitalize Northeast china	2015 年 3 月 12 日
	Northeast Aisa promotes trade links	2015 年 10 月 20 日
	MANY DEALS EXPECTED FROM CHINA-NORTHEAST ASIA EXPO	2015 年 8 月 27 日
	Call for applicants to the 5th"changbai wisdom valley"talent program	2015 年 5 月 30 日至 31 日
	Changchun´s skiing success looks set to snowball	2015 年 1 月 1 日
	CHINA´S FORGOTTEN ARMY	2015 年 5 月 27 日
文汇报	怀念你! 战友苏军建远东中国旅　抗联「铁孩」并肩抗日	2015 年 5 月 8 日
	93 岁老兵王明三获俄授勋	2015 年 5 月 17 日
	俄授勋十日后　抗联老兵辞世	2015 年 5 月 31 日
	吉林八旬翁　严寒中独舞如诗	2015 年 1 月 31 日
	长春「无声」火锅店　聋哑人温馨服务	2015 年 1 月 11 日
	吉林硕士创「互联网 + 」食肆	2015 年 7 月 11 日
	吉林的哥 23 载坚持行善	2015 年 7 月 4 日
	「冰屋」打边炉　享冰火两重天	2015 年 1 月 15 日
大公报	调研中国中车　倡新型工业化　习近平:把实体经济抓上去	2015 年 7 月 18 日
	李克强勉农民工多学技术	2015 年 4 月 10 日
	总理考察北车　面授外闯战略　中国装备组「联合舰队」出海	2015 年 4 月 11 日
	长吉产业创新发展示范区启动建设　长吉携手带动长吉图开发开放　发挥示范作用推动吉林省振兴	2015 年 3 月 10 日
	自助创新　长东北生物与医药科技产业园规划建设	2015 年 5 月 18 日
	稳增长　促发展　177 个重点项目加速崛起净月新城	2015 年 5 月 18 日
	长春高新区　为跨越发展引擎提供「人才驱动轴」　搭平台结硕果　农博会助吉林黑土遍生金	2015 年 8 月 28 日
	现代农业　长春　建农业和食品安全国际示范区项目	2015 年 5 月 30 日
	李香兰的长春电影	2015 年 7 月 24 日

续表

媒体	报道题目	时间
香港商报	净月国家高新区成立 20 周年暨建设「创新型生态城」调研报告	2015 年 11 月 11 日至 14 日
	推进“吉林一号”数据应用　长春举办交流对接会	2015 年 11 月 5 日
	长春十三五装备制造业发展目标：打造千亿级产业	2015 年 11 月 17 日
	轨道交通博览会长春开幕	2015 年 11 月 6 日
	长春现“绿野仙踪”主题车厢	2015 年 11 月 2 日
	高广滨晤本报社长称　长春将补齐短板创新发展	2015 年 11 月 17 日
凤凰卫视	长春九一八纪念　三千人宣誓勿忘国耻	2015 年 9 月 18 日
	吉林长春至德国国际铁路货运列车正式开通	2015 年 9 月 1 日
	五千人参加长春瓦萨滑雪赛　共迎 2015 新年	2015 年 1 月 3 日
	长春发布《戒烟歌》30 多名人大代表齐声唱	2015 年 5 月 31 日
	长春百姓故事　传递身边正能量	2015 年 5 月 29 日
	长春市数十位外国友人包饺子写春联喜迎新春	2015 年 2 月 19 日
农民日报	机王争霸再起热潮　2015 五征·中国农机手大赛—东北省际联赛在长春举行	2015 年 9 月 10 日
	长春：重点培养 3000 名村级后备人才	
工人日报	“换股合并”只是开始　“内在整合”才是关键　“中国中车”成行业“巨无霸”　有望改写世界高铁格局	2015 年 1 月 2 日
	[三大调查]“大国工匠”始于专业专注完美	2015 年 11 月 10 日
	习近平总书记在吉林调研时深入农村、企业考察，广大职工群众备受鼓舞—“不负总书记嘱托，干好活把好关出精品”	2015 年 7 月 20 日
	【时代先锋】一位技术工人的“转型升级”—记中国北车长客股份公司焊工谢元立(上)	2015 年 4 月 27 日
	【时代先锋】带领工友一起“飞”—记中国北车长客股份公司焊工谢元立(下)	2015 年 4 月 28 日
	“零事故”电工成长记	2015 年 1 月 22 日
	【社会化工会干部这 10 年·上篇】职业化工会主席：激情燃烧的十年	2015 年 7 月 21 日
	【核心价值观在企业】长客“好声音”传递“大音符”	2015 年 9 月 11 日
	“阿甘餐厅”能否创造“阿甘”式奇迹?	2015 年 6 月 22 日
	【劳动者之歌】智者　绣者　师者—“高铁焊接大师”李万君的精彩“三重奏”	2015 年 5 月 5 日
	长春市总倾情构筑“人才高地”	2015 年 8 月 28 日
中国青年报	团中央调研组走进吉林省长春市双阳区	2015 年 9 月 11 日
	长春吹响青年电商创业“集结号”	2015 年 4 月 11 日
	第七届东北亚青年企业家发展论坛在长春举行	2015 年 9 月 3 日
	长春永兴街道：做社区志愿服务的“红细胞”	2015 年 10 月 12 日
中国妇女报	社情民意时刻在心头—记长春市二道区东站十委社区	2015 年 4 月 22 日
	奉献爱心与亲情　传递母爱正能量—写在长春市“代理妈妈”活动开展 20 周年之际(上)	
科技日报	托举卫星上天的创新力量—长春光机所依靠科技体制改革走出『研产学』并举发展之路	
	长春轨道交通装备产业开发区振兴发展吉林省老工业基地	2015 年 7 月 27 日
	科技改革“红利”不断释放　创新成驱动发展新引擎	2015 年 6 月 10 日
	长春：规划博士创业园　为科技成果转化提供载体	2015 年 4 月 17 日
	长春新区智慧城市将打造十大智慧工程	2015 年 8 月 28 日
	长春新区长影世纪城入列国家 5A 级景区	2015 年 8 月 10 日
	净月高新区“稳”中蓄积转型爆发力	2015 年 7 月 13 日
	人羊膜上皮细胞移植修复损伤臂丛神经：具有转化医学的意义	2015 年 3 月 18 日
	年产 4000 万 Wh 宽温镍氢电池生产线年内建成	2015 年 6 月 8 日

续表

媒体	报道题目	时间
中国科学报	王利祥:东北振兴再出发	2015年6月8日
	中科院长春应化所高分子物理与化学国家重点实验室:领跑高分子	2015年7月15日
	风华正当时——记中科院长春光机所电装中心	2015年8月3日
中国经济时报	长春产业创新发展　示范区建设提档增速	2015年6月4日
	长吉新区:长吉图战略新引擎	2015年3月31日
	智能物流助力东北振兴	2015年9月3日
	第九届中国中小企业节揽金307亿	2015年9月30日
	"长满欧"国际铁路货运班列开通长春打造"向西开放前哨"动力引擎	2015年9月1日
	长春打出稳增长组合拳	2015年8月19日
	泰国正大集团再度北上吉林　一亿只肉鸡全产业链食品加工项目落户榆树	2015年7月15日
	长春新添"中国优质粳米之都"金名片　推进长春"松花江大米"品牌建设	2015年8月21日
	吉林农安构建众创空间	2015年11月27日
中国经济导报	主动融入"一带一路"深入实施长吉图战略　长吉示范区建设增挡提速	2015年6月13日
	创新助力长春保税区迈向"兴隆"	2015年2月3日
	建设长春卫星城　长春市九台区卡伦镇新型城镇化建设纪实	2015年11月28日
	吉林:长春市九台区建设"新"农村	2015年11月17日
新媒体	"幸福城事　幸福人"微拍摄影大赛启动	2015年8月20日
	"文明上网进社区　安全上网进校园"活动启动	2015年11月9日
	"绘和谐·展新风"　长春启动2015新春年画网络征集大赛	2015年2月9日
	互联网协作体年会暨纪念抗战胜利70周年东北行活动在长举行	2015年9月16日

2015年长春市人大常委会制定修订废止及修改法规情况

制定法规:《长春市机动车停车场管理条例》《长春净月潭风景名胜区保护管理条例》。

修订法规:《长春市水土保持条例》。

废止法规:《长春市酒类专卖管理条例》。

修改法规:《长春市机动车维修管理条例》《长春市燃气管理条例》《长春市城市供水条例》《长春市城市房地产开发经营管理条例》、《长春市城市房屋安全管理条例》《长春市市政设施管理条例》《长春市城市建设档案管理条例》《长春市地震安全性评价管理条例》《长春市档案安全保护条例》《长春市市容和环境卫生管理条例》《长春市著名商标认定和保护条例》。

2015年长春市政府规章目录

1.《长春市公共餐饮具集中消毒监督管理办法》(2015年1月22日,市政府〔2015〕60号令公布)。

2.《长春市人民政府关于修改部分政府规章的决定》(2015年3月25日,市政府〔2015〕61号令公布)。

3.《长春市人民政府关于废止部分政府规章的决定》(2015年3月25日,市政府〔2015〕62号令公布)。

4.《长春市人民政府关于公布现行有效政府规章目录的决定》(2015年3月25日,市政府〔2015〕63号令公布)。

5.《长春市行政事业单位国有资产管理办法》(2015年3月25日,市政府〔2015〕64号令公布)。

6.《长春市城市照明管理办法》(2015年12月7日,市政府〔2015〕65号令公布)。

(长春市法制办)

主 题 索 引

说 明

1.本索引采取主题抽取法，以主题词首字按拼音顺序排列为序，首字相同，以第二个字按拼音顺序排列为序，以此类推。

2.索引的主题词后面的数字表示内容所在页码，数字后面的英文字母(a、b、c)表示该页自左至右的栏别，无英文字母的表示当页各栏都有该主题词。

D

E

F

G

K

L

M

N

P

T

W

Z